国家出版基金项目
NATIONAL PUBLICATION FOUNDATION

政治哲学史

总主编 张志伟 韩东晖 干春松

西方政治哲学史

周濂 主编

第三卷 20世纪政治哲学

中国人民大学出版社
·北京·

本成果获得中国人民大学科学研究基金
暨中央高校基本科研业务费专项资金（批准号：11XNL007）的支持

作者简介

刘　擎　美国明尼苏达大学政治学博士，华东师范大学政治学系教授、博士生导师。主要研究领域为政治哲学与思想史。著作包括《纷争的年代：当代西方思想寻踪（2003—2012）》和《悬而未决的时刻：现代性论域中的西方思想》等。

张楚勇　英国赫尔大学哲学博士，香港城市大学公共政策学系助理主任。2017年即将出版著作《哈耶克》，发表文章“Hayek，Oakeshott，and the Conservative Turn of Chinese Liberalism”。

陈　伟　北京大学政治学博士，中国人民大学政治系副教授。著有《阿伦特与政治的复归》《施米特与政治的逻辑》，主编《当代西方政治思潮》，译有《德国地方政府》《卡尔·施米特：德意志国家的理论家》等。

陈建洪　比利时鲁汶大学哲学博士，曾任南开大学哲学院教授，现任中山大学哲学系（珠海）教授，兼任系主任。主要研究领域为西方政治哲学、现代西方哲学与宗教思想。现已出版著作包括《论施特劳斯》《耶路撒冷抑或雅典：施特劳斯四论》《思绪现代》以及 *Between Politics and Philosophy*：*A Study of Leo Strauss in Dialogue with Carl Schmitt*。曾于欧美学术期刊出版论文集，发表英文论文数篇，在我国港台期刊和内地核心期刊发表论文数十篇。

周　濂　香港中文大学哲学博士，中国人民大学哲学院副教授，专攻政治哲学和道德哲学。著有《现代政治的正当性基础》。

泮伟江　清华大学法学博士，北京航空航天大学法学院副教授，硕士生导师。研究领域为法理学、社会理论、政治哲学。出版专著《当代中国法治的分析与建构》《一个普通法的故事：英格兰政体的奥秘》，翻译著作多部，发表论文50多篇。

陈德中　中国社会科学院哲学所副研究员，《世界哲学》副主编。主要研究方向为当代英美分析哲学、道德哲学与政治哲学，兼及西方近代政治思想。

出版专著《政治现实主义——威廉姆斯政治哲学研究》《政治现实主义的逻辑——“自主性”与“封闭性”缘与由》等。

葛四友　北京大学哲学博士，华东师范大学哲学系教授。主要研究领域为规范伦理学与近当代政治哲学，研究主要集中于制度正义领域，特别关注正义制度如何处理各种偶然性对于人们生活的影响，近年专注于从后果主义视角重构当代主要的分配正义理论。

曹　钦　英国曼彻斯特大学政治学博士，现任南开大学哲学院副教授，兼任《政治思想史》杂志编辑。主要研究领域为西方政治思想史及当代西方政治哲学。在各类出版物上发表论文、译文多篇。

刘训练　天津师范大学政治与行政学院教授、博士生导师，《政治思想史》杂志副主编、编辑部主任。著有《共和主义：从古典到当代》，另有译著多部；联合主持“当代西方政治哲学读本”“公共哲学与政治思想系列”等丛书。

应　奇　浙江大学哲学系教授，主要研究领域为当代政治哲学、语言分析哲学和批判理论。主要著作有《社群主义》《概念图式与形而上学》《从自由主义到后自由主义》；曾先后主编“当代西方政治哲学读本”“当代实践哲学译丛”“共和译丛”“公共哲学与政治思想系列”等学术丛书。

惠春寿　浙江大学哲学博士，华东师范大学思勉人文高等研究院青年研究员，主要研究领域为政治哲学。在《世界哲学》《中国人民大学学报》《自然辩证法研究》等刊物发表学术论文多篇，并译有《自由的道德性》一书。

总　序

呈现在读者面前的这套“政治哲学史”丛书，包括《西方政治哲学史》（三卷）、《中国政治哲学史》（三卷）和《马克思主义政治哲学史》（一卷）。

哲学中的政治哲学理论历史悠久，但是在19世纪以后沉寂多时，为政治学或政治科学所取代，直到20世纪70年代罗尔斯《正义论》的出版，政治哲学才得以复兴，并且形成了一个专门学科。因其与社会现实在实践性指向上具有密切关系，当代政治哲学俨然成为哲学中最为活跃的研究领域。伴随着中国改革开放的步伐，尤其是20世纪90年代以来，受政治体制改革和新的经济社会形态的影响，政治哲学逐渐成为汉语哲学界的显学，国内的政治哲学研究在基本史料的积累、经典著作的译述、基本概念的厘清以及最新学术前沿问题的追踪等方面，都有了一定的积累与进步。迈过新世纪门槛之后，全球知识界已越来越清晰地认识到人类正处在一个前所未有的十字路口，启蒙动力日渐衰微，现代性一再遭受质疑，新自由主义面临危机，当代中国现代化建设处在探索之中……如此种种，给政治哲学提出了一系列的问题，在此理论困境和现实问题的双重促逼下，越发凸显出中西政治哲学研究的重要性和紧迫性。

然而，与社会现实的迫切需要相比，我们的政治哲学研究毕竟刚刚起步，尤其是基础建设相当薄弱，极大地制约了中国政治哲学学科的健康发展。一方面，掌握当代西方政治哲学的发展趋势，了解哲学家们对于全球化时代的政治哲学问题的立场、观点和方法，以之为中国政治哲学的重要理论资源和主要参照系，乃是中国政治哲学学科建设的当务之急。另一方面，鉴于中国的高速发展引发的一系列问题，如何总结出中国政治哲学的独特意涵，发掘传统资源对于中国的现代化之路的积极作用，深入关注中国现实，回应中国社会的重大理论问题和现实问题，从而为中国的发展提供思想资源，亦是摆在我们面前亟待开展的工作。有鉴于此，我们向中国人民大学申请了“政治哲学史（中西政治哲学研究·第一期·七卷本）”这一“重大基础研究计划”，希望立足国际学科前沿，体现国内外最新的研究成果，凝聚各高校的优势，培育新兴的政治哲学学科，集中中国哲学、西方哲学和马克思主义哲学等各学科中相关的学术力量，借助对这些领域内政治哲学的深入研究，为该学科在中国的发展做一些基础性的准备工作，进一步激发哲学对于当代社会的“批判性”作用。摆在读者面前的这套“政治哲学史”就是该项目的结项成果。

关于这套“政治哲学史”的编写工作，有必要向读者做一些解释和说明。

第一，我们这套“政治哲学史”虽然名为“政治哲学史”，但就目前的研究成果而言，距离全面、系统、详尽的政治哲学史还有相当的差距。中国的政治哲学研究虽然近些年受到人们的普遍关注，但是毕竟基础比较薄弱，梳理基于中国传统的政治哲学基本范畴也处于起步阶段，因而现在编纂一部全面、系统、详尽的政治哲学史还不具备充分的条件。据此，我们这套七卷本“政治哲学史”主要按照历史的顺序，突出那些在政治哲学史上具有重要影响的哲学家、思想家。与此同时，强化学术研究的深度，以某个问题或主题为研究的核心，以此叙述策略来架构政治哲学史的大框架，意在为将来编纂更加全面、系统、详尽的政治哲学史做一些基础性的准备工作。

第二，与此相关，这套“政治哲学史”的编写模式是，基本上每一章研究一位哲学家或一个流派，并且强调突出相关的主题而不要求全面系统地介绍哲学家或流派的政治哲学思想，因而几乎每一章都可以看作一篇围绕一个人物或流派而展开的论文。尽管我们并没有在政治哲学史的整体性线索上多做文章，但是由于问题意识的自觉、思想谱系的传承和社会历史背景的衬托，实际上各章内容之间自有其紧密的相关性。当作者们围绕各自的主题深入论述时，历史背景、问题演变和发展线索已然隐含于其中。

第三，我们这套“政治哲学史”是集体合作的结晶，编写者包括全国多所高校和研究机构的学者，他们都是相关研究领域的专家，基本上实现了项目启动之初就确立的“最合适的人写最合适的章节”的编写原则。也正是因为如此，对个别重要人物思想的介绍和阐述由于没有合适的写作人选，暂时付诸阙如，以待将来再做补充。

第四，虽然政治哲学历史悠久，但是作为专门的学科领域，政治哲学的历史并不长，其基本研究范式以欧美学术界为主导。不过，作为对各种政治概念、问题和方法的研究，各种政治哲学思想蔚为大观，古今中外概莫能外。因此，一方面，当代的政治哲学研究所面临的思想资源、现实难题和研究方法均有共同和共通的地方，另一方面，不同的理论背景和价值取向，也使西方政治哲学史、中国政治哲学史和马克思主义政治哲学史的编纂具有各自的风格和特色。我们这套“政治哲学史”的尝试，是以各自的学科取向为基础的。相对来说，西方政治哲学的研究范式比较成熟，问题、方法与理论的线索比较清晰，而中国政治哲学则是一块有待开垦的处女地。由于中西在语言、文化、社会历史等方面的差异，中国政治哲学与西方政治哲学在许多方面存在着差异，以至于学术界关于什么是中国的政治哲学等基本问题迄今尚未达成共识，因此三卷《中国政治哲学史》具有很强的探索性。与此类似，学术界在马克思主义是否具有一种政治哲学乃至如何构成一种政治哲学等问题上亦存在着争论。由于各方面条件的限制，我们这套“政治哲学史”中马克思主义政治哲学史部分主要讨论马克思、恩格斯和列宁的政治哲学思想，至于现当代西方马克思主义以及其他丰富内容则有待来日补充。我们希望随着研究的逐步深入，我国政治哲学界在学习、借鉴、吸收的基础上，面对历史和现实中的大变局，推出富有原创性的理论和方法，深化政治哲学与政治哲学史的研究。

总而言之，由中国学者编写的这套“政治哲学史”包括《中国政治哲学史》《西方政治哲学史》和《马克思主义政治哲学史》，在学界尚属首次。我们在此抛砖引玉，希望学界同仁不吝赐教，共同努力，推进当代中国的政治哲学研究进一步健康发展。

最后，我们要向本套“政治哲学史”的各卷主编和参编的专家学者表示深切的谢意。感谢国家出版基金为本套“政治哲学史”提供出版资助，感谢中国人民大学出版社的潘宇女士和编辑们为本套“政治哲学史”的出版所做的辛勤工作。这套“政治哲学史”得到了中国人民大学科学研究基金暨中央高校基本科研业务费专项资金（批准号：11XNL007）的资助，在此表示衷心的感谢。

张志伟　韩东晖　干春松

2017 年 1 月 1 日

序 言

自20世纪90年代以来，政治哲学逐渐成为汉语哲学界的显学，20多年来，无论在经典著作的译述、基本概念的厘清还是在学术前沿问题的追踪上，中国学者均有了较为完备的积累与长足的进步，正因为如此，我们认为编撰一部品质优良的政治哲学史的条件已经成熟。

本卷处理的是西方20世纪政治哲学史。严格说来，20世纪并非肇始于1900年，而是1914年的第一次世界大战。尽管一战的爆发是诸多偶然因素的叠加效果，但一战前后的近代世界秩序的确面临着前所未有的挑战：经济上，古典自由主义信奉的自由放任政策未能实现国内利益分配的自发和谐状态，经济自由虽然创造了大量财富，却无法实现平等价值，阶级冲突和社会撕裂不减反增；政治上，大众民主的发展和普选权的落实让工人阶级亮相政治舞台，苏维埃政权的建立进一步鼓舞了集体主义和社会主义的运动；国际上，民族主义情绪持续高涨，帝国主义的海外斗争日趋激烈。面对此情此景，启蒙运动以来的两大核心价值——自由与平等——的内在冲突已无法在资本主义和民主制内部得到消化，失业与战争的阴云无时无刻不笼罩在欧洲上空。

身处风雷激荡的非常时代，任何人都无法自外于历史的洪流，细数20世纪卓有建树的政治哲人，几乎全都亲身经历了二战的洗礼，以赛亚·伯林、卡尔·施米特等人更是见证了一战的爆发和苏维埃政权的建立。在这样的时代背景下，20世纪的政治哲人开始殚精竭虑地思考人类的政治前途和命运，虽然思考进路不同、价值立场各异，但归根结底，他们念兹在兹的关键问题仍然是自由和平等，因为无论启蒙运动和现代性是否穷尽了其所有的潜力，政治哲人都必须反省这两个根本价值的内涵与外延、成败与得失。

我们将伯林列为本书的开篇人物，理由正在于此。伯林的传世名篇《两种自由概念》正是从“自由”出发反思20世纪上半叶欧洲政治悲剧的典范之作。刘擎在第一章“自由与多元论：伯林的政治思想”中指出，在方法论上伯林给我们带来最大的启示有两点：第一，“在哲学上格外敏感于概念的特定性……唯其如此，理论才有助于澄清和把握经验世界”；第二，“……要让自由的概念‘落地’——最大限度地贴近人们的日常生活经验”。借助麦卡勒姆“三位一体”的自由概念，刘擎对消极自由和积极自由复杂幽微的关联做了很好的澄清和归纳。刘擎指出，伯林可能是20世纪第一位对“非对称性问题”具有敏感性的政治思想家，简而言之，“否定”（negative）比“肯定”（positive）要求的依据或理由更少，也更容易达成。认识到这一点“对于理解自由及其依据的人性假设具有至关重要的意义，自由不是具有‘个人自主性’能力者的特权，那些未能达到充分自主性的个人也具有正当的理由拥有自由的权利”。刘擎指出，在伯林那里，多元价值论题和自由论题存在着内在的紧张关系，这种紧张源自伯林“对现代性的既反省又认同的复杂态度，对启蒙主义理想既警觉批判又赞许同情的审慎立场”。本章最后探讨了自由主义与民族主义之间的冲突，认为这一冲突既无法仅仅通过思想观念层面上的清理来解决，也无法诉诸一套明确的政治哲学原则或纲领来化解，“最终，自由民族主义是一种实践性的改革方案”。①

这个判断把我们带向张楚勇对于迈克尔·奥克肖特的解读。奥克肖特是一位有着保守主义倾向的自由主义者，张楚勇认为，要想比较确切和深入地把握奥克肖特的政治哲学，就必须紧扣其思想上的两个重点：“第一是关于哲学之知是一种涯涘无尽的追寻；第二是理论和实践是两个性质上完全不同的世界，不应该将这两个世界的认识混为一谈”。以奥克肖特对柏拉图洞穴譬喻和哲人王的批评为例，所谓哲学之知是一种涯涘无尽的追寻，意即“哲人的每一次发现和结论，都是对其蕴含的前设或条件进行反思的邀请；哲学中唯一不受限的，就是真正的理论家不停地认识到，所有条件或结论无一幸免都是受限的”。而理论与实践不可混为一谈，则告诫我们切勿认为柏拉图（或者哲学家）以为达到的“终极理解”能够取代实践或其他人类的经验模式。奥克肖特形容持这样观点的人是伪理论家，不是真哲人，这个警示对于那些向往“到叙拉古去”的政治哲人可谓振聋发聩。②

作为20世纪形象最负面的宪法理论家和政治哲学家，卡尔·施米特的最大劣迹就是“去了叙拉古”，但是作者陈伟没有脸谱化地刻画施米特的理论，而是通过细致入微的文本分析，指出施米特在魏玛共和国时期创作的一系列宪

① 参见本书第一章“自由与多元论：伯林的政治思想”。
② 参见本书第二章“奥克肖特的政治哲学：涯涘无尽之知、道德个体性、法治联合体”。

法著作，如《宪法学说》《宪法的守护者》《合法与合法性》，均非简单地表达政治立场，更多的是对魏玛危机富于洞见的法理学分析。比如说，施米特重视政治合法性问题，反对汉斯·凯尔森的法律实证主义理论，就准确地抓住了理解政治支配现象的要害。陈伟承认施米特的论断存在着两面性：他强调法律是政治决断的产物，宪法背后实有一国人民的政治决断，这在魏玛共和国时期可以为捍卫共和提供依据，但在希特勒攫取政权之后，施米特的合法性理论同样可以为极权政体提供政治上的辩护。陈伟认为，施米特之所以会出现左右摇摆的情况，根本原因在于他对魏玛政权的捍卫并非出于对自由民主的热爱，而是出于对秩序与安全霍布斯式的担忧，就此而言，“他的理论实与希特勒的言论有相当的亲缘性”。[①]

过去 20 年，列奥·施特劳斯在中国学术界可谓誉满天下，谤亦随之。第四章“论施特劳斯及其政治哲学”立论中正，叙述平和，称得上是正本清源之作。陈建洪先从施特劳斯的两个神话——施特劳斯作为新保守主义精神教父的神话以及施米特和施特劳斯之间的思想对话是一场政治神学和政治哲学的交锋——入手，继而深入探讨了诗和哲学之争、古今之争以及耶路撒冷和雅典之争，澄清了关于施特劳斯的诸多常识性误读。陈建洪指出，施特劳斯重新审视现代政治哲学及其当代虚无主义结果，指出西方当代思想中历史主义、相对主义、多元主义和虚无主义流行，主张回归古典政治哲学，其根本目的是要重振古典政治理性主义，重新确立西方文明传统的自信。本章的讨论最后落脚在哲人何为这个问题上，针对哲学固有的天真和危险性，作者的结论是：“如无天真及其危险性，哲学便无超凡脱俗的气质；如不反思自身的危险性，哲学在人世间将无立锥之地。有意识地转变为政治学，哲学方显其高贵品质。”[②]

面对黑暗时代，政治生活如何能为人类承诺一个“光亮之照明”的愿景，这是汉娜·阿伦特政治思考的初衷和目的。陈伟在本章着重探讨了阿伦特的行动理论，指出在劳动、制作和行动这三种不同类型的实践活动中，阿伦特最看重的是行动，因为行动是最具有政治性的活动，它与人的自由直接相联系。陈伟认为，阿伦特之所以拒斥政治哲学家的头衔，根本原因在于她不承认存在一种关于政治的哲学。阿伦特在根本上否定柏拉图以降的西方政治哲学传统，批评这个传统对政治经验的扭曲和遮蔽。阿伦特主张直面人类生活的经验，为人们重新呈现人类关于政治的体验及理解。为此，政治事关每个公民，是每个公

① 参见本书第三章“卡尔·施米特的宪政理论”。

② 参见本书第四章“论施特劳斯及其政治哲学”。

民皆可、皆应关注之事。如陈伟所言："阿伦特极重视人作为公民对于'我们的世界'的责任。以她之见，政治衰败，个人完全私人化，是时代危机的表征。极权主义的问题，并非人们常说的凡事政治化，而是极权主义完全排除了行动的可能，让政治无立足之地。"本章最后提出的问题引人深思："极权主义有可能卷土重来吗？阿伦特的回答是，如果人们不努力，世界再极权化便可能发生，当然，它会以新的面貌出现。"①

借用伯林的著名比喻，罗尔斯更像是只刺猬而非狐狸，罗尔斯数十年如一日地探索正义这一个主题，反复推敲和完善表达的精确性和逻辑的严密性，以至于剑桥大学哲学系的奥诺拉·奥尼尔教授曾经这样评论："再一次，罗尔斯想到了批评者的前面。"② 某种意义上，周濂在第六章的工作便是在挑战奥尼尔的这个论断。他首先分析比较了哈耶克与罗尔斯在"社会正义"论题上的异同，指出二者的分歧远不止于字词之争，而是存在实质之争。此外，罗尔斯正义二原则支持的理想政治制度并非哈耶克所着力批评的福利国家，而是"财产所有的民主制"或者"自由（民主）社会主义"。在深入探讨财产所有的民主制在 20 世纪的理论演进和现实政治发展之后，周濂进一步从哲学论证的角度出发检讨财产所有的民主制的可信性和真确性。通过探讨罗尔斯"薄版本的经济自由观"的道德理据以及诸多学者对罗尔斯的批评，周濂认为，对于财产所有的民主制能否很好地实现正义二原则，罗尔斯的论证并没有给出令人信服的论证。③

自罗尔斯 2002 年去世之后，尤尔根·哈贝马斯就被公认为仍旧在世的最伟大的政治哲学家。哈贝马斯曾这样描述自己的哲学使命——同时拒绝和狙击"道德实在论"以及"现代价值怀疑论"，并称这是他和罗尔斯共同肩负的任务。哈贝马斯最重要的三部著作分别为《公共领域的结构转型》《交往行为理论》和《在事实与规范之间》。在本书第七章中，泮伟江将分析重点放在《在事实与规范之间》第七、八章上，试图管中窥豹，厘清哈贝马斯的整个理论脉络。泮伟江认为，如果说在规范性这条学术脉络中，罗尔斯是哈贝马斯最大的竞争者，那么在事实性这条学术脉络中，哈贝马斯毕生学术事业最大的敌人则是卢曼。哈贝马斯最大的理论野心在于试图吸纳卢曼的理论，从而将规范性视

① 参见本书第五章"汉娜·阿伦特与政治经验的诠释"。

② O'Neill, Onora, "Kant's Justice and Kantian Justice," in *Bounds of Justice*, New York, Cambridge University Press, 2000, p. 72.

③ 参见本书第六章"社会正义与理想制度：罗尔斯的政治哲学"。

野放到更现实的现代复杂社会的理论背景下进行建构。但是泮伟江认为哈贝马斯试图消化社会理论的事实性维度的工作并不成功，由此导致他的民主法治国方案也是一半成功，一半失败。①

如果说罗尔斯和哈贝马斯属于20世纪政治道德主义的代表人物，那么伯纳德·威廉姆斯便是政治现实主义的领军人物。陈德中在第八章中指出，威廉姆斯对于哲学问题的反思在两个方向上展开：对于理性主义的批评以及对于道德主义的批评。前者导致对“有历史的哲学”的呼吁，后者则把我们带入“政治现实主义”的视域。陈德中把威廉姆斯的政治思想界定为“基于多元主义的现实主义的自由主义”，其中多元主义源自伯林，而现实主义则可以追溯到尼采、马基雅维利乃至古希腊的修昔底德。如陈德中所分析的，政治现实主义对于政治道德主义的挑战主要体现在强调“政治的独特性”和“政治的自主性”上，前者是指政治有着自己应该处理的独立问题，后者是说对于这个拥有独立问题的领域的辩护是可以并且也应该独立完成的。具体到威廉姆斯这里，政治自主性这个论题至少从两个方面得以展开：“首先，政治有着属于自己的独特事务，政治要处理的是一种冲突与分歧关系。其次，关于政治正当性的辩护应该以政治的而非伦理的方式展开。”在威廉姆斯的启发之下，雷蒙德·盖斯、马特·斯里特进一步发展了政治现实主义的论题，对占据学院主流多年的政治道德主义构成了严肃的挑战和有益的启示。②

“G. A. 柯恩：平等的虔诚信徒”一章探讨的是G. A. 柯恩的政治哲学。作为当代分析马克思主义最重要的代表人物，柯恩认为关于社会主义存在三个基本问题：首先是设计问题，也即我们想要何种形式的社会主义社会；其次是辩护问题，也即资本主义的毛病出在哪里，社会主义的正当性又在哪里；最后是策略问题，也即我们如何才能实现它。葛四友指出，柯恩的主要工作集中在第二个问题上。他早期直面诺齐克的自由至上论，重点寻找诺齐克的极端右翼理论的逻辑问题与证成问题；中后期则通过批判德沃金和罗尔斯来进一步澄清自己的平等理论作为平等至上的代表。德沃金与柯恩在基本精神上是一致的，因此，柯恩更大程度上是按照自己的运气平等主义立场来重构德沃金的资源平等的。相比之下，罗尔斯的公平至上是中间派，柯恩与其共享运气平等主义的出发点，由此柯恩努力表明，罗尔斯离开这个起点是无法得到证成的。葛四友认为，由于柯恩的批判并未预设平等，而是针对被批判理论的内在论证脉络提出

---

① 参见本书第七章“辉煌的失败：对哈贝马斯民主法治国理论的方法论批判”。

② 参见本书第八章“威廉姆斯的政治哲学”。

了极重要有力的反驳，因此柯恩对上述三种理论的批判相当成功。但是柯恩的问题在于长于批判而弱于建构，并且出于种种原因，柯恩的思想没有得到应有的足够重视。①

20世纪60年代以来，共和主义的复兴成为一个不可忽视的思想潮流，在波考克、斯金纳、佩蒂特等人的推动下，诸如公共善、公民美德、积极的公民身份等共和主义议题重新得到了重视，在规范政治理论领域对自由主义构成了严肃的挑战。本书第十章以菲利普·佩蒂特的共和主义理论为例，深入探讨了他的“整体论的个人主义”和“无支配自由”理论，进而转向对佩蒂特民主思想的研究，回答了“政府对公民的何种干涉不会侵犯其自由”这一关键问题。正如作者曹钦和刘训练所指出的，佩蒂特的共和主义理论虽然面临诸多批评，但是如果没有佩蒂特的开创性研究，20世纪的“共和主义复兴”很可能会继续在思想史研究的小圈子里打转，而无法形成与主流政治哲学界的大规模对话。②

本书最后一章探讨“社群主义”。之所以用群像的方式呈现，而不是专论一个人物，根本原因在于，自70年代以来，以查尔斯·泰勒、麦金太尔、迈克尔·桑德尔、迈克尔·沃尔泽为代表的社群主义者先后登场，成为自由主义在西方学界最主要的论争对手，他们在各自领域均有精深独到的研究，如若单独成篇就会使全书篇幅过于冗长。本章首先探讨了社群主义的学理资源，然后重点讨论了社群主义与罗尔斯的政治自由主义、拉兹的自由完美主义以及以霍耐特和韦尔默为代表的新法兰克福学派的理论分歧。应奇和惠春寿指出，自由主义-社群主义之争的“前景”仍不明朗，关键原因在于对道义论和目的论的争执究竟应该如何理解和“仲裁”。此外，沃尔泽的这个论断值得读者反复咀嚼：不管社群主义的批判多么尖锐，它实质上也是自由主义的一个变种，是在自由主义内部展开的对社群主义的追求。③

在策划本书的时候，我们的指导原则是，摆脱传统的意识形态束缚，克服哲学史教材化的通病，用大论文的方式深入剖析每位政治哲学家的思想，在精神源头和哲学根基处重新审视和考察西方政治哲学的内在逻辑和动机资源，辨析西方现代性的动力与不足、优势及缺憾。随着编写过程的深入，我们越来越深刻地体会到，一部好的政治哲学史至少应该满足以下三条标准：

首先，充分尊重原著和每个政治哲人的智识水准、逻辑能力，不理念先行

① 参见本书第九章“G. A. 柯恩：平等的虔诚信徒”。

② 参见本书第十章“佩蒂特：从‘无支配自由’到‘论辩式民主’”。

③ 参见本书第十一章“瞻前顾后的社群主义”。

和六经注我，借用密尔的话说就是："在以其最佳形式得到评价以前，一种学说不可能真正得到评判。"[①]

其次，具备开阔的历史视野和健全的现实感，对政治哲人的个人遭际、时代背景与问题意识有深刻的体察和认知，非如此，则极易成为看似精致实则粗鄙的概念游戏之作。

最后，对于同一概念（concept）在不同语境下呈现为形态各异的观念（conceptions）有充分的自觉。举例来说，切不可因为柏拉图、霍布斯、休谟和罗尔斯都曾探讨过"正义"概念，便误以为他们之间分享同一种正义的观念，存在着一种"累积性的成就"，进而可以讲述一个融贯一致的政治哲学史。恰恰相反，实情也许正如柯林伍德所指出的那样，政治哲学的历史乃是"一个或多或少一直在发生着变化的问题的历史，其答案随着问题的变化而变化"[②]。也正因如此，一部好的政治哲学史应该着力澄清问题与答案的变迁过程中的草蛇灰线和重要节点，在一致性中看到差异性，在断裂处发现隐秘的关联，唯其如此，才有可能绘制出一幅精细复杂的观念"地图"。

这本《20世纪政治哲学》究竟在多大程度上满足了上述三条标准，需要交由专家和读者评判。作为编写者，我们必须承认，至少在写作体例上，本书就很难完全实现第三条标准，因为若想澄清问题与答案变迁过程中的重要节点，就必须以问题导向而不是按人头梳理，由单人撰写全书而不是多人分写各章。但是另一方面，这个遗憾又是我们早已预料并且必须承担的，在学科分类日益精细、论题研究愈发专门化的今天，个人的知识储备和理论训练难免存在缺憾，若由单人撰写本书，较易出现深浅不一和比重失调的弊病。两害相权取其轻，我们还是决定邀请不同的专家分章撰写。本书的另一个遗憾在于，出于种种原因未能将哈耶克、罗伯特·诺齐克、罗纳德·德沃金这些20世纪举足轻重的政治哲学家收入其中，虽然部分章节曾经探讨过他们的思想，但是篇幅过短，与他们的思想分量并不匹配，希望将来能有机会弥补这一遗憾。

如无意外，本书问世之时应该已是2017年的春天，而2017年正是史上第一个苏维埃政权成立一百周年之时。这一百年里，有的大国崩溃了，有的大国正在崛起，有的奇迹业已证明是幻象，有的奇迹正在展露难以为继的颓势，"9·11"的阴影尚未过去，伊斯兰国的威胁如影随形，2008年全球金融危机重

---

① ［美］罗尔斯：《政治哲学史讲义》，杨涌进、李丽丽、林航译，5页，北京，中国社会科学出版社，2011。

② ［美］罗尔斯：《政治哲学史讲义》，5页。

创新自由主义，欧洲福利国家前途未卜，以自由立国的美国遭遇右翼民粹主义和左翼民粹主义的双重夹击，自由与平等两大价值仍未得到妥善安置，历史再次走到十字路口。此情此景，让人不由地想起维特根斯坦为他的《哲学研究》摘引的题词："依其本性，进步看上去总比实际上更为伟大。"①

方此之时，政治哲学何为？政治哲人何为？翻阅《西方政治哲学史》之《20世纪政治哲学》，相信多少能给我们带来启发和安慰。最后我想用约翰·格雷的一句话来结束这篇序言："政治哲学的任务不是给实践提供基础。它在过去从来不曾有过这样的基础……政治哲学的目标是带着更少的幻想回到实践。"②

周　濂

2016年9月27日

---

① ［英］维特根斯坦：《哲学研究》，陈嘉映译，献词页，上海，上海人民出版社，2001。

② ［英］格雷：《自由主义的两张面孔》，顾爱彬、李瑞华译，142页，南京，江苏人民出版社，2002。

目　录

第一章
自由与多元论:伯林的政治思想

以赛亚·伯林（Isaiah Berlin，1909—1997）是20世纪英语世界中一位重要而独特的思想史家和政治理论家。他的思想论述旁征博引，充满深刻而锐利的洞见，但却没有形成完整的理论体系，这似乎印证了他对自己的认识——是知道许多小事的“狐狸”，而不是建构大体系的“刺猬”。然而，伯林的著作始终贯穿着两个核心的论题：自由与多元论。而他对民族主义问题的思考也与这两个论题密切关联。本章分为三节，分别探讨伯林对自由、多元论和民族主义的论述，考察他的主要观点和论证，辨析其内在紧张和难题，澄清可能的误解，从而阐明伯林的思想遗产。虽然伯林不是一位严格意义上的政治哲学家，但他的思想对当代西方政治哲学产生了广泛而深远的影响。因此，我们的讨论并不完全局限于伯林的文本，而是将他的论题置于当代学术研究的语境之中，揭示他的思想如何激发了当代学者的回应与论辩，使这些重要的政治哲学议题获得了更为丰富而深刻的理解、阐释和进展，也由此呈现伯林对政治理论发展所给予的独特启发和难以取代的贡献。

每一位伯林思想的研究者都会遭遇特殊的挑战。伯林既不是一位体系化的思想家，也不拘泥于分析哲学式的精确论证（尽管他在早年曾涉及专业哲学领域，却不愿为学科所“规训”）。他的著作才华横溢，敏锐而犀利，但时常不够严谨和融贯，这造成了理解和阐释的困难。显然，为精要地阐明伯林论述的主旨与要点，我们需要对他的文本做出相对清晰的重构，这也是本章所取的主要阐释方式。但我们也意识到，任何一种清晰的重构都难以完全吸纳伯林思想的复杂性，无法彻底消除其论述中时而出现的含混甚至自相矛盾。在某种程度上，伯林思想的独特性与丰富性恰恰体现在其不可消除的内在张力之中。他的论述风格与分析传统的政治哲学大相径庭，这或许是伯林本身的缺陷，但或许也反映出当代主流政治哲学的局限。

思想史家马克·里拉（Mark Lilla）曾经评论说："如今大学里所谓的政治哲学或政治理论几乎完全缺乏伯林试图给予读者的那种心理学和历史学上的洞见。"① 政治哲学家阿维赛·玛格里特（Avishai Mangalit）将他的挚友伯林看作"尼采所称的'Psychologue'，是法国人所称的'Moraliste'"。这里的两个术语并不是现代词典所指的心理学家和道德家。一个 Psychologue 能够"通过移情、穿透表象和语词，将自己置于人类灵魂的运思"。而在法语意义上，一个 Moraliste"关切的不是道德判断，而是识破陈规、习俗和社会表象的层面，把握真正使人们行动的事物"。在玛格里特看来，"伯林是一位 Psychologue，也是一位 Moraliste"②。

的确，在 20 世纪的西方思想界，伯林不只与众不同，他还是独一无二的。

第一节 自由及其滥用

自 1958 年《两种自由的概念》发表以来，伯林对"消极自由"与"积极自由"的论述便引起了广泛的讨论与争议，伯林本人也对此做出了回应（尤其在 1969 年版《自由四论》的导论中）。但两种自由的概念区分只是伯林探讨自由的"入口"，他对自由的论述包含两个核心论题：一是限制对自由过于泛化和庞杂的理解，试图对自由概念做出更为恰当和特定的界定；二是揭示对自由的误解、扭曲和滥用在社会政治中的危险和灾难。我们将依据伯林的文本（并参考相关的研究）对伯林的自由论述做出重构，阐释其思想内涵，并注重澄清常见的误解和疑惑。在展开讨论之前，有必要勾勒一些要点。

首先，伯林虽然不是严格意义上的哲学家，但他的思考方式具有一种哲学敏感，尤其警觉概念的笼统化使用。在他看来，"试图使政治词汇变得太精确

① Mark Lilla, "Inside the Clockwork," *New York Review of Books*, 2002 - 04 - 25.

② Avishai Margalit, "The Crooked Timber of Nationalism," in Mark Lilla, Ronald Dworkin, and Robert B. Silvers (eds.), *The Legacy of Isaiah Berlin*, New York, New York Review Books, 2001, p. 151.

便有可能使之变得无用，但是让词的用法宽泛到超出了必要的程度，对真理也是无益的"①。某种似乎能解释一切的概念实际上解释不了任何事情。概念化的工作需要以一种差异化（differentiation）方式展开，以使概念具有特定的针对性与恰当的解释力。因为任何一种无所不包的宽泛概念，在哲学上都会导致混乱，在实践中往往因失之空泛而于事无补。自由也是如此。其次，对自由概念的阐释存在着许多可能的方式，伯林对两种自由的划分，既不是界定自由概念唯一恰当的方式，也没有穷尽自由的所有含义，但这种区分对理解现代政治与思想史仍然具有特别重要的意义。而仅仅从"消极"与"积极"的角度来把握伯林的自由论是有局限的，甚至是有误导性的。最后，伯林并不是消极自由的盲目鼓吹者，他意识到了消极自由的局限，也没有否认积极自由的价值。这两种自由都是人类生活追求的真实价值。两种自由都有其"确真的"（trust）形态和被歪曲或滥用的状态。但相比之下，对积极自由的滥用更具有欺骗性，而消极自由更接近自由原初的与日常的含义。

一、两种自由的概念

伯林指出，自由的概念极为含混而复杂，思想史上可能存在"200多种定义"，但有两种核心的含义卷入了"丰富的人类历史"，因而特别值得关注。他"遵循先例"，将这两种自由的概念分别称为"消极自由"和"积极自由"。② 我们在《自由论》（*Liberty*）等作品中可以发现许多段落，试图以多种不同的方式来解释这两个概念。③ 然而，单独选取其中的任何一段界定性文字，都不足以清晰地说明这两种自由的确切含义以及它们之间的真正区别。实际上，阐明伯林所说的两种自由的概念远比人们通常预想的更为困难。

---

① 本章对《自由论》一书的引文，基本取用现有中译本的译文，但一些引文在笔者核对原文后做了必要的修改或调整，凡此将在注释中同时标明英文原著的页码（此后不再特别说明）。［英］以赛亚·伯林：《自由论》，胡传胜译，231页，南京，译林出版社，2003；Isaiah Berlin，*Liberty*，Henry Hardy（ed.），Oxford，Oxford University Press，2002，p. 204。

② 参见［英］以赛亚·伯林：《自由论》，189页；Isaiah Berlin，*Liberty*，pp. 168－179。

③ 伯林曾以不同的方式来界定自由的概念。在《自由论》中至少可以发现五处界定性的文本段落。（［英］以赛亚·伯林：《自由论》，36、46、174、189页；Isaiah Berlin，*Liberty*，pp. 32，41，169，174。）相对而言，最完整的定义出现在一个较长的注释中。它指出自由取决于五个要素：(1) 有多少可能性向我展开；(2) 实现这些可能性的难易程度；(3) 这些可能性对我有多重要；(4) 别人开启或关闭这些可能性的程度；(5) 我所在的社会对这些可能性的评价。（［英］以赛亚·伯林：《自由论》，199页，注释19；Isaiah Berlin，*Liberty*，p. 177，note 1。）由此，我们可以得出一个简化的定义：一个人的自由是对其开放的可能性，这些可能性未被他人阻碍，并且这些可能性是重要的（对这个人及其所属的社会而言是有价值的）。

在最为流行的解释中，消极自由是从“negative”（否定、消极或负面）的角度来界定自由，指“免除”或“摆脱”（free from）某种不可欲的障碍或干涉；而“积极自由”则是以“positive”（肯定、积极或正面）的方式来理解自由，指“得以”（free to）实现或达成某种可欲的目标或状态。但这种流行的表述本身存在着缺陷，虽然也被伯林援用，却不是他区分两种自由概念的主要方式。一个明显的证据是，伯林自己也常用积极（正面）的方式来解释消极自由，自由的范围被界定为有多少可以“打开的门”。[①] 并且说：“若要坚持主张将自由的价值等同于一个自由选择之领域的价值，实际上就是一种自我实现的学说……并主张这更接近于积极自由而不是消极自由，对此我不会有很大的反对。”[②] 他也曾用消极（负面）的方式来解释两种自由：“自由概念的本质，不论在其‘积极’还是‘消极’的意义上，都是抵挡（holding off）某物或某人——抵挡试图闯入我的领地或对我施加权威的人，或者抵挡幻想、恐惧、焦虑、非理性的力量之类的入侵者或专制者。”[③]

显然，伯林早已意识到，消极自由有积极的面向，而积极自由也有消极的面向，因此，他不会对麦卡勒姆（MacCallum）1967 年发表的著名批评文章感到意外。麦卡勒姆认为只存在一种“三位一体”的自由（自由总是某人摆脱什么、去做或不做什么的自由）。[④] 他的批评并没有说服伯林，但却以更为精致的方式挑明了伯林已经意识到的问题：仅仅依据“消极”与“积极”的分野无法有效地阐明伯林意欲区分的两种自由概念。伯林仍然确信，积极自由与消极自由是两种不同的自由概念，无法在麦卡勒姆的“三位一体”的框架中合二为一。但对于如何恰当地阐明两者之间的区别，他自己有些举棋不定。

在更早期的作品中，伯林曾使用过几对概念（“自由主义的自由”与“浪漫主义的自由”，“政治自由”与“道德自由”，“法理自由”与“道德自由”）来辨析两种自由的区别，但没有找到完全令人满意的术语，因而只是出于“遵循先例”的方便，沿用了“积极自由”与“消极自由”这一对术语。[⑤] 在《自由论》一书中，伯林尝试过多种不同的表述。有时，他认为两种自由的概念源

① 参见［英］以赛亚·伯林：《自由论》，36、46 页。

② ［英］以赛亚·伯林：《自由论》，60 页；Isaiah Berlin，*Liberty*，p. 53。

③ ［英］以赛亚·伯林：《自由论》，231 页；Isaiah Berlin，*Liberty*，p. 204。

④ Gerald C. MacCallum，“Negative and Positive Freedom，” *Philosophical Review*，1967（76），pp. 312－334.

⑤ 参见［英］以赛亚·伯林：《浪漫主义时代的政治观念》，王岽兴、张蓉译，北京，新星出版社，2011。

自不同的问题意识，消极自由着眼于“不被干涉”的“领域”，而积极自由主要着眼于自由（或不自由）的“根源”。① 两种自由对应于不同提问及回应方式：消极自由追问的是“政府干涉我到何种程度”或者“我能够自由地做或成为什么”；而积极自由主要关切的是“谁统治我”或“谁告诉我我是什么不是什么，能做什么不能做什么”。两种问题具有“逻辑的差异”，虽然它们的回答有可能重叠。② 有时，他主张积极自由的含义源自“成为自己的主人”，希望自己“成为一个主体，而不是客体”，而消极自由是“不受别人阻止地做出选择的自由”，并认为两种自由的概念初看起来逻辑上的差距并不大。③ 还有些时候，他将消极自由理解为（法律所保障的）个人自由，而将积极自由对应于“民主的自治”或“自我管理”，认为它们之间没有必然的关联。④

伯林的两种自由的概念引起了持久而广泛的讨论。积极自由与消极自由是两种相互独立的自由概念吗？倘若如此，它们各自的含义以及区别究竟是什么？对此学者之间存在着争论。比如，斯金纳（Quentin Skinner）反对麦卡勒姆的批评，认为伯林对积极自由的理解无法被纳入那种三位一体的自由概念。斯金纳指出，伯林将自由的积极含义解释为“成为自己主人的观念”，但其真正的含义是指“控制你的自我”，虽然这种观念仍然可能落入（消极的）摆脱强制的观念，但伯林借助这个观念暗示了“成为自己”等同于“自我实现”，这是“处于最佳状态的我的这样一种自我观念”。在斯金纳看来，这才是一个独立的积极自由的概念。⑤ 而泰勒（Charles Taylor）认为，伯林对两种自由的区别实际上在于消极自由是一个“机会概念”（an opportunity-concept），而积极自由是一个“实施概念”（an exercise-concept），这似乎确认了伯林自己所说的“自由是行动的机会，而不是行动本身”⑥。但在泰勒看来，消极自由未必要依赖于这样一种“机会概念”，因为它也包含“自我实现的概念”，因此借用“实施”与“机会”概念差异也难以厘清两种自由的区分。⑦

那么，如何才能恰当地阐明伯林所称的两种自由的概念？无论是伯林自己

---

① 参见［英］以赛亚·伯林：《自由论》，189、198 页。

② 参见［英］以赛亚·伯林：《自由论》，40、189、198～199 页。

③ 参见［英］以赛亚·伯林：《自由论》，200 页。

④ 参见［英］以赛亚·伯林：《自由论》，59、198 页。

⑤ 参见［英］昆廷·斯金纳：《第三种自由概念》，见应奇编：《第三种自由》，138～139 页，北京，东方出版社，2006。

⑥ ［英］以赛亚·伯林：《自由论》，39 页。

⑦ 参见［加］查尔斯·泰勒：《消极自由有什么错?》，见应奇、刘训练主编：《后伯林的自由观》，168～169 页，南京，江苏人民出版社，2007。

的阐述还是学者们的各种评论，似乎都还未能提出任何一个完全令人满意的表达。在此，我们提出一个可能的解说方式，它本身并不完善，也未必优于其他学者的阐述，但有助于澄清和归纳伯林意欲阐明的两种自由之间的几项主要的区别。我们的解说方式借助了麦卡勒姆的论证框架和其中的三个变量。

麦卡勒姆认为，社会和政治的自由"始终是指行动者摆脱某些强迫或限制、干涉或妨碍，去做或不做什么、成为或不成为什么的自由。因此，这种自由始终是某人的（of）摆脱（from）什么、去（to）做或不做什么、成为或不成为什么的自由；它是一种三位一体的关系。用一个公式来表示就是：'X 在摆脱 Y 去做（或不做、成为或不成为）Z 上是（或不是）自由的'，这里，X 代表行动者，Y 代表诸如强迫、限制、干涉和妨碍这些'约束性条件'，而 Z 代表人或环境的行动或条件"[①]。

我们可以在这个概念框架中，对照伯林所指的"消极自由"和"积极自由"[②] 在 X、Y 和 Z 这三个变量上的不同"取值"（理解或观念），来区分两种自由的概念。假定自由是指 X（行为主体）摆脱 Y（障碍）得以达成 Z（行动、条件或状态），那么，消极自由与积极自由对 X、Y 和 Z 的理解分别具有以下彼此不同的特征。

首先，变量 X 是指行为主体（个体或群体）。在积极自由的概念中，X 常常是一个二元分立的主体：一面是"真实的""高级的""理性的"自我，一面是"虚假的""低级的""非理性的"自我。故而，行为主体的愿望也有相应的区分。自由并不是满足碰巧出现的一切（实际的）欲望，而是指向实现真实的、高级的或理性的愿望，这往往意味着不是去"屈从"而是克服低级的和非理性的欲望。而在消极自由的概念中，X 是一个如其所是的"经验自我"（或"现象自我"），内部可能存在着多重紧张，但 X 并不因此而分裂为具有高低之别的双重自我。自我的愿望或欲求是多样的，彼此之间也可能冲突，但它们之间是否有真假、高低或对错之分与消极自由并不相关。自由意味着实现这些愿望的可能。换句话说，自我产生的欲求是如其所是的"实际的（actual）愿望"，而不关心这种实际的愿望（在道德或哲学意义上）是不是"真正的（real）愿望"。

其次，变量 Y 指 X 需要免除或摆脱（free from）的障碍。从积极自由的角

---

① ［美］杰拉尔德·麦卡勒姆：《消极自由与积极自由》，见应奇编：《第三种自由》，41 页。

② 本章以下使用的"消极自由"和"积极自由"，特指伯林本人试图阐释和区分的两种不同的自由概念。

度看，Y 一方面似乎是非常宽泛的。凡阻碍或限制了实现“真正愿望”的因素都是自由的障碍。这些障碍可以是 X 内部（生理和心理）的缺陷，或其本身能力的缺乏，也可以来自 X 的外部（自然的和人为的）。但另一方面，积极自由概念中的 Y 又相当狭隘。比如，强制未必都是自由的障碍，如果是对虚假、低级和非理性的欲望所施加的限制，那么这种强制不仅不是实现自由需要摆脱的障碍，反而有益于实现自由。而对消极自由来说，“障碍”需要满足一些特别限定才称得上对自由构成了障碍。伯林对 Y 做出了四项限定，分别是外部性限定、人为性限定、机会限定和重要性限定。Y 必须是人所面对的外部障碍，而非其内心的障碍；障碍必须是人为（有意或无意）造成的，而不是自然或偶然存在的；Y 不必对 X 的实际行动构成实际的阻碍，只要剥夺或限制了 X 行动的可能（options）或机会（opportunities）就构成了障碍；被剥夺或严重限制的那些机会或可能性应当是重要的，不仅对 X 的特定偏好而言，而且在其所处的文化或社会环境中也被视为重要的。

最后，变量 Z 是指 X“得以”（free to）实施的行动或达成的处境（条件）。对积极自由而言，Z 具有一种总体性的要求：真正的“自主”“做自己的主人”或“自我实现”。在这个意义上，自由就是得以开展或达成与这种总体性要求目标相一致的行动或状态。而消极自由的目标要求则相对含混，Z 可以说是获得和维持一个相对不受干涉的独立领域、范围或可能性（“可以打开的门”），在其中 X 得以如其所愿地做出实际的和潜在的选择。自由意味着拥有足够大的这样的领域，但 X 未必需要实施行动，其目标也未必是明确的。就变量 Z 而言，两种自由的概念具有某种非对称性（积极自由要求明确的肯定性目标，而消极自由则不需要），这是伯林一个重要却未被充分阐明的洞见（本节最后将予以讨论）。

借用麦卡勒姆的三变量结构，我们综合性地重构了伯林对两种自由概念的主要（并非全部）界定性特征。[①] 但这只是可能的阐释方式之一。由于伯林的表达具有一定的含混甚至自相矛盾之处，所以任何重构都不可能完全令人满意（获得所有相关文本证据的支持）。但这种对比方式至少能够帮助我们理解伯林力图阐明的消极自由的特定性（specificities）。以这些特定性来看，许多让人感到“不自由”的状态与伯林所界定的消极自由无关。比如，我想要戒酒但缺乏坚定的意志，或者我向往纯洁的宗教生活，但我沉湎于声色犬马的诱惑，于

① 需要指出的是，伯林对两种自由概念的区分或许要求同时满足上述三项变量的全部观念差别，而不能化约为其中任何一个单独变量的不同理解。

是处在内心的冲突和挣扎之中；我想要独立行走，但我身体有残疾，或者我想要成为钢琴家，但我缺乏特殊的音乐才能：这些障碍都阻碍了我实现自己的愿望，但没有满足“外部性限定”，因而与（消极）自由无关。我要出门散步，但正好遇到大暴雨；我想要和恋人随时相聚，但我们身处两地，远隔千山万水；我想要周游世界，却没有足够的财富：这些障碍虽然是外部的，但不是他人“人为”制造的结果，因此也与（消极）自由无关。[①]

当然，所有这些不利因素都会妨碍我们追求美好的生活，或对我们造成严重的挫折，我们甚至会在日常语言中用“不自由”来形容这些遭遇挫折的处境。伯林从未否认这些问题的重要性和真实性，但除非这些障碍是外在的和人为造成的，否则在他看来它们就都不是与自由尤其不是与政治自由相关的问题。（消极自由之外的问题未必一定落入积极自由关注的领域，因为这两种自由的概念并没有穷尽所有与自由关联的问题领域。）伯林对（消极）自由概念附加了各种限定，这显示了他在哲学上格外敏感于概念的特定性，因为他相信唯其如此，理论才有助于澄清和把握经验世界。人类生活会面对各种各样的挫折，但将这些不可欲的挫折状态都视为“不自由”或“缺乏自由”，则会在概念上导致笼统化的混乱。这既无益于我们理解何为自由，也无法帮助我们战胜这些挫折。缺乏自由只是各种各样不可欲状态中的一种，它并不是唯一的（有时也不是最重要的）挫折。而只有当我们澄清了自由（尤其是政治自由）的特定含义，我们才可能理解争取自由意味着什么，也才能更有效地追求自由。

总的来说，伯林对消极自由的解释较为具体和周全，而对积极自由（确真含义）的阐述则相对笼统，他着眼于自我主导或自我实现这一典型类别，而将大量的篇幅用以揭示积极自由的扭曲形态和滥用的后果。于是，我们需要转而讨论自由的扭曲形态。

二、自由的扭曲与滥用

伯林对自由的论述有其复杂性、含混之处以及某些表述缺陷，这造成了各种误解和阐释的困难。要澄清伯林关于两种自由以及它们对政治实践之影响的思想，我们需要分别把握他三个层次的论题：（1）两种自由是同等重要的终极价值；（2）两种自由都有可能被扭曲和滥用，但积极自由的滥用更具有欺骗

---

① 参见［英］以赛亚·伯林：《自由论》，190～191页。

性；(3) 消极自由比积极自由更接近自由的“原初”含义。

首先，伯林对自由的阐释根植于他深信不疑的价值多元论：人类生活存在着多种无法彼此化约的终极价值（这是本章下一节讨论的主题）。据此，伯林主张，免于人为干涉的消极自由与自我主导的积极自由，都是值得追求的真实的人类价值。他意识到，许多人将《两种自由的概念》解读为“反对积极自由，无条件地为消极自由辩护”，对此他明确表示：“这不是我的初衷……我并不是在为与其‘积极的’孪生兄弟相对立的‘消极’（自由）概念提供空白的背书，因为这本身恰恰会构成整个论证所针锋相对的那种不宽容的一元论。”[①] 伯林反复澄清：“‘积极’自由是一种普遍有效的目标。我不知道我为何被说成是对此表示怀疑的。”[②] 在伯林看来，两种自由在原则上没有高下之分，“在历史和道德意义上，都有同等权利被归入人类最为深刻的利益之列”[③]。它们在不同的具体情境下可能呈现为不同形态的关系：可能互补，可能相容，可能冲突，也可能相互独立。既然如此，为什么伯林会给人留下“偏爱消极自由而反对积极自由”的强烈印象？要回答这个问题，我们需要进入他第二个层次的论述。

伯林认为，两种自由都有各自“确真的”含义，也都有其偏离（扭曲或堕落）的形态，因此都可能被滥用。但相较而言，对积极自由的滥用往往更具有伪装性，危害也更大。

> 积极自由的观念确实发生了变态而走向其反面——对权威的尊崇神化，这长久以来已经成为我们这个时代最为熟悉、最具压制性的现象之一。而无论出于何种理由或原因，“消极”自由的观念（……），无论其各种放纵形态的后果多么具有灾难性，在历史上却未曾像其对应的“积极”观念那样，如此经常或有效地被它的理论家们扭曲，变成如此晦暗的形而上学之物，或如此社会性的险恶之物，抑或如此远离其原初意义的东西。后者（积极自由）可以被转变成它的对立面，却仍然能利用与其纯真起源有关的有利联系。前者（消极自由）则更为经常地被视为（无论是好是坏）如其所是的东西，而对它蕴含的灾难性影响的强调，在过去数百年间从未缺失。因此，揭露积极自由的种种失常，在我看来要比揭露其消极兄

① ［英］以赛亚·伯林：《自由论》，56 页，注 46。
② ［英］以赛亚·伯林：《自由论》，44 页。
③ ［英］以赛亚·伯林：《自由论》，239 页；Isaiah Berlin，*Liberty*，p. 212。

弟的失常更为必要。[①]

伯林之所以要将批判的主要篇幅和着力点置于积极自由（而非消极自由）的扭曲和滥用，是由于积极自由可以在被完全颠倒的同时仍然保有“自由”的纯真名号，并继续以自由之名犯罪行恶。而相比之下，消极自由造成的危害远不具有那么强的欺骗性，因此更容易被人识破，也从来不缺乏对它的揭露与批判。

那么，为什么积极自由更容易被歪曲和滥用？在此，伯林的经验主义取向是至关重要的。在他看来，政治理论需要概念的抽象化建构，其中总是蕴含着风险。正当的理论建构基于人类的生活经验，通过概念化的抽象能够更为有效地理解和解释经验世界。而不正当的理论建构，虽然可能源自人类经验，却最终在不恰当的抽象化过程中背离或扭曲了经验世界。积极自由的概念更容易陷入这种不幸的命运，很大程度上是因为它比消极自由的概念离经验世界更远。

一个人在某时某刻有某种“欲求”，只要这种实际的欲求（不论好坏）没有受到人为的外部干预，那么以消极自由的观点来看，此时此刻这个人就是自由的，这在经验上相当直接而明确。但若以积极自由的观点来考察，情况就复杂得多，需要探究这种实际的（actual）欲求的品质：它究竟是来自“真实的自我”“高级的自我”或“理性的自我”的真正的（real）欲求，还是出自“虚假的自我”或“低级的自我”的某种“非理性的冲动，不受控制的欲望”？根据积极自由的自我主导（自我掌控）原则，一个人只有在“自主”的时候才是自由的，这就是说，当一个人遵循自己的真正欲望，亦即他自己的理性信仰时，他才是自由的。而虚假的自我在本质上是对真实自我的背离，满足虚假的欲求在本质上背离了自我主导，因而是对自由的否定。相较而言，实现积极自由的条件和路径也更为复杂，甚至在直觉经验上可以是反（消极）自由的。

显然，积极自由诉诸一种更为抽象的形而上学的自我概念与自我主导的概念，这往往暗示着“人针对其自身分裂”，在历史、学说和实践中，都很容易导致人的二元分裂：“超验的主导性的控制者，以及有待被规训并使其就范的欲望与激情的经验集合。”[②] 一面是作为主人的“至高自我”或“更高级的”“真实的”或“理想的”自我；一面是需要被统治的“低劣的日常自我”或

---

① Isaiah Berlin，*Liberty*，p. 39. 这段引文由笔者重新翻译。中译本的相应段落有一处误译和一处遗漏（参见［英］以赛亚·伯林：《自由论》，44～45 页。）

② ［英］以赛亚·伯林：《自由论》，203～204 页；Isaiah Berlin，*Liberty*，p. 181。

“更低级的”“经验的”“心理的”自我或天性。[1] 伯林认为，“两种自我”的形而上学观念由来已久且广泛存在，影响深远。它起初并非没有经验的基础，源自人们多少都会有的“内在紧张的真确经验”。但这种经验经过一系列貌似深刻的抽象化建构，最终可能完全背离了人们的经验世界，将“更高级的”自我等同于“体制、教会、民族、种族、国家、阶级、文化、政党”以及诸如“公意”“最进步阶级的先锋队”或“神意的显现”等含混的实体。那些倾向于形而上学的论者，将自由理解为“真实自我的实现——不是在个体之中，而是体现于比有限个体的时空经验更广泛的制度、传统和生活形式之中”[2]。这就为扭曲和操纵留下了巨大的空间，“自由就可以被造就为意指操纵者所想要的任何含义”[3]。

伯林辨识了积极自由的两种典型的扭曲形态，在思想史和政治实践的历史上造成了深刻的影响。其一是所谓“向内迁移”的形态：由于真正的自我主导在现实中难以实现，因而转向“退回内在城堡”的遁世主义。古希腊的斯多葛哲学以及佛教都体现了这种类型。在此，自我主导的最佳方式不是实现欲望，而是最大限度地抑制甚至消除欲望本身。这种“积极自由”不是取“自由地去做”（free to do）的方式，而是取“自由地不去做”（free NOT to do）的形态，至少从外部的经验视角来看，转变为“极度消极的自由”，类似于所谓“无欲则刚”：对财富的欲望可以通过鄙视金钱来消除，路障的阻挡可以通过不想上路来克服，暴政的威胁可以通过转变内心原初的政治理想来避免。凡此种种是主张“我必须教会自己不去欲求我无法拥有的东西，一个被消除或被成功抵制的欲望和一个被满足的欲望一样好”，这等同于那种酸葡萄学说：“没有把握得到的，就不会是我真正想要的。”[4] 由此，我们因为没有屈从于自己的欲望而成为自己的主人。“如果我发现对于我意愿之事力不从心或完全无能为力，那么，我仅仅需要收缩或灭绝我的意愿就能获得自由。”[5] 在这种向内迁移的模式中，争取自由的事业不再是针对外部障碍的政治斗争，而是转移到自己内心世界的道德努力，它不仅可以回避或放弃抵抗外部的强制，甚至可能要求外来的干涉和强制，以此来帮助自我去消除那些内心的低级欲望。

---

① 参见［英］以赛亚·伯林：《自由论》，41页；Isaiah Berlin，*Liberty*，p. 36。
② ［英］以赛亚·伯林：《自由论》，41～42页；Isaiah Berlin，*Liberty*，pp. 36－37。
③ ［英］以赛亚·伯林：《自由论》，204页；Isaiah Berlin，*Liberty*，p. 180。
④ ［英］以赛亚·伯林：《自由论》，209页；Isaiah Berlin，*Liberty*，p. 186。
⑤ ［英］以赛亚·伯林：《自由论》，210页；Isaiah Berlin，*Liberty*，p. 186。

积极自由的第二种扭曲形态是将“真正的自我”等同于集体的“大我”，理解为某种个人置于其中而高于个人的“社会整体”：部落、种族、教会、国家，等等。而“真正的自由”则体现为与某种国家意志、集体意志或某种规律的同一化。伯林指出：“一旦我采取这样的观点，我就处于这样一种位置——忽视人们或社会的实际愿望，以他们‘真实的’自我之名并代表他们的这种自我，去欺凌、压迫、折磨他们，并确信自己知道：无论一个人的真正目标是什么（幸福、履行责任、智慧、公正社会、自我实现），该目标必定与他的自由相一致，这自由是他‘真实的’（却常常是潜伏的、难以言说的）自我的自由选择。”① 极权主义以及各种对人的奴役往往通过这种观念得到辩护。这种形态的积极自由滥用典型地体现为“自由即强制”。个人虽然在表面上受到了外部的干涉与强制，但这种强制“在本质上”迫使他避开虚假自我的诱惑和陷阱，使得他能够遵循“真实”自我的意志去行动，从而在本质上达成了自由。强迫变成了自由，这就是卢梭所谓“强迫人们自由”的含义。于是积极自由就产生了这样一种扭曲过程：“起初作为自由学说的东西结果转变为权威的学说，而且常常成为压迫的学说，并成为专制主义偏爱的武器，这种现象在我们自己的时代太过熟悉了。”②

与此同时，伯林也提醒我们，消极自由无法摆脱被扭曲与滥用的厄运（虽然更少欺骗性也就更容易被识别）。首先，伯林指出，消极自由并不能免于“自我的形而上学理论”的影响，这一点往往被人忽视。③ 自我分裂的二元论所导致的“魔术般的转变”或“戏法”，也“无疑能够同样容易地侵入‘消极’的自由概念”。或许是由于“低级欲望”往往比“高级欲望”更容易受到外部的干扰，因此免于外部干涉（消极自由）的动机，也可能借用自我的二元论而“退入内心的城堡”，由此“摆脱”外部的干涉。但这是消极自由的扭曲形态，因为这种“免于干预的自我”不再是具有“实际愿望与需求的个体”，而变成所谓内在的“真正的”人，他“追求的某种理想目标是他的经验自我未曾梦想过的”。此外，如同在积极自由概念中发生的扭曲一样，消极自由也有可能将“真正的自我”理解为超越经验自我的集体“大我”。④ 但伯林认为，“这类似是而非的论证和惯用戏法”较少用来掩饰与消极自由兼容的罪恶，而更多地为

① ［英］以赛亚·伯林：《自由论》，202 页；Isaiah Berlin，*Liberty*，p. 180。

② ［英］以赛亚·伯林：《自由论》，42 页；Isaiah Berlin，*Liberty*，p. 37。

③ 感谢哥伦比亚大学政治学系林垚博士提醒我注意到相关的文本段落。

④ 参见［英］以赛亚·伯林：《自由论》，203 页；Isaiah Berlin，*Liberty*，p. 181。

“更凶险形式的积极自由的拥护者所利用”[①]。

然而，伯林从未否认消极自由在实践中被滥用的大量事实，尤其是在经济领域内，可能造成了严重的非人道状况。他当初在1958年的演讲中之所以没有对此多着笔墨，只是由于他“原以为”这一切都十分明显，已为人所共知：“我原以为，今天已经不必去强调经济个体主义与无约束的资本主义竞争的那些血淋淋的故事。……我原本假定，对于在无拘束的经济个体主义支配下个人自由的命运，都已经被关切这一主题的几乎所有严肃的现代论者说得足够多了。”[②] 但无论前人的批判是否充分，伯林自己必须为此“补刀”，否则便涉嫌为消极自由作“空洞的背书”。于是，伯林在新版的《导论》中以相当的篇幅集中历数了消极自由的局限性以及对它的滥用可能带来的各种弊端，主要包括以下三个方面（这些观点实际上也出现在他最初演讲的不同段落之中）。

首先，“信奉消极自由兼容于各种严重与持久的社会之恶，并对其产生起过作用（就观念对行动的影响而言）”。倡导不干涉的自由曾被用来支持各种弱肉强食的“在政治和生活意义上具有毁灭性的政策”。伯林很清楚，“法律自由”本身并不能防止而是可能兼容于“极端的剥削、残暴和不义”[③]。的确，消极自由很难兼容于某种“特定类型的独裁”或“自治的缺乏”，却可兼容于某种暴君统治。这种暴君可以让其臣民享有广泛的个人自由，但完全可能是“不公正的，或鼓励最野蛮的不平等，对秩序、美德和知识漠不关心”[④]。因此，与他的“思想盟友”哈耶克不同，伯林在社会经济政策上倾向于社会民主主义。他相信，我们有“压倒性的强有力的理由，来支持国家或其他有效机构的干预，以便保障个体（获得）积极自由以及至少最低限度之消极自由的条件”。他甚至认为，“出于对消极自由主张的考虑”也同样可以有效地构成支持的理由，用来支持“社会立法和规划、福利国家和社会主义”。如果这在历史上并不常见，那么是因为“消极自由概念作为武器所直接反对的罪恶，不是自由放任，而是专制主义”。在伯林看来，“过度的控制与干涉”和“不受控制的‘市场’经济”都是危险的，分别与两种自由概念各自的堕落形态有关。但在特定的历史时期，某一种危险更值得关注。伯林相信在自己所处的“当前”（20世纪60年代），“‘积极’自由的修辞，至少是以其扭曲的形态……继续扮演着它

---

① ［英］以赛亚·伯林：《自由论》，43页；Isaiah Berlin，*Liberty*，p. 37。
② ［英］以赛亚·伯林：《自由论》，43页；Isaiah Berlin，*Liberty*，p. 38。
③ ［英］以赛亚·伯林：《自由论》，42～43页；Isaiah Berlin，*Liberty*，pp. 37－38。
④ ［英］以赛亚·伯林：《自由论》，198页；Isaiah Berlin，*Liberty*，p. 176。

的历史角色（同时在资本主义和反资本主义的社会中）：以更广泛的自由为名，充当专制主义的外衣”[①]。因此，伯林之所以更为关注积极自由滥用的危险，有其对历史特定性的把握，而不是出于理论的一般原则。

其次，消极自由并不总是“每个人的第一需要”。伯林早就指出：“对于衣不遮体、目不识丁、处于饥饿与疾病之中的人们，提供政治权利或保护他们不受国家的干涉，等于是在嘲笑他们的处境。在他们能够理解、运用和增进他们的自由之前，需要的是医疗救助或教育。”[②] 在后来的《导论》中他重申，对这些穷苦和弱势者而言，“享有如其所愿地花钱或选择教育的法律权利”变成一种“可恶的嘲讽”。如果无法对个人或群体提供行使消极自由的最低条件，那么消极自由“对于那些或许在理论上拥有它的人来说，便没有多少价值或毫无价值”。这在伯林看来是如此显而易见，以至于原本以为不必老调重弹。[③]

最后（在笔者看来也是最重要的），伯林还提到了与托克维尔类似的忧患：消极自由的滥用最终有可能会危及自由权利本身，进而危及民主制度。他感到自己有必要“更为明确”地指出：“无约束的自由放任（unrestricted laissez-faire）的恶，以及允许和鼓励这种恶的社会和法律体制，导致了粗暴违背‘消极’自由——违背各种基本人权（这总是一个消极概念：一道抵御压迫者的墙），包括自由表达和结社的权利，而没有这些权利，或许还能存在正义和友爱甚至某种幸福，但不会存在民主。”[④]

三、自由原初的含义

依据伯林最明确的表述，两种自由都是重要的终极价值，在原则上没有高低之分，它们在实践中都有可能被扭曲和滥用而造成社会灾难。就这两方面而言，伯林在两种自由之间没有明确的倾向（除了警示积极自由的滥用更具欺骗性之外）。然而，在他看来，消极自由比积极自由更接近自由“更为基本和更为日常的含义”或原初意义。正是在这个意义上，伯林的确倾向于肯定消极自由，或者说，人们对于伯林“支持消极自由，反对积极自由”的普遍印象，并不完全是流行的误解。既然两种自由各有其价值，也各有其局限，那么为什么伯林要倾向于以消极的方式来理解自由？为什么智慧敏锐的伯林要坚守这样一

① ［英］以赛亚·伯林：《自由论》，43～44 页；Isaiah Berlin，*Liberty*，pp. 38－39。

② ［英］以赛亚·伯林：《自由论》，192 页；Isaiah Berlin，*Liberty*，p. 171。

③ 参见［英］以赛亚·伯林：《自由论》，43 页；Isaiah Berlin，*Liberty*，p. 38。

④ ［英］以赛亚·伯林：《自由论》，43 页；Isaiah Berlin，*Liberty*，p. 38。

个似乎问题重重的消极概念？在此，我们需要进入伯林自由论述的第三个层面，即理论概念与经验世界的关联。他的根本问题意识是要让自由的概念“落地”——最大限度地贴近人们的日常生活经验。

“自由”这个名词被用来表达如此多样的（个人或群体的）状态、愿望和理想，什么才是它最恰当的含义和用法？在伯林的视野中，存在着一种普遍、深刻、强烈而朴素的人类体验，一种否定性的（消极的）体验——强制，奴役是其极端形式。作为一种跨文化和跨历史的普遍经验，强制是不可化约的人类苦难（human suffering），而与此共生的反对强制（“我不愿意！”或“不要强迫我！”）也是普遍存在于所有年代和所有文化中的人类经验。在伯林看来，摆脱强制在描述意义上是一种真切和原初性的人性愿望，在规范意义上它直接关涉个人尊严的基本（底线）价值。如果需要为它命名（作概念化的表达），那么将“自由”这个词留给这种经验和价值是最为恰当贴切的：“自由的根本意义是摆脱枷锁、摆脱囚禁、摆脱他人奴役的自由。其余都是这个意义的延伸，如若不然，则是某种隐喻。”① 自由当然可能（实际上已经）被用来表达其他的经验或价值（“自我主导”“解放”或“道德胜利”等），而且并非没有其理据。但伯林坚持认为，在自由的“家族概念群”所指涉的种种人类经验中，他所界定的“消极自由”对应了最基本（低位）、最切近、最直接相关的体验，这就是伯林所谓“自由的更加基本的意思，以及胜利的更加日常的意思”，必须区别于“精神的自由”（如“道德的胜利”）。②

伯林认为，自由不能被界定为“任何一种挫折的缺乏，这会让这个词的意义膨胀起来，直到最后它的含义不是太多就是太少”③。将摆脱强制作为自由的原初经验，并以此为基础，将自由（以否定性的方式）界定为“外部人为干涉或强制的缺乏”，就赋予自由明确而特定的意义。这将有益于避免概念笼统化所造成的理论混乱，同时也有助于在实践中辨识“假自由之名行反自由之实”和伪装欺骗。④ 伯林当然承认，在某些特定的情况下，强制可能是必要的，消极自由可能需要（或应当）向其他价值让步，甚至做出牺牲。但是他反复揭露并严厉抵制一种似是而非的修辞术或者一种“概念魔术”——能够将牺牲“转译为”所谓“更高的实现”。他要强调的是，如果自由必须被牺牲，我们就应

① ［英］以赛亚·伯林：《自由论》，54 页；Isaiah Berlin，*Liberty*，p. 48。

② 参见［英］以赛亚·伯林：《自由论》，36 页；Isaiah Berlin，*Liberty*，p. 32。

③ ［英］以赛亚·伯林：《自由论》，192 页；Isaiah Berlin，*Liberty*，pp. 171－172。

④ 参见［英］以赛亚·伯林：《自由论》，36 页；Isaiah Berlin，*Liberty*，p. 32。

该说“这是牺牲了自由”换取了安全、秩序或别的什么。必要的牺牲仍然是牺牲，而不能被误作或谎称为获得了“更高的自由”。如果一个人因为幼稚、蒙昧或困于非理性的冲动之中，必须通过强制才能使他免于灾难，那么我们就应该说，这是为了他自己的利益而对他实施了强制。但正当的强制也依然是强制，而不能被曲解为“顺应了他真正的意愿”——这是他内心“真正的”意愿(虽然未被他自己意识到)，并进一步将此曲解为他“在本质上”没有受到强制，因此“在本质上”就是自由的。[①] 诸如此类的修辞术（在最极端的扭曲情况下）甚至可以将强暴“阐释”为满足了受害者最深层而隐秘的愿望。伯林看到，现代（尤其是 20 世纪）政治历史中，最为触目惊心的一幕就是以自由为名实施强制，并将强制的结果宣称为“真正的自由”。这些政治灾难在理论上源自种种背离经验世界的自由概念以及对自由概念的扭曲和操纵，这正是伯林深恶痛绝的“概念的魔术或戏法”。去除这些魔术或戏法的魔力，正是伯林执意要以消极的方式来界定自由的用意之一。

当然，消极自由并不是人们追求的唯一价值，在许多情况下也不是最优先的价值。一个人获得了摆脱强制的自由，未必就拥有幸福的人生。但缺乏这个价值，他的生活总是在某种重要的意义上是残缺的，因为他处在“不愿意”的境遇之中。无论外人的强制有多少正当或伪装的理由，他“自己是否愿意”对他的生活仍然足具分量。虽然在许多情况下，这种自由的价值需要或不得不与其他价值作权衡与妥协，但自由的分量仍然不可抹去。无论是谁，无论出于何等高尚的动机，要根本抹去这个价值的分量，那就是“对如下真理的犯罪：他是一个人，一个要过他自己生活的存在者”。伯林很清楚，这个真理是一种个人主义的观念，当然备受争议。然而，“每一次对公民自由与个人权利的呼吁，每一次反对剥夺和羞辱、反对公共权威的侵蚀或者反对习惯或组织化的宣传给大众催眠的抗议，都起源于这种个人主义的且备受争议的人的观念”[②]。在伯林心目中，个人的自我意愿如此之重要，以至于因为尊重它所可能造成的错误(在通常的情况下）远远不及违背它所造成的恶果严重。

此外，伯林将消极自由视为自由更基本的含义，可能还蕴含着一个重要却未被言明的观点，可以称为“否定与肯定的非对称性”[③]。简单地说，所谓非对

① 参见［英］以赛亚·伯林：《自由论》，202～203 页。

② ［英］以赛亚·伯林：《自由论》，196 页；Isaiah Berlin，*Liberty*，pp. 174 - 175。

③ 这一观点是笔者对伯林思想的一个尝试性的阐释，在既有的（笔者阅读所及的）伯林研究文献中尚未见到。

称性是指“negative”（否定的、消极的或负面的）与“positive”（肯定的、积极的或正面的）的判断并非处在同等（对称）的位置，前者比后者要求的依据或理由更少，也更容易达成。在日常经验中，知道“我不要什么”往往更确切和更容易，而知道“我要什么”则往往更复杂、更困难。一个人可能尚不明确自己“理想的职业究竟是什么”，却仍然清楚地知道自己不想从事的职业（“我不想做搬运工”或“我不愿意当会计”）；一个人未必清楚什么样的人才是自己的“理想伴侣”，但可以明确回绝某个追求者（“你不是我要找的那种人”）；一个人或许还不清楚自己的信仰或宗教，却能够断然拒绝某种教义或意识形态（“我就是不相信你这一套”）……在所有这些经验现象的背后，可能存在着深层的哲学和心理学的根据：在认识论上，有所谓“证实”与“证伪”的非对称性，在价值理论中，有所谓“非对称的实践理性”；在心理学中，这是所谓“坏比好更强”……它们在最近20年多个学术领域的研究进展中获得了更为明确和系统的阐释。[①]

没有证据表明伯林有机会了解相关的研究论述（除了他和卡尔·波普尔的交往之外），或许他凭借自己的思想史知识以及人生经历就洞察到否定与肯定之间的非对称性。虽然伯林对此没有做出明确的阐述，但他的某些文本段落暗含了极为类似的想法。伯林在反驳麦卡勒姆的一个注释中指出：“一个挣脱他身上锁链的人或一个抗拒奴役的民族，不需要有意识地追求任何确定的未来状态。一个人不需要知道他将会如何使用他的自由，他只是想要解除束缚。”[②] 与此类似，他在回应弗洛姆等人的段落中，指出自由是“行动的机会而不是行动本身”，也暗含着消极自由与积极自由的“非对称性”线索。[③] 因为作为“行动本身”的自由要求明确的肯定性目标，而作为“行动机会”的自由则可允许人们“消极地”处在目标不明确的状态，但仍然拥有“存而不用”的自由权利。在笔者看来，伯林对消极自由概念的重视表明，他意识到了非对称性问题的重要性，他可能是20世纪第一位对此具有敏感性的政治思想家。而这种意识对

① 部分相关文献参见 Patricia S. Greenspan, and College Park, “Asymmetrical Practical Reasons,” in Maria E. Reicher and Johan C. Marek (eds.), *Experience and Analysis: The Proceedings of the 27th International Wittgenstein Symposium*, Vienna, OEBV&HPT, 2005, pp. 387－394; Roy F. Baumeister, Ellen Bratslavsky, Catrin Finkenauer and Kathleen D. Vohs, “Bad is stronger than Good,” *Review of General Psychology*, 2001 (5), pp. 323－370; Maria Lewicka, Janusz Czapinski and Goudo Peeters, “Positive-negative Asymmetry or ‘When the Heart Needs a Reason’,” *European Journal of Social Psychology*, 1992 (22), pp. 425－434。

② ［英］以赛亚·伯林：《自由论》，41页，注39；Isaiah Berlin, *Liberty*, p. 36, note 1。

③ 参见［英］以赛亚·伯林：《自由论》，39～30页；Isaiah Berlin, *Liberty*, pp. 34－35。

于理解自由及其依据的人性假设具有至关重要的意义，自由不是具有“个人自主性”能力者的特权，那些未能达到充分自主性的个人也具有正当的理由拥有自由的权利。这在我看来是伯林消极自由观中一个隐而未发的重要论题，也预示了伯林对启蒙理性主义的怀疑立场。

每一种自由观念都有其背后的人性概念。自我主导的积极自由观（“我要支配自己的人生”）与摆脱强制的消极自由观（“我不想让别人支配我的人生”）各自对应着不同的人性假设。启蒙理性主义建基于“自主性”（autonomy）的人的概念是更高级的，要求人是一个能动主体（agency），具有理性反思能力和对能动性的自觉意识，这或许是内在于人的理性结构的一种潜力，但实际生活中的人往往无法达成这种自主状态。未知、未决、茫然、拖延、等待和试探等都是生命的基本状态。与许多启蒙主义的自由主义者不同，伯林不相信我们能够完全克服这种“蒙昧”状态而抵达自主。在他看来，所有这些幽暗不明的状态是存在论意义上的人性事实，无法还原为通向“自主性”或“自我主导”的探索过程。因此，他怀疑那种基于自主性假设的积极自由，它可能会背离日常生活中的经验世界而变得抽象与空洞。而在实践层面，积极自由论者需要回答一些重大的问题：我们应当如何对待那些“缺乏主导自己人生之能力的人”？他们应当被赋予自由的权利吗？或者只有在他们经过启蒙之后才能赋予他们自由的权利？如果启蒙无效，应当强制他们成为“自主的人”吗？伯林的消极自由观对此给出了一种回应。那些未能获得自主能力的人可以如是说：我虽然无法支配我的人生，但这绝不能成为别人强制我的理由（特别是以自由的名义），我仍然可以拒绝让别人来支配我的人生，因为虽然我还不能肯定“我要什么”，但我能够明确地否定强制，我知道“我不要什么”。

维护这种消极自由的理由，拒绝强制的理由，当然可以是我有自己（自主的）不同的理想追求。但伯林给出了更低位的理由，一种否定性的理由：在我不知道我要什么的情况下，在“不需要有意识地追求任何确定的未来状态”的情况下，在“不需要知道将如何使用自己的自由”的情况下，我仍然可能知道并且只需要知道我不要强制或束缚就够了，就有理由以自由的名义来拒绝强制或束缚。当然，“我渴望支配自己的人生”与“我不想让别人支配我的人生”，两者可以是一致的。但是，负面的表述比正面的表述更加基本。虽然肯定与否定的理由在许多情况下可以相互转译（translated each other），但有些否定性的理由不能被转译为肯定性的理由，也不需要以肯定的理由为前提。

在政治实践的意义上，消极自由观为一个非自由社会中的个人自由权提供了辩护。伯林在原则上并不反对启蒙主义理想，但他更敏感于人的现实处境，尤其是一个思想封闭社会的局限。人的自主与自觉是一种可欲的理想状态，但它无法仅仅依据个人的自我精神结构来达成。理性能力需要教育养成和启蒙，反思需要借助语言和视野，需要文化和价值资源，需要开放和对话的环境。所有这一切都是社会性的条件。而当人们处在一个压制性的、不利于“个人自主性”发展的社会环境中（比如伯林熟知的集权主义苏联），被强大的国家意识形态的话语环境包围，面对着一整套“伟大而绝对正确”的标准答案，许多人对于自己需要什么、珍视什么和信奉什么或者什么才是理想人生的理念，往往是虚弱的、幽暗的、迷茫的、未经反思的、不自觉的。在这种情况下，作为精神上的贫困者或弱势者，人们是不是能够要求自由的权利，凭借什么来争取自由？如果人们几乎没有积极的自主意识，难以提出正面的和理性的依据，是不是只能接受强者或者那套“标准答案”的要求？伯林的消极自由观蕴含的回答是：人们可以说“不！”，或者可以从说“不！”开始，这种否定性（消极）的要求本身就是在争取自由。也就是说，反对强制的消极自由并不要求以个人自主性为前提。①

第二节 价值多元论与当代政治哲学

伯林始终关注的另一个核心问题是“价值多元主义”或“价值多元论”(value pluralism)。有学者认为，这是“伯林最深层的理论信念，并塑造了他对自由的思考”。伯林赞赏消极自由“恰恰是因为这种自由能够让人们去追求多种多样的生活理念”②。伯林认为，人类的生活世界存在着多种不同的终极价值，这些价值是客观的或真实的，但它们之间常常无法公度（incommensurable），也不能彼此兼容，甚至可能发生严重的冲突，导致某种无可挽回的损失。因此，价值的多样性作为生活世界的事实，要求甚至迫使人们必须做出选择，并为此承担责任。这就要求人拥有选择的自由（消极自由），并赋予这种自由

① 曾经流行过一种文化衫，上面印着“别理我，烦着呢”的字样。“烦着呢”并不是一个自主的状态，也并未彰显一种自主的渴望，但即便如此，仍然可以要求“别理我”，拒绝外来的侵扰。

② Charles Larmore, *The Autonomy of Morality*, New York, Cambridge University Press, 2008, p. 184.

以优先地位。然而，伯林提出的价值多元主义，尤其是对它与自由之间关系的论述，同样是备受争议的。首先，如果不同价值的相互冲突意味着“无可避免”的悲剧，那么为什么他始终反对价值一元论而坚持多元主义的立场？其次，如果价值是多元而不可公度的，伯林又何以能够主张（消极）自由具有普遍的优先性？最后，价值多元论与自由主义之间究竟存在着怎样的关系？价值多元主义是否可证成（justify）或推出其自由的价值？

政治哲学界对伯林的价值多元主义、自由主义以及两者之间的关系有着广泛的研究，为此展开了持久的争论。伯林是“自由多元主义”思想的原创论述者之一，触及价值冲突这一关键的现代性问题，围绕着伯林多样性论题的讨论，激发了政治理论对回应现代性困境的丰富探索。本节首先阐释伯林多元主义论题的含义及其蕴含的困境，并重提一元论与多元论的理论紧张，继而简要考察当代自由主义论述对多元性困境的几种回应，最后通过揭示伯林思想的内在紧张及其蕴含的启示，主张在“反基础主义”的理论视野中把握多元价值的冲突问题。

一、多元性论题及其双重悲剧性

我们生活在一个充满分歧与争议的世界。我们应当如何对待生活方式的多样性以及价值纷争的局面？这是伯林思想所针对的重要问题之一。在他看来，试图用某个特定的“善”（good）或价值来统领所有生活的目标，以求得社会世界的和谐与统一，无论这种企图是出于多么良好的意愿或以多么崇高的名义，都是极不可取的。这种信念被伯林称作“形而上学的一元论”，在理论上是一个严重的“概念性错误”（conceptual mistake）。

> 人类的目标是多样的，它们并不都是可以公度的，而且它们相互之间往往处于永久的敌对状态。假定所有的价值能够用一个尺度来衡量，以至稍加检视便可决定何者为最高，在我看来这违背了我们的人是自由主体的知识，把道德的决定看作原则上由计算尺就可以完成的事情。①

既然在有些不可公度的价值之间存在着根本的冲突，“那么，原则上可以发现所有价值都能和谐相处的模式这样一种观念，便是建立在关于世界本质的一种错误的、先验的观念之上”②。伯林认为，虽然“一元论以及对单一标准的

① ［英］以赛亚·伯林：《自由论》，244～245页。

② ［英］以赛亚·伯林：《自由论》，49页。

信念，无论对于理智还是对于情绪，常常是个深刻的满足之源”[①]，因此对人们具有强烈的感召力，但这种错误的信念在道德与政治实践中常常会造成巨大的人性灾难。20 世纪极权主义所导致的惨痛悲剧为伯林的这一论断提供了有力的经验佐证。为了避免这样的人类悲剧，伯林反复地、不厌其烦地告诫我们：应当抗拒形而上学一元论的诱惑，以自由宽容的态度维护与包容多元的价值追求。这是伯林为人所熟知的价值多元论（value pluralism）的主张。这当然是一个极富洞见的论述，至今仍然具有重要的警策意义。

但是，多元价值共存的世界远不是令人乐观的。伯林同样反复地指出，多元价值冲突的局面也完全可能（甚至不可避免地）是悲剧性的：“在伟大的善当中，有一些是完全无法共存的。这是一个概念性的真理。我们注定要选择，而每一种选择都可能蕴含着一种无法弥补的损失。”[②] 这种“注定”（doomed）要做出的选择是严峻的，因为可能会牺牲我们所珍视的某种价值。而且对于应当如何做出选择不存在“先验的、原则上可以发现正确而具有结论性的方案”[③]。或者说，我们总是可能陷入进退两难的悖论（paradox）：“这种进退两难在逻辑上是不可解决的。”[④] 对此伯林给出了一些具体的例子：

> 在某一特定情形中，是不是要以牺牲个人自由为代价来促进民主？或者牺牲平等以成就艺术，牺牲公正以促成仁慈，牺牲效率以促成自发性，牺牲真理与知识以促成幸福、忠诚与纯洁？我想提出的简单观点是，在终极价值无法调和的情况下，从原则上说，是不可能发现快捷的解决方法的。[⑤]

我们可以辨别，伯林在其著作中实际上表达了两种强弱不同的“选择牺牲论”：有时，他使用“不一定能避免”或“可能难以避免”这种否定式的、较弱的说法（negative and thus weak version）；而在另一些情况下，他使用了肯定式的、较强的说法（positive and thus strong version）——“选择的需要，为着一些终极价值而牺牲另一些终极价值的需要，就成为人类困境的永久特

① ［英］以赛亚·伯林：《自由论》，244 页。

② Isaiah Berlin, *The Crooked Timber of Humanity: Chapters in the History of Ideas*, New York, Alfred A. Knopf, 1991, p. 13.

③ ［英］以赛亚·伯林：《自由论》，48 页。

④ ［英］以赛亚·伯林：《自由论》，102 页。

⑤ ［英］以赛亚·伯林：《自由论》，47 页。

征”[①]。我们生活的世界是一个“我们要在同等终极的目的、同等绝对的要求之间做出选择，且某些目的之实现必然无可避免地导致其他目的之牺牲的世界”[②]。在肯定式的表述中，选择的必要性就无可避免地要导致牺牲的必然性。

由此可见，多元性论题中包含着内在张力。伯林一方面肯认多元价值的正当性，并坚决反对将多元价值“统合一体”的一元论主张。但与此同时，他也敏锐地意识到另一种困境，就是在不同的终极价值的冲突中做出抉择而不得不付出的牺牲。也就是说，伯林的多元性论题本身蕴含着双重悲剧的紧张：我们必须维护多元价值的正当性，以此避免一元论的极权主义悲剧，但多元价值之间的冲突意味着无法兼得的选择，会导致无可挽回的损失。

那么，哪一种悲剧更严峻？或者说哪一种损失更惨重？伯林又如何面对这种紧张呢？在他看来，一元论的观念更为危险，因为“这种信念要求个体为社会的自由牺牲自己”，而这种信念“与任何别的信念相比，对个体在伟大历史理想的祭坛上被屠杀负有更大的责任”[③]。我们完全可以理解，在经历了世界大战的浩劫之后，在身处冷战时代的危机之中，伯林对于纳粹德国以及苏联两种政体所造成的灾难具有极为强烈的警觉和批判。因此，他更为注重维护异端的权利，更为强调对多元价值的维护，从而主张一种自由多元主义（liberal pluralism）的立场。而对多元冲突所可能导致的牺牲抱以人性论的无奈，甚至愿意以此为代价，接受价值多元并存和纷争的局面。

但是，20 世纪的历史悲剧不只有奥斯维辛和古拉格，还有卢旺达的大屠杀、巴尔干半岛的分裂，以及形形色色的“文明冲突”。如果脱离伯林所处的具体时代，将这一论题放置在当代语境之中权衡，我们是否确切地知道哪一种悲剧更为惨重？

在这里出现的理论问题是：如果在政治哲学层面上予以考量，一元与多元这两种悲剧或者说两种牺牲是可以公度的吗？如果把避免这两种牺牲看作两种相互竞争的人类目的——譬如，最典型的是，以强调秩序与稳定的威权政治来避免多元冲突造成的牺牲，以尊重与维护文化多样性的民主政治来避免个人自由的牺牲——这两种追求在观念层面上是否可以公度？我们有什么理由推论这样两种合理的目标之间可以用共同的尺度来衡量，而且可以做出高低之分的判断？这与伯林自己信奉的终极目的之不可公度的主张是否发生矛盾？伯林自己

---

① ［英］以赛亚·伯林：《自由论》，49 页。

② ［英］以赛亚·伯林：《自由论》，241 页。

③ ［英］以赛亚·伯林：《自由论》，169 页。

选择了以消极自由优先为核心的自由多元主义来避免一元论的极权危险，这种选择的理据是什么，是来自哲学上的论证还是源于他对历史经验的认识与洞察？

伯林论题的内在紧张意味着多元价值的冲突可能仍然是政治理论悬而未决的难题，也是现实政治的困境之一。对于当代自由主义者来说，至少需要进一步探讨以下几个问题。第一，伯林是否证成以及如何证成他的自由多元主义立场？如果自由多元主义的主张无法在概念上证成（conceptually justified），那么自由主义作为一种政治方案就无法获得普世主义的优越性。第二，一元论与多元论所造成的两种危险何者更为严重？如果我们无法对此在一般原则上做出判断，那么要在价值一元论主导与多元论主导的政治方案之间做出选择，要么是任意武断的，要么只是在特定情境下才可能做出的合理选择，即这种合理性不具备普世主义的效力。第三，多元价值的冲突能否在一种政治方案中得到缓解？如果像约翰·罗尔斯试图证明的那样，多元价值之间的冲突可以在政治（公共）领域中得到原则上的和解（reconcile），那将消除或大大缓解伯林论题中的紧张。本节以下将对这三种可能做出简要的考察分析。

二、自由主义对多元性困境的回应

伯林主张，在价值多元的社会世界中我们应该放弃一元论的信条，接受注重消极自由的自由多元主义。自由主义似乎是伯林应对多元冲突困境的一种立场。但是，从肯认价值多元论到主张自由主义的依据究竟是什么？表面上看，伯林的推论似乎很简单：由于我们生活的世界要求“我们在同等终极的目的、同等绝对的要求之间做出选择……正因处在这样的状况中，人们才给予自由选择以那么大的重要性”[①]。他也说，只有在一个多种价值彼此和谐的世界里，“选择的必然性”与“自由选择的核心重要性”才会消失。[②] 由此看来，伯林似乎是从“选择的必要性”很自然地证成了“自由选择”（消极自由）的优先性。但如果在哲学上仔细追究，伯林的论证过程可能加入了一些隐性的预设，也可能含有逻辑可疑的推论。

首先，伯林反对一元论的理由不仅在于它是“不可欲的”（undesirable），而且认为它是虚假的，是一个概念错误。我们大多对价值多样性的存在本身没有争议，这是一个我们都能够经验的事实。但许多人（不仅仅是一元论者）并

---

① ［英］以赛亚·伯林：《自由论》，241 页。

② 参见［英］以赛亚·伯林：《自由论》，241 页。

不一定能同意“多种价值之间不可公度”的理念。评判各种价值是否可以公度暗示着评判者能够站在这些价值之外获得一个超越的中立立场，但这个位置是否可能获得是具有争议的，这至少涉及我们能否做出“价值无涉”（value-free）的认识论判断的复杂哲学问题。而且所谓“不可公度性”原则具有强弱程度不同的表述与含义。[①] 其次，即使我们将价值的不可公度作为一个“客观事实”接受下来，也就是说，承认价值多元的现实，也仍然不清楚有什么充分的理由要我们在冲突的价值之间做出“选择”，而不是“服从权威”或者“听天由命”。伯林或许会说，“选择是必然的”——“服从权威”意味着你选择了服从权威，“听天由命”也是你选择了听天由命。也就是说，“不选择”本身实际上也是选择的结果。但如果采用这种（萨特存在论式的）过于宽泛的“选择”概念，那么就无法自然地推出“选择自由”的价值优先性。即使我们承认“选择是必然的”，也不能自然地得出“选择是可欲的价值”这一推论。正如乔治·克劳德（George Crowder）所指出的那样：“某种事物是必需的或者不可避免的并不能使它变成有价值的。”[②] 按照克劳德的分析，伯林“从不得不进行选择这个事实中得出选择的价值和选择自由的价值”，是某种“由事实推出价值”的自然主义错误。[③]

实际上，对于价值多元论能否证成自由主义这一问题，西方学术界一直存在许多质疑和争论。乔治·克劳德就此在 1994 年《政治研究》（*Political Studies*）上发表过一篇颇有影响的文章。[④] 他在其中指出：“价值多元性本身没有给出我们支持自由主义的理由，实际上没有给出偏好任何特殊的政治安排的理由。……多元主义告诉我们的是必须选择，而不是选择什么。”[⑤] 他在结论中指出，从价值多元论走向自由主义，这是一种特定的历史选择，更多的是出于与西方本土文化经验相关的理由，而不是普世主义的原则（universal principles)。由此推论，对自由主义唯一可行的论证（至少部分地）是“历史主义的

---

① 一个不可知论的陈述，如“我们不知道不同价值之间是否可以公度”或许不需要这个超越立场。但伯林持有的是一种确定性的陈述——“我们确切地知道不同的终极价值之间不可公度”。对不可公度问题有许多复杂的讨论，参见 Ruth Chang（ed.），*Incommensurability, Incomparability, and Practical Reason*，Cambridge，Harvard University Press，1997。

② ［英］乔治·克劳德：《自由主义与价值多元论》，应奇等译，93～94 页，南京，江苏人民出版社，2006。

③ 参见［英］乔治·克劳德：《自由主义与价值多元论》，93～94 页。

④ Crowder，“Pluralism and Liberalism，” *Political Studies*，1994（42），pp. 293－305.

⑤ Crowder，“Pluralism and Liberalism，” pp. 293－305.

辩护”（partly historicist defense of liberalism）。[①] 与这篇文章同时发表的还有伯林和伯纳德·威廉姆斯的反驳性回应，但其中也含蓄地承认了历史主义辩护的说法。[②]

约翰·格雷（John Gray）虽然是伯林的赞赏者，但他也直接批评了伯林从价值多元主义证成自由主义的推论。格雷指出，建基于消极自由的自由主义不能简单地从多元主义的元伦理论题中推出，而是依赖于一个有文化历史特定性的关于“选择”的价值概念：“如果要为自由主义寻找依据，其最好的依据是一种特定的人类主体的历史现实——把‘做出选择’看作其身份认同的核心构成，而不是任何假想的普世性推论——从价值多元主义推出选择本身是最高的价值。”[③] 他赞成伯林关于各种价值不可公度的论述，但认为“伯林没有注意到的是，如果情况真是这样，那么传统的自由优先的自由主义理想就毫无意义”[④]。

阿米·古特曼（Amy Gutmann）提出了一种更为复杂的分析。她为伯林式的自由多元主义提出辩护，但认为伯林建立在概念性根据（conceptual grounds）之上的论证是失败的。她采用了建立在实质性的或道德的根据（substantive or moral grounds）之上的论证，并质疑了格雷对伯林的批评。[⑤] 富有戏剧性的是，克劳德在2002年出版的新著中转变了他的立场，经过考察多元主义与自由主义之间五个方面的深刻关联，认为如果价值多元论为真，那么我们应该普世性地肯认（endorse）自由主义的政治形式。[⑥] 他还在最近的一篇论文中重新分析了伯林的论证，并对格雷做出了全面的批评。[⑦] 但对于克劳德在立场转变之后的新论述也仍然存在争议。[⑧]

在我看来，伯林从多元主义“走向”自由主义的过程既不是严格的“推

---

① Crowder, “Pluralism and Liberalism,” p. 305.

② Isaiah Berlin and Bernard Williams, “Pluralism and Liberalism: A Reply,” *Political Studies*, 1994 (42), pp. 306 - 309.

③ John Gray, *Isaiah Berlin*, Princeton, Princeton University Press, 1996, p. 161.

④ ［英］约翰·格雷：《自由主义的两张面孔》，顾爱彬、李瑞华译，97页，南京，江苏人民出版社，2002。

⑤ Amy Gutmann, “Liberty and Pluralism in Pursuit of the Non-Ideal,” *Social Research*, 1999 (66), No. 4, pp. 1 - 26.

⑥ 参见［英］乔治·克劳德：《自由主义与价值多元论》。

⑦ Crowder, “Pluralism, Relativism and Liberalism in Isaiah Berlin,” paper presented to the Australasian Political Studies Association Conference, University of Tasmania, Hobart, 29 September to 1 October, 2003.

⑧ 例如，芝加哥大学瑟瑞斯（Thrace）对克劳德新著的评论，见 *Ethics*, 2003 (7), pp. 873 - 876。

论”，也不是简单的“相信”，而是暗自加入了（implicitly insert）未经言明的前提。其中两个是来自自由主义传统的道德要求：一是将个人作为道德主体的要求，一是对不可公度的各种价值予以“公平（impartial）对待”的要求。另一个是概念上的（conceptual）考虑：“消极自由”（虽然被伯林称为“内在价值”）具有“非实质性”的特征，因而优先于其他实质性的价值。[①] 我认为，伯林是在加入了这些考虑之后才将多元论与自由主义联系起来的。[②]

公允地说，伯林自己没有试图以哲学论证的方式在多元主义与自由主义之间建立严格的逻辑推论关系（虽然有时他的文本给人这样的误导性感觉）。他在 1988 年的访谈中甚至明确地否认了两者之间的逻辑关联：“多元论和自由主义是互不相同甚至也互不交叉的两个概念。有各种不属于多元论的自由主义理论。我既相信自由主义，也相信多元论，而这两者并没有逻辑上的关联。”[③] 而在晚年他似乎相信，虽然无法从多元论直接推出自由主义，但两者之间仍然存在着深刻的关联，“虽然不是某种逻辑的联系，而是事实上的联系”，其中宽容很可能是两者之间的纽带。[④]

无论是政治哲学界的讨论还是伯林自己晚年的告白，我们都可以从中得出比较可靠的结论：自由主义如果要成为应对多元价值冲突的最优选择，必须（至少部分地）依赖于特定的道德与政治历史传统。也就是说，在观念逻辑上（因而是普世主义的），对自由主义在处理多元冲突问题上具有优越性的论证仍然是未经确认的。由于自由主义是西方政治理论中支持价值多元论、反对一元论的主导性学说，其理论上的未经证立使得伯林多元性论题的内在紧张仍然悬而未决。我们仍然无法确认，多元主义在应对善及其价值多样性的冲突中是否比一元论更为优越，或者说，牺牲是否更少。

罗纳德·德沃金对伯林多元性论题的反启蒙倾向曾做出明确的批评。在 1998 年纪念伯林的研讨会上，德沃金指出，一元论并不一定导致暴政。不能因

① 在这个意义上，威尔·金里卡（Will Kymlicka）对伯林“消极自由”具有“空洞化性质”的批评恰恰是其优越性的证明。见［加］金里卡：《当代政治哲学》（下），刘莘译，407～408 页，上海，上海三联书店，2004。

② 这只是个初步的看法，需要大量复杂的重构分析才能成立。由于这不是本章的主要论题，所以我将另文处理。

③ ［伊朗］拉明·贾汉贝格鲁：《伯林谈话录》，杨祯钦译，40 页，南京，译林出版社，2002。

④ 参见［英］以赛亚·伯林、贝阿塔·波兰诺夫斯基-塞古尔斯卡：《未完的对话》，杨德友译，305～306 页，南京，译林出版社，2014。

为价值一元论可能为暴政所用就认定它必定如此。① 在德沃金看来，一元论与多元论都具有危险性。暴政的确会诉诸那种将所有道德与政治价值整合一统的理念而使其暴行正当化。但一种相反的理念，即认为重要的政治价值都必将相互冲突的观点，也同样会被用来为道德罪行辩解。② 他特别强调指出，在伯林的论述中，这种冲突的命运不是偶然的，而是由一种“概念性的真实”（conceptual truth）所决定的。因此，伯林所做的不是一种否定性的（negative）陈述——“我们不能确定多元价值是否能够和解”，而是一种肯定性的（positive）陈述——“我们确切地知道重要的价值之间一定会彼此冲突”③。根据这种多元论主张，冲突是不可避免的，我们无法在多元冲突中做出任何一种正确的价值选择，因此任何一种选择都意味着某种牺牲，都意味着我们不可避免地要放弃某种我们珍视的价值。那么在无法兼顾的情况下，牺牲便是注定的（doomed）。德沃金认为，这种价值冲突论会导致“牺牲的不可避免论”，同样会带来道德与政治的危险。如果多元论与一元论都具有危险，那么哪一种危险更大？哪一种损失会更严重？德沃金认为，对此我们无法做出理论上的判断，只能依据具体的背景条件而论。④

因此，德沃金提出一个可能的构想来拒绝伯林论题中极端的价值冲突论。他试图通过对彼此对立的价值在内涵上做出重新阐释的方法改变价值的含义，以此探索在多元价值之间达成和解的可能。表面上看，这是极为幼稚的做法，因为这似乎是用“重新界定”（redefining）的方式偷换了原来的概念，实际上没有解决而是绕开了原来价值冲突的真正对抗。德沃金的提议虽然是初步的，但并不是那么简单。他以伯林的不同“自由”观念之间的冲突为例，指出当人们举出不同自由观念可以不发生冲突的情况，伯林就会说，这些自由观念不是

---

① Ronald Dworkin, “Do Liberal Values Conflict?” in Mark Lilla, Ronald Dworkin, and Robert B. Silvers (eds.), *The Legacy of Isaiah Berlin*, pp. 73 - 90. 在此，德沃金引用了托马斯·内格尔(Thomas Nagel)在讨论中提出的一个问题。内格尔指出，伯林在一元论与暴政之间做出“天然联系”的看法是可以质疑的。这种看法依据这样一个事实，即 20 世纪最严重的暴行是以价值一元论的名义实施的。但是，这并不能证明每一种价值一元论都会导致这样的暴行。但内格尔推测，伯林做出这种联系可能还有一个未阐明的理由，那就是道德经验主义，参见 Mark Lilla, Ronald Dworkin, and Robert B. Silvers (eds.), *The Legacy of Isaiah Berlin*, p. 65。

② Mark Lilla, Ronald Dworkin, and Robert B. Silvers (eds.), *The Legacy of Isaiah Berlin*, pp. 75 - 76.

③ Mark Lilla, Ronald Dworkin, and Robert B. Silvers (eds.), *The Legacy of Isaiah Berlin*, pp. 77 - 79. 实际上，我们可以在伯林的著作中读到否定性与肯定性的两种表述。伯林不是以分析哲学的方式来写作的思想家，有时会出现不一致的表述。但德沃金的这一重构是有文本证据支持的。

④ Mark Lilla, Ronald Dworkin, and Robert B. Silvers (eds.), *The Legacy of Isaiah Berlin*, p. 76.

我们所理解的自由。德沃金对此表示质疑："我们如何确定伯林定义的自由，那种产生冲突的自由，就一定是我们的自由观念，而那些对自由不同的理解一定是外在于我们的？"[①] 我们并没有办法用 DNA 测试来决定哪一种自由的定义是客观的。虽然这里涉及的问题要复杂得多，特别是对伯林来说，价值是客观的而不是唯名论的，但德沃金在这里提出了某种接近于建构主义的理念，开放出价值和解的可能性。

在处理多元价值冲突问题上，罗尔斯提出的"政治自由主义"方案具有非同一般的重要性。在他早期的著作中没有明确地针对伯林的多元性论题，也没有广泛地征引伯林的论述。[②] 但其《政治自由主义》所处理的核心问题之一仍然是伯林的论题。罗尔斯在导论中清楚地表示，以"作为公平的正义"来建构秩序良好的社会这一理念必须面对一个"严重问题"的挑战，那就是现代社会具有"合乎理性却又互不相容（reasonable yet incompatible）之完备性（comprehensive）学说的多元化事实"[③]。在论及"公平的正义对待善的观念是否公平"这一节中，罗尔斯明确引用了伯林的"没有无缺失的社会世界"（no social world without loss）这一说法，并解释说："这就是说，任何社会世界都会排斥某些以特殊方式来实现某些根本价值的生活方式。"而正是在这里，罗尔斯表现出一种对伯林所表述的多元冲突悲剧的超越企图。"但是，这些社会必然性并不能作为任意偏袒或行不正义的理由。"[④] 其实，这正是罗尔斯的主旨之一。他试图论证，以公平的正义为核心的政治自由主义虽然会对各种完备性的善及其价值内涵施加限制，但这种限制并不有意偏袒任何一种特定的完备性论点。在这个意义上，罗尔斯的政治自由主义是对伯林论题的一种回应的努力，它通过将"正当"（right）与"善"（good）分离，试图使各种不可公度的价值既受到同等的尊重，享有实现的空间，同时又受到公平的约束，并借助"回避方法"（the method of avoidance）使各种完备性的价值能够达成政治上的"重叠共识"，从而解决（至少大大减轻）伯林的"不可避免的冲突"的悲剧性。罗尔斯的论证极为精深、复杂而谨慎，是政治哲学中的一个里程碑。但政治自

① Mark Lilla, Ronald Dworkin, and Robert B. Silvers (eds.), *The Legacy of Isaiah Berlin*, pp. 85 - 86.

② 根据著作索引，《正义论》仅有 3 处注释提及伯林，《政治自由主义》中有 7 次。

③ ［美］约翰·罗尔斯：《政治自由主义》，万俊人译，4 页，南京，译林出版社，2000。

④ ［美］约翰·罗尔斯：《政治自由主义》，209～210 页。

由主义是否成功地克服了伯林提出的价值冲突论仍然存在许多争议。[①]

也许，最为尖锐的批评来自格雷。在《自由主义的两张面孔》的第三章中，格雷认为罗尔斯的政治自由主义方案在解决多元价值冲突的问题上是完全失败的。这种极端的批评当然与格雷自己的基本立场——反对任何普世性的启蒙理性主义方案——有关。他质疑罗尔斯将“正当”与“善”分离的可能性，指出罗尔斯规定的“基本自由”和“社会的善”是武断的，不可能为所有理性的人所共同接受。这些批评并没有很充分地介入罗尔斯的论证过程，其正当性是可以商榷的。但格雷确实有其敏锐的洞见。罗尔斯试图在“政治”意义中排除不可公度的价值观念，但格雷指出，彼此冲突的价值在应用罗尔斯原则的时候将不可避免地重新登场：

> 如果基本自由发生冲突，就不可避免地要就它们所保护的人类利益的重要性做出判断。这些判断随着对善的不同界定而不同。在一组相互对立的自由之间哪一种应该保护，应当多大程度上保护，这样的争论必然是关于善的争论。在此，价值冲突重新出现在政治哲学的核心，罗尔斯的计划面临破产。[②]

格雷反对一切康德式的自由主义原则建构，因为解决冲突的关键在于实践。而试图以原则的简单清晰来解决价值冲突的理论恰恰忘记了，原则越简单应用越复杂。格雷列举了对密尔的“伤害原则”的应用。“对善有着歧异观点的人们对什么构成危害有着不同的判断。他们对人类利益有着不同的看法，对于什么构成对这些利益的妨害他们必定有着不同的判断。”[③]

实际上，罗尔斯自己对政治自由主义的有效边界也做出过一种限制——承认它在一定程度上依赖于特定的文化传统。他将公平的正义这一理念“看作是隐含在民主社会的公共文化之中的”。他继而解释了这种公共文化之中所隐含的关于“社会合作理念的三个要素”[④]。罗尔斯在1985年发表的重要论文《作为公平的正义》，被视作从《正义论》向《政治自由主义》转折的标志。他在其中写道，公平的正义是否可以沿用到具有不同历史和社会条件的其他社会

---

① 关于《政治自由主义》的争论，参见［美］罗尔斯等：《政治自由主义：批评与辩护》，万俊人等译，广州，广东人民出版社，2003。

② ［英］约翰·格雷：《自由主义的两张面孔》，84页。

③ ［英］约翰·格雷：《自由主义的两张面孔》，89页。

④ ［美］约翰·罗尔斯：《政治自由主义》，16～17页。

“则完全是另一个问题”①。

以上对罗尔斯政治自由主义的局部而简要的分析可以得到的论点是，作为一个在政治上解决终极价值冲突的方案，即使其论证完全成立，也在最低限度上服从于两个批评。其一，它对“基本自由”与“社会的善”的设定与论证，即使不是武断的，也是依赖特定文化的。而公共文化中对理性公民的要求也是如此。在这个意义上，它并不具有跨文化的普世性。其二，正如格雷所指出的，罗尔斯的具有简洁性的原则在实践应用中可能出现高度困难，可能使价值冲突重新登场。

通过考察当代自由主义理论家对于伯林多元性论题的回应与解决方案，获得的结论是，我们无法确定多元价值的冲突问题是否可以在自由主义的框架中获得具有普世意义的解决。因此，在跨历史和跨文化的条件下，对于政治理论的价值取向而言，我们无法在一元论与多元论之间做出合理的裁决与取舍。我们仍然面临伯林论题及其双重悲剧性的压力。

三、伯林思想的内在紧张及其启示

在概念逻辑的层面上，伯林的多元性论题与自由论题之间的紧张是明显的。严格说来，如果坚持多元价值之间不可公度，就会在逻辑上否认存在任何普世性的基本价值，包括自由。一个多元主义者如何可能同时是一个普世的自由主义者？几乎所有伯林的研究者都会发现，伯林在不同文本中对同一主题的论述难以在总体上达成融贯一致，有时甚至自相矛盾，以致人们可以在他不同的文本中找到不同的依据，来支持截然相反的观点。比如，伯林在《自由论》中论证说，由于多元价值冲突要求选择，而选择要求自由，所以自由是基本的价值；但他自己又在访谈中否认了两者之间的逻辑关联。那么，我们应该如何看待伯林文本中的矛盾？伯林在许多重要的论证上不具有清晰自洽的一致性，但这可能并不是论证的技术性问题，而是另有更为深刻的原因。② 伯林论述中的内在紧张可能包含着重要的、值得不断重新考察与阐释的思想遗产。

如果我们不是仅仅在观念逻辑的层面上，而是更多地以思想史的方式——伯林自己所提倡的移情式的理解——来探究伯林思想的内在紧张，可能会发

---

① John Rawls, “Justice as Fairness: Political not Metaphysical,” *Philosophy and Public Affairs*, 1985 (14), p. 225.

② David Miller, “Crooked Timber or Bent Twig? Isaiah Berlin's Nationalism,” *Political Studies*, 2005 (53), Issue 1, p. 106.

现，这种紧张正是来自伯林的一种独特性：对现代性的既反省又认同的复杂态度，对启蒙主义理想既警觉批判又赞许同情的审慎立场。伯林思想的这种深刻性与独特性有时表现为一种犹豫不决：一方面，正如马克·里拉（Mark Lilla）曾经分析指出的那样，伯林极为警觉的是启蒙思想传统中强烈的历史目的论倾向，这种思想在实践中导致了专制暴政的结果，使伯林对维科（Giambattista Vico）与赫尔德（Johann Herde）和反启蒙批判具有亲和与同情，而这又使他无法解决反启蒙的非理性主义与他自己主张的多元自由主义之间的紧张。[①] 也就是说，伯林在批判启蒙理性主义的一元论的同时，没有着重强调（甚至放任了）非理性主义和相对主义的危险。但在另一方面，伯林又反复地在价值多元主义与相对主义之间做出区别，坚持主张人类生活必须具有一些最低的基本价值，否则人类的道德生活将不复存在，因为道德的生活必须要求"人是自由主体"[②]。这种对自由选择必要性的秉持，对宽容精神的强调，以及对以（实践）理性而不是任意专断来应对复杂的冲突的主张，很明显，也都是启蒙传统的一个部分。

但伯林没有将自由论题与目的论结合，因为这本身恰恰会造就一种不宽容的一元论。所以，他也没有将自由推向一个体系化的极端论述："我并不想说个人自由，即使在最开明的社会里，也是社会行动的唯一甚至是支配性的标准。"他认为："选择自己生活的自由，必须与其他多种价值的要求放在一起进行衡量；平等、公正、幸福、安全或公共秩序……自由不可能是不受限制的。"[③]

由此可见，伯林一方面肯认了启蒙与自由主义的理念，但与此同时又为浪漫主义思想家对启蒙主义的批判所吸引。可以说，他既是一个启蒙主义的继承者，又是一个反启蒙主义者。这种思想紧张并不是混乱，而是伯林思想遗产中最值得重视的一部分，实际上，这也恰恰反映了启蒙传统自身的内在紧张。政治哲学家艾琳·凯利（Aileen Kelly）对伯林精神气质的理解可能切中要害。她说伯林是"一个没有狂热主义的革命者"，与他自己最为欣赏的俄国思想家亚历山大·赫尔岑一样，结合了怀疑主义与献身精神。[④] 伯林在其最为著名的文

---

① Lilla, "The Trouble with the Enlightenment," *London Review of Books*, 1994-01-06.

② ［英］以赛亚·伯林：《自由论》，245 页。

③ ［英］以赛亚·伯林：《自由论》，24～243 页。

④ Aileen Kelly, "A Revolutionary without Fanaticism," in Mark Lilla, Ronald Dworkin, and Robert B. Silvers (eds.), *The Legacy of Isaiah Berlin*, pp. 3-30.

章《两种自由概念》的结尾引用了约瑟夫·熊彼得的话："认识到一个人信念的相对有效性，而又毫不妥协地坚持这些信念，是一个文明人与野蛮人的区别。"[①] 在他看来，这种既坚持信念又自我怀疑的精神，才是道德与政治成熟的表现。

伯林思想的内在紧张对我们具有重要的启示：多元价值共存的现代性困境，或者马克斯·韦伯所说的"除魅"（disenchantment）之后所造成的"诸神之争"，意味着一种永远的紧张，一种道德与政治意义上的不断冲突与和解的反复实践。这要求我们弃绝一劳永逸的基础主义解决方案，以一种带有"现实感"却又是积极地投入具体情境中的道德与政治生活。以这样的角度来反思，我们有理由质疑：如果政治理论的研究不只是为学术而学术，不只是为了生产更多的关于文本的文本，那么当代政治哲学的主导范式（paradigm）是否走在一条越来越狭窄的路上？我们是否失去了米尔斯所说的"社会学的想象力"？[②]

汉娜·阿伦特对西方政治哲学传统的一个批评认为，这种传统关注对（about）政治进行思考，而不是作为（as）政治来思考。[③] 格雷也批评指出，以康德式的理论原则的完善作为政治哲学研究的主导方向是误入歧途，是陷入了启蒙理性主义的幻觉。他在《自由主义的两张面孔》的最后一页上写道："政治哲学的任务不是给实践提供基础。它在过去从来不曾有过这样的基础……政治哲学的目标是带着更少的幻想回到实践。"[④] 查尔斯·泰勒同样对当代政治与道德哲学的主导范式提出批评："功效主义式的康德式的模式，寻求所有道德义务的行动可以从某个单一原则推出。其理性主义的特征使道德获得了清晰无误的理据，而且可以避免不同的善之间的冲突。"[⑤] 这在泰勒看来是一种幻觉。

如果将道德与政治生活看作一种实践而不是教条，也许可以在范式转换中获得一种不同的视野。从伯林、奥克肖特到他们的思想传人格雷，以及在当代分属不同政治谱系的理论家查塔尔·墨菲（Murphy）和理查德·罗蒂（Rorty）都开启了另一种视野，一种反基础主义、反唯理主义的政治理论叙事。如

---

① ［英］以赛亚·伯林：《自由论》，246页。

② 参见［美］C. 赖特·米尔斯：《社会学的想象力》，陈强、张永强译，北京，三联书店，2001。

③ Phillip Hansen, *Hannah Arendt: Politics, History and Citizenship*, Stanford, Stanford University Press, 1993. 中译本将书名改作《历史、政治与公民权：阿伦特传》，刘佳林译，273页，南京，江苏人民出版社，2004。

④ ［英］约翰·格雷：《自由主义的两张面孔》，142页。

⑤ Mark Lilla, Ronald Dworkin, and Robert B. Silvers (eds.), *The Legacy of Isaiah Berlin*, p. 116.

果以此为视角来考察伯林的多元性论题或许会给予我们新的启发。

首先来看伯林自己提出的一个价值冲突的经典范例：正义（justice）与仁慈（mercy）的冲突。伯林说："正义，严格的正义，对于某些人来说是绝对的价值，但与对他们来说或许同样终极的价值——仁慈、同情——在某些具体情况下是不兼容的。"[①] 在理论上这种不可公度的价值之间一旦冲突便不可能和解，因而牺牲也不可避免。但在实践中我们必须接受这种悲剧性的后果吗？

南非在废除种族隔离制度之后面对的一个关键问题是，如何处置许多曾犯有种族迫害罪行的人？南非人面临的选择似乎是悖论性的——要么使用纽伦堡审判的方式来实施正义，要么"忘记过去"施以仁慈。无论哪一种选择，都会牺牲重要的价值。但是，他们选择了"第三种方式"。1995 年南非通过《民族团结促进法》，成立了"真相与和解委员会"（Truth and Reconciliation Commission），鼓励罪人坦白自首并以忏悔道歉来换取受害者的宽恕。[②] 古特曼在对这个例子的分析中指出，受害者知道正义的含义，但仍然认为仁慈和同情与获得坦白和道歉结合在一起，完全可以取代或超越正义的价值。在这种实践中，两种冲突的价值获得了和解。[③]

从这个例子中我们看到，人们理解正义、仁慈和同情的概念，也知道它们代表了客观的价值，并知道彼此之间的冲突。但这些价值在实践中不是孤立的，它在具体情境的实践中形成某种关系而开始相互转化，使本来在概念上不可兼容的价值在实践中获得和解。伯林也许会说，在真相与和解委员会的方案中，正义的价值，严格意义上正义的价值，并没有得到实现。但许多当事的受害者接受了这样的方式，他们从以前迫害者的坦白、忏悔与道歉中感到了正义价值的实现，或者并不感觉正义被牺牲了。这里回到了前文提及的德沃金的问题：为什么我们必须服从一个标准的定义？德沃金的考虑或许仍然是在寻求一个对某种价值的新的哲学阐释。而我们在这个例子中获得的启发是应对价值冲突的一种实践性的建构主义路径。

这种反基础主义的建构主义的立场与罗尔斯的康德主义的理论建构主义有相当大的区别，它注重社会与政治实践在具体情境中所开放的可能性。首先，个人或群体所信奉的价值是在具体的社会历史语境中建构的。它当然不是任意

---

① Isaiah Berlin, *The Crooked Timber of Humanity: Chapters in the History of Ideas*, p. 12.

② 参见［南非］德斯蒙德·图图：《没有宽恕就没有未来》，江红译，阎克文校，上海，上海文艺出版社，2002。

③ Amy Gutmann, "Liberty and Pluralism in Pursuit of the Non-Ideal," pp. 6 - 11.

的，却也不是一成不变的。在这个实践意义上，价值分歧与争议本身是一个社会政治过程，而且是价值建构过程的一部分。政治价值更是如此。其次，人不是抽象价值观念所指挥的木偶。实践中的价值冲突，并不是抽象价值观念的直接碰撞，而是通过具体情境中对具体问题的施为行动来开展的。在具体情境中，每个人或者群体对自身价值的实现具有优先性考虑和实现程度的考虑，还有与其他价值的关系和结构性的考虑。这便形成了价值实践形态的丰富可能。在抽象层面上不可公度的价值之间的冲突，在实践中却有可能获得合理的优先性的排序，进而有可能获得和解。所有价值冲突中的抉择都不是对抽象价值观念本身的选择。这并不是说实践与抽象观念无关，而是说它是由实现方式、实现的程度以及优先的程度来体现的。这有可能使我们摆脱非此即彼的"类别"选择的困境，转入一种对价值实践形态的竞争性的阐释与选择。

这个例子似乎正面响应了罗蒂主张的"用希望取代知识"。罗蒂说："古希腊人性观和后达尔文的杜威式人性观的差异是封闭性和开放性的差异，是'不变事物的可靠性'与'维特根斯坦式和惠特曼式不可预期的变化的传奇性'的差异。传奇性希望的这一因素，以想象力取代确定性，以好奇取代傲慢的这一愿望，打破了古希腊人在沉思和行动之间的区分。"[①] 在罗蒂看来，以希望取代知识（唯理主义的哲学）是必要的，因为"哲学是实现政治希望的好仆人，然而是实现政治希望的坏主人"[②]。但是我们失去了"主人"，哪怕是"坏主人"，会在政治实践中不知所措吗？这取决于公民具有什么样的品质。的确，消极意义上的公民，仅仅作为权利资格的公民可能会陷入更深的迷茫，更加不知所措。因此，建构主义路径所理解的"应对价值冲突，寻求政治共同性"的实践，明确地想要吸纳一种"积极公民"的概念。他们失去了可靠的"哲学"信条的确定性指引，依靠阿伦特所说的公民的"政治思考力"来积极地生活。

在阿伦特看来，积极的公民所关注的是"人们如何有意义地和睦相处"，如何达成一致的意见（或保留可以理解的差异）。这个意义上的团结是政治的核心要素。政治必须包括理性，但同时要抵制用抽象的一般去统治具体的个别。公民与理性的联系必须在积极的公民身份之中来确立，而不是由外在来强加。公民的理性是一种政治思考力。"思考并不是少数人独有的天赋，而是人人始终具有的能力。"思考来自自我的不断对话与交流，在现实情境中表现为

① ［美］理查德·罗蒂：《后形而上学希望——新实用主义社会、政治和法律哲学》，张国清译，黄勇编，76页，上海，上海译文出版社，2003。

② ［美］理查德·罗蒂：《后形而上学希望》，132页。

一种判断。而判断就是无须把个别情况置于一般的准则之下就能做出裁决的能力。判断“实现”了思考，使思考在“显现世界”中得以彰显。按照阿伦特对政治的理解，以判断而使思考显现无疑是我们精神能力中最为政治的。思考必然是个人性的活动，但它使我们去适应集体生活，对集体现象做出判断，也根据集体意义对个别现象做出判断。具有政治思考力的公民能够想象成为世界上的有生力量。“即使我们失去了衡量的标准，失去了划分个别的准则，本质在于创新的人也会拥有足够的原动力去理解，而无需任何先在的范畴。”这个“人”实际上是大量的“人”，是世界上的“当代人”。[①]

这样一种具有政治思考力的公民，才有可能在实践中化解伯林所说的作为“概念性真理”的不可避免的冲突。因为他们拥有反教条的、创造性的能力。促使他们思考和判断的动力，不仅来自外部的冲突局面所造成的迫切紧张，也来自以政治行动显现的人的内在要求。他们在具体语境化的冲突中达成类似于格雷所谓的“暂时协议”（*modus vivendis*），但这种和解不仅仅是利益妥协的权宜之计，而是在实践一种公民性，是使政治共同性成为“团结”——“有意义的和睦相处”——的实践。我们有这样的公民吗？这或许是一个现实主义乌托邦，但只有在我们（不只是哲学家，而是所有公民）放弃那种试图以形式化规则一劳永逸地解决多元冲突的幻觉，摆脱那种形而上学的后遗症后，积极的公民才成为可能。伯林论题所隐含的悲剧性成为我们道德与政治实践的压力，也是催生积极公民政治思考、判断与理解的动力。在这个意义上，我们从伯林论题所推出的一个结论是积极公民的必要性，以及使这种公民成为可能的最低限度的自由的必要性。

多种价值的冲突一直在发生，冲突的可能也从来没有停止。牺牲或许仍然不可避免，但只有在以公民的思考与判断穷尽了达成政治共同性的可能之后，以及对牺牲谁、牺牲什么、牺牲到何种程度有过充分的思考与对话之后，我们才可以说，这种牺牲是人类生活不可避免的代价。这最终也印证了伯林自己的观点：多元的终极价值无法在原则上作高低之分，价值冲突也无法在原则上获得一劳永逸的解决。但我们总是有可能在具体的情境中做出权衡和比较不同的价值，在特定的处境下进行排序，并做出相对合乎情理的选择。[②]

---

① 这一段转述了汉森《历史、政治与公民权：阿伦特传》的第六章“什么是政治地思考”的部分内容。在这一章中，汉森根据阿伦特的两篇文章重构了阿伦特对“公民政治思考力”的阐述。

② 参见［英］以赛亚·伯林：《扭曲的人性之材》，岳秀坤译，21页，南京，译林出版社，2009。

第三节　自由主义的民族主义

西方学术界对民族主义的研究文献汗牛充栋，伯林的相关论述不仅具有政治思想史的意义，而且对于“自由民族主义”（liberal nationalism）这一特定的论题尤为重要。伯林强调多元价值之间的冲突，但在民族情感和民族命运的问题上，他却致力于探索自由主义与民族主义之间兼容与相互调和的可能。这至少有以下两个原因。首先，伯林极为重视自由的价值，但作为犹太人他又怀有深厚的民族情感，认同“犹太复国主义”的主张，并在实践中支持以色列建国的政治努力。其次，自由民族主义的概念由泰米尔（Yael Tamir）首先提出，并做出了较为系统的研究。[①] 这部题为《自由民族主义》的论著的蓝本是泰米尔在伯林指导下完成的博士论文，发表之后也受到伯林的盛赞。而当代许多自由民族主义的阐述者都将伯林视为重要的思想资源。[②] 就此而言，伯林相关论述可能蕴含着自由主义与民族主义之间调和一致的某种可能，是自由民族主义理论的一个重要源头。本节将考察伯林的民族主义论述及其与自由主义之间的关系，对照当代学者的回应与讨论，解释为什么伯林最终未能完成关于自由民族主义的规范理论，由此呈现伯林思想的内在张力面对民族主义问题时遭遇的困境。

一、令人困惑的思想源头

2005年，牛津大学政治哲学家大卫·米勒（David Miller）发表了一篇论述伯林民族主义思想的论文。[③] 在此之前，几乎没有人对此重要问题做出过系统而深入的探讨。米勒的分析表明，一旦我们进入伯林散落在不同篇章中的相

---

① Yael Tamir, *Liberal Nationalism*, Princeton, Princeton University Press, 1993.

② Neil MacCormick, “Nation and Nationalism,” in MacCormick, *Legal Right and Social Democracy*, Oxford, Clarendon Press, 1982; Avishai Margalit and Joseph Raz, “National Self-Determination,” in Will Kymlicka (ed.), *The Rights of Minority Cultures*, Oxford, Oxford University Press, 1995; Kymlicka, “From Enlightenment Cosmopolitanism to Liberal Nationalism,” in Kymlicka, *Politics in the Vernacular*, Oxford, Oxford University Press, 2001; David Miller, *On Nationality*, Oxford, Clarendon Press, 1995.

③ David Miller, “Crooked Timber or Bent Twig? Isaiah Berlin's Nationalism,” pp. 100 – 123.

关具体论述，就会发现，试图对他的民族主义思想予以系统性的澄清和梳理，并做出准确而自洽一致的阐释，是相当困难的。首先遇到的麻烦是，伯林对“民族主义”这一概念本身从未给出过前后一致的、清晰的定义。其次，也许更为重要的是，伯林一直试图区别不同性质的民族主义——所谓“良性的”与“恶性的”民族主义，但认真追究起来却会发现，他从来没有给这种区别画出清晰的界限，也没有明确地提出这种区别与自由主义之间具有怎样的关系。在这个意义上可以说，如果伯林的思想的确是自由民族主义的一个重要源头，那么这是一个令人困惑的复杂的源头。

我们如何面对这种复杂性？一个方便的态度是，将伯林看作一个草率的思想者，他只是根据他当时手上所处理的具体问题粗略随意地立论，而不具有更深刻和广泛的内涵。但米勒认为这严重低估了伯林的思想价值，并拒绝了这种“方便”的做法。他相信，伯林“含混暧昧”有时甚至前后矛盾的论述恰恰具有重要的研究价值，因为这显示了“伯林在这一领域的思想具有深刻的内在紧张，而对此从未获得满意的解决”[①]。米勒的观察是非常具有洞见的。笔者认为，伯林“从未获得满意的解决”的内在紧张恰恰触及了“自由民族主义”这一思想的核心难题。如果我们意欲从这一思想中获得真实的启示，就必须从检讨伯林的难题（而不是从接受泰米尔的“解决”）开始。那么，什么是伯林的难题？从伯林的各种论述中，我们可以发现有两个方面的困难：首先是民族主义本身的复杂性与多样性；其次是伯林自己主张的自由主义，既有“反启蒙主义”倾向，又坚持最低限度的普世价值的品格。笔者将根据米勒的研究在这两个方面展开具体的分析。

首先，伯林理解的民族主义究竟是什么？米勒列举出伯林曾给出的五种定义：（1）民族主义是民族意识的一种炙热的状况，它可以是而且有时的确是宽容的与平和的；（2）民族主义既不是民族特性现实的意识，也不是以此为荣，而是对民族的独特使命的一种信念，相信民族在本质上高于一切外在于它的目标或品质；（3）民族主义，即使在其最温和的版本（即民族统一的意识）之中，也肯定植根于对特殊性的深刻感觉——对人类社会之间的差异，对一种特殊传统、语言、习俗的独特性，以及对长期拥有一片被注入强烈集体感情的特殊土地的深刻感觉；（4）民族主义就等于我们对自己说，因为我们是德国人或法国人，所以我们是最优秀的人，我们完全有权做我们要做的事；（5）民族主

① David Miller, “Crooked Timber or Bent Twig? Isaiah Berlin’s Nationalism,” p. 102.

义，即把民族的统一与自决的利益提升为最高价值，必要时其他一切考虑必须服从这种利益。[①]

显然，我们几乎不可能找到某种融贯一致的解释来概括所有这些定义。于是，米勒转而考察伯林对民族主义最为直接而系统的论述文本——《民族主义：往昔的被忽视与今日的威力》[②]。在这篇文章中，伯林通过对德国浪漫主义与民族主义的考察，指出了民族主义的几种重要特征：政治性的民族自决，将民族看作有机性的整体，民族利益超越一切道德限制，以及特殊主义的自我文化优越论。但是，米勒在对这个文本的解读中，将伯林列举的四种特征转换为民族主义的四个维度，认为民族主义者可以在每个维度上持有不同的立场而仍然不失为民族主义者。

第一，如果民族主义是对"民族归属"的根本需要，那么归属要求可以区分为"政治性的"和"文化性的"不同取向，这种区分特别表现在是否主张一个政治上的"民族自决权"（a right of national self-determination）上。"政治民族主义"要求一个民族拥有自己的国家，而"文化民族主义"强调的是自身文化的自主发展权。第二，如果"民族"常常被隐喻地比作一种"有机体"，那么仍然会有"整体的"还是"多元的"的不同取向。伯林关注和忧虑的是"整体性的民族主义"——将民族看作不可化约的统一整合的"有机共同体"，由此推出民族的价值高于一切，而其他群体（家庭、地方社群和教会等）以及个人的价值都必须服从和让位于民族整体的价值。这是伯林所警惕的民族主义"偏执的"反自由（illiberal）的一面。但米勒指出，伯林所忽视的一面是，即使采用有机共同体的比喻，仍然可以对民族持有更多元的理解——民族共同体是由各种更小的共同体构成的。这种"多元性的民族主义"虽然会放弃原子化的个人主义，但未必会坚持将民族的整体利益作为高于一切的价值，而是倾向于考虑整体与多元局部之间的平衡发展。第三，如果将民族理解为一个伦理共同体，那就意味着民族的每个成员都对自己所属的民族拥有特殊的责任。在这个维度上仍然可能有两种不同的取向："道德上无限制的"民族主义认为民族的价值高于一切，也没有任何高于民族价值的道德权威资源可以衍生出普世性的道德原则；而"道德上受限制的"民族主义在承认对民族负有责任的同时，认为还存在着人（仅仅由于）作为人的普遍责任，对民族所能够正当地主张的

---

① David Miller, "Crooked Timber or Bent Twig? Isaiah Berlin's Nationalism," pp. 101 – 102.

② ［英］以赛亚·伯林：《民族主义：往昔的被忽视与今日的威力》，见［英］以赛亚·伯林：《反潮流：观念史论文集》，冯克利译，南京，译林出版社，2003。

种种价值施加了一定的限制。第四，如果民族主义总是在某种程度上信奉“民族至上”（national supremacy）——民族拥有不容阻碍的使命，那么这种信念也视其是否与“民族优越论”（national superiority）结盟而形成两种不同的立场：一种是唯我独尊的“特殊主义”，认为其他被征服的民族在文化上属于低下劣等的；另一种立场并不认同优越论的取向，而采取“重叠性”（reiterative）的态度——承认其他民族拥有与自己民族同等正当的要求和主张。[①]

依据米勒对伯林一个重要文本的重构，我们可以看到，民族主义在这四个维度上都可能具有不同的取向，也因此构成了民族主义的不同形态：可以是“政治性的”或“文化性的”、“整体性的”或“多元性的”、“道德上无限制的”或“道德上受限制的”以及“特殊主义的”或“重叠性的”。在理论上，不同维度的各种取向可以组合成 16 种可能的民族主义类型（当然不是每一种组合都具有现实的可能）。米勒指出，伯林在对德国浪漫主义的民族主义的分析中，指出了一种特定形态（这四个维度上的特定立场的组合），而遮蔽了其他（不同立场组合而成的）形态的可能，这给人造成了一种错觉：似乎民族主义必定是政治性的、整体性的、道德上无限制的以及自我特殊主义的，因此也是与自由主义敌对抵触的。但这既不是民族主义在实践中仅有的类型，也不是伯林所考虑的唯一的类型。正如他晚年（1991 年）的一篇访谈录的标题——《两种民族主义概念》——所显示的那样，伯林理解的民族主义可以有“进攻性的”与“非进攻性的”不同形态。[②] 在他对赫尔德的同情性的解读中显示了对“文化民族主义”的亲和与认同。在他论及泰戈尔时也明确地指出：“我不想褒扬或攻击民族主义。民族主义造就了辉煌成就，也犯下了骇人罪行。”[③] 的确，伯林一直试图在良性的与恶性的民族主义之间做出区别。但是，他终究没有给出一个明确的划分标准，他的“两种民族主义”远不及他更为著名的“两种自由”的概念丰富与清晰，我们也不能在米勒的重构性阐释的基础上得出结论说，伯林所支持的民族主义就是与德国浪漫主义取向相反的那种——文化的、多元性的、道德上受限制的以及重叠性的——形态，因为伯林的其他文本并不支持这一点。[④]

---

① David Miller, “Crooked Timber or Bent Twig? Isaiah Berlin's Nationalism,” pp. 103 - 106.

② 参见［美］内森·嘉德尔斯：《两种民族主义概念——以赛亚·伯林访谈录》，陆建德译，沈阳，辽宁教育出版社，1999。

③ ［英］以赛亚·伯林：《泰戈尔与民族意识》，载［英］以赛亚·伯林：《现实感》，潘荣荣、林茂译，291 页，南京，译林出版社，2004。

④ David Miller, “Crooked Timber or Bent Twig? Isaiah Berlin's Nationalism,” p. 102.

其次，究竟是什么妨碍了伯林为自由民族主义提出一个规范性的政治理论？如果伯林没有在观念层面上区分"好的"和"坏的"民族主义，那么他支持犹太复国主义的依据是什么？米勒所说的伯林始终没有解决的内在紧张究竟是什么？如果我同意米勒的如下判断——毕竟，伯林是一个曾与艾耶尔（Ayer）和奥斯汀（Austin）这类追求含义精准的哲学家促膝长谈的人，应该格外擅长对那些让人感到困惑的想法做出细致清晰的区分[①]，那么伯林自己的困扰就不是一个分析与表达的技术性问题，而是另有更深刻的原因。这些问题之所以值得探究，不仅因为这对于深入理解伯林的思想本身是必要的，而且（可能更为重要的是）因为我们由此可以更加具体地把握自由民族主义的理论发展所面对的困难与挑战。

二、自由主义与民族主义的紧张

如果我们能够——像伯林在他自己的思想史研究中所倡导的那样——"移情地"进入伯林的精神世界，或许可以发现，他对于民族主义既怀有深厚的同情，又保持高度的警惕，而在根本上他的同情是出于对自由——生活方式多样性的自由——的维护，而他的警惕也是出于惧怕民族主义会压制和毁灭自由的价值。因此，总的来说，伯林是一个"情愿的"自由多元主义者，但却是一个"勉强的"民族主义者。他对特定形态的民族主义的认同是派生性的，与他思想中更为明确和坚定的倾向——反对"启蒙乌托邦"、主张价值多元论以及消极自由观——具有内在的逻辑关联。

首先，伯林反对启蒙理性所召唤的"世界主义"（cosmopolitanism），因为这种幻想的乌托邦不能为现代生活提供真实的归属感。伯林敏锐地洞察到，现代性给文明带来的巨大转变，使人们感受到"无根"的、失落的痛苦。

> 工业进步所需要并产生的集中化和官僚制的"理性化"，破坏了人们过去笃信的传统等级制和社会生活秩序，这使大量的人失去了社会和情感上的安全感，导致了异化、精神失落和不断加剧的失范等显著现象，因此需要用巧妙的社会策划创造出心理上的等价物，以代替作为旧秩序基础的已经消失的文化、政治和宗教价值。[②]

① David Miller, "Crooked Timber or Bent Twig? Isaiah Berlin's Nationalism," p. 106.

② ［英］以赛亚·伯林：《民族主义：往昔的被忽视与今日的威力》，见［英］以赛亚·伯林：《反潮流：观念史论文集》，418～419页。

而民族认同正是最为可能的“心理上的等价物”，为精神上“无家可归”的现代人提供的家园：“旧的传统纽带、语言、土地、真实的或想象的历史记忆，以及各种制度或领袖，它们的作用是使人们自视为一个共同体（*Gemeinschaft*）的观念得到落实。”这种共同体的感受，以及由此生成的象征力量可以演化为“民族乃最高权威的观念……在一种神秘的或救世的狂热之中，取代了教会、国王、法治或其他终极价值的来源，从而缓解了群体意识受到伤害所引起的痛苦”①。

从这些论述中我们可以看出，对伯林来说，民族主义情感的来源是真实的，它成为强大的意识形态也是现代性的一种结果。伯林敏感于现代性对古老生活方式的冲击，但他否认启蒙理性主义可以予以拯救，他不相信现代的普世主义原则能够为现代性的心理创伤提供抚慰。也就是说，伯林的反启蒙主义倾向使他多少有些无奈地将民族主义作为一个“不可避免”的现实接受下来。

其次，普世主义的乌托邦在伯林看来既是“不可能的”（impossible），又是“不可欲的”（undesirable）。因为这将威胁人类文化（生活方式）的多样性，也与他所竭力维护的价值多元论相冲突。

> 赫尔德则认为，存在着多种多样不能彼此对比的文化。属于一个既定的共同体，通过共同的语言、历史记忆、习惯、传统和感情这些摸不着又剪不断的纽带，同它的成员联系在一起，是一种和饮食、安全、生儿育女一样自然的需要。一个民族能够理解和同情另一个民族的制度，只能是因为它了解它自身的制度对它有多大的意义。世界主义排除了一切使人最有人性、最有个性的因素。②

最有人性、最有个性的生活方式必须在一个特定的群体内才能实现。“归属”是人类的一种强烈感情，无论是归属于一个家庭、一个氏族、一个部落还是一个民族。而现代生活侵蚀了家庭、氏族和部落，使得民族成了基本归属的主要替代物。伯林对赫尔德最由衷的赞赏源于伯林自己对“文化多样性”以及“个性”的肯定。因为“只有独特的东西才有真正的价值。这就是为什么赫尔德也反对法国启蒙运动中那些相信价值标准普世性的人。他只承认很少几个永

---

① ［英］以赛亚·伯林：《民族主义：往昔的被忽视与今日的威力》，见［英］以赛亚·伯林：《反潮流：观念史论文集》，419页。

② ［英］以赛亚·伯林：《反启蒙运动》，见［英］以赛亚·伯林：《反潮流：观念史论文集》，14页。

恒的真理：时间、地点和社会生活（即后来所说的公民社会）就是一切”[①]。他还说：“跟赫尔德一样，我认为世界主义是空洞的。人们只有属于一种文化才能获得发展。”[②] 我们从中可以发现，伯林深信，对特定文化的归属感与价值多元的维护之间具有不可割裂的关系。

最后，伯林对犹太复国主义的支持，既与他的犹太人身份有关，也与他对自由——以摆脱外在强制为特征的消极自由——的理解有着密切的关系。玛格里特曾回忆说，有一次伯林问他：“你认为什么是所有犹太人的共同之处？我所指的是来自萨那（Sana）、来自马拉喀什（Marakesh）、来自里加（Riga）、来自戈尔德斯·格林（Golders Green）的所有犹太人。”然后，伯林自己立即回答说：“一种社会性的不自在的感觉，没有一个地方能让犹太人感到全然在家。”[③] 玛格里特由此进一步阐释了伯林的“在家的感受”与他的“自由”观念之间的联系：

> 感觉在家（feel at home）又有多重要？以赛亚·伯林看到了感觉在家和处于自由状态（being free）之间的内在关联。当我们的一个客人询问“我可以用这个或那个吗？”时，我们时常回答“请随意”（feel free）或者“就像在自己家一样”（feel at home）——这两者是可以同等互换使用的。对于家庭事务的这一观察捕捉到了在伯林看来非常深刻的“感觉在家”与处于自由状态之间的关联，即那种能够自然地和自发地行为举止的能力。[④]

对现代性境遇的洞察，对文化多样性的维护，以及对自由“在家”感受的珍视，是伯林作为一个具有反启蒙主义倾向的自由主义者的立场，正是这种特定的自由主义促使伯林对民族主义抱有同情与支持的态度。但他所支持的是一种特定形态的民族主义——“非进攻性的”或者说“文化性的”民族主义，是赫尔德式的和平的民族主义。在《两种民族主义概念》的访谈中，伯林清晰地指出了这一点：“赫尔德深刻的民族观是非进攻性的。他所要求的无非是文化自决。他否认一个民族会比另一个民族优越。任何坚持优越论的人都是在说假话，赫尔德相信民族文化的多样化，他认为所有民族文化都能够和平共处。每一种文化都同样具有价值，都值得重视。”[⑤] 既然如此，为什么伯林不能就此发

---

① ［美］内森·嘉德尔斯：《两种民族主义概念——以赛亚·伯林访谈录》，255 页。

② ［美］内森·嘉德尔斯：《两种民族主义概念——以赛亚·伯林访谈录》，264 页。

③ Avishai Margalit, “The Crooked Timber of Nationalism,” p. 149.

④ Avishai Margalit, “The Crooked Timber of Nationalism,” p. 152.

⑤ ［美］内森·嘉德尔斯：《两种民族主义概念——以赛亚·伯林访谈录》，255 页。

展出一套文化民族主义的规范理论？是什么妨碍了他？

因为伯林的价值多元论内在地包含着“价值冲突”的论题。多种价值和平共处是有条件的，有时甚至是可遇不可求的（参见本章第二节）。于是呈现在民族主义问题中的关键难题便是：文化自决往往不得不是某种政治自决。任何文化民族主义的理想，在其实践中都不得不与政治目标相关，其现实形态都或多或少是一种“政治民族主义”。伯林的犹太复国主义本来只是追求一种“在家”的理想，却不能不为寻求家园而展开政治斗争。伯林非常清楚地意识到了这一困难。在《两种民族主义概念》的访谈中，当被问“怎样的政治结构才适合文化自决的新时代并且维护自由，避免有一些一触即发的流血冲突？”时，伯林的回应没有给出答案，而是更加突出了这个问题的严重性：“没有政治框架的文化自决恰恰是现在面临的问题……像赫尔德那样的理想主义者显然并没有考虑到这个问题。”[①] 也正是在这个意义上，他说赫尔德以及马志尼（Mazzini）所抱有的信念——各个“社会可以沿着它自身内在的路线和平地、非暴力地发展，对其他同样致力于和平发展的社会非但不存嫉妒与敌意，反而还非常同情”——“是过于天真”了。[②] 而对于这种善意的“天真”，伯林并没有像后来的一些自由民族主义者试图做的那样，设法发展一套更为“成熟”的理论原则来加以校正，因为（再一次）他的反唯理主义的知识倾向妨碍了他。在他看来，那种理论成熟才是更为天真的做法。伯林自己宁愿留在真实的难题所造成的张力之中：一面对这种天真的善意抱有同情，一面以他“狐狸般的”警觉，对民族主义危险的进攻性倾向予以解剖，并提出警策。

那么，什么是伯林最为敏感的政治民族主义的危险？当被问“是什么使得文化自决的热望演变为民族主义的进攻？”时，伯林回答说：

> 一种受到伤害的“民族精神”，打个比喻说，就像一根被强力扳弯的树枝，一旦放开就会猛烈地弹回去。民族主义，至少在西方，是压力引起的创伤造成的。至于东欧和苏联，现在看起来是一个巨大的、开裂的伤口，经受多年压迫和屈辱之后，解放了的民族和它们的领袖容易产生一种剧烈的反作用，产生一种突然爆发的民族自豪感和往往具有进攻性的坚持自己主张的行为。[③]

① ［美］内森·嘉德尔斯：《两种民族主义概念——以赛亚·伯林访谈录》，260页。

② 参见［美］内森·嘉德尔斯：《两种民族主义概念——以赛亚·伯林访谈录》，259～260页。

③ ［美］内森·嘉德尔斯：《两种民族主义概念——以赛亚·伯林访谈录》，259～260页。

“弯枝”（bent twig）成为伯林论述民族主义的一个中心隐喻。[①] “弯曲”（bent）暗示了民族遭到的羞辱性征服——来自“更先进的”、文化上更优越的外国势力的征服。但是，这个被迫弯曲的枝条终究要反弹回去，以鞭挞民族的欺辱者。没有一个民族能够忍受外来的长期羞辱：“迟早会有无法控制的强烈反应。人们再也不愿容忍一个有优越感的民族、阶级或者其他什么东西盛气凌人的态度和侮辱。迟早，他们会提出民族主义的问题：‘我们为什么得听他们摆布?’‘他们有什么权利……?’‘我们怎么办?’‘我们为什么不能……’”[②] 这里的关键是“侮辱”以及“雪耻”。这是伯林在德国民族主义的形成中看到的最为突出的情感。“弯枝”会以盲目的、非理性的过度反弹来回应曾经遭受的羞辱，成为攻击性的民族主义。这是弯枝隐喻的重点所在。

为什么伯林会对攻击性的民族主义如此忧虑？血腥的冲突、残酷的战争这些人道代价当然是重要而且明显的理由，但还有更为隐秘的理由。在走向雪耻的民族自决的政治斗争中，民族主义话语几乎不可避免地走向极端，走向偏见，成为一种偏执的、反自由的意识形态，一种唯我独尊的、整体性的、道德上无限制的民族主义。这是与马志尼等民主派所持有的民族主义反差鲜明的另一种民族主义：“民族自由存在于对来自外部和内部的一切可能障碍的铲除中，也就是要对一切权力的竞争者发起圣战——内部的阶级或团体，以及外部的力量，即其他民族。”这种形态的民族主义和它的两个“令人恐惧的兄弟”——种族主义和宗教狂热主义——一样，会演变出我们时代“最恐怖和最野蛮的现象”。[③] 在此，攻击性的民族主义对自由价值的压制与摧毁，是伯林忧虑的深层原因。

所以，即使民族的政治自决就长远而言有利于这个民族的文化自由发展，但在短期内会出于“民族利益高于一切”而限制许多个人和群体选择自己生活方式的自由，这是许多后来的自由民族主义者愿意承担的代价，而伯林对付出这种代价是不情愿的，是十分勉强的。[④] 对他而言，集体性的自决并不具有内

---

① Isaiah Berlin，“The Bent Twig：On the Rise of Nationalism”. 这篇文章收入牛津大学出版社1991年英文版的文集 *Against the Current：Essays in the History of Ideas*（Henry Hardy，ed.），而中文版的《反潮流：观念史论文集》所依据的是一个不同的版本，没有收入这篇文章。

② ［美］内森·嘉德尔斯：《两种民族主义概念——以赛亚·伯林访谈录》，257页。

③ 参见［英］以赛亚·伯林：《康德：一个鲜为人知的民族主义源头》，见［英］以赛亚·伯林：《现实感》，287～288页。

④ 米勒指出了一点，见 David Miller，“Crooked Timber or Bent Twig? Isaiah Berlin's Nationalism，” p. 114。

在的价值，而只是一种条件，与其他许多条件一样，其目的是为了个人和群体的自由发展。因此，正如米勒和斯图尔特·汉普夏尔（Stuart Hampshire）等人都指出的那样，“民族自决”对于伯林来说只是“工具性”的。[①]

从这个角度来看，伯林对犹太复国主义的支持并没有普遍性的原则依据，而是出于一种实际的、工具性的考虑。伯林的另一位朋友、哲学家理查德·魏赫姆（Richard Wollheim）指出，犹太复国主义对于伯林来说不是意识形态，而只是推动以色列立国的实际途径，是“对犹太人具体苦境的明智的解决方案”。言下之意，如果还有别的方法，伯林很可能不会选择犹太复国主义。伯林甚至说过，如果世界上有这样一种药，犹太人吃了之后就能够在一夜之间变为丹麦人，那他可能会鼓励他们吃这种药。在魏赫姆看来，这就是为什么在对犹太复国主义的正当性论述中，伯林对“积极的正当性论证”持极为温和的态度，而偏爱“消极的正当性论证”。[②] 然而，犹太复国主义毕竟是一种意识形态的蓝图，就此而言，汉普夏尔的问题是尖锐的——伯林如何可能调和对先验蓝图的反对与他对犹太复国主义的支持？玛格里特最终的结论是，这两者之间存在着真实的紧张，伯林也没有真正解决这种紧张。[③] 魏赫姆也指出，伯林的犹太复国主义与他的总体生活态度具有“很别扭”的关系，“他支持犹太复国主义多少是一个例外”[④]。

总的来说，以赛亚·伯林对民族主义怀有一种爱恨交加的复杂情感，其中的紧张在于：一方面他重视民族“文化自决”的价值，因为这对于多样而自由的生活方式是必要的；但另一方面他又极为忧虑民族“政治自决”的危险，因为政治形态的民族主义是不稳定的，总是可能走向反自由的方向。非政治化的文化自决是伯林所期望的，而他良好的“现实感”告诉他，离开政治的文化自决往往是不可能的。正是民族主义所要求的“政治化”使伯林犹豫不决。

三、自由民族主义的可能

米勒指出，伯林并没有发展出一套关于自由民族主义的规范政治理论。但这种理论并不是没有可能。他勾勒了自由民族主义者所理解（或者所能接受）

---

① David Miller, “Crooked Timber or Bent Twig? Isaiah Berlin's Nationalism,” p. 117.

② Richard Wollheim, “Berlin and Zionism,” in Mark Lilla, Ronald Dworkin, and Robert B. Silvers (eds.), *The Legacy of Isaiah Berlin*, p. 166.

③ Avishal Margalit, “The Crooked Timber of Nationalism,” p. 157.

④ Richard Wollheim, “Berlin and Zionism,” p. 168.

的民族主义的六个特征，基本上采取“多元性的、道德上受限制的以及重叠性的”取向。在民族主义的政治化问题上，他承认政治维度的不可避免，但主张要对其政治性施加一定的工具性理由的限制。[①] 但是，这并没有解决伯林的难题，因为伯林犹豫不决的关键所在就是洞察到，实践中民族主义的政治维度是极其不稳定的。米勒在论文的最后承认，自由民族主义者必须面对伯林提出的严峻挑战，那就是，如何使“现实世界”中民族主义保留在自由的限制之内?[②]

什么是自由主义的界限？问题的复杂性在于，自由主义与民族主义类似，也具有多种不同的形态。正如约翰·格雷曾经详细阐释的那样，自由主义有不同的面貌，伯林的自由主义版本与哈贝马斯、罗尔斯等人的（程序主义的）自由主义版本相当不同。[③] 而米勒认为，民族主义和自由主义两者都是松散的、有弹性的意识形态，留出了不同阐释的空间，因而有可能成功地使民族主义的某些形态与自由主义的某些版本形成结盟。他自己的研究曾指出，古典自由主义（以生命、财产和个人权利为核心，主张自由市场和最小国家）的版本，几乎会与任何形态的民族主义发生冲突和抵触，而现代自由主义（强调民主的公民身份、社会正义和福利国家）的版本与某种形态的民族主义几乎是天然的联盟。[④] 米勒还讨论了“义务论式的”（deontological）与“社会学式的”（sociological）自由主义的差别。前者将自由主义理解为一种强制性的行动原则，来自对人类生活状况的抽象反思，必须在所有条件下得到遵从（例如言论自由原则或者人权原则）；而后者关注的是，在什么样的政治和社会条件下自由主义的价值与目标最有可能达成，而并不预设一套在所有情况下都必须遵从的普世性原则。米勒分析指出，“社会学式的”自由主义比“义务论式的”自由主义更有可能与民族主义结盟。[⑤] 但在笔者看来，就应对伯林思想遗产所呈现的挑战而言，米勒的讨论并没有得出确定的规范性理论，或者说，这种规范理论只是在“消极的”（negative）意义上才是确定的——什么样的民族主义与什么样的自由主义是相互冲突的，因此也不可能结盟。[⑥] 而在“积极的”（positive）意义上，自由主义与民族主义的结盟仍然只是一种不确定的、开放的可能。

---

① David Miller, “Crooked Timber or Bent Twig? Isaiah Berlin's Nationalism,” pp. 117 - 118.

② David Miller, “Crooked Timber or Bent Twig? Isaiah Berlin's Nationalism,” p. 120.

③ 参见［英］约翰·格雷：《自由主义的两张面孔》。

④ David Miller, *On Nationality*.

⑤ David Miller, “Crooked Timber or Bent Twig? Isaiah Berlin's Nationalism,” p. 119.

⑥ 例如，米勒指出，那种“雪耻型”的民族主义与“自由主义的世界主义”（liberal cosmopolitanism）在根本上是冲突的，不可能相互结盟。

无论是什么版本的自由主义，必须具有某些最低限度的价值尺度或原则。即便是伯林这样的反教条性的自由主义者，实际上几乎将“消极自由”视为必须坚持的基本原则。在针对民族主义的问题上，伯林也明确指出最低纲领的必要性：“目前还没有能对世界有所帮助的一套普遍接受的最低纲领。让我们希望有一天一套初具规模的最起码的共同价值被大家认可。不然我们注定要失败。除非有一套最起码的共同价值来维护和平，否则没有一个像样的社会能存在下去。”① 因此，如果自由民族主义这一理念能够提供富有启示的实践潜力，那它需要处理的关键问题就是：如何在对自己所属民族的天然偏爱与某种“普遍善意”（general good will）之间建立一种平衡。

迈克尔·沃尔泽（Michael Walzer）对此做出了探讨。② 他提出的问题是：一个人如何保持对自己民族的特殊忠诚（attachment），而与此同时仍然能够怀有一种普遍善意，过“道德的生活”？对此他设想了三种可能的立场。第一种立场抱有天真的幻想——认为对自己群体的热爱与普遍善意之间总是可以达成和解，因为世界并不像现实主义者所描述的那样——冲突不可避免。第二种立场认为，自己所属的群体拥有（历史的或现实的）独特性，因此对这个群体的优先考虑不只是由于特殊的感情和意愿，而且也出于普遍善意。而第三种立场试图将自己的情况普遍化（universalize）——承认所有的群体都同样拥有为自己谋求利益的正当性，而群体之间的冲突（常常）不可能以正当与否来判断。在这种情况下，普遍善意最多能要求一个人做的就是，尽其所能减少自己群体的损失，但同时坚持尊重另一方所做的相同努力，没有任何一方蓄意地去侵害、羞辱或摧毁另一方。

沃尔泽认为，这三种选择穷尽了自由民族主义的所有可能的立场，在此之外的其他立场要么放弃了民族主义，要么放弃了自由主义。但他同时指出，前两种立场“引入了一些关于世界的系统性的歪曲陈述，因而几乎总是（在马克思或曼海姆严格意义上的）意识形态”，也更容易被人利用，以之来掩盖实际上对民族归属感或对普遍善意的放弃。而第三种方式正是伯林的方式，也是“正确的甚至唯一可能的方式”。这种方式的必要性在于它拒绝放弃特殊的忠诚，也拒绝放弃普遍善意。由这两种拒绝导致的政治立场就是某种自由民族主义。③

---

① ［美］内森·嘉德尔斯：《两种民族主义概念——以赛亚·伯林访谈录》，264 页。

② Michael Walzer, “Liberalism, Nationalism, Reform,” in Mark Lilla, Ronald Dworkin, and Robert B. Silvers (eds.), *The Legacy of Isaiah Berlin*. 本节中以下段落的论述均来自此文的论点。

③ Michael Walzer, “Liberalism, Nationalism, Reform,” p. 172.

在沃尔泽的理解中，自由民族主义是对民族主义的“修正”（modification），同时也是对自由主义予以复杂化的处理。对民族主义而言，重要的修正有两个方面：首先是要承认其他民族的集体性权利（自决、主权以及自治等）；其次是承认自己民族成员作为个体的权利，因此民族不能被想象为一个拥有单一利益和单一意志的整合体。对自由主义而言，则需要在不断的“进入”（engage with）并适应的过程中修正民族主义。但必须意识到，民族主义是与自由主义“异类的”一种特殊主义。在“自由民族主义”中，“自由”是一个形容词，可以限定、修饰“民族主义”，但不可能从根本上转变它。的确，“充满激情的、特殊主义的忠诚很明显不能总是以自由主义的方式得到修正，但它们可以被修正，而且在有些情况下它们已经被修正”。沃尔泽认为，自由民族主义之所以可能，是由于经验而不是由于原则性的推论。因为“实际上存在这样一些人，他们是自由主义者，也是民族主义者”。的确，现实中的民族主义很少是自由主义的，但这只是困难的证据而不是“不可能的”证据。沃尔泽给出的一个例子是家庭：自由主义的父母承认他们的孩子应该服从公平的程序，比如在教育的评分或大学录取或社会服务考试方面的程序。他们也许会为自己的孩子寻求某些特殊的帮助，但他们也承认其他父母拥有做同样事情的权利，而且他们承认需要对这些权利的实施施加某些限制（尽管他们可能对限制的程度有所争议）。沃尔泽认为，民族主义作为一种集体性的特殊忠诚未必会比家庭问题上的个人性的特殊忠诚更难以修正。

> 人们常说民族主义不可能（真正地）被修正，它必须被随时随地予以反对，因为它在本质上是极端性的——正像人们会说（尽管我不相信任何人实际上这样说过），父母之爱必须被反对，因为这种爱在本质上是极端的。这恰恰是伯林所拒绝的立场，不仅因为他在总体上是一个反本质主义者，而且因为具体而言他是一个自由的犹太复国主义者。①

在我看来，沃尔泽的评论中最具有洞见的观点在于防止自由主义的乌托邦。如果自由主义执着于反对特殊忠诚的激情，那么实际上就是企图从事“日常人类生活的革命性转变——旨在创造一种‘自由主义新人’”。而这在沃尔泽看来，与过去苏联教育模式倡导的“社会主义新人”相差无几。这种目标是虚妄的，也是注定要失败的，而且，这种本质主义的企图恰恰违背了自由主义的“本质”。沃尔泽最后的建议是，最好将自由民族主义理解为一种“自由改良主

---

① Michael Walzer, “Liberalism, Nationalism, Reform,” p. 176.

义的品种”：“将激情的忠诚作为现实世界给定的存在接受下来，然后致力于修正它——这样做不是要使所有的忠诚相互和谐，不是去寻求一种超出修正方案的乌托邦，这样做是为了使这些忠诚能够兼容，得以和平共处。”①

伯林思想的内在紧张表明，自由主义与民族主义之间的冲突，无法仅仅通过思想观念层面上的清理来解决，无法诉诸一套明确的政治哲学原则或纲领来化解。最终，自由民族主义是一种实践性的改革方案。如果我们期望人类普遍的自由价值与对自身民族的特殊偏爱之间达成和解，则只能在具体语境的实践中做出尝试与努力，而这是伯林思想中一个贯穿始终的脉络。

刘　擎

参考文献

［英］伯林．自由论．南京：译林出版社，2003.

［英］伯林．反潮流．南京：译林出版社，2003.

［英］伯林．现实感．南京：译林出版社，2004.

［英］伯林．浪漫主义时代的政治观念．北京：新星出版社，2011.

［英］克劳德．自由主义与价值多元论．南京：江苏人民出版社，2006.

［英］格雷．自由主义的两张面孔．南京：江苏人民出版社，2002.

［美］罗尔斯．政治自由主义．南京：译林出版社，2000.

应奇，编．第三种自由．北京：东方出版社，2006.

刘训练，应奇，编．后伯林的自由观．南京：江苏人民出版社，2007.

Berlin，Isaiah. Liberty. Henry Hardy，ed. Oxford：Oxford University Press，2002.

Berlin，Isaiah. The Crooked Timber of Humanity：Chapters in the History of Ideas，New York：Alfred A. Knopf，1991.

Gray，John. Isaiah Berlin. Princeton：Princeton University Press，1996.

Mark Lilla，Dworkin Ronald，and Robert B. Silvers，eds. The Legacy of Isaiah Berlin. New York：New York Review Books，2001.

Larmore，Charles. The Autonomy of Morality. Cambridge：Cambridge University Press，2008.

Tamir，Yael. Liberal Nationalism. Princeton：Princeton University Press，1993.

Miller，David. On Nationality. Oxford：Clarendon Press，1995.

Miller，David. Crooked Timber or Bent Twig? Isaiah Berlin's Nationalism. Political Studies，2005 (53)，Issue 1.

---

① Michael Walzer，“Liberalism，Nationalism，Reform，” p. 176.

第二章
奥克肖特的政治哲学：涯涘无尽之知、道德个体性、法治联合体

迈克尔·奥克肖特（Michael Joseph Oakeshott，1901—1990）是英国著名的哲学家和政治思想家。奥克肖特对霍布斯的政治哲学推崇备至，认为霍氏的《利维坦》与柏拉图的《共和国》以及黑格尔的《法哲学》，是西方政治思想史上鼎足三立的巨著。奥克肖特更指出，《利维坦》可能是唯一够资格被视为不朽的、用英文撰写的政治哲学经典。[①] 霍布斯也是奥克肖特在他的著作当中以篇幅而言谈论得最多的哲学家。奥克肖特除了在1946年重编了《利维坦》[②]，并为此写了一篇权威性的长篇序言[③]之外，也在1960年撰写了另一篇长文，讨论霍布斯著作中涉及道德生活的论述。[④] 其他一些较短的论文和重要的书评，包括对施特劳斯关于霍布斯专著的评论，从20世纪30年代到1974年分别散见

---

① M. Oakeshott, "Introduction to *Leviathan*," in Michael Oakeshott, *Hobbes on Civil Association*, Indianapolis, Liberty Fund, 1975, p. 3.

② T. Hobbes, *Leviathan*, edited with an Introduction by Michael Oakeshott, Oxford, Blackwell, 1946.

③ 这篇序言经修正后收录在 *Hobbes on Civil Association* 一书内，见 pp. 1－79。

④ Oakeshott, "The Moral Life in the Writings of Thomas Hobbes". 此文除了收进 *Hobbes on Civil Association* 一书内（pp. 80－140），也收在 Oakeshott 的名著 *Rationalism in Politics and Other Essays*（new and expanded edition, Indianapolis, Liberty Fund, 1991, pp. 295－350）内。

于奥克肖特发表的作品之中。[①] 奥克肖特在这些著作中先后提出了多项理由，支持他为何对霍布斯的政治哲学有这样高的评价，其中有几点可以借用过来，用于奥克肖特自己的政治哲学身上。本章打算从这里开始，切入评介奥氏的思想。

在《〈利维坦〉的序言》里，奥克肖特引用孔子的自我评价“吾道一以贯之”，来形容霍布斯思想上的连贯性，认为贯通霍布斯思想方方面面的主轴，正是霍布斯关于哲学思辨就是认定因果关系的理性推演，并以此来认识和观照世界的主张。[②] 在这里我们用不着详细分析霍布斯之道是如何一以贯之的，需要指出的是，要比较确切和深入地去把握奥克肖特的政治哲学，我们必须抓紧奥克肖特思想上的两个重点：第一是关于哲学之知是一种涯涘无尽的追寻[③]；第二是理论和实践是两个性质上完全不同的世界，不应该将这两个世界的认识混为一谈。对这些观点有清楚的了解，并且记住这种认定和区分，是对奥克肖特整套的政治哲学能贯彻认识的关键。

奥克肖特认为，人们对政治的反思，是有不同层次的，包括由思考如何解决实际政治遇到的问题（如应在什么时候举行大选），到如何依据一些普遍的观念来改革政治制度（如主张以政治平等这个理念来扩大选举权），再上升至把一定的政治经验综合成一套比较完整的意识形态（像把种种对平等的主张综合成社会主义这套思想）。[④] 但当政治的反思到了一定的普遍层次，涉及政治生

---

① 例如 1935 年的“Thomas Hobbes”和 1936 年的“Review of L. Strauss, *The Political Philosophy of Hobbes*”。这两篇文章现分别收在 M. Oakeshott, *The Concept of a Philosophical Jurisprudence* [Luke O's Sullivan (ed.), Exeter & Charlottesville, Imprint Academic, 2007], pp. 110 - 121 和 pp. 145 - 146。1937 年发表的著名的“Dr. Leo Strauss on Hobbes”和 1947 年的“*Leviathan*: a Myth”则收在 *Hobbes on Civil Association*, pp. 141 - 158 和 pp. 159 - 163。1951 年的“A Reminder from ‘Leviathan’”，见 *The Observer*, July 29, 1951: 4。1957 年的“Review of H. Warrender, *The Political Philosophy of Thomas Hobbes, His Theory of Obligation*”和 1967 年的“Review of K. C. Brown (ed.), *Hobbes Studies*”，分别收在 Luke O'Sullivan 编的 *The Vocabulary of a Modern European State*, Exeter & Charlottesville, Imprint Academic, 2008, pp. 132 - 134 和 pp. 212 - 213。1974 年发表的“Logos and telos”则收在 *Rationalism in Politics and Other Essays*, new and expanded edition, pp. 351 - 359。

② M. Oakeshott, “Introduction to *Leviathan*,” in Michael Oakeshott, *Hobbes on Civil Association*, pp. 17 - 18.

③ 用奥克肖特后期的话来说，哲学式的追寻是无穷尽的，因为：“使哲学成为无涯涘的追寻的，正是它不断认识到所有涯涘（conditionality）都是有限定的。因此，这种追寻属于永远的起航，当中可以有局限，却不会被否定。”（M. Oakeshott, *On Human Conduct*, Oxford, Clarendon Press, 1975, p. 11.）我这里把庄子“知也无涯”的说法借用过来，表示在认知的活动里，每突破一度前提，又会出现另一层新的前提。每一个前提等如一度涯涘。这是一种前提拘限无穷尽的过程，因而我把奥氏所讲的“conditionality”译成“涯涘”。

④ M. Oakeshott, “Introduction to Leviathan,” in Michael Oakeshott, *Hobbes on Civil Association*, p. 3. 文中括号中的例子是笔者为方便说明加上的。

活（以及和政治生活相关联的价值、目的、制度等）和整个文明的关系时，那便可以理解成是政治哲学式的反思。这种反思不但是对政治这个范畴作一整全的视察，更是把政治的范畴和政治以外的整个世界联结起来，让政治和人世间的种种终极关怀，例如人与自然、神灵、存在、世界或形上观、人性、文明、命运、行为等关系互相观照，大大加深我们对政治和人类处境的认识和想象。这类反思可以是直接的或间接的，也可以是从大体上或细节上着眼。奥克肖特形容这类反思是把政治和永恒结合起来作一整全的认识，试图超越种种抽象或以偏概全式的理解，从一个特定的角度（即政治）把文明中的整个知识传统整理出来。他认为霍布斯的政治哲学正是达到了这种整全视察的高度，其思想脉络正是以西方整个政治哲学史作为背景的。[①] 下文将会说明，考虑奥克肖特的政治哲学时，也应作如是观。

政治哲学的经典之所以扣人心弦，其中一个理由正是这些著作深刻地透视到人世间逃避不了的困境。每一部经典，都蕴含着对这困境的原创解读及其解救的想象。[②] 就这一点而言，霍布斯政治哲学中对自然状态的描述，以及对人的自我高傲却又对在生存竞争中落败不得好死的恐惧的把握已成经典，在这里不用我多花笔墨。但奥克肖特除了大大欣赏霍布斯这方面的想象，并分析霍布斯的推理如何解释理性者以及拥有贵族式傲气的人选择进入主权归一的公民社会以脱离自然状态之外，更推崇《利维坦》是极为难得的哲学文学（philosophical literature），集深邃的逻辑与诗人的想象于一身。[③] 英国格拉斯哥大学的莱斯诺夫认为，奥克肖特是 20 世纪英语哲学界最具文采的哲人[④]，笔者也曾

---

① M. Oakeshott, "Introduction to *Leviathan*," in Michael Oakeshott, *Hobbes on Civil Association*, p. 5. 奥克肖特这样说："把政治和永恒联结起来的计划从来不缺乏追随者，不管有关的努力是从原则上出发还是从细节上着眼，是直接去做还是间接为之。的确，这方面的努力在我们文明中的整个知性生命中，只算是一项特殊的安排，是从一个特定角度的愿景中组织和铺陈我们整个的知识历史。也许，没有任何解释世界本质的理论、解释人类活动的理论、神学或宇宙观，甚至没有任何形而上学不曾在政治哲学这块镜子面前作出自我反省。可以肯定地说，对政治所作的全面考量，无不是从永恒的角度来进行自我反省。"

② M. Oakeshott, "Introduction to *Leviathan*," in Michael Oakeshott, *Hobbes on Civil Association*, pp. 6 – 7.

③ M. Oakeshott, "Introduction to *Leviathan*," in Michael Oakeshott, *Hobbes on Civil Association*, p. 163.

④ Michael H. Lessnoff, "Michael Oakeshott: Rationalism and Civil Association," in Michael H. Lessnolf, *Political Philosophers of the Twentieth Century*, Oxford, Blackwell, 1999, p. 113.

经撰文谈到奥克肖特政治哲学中的譬喻极具启发性①。因此，谈奥克肖特的政治哲学，便不能忽略其文学想象和意象的一面，这也是他和 20 世纪大部分西方政治哲学家不同的地方。

西方政治思想史自古希腊以降，奥克肖特认为至今发展出了三大清晰可见的传统，分别是由柏拉图的《共和国》所代表的以理性和自然（reason and nature）作为标志性概念的古典传统、以霍布斯《利维坦》的意志和人造物（will and artifice）作为标志性概念的近代传统，以及黑格尔《法哲学》以来的理性意志（rational will）的最新传统。② 笔者认为奥克肖特的政治哲学是尝试在这些伟大传统的基础上推进一步，以便我们更好地理解在现代性的脉络中政治经验在西方文明中所占的位置。我们先来看看奥克肖特对哲学的理解。③

第一节 哲学及经验模式

要认识奥克肖特对哲学的看法，便不得不细读他出版的第一本书《经验及其模式》④、1959 年发表的《诗在人类交谈中的心声》⑤，以及 1975 年出版的《论人类行为》⑥。值得注意的是，尽管奥克肖特在学界被认为是 20 世纪中最重要的政治哲学家之一，但在早期最全面论述他的哲学思想的《经验及其模式》一书当中，他只是在一个附注中提及政治哲学，而且认为政治哲学未能完全符

---

① 张楚勇：《洞穴、巴别塔、人文交谈——从譬喻看奥克肖特的哲学和政治思想》，载《政治思想史》，2010（4），93～111 页。这篇文章的部分内容和论点将会引用到本章里。

② M. Oakeshott，“Introduction to *Leviathan*,” in Michael Oakeshott，*Hobbes on Civil Association*，pp. 7－8.

③ 个人认为，至今为止评介奥克肖特整体哲学最好的书，为 Nardin，T.，*The Philosophy of Michael Oakeshott*，Pennsylvania，The Pennsylvania State University，2001。

④ M. Oakeshott，*Experience and Its Modes*，Cambridge，Cambridge University Press，1933.

⑤ M. Oakeshott，“The Voice of Poetry in the Conversation of Mankind,” in Michael Oakeshott，*Rationalism in Politics and other Essays*，new and expanded edition，pp. 488－541.

⑥ M. Oakeshott，*On Human Conduct*. 奥克肖特逝世后，他在 1925 年撰写而生前没有发表的长文“An Essay On the Relations of Philosophy，Poetry，and Reality”被收在奥克肖特著作选辑丛书中的第一本书内发表。[M. Oakeshott，*What is History? and Other Essays*，in Luke O'Sullivan（ed.），Exeter & Charlottesville，Imprint Academic，2004，pp. 67－115.] 但正如编者 O'Sullivan 在书中序言所说，那个时期年轻的奥克肖特深受斯宾诺莎和柏拉图的理性主义影响，文中对哲学的看法，并非奥氏的定见（见该书 pp. 4－5），故不在本章正文讨论之列。

合哲学就是整全经验的性格。[①] 为什么会是这样的呢？笔者相信这涉及他的后期思想对哲学经验做出了一个重要的修正，明确指出，哲学经验最后是否蕴含着全面具体而自足的整全经验，这课题只可以存而不论。但这修正笔者认为并没有从根本上改变他关于哲学的追寻是一种涯涘无尽的认识，以及理论和实践是两个性质上完全不同的世界，不应该将这两个世界的认识混为一谈这两项主张。这一点下文还会论及。在此我们先对奥克肖特就下列重要课题的理解作一扼要说明：哲学与整全经验的追寻、经验模式的多元性和片面性以及政治为何是属于实用模式的一种经验。

《经验及其模式》是一本深受唯心/理念哲学观（idealism）影响的著作，认为人类是通过经验（experience）来认识其身处的环境的。[②] 但和经验主义哲学观（empiricism）大不相同的是，唯心哲学观不接受心物二元的论述，认为说到底，经验是通过经历者的感知而和被经历的事物的统一结合的，经验是一个单一而具体连贯的整体。[③] 奥克肖特认为，我们对世界的感知，就是在最初步和最不确定的形态下，也免不了会涉及我们的意识（consciousness）。因此，有意识的感知，便不可能是完全不确定的，其感知对象也不可能是完全孤立、与其他的经验完全无关、完全单独存在的。有意识便牵涉到一定程度的确认，而就是最简单的确认也离不开判断、类推及思想上的反思，这背后便蕴含着某种程度的有相关性、连贯性，能组合起来的经验。因此经验不可能只涉及完全

---

① M. Oakeshott, *Experience and Its Modes*, p. 335, n1. 在这附注中，奥克肖特把政治哲学、道德哲学和神学等归成一类，称它们为伪哲学经验（pseudo-philosophical experience），认为它们是“哲学的思想，但却是有规限和局限的哲学思想。当哲学思想有规限和局限时，其哲学上的性格便马上变得不足了”。复旦大学的张汝伦教授在他的译著《政治中的理性主义》（上海，上海译文出版社，2004）的序言中说，奥克肖特在第二次世界大战前对政治并不十分感兴趣，但“第二次世界大战后却转向了政治哲学”（3 页）。这个观察是不准确的。奥氏 1990 年逝世后，他生前的著作（包括不曾发表的）陆续出版，其中不乏战前奥氏对政治哲学的长篇论述。Luke O'Sullivan 编的 *Early Political Writings 1925-1930*（Exeter & Charlottesville, Imprint Academic, 2010）便选了奥氏 1925 年撰写的长篇论文“A Discussion of Some Matters Preliminary to the Study of Political Philosophy”。奥克肖特一生都关注政治哲学，只是他在《经验及其模式》的阶段的哲学观令他一度怀疑所谓的“政治哲学”严格来说是否真的够格称作哲学经验。

② 我不打算在此处详细讨论奥克肖特和唯心哲学观的关系。在这方面讨论得最好的学者，我认为是 David Boucher。他近期的有关论述见：“The Victim of Thought: The Idealist Inheritance,” in Paul Franco & Leslie Marsh (eds.), *A Companion to Michael Oakeshott*, University Park, Pennsylvania, The Pennsylvania State University Press, 2012, pp. 47 - 69; “Oakeshott in the context of British Idealism,” in Efraim Podoksik (ed.), *The Cambridge Companion to Oakeshott*, Cambridge, Cambridge University Press, 2012, chapter 11.

③ M. Oakeshott, *Experience and Its Modes*, p. 9.

没有意义的、孤立而纯粹的官能感觉。由是观之，就是最原始的感知和直觉，也离不开某种程度的确认、判断、类推及思想上的反思，背后也就蕴含着某种相关、连贯、能组合起来的经验。①

奥克肖特在《经验及其模式》中指出，经历本身（主体）和被经历的事物（客体）为分析方便是可作区分的，但严格说来在实质上却不可分割，否则这两方面便会变成没有意义和不能被理解的抽象体。他说："主体和客体不是各自独立的元素，也并非经验的不同部分，它们是经验的不同面相。如果我们把二者分割开来，它们便会沦为抽象体。任何经验都不单是把主体和客体拼凑在一起而已，而是将主客两者视为一整体……因此，主体不存，客体不在，也没有独立于客体而存在的主体。"②

根据以上唯心论的观点，判断思想真伪的准则，只应从具体而完整的经验中去寻找，因为只有这个整体，才是认知中的真实根据。真理并非从主体和客体或我们思维建构的理论与客观存在的外在事实之间的对应（correspondence）中去印证。真理其实就是在有关的经验中找出其内在蕴含的更清晰、连贯（coherent）、具体、完整的意义来。③ 经验既然是单一的整体，那寻根究底的哲学似乎便只能在寻出这个包罗一切的最终整体时才有可能罢休。因此，奥克肖特在《经验及其模式》中说，哲学经验在逻辑上说到最后就是"没有前设、保留、拘限（arrest）或修订的经验。哲学知识，就是本身具有证据证明它自身就是自我完整的知识"④。换言之，哲学的思想和知识说到底就是整全的、超越一切有保留和前设的经验。

开始时哲学可能只是从常识或日常的初步认知概念出发，审视这些常识和概念中不自觉存在的前提、假定及因此而得出的抽象结论/限定，希望通过批判性的和辩证式的推论，把这些前提、假定、抽象观点统一起来，全面、具体而完整地界定这些概念。这个从常识的、抽象限定的思想发展到哲学的、具体全面而完整的思想的过程，据奥克肖特说是一"革命性"的改变，而非对抽象限定的思想做出知识上修修补补的点滴改善或增加。⑤ 例如，常识的观念在谈

---

① M. Oakeshott, *Experience and Its Modes*, pp. 13 - 22.

② M. Oakeshott, *Experience and Its Modes*, p. 60. 在这篇文章内，所有外文引文的中文翻译除另有说明外，其余都是作者自译。

③ M. Oakeshott, *Experience and Its Modes*, pp. 33 - 37.

④ M. Oakeshott, *Experience and Its Modes*, p. 2.

⑤ M. Oakeshott, "A Philosophy of Politics," in M. Oakeshott, *Religion, Politics and the Moral Life*, T. Fuller (ed.), New Haven and London, Yale University Press, 1993, pp. 127 - 129.

到社会和个人的关系时，往往抽象地认为如果不是个人结集起来组成社会，便是社会把个人组合起来成为群体。这两种观念都是抽象片面和忽略了构成这些观念的前设。例如个人是根据什么而集成群体的？社会又依赖什么来组合个人？这种结集或组合而成的人的集体，跟蜜蜂集成的蜂巢或沙粒组成的沙丘在性质上有何异同？又与每周举行一天的自由市集有何分别？构成人的社会，这里面个体之间和个体与集体之间应存有哪种关系？对这些问题做出思考，其实就是尝试审视常识概念中不自觉存在的前提、假定及其抽象结论/限定，希望通过批判性的和辩证式的推论把这些前提、假定、抽象观点统一起来，全面、具体而完整地界定这些概念。就这个课题，奥克肖特曾经作过一些哲学思考，并认为人类社群必须是道德社群，而非只是生物或物理的组合现象。说到底，社群的道德关系有其内在的要求，必须推广到社群中的各方面。宗教作为道德最神圣和充分的体现①，就推出宗教是使社会变成可能的根据，而神也就是唯一的社群性原则（Principle of sociability），能够诠释生活的真实（facts of life）②。奥克肖特这个主张大家是否有理由接受是一回事，但哲学式的认识过程对原先知识/概念带来革命性的改变，从这个例子中可见一斑。

这样看来，奥克肖特似乎认为，哲学经验最后是蕴含了一个终极的经验整体。不过，他在《经验及其模式》里同时又强调，这种寻没设限的根、究整体性的底的哲学观，主要是作为衡量认知的标准而非目的而存在的，用以审视各类受到拘限的经验模式（例如实用经验模式、历史经验模式、科学经验模式）的性质及其相对的有效性。严格说来，奥氏认为哲学的追寻是一种心态，哲学家只是“思想上的不能自拔者”（victim of thought），因为他们往往是不能自已地在思想里去寻根究底，但人是不可能只有哲学没有人生的，否则便不可能过人的生活。③

同样必须注意的是，《经验及其模式》强调除了整体经验这个标准之外，

---

① 奥克肖特曾经这样说：“宗教……是实践经验推至极致的结论。其中，所有属于这方面的为建立实践经验世界的和谐、统一以及连贯性的努力，都为宗教经验所吸纳和超越。政治和道德经验中的努力也不例外。宗教上的真理是实践经验所必需的。否则，后者便失去了连贯性。宗教上的真理是为满足实践生命中最大的需要和最深远的主张而作出的努力。”（M. Oakeshott，*Experience and Its Modes*，p. 309.）

② M. Oakeshott，“The Nature and Meaning of Sociality，” in M. Oakeshott，*Religion，Politics and the Moral Life*，pp. 46 – 62. 我想孔子说的“民无信不立”，如果加上适切的发挥，也可视为对相同的问题作出哲学性的较整全理解的尝试。

③ M. Oakeshott，*Experience and Its Modes*，pp. 2 – 3.

我们还发现不同类别、以不同的面相对整全经验作出设限和修正（modified）的经验模式（modes），它也是一直在经验世界里同时存在的。奥克肖特说："多样性（diversity）出现在经验当中的时候不少于整体性。"他又说，既然任何经验最终都离不开一个单一连贯的整体世界，那便意味着经验世界的连贯性可以有程度上的分别；较为完整的经验，其连贯性必然较高，没有那么完整者，其连贯性自然较低。完全连贯者显然完全真确，但不完全连贯者却并非全假或毫无意义。[1] 这样一来，经验世界并不排除会同时存在受拘限和不完全连贯的多样模式，而这些模式尽管不是上文所说的最终的理解和没有条件设限的理知，却也不是全假的。只要它们能保有相对的自主性和不会被化约到其他模式里去，便可算是具有其相对意义的经验。如果换一个角度来看这个问题，把最终的理解和没有条件设限的理知等同于完美，把受拘限的模式等同于不完美，那么奥克肖特显然从一开始便承认人间世和我们的认知世界是充满不完美的；但这多元的不完美经验又有各自的相对的意义和有效性，是绝对不应被抹杀，更不可被那遥不可及的完美取代的。从这个意义上说，波多克希基认为奥克肖特的哲学思想从根基上来说是容纳多元性（radical plurality）的论述，是一个有见地的看法。[2]

完美和终极整全的经验既然是遥不可及的，那么我们要在认知探索过程中达致相对有效的认识上的结论，便得暂时为这个无休止的旅程设限（arrest），把认知焦点集中在某一个有一定连贯性的范畴内，以该范畴的前设或前提为出发点，深入去认识其中的理念、相关的活动以及彼此之间的关系。至于认知者选择设限于哪一个范畴或经验模式，则视乎其探索目的而定。奥克肖特指出，任何在理论上有意义和有其相对连贯性的经验模式或认知范畴，其前设及内在结构和关系必须有其相对自主性，并且不会被迫化约成另一经验模式或认知范畴，以及拥有自己相对的有效性和局部完美的标准。[3] 在《经验及其模式》中，他详细论述了实用经验、历史经验以及科学经验三大模式。后来在 1959 年的《诗在人类交谈中的心声》一文内，奥氏把美的经验从实用经验中分离开来，成为另一个相对自主的经验模式。

---

① M. Oakeshott, *Experience and Its Modes*, p. 70.

② Efraim Podoksik, *In Defence of Modernity: Vision and Philosophy in Michael Oakeshott*, Exeter & Charlottesville, Imprint Academic, 2003.

③ M. Oakeshott, *Experience and Its Modes*, pp. 75 – 77; M. Oakeshott, *On Human Conduct*, p. 11.

由于哲学对整全经验的探索会尝试不断超越已设的限定，因此，这些相对自主的经验模式在数目上也可以是无限的。不过，由于它们各自从不同的前设或前提出发，又不可化约到另一模式中去，因此，如果我们把一个模式的经验断章取义地套进另一模式去进行理解或评估，便很容易犯错置范畴的错误（categorial mistake/ignoratio elenchi）。换言之，在多元经验模式的前提下，如何让各自相对有效的模式各安其位，让这些各有其精彩的模式丰富人们的经验，不让某些模式的标准和要求驾驭或践踏其他模式，便很值得注意。在这里，笔者想简单地以实用经验和历史经验各自相对的有效性和不可被化约性为例来说明这一点。

对奥克肖特而言，实用经验对个人来说几乎是无处不在的。人只要活着，便一天也离不开这个经验，因为实用经验的前设就是人当下的需求和欲望，它假设了人有自主能力对这些需求和欲望作出选择性的回应，并尝试改变现况以满足这些需求和欲望。在这个范畴内，它的局部的完美准绳以能否满足有关的需求和欲望为指标，认为事物是外在的和可以变更的。换言之，实用经验谈的是人的当下，并相信这个当下可以通过人的努力和选择而发生改变，以满足我们的欲求或达致一个更好和更合理的未来。故此，在实用经验中，除了牵涉个人自主、意志、欲求、行为、人际关系外，也牵涉道德上的对错和人的善恶等方面。[①]

换言之，在实用经验之中，假设有两个相关但不相同的世界存在，一个是当下的实用事实的存在世界，一个是实用经验希望改变当下以求实现的价值世界。[②] 这两个世界份属不同，因为一个是当下的实然，一个是价值的应然。这两个世界在实用经验中同时又有不可分离的关联，因为实用经验的前设是现状改变的可能，也就是一个实然的当下变成一个应然的新当下的可能。要注意的是，在一个应然变成新的当下时，这个当下便成为一个实然，在实用的经验中，这个新实然又会产生对另一个应然的追寻，周而复始，直到有关的个人或群体死亡才会终结。这也显示了实用经验的片面性和非统一性，因此，它只是一种从整全经验抽象出来的经验模式。此外，尽管应然的价值世界不同于实然的当下世界，而应然世界里的价值也可能有超出实然世界限制的自身想象和发挥，但由于这两个世界最终必得同处于实用经验之中，所以在应然世界中的价值未曾或不能落实于实然世界的当下，这些价值终归还是抽象的和不连贯的，

① M. Oakeshott，*Experience and Its Modes*，chapter V.

② M. Oakeshott，*Experience and Its Modes*，p. 284.

因此也就不是整全的经验。①

至于历史经验方面，其内容是和当下（实用的现在）没有直接关系的一个一去不复返的过去。历史学就是以解释这个历史的过去（historical past）为目的的。在这个历史的过去中，每一宗历史事件都只发生过一次，并且不会在现在或未来重演。单从这一点来说，便可以看到历史经验并非整全的经验。历史学家的工作，就是尝试根据当下能找到的资料和证据，把有关的历史事件放在其时代脉络中，把这些事件有意思地重构并联系起来，让人更明白其始末和来龙去脉。因此，奥克肖特认为，和科学经验不一样，历史经验中并没有什么不变或普遍的因果定律或内在/内定的目的可以用来解释历史上的变迁。所谓历史真理，只不过是成功地和有说服力地认定了一些能自成一相对有独特意义的历史事件，并把某个事件与之前的历史事件和之后的历史事件以更合情理、更易使人明白其始末的方式关联起来，根据所掌握的史实描绘或建构出来，使我们对这些事件有进一步的认识。奥氏形容这种关系并非因果相连，而只是一种肌理式的相邻紧接的关系（contiguous relationship），让人看到之前的历史事件在当时的历史时空中是如何成为后来的历史事件的。②

实用经验以当下和改变当下为条件，它当然也可以回顾过去，借助其经验来解决当下的问题。但奥克肖特提醒我们说，这样的过去并非历史的过去，它只是实用的过去（practical past），其性质与历史的过去完全不同。和历史的过去相反，实用的过去在这里是一个前设的条件而非被解释的对象，因此这个过去并不会增加我们对历史的认识。实用的过去被假定无须作进一步的解释，它是一种已经可以用来解决或评估当下实用问题的资源或工具，它的价值不在于其历史上的真确性，而在于它解决当下实用问题时有多大作用。从这个意义去看，被认为有用的实用的过去在此变成了上文提及的实用经验中的应然世界的价值了。这也就是用今天实用的需要来决定所谓过去的意义，与真正的历史过去其实是不相干的。明乎此，便了解到我们日常所说的以古为鉴或借古讽今，严格来说都只是在利用实用经验中所说的实用的过去或把这个过去当作应然世界中的价值，企图影响甚至改变实用的当下，这与历史的过去可说是风马牛不

① M. Oakeshott, *Experience and Its Modes*, pp. 274 – 288; Andrew Sullivan, *Intimations Pursued: The Voice of Practice in the Conversation of Michael Oakeshott*, Exeter & Charlottesville, Imprint Academic, 2007. 我认为后面这本书是谈奥克肖特的实用经验的最好的一部著作。

② M. Oakeshott, *On History and other Essays*, Oxford, Basil Blackwell, 1983, pp. 114 – 115; M. Oakeshott, *Experience and Its Modes*, chapter III. Luke O'Sullivan 的 *Oakeshott on History*（Exeter & Charlottesville, 2003）对奥克肖特的历史观有全面的分析。

相及的。[1] 如果我们真的以为这个实用的过去就是历史的过去，以为实用过去/应然世界价值的标准是应该用来评价历史的标准，而非尝试改变实用经验中的实然世界的话，又或者以为认识了历史的过去就一定能使我们更好地解决当下的实用问题，那便是犯了奥克肖特所说的错置范畴的舛谬了。

第二节　“最远离我们所需要者，莫过于国君应是哲人”[2]

对奥克肖特来说，政治活动在人类社群中的出现，是因为以下三种情况同时存在。首先，社群之中既有共同的风俗和行为规范，同时其成员又存在多元和不同的态度、感受、信念、情绪、活动。其次，社群内必须存在一个统治权威，负责看管好共同遵守的法规，主理公众事务。政治在社群中可被视为对该权威要如何做好“看管”和“主理”的事务进行思考、争辩、游说、角力等活动。最后，政治必须被认为是有可为的活动。这也就是说，人们相信，政治活动是能够或有可能把实然的境况改变为应然的新的当下的，如果人们以为政治的安排是神圣不可侵犯或是非人力所及的自然结果，那人间政治便不知从何说起了。[3] 根据奥克肖特在《经验及其模式》中对哲学和经验模式的理解，现实政治作为人类活动的一个面向，显然是属于实用经验模式的范畴的。

但正如上一节我们谈到实用的过去和历史的过去是很容易混淆的那样，政治作为实用经验模式中人类社群之间的一种主要活动，类似的混淆是屡见不鲜的。奥克肖特在《经验及其模式》中只有两次提到政治，在其中一处他便特别强调，比起宗教和道德来说，在实用经验中政治是更常和历史纠缠上这种错置

---

① 奥克肖特因此认为，以下类似说法都不是历史的解释或叙述：约翰王是个坏君主。/如果法国大革命没有发生，情况会好一些。/教皇的插手改变了事态的进程。（M. Oakeshott，“The Activity of Being an Historian，” in Michael Oakeshott，*Rationalism in Politics and Other Essays*，new and expanded edition，p. 163.）

② M. Oakeshott，*Experience and Its Modes*，p. 321.

③ M. Oakeshott，*Lectures of History of Political Thought*，Terry Nardin & Luke O'Sullivan (eds.)，Exeter& Charlottesville，Imprint Academic，2004，pp. 34 – 38. 奥克肖特在“Political Education”中把政治说成是水到渠成式或触类旁通式的追寻（the pursuit of intimations），这一著名论断，是进一步替其中一种对政治活动的性质的理解作出更具体的说明。（M. Oakeshott，“Political Education，” in Michael Oakesott，*Rationalism in Politics and Other Essays*，new and expanded edition，pp. 43 – 69.）

范畴的谬误。[①] 这种混淆在认识上不能被接受，一方面当然是因为每一个经验的范畴或模式（哲学的、历史的、科学的、美学的、实用的等）在性质上是完全不同的，而且又各有其相对自主的有效性和真确性，不能为其他模式所取缔；另一方面，如果我们把实用经验模式和其他经验作一比较，就会发现，实用经验和其他经验的一大不同之处，就是实用经验基本上是涉及具体的实际行动，但哲学、历史和科学经验基本上是尝试作出理论的或解释性的论述，而美学的经验则主要是心灵上的意象式的表达和欣赏。当然，广义而言，这些不同的经验都是人类的行为，但具体的实际行动是为了达到具体的实际效果，目的是使当下的实然变成未来的应然；但理论的解释和意象的表达却很难说会在思辨时或创作前已预先有了一个具体而实际的答案，而且这等思辨和创作行为的价值有多大，往往并不取决于是否成功地取得了具体的实际效果，因为理论探索或创作思考的过程本身可能是更重要的，这和实用经验的价值很大程度上取决于具体的实际效果很不一样。[②] 故此，奥克肖特这个关于错置范畴的谬误的论述，其重要性不只是提醒我们不要把性质不同的经验范畴错置混淆，同时也警醒我们理论和实践（theory and practice）、创作和实用（creativity and practicality）之间也是不应该混淆的，因为这些范畴都有它们相对的自足价值。因此，为科学而科学、为文学而文学是没有问题的。这样说当然不是认为其他经验范畴的认识完全和实用经验无关。例如科学上的突破，可能会带来工程技术上的改进。但如果历史、哲学、科学、艺术一定要为当下政治服务，那就只能先扭曲前面这些经验范畴才可以做到。这也就是说，我们得先把奥克肖特在《经验及其模式》中所说的经验模式多元性取消，然后才能够进行这种服务。如果这种混淆只发生在思想上，那就只是愚蠢的表现；但如果类似的混淆发生在现实政治中，那便是十分危险的事。

明白了奥克肖特上面之论述的含义之后，便不难明白他为何坚持“最远离我们所需要者，莫过于国君应是哲人”这个看法。《论人类行为》的头一篇论

---

① M. Oakeshott，*Experience and Its Modes*，p. 316. 奥氏是这样说的：“在实践经验中，比起宗教和道德的领域，政治的领域更有可能受到历史不相干的入侵而产生歪曲的危险。”同书的 309 页是另一处奥克肖特提到政治的地方。

② 奥克肖特说：“建构一套政治哲学比不懈地进行哲学思辨工作来得容易，使杰作出类拔萃，是第二大也是更难取得的成就。”（M. Oakeshott，“Political Philosophy，” in Machael Oakeshott，*Religion，Politics and the Moral Life*，p. 150.）

文《论人类行为的理论理解》[①] 是奥克肖特晚年对哲学以及理论与实践的关系的定见。在文章内，奥氏指出他对哲学的看法在不少方面深受柏拉图影响，但在一些关键之处，却又和柏拉图不同，他还援引柏拉图著名的洞穴譬喻来说明他对理论和实践及其关系的看法。[②]

柏拉图的洞穴譬喻分别出现于他的好几篇对话录内，例如《高尔吉亚》和《斐多篇》；但描绘得最详细、分析得最透彻的，当然是他的《共和国》的第六章和第七章。奥克肖特在谈到柏拉图的洞穴譬喻时，强调了他和柏拉图的三点分歧。在谈及这些分歧之前，笔者先在这里简要地介绍柏拉图的洞穴譬喻。

柏拉图在《共和国》中提到，如果哲人有机会从头开始，把他的天国愿景在个人和城邦中实现，而又要避免这种努力受到世俗各种腐败的事物侵蚀的话，那他该如何在一张白画布上作出规划呢？[③] 在这里，柏拉图通过苏格拉底之口谈及如何通过教育把理想城邦的守护者训练成哲人的问题，并认为在这方面关键之处就是学会在理知或思辨的范畴上把握好理形上的善（the form of the good）。[④] 柏拉图以光在眼见的世界发挥的决定性作用和善在理知范畴中发挥的作用作类比。柏拉图说，人的眼睛能看见物体中的颜色，并非单凭眼睛有视力和物体有颜色，还得加上光这第三者才能成事，而天上的太阳神正是这成事的万光之源，其他一切在肉眼可见的世界都源于太阳，是太阳的影子。[⑤] 同样的道理，只有最终意义上的善才能把真理传给事物和让人拥有认知的能力，知识和真理是通过这最终的善彰显出来的，它们本身并不等于同善。[⑥]

柏拉图认为，只有通过哲学的教育，才可以让我们脱胎换骨，把握到理形上的善，因为人一般以为眼前所见的表象就是真实可信的，却不知道只有通过理知上的努力，才能拨开云雾，超越常识及未经思考的想象和信念，利用理解和思辨训练把握到最终的前提和原理。[⑦] 就在这里，柏氏便把我们这些凡夫俗子比作他的洞穴譬喻中的穴居人。[⑧] 这个在地下的洞穴有一条很长的通道直通

---

① M. Oakeshott, *On Human Conduct*, pp. 1－107.

② M. Oakeshott, *On Human Conduct*, pp. 27－31.

③ Plato, *The Republic*, A. D. Lindsay (trans.), London, J. M. Dent & Sons Ltd., 1866, p. 193.

④ Plato, *The Republic*, p. 198.

⑤ Plato, *The Republic*, pp. 201－202.

⑥ Plato, *The Republic*, p. 203.

⑦ Plato, *The Republic*, pp. 211, 206.

⑧ Plato, *The Republic*, pp. 207－210.

地面出口，可让和洞穴一样宽的一路光从外照进来。洞穴内有一批穴居人（也就是常人），他们从孩提阶段开始便在洞内生活，并且头颈和双脚都被锁着，身体只能留在原地，面部只可以望着前方洞穴后壁而不能转过头来。在这批穴居人后面的远处高地有一堆火在燃烧，在火和这批被囚的穴居人之间的洞穴上方有一条路，沿着这条路筑了一道矮墙，这道矮墙就像皮影戏表演中的一道隔着观众和表演者的屏幕，我们可以想象表演者就在屏幕上用木偶做皮影戏。

换言之，穴居人除了望见洞穴的后壁之外便不能向其他方向张望。柏拉图让我们继续想象不断有人拿着各种物件在墙头走过，其中包括各种用石头和木材造的肖像。但由于穴居人不能往后向上望，所以他们所能看到的，就是上面走过的人及他们走过时拿着的物件通过火光投射到洞穴后壁的影子。这些影子就是穴居人所能看到的世界，除此之外他们并不知道有其他的真实。直到有一天，一个穴居人解除了桎梏，被迫回过头来往上望，并向上走向火光和洞穴出口，才发觉一直以来洞穴内的真实其实都只是影子，直到他爬出洞外，眼睛最终适应了外面的强光而能观察太阳，才明白如果我们认识不到太阳神这视觉世界的王，便永远是影子世界的“囚奴”。那就是说，我们永远只看到一些虚幻的影像，却没有掌握到真确的实物。同样的道理，如果我们不想在肉眼不可见的思辨或理知世界中做“影子”的“囚奴”，而希望通过思考和理性找到最根本的第一原理，那除了像几何学和数学这些本身具有已知的、原理式的前提（如基、偶数、三种角等）者外，便得不断对我们接触到的意念和思想的前设或假定进行辩证法的推理，把这些只是因为临时的方便而在一定阶段中被用作起点的假设不断向上推，直至找到这些假设背后的绝对原理。①

柏拉图的洞穴譬喻拥有丰富的哲学含义，在这里我不能一一探讨。现在让我回过头来看看奥克肖特对柏拉图的譬喻进行商榷之处，以及这些商榷如何反映出他的哲学立场。

奥氏首先认为，柏拉图在譬喻中一面倒地关注理论上和思辨式的理解，致使他认为被困在洞穴中只看见影子的穴居人的世界等同于无知的国度，这是错误的看法。奥克肖特同意穴居人在理论认知上就像是被困在囚室里的人，因为他们完全满足于自己看到的影子，没有自觉到要对构成这表象的前设或条件进

---

① Plato，*The Republic*，pp. 204 - 206.

行认知探索，因此他们实际上并没有真确和完整地把握到对这表象的认识。不过，奥氏认为，对表象的认识也是一种局部的或有条件的理解（conditional understanding），这种理解对解决穴居人日常遇到的实用问题不无帮助。[①] 奥克肖特甚至形容在他们的洞穴世界里，穴居人可以是“精明”和“有学识”[②] 的，他们只是没有在认知上突破其表象理解的框框而已。换言之，尽管奥氏同意对理论的理解和思想中的各种前设的不断探求是哲学的追寻，因为哲学的反思正是人们对他们已有的一些理解根据另一些前提重新作出理解，以揭示原有理解所蕴含的前设或条件[③]；但和柏拉图不同的是，奥克肖特同时认为，理解是有不同层次或范畴的，尽管这些层次和范畴并非哲学的，却也不是无知的，因为它们也是知识的一种。

奥克肖特和柏拉图的后两点分歧，都发生在穴居人打破枷锁，成功地往地面的洞穴出口前进，并在看过了表象世界之外的真象后，再回到洞穴中去的情况中。头一个情况是这样的：当打破枷锁的穴居人回过头来往上向洞穴出口爬去时，发现从前自己所见的，原来只是通过洞穴外的一团火投射到自己面前那道洞穴后壁上的影子而已。自己以前所看到的世界，原来完全是个影子而非真象的世界。柏拉图相信，如果脱离枷锁的洞穴人这个时候返回洞穴底部，告诉他的同伴自己的所见所闻，那么势必使原来的洞穴世界“天翻地覆”。不过，奥克肖特却不认为会这样，因为影子的世界并非造假的世界，知道了表象以外别有洞天后，并不会因此而使表象世界变得毫无意义，让穴居人感到受骗。[④] 这也就是说，尽管哲学的理解比起其他理解在认知上要更追究本质，并给原先未经哲学审视的理解带来革命性的改变，但并不等于说其他理解就是虚假的和没有意义的。这正好表明奥氏虽然同意理论的理解和实用的理解是两回事，但也认为后者的理解并非伪知识，这种理解也有其相对的意义。

奥氏更不能同意柏拉图以下这一点。柏氏认为，当穴居人最后爬出洞穴，看见阳光和世界最终的真象后，才知道以往在洞穴中所见到的一切表象和影子以及其他，其始创者源于这最终的真象，然后更明白只有认识到这个真象（对柏拉图来说，在理知的范畴这就是最终的善），才能真的把握最终的理解（de-

① M. Oakeshott，*On Human Conduct*，p. 27.

② M. Oakeshott，*On Human Conduct*，p. 29.

③ M. Oakeshott，*On Human Conduct*，p. vii.

④ M. Oakeshott，*On Human Conduct*，p. 28.

finitive understanding）和没有条件设限的理知（unconditional intelligibility）。[①] 有了这种超越一切前设的认识后，穴居人便成了哲人，当他返回洞穴后，便应以这种认识完全取代所有局部的理解，拨乱反正。如果哲人最终能成为哲人王，那世界上最终的善便可以落实到人类的社群之中，于人间建立一个完善的国度。奥克肖特与柏拉图在这里的最大分歧，并非在于他认为后者建构的理想国难以实现。奥氏清楚地知道，柏拉图估计哲人在返回洞穴之后，往往变成了人民公敌，甚至像苏格拉底般被处死。这也揭示了，在希腊政治哲学中，哲人和城邦的关系往往是紧张和矛盾的。奥克肖特在此很不同意的，就是认为哲学的反思一定能达到最终的理解和最终的善。奥克肖特认为，对思想前设的不停反思，最后能否找到没有条件设限的终点这个问题，我们只能存而不论。[②] 对他来说，哲学的追寻大概是一种不断起航（*en voyage*）[③] 的追寻，哲人的每一次发现和结论，都是对其蕴含的前设或条件进行反思的邀请；哲学中唯一不受限的，就是真正的理论家不停地认识到，所有条件或结论无一幸免都是受限的。但理论家如果要在反思的过程中达成和他探求的问题相关的一些结论，便不可避免地要在适当的理解层面上先接受构成这些理解层面的条件，以此作为前提进行思考，寻找相关问题的答案；但这并不代表理论家在达致阶段性的结论后，不会进一步对有关的前提再进行理论反思。[④] 柏拉图认为达到终极的理解时，便可以取代一切局部的理解，对此奥氏更加不同意。奥氏认为这是个严重的错误，其错误之处在于以为光靠理论便能取代实践或其他人类的经验模式。他认为持这样观点的人是伪理论家（pretentious "theoretician"），不是真哲人。[⑤]

换言之，根据奥克肖特的哲学观，不论是理论被迫服务于政治，还是理论强制主导政治，同样都是混淆概念的和危险的事。这一点从早期的《经验及其模式》到晚年的《论人类行为》，奥克肖特真的可以说是一直在坚持了。

---

① M. Oakeshott，*On Human Conduct*，p. 29.

② M. Oakeshott，*On Human Conduct*，pp. 2 - 3.

③ M. Oakeshott，*On Human Conduct*，p. 28.

④ M. Oakeshott，*On Human Conduct*，pp. 11 - 12. 比如，我们探讨不经同意自取他人之物是否违法这一问题，我们便得在法律的前提下，看看有没有法典或法庭的判决作出了相关的规定。但这并不表示理论家不会对"何谓法"这一前提继续进行反思，也不表示在达到对"何谓法"这一前提的最终理解前，那些源于法典或法庭判决的结论都是无知的或没意义的。

⑤ M. Oakeshott，*On Human Conduct*，p. 30.

不过，从奥克肖特在《论人类行为》中对柏拉图的洞穴譬喻的讨论中，我们可以清楚地看到，他对哲学的看法，在其中一方面显然和他早期在《经验及其模式》中的说法不同。在上文我已提及，在《经验及其模式》里，奥克肖特一方面认为，哲学之知的追寻，最后似乎指向一个终极的经验整体。但另一方面，他又强调，这种寻没设限的根、究整体性的底的哲学观，主要是作为衡量认知的标准而非目的而存在的，用以审视各类受到拘限的经验模式的性质及其相对的有效性，并不会取代多元的经验模式。在《经验及其模式》终卷时，奥克肖特重申，哲学的追寻是一种心态，人是不可能只有哲学而没有人生的，否则便不可能过人的生活；要尝试达致整全的经验，便会使我们极度远离日常的思想，其难度之高，使人怀疑这样的追寻是否靠得住，难怪大家多满足于抽象的（即片面的）经验模式了。[①] 奥氏的这种怀疑，发展到后期时，整全的经验变成了只需要存而不论，重点强调哲学之知要达成结论的话，也免不了成为设限之知，只是哲学式的反思是对思想中的前提的质疑，作出无穷尽的远航。这其实是在保留哲学式的涯涘无穷的追寻之余，同时也承认，拥有相对有效性和认知作用的不同拘限之知，在个别的特定范围内也有其不可抹杀的意义。在思想上不能自拔的哲学家当然可以不断去挑战这些前提和拘限，但这无穷尽的追寻最后是否必得指向一个整全的根底，已变得无关宏旨，对哲学的探求也不再起作用。[②]

奥克肖特对终极的整全经验看法的修正，使他不再坚持在《经验及其模

---

① M. Oakeshott，*Experience and Its Modes*，pp. 355－356.

② “进行了解探索……是一项不断自发地去建立理论理解的批判工作。它的原则就是永不追问终极之处。在探索的道路上……很快便发现一些路径是行不通的。探索经常是抵达目的地却又重新出发的过程。在这个过程中，很多时候会暂时到达有条件的了解平台，理论家可以先行依靠这些平台进行探索，对平台背后所依赖的条件存而不论。不过，每个平台既是目的地，也是出发地，是再探索的起点。没有前设的或终极性的理解这一概念可能会在背后盘旋不散，但它在探索过程中是没有角色的。”（M. Oakeshott，*On Human Conduct*，pp. 2－3.）学界对奥克肖特在这方面的修正有不同的评价。有的认为这是一个根本性的改变，代表奥氏放弃了早期服膺的绝对唯心论（absolute idealism），转而接受怀疑论。Steven Anthony Gerencser 的 *The Skeptic's Oakeshott*（New York，St. Martin's Press，2000）是持这种观点的最有说服力者。但其他一些论者则认为这种改变只是修正了一些重点看法，不算是根本性的改变。如：Jr. Coats，Wendell John，*Oakeshott and His Contemporaries*：*Montaigne*，*St. Augustine*，*Hegel*，*et. al.*，London，Associated University Presses，2002；Paul Franco，*The Political Philosophy of Michael Oakeshott*，New Haven & London，Yale University Press，1990；Glenn Worthington，*Religious and Poetic Experience in the Thought of Michael Oakeshott*，Exeter & Charlottesville，Imprint Academic，2005. 笔者对这个问题的见解较接近后者。

式》中对政治哲学和伦理道德思想（ethical thought）是伪哲学的宣称。[1] 奥克肖特认为，伦理道德和不少政治上的准则是属于实用经验中的应然世界的。正如上文指出，虽然这个应然世界在实用经验里离不开实然世界，但这并不代表我们不可以就应然世界中的价值作相对独立于实然世界的反思和界定，尽管这些价值不一定能在实然世界中得以落实。对早年的奥克肖特来说，这类反思应该属于寻根究底式的哲学经验，但涵盖这类价值的应然世界本身并不构成一个相对有效、不被化约的经验模式，而且有关的反思如果只停在道德或政治的范畴内，不能扩展成整全的经验的话，便始终是有拘限的。但假若有关的反思扩展到整全经验的范畴，它便不能停留在道德或政治的层面，这明确显示了这类经验的不完整性。另一方面，这类价值不曾在实然世界中落实，对实用经验来说，它便不属于相对具体统一的经验，而是抽象片面的经验，因此肯定是不完整和有拘限的，所以也不能用实用经验的相对标准来把它完全纳入实用模式之内。这两者加起来考虑，奥克肖特当时的判断是，这类对价值的反思和界定就算是哲学式的寻根究底经验，由于上面所讲的抽象性和不完整性，也只能算是伪哲学经验，不能避免为哲学的整全经验所吞噬。但一旦奥克肖特认为终极的整全经验这一看法只可以存而不论，并认为所有的理解都是有涯涘的，但又蕴含着对既有的涯涘进行挑战超越的可能，那就等于说，所有的反思，包括哲学的反思，都是有拘限的，判断其性质是否是哲学的追寻，重点反而在于其对思想拘限的开放性，以及有关的反思是否能够打破原有经验模式或范畴确立了的旧拘限，结成新的模式或规范，带来原创性的理解和看法。假如哲学家的思考出发点是人类的政治行为，其用心又不为实用经验的前设所限定，也不主要试图理解一段已经过去的政治经验的历史事态，而是不断地对与政治生活相关的目的、价值、制度、关系等的前提作寻根究底的反思，并将政治经验的世界联结到人类其他经验世界的脉络中进行理解，以便更全面、更深刻地去认识我们的政治经验，那么可以说这便是奥克肖特后来对政治哲学的看法。[2]

总的来说，对奥克肖特而言，人类能够开展认知活动，便意味着对认知的事物已有一些认定和判断，但同时又对有关的认定或判断存疑和感到不足，希

---

① 奥克肖特在这方面的宣称，见 M. Oakeshott，*Experience and Its Modes*，pp. 331 - 346。

② M. Oakeshott，"Political Philosophy，" in Michael Oakeshott，*Religion*，*Politics and the Moral Life*，pp. 138 - 155.

望通过反思来达成更好的认定和判断。换言之，完全无知和掌握绝对确定的知识都是和认知活动无关的，因为完全空白的头脑不可能开展认知活动，全知的头脑如果存在的话，人在知识上便成了上帝，也犯不着去开展任何认知活动。因此，对奥克肖特来说，认知的前提必然是对反思的事物、对构成事物的前设和内容有一些认识，但同时又对这些前设和内容抱有怀疑。所以，认知就是知识和怀疑辩证地互动审察的过程，希望通过这样的审察我们能认识得愈来愈深刻完备。

在认知的过程中，人们发现有一些认定和前设构成了相对固定和不能化约到其他认定或前设的经验，形成了有其内在意义和相对有效性的经验模式或平台。理论上，这些模式的数量可以是无限的，只视乎人类的想象和活动有多丰富。只要这些模式的相对有效性和不能轻易被取代的前提继续存在和不断得以改善，这些经验便不会被化约为其他的经验范畴。这种多元的经验范畴的设定也代表了人世的多样性和复杂性。要尊重人类不同的经验，便要尊重每种模式不可被取代的特质，不要把不相称的其他标准或要求张冠李戴，粗暴地加于这种经验模式，犯下错置范畴的谬误。

在承认多元经验模式的丰富性之余，奥克肖特也指出了其局限性。思想上的前提或拘限我们接受得愈多，我们思想上的批判性和敏锐性也就愈受限制。对一个不断思考的人来说，思想中的每一个前提和拘限，都是反思的对象，为了更好地和更全面地去了解这些前提和拘限，绝不可以想当然地接受这些前提和拘限包含的明言的或未明言的假设和达成的结论。对奥克肖特来说，尽管任何反思都免不了存有假设，但任何假设我们都是可以存疑的。因此，把存疑的反思推到最高的哲学之知，其特点就是恒常地以批判眼光审视各种前提和拘限，这就是一种涯涘无穷的追寻。这种审视如果成功地把前提或拘限推翻或带来全新的理解，那便会给被审视的经验带来翻天覆地的改变，所以奥克肖特认为，哲学的反思是最具颠覆性的。[①] 不过，这种思想上的革命性的改变不可以直接引申到实用的经验中去，因为一些人推翻了思想里的某些前提，不等于一般人都改变了现实中的行为和习惯，何况前者和后者属于不同的范畴，粗暴地以任何一方取代另一方后果都可能是灾难性的。

---

① M. Oakeshott, "Political Philosophy," in Michael Oakeshott, *Religion, Politics and Moral Life*, pp. 140 - 141.

第三节　政治上的理性主义：奥克肖特与哈耶克*

明白了奥克肖特关于经验模式的多元化、错置范畴的谬误以及理论和实践、创作和实用不可混淆的论说之后，便会明白，在第二次世界大战后，奥克肖特提出他那著名的对政治上的理性主义（或唯理主义）的批判[①]，背后是有非常深刻的理念基础的。为了充分把握奥克肖特这方面的批判，笔者不打算直接和单方面地介绍他在这方面的论据。笔者认为，如果我们把他的批判跟与其同代的另一位著名思想家哈耶克类似的批判作一对照，并分析奥克肖特为何认为哈耶克的批判说到底还是脱离不了理性主义的五指山，那么我们会更加明白理性主义在西方自文艺复兴以来是如何深入知识人的心，以及奥氏的批判比起哈耶克这般著名的批判来说为何显得更彻底有力。

奥克肖特曾在他的《政治上的理性主义》一文中对哈耶克的《通往奴役之路》[②] 作出过以下广为人知的批评："用一个计划来抵抗所有计划的行径可能优于其对立面，但这个做法与它所反对的却是同一政治风格。"[③] 熟悉哈耶克对科学主义（scientism）[④] 和建构主义（constructivism）[⑤] 提出的严厉批判的人，很可能对奥克肖特这个批评感到大惑不解。毕竟，哈耶克是 20 世纪对全盘的经济和社会计划最大力批评的一位学人。哈耶克还从知识论的角度指出了理性不可逾越的限制，认为人的心灵发展，不可能像笛卡尔派所主张的，可以超然于我们的文明和传统之外，按心灵的理性独立规划来指导社会的发展。哈耶克

---

* 这一节的部分论据，来自拙作 Cheung Chor-yung，"The Critique of Rationalism and the Defense of Individuality：Oakeshott and Hayek，" *Cosmos + Taxis：Studies in Emergent Order and Organization*，2014（1. 3），pp. 3－9。

① M. Oakeshott，"Rationalism in Politics，" in Michael Oakeshott，*Rationalism in Politics and Other Essays*，new and expanded edition，pp. 6－42. 这篇文章早于 1947 年发表，很可能是奥克肖特最广为人知的作品。

② Friedrich A. Hayek，*The Road to Serfdom*，with a new preface by the author，Routledge and Kegan Paul，London，the University of Chicago Press，1944/1972.

③ "A plan to resist all planning may be better than its opposite，but it belongs to the same style of politics."（M. Oakeshott，"Rationalism in Politics，" in Michael Oakeshott，*Rationalism in Politics and Other Essays*，p. 26.）

④ Friedrich A. Hayek，*The Counter-Revolution of Science：Studies on the Abuse of Reason*，2nd，Indianapolis，Liberty Press，1952.

⑤ Friedrich A. Hayek，*Law，Legislation and Liberty*，Vol. 1：*Rules and Order*，London and Henley，Routledge & Kegan Paul，1973.

同时也充分明白，存在于社会中的知识往往是一时一地的资讯，其合用与否既有主观成分，也有客观因素，它们是零散而不可能集中的，并非任何中央规划者所可以全部掌握的。① 像英属哥伦比亚大学的马什（Marsh）便认为，奥克肖特在这一点评语上明显是搞错了。②

不过，如果我们细心分析这个课题就会发现，奥克肖特对哈耶克的批评虽不全中，却亦不远。理由如下。

奥克肖特当然在很多方面都会同意哈耶克对中央计划的批评。从奥氏关于错置范畴的谬误的观点来看，哈耶克认为科学主义是对理性的滥用，奥克肖特应该不会有异议。不过，奥克肖特对哈耶克在保卫个人自由和西方文明中与自由息息相关的价值时主要诉诸自由主义这种意识形态是有所保留的，因为意识形态并非社会中的具体政治行为和实践，而是从这些具体政治行为和实践中抽象出可以明言的特征和要点，使之变成一些政治原则，然后再把这些原则系统化以形成一套意识形态。奥克肖特认为："只有当社会已深被理性主义感染时，才会将传统资源改装成自觉的意识形态，以此来对抗理性主义的肆虐，并将这种做法看成是在丰富和强化这些传统的资源。"③ 奥克肖特的意思是，如果善厨艺者不得不通过食谱来挽救他的厨艺，那么并不代表他的厨艺变得愈来愈精彩，而是意味着厨艺快要失传了。用庄子在《大宗师》里的话来说，那就是"相濡以沫，不如相忘于江湖"④。

---

① Friedrich A. Hayek, *Law, Legislation and Liberty*, Vol. 1, pp. 8 – 34; Cheung Chor-yung, *The Quest for Civil Order: Politics, Rules and Individuality*, Exeter & Charlottesville, Imprint Academic, 2007, pp. 51 – 73; Cheung Chor-yung, "Beyond Complexity: Can *The Sensory Order* Defend the Liberal Self?" in *Hayek in Mind: Hayek's Philosophical Psychology*, *Advanced in Austrian Economics*, Leslie Marsh (ed.), 2011 (15), pp. 219 – 239. 上述后两个著作对哈耶克这方面的知识论有一定的论述。值得一提的是，前辈学人夏道平在1993年为台北远流出版社翻译哈耶克的《个人主义与经济秩序》(Friedrich A. Hayek, *Individualism and Economic Order*, Chicago and London, The University of Chicago Press, 1948/1980) 时，把第四章"The Use of Knowledge in Society"翻译成"散在社会的知识之利用"(pp. 105 – 120)，虽然在字面意思上不完全忠于原文，但这个"散"字在捕捉哈耶克的这一理论观点上却不失为神来之笔。

② L. Marsh, "Oakeshott and Hayek: Situating the Mind," in Leslie Marsh, *A Companion to Michael Oakeshott*, p. 260.

③ M. Oakeshott, "Rationalism in Politics," in Michael Oakeshott, *Rationalism in Politics and Other Essays*, pp. 26 – 27.

④ 奥克肖特在结束他为《利维坦》写的序言时，引用了庄子的这句话作结。(M. Oakeshott, "Introduction to *Leviathan*," in Michael Oakeshott, *Hobbes on Civil Association*, p. 79.) 庄子在这句话之后接着说："与其誉尧而非桀也，不如两忘而化其道。"奥克肖特的意思是，与其要依赖圣人贤君，或者被迫抵抗暴政，倒不如像利维坦般稳定，让大家在遵从法制规范的前提下和平共存，各适其性。

哈耶克对于西方文明中重视自由的传统资源的流失其实也是感同身受的。他在《个人主义：真与伪》一文中对西方宗教影响的式微深为慨叹，他认为这导致西方基督教的政治传统内很多珍贵的价值已不能用大家容易明白的方式毫不含糊地表达出来。因此，哈耶克认为有必要重建一套广为人所接受的社会秩序原则，以为只要“全面地”重申这些原则，便有希望把它们作为“实用的指南”，去维护或重建自由社会的秩序。[①] 同样值得注意的是，哈耶克晚年的自由主义巨著《法、立法与自由》的副标题正是“一套关于正义和政治经济的自由原则的新宣言”。[②]

当然，奥克肖特并非认为我们一定不可以从实践的资源中提取一些类似于公式的原则出来。问题是，单凭这些原则能否“全面地”替代实践以及指导实践呢？奥克肖特的重点是，知识一方面必然含有技术和技巧的部分，这部分是可以用明言的规则、原则、指引、实用口诀等方式表达出来和记录下来的。但与此同时，知识的另一部分却包含了那些知道怎样做，却不能明言、说不清楚的实用知识和判断。[③] 换言之，实用知识和判断只能靠身教身传，不能靠言教言传，因为像品味和鉴赏这类判断能力，“只存在于实践之中”[④]。而知识的两部分像伙伴般同时并存，缺一不可。对奥克肖特来说，唯理独尊的理性主义的问题，正是它只看到第一方面技术明言部分的知识，却完全不承认不能明言的第二方面的实用知识和判断，并宣称技术知识凌驾一切，因为只有这种知识是可靠的，并且可以帮助我们完成使命，取得理性预期的结果。

必须指出的是，虽然哈耶克主张以抽象的政治原则作指导来保卫自由和推动社会进步，但信赖自发秩序（spontaneous order）的他亦承认实用的和传统的智慧也是有其作用的，因此，对于那些理性不及（non-rational）的制度或习惯，只要它们被证明是行之有效的，我们便不应该不屑于求助于它们。[⑤] 不过，

---

① Friedrich A. Hayek，“Individualism：True and False，” in Friedrich A. Hayek，*Individualism and Economic Order*，p. 2.

② Friedrich A. Hayek，*Law，Legislation and Liberty*，Vol. 1：*Rules and Order*；*Law，Legislation and Liberty*，Vol. 2：*The Mirage of Social Justice*，London and Henley，Routledge & Kegan Paul，1976. Friedrich A. Hayek，*Law，Legislation and Liberty*，Vol. 3：*The Political Order of a Free People*，Chicago，The University of Chicago Press，1979.

③ M. Oakeshott，“Rationalism in Politics，” in Michael Oakeshott，*Rationalism in Politics and Other Essays*，pp. 12 – 14.

④ “Exists only in Practice.”（M. Oakeshott，“Rationalism in Politics，” in Michael Oakeshott，*Rationalism in Rolitics and Other Essays*，p. 15.）

⑤ Friedrich A. Hayek，*The Constitution of Liberty*，Chicago，The Chicago University Press，1960，p. 406.

要“证明”便很难不借助明言的技术知识。哈耶克也认为，文明中最顶尖的瑰宝（crowning part）还是属于那些可以证明的技术方面的知识[①]，因此，说哈耶克在批评理性主义之余还是不时陷入了理性主义的窠臼，并不是没有道理的。

如果我们看看奥克肖特所理解的相对具体的实用经验，以及抽象的原则在这种具体的经验中所扮演的角色，我们便可以看到他和哈耶克的不同之处。在奥克肖特1948年发表的文章《巴别塔》中[②]，他指出，在西方，主导的道德模式是反思式的，它的特色看来是非常自觉、理性和科学化；但究其实质，这种反思式的道德是抽离于人们日常的具体道德习惯及其实践传统的，是教条式的和不稳定的。反思式的道德模式经常要求对我们的道德实践，根据有关的甚至是所谓至高无上的道德原则进行具批判性的分析，但这些做法倾向不只会带来偏见，甚至会造成不尊重我们的道德习惯，让道德反思窒碍我们的道德感性。[③]对奥克肖特来说，道德生活实际上是一种相对连贯而具体的生活方式，由各种互相关联的习惯和做法构成。人的社会离不开道德，当我们互相沟通，彼此建立关系时，甚至在我们要了解自己是什么样的人和想做什么样的人时，都涉及上文提到的如何在实用经验中理解当下的实然世界以及该如何进入应然的世界的过程。如要认定相关的理解以及做出改变和选择，我们便得诉诸我们的道德喜好、习惯和感性。换言之，道德就像一个群体的母语，让懂得这种母语的人在其生活交往中表情达意、沟通做事、争执合作、想象学习，等等。学习这种道德的语言和学习母语大同小异，环境的身教和潜移默化，比自觉的言教和高度规范化的学习来得更普遍常见。当然，作为语言的一种，它也有它的文法和明言的规则，也会有这些文法和规则在理论上的守护者，不时引用明证反思的方法对道德行为进行监督、研究，甚至罗列指引，供大家跟从。但这种所谓的反思和言教，如果没有了那个潜移默化的身教环境和道德实践与习惯，赋予那些明言的规则养分和意义，那这些所谓的反思和言教真不知从何说起。前者绝不可能取代后者，如果有人以为那些明言的文法和规则可以抽离于整体的道德实践而化作独立的标准，指导甚至命令我们应该怎样进行和改变我们的道德生

---

① Friedrich A. Hayek, *The Constitution of Liberty*, p. 33.

② 奥克肖特以《巴别塔》（“The Tower of Babel”）为题写过两篇文章。第一篇发表于1948年，这里引用的部分见 M. Oakeshott, *Rationalism in Politics and Other Essays*, new and expanded edition, pp. 465－487。第二篇发表于1983年，见 M. Oakeshott, *On History and Other Essays*, pp. 165－194。

③ M. Oakeshott, “The Tower of Babel (1948),” in Michael Oakeshott, *Rationalism in Politics and Other Essays*, p. 475.

活，那便是倒果为因，把马车放在马匹的前面了。[①]

奥克肖特关于具体经验中技术知识和实用知识不可分割的伙伴关系这一主张，其实蕴含了一个意义重大的看法，那就是在人类的经验中，总是存在着一些独特的、机遇式的、非固定方程式所能决定的元素。我们知识中的技术和理论部分会帮助我们建立可明言的规则、论据、分析架构等去进行认知活动。但实用知识方面那些只能身教不能言传的判断力、鉴赏力以及种种懂得如何去做却难以说明的能力，只有通过实际参与有关的工作或事务，耐心地以潜移默化、身体力行的方式才能学得到。由于这部分的学习并非依靠可以重复的方程式或原则便能学会，因此，每个亲身学会了这些实用方面能力的人总有些独特的和与众不同的地方，我们一般称之为个人特色或风格，这些都不是可以被方程式般的知识取代的。奥克肖特有时甚至认为："没有注意到一个人的风格，便错失了这个人的言行中四分之三的意思。"[②]

在各种不同模式的经验中，最着重风格、独特性、创意，最难言教的，大概便是艺术或美的经验，奥克肖特在他的著作中将之概括为诗的经验。奥克肖特形容诗的经验是想象或意象创造的沉思（contemplative imagining）[③]，这种经验在达到最纯粹的境界时，可以说是脱离了任何关于实用的、道德的或科学的种种经验的关怀。创造的沉思和想象不应是模仿的，所以不可能在创作前预先有一个已经想好了的设计，只能是由每个独一无二的创作者通过其捕捉到的意象创造出与众不同的想象，使创作者及其作品产生美的经验，使欣赏者产生共鸣。严格说来，美的经验和实用以及科学经验有一大不同之处，就是前者是象征性的（symbolic），后两者是代表性的或替代性的（representational），因为美的经验所创造出来的作品，不管是一首诗、一幅画、一个塑像、一首旋律还是只是一个形态，其意象本身就是美的经验，这是不假外求的。意象不是要代表其他物象或什么，因为它就是物自身，本身就是美的经验。[④] 奥克肖特说：

---

① "意识形态看似是政治活动非神即圣的父母，到头来却只是政治活动在人间世的继子。与其说意识形态是独立而预先思量好的一套让我们去追寻的价值目的，不如说它是在处理社会上的种种安排时，从我们习以为常的应对中抽取出来的一套系统想法。"（M. Oakeshott, "Political Education," in Michael Oakeshott, *Rationalism in Politics and other Essays*, new and expanded edition, p. 51.）这里说的虽然是政治意识形态，但也可用来类比反思式的道德原则。

② M. Oakeshott, *The Voice of Liberal Learning*, Timothy Fuller (ed.), New Haven and London, Yale University Press, 1989, p. 56.

③ M. Oakeshott, "The Voice of Poetry in the Conversation of Mankind," p. 509.

④ M. Oakeshot, "Where Imagining is 'Contemplating', then, 'Fact' and 'Not-fact' Do Not Appear," p. 509.

“一首诗并不是把心灵中某种状态用文字翻译出来。诗人说的和他想说的并不是一回事……诗人并不知道自己要说什么，直到他用诗句把话说出来为止。”[①]同样的道理，“诗人不是分别在做三件事：首先去经历、观察或收集一些情感，接着进行思索，最后找到一种方式将有关情感表达出来。诗人只是在做一件事：进行诗的想象”[②]。

这可能就是奥克肖特对理性主义最深刻的批判。如果奥氏的说法是对的，那么只承认技术知识或把技术知识放在至尊的凌驾性地位，难免会破坏人类具体的经验中具有个性和独特性的一面，这将是对个人及其风格的不尊重。如果人类的知与行是离不开技术知识和实用判断的伙伴关系，那便等于说人类的所有行为都包含了美的或诗的元素，其中的分别只是程度的不同而已。[③] 在美的创造的经验中，形式和内容是统一的，中间并不存在形式还是内容为对方服务的问题。如果说这种以个人的独特之处创造出来的经验有其价值的话，那么这种价值是内在的、不假外求的，就像在美的沉思中创造出来的意象，其艺术价值就在物自身，而不在意象之外。明乎此，我们便明白在奥克肖特的思想中，他为何这样重视个体性的道德（morality of individuality），并认为现代就是个体性的时代，因为现代人认定每个个人都被视为个别和自主（sovereign）的个体，他们在社会上联合在一起，并不是要追寻一个单一而共同的群体，而是追寻一个在人力可能的范围内，最能够互相容纳，你有来我有往的一个互谅互让、和而不同的群体。[④]

第四节　道德个体性

在《代议制民主中的群众》[⑤] 一文中，奥克肖特追溯了欧洲历史中自主的

① M. Oakeshott，“The Voice of Poetry in the Conversation of Mankind，” p. 479.

② M. Oakeshott，“The Voice of Poetry in the Conversation of Mankind，” p. 525.

③ 美国康涅狄格学院的小科奥狄西是从这个方面理解奥克肖特思想的佼佼者。请参看 Jr. Coats Wendell John，& Cheung Chor-yung，*The Poetic Character of Human Activity*：*Collected Essays on the Thought of Michael Oakeshott*，Boulder Lanham，New York，Toronto，Plymouth，UK，Lexington Books，2012。

④ M. Oakeshott，“The Moral Life in the Writings of Thomas Hobbes，” p. 82.

⑤ M. Oakeshott，“The Masses in Representative Democracy，” in Michael Oakeshott，*Rationalism in Politics and Other Essays*，new and expanded edition，pp. 363 – 383.

个人这种道德个体性的身份是如何逐步形成的。奥氏认为，在欧洲中古时代直到 12 世纪这段时间，欧洲人并非从道德个体性这个身份来理解人。要了解一个人，在当时就等同于要知道这个成员在他所附属的群体（例如家族、教会、乡村的社群、行会等）中的身份（例如某封建主封地里的佃农）。个人的日常生活、工作、决定，当中涉及的权利义务都是社群主导而不是个人左右的。人与人的关系如忠孝与远近亲疏等，也大多是由宗族群体的既定结构界定的。个人之间的差别，比较起彼此在群体中被赋予的共同之处来说显得微不足道。所以，对大部分人来说，个人的名字或称谓并不重要，要谈个人的性格在这种社会氛围下真不知从何说起。

奥克肖特认为，从 13 世纪开始，欧洲个别地区断断续续对上述这种社群性的身份做出了修正，让个体性逐渐抬头，其中最先扎根成形的地方，就是中古式的社群生活率先解体的意大利。奥克肖特援引意大利文艺复兴史权威布克哈特（Burckhardt）的观察，形容当时意大利是如何开始充塞着个体性的：如果你遇上一千个人，当中就会有一千种独特的形态和服饰；个人开始脱离群体和同伴，行为上变得高度自主和以表达个人喜好为主。这样特立独行、以我为主、为自己订立规范的个人是伴随着自由率性者（libertine）和文艺爱好者（dilettante）这些个体而出现的。他们敢于审视自我，不怕追求自我的完美。奥克肖特以希腊神话中可以随心所欲改变自己容貌的海神普洛透斯（Proteus）来比喻这种新的人性形象，并认为 14 世纪的文艺复兴之父彼特拉克（Petrach）和 16 世纪的法国散文大家蒙田（Montaigne）的诗文，正是讴歌这种人性形象的代表作。[①] 个体性和文人具个人风格的创作似乎是相辅相成的。

从此，个体性逐渐在欧洲蔓延，在英国、法国、西班牙、瑞士、波兰、匈牙利、波希米亚，尤其是在市政中心的地区（也就是传统社群生活方式式微的地方）蓬勃发展。奥克肖特相信，到了 17—18 世纪，“个人”这个预设已经变成有点天经地义，发展到欧洲所有的道德思想家都已关注到这个预设的“个人”背后的心理结构。而处理“自我”和“其他人”之间的关系，更是当时所有道德理论离不开的共有形式。在这方面，奥克肖特认为没有人比康德的著作

① M. Oakeshott, “The Masses in Representative Democracy,” pp. 365 - 366. 这段文字的描述，参照了张汝伦的译著《政治中的理性主义》88～89 页的相关译文。

表现得更清楚的了。[①] 康德因应每个人都拥有不受制于自然界的必然性这一点，认定作为一个人，其本身就是一绝对而自主的目的。寻找个人的幸福是这种人的自然追寻，自爱也就是选择个人行为时背后的动机。作为理性的个体，个人便得推己及人，在对待自己和对待所有个人时一样，都只能视之为目的，永远不能将之视为手段，这正是承认自主人格的首要条件。这人格既是自主，其自身又是目的，便意味着没有人有权利或义务去代替其他个人促成其道德上的完美。促进其他人的幸福不是不可以，但达致道德上的善的条件正是个人自由，把个人追求的善假手于人，便等如破坏了个人自由。

以上奥克肖特关于道德个体性的论说，明显是认为个体性这个特性是历史的实践和反思的产品，而非上天生成的。早些时候，我们在讨论奥克肖特的哲学观时提到，人的认知过程预设了人是拥有包括判断和类推等能力的意识的；而人在面对一特定机遇或情境时，他怎样去认定有关的机遇或情境，决定做出什么回应和行动，是和人对自己的理解及对外在情境的理解分不开的。人有这种理解和回应的能力，显示出有意识的人从最基本和内在的角度来说是自由的。这种自由并不是说每个人都是十分自主的，清楚知道自己必能控制大局，而是说每个人究竟是什么样的人，靠的是他的自知之明式的自我理解，他本人处于哪种情境，有什么机遇，同时也是和他个人如何理解这些情境、机遇分不开的。而他选择应如何回应这些情境、机遇，以便达致他所乐见的结果，亦正是他的为人的自我揭示（self-disclosure）和他的人格的自我塑造（self-enactment）。[②] 作为一个能认知、能反思的个人，他的所谓人性是历史性的，而非天生便有的本性；每个人的个体性，就是个人行为中的自我揭示和自我塑造的活动的总和。[③] 个人意识上的自由自主，并不是说个人拥有不受限制的意志去改变我们的处境，而是说他面对的是一个怎样的处境，离不开他对它的理解，而他所做的，是一种理解过、思量过的参与行为（intelligent engagement）。[④] 奥克肖特认为，意志（will）正是行动时已做出过理解和思量的举动（intelli-

---

① M. Oakeshott，“The Masses in Representative Democracy，” pp. 367 - 368；M. Oakeshott，*Morality and Politics in Modern Europe*：*The Harvard Lectures*，Shirley Robin Letwin（ed.），New Haven and London，Yale University Press，1993，pp. 47 - 86.

② “（一个自主行事者）就是他对自身的了解认定，他所身处的偶发环境也是他对这些环境的了解认定。这个人对这些环境做出的反应，就是他本人的自我揭示和自我塑造。”（M. Oakeshott，*On Human Conduct*，p. 41.）

③ “He is what in conduct he becomes.”（M. Oakeshott，*On Human Conduct*，p. 41.）

④ M. Oakeshott，*On Human Conduct*，p. 37.

gence in doing)。[①]

既然个体性不是天生的本性，而是靠理解、思量以及个人言行中的自我揭示和人格自我塑造而培养出来的，那么，要丰富每个人的这种特性，便离不开修养学习和身体力行。奥克肖特指出，经过修养力行的个体，“这个自我就是一个有实质内涵的人格，这个人格是教育的成果，其资源内涵是个人通过自我了解而累积下来的。对这个受过教养的自我来说，他的行为会被认为是一种探索，在面对身处的情境和机遇时，借发挥自我拥有的资源，做出自我揭示和塑造的回应，而这些回应正好既肯定了同时又取得了自我的自主性”[②]。

换言之，个体性是通过修养学习取得的历史成就。莱特温（Letwin）在一本深受奥克肖特思想启发、谈英国绅士和个体性的书中这样说：“人的个体性既没有‘一堆感觉’那种变幻无形的品质，也不是像‘核心人格’那么固定不变。个体性是个人的身份，到逝世时才差不多固定下来。用‘品格’（character）来形容这个相对稳定但又不时变化的独特身份是最准确的。换言之，个人的品格是构成自由人的个体性。这个品格是个人选择怎样去理解、回应或享用他生命中所碰上的机遇的结果，这真的可算是这个个人的‘人性精华’。”[③]

这样看来，个体性的修养，是一种至死不渝的追寻，其中所利用和累积的实用和道德的资源，就是上文在谈到道德生活时所说的道德母语。莱特温指出，个人品格的学习，并非鹦鹉学舌或照搬一些既成的行为模式，而是“要学会掌握这样的或那样的［道德］语言，但懂得说一种语言并不会规定个人说话的内容”[④]。我们记得，奥克肖特并不认为我们的道德语言可以单靠方程式的抽象原则便可以维持，因为缺乏具体的实践、习惯和情操等，这些原则便成了无源之水。因此，道德个体性的培育，必然是既个人的又社会的。个人的是因为每个个体都会有其不同的风格，而且每次在自我揭示和自我塑造的追寻上，在决定具体的行为时，也都是个人的，其道德后果也是由个人去承担的。同时，这种培育又是社会的，个人只能够从他身处的社群中去掌握相关的道德语言、

---

① M. Oakeshott, *On Human Conduct*, p. 39.

② “这里的自我是一个实质的人格，是教育的成果，有关的资源养分是从自我认识中收集而来的。这个人的行为被认定为一个有修养的自我在其人生探索的路上调动其人格资源，在回应身处的偶发环境和遭遇时进行自我揭示和塑造。”（M. Oakeshott, *On Human Conduct*, pp. 236－237.）奥克肖特对博雅教育的不少看法和他在这方面的观点是互相启发的。请参考他的 *The Voice of Liberal Learning*。

③ Shirley Robin Letwin, *The Gentleman in Trollope*: *Individuality and Moral Conduct*, London and Basingstoke, MacMillan, 1982, p. 60.

④ Shirley Robin Letwin, *The Gentleman in Trollope*: *Individuality and Moral Conduct*, p. 62.

关系、习惯、偏好、成规以及其他文化资源，学会纯熟运用这些资源，才有可能开创出个人的特色。因此，奥克肖特说：“直到一个人运用语言纯熟到可以超越相关的规则的明文规范前，他是不会有什么惊人的重大说辞的。”[①]

奥克肖特把个体性视为在现代道德生活中对人性的主导性理解，是继承了霍布斯的观点的。他认为霍布斯是第一个清晰地审视了个体性经验的哲学家[②]，并且破天荒地将西方政治哲学的标志性切入观念，从“法”转变为“意志”。[③] 个体性的人观除了对西方道德生活和理论的理解大有影响之外，对理解现代政治共同体以及共同体内的种种政治关系和制度，其作用也是关键性的。这一点在下一节论及奥氏的法治联合体（civil association）理论时会再作讨论。

奥克肖特把主导个人自我揭示和自我塑造的行为的意志，认定为经过理解或思量的举动；但人要通过活在身处的社群和传统，才能够潜移默化地去学习和掌握其道德语言和文化资源，以便做出理解思量甚至采取行动。而这些理解和行为又反过来揭示和塑造个人的风格和道德人格。从这个角度来说，奥克肖特对个人和道德的看法是颇接近黑格尔的。正如弗朗科（Franco）所说：“奥克肖特的道德观念是黑格尔形多于康德形的。当他以语言来将道德实践作类比时，这一点便变得很清楚。这个类比强调得最明显的，正是道德那全然通俗或白话的性格。道德并非超乎我们的日常生活之上，要我们努力作知性的反思才可以使之指导我们的行动。反之，道德是行为的中介体，没有这中介体，人便无所措手足。”[④] 换言之，奥克肖特的道德个体性是站在抽象个人主义的对立面的。这一点在奥克肖特以下的一番话中表露无遗：“据我理解，‘私下的个人’（private individual）是一个制度，是社会（大部分是法律）的创造物。这个人的欲望、情感、意念、理智的构成都是社会的。我认为，如果把这个人抽离开

---

① “Until one can speak the language in a manner not expressly provided for in the rules, one can make no significant utterance in it.”（M. Oakeshott, “Learning and Teaching,” in *The Voice of Liberal Leaning*, p. 56.）孔子能“从心所欲，不逾矩”，正是高明的表现。

② M. Oakeshott, “The masses in representative democracy,” in *Rationalism in Politics and Other Essays*, new and expanded edition, p. 367.

③ M. Oakeshott, “Dr. Leo Strauss on Hobbes,” p. 157.

④ Paul Franco, “Oakeshott’s Relationship to Hegel,” in *The Intellectual Legacy of Michael Oakeshott*, Corey Abel & Timothy Fuller (eds.), Exeter & Charlottesville, Imprint Academic, 2005, p. 126. Patrick Riley 的“Michael Oakeshott, Philosopher of Individuality”也说，奥克肖特认为康德“重要但不具吸引力”，因为奥氏“坚守着黑格尔的观点，认为康德未能从道德（Moralitat）转到伦理生活（Sittlichkeit）”。见 *Review of Politics*, 1992, 52 (4), pp. 662-663。

他赖以存在的‘外在’社会世界，那就像把一个物体放在真空里，这个人的溃坠，是再肯定不过的了。”①

换言之，虽然奥克肖特承接了意志和个体性这些由霍布斯揭橥的重要哲学理念，但他对霍布斯那种抽象的或消极的个人主义倾向是有保留的。因此，他批评霍布斯“从来没有一套令人满意或者是连贯的意志思想（volition）的理论”②。但另一方面，奥克肖特对黑格尔的理性意志同样也是有保留的。简要而言，这个可以分成相连的两点来说。

首先，把意志认定为经过理解或思量的举动，便是认为人的举动首先是涉及反思的意识（reflective consciousness）。③ 但就这方面来说，对奥克肖特而言，其重点是个人意志的行为（the activity of willing），而不是自我反思的意识（self-consciousness）。④ 这显然是把黑格尔的理性意志的“理性”部分冲淡了。黑格尔在《法哲学》里提到意志的自我意识时，是分了三个阶段的：第一个是欲望和冲动的感官意识（sense consciousness）这个外在阶段；接着，当意志进行反思时，这第二个阶段便同时存在着感官意识和普遍性的思想（the universality of thought）；当意志的潜质通过思想充分反思时，反思的意识便进入了以自己为反思对象的第三个阶段，使意志变为完全的普遍性，把自身的对象、内容和目的净化，成为真正的意志，且是自由的。⑤ “这样的自我意识，通过思想理解到自身的人的本质，从而把自身从偶发的和错误的地方解放出来，成为权利、道德以及所有伦理生活的原则。”⑥ 而所谓理性，就是以反思的方式达致绝对的普遍性⑦，把人那些偶发的、非本质的、错误的元素释放出来，成就理性的意志。奥克肖特显然并不认为只有达致所谓绝对普遍性的意志才是意

---

① Oakeshott，“Review of J. D. Mabbott，*The State and the Citizen (1949)*，” in *The Concept of a Philosophical Jurisprudence*，p. 256.

② “（霍布斯）一直就缺乏一个令人满意或贯彻始终的意识思想（volition）理论。”（M. Oakeshott，“Dr. Leo Strauss on Hobbes，” p. 157.）对奥克肖特来说：“实践就是意志的运用。实践思想就是意志思想。实践经验就是意志和行动的世界（the world of sub specie voluntatis）。”（M. Oakeshott，*Experience and Its Modes*，p. 258.）

③ M. Oakeshott，*On Human Conduct*，p. 37.

④ “人首先完全是一个个体，这样说并不是因为他有自我反思的意识，而是因为他拥有个人意志的行为。”（M. Oakeshott，“Introduction to *Leviathan*，” in Michael Oakeshott，*Hobbes on Civil Association*，p. 64.）

⑤ Hegel，*Hegel's Philosophy of Right*，T. M. Knox（trans.），London，Oxford，New York，Oxford University Press，1967，1976 rpt.，pp. 29 – 30.

⑥ Hegel，*Hegel's Philosophy of Right*，p. 30.

⑦ Hegel，*Hegel's Philosophy of Right*，p. 31.

志。虽然个人的意志的思量和理解不能靠抽象理性，并且是离不开个人所承继的文化道德传统的资源的，但不论个人是高明地还是笨拙地利用这些资源，对这些资源是充分了解还是误解，他因此而做出的举动都是经过理解或思量的，都是个人的意志的表现。[①]

另一个黑格尔哲学的相关重点是普遍性的思想怎样通过家庭、市民社会以至国邦的历史进程，让个人实现其命运，活在普遍性的生活之中。[②] 从上文我们对奥克肖特关于历史经验并没有什么因果关系或目的性的定律的理解，以及关于人类行为中不会缺少的独特或创造性和离不开的机遇性的认定中可知，黑格尔这里谈的命运以及所谓的历史进程，对奥克肖特来说，充其量只是黑格尔对 18—19 世纪现代欧洲国邦取得的历史成就的进一步再发展的信念（belief），而不是什么逻辑或历史的必然。[③]

第五节　法治联合体与巴别塔

至此，奥克肖特为我们勾勒出一个丰富却毫不封闭的思想形态：经验世界是多元模式的。各模式之间不可互相化约，其内在的相对有效的标准也不应彼此混淆。因此，理论不应凌驾于实践，实践也不可只视理论为工具。道德生活不但不应受制于意识形态，而且没有具体的道德习惯和情操，意识形态便只能徒具空壳。技术理性和言教不可更不能取代实用知识和身教。这两者之间的不能分割，正是人类活动中美和创造经验的源泉。活在这个国度中的人，各有其

---

① 奥氏在“Introduction to *Leviathan*”中谈到个人主义和绝对主义时，在一个长注释里说了以下一番话。如果在这番话提到的人格中的两个元素中，前者的立场接近黑格尔，而后者接近霍布斯的话，那么奥氏的立场似乎在两者之间。“可以说，从中世纪哲学家反思出来的义理可区分出两类人格元素，一类是理性的，另一类是实质的。……强调人格中的理性元素会达致……笛卡尔式的以认知和自我反思的意识为本的原则，并认定这是人格的真实基础。强调实质元素则会尽量放大人格和理性的对立面，其结果可以说是浪漫的人格原则，以及意志至上。个人就是分立的、互不通达的、有偏向的，甚至是非理性的。对实质元素的强调见诸中世纪晚期唯名论思想家的作品，霍布斯深受其影响。”（M. Oakeshott, *Hobbes on Civil Association*, pp. 64 - 65, n110.）

② “［The］destiny of individuals is to lead a universal life.”（Franco, “Oakeshott's Relationship to Hegel,” p. 129.）

③ M. Oakeshott, *On Human Conduct*, p. 263.

意志、自主、人格。他们风格性情各异，却共享具体的道德生活。这种多元、丰富、独特、不假外求、不断揭示和塑造、和而不同的文化性格，被奥克肖特以人类交谈（conversation of mankind）这个意象捕捉下来：“作为文明的人，我们所继承的，并非对我们自己或对这个世界的探求，也不是连篇累牍的资料，而是彼此的交谈。”①

在这样的交谈里，并没有指挥或仲裁者。参与的人只要不是话不投机，且能让大家就感兴趣的话题不断攀谈下去，便是可以的了。交谈中不同的声音没有什么主次之分，否则个别声音独占主流，交谈被迫变成独白。因此，没有“和而不同”的多声调便不可能交谈。这交谈也不一定要解决什么问题，达成什么议定，取得什么成果。它只是没有彩排的文明旅程，让不同的声音、经验、风格在同一个平台交流，享受那“君子之交”式的关系，却无须成为同志、同宗或战友。奥克肖特认为：“正是参与这类交谈的能力，而不是有条不紊的推理、对世界进行探索发现或努力建立一个更美好的世界的能力，使人禽有别，将文明人和野蛮人区分开来。”②

可是，回顾现实，这样的人类交谈是经常被中断的。野蛮即使没有把文明征服，至少也是跟它势均力敌的。奥克肖特身处20世纪，他本人就曾经在前线参加了对抗纳粹德国的战事，也曾看到极权和独裁政治的肆虐，导致全球的大战和不少国家的暴政。这正好说明，现代的政治，是文明野蛮共存的。

上一节我们提到了道德个体性在欧洲文明中的出现。由于这一个体性如奥克肖特所言，是历史性的而非本性的，所以它的出现并不是所有人都必然欢迎的。对那些未准备好或不惯于自主的人来说，个体性这个身份是一个负担。旧有的信仰、职业及地位上的确定性消失了，这除了产生新的工农业方面的创业家之外，同时也产生了一批失去上述确定性后感到无所归依的劳动者。伴随自由率性者出现的，是那些精神上失去了凭借的信徒。社群式的生活和关系虽然很有压力，但终归是熟悉而温暖的；一旦从这无名的集体身份中被释放出来，变成必须自己做主的单独个体，那些不能适应这种蜕变的人，便会感到很沮丧和不知如何是好。因此，奥克肖特认为，过去几百年，欧洲文明的处境，不是只产生了个体性这个身份，而是产生了两个相生相克的现代人格：个人（individual）和夭折的个人（individual manqué）。这两个人格同时都是现代的，但

① M. Oakeshott, “The Voice of Poetry in the Conversation of Mankind,” p. 490.

② M. Oakeshott, “The Voice of Poetry in the Conversation of Mankind,” p. 490.

其特性对社会的要求以及对政治共同体的期盼，差不多是完全相反的。[①]自主的个人要的是自由，感到无所凭借的夭折的个人，盼的是为他带来解救的领袖。个体性享受多元的经验，反个人者却留恋社群固定的一元。独立的人格以每一个个人为尊，并欣赏特立独行的风格；崇尚集体的群众，着重多数的统一意志，并以此目的处处规限个人的行径。保障个体性的共同体所标举的，是和而不同的规范和制度，以提供一个公正平和的政体，让个人在不侵扰他人之余保持其率真性。以群为体的共同体所标举的，是平等和确定的一致，强调的是对集体的忠诚，以及对共同目标的效忠。奥克肖特认为，自 16 世纪以来的欧洲政治史当中，现代国邦的观念和制度所产生的对峙和张力，正是源于这两种现代人格的矛盾[②]，而据奥克肖特看来，这种矛盾并未因 20 世纪的极权主义的崩溃而消失。

在《政治思想史讲座》一书中，奥克肖特已经提到，在欧洲进入现代时，已逐渐冒出了两种相反的想法和实践，来界定当时欧洲的管治活动。其中一种是，政府组织和发动其属下臣民去追寻一个国邦预先设定好的单一共同目的；另一个是，在同一的共同体内，以非工具性/目的性的规则来协调其成员，以使各成员去追寻他们自身选择的不同目标。奥克肖特把前者称为共本国（telocracy）[③]，意味着维系这个国邦的是本于单一的共同目的；而后者奥克肖特称为法治国（nomocracy），以显示其国民只受那些严谨制定的法律的规范，但这些法律不会过问个别公民的个人目标，只会规定公民在践行其个人目标时必须符合哪些维护公共秩序的条件。奥克肖特指出，由于中世纪的欧洲已经把国王管理其封地庄园的权力和维护法律秉持公道的权威做出了区分，所以欧洲人对法治国的认识，比共本国还来得早。由中古转入现代时，由于政治上和宗教上存在各种各样的争议和分歧，奥克肖特认为，“唯一能避免内战的方法，就是把政权从本着单一目的的特性转向法治国的特性，因为法治政府能够维持和平以及基本的稳定和秩序，靠的是对各有争议的实质目的保持中立的法律”[④]。

不过，奥克肖特同时看到，欧洲的政治环境也有让共本国大展拳脚的机遇。当时不少欧洲国邦由中古进入现代，由于政治上不稳定和王位正统的纷

---

① M. Oakeshott，“The Masses in Representative Democracy”.

② M. Oakeshott，*On Human Conduct*，pp. 317 – 326.

③ “共本国”这个中文译名是笔者创造出来的，希望能显示出这种政体以单一共同目的（telos）为本这个特性，与共和国源自 *res publica* 这个强调公共秩序的性质做出区分。奥克肖特在 *On Human Conduct* 一书中把 telocracy 改为 teleocracy。

④ M. Oakeshott，*Lectures in the History of Political Thought*，pp. 471 – 490.

争，这些国邦不得不加强内部的团结一致和塑造一统的政治认同。此外，科技的发展让政府的控制权加大，现代政府对经济资源的垄断愈来愈多，殖民地的扩张、对外战争等都是让政府制造统一的目的加诸人民身上的好机会。[①] 总而言之，奥克肖特的主要立场是，现代欧洲的国邦性质是由这两种相反倾向的两极思想和实践构成的，了解它们各自的特性和张力，就是了解过去500年欧洲政治复杂跌宕的经验。在这一节余下的篇幅里，我们主要根据奥克肖特生前没有假手于人而出版的最后一本书中的最后两篇文章——《法治》和《巴别塔》——来论述他所认为的现代世界中最文明的宪政联合体，以及现代政治中那难以避免的将天国带来地上的虚妄悲剧。[②]

一、法治国

法治国对奥克肖特来说，是一种独特而能够自我维持的人类共同体的模式，而维系这种共同体的关键，是那些非工具性的、公开通过一些特定权威的程序制定的规则，这种规则被称为法律。法律的性质是怎样的呢？法律和其他规则有何分别呢？

由于维系法治国的关键是法律而不是什么具体的共同目的，因此，法律只应规范公民的行为是否恰当，而不能成为达成某些具体目的之工具。从这个意义上看，法律必须是非工具性的，而法治国也和任何具体的共同目的无关，否则维系该共同体的关键，说到底便是有关的共同目的而非法律。非工具性的法律并不规管公民个人选择的目的，只会定下一些与治安秩序有关的条件，规定所有公民在实现其个人选择的目的时必须遵守。换言之，这些条件不会决定个别公民选择做什么，只会规管他们做的时候应如何避免和有关条件相抵触。[③] 举例来说，交通规则不会规定驾驶者一定要前往哪一个目的地，它只会规定，不论你驶往哪里，都不能超速、闯红灯或（以我国香港为例）靠右驶。

因此，非工具性的法律和为达到预设的实质目的或结果而制定的审时度势式的规则，性质并不一样。虽然在其管辖范围内，所有公民都有责任遵守法

---

① M. Oakeshott, *Lectures in the History of Political Thought*, p. 474.

② M. Oakeshott, "The Rule of Law," in M. Oakeshott, *On History and Other Essays*, pp. 119 - 164; M. Oakeshott, "The Tower of Babel," pp. 165 - 194. 这篇 "The Tower of Babel" 和 1948 年发表的一篇是完全不同的。以下两分节的内容和论据，部分引自拙著 Cheung Chor-yung, "Rule of Law or City of Babel: Oakeshott on the Twentieth-Century State," in *Oakeshott's Cold War Liberalism*, Terry Nardin (ed.), Basingstoke, Hampshire, Palgrave MacMillan, 2014, chapter 5, pp. 99 - 115。

③ M. Oakeshott, "The Rule of Law," p. 136.

律，但非工具性的法律其实已假设了个人是有选择的余地的，因为公民在进行个人的活动时才会出现遵守法律的问题，就如一个遵守文法的人一定是已经有话要说才会涉及文法，人若不说话就根本谈不上守文法。明白这一点是重要的。理由如下：

第一，虽然所有公民都有责任守法，他们在国邦内的关系也是由法律界定的，但法律是非工具性的，它不会强制公民一定要选择或达致任何实质的目的。只要不触犯法律，每个公民个别或自愿地与其他公民组织起来选择和推行哪一种实质的目的都是悉听尊便的。因此，法治和多元的活动、利益、关系、组织等是可以共存的，只要这一切行为都不触犯非工具性的法律所规定的形式条件。第二，如果为达致一些预设的实质目的而制定的审时度势式的规则是强制性的，那么除非有关目的得到受管辖者同意，或者他们不同意时可以选择不参与，否则个人便没有自由可言了。

非工具性的法律界定了责任，区分了对和错的行为，以此规范着受管辖的公民；但道德也是确立规范、区分对错好坏的。那么，道德规范和法治规范有何不同呢？对此，奥克肖特提供了两个答案。首先，法治联合体这种模式完全是由非工具性的规则构建的，但道德实践却不光是由道德规则组成的，当中还涉及人的道德意图、情操这些反映个人道德人格的因素以及一个人是否表里一致等价值问题。因此，道德的关系远比法治关系丰富，因为后者只触及牵涉自我揭示的外在行为，但前者还包括人格自我塑造的、牵涉意图情操的内在行为。合法并不等于有好的道德意图，因为逃避受罚而不犯法并不是什么值得推崇的情操。[①] 奥克肖特认为，不管我们喜欢与否，“法律定下的规范条件，是触碰不到行为中关于情操和意图这些最高的道德考虑的”[②]。

另一个法治和道德的分别，和判断规则的权威程序有关。由于法治完全是一套非工具性的规则，因此要决定如何判定法治规则的真确性（authenticity），联合体便只能诉诸被认可的、由法治规则组成的一些既定权威程序。因此，奥克肖特认为：“法律规范着新法的产生。”[③] 但要对道德规则进行判定，道德联合体内却不会有相同的认可程序，因为需要接受判定其真确性的道德规则和该规则本身在道德价值上的正确性（rightness）这两个问题是很难分得开的。换言之，法治国中公认最优秀的最高法官在退休后便不再是法律解释上的最高权

① M. Oakeshott, *On Human Conduct*, p. 77.

② M. Oakeshott, “The Rule of Law,” p. 141.

③ “Law regulates its own creation.”（M. Oakeshott, “The Rule of Law,” p. 139, n. 5.）

威。但一位德高望重的长老是不会在道德上退役的。如果他坚持某一道德规条的价值是不容置疑的，那么道德联合体到哪里去找个法庭来仲裁其真确性呢？

基于此，法治联合体中的一个构成要素，便是要确立一个最高的立法机关，通过由法规构成的认可权威程序进行立法、修订和废除法律的工作。由于法治是非工具性的，所以立法者在出任这个公职时必须放下私人的目的和利益秉公办事，否则便会破坏法律的非工具性质。另外，法治联合体还需要一个最高的司法机构，权威地以法律的观点去确定有关法规的意涵。这个机关的责任，就是当出现具体个案的法律争议，要求这个机关做出仲裁时，它便得根据程序，公正地做出裁决，厘清有关人士在进行相关的具体活动时，是否抵触了相关的法律。要法律获得遵从，公民便得在事前知道相关的法律存在。但由于法律是一般性的，它无法预知未来每一种具体情况会如何出现，以及这些情况如何和有关的法律拉上关系，因此，当这些具体情况产生法律争议时，便得进行司法裁决。奥克肖特指出，“立法和仲裁是属于完全不同范畴的行为”，因为仲裁是关于某些具体的、一时的行为是否触犯现有的法规的，而立法却是要对现行的法律做出部分修正或加入新的规定。最后，法治联合体还要设立第三类机构，负责行使合法权力去保证公民遵守法律，对付违法的情况，维护治安和防止很可能出现的不守法纪的事情，以确保法治联合体的长治久安。①

必须强调的是，公民对法律的规范同意与否并非决定有关法律是否有效的理据，遵守法律的责任也不会因为违规者愿意接受法律的惩罚便失效。决定法律有效与否的唯一权威根据，就是由法律规定的有关立法和司法的程序。一旦通过这个程序确定了法律的有效性，受管辖者便有法律的责任去遵从，否则法治联合体的特性便会受到破坏。当然，有关法规的规管内容是否是可欲的（desirable）或是尽如人意的这类问题是可以讨论的，但这和相关法规的有效性是完全不同的问题，而有关的讨论也得在接受了联合体中认可的法律有效性的权威程序下进行。换言之，改变和批评法律是可以的，但必须符合法治的权威程序和保持法律的非工具性特质。

奥克肖特在罗列了法治联合体在理念上必须有的基本前设之后，提问道：究竟这样理解下的法治观念是否“不光是一个逻辑学家的梦想”？他承认在现实的现代国邦之中，没有任何一个能够完全满足上述法治理念的要求。就是在

① M. Oakeshott, “The Rule of Law,” pp. 144, 146, 148.

普遍被认为是宪政自由民主的国邦内，很多法律也都是带工具性质，为特定的利益、目的和个别价值理想而服务的。正如上文所言，现实的现代国邦的性质是含混而矛盾的，像法治联合体这种高度严谨和要求准确的理念，“是没有什么地方会让大家感到振奋的”。政府在面临内乱或要对抗外敌入侵时，现实上是不可能不某种程度上放弃法律的非工具性特质的，否则便不能够同仇敌忾。奥克肖特也承认，很多时候单依赖上述法治理念在现实国邦中未必能产生足以团结和维持国邦的认同。由于法治本身不能当饭吃（“bakes no bread”），不会分家当（“distributes loaves or fishes”），又不涉及崇高的道德情操和意图，所以它并不会使人热血沸腾，感到血浓于水①，而只能像亚里士多德所说的维持“淡如水”的关系。② 不过，假如当权者不分青红皂白，随时可以把一个实质的目的强加到国民头上，并命令大家必须服从，甚至连大家内心的想法也要过问，以保证没有人不是心悦诚服地支持国邦领袖的话，那么这是个什么样的世界呢？奥克肖特在《论人类行为》的一个附注中提到了一个很有意思的故事：在伊庇鲁斯的一条山径上，一位希腊农夫很愤怒地鞭打着他那只拉着货物的驴子。由于驴子看来是好端端地在拉着货物，所以有人问农夫为何鞭打它。这位农夫回答说：“对。但这家伙其实是不想拉的。”③ 在极权的国度内，不要说推动政治正确的运动会一波接一波来，各种改造思想的运动同样是源源不绝的。假如政府可以实行百分之百的控制的话，那么大概连人民要做什么样的梦，也会被列入监管项目的名单之内了。

奥克肖特构思中的法治国内，以非工具性质的法律维系的成员都享有在不抵触法律规定的一般条件下，凭自己的意图决定自己的行动的公民自由。由于法治的框架不会规定任何实质的目的和行为，所以法治国的公民可以单独或自发地组织起来追寻自己的理想，发展自身的个体性。公民可以自由地参与政治，议论时政和法规，只要他们服从法律的权威和依据法治的程序进行改革便是。如果出现法律争议，独立于行政机关和立法机关的司法机关会严格地依法仲裁。立法和司法者必须维护法治非工具性和程序性的整体特性，把实质的目的和公正程序以外的利益考虑摒诸门外。执法部门必须依法办事，并以立法者和司法者的决定为依归，不得越权和公私混淆。奥克肖特认为，这样理解下的

---

① M. Oakeshott, “The Rule of Law,” pp. 149, 148, 164.

② M. Oakeshott, *On Human Conduct*, p. 110.

③ M. Oakeshott, *On Human Conduct*, p. 168, n. 1.

法治国，是“到目前为止设想中最文明、最不累聚的国邦理念”[①]。笔者认为，他上述对法治国的哲学理解不但把有关的基本前设清楚连贯地勾画了出来，而且是紧扣着他对个体性、人类道德的生活、知与行的关系、多元模式的经验等整全的文化和知识的视野和关怀，是20世纪西方思想界的一大杰作。虽然法治国至今还只是逻辑学家的梦想，但是能够这样深刻有力地为西方文明把这个梦想的理念全幅地呈现和表达出来，让梦想里精彩之处教人欣赏，那便无异于为西方文明理想加添活力和想象。

二、人胜天？

奥克肖特在他1983年那篇《巴别塔》中，说要讲一个关于人类的愚昧和不虔诚的“正式故事”(a proper story)。这个故事提及一群人为了疯狂地追求完美，集体在政治上打了终极的一仗，务使人间变成天国，但却悲壮地全军覆没。故事当然是用来作比喻的，但奥克肖特显然是通过寓言式的想象，对极权政治带来的噩梦做出清醒而感人的回应。

虽然在奥克肖特的著作中很少直接提及具体的国邦，但奥氏偶尔还是提到了作为意识形态的共产主义和纳粹主义。在《信仰的政治和怀疑主义的政治》一书中，他认为，共产主义的对立面并非资本主义而是怀疑主义。[②] 他形容怀疑主义政治下的治理，性质是“司法的行为 (judicial activity)”。[③] 这也就是说，其性质是属于法治的。这表示，对奥克肖特来说，共产主义是属于法治国对立面的共本国，是以追寻一种普遍共同而实质的目标为本的政治体制。他也形容德国的所谓民族社会主义既是民族主义色彩很强的，又主张计划社会。[④] 奥克肖特曾经说过，从代议制民主的角度来评价共产主义和纳粹主义的话，它们显得“既愚笨，又不道德”[⑤]。

奥克肖特这篇1983年的《巴别塔》，是把《圣经》里的巴别塔故事变成了现代版本。但故事中提及的并非共产主义和纳粹主义，而是“充满买卖和消费

---

① M. Oakeshott, “The Rule of Law,” p. 164.

② M. Oakeshott, *The Politics of Faith and the Politics of Scepticism*, Timothy Fuller (ed.), New Haven and London, Yale University Press, 1996, p. 132, n. 6.

③ M. Oakeshott, *The Politics of Faith and the Politics of Scepticism*, p. 33.

④ M. Oakeshott (ed.), *The Social and Political Doctrines of Contemporary Europe*, Cambridge, Cambridge University Press, 1939, p. xxii; Oakeshott, “Nazism,” in *The Vocabulary of a Modern European State*, pp. 206－211.

⑤ M. Oakeshott, *The Social and Political Doctrines of Contemporary Europe*, p. xix. 休谟曾经说过，哲学上的错误是愚笨的，但宗教和政治上的错误却是危险的。

交易的喧闹”的一个城市。住在市内的居民“虽然谈不上显赫富足，却都努力致富”[①]。这也就是说，当代的巴别是一个资本和消费主义的商业城市，市面产品满盈，时尚盖过一切，艺术化成娱乐，居民在追求无尽的欲望和满足中变得浮躁和庸俗。

奥克肖特发表这篇文章时，远早于东欧剧变，可见他对现代意识形态的批判，并不受当时的冷战思维的窒碍，对意识形态所带来的威胁，其洞悉力也不宥于时尚的左右翼思维的分野。事实上，奥克肖特从一开始便指出，16 世纪以来的欧洲现代国邦的观念一直有内在矛盾，这也就是说，极权主义和集体主义的威胁一直存在，只是在不同时代很可能以不同的形式出现罢了。他在不同著作中认为，这类威胁以宗教形式出现于加尔文的加尔文主义中，以资本工业生产主导的形式出现于共产主义中[②]，以民族主义甚至最后以无政府的教条形式出现于纳粹主义中[③]，以至以心理治疗方式把人民当成住在疗养院的精神病患者般出现于精神分析模式中[④]。

奥克肖特的《巴别塔》显然是被现代消费资本主义社会的病态触发。尽管奥氏不认为他的故事能医治好这些病态，但他要做的，是更好和更清楚地去想象和描述人类身处的困境，为的是敢有歌吟动地哀。

奥克肖特形容他的故事要描述的是“一首高地的哀歌。这首歌是为一群充满感情的人而作的，好让他们能面对那不测的厄运，抒发自天地初开以来人类所经历的所有苦难”[⑤]。这首 1983 年的哀歌，最终变成了一首挽歌，因为巴别的所有居民为了征服天堂，害怕跟不上他们的领袖，争先恐后地一股脑儿挤进通天塔内，导致通天塔倒塌，把所有人活埋。最后留下的，只有诗人这些意象：

> 那些欲将极乐世界带来大地的人啊
> 到头来却把地狱伸展到人间[⑥]

巴别塔的现代版对奥克肖特来说，是“对贪婪的报应”，因为在这片相对富足的土地上，巴别的居民像被宠坏了的孩子般，变成无穷的和满足不了的欲

① M. Oakeshott, “The Tower of Babel,” p. 176.

② M. Oakeshott, *Morality and Politics in Modern Europe*, pp. 89 – 110.

③ M. Oakeshott, “Nazism,” p. 208.

④ M. Oakeshott, *On Human Conduct*, pp. 308 – 310.

⑤ M. Oakeshott, “The Tower of Babel,” p. 165.

⑥ M. Oakeshott, “The Tower of Babel,” p. 194.

念的囚奴，“不懂得为已拥有的而感恩，只会因没能拥有的而感到怨恨”。他们想象上帝在天堂拥有满足一切欲求的资源。当他们将巴别的小康和天堂的无限相比时，便觉得自己在宇宙间处于一个次等的天地，这是一块匮乏的土地，所有居民都没能享受到应有的权利。这些信念和怨怼，使年轻、不耐烦又充满野心的领袖宁禄（Nimrod）有机可乘，他胆敢冒犯神灵，要革上帝的命，目的就是征服上帝，占有天堂无尽的资源。[①]

宁禄一说服巴别人向上帝发动终极的革命，他们便马上去建通天塔。很快，市中心的一块地方便清理好来建塔。在这个地段拥有一家小商店的老人不满宁禄他们用推土车把他的商店推平，跑到法院去申诉。但高等法院的判决却认为，当为了增加所有人的财富而进行伟大的规划时，个人的利益得向公众利益让路。奥克肖特认为，这一步把巴别的法治传统终止了。[②]

开始时，宁禄和他的追随者把所有精力和资源集中起来盖塔。任何阻碍建塔的人，不是被当成阴谋破坏者，就是被当作叛国者。巴别人开始忘记在物质和实用的事情之外，世上还有很多丰富而美好的东西，让人们可以像不知愁滋味的少年般忘情地去欣赏。为了全民总动员，教育变得要完全为革命服务：艺术学院变成了工业设计学校；所有科研工作都为盖塔而设，好像与此无关的都不是知识；历史和神学也不能幸免，因为有关的内容得重新修正，把上帝描绘成一个大守财奴，对巴别人不公不义，使他们不得不揭竿而起。[③]

显然，这个时候的巴别已为革命的声音所吞噬。任何人只要不臣服于革命，便被镇压下去，不能再发声。个体性在这里已无容身之地，因为个人的身份地位完全为革命这个集体大目的所界定。个人不服从是绝不容许的，因为消灭上帝这个“至高无上”的理想压倒了一切。法律不再主持公道，而是为集体目的服务。拥抱革命的巴别人自然是士气如虹。但如果你不支持革命或对革命抱有怀疑态度，那便会像奴隶般被迫臣服。

这样的巴别市在政治上无疑已成了极端的共本国（或企业联合体）。[④] 在这样的联合体内，政府会运用其强制力使国民服从政治领导人为集体定下的宏图大计，个体性和多元经验在此都得让路。纳粹主义社会当然是极端的共本国，

① M. Oakeshott, “The Tower of Babel,” pp. 176－178

② M. Oakeshott, “The Tower of Babel,” p. 181.

③ M. Oakeshott, “The Tower of Babel,” pp. 161, 184－185.

④ 奥克肖特后期用企业联合体（enterprise association）来和法治联合体作对比。（M. Oakeshott, *On Human Conduct*, p. 119.）

但如果奥克肖特在这个现代版的巴别塔故事中所指不差的话，那么现代国邦的内在张力便使暴政的威胁常在，就是今天的资本主义、消费主义、民粹式的民主社会也不会例外。

结　语

奥克肖特的政治思想是与很多知识上和文化上的终极关怀挂钩的。因此，他对当下的政治以及意识形态的反思和批判，不留神的读者很多时候不能马上直接从他的著作中看出来。但如果笔者在上文的诠释和论述不无道理的话，那么可知，奥克肖特对现代性之下的政治境况其实是颇为悲观的。他的悲观是深层的，因为自由人面对的威胁，不光来自20世纪的极权主义，而且从根本上看现代人和现代国邦就同时存在着两种互相矛盾的特质。

奥克肖特的哲学和政治思想并没有为我们提出解救之道。他那理论和实践是属于两个截然不同范畴的主张，使他不会相信世上能出现哲人王或圣王来拯救黎民于水深火热。但奥克肖特同时相信，人类对文明能作出头脑清醒的思考，虽然不能够直接解决实用的问题，当中甚至难免常常出现知识上的错误，但当我们向人类的伟大心灵学习时，在这涯涘无尽的追寻中，我们的头脑变得愈加清晰，对人类的处境有更深刻的体会，对我们的价值和理想的想象，有不卑不亢的态度和更全面的认识。奥克肖特本人对个体性的理解和想象，对多元经验的论述和肯定，对道德生活和诗的经验的诠释，对法治国的文明的了解，还有本章没有机会详细触及的使人成为人的教育学习，以及对宗教情操的追求①，其理论的精彩、内容的深刻、风格的迷人、想象的丰富、眼光的独到，

① M. Oakeshott, *The Voice of Liberal Learning*. 可参考拙著 Cheung Chor-yung, "Learning and Conversation: Oakeshott and Confucius," in *The Poetic Character of Human Activity*, chapter 5。奥氏宗教思想的评介，除 Worthington 的 *Religious and Poetic Experience in the Thought of Michael Oakeshott* 外，也可参考 Corey, Elizabeth Campbell, *Michael Oakeshott on Religion, Aesthetics, and Politics*, Columbia and London, University of Missouri Press, 2006。奥氏晚年在重读了圣奥古斯丁的所有作品之后，希望写一长文再谈宗教，但可惜他自知年已老迈，为时已晚："我很想撰写一个新的版本，即属于后蒙田、后帕斯卡尔、后布莱克的安瑟莫的《上帝为何下凡做人》（Cur deus homo）。在这个版本的众多论述中，'救赎'里的'救'，被认为和未来完全无关。噢，但我知道我现在一定做不到了。我把这工作拖得太晚了。"（Patrick Riley, "Michael Oakeshott, Philosopher of Individuality," p. 664.）

在 20 世纪的西方思想界很少有可与之媲美者。这除了奠定了他在西方思想界的地位之外，也为西方文化增添了许多资源，让我们更有凭借地去反思人类的种种终极关怀。

在《政治的主张》一文中，奥克肖特说："一个社会不但要有人保卫它的文明，更需要人为文明而创新。"他认为诗人、艺术家和哲学家的天才，正显露于社会的价值创立和创新之中。[①] 谨希望本章能让读者对奥克肖特的思想多一分认识，多一点哲思上的兴趣，如此，作者的笔耕便没有白费了。

张楚勇

参考文献

陈思贤．古典的理想：区克夏//周阳山，主编．当代政治心灵：当代政治思想家．台北：正中书局，1991.

哈耶克．个人主义与经济秩序．夏道平，译，台北：远流出版社，1993.

张楚勇．洞穴、巴别塔、人文交谈——从譬喻看奥克肖特的哲学和政治思想．政治思想史，2010（4）.

张汝伦．政治中的理性主义．上海：上海译文出版社，2004.

Cheung，Chor-yung. The Quest for Civil Order：Politics，Rules and Individuality. Exeter & Charlottesville：Imprint Academic，2007.

Cheung，Chor-yung. Beyond Complexity：Can *The Sensory Order* Defend the Liberal Self? // Marsh，Leslie，Ed. Hayek in Mind：Hayek's Philosophical Psychology. Advanced in Austrian Economics，2011.

Cheung，Chor-yung. The Critique of Rationalism and the Defense of Individuality：Oakeshott and Hayek. Cosmos ＋ Taxis：Studies in Emergent Order and Organization，2014（1.3）.

Cheung，Chor-yung. Rule of Law or City of Babel：Oakeshott on the Twentieth Century State//Nardin，Terry，Ed. Oakeshott's Cold War Liberalism. Basingstoke，Hampshire：Palgrave MacMillan，2014.

Coats，Wendell John，Jr. Oakeshott and His Contemporaries：Montaigne，St. Augustine，Hegel，et. al. London：Associated University Presses，2002.

Coats，Wendell John，Jr. & Cheung，Chor-yung. The Poetic Character of Human Activity：Collected Essays on the Thought of Michael Oaekshott. Lanham，Boulder，New York，

① M. Oakeshott，"The Claims of Politics，" in *Religion，Politics and the Moral Life*，p. 95.

Toronto，Plymouth，UK：Lexington Books，2012.

Corey，Abel & Fuller，Timothy，Ed. The Intellectual Legacy of Michael Oakeshott. Exeter & Charlottesville：Imprint Academic，2005.

Corey，Elizabeth Campbell. Michael Oakeshott on Religion，Aesthetics，and Politics. Columbia & London：University of Missouri Press，2006.

Franco，Paul. The Political Philosophy of Michael Oakeshott. New Haven & London：Yale University Press，1990.

Franco，Paul & Marsh，Leslie，Ed. A Companion to Michael Oakeshott. Pennsylvania：The Pennsylvania State University Press，2012.

Gerencser，Steven Anthony. The Skeptic's Oakeshott. New York：St. Martin's Press，2000.

Hayek，Friedrich A. Individualism and Economic Order. Chicago & London：The University of Chicago Press，1948/1980.

Hayek，Friedrich A. The Counter-Revolution of Science：Studies on the Abuse of Reason，2nd. Indianapolis：Liberty Press，1952.

Hayek，Friedrich A. The Constitution of Liberty. Chicago：The University of Chicago Press，1960.

Hayek，Friedrich A. Law，Legislation and Liberty，Vol. 1：Rules and Order. London & Henley：Routledge & Kegan Paul，1973.

Hayek，Friedrich A. The Road to Serfdom：With a New Preface. Routledge & Kegan Paul，London：the University of Chicago Press，1976.

Hayek，Friedrich A. Law，Legislation and Liberty，Vol. 2：The Mirage of Social Justice. London & Henley：Routledge & Kegan Paul，1976.

Hayek，Friedrich A. Law，Legislation and Liberty，Vol. 3：The Political Order of a Free People，Chicago：The University of Chicago Press，1979.

Hegel，Georg W. F. Hegel's Philosophy of Right. Knox，T. M.，Trans. London，Oxford，New York：Oxford University Press，1967，1976，rept.

Hobbes，Thomas. Leviathan，Ed. With an Introduction Oakeshott，Michael. Oxford：Blackwell，1946.

Lessnoff，Michael H. Political Philosophers of the Twentieth Century. Oxford：Blackwell，1999.

Letwin，Shirley Robin. The Gentleman in Trollope：Individuality and Moral Conduct. London & Basingstoke：MacMillan，1982.

Nardin，Terry. The Philosophy of Michael Oakeshott. Pennsylvania：The Pennsylvania State University Press，2001.

Oakeshott, Michael. Experience and Its Modes. Cambridge: Cambridge University Press, 1933.

Oakeshott, Michael, Ed. The Social and Political Doctrines of Contemporary Europe. Cambridge: Cambridge University Press, 1939.

Oakeshott, Michael. A Reminder from "Leviathan" . The Observer, July 29, 1951: 4.

Oakeshott, Michael. Hobbes on Civil Association. Indianapolis: Liberty Fund, 1975.

Oakeshott, Michael. On Human Conduct. Oxford: Clarendon Press, 1975.

Oakeshott, Michael. On History and Other Essays. Oxford: Basil Blackwell, 1983.

Oakeshott, Michael. The Voice of Liberal Learning. Fuller, Timothy, Ed. New Haven & London: Yale University Press, 1989.

Oakeshott, Michael. Rationalism in Politics and other Essays. New and Expanded Edition. Fuller, Timothy, Ed. Indianapolis: Liberty Fund, 1991.

Oakeshott, Michael. Religion, Politics and the Moral Life. Fuller, Timothy, Ed. New Haven & London: Yale University Press, 1993.

Oakeshott, Michael. Morality and Politics in Modern Europe: The Harvard Lectures. Letwin, Shirley Robin, Ed. New Haven & London: Yale University Press, 1993.

Oskeshott, Michael. The Politics of Faith and the Politics of Scepticism. Timothy, Fuller, Ed. New Haven & London: Yale University Press, 1996.

Oakeshott, Michael. What is History? and other Essays. O'Sullivan, Luke, Ed. Exeter & Charlottesville: Imprint Academic, 2004.

Oakeshott, Michael. Lectures of History of Political Thought. Nardin, Terry & O'Sullivan, Luke, Ed. Exeter & Charlottesville: Imprint Academic, 2004.

Oakeshott, Michael. The Concept of a Philosophical Jurisprudence. O'Sullivan, Luke, Ed . Exeter & Charlottesville: Imprint Academic, 2007.

Oakeshott, Michael. The Vocabulary of a Modern European State. O'Sullivan, Luke, Ed . Exeter & Charlottesville: Imprint Academic, 2008.

Oakeshott, Michael. Early Political Writings 1925-1930. O'Sullivan, Luke, Ed. Exeter & Charlottesville: Imprint Academic, 2010.

O'Sullivan, Luke. Oakeshott on History. Exeter & Charlottesville: Imprint Academic, 2003.

Plato. The Republic. Lindsay, A. D. , Trans. London: J. M. Dent & Sons Ltd, 1866.

Podoksik, Efraim. In Defence of Modernity: Vision and Philosophy in Michael Oakeshott. Exeter & Charlottesville: Imprint Academic, 2003.

Podoksik, Efraim, Ed. The Cambridge Companion to Oakeshott. Cambridge: Cambridge University Press, 2012.

Riley, Patrick. Michael Oakeshott, Philosopher of Individuality. Review of Politics,

1992，52.4：662－664.

Sullivan，Andrew. Intimations Pursued：The Voice of Practice in the Conversation of Michael Oakeshott. Exeter & Charlottesville：Imprint Academic，2007.

Worthington，Glenn. Religious and Poetic Experience in the Thought of Michael Oakeshott. Exeter & Charlottesville：Imprint Academic，2005.

第三章
卡尔·施米特的宪政理论

20世纪二三十年代魏玛德国宪政危机的凸显，与当时德国法学界在宪政理论上的激烈论战交相辉映。在这场历时既久的论战中，卡尔·施米特（Carl Schmitt，1888—1985）是一颗耀眼的明星。当代德国学者伏尔克·纽曼（Volker Neumann）称，如果挑选一位法学家作为魏玛宪政危机时代法学家的代表，那么此人非施米特莫属。[①] 不过，长期以来，施米特在魏玛宪政危机中的立场遭到了严重误解。特别是由于施米特在第三帝国时期"光荣"入党，并一度成为纳粹政权的首席法学家，因而人们很容易误认为施米特是魏玛宪政的宿敌，至少是唱衰魏玛宪政的法学家。[②]

施米特是魏玛宪政的敌人还是朋友？他是如何看待《魏玛宪法》乃至更为一般的宪法问题的？在魏玛德国语境中，施米特的宪法理论有何特色？施米特在1933年与纳粹媾和后，他的观点发生了哪些变化？我们又当如何看待这一转变？围绕着这些问题，本章将对施米特的宪政理论进行探讨。

---

① Volker Neumann, "Introduction of Carl Schmitt," in *Weimar: A Jurisprudence of Crisis*, Berkeley & Los Angeles, University of California Press, 2000, p. 283.

② 例如，当代美国学者艾伦·肯尼迪便认为施米特对魏玛体制缺乏同情。(Ellen Kennedy, *Constitutional Failure: Carl Schmitt in Weimar*, Durham and London, Duke University Press, 2004, p. 36.)

第一节　法治国-民主政体的法理学

施米特的宪法理论，集中见于他的《宪法学说》。施米特的《宪法学说》针对《魏玛宪法》而作，但并非对《魏玛宪法》的评注或专门探讨《魏玛宪法》的著作。施米特实际上将《魏玛宪法》当作一个个案，他探讨的是一种理想类型的宪政之法理学，即法治国—民主政体的法理学。并且，经由这种探讨，施米特试图提出一种有体系的政治法律理论，以推动当时德国的宪法学研究。这也是该书以"宪法学说"为名的原因。施米特在该书第一版（1928年版)序言首句即称："本书既不是评注，也不是一系列单篇专题论文，而是试图建立一个体系。"[①] 稍后他又说："我们的主要目标始终是要提供一条清晰、明了的系统线索。之所以必须强调这一点，是因为在目前的德国，似乎缺乏一种系统意识，人们甚至在各种通俗科学汇编中以随意评注的形式来处理《魏玛宪法》。针对这类评注和注释方法，同时也针对那种仅仅局限于个别研究的做法，本书试图提供一个系统框架。"[②]

施米特所说的"系统框架"，即施米特的宪法学说，是关于宪法、国家、政体等重大问题的一种学说。《魏玛宪法》必须在此理论框架下才能得到恰当的理解。《魏玛宪法》是资产阶级法治国性质的宪法，资产阶级法治国模式在西方世界无论是在施米特时代，还是在今天，都居于主导地位。通过解读《魏玛宪法》，施米特对具有典型意义的现代资产阶级法治国模式进行了理论诠释。《宪法学说》处理法治国的问题，但法治国学说并非施米特的主张，而是他在书中剖析的对象。正是在对资产阶级法治国学说的诠释中，施米特系统地阐释了对政治、国家、宪法等宪法学根本问题的见解。在序言中，施米特指出了当时关于法治国的宪法学研究中存在的问题。第一，他认为不应教条地去理解法治国学说，而应充分虑及此一模式的"历史条件和政治相对性"[③]。他指出，当今公法的许多概念和理论尚停留在19世纪，以19世纪的君主制国家为前提，而在民主时代，这些概念和理论已变得不合时宜。他说："宪法学的任务之一

---

① ［德］卡尔·施米特：《宪法学说》，刘锋译，序言，2页，上海，上海人民出版社，2005。

② ［德］卡尔·施米特：《宪法学说》，序言，3页。

③ ［德］卡尔·施米特：《宪法学说》，序言，4页。

就是要证明，有些传统语汇和概念完全取决于过去的情况，它们在今天甚至起不到旧瓶装新酒的作用，而只是一些过时的、错误的标签。”① 施米特显然强调以新理论来应对新时代、新问题的重要性，借用托克维尔的句子，施米特意指新的时代需要一门新的宪法学。同托克维尔一样，他认为这个新时代的重要特点就是“民主”的潮流。② 不难看出，施米特对待政治法律理论的态度不无历史主义的意味。第二，具体到如何理解法治国宪法，施米特提到“将宪法的国民法治国要素与整个宪法混为一谈”的状况，他认为这种错误做法忽视或误解了宪法生活的本质过程，在理论与实践中均带来极大的危害，危害之集中体现便是照此学说人们无法理解主权，在实践中也会出现“实施假主权行为”③ 的情况。

《宪法学说》是施米特作品中最具体系性、篇幅最大的一部，也是施米特的得意之作。因所涉议题在20世纪具有典型意义，《宪法学说》虽以德国《魏玛宪法》为素材，但并不因《魏玛宪法》成为历史文献而丧失其学术价值。在1945年版《宪法学说》的序言中，施米特不无自豪地写道：“不管本书用作例子的那些宪法规定是否仍然有效，只要法治国-民主政体的模型还有积极作用，本书就不失其实际和理论价值。……不仅在德意志联邦共和国及其各州是这样，在其他西方民主国家也是如此。”④ 施米特的学生恩斯特·福里森哈恩（Ernst Friesenhahn）说：“一个人只有在卡尔·施米特所提出的宪法的新概念的意义上，才能理解何谓对宪法的忠诚。”⑤

一、宪法的概念

建立一种宪法学说首先要界定宪法的概念。施米特概括了诸种宪法概念，并对他的宪法概念做了明确的界定。根据施米特的描述，“宪法”（Verfassung）一词在不同的语境中被不同的作者使用时有相当大的差异。当然，此处讨论的前提是，宪法局限于国家的范围：宪法是国家的宪法，而非其他团体或组织的宪法。国家在这里即指一个民族的政治统一体。施米特于是逐章（从第一章到

① ［德］卡尔·施米特：《宪法学说》，序言，4页。

② 19世纪法国政治思想家托克维尔尝言：“一个全新的社会，要有一门新的政治科学。”（［法］托克维尔：《论美国的民主》，8页，北京，商务印书馆，1988。）

③ ［德］卡尔·施米特：《宪法学说》，序言，4页。

④ ［德］卡尔·施米特：《宪法学说》，序言，1页。略有改动。

⑤ Ernst Friesenhahn, *Der politische Eid*, Bonn, 1928, pp. 121 - 123; Joseph W. Bendersky, *Carl Schmitt: Theorist for the Reich*, Princeton, Princeton University Press, 1983, p. 63.

第四章）介绍了绝对的宪法概念、相对的宪法概念、实定的宪法概念、宪法的理想概念四种不同意义上的宪法观。这四种宪法观念并非在同一层次上划分的，绝对的宪法概念与相对的宪法概念是一类，实定的宪法概念与理想的宪法概念又是一类。施米特的宪法观在诸种宪法概念中居于什么位置，这是我们关心的问题。

施米特首先区分了绝对意义的宪法与相对意义的宪法。当“宪法”一词被用来描述一个统一的整体时，宪法便是绝对意义的宪法（Verfassung im absoluten Sinne）。绝对意义的宪法区别于相对意义的宪法。在相对意义上的宪法概念中，宪法不涉及统一的整体，而是指“众多宪法条文”。绝对的宪法概念又可有两种情况：一是在现实存在的层面上指“具体的、与每个现有政治统一体一道被自动给定的具体存在方式”①；二是指存在于思想中的观念统一体，即“一个由最高的终极规范构成的统一、完整的系统”②。在此意义上，宪法是诸规范的规范。

施米特对绝对与相对两种意义的宪法概念之区分，对应于他对宪法（Verfassung，Constitution）与宪法律（Verfussungsgesetz，Constitutional laws）的区分。他开篇即批评了把宪法与宪法律混为一谈的做法，并暗示了对相对意义的宪法概念的拒斥。他说：“如今还有一种广泛流行的说法，将一系列明确制定的法律称为‘Verfassung’，在这种情况下，Verfassung 与 Verfussungsgesetz 就被当成同一个东西来对待了。按照这条思路，一切个别的宪法律看上去都是宪法。因此，宪法变成了一个相对的概念，不再涉及一个整体、秩序与统一体，而是涉及几个、若干或众多特殊的个别法律规定。”③ 他指出：“只有将宪法和宪法律区别开来，才有可能获得一个宪法概念。”④

施米特认为，绝对意义的宪法之存在论意义可有三层含义。第一层含义视宪法为“一个特定国家的政治统一性和社会秩序的具体的整体状态”⑤。在此意义上，“宪法”一词所描绘的是特定政治存在中的国家。国家就是宪法，其本质在于政治上的统一与有序。“宪法”一词在此意义上对应于古希腊思想家所说的 *Πoliteia*（politeia，或译为政制、政体）。施米特引用了伊索克拉底

① ［德］卡尔·施米特：《宪法学说》，4 页。
② ［德］卡尔·施米特：《宪法学说》，9 页。
③ ［德］卡尔·施米特：《宪法学说》，4 页。
④ ［德］卡尔·施米特：《宪法学说》，25 页。
⑤ ［德］卡尔·施米特：《宪法学说》，5 页。

(Isokrates) 的话：宪法是城邦的灵魂。这一宪法概念在合唱队的比喻中得到了很好的说明："合唱队的演唱成员、演奏成员会有变化，演唱或演奏的地点也会有变化，但表演的歌曲或乐曲还是原封不动。统一性和秩序在于歌曲和曲谱，正如国家的统一和秩序在于宪法。"①

绝对意义的存在论宪法概念之第二层含义视宪法为"一种特殊类型的政治和社会秩序"，它指涉具体的统治与服从关系，是一国的统治形式，宪法即国家形式 (Staatsform)，也常常被译为政体。在此意义上，有君主制国家、贵族制国家、民主制国家之分。中世纪和 17 世纪的理论家经常在此意义上使用这一宪法概念。

第三层含义视宪法为"政治统一体的动态生成原则"。这一概念认为："有一种根本的或在根基处涌动的力量或能量使政治统一体处于不断形成、不断被创造的过程中。宪法就是这个过程的原则。在这里，国家……被理解成某个不断生成、不断被重新创造的东西。政治统一体必须日复一日地从各种对立的利益、思想和目标中产生出来。"② 施米特指出，施泰因 (Lorenz von Stein)、拉萨尔 (F. Lassale)、斯门德 (Rudolf Smend) 等法学家均有关于国家统一体动态整合的理论，他们的理论正是在此意义上理解宪法概念的。

值得指出的是，施米特对斯门德反实证主义的宪法理论颇为赞赏。他写道："一直要到斯门德发表了论文《宪政国家的政治权力和政体的问题》之后，宪法学问题才再度被置于整体脉络中。"③ 鉴于施米特宪法理论与斯门德理论在诸多方面的相近，我们不妨对斯门德稍作介绍。鲁道夫·斯门德 (1882—1975) 出生于德国一个律师与神学家家庭。他的著作不多，但在德国国家理论发展中具有重要地位。斯门德研究的议题涉及法律与宪法史、国家与宪法理论、新教教会法等。自 1909 年起，斯门德先后在格赖夫斯瓦尔德大学、图宾根大学、波恩大学、柏林大学任教。1935 年，他因拒绝与纳粹合作而被迫离开柏林，到哥廷根任教，直到去世。20 世纪 20 年代，他提出了"整合理论" (theory of integration)。1928 年，他出版《宪法与宪律》一书，对他的"整合理论"进行了系统阐述。在法理学争论中，斯门德和卡尔·施米特、海尔曼·

① ［德］卡尔·施米特：《宪法学说》，6 页。

② ［德］卡尔·施米特：《宪法学说》，7 页。

③ ［德］卡尔·施米特：《宪法学说》，9 页。

海勒、埃里希·考夫曼（Erich Kaufmann）① 同为反实证主义法学的干将，他们的共同论敌是法律实证主义的代表理查德·托马、格哈德·安许茨（Anschutz）及汉斯·凯尔森（Kelsen）。斯门德致力于在规范与现实之间建立联系，认为政治行动者的观点必须放在宪法规范中去解释。他运用李特（Theodor Litt）的现象学与黑格尔的哲学反对凯尔森等人的实证主义二元论。他认为，“自我”不是一个可以被认识的对象，必须在整体成员身份中才能获得理解。国家与立法是一种在精神、社会、个人与集体诸因素间持续发展的联系②，宪法所涉是一种动态的不断“整合”以构建统一体的过程，这种“整合”是一种精神共同体的体验。③ 斯门德诉诸精神体验、意义的宇宙、成员归属感等“非理性”概念，批评了凯尔森学说的理性主义。斯门德自称其国家整合理论来源于黑格尔。在他看来，黑格尔的国家理论意指国家向社会领域进行最有力的渗透，以便实现为整个国家赢得人民全部生命力的总体目标。这种渗透正是他所说的“整合”。④

卡尔·施米特十分重视斯门德的观点。事实上，施米特在不少方面接受了斯门德的思想。施米特与斯门德均重视法与政治的联系，强调法律的政治语境与历史背景。施米特对宪法与宪法律的区分，并非原创，而是直接沿用了斯门德的见解。⑤ 从斯门德具有精神与情感体验意涵的“整合”很容易过渡到施米特所说的“政治统一体”的概念。斯门德所谓的国家整合，最终产生的便是施米特所谓的“总体国家”。⑥ 施米特在《宪法学说》中也曾多次提到斯门德。⑦ 施米特关于“议会主义的原则是公开性与辩论”的论断，某种意义上亦来自斯

---

① 埃里希·考夫曼（1880—1972），20 世纪德国重要法学家，著有《新康德主义法哲学批判》（1921）、《论人民意志的问题》（1931）、《黑格尔的法哲学》（1932）等作品，曾供职于魏玛德国及“二战”后联邦德国，是清教保守派，第三帝国时期他属于反希特勒的保守派阵营，这导致他 1939 年离开德国到了荷兰，1945 年才返回。他批判法律实证主义的抽象理性主义、技术-法律的形式主义，主张在更为广泛的文化与社会基础上理解法律，他对实证法学的批评曾为鲁道夫·斯门德、卡尔·施米特所引用。考夫曼强调人的理性的有限，但他又坚持以自然法来克服相对主义。（Stephen Cloyd，“Introduction of Erich Kaufmann，” in *Weimar：A Jurisprudence of Crisis*，p. 189.）

② Stefan Korioth，“Introduction，” in *Weimar：A Jurisprudence of Crisis*，p. 209.

③ Stefan Korioth，“Introduction，” in *Weimar：A Jurisprudence of Crisis*，p. 211.

④ 参见［德］卡尔·施米特：《政治的概念》，刘宗坤译，133 页，上海，上海人民出版社，2003。

⑤ 鲁道夫·斯门德曾著有《宪法与宪法律》一书。（Rudolf Smend，*Verfassung und Verfassungsrecht*，Munich & Leipzig，Duncker & Humblot，1928.）

⑥ 参见［德］卡尔·施米特：《政治的概念》，133 页。

⑦ 参见［德］卡尔·施米特：《宪法学说》，7、9、173、221、232、328、405 页。

门德。[①] 当然，二人之间的区别也是明显的，例如施米特表示他只是部分赞同斯门德关于议会制的观点。[②] 施米特在《宪法学说》中曾对斯门德的观点有具体的分析。另外，斯门德所说的“整合”不是斗争，不是施米特所说的“敌友区分”。

回到绝对意义的宪法概念，施米特指出，绝对意义的宪法在规范论的层面意指一个“根本法规定”。它是关于“应当如何去做”的纯粹规范。这一意义上的宪法概念以凯尔森的观点为典型。照此宪法概念，宪法是“根本规范”，是万法之法，国家是“建基于作为根本规范的宪法的法秩序，亦即一个法律规范的统一体”[③]。所谓国家就是宪法，国家是宪法的实现、摹本，宪法相对于国家具有优先性，国家权力正源于宪法的规范力量。由此也产生了“宪法主权”的说法，认为并非人在统治，而是规范和法律在统治。[④] 施米特认为，“宪法主权”的说法颇成问题，“因为正确地说来，唯有具体存在着的东西才能拥有主权，很难说一个单纯有效的规范拥有什么主权”[⑤]。而这种规范论意义上理解的宪法必须置于西方近代自由主义法治国理论的传统中去理解。自由派主张宪法主权，回避了真正的政治问题：是君主还是人民拥有主权？自由派实际上认为，无论是君主制，还是民主制，都应受法的限制，以确保公民自由和私有财产。法国自由主义法治国学说的经典代言人基佐有关于“理性主权”的讨论，基佐的学生托克维尔也曾坚持1830年法国宪法不可修改。而凯尔森实际上处于法治国理论传统的末端。施米特对凯尔森的实证主义宪法观进行了阐释。施米特认为，17世纪、18世纪的法治国理论包含了对自然法的理解，而在凯尔森那里，自然法的观念被抛弃了，剩下的只是实证主义粗陋的同义重复：规范之所以有效是由于它有效。施米特批评说：“凯尔森在许多著作中反复论述过的国家法学说将国家解释成一个法规系统和统一体，却丝毫没有解释这种‘统一体’和‘系统’实质的、逻辑的原则，也没有说明一个国家的众多实在法律规定和各种宪法法规是如何建构出这种‘系统’和‘统一体’的，又是出于什么必要性而恰好建构出这种‘系统’和‘统一体’的。”[⑥] 市民阶级在鼎盛时

① 参见［德］卡尔·施米特：《政治的浪漫派》，冯克利、刘锋译，185页，上海，上海人民出版社，2004。

② 参见［德］卡尔·施米特：《宪法学说》，232、328页。

③ ［德］卡尔·施米特：《宪法学说》，10页。

④ 参见［德］卡尔·施米特：《宪法学说》，10页。

⑤ ［德］卡尔·施米特：《宪法学说》，10页。

⑥ ［德］卡尔·施米特：《宪法学说》，11页。

期，从私有财产与个人自由等概念中建构出本身有效的规范，超越了一切政治存在，依据这些规范是理性的、正当的，不必考虑现实。因此，那时的理论家可以在规范论意义上谈论系统、秩序、统一体；而到凯尔森那里，真正的应然、规范性已荡然无存。凯尔森的纯粹法理论把法的正当性问题排除在了视域之外。

如何理解作为根本规范的宪法及其有效性来源？施米特提出了自己的看法。他写道："一部宪法之所以有效，是因为它出自一种制宪权，并且凭着它的意志被制定出来。"① 简言之，实际存在着的意志是规范的起源。规范的效力或者在于它符合自然法从而具有正当性，或者在于它凭借实存的意志被制定出来。但规范不会自动发挥效力，实在性无以论证规范的有效性。循此，宪法律的统一性依据的不是某个根本宪法规范，而是政治统一体的统一意志这个前提，这就预设了一国的政治存在。在此，施米特涉及了三种十分重要的法律思想传统，即自然法传统、实证主义纯粹法学以及施米特意志论的政治法传统。

具体到德国《魏玛宪法》，施米特指出，称《魏玛宪法》为根本大法只是一种不准确的说法，《魏玛宪法》作为一个整体与《魏玛宪法》的 181 个条款不能混同。因为宪法律的具体条款在思想和内容上其实是不同的。施米特写道："德意志民国的统一性并非建立在 181 个宪法条款及其有效性之上，而是建立在德国人民的政治存在之上。德国人民的意志——因而就是某种实存的东西——超越了个别宪法律的一切系统矛盾、不一致和模糊性，奠定了政治和国家法统一性的基础。《魏玛宪法》之所以有效，是因为德国人民'为自己制定了本宪法'。"②

关于绝对主义的规范论的宪法观，施米特最后表示，这种具有自由主义法治国实质的宪法观在当今已经受到了挑战，资产阶级自然法学说与凯尔森意义上的纯粹法理论均无以立足，实际情况是宪法概念被相对化了，人们失去了对统一的系统与法典的信念，视一切宪法条文为特定政治社会状况的产物。最终，无论是规范意义上，还是存在意义上，绝对的宪法概念都处于一种危机状态中。在这里，施米特与其说是批评凯尔森实证主义规范论的宪法观，不如说是批评把宪法概念相对化、视宪法律为宪法的做法。施米特写道："宪法被当作一个规范统一体、一种绝对的东西来对待。从历史的角度来看，这类观念可

① ［德］卡尔·施米特：《宪法学说》，12 页。

② ［德］卡尔·施米特：《宪法学说》，13～14 页。

以追溯到宪法被视为一个完整法典的时代，并由此而得到说明。在 1789 年的法国，广泛流行着这种对立法者智慧的理性主义信念。人们自信能够针对全部政治生活和社会生活制订一个有意识的、完善的计划。的确，即便仅仅考虑一下修改和修正的可能性，有的人也颇有顾虑。然而，时至今日，人们已不再相信能够建立一个完整的、囊括了整个国家的、具有终极正当性的规范性法规系统了。实际上，目前有一种相反的意识正在蔓延，认为一切宪法的条文都取决于制定宪法时的政治和社会状况。某些规定恰好被写进宪法，而没有被写进‘普通法律’，其原因在于政党联盟政治上的考量和偶然事件。但是，一旦失去对法典化和系统统一性的信念，纯粹规范的宪法概念——绝对法治国的自由理念恰恰预设了这个概念——也就荡然无存了。只有当人们相信资产阶级自然法的形而上学基石时，才有可能出现这种纯粹规范的宪法概念。现在，宪法变成了一系列个别的、实定的宪法律。诚然，许多人至今还在谈论根本规范、根本法等等。不过，那是因为他们受了某些相沿成习、早已被掏空了内容的套语的影响。同样，如果还要谈论什么‘整体’宪法的话，那也是不精确的，容易造成混乱，因为人们心里想的其实是众多缺乏系统脉络的宪法法规。宪法概念被相对化了，变成了宪法律。”①

视宪法为个别的宪法律，正是施米特所谓的相对的宪法概念。施米特对相对的宪法概念显然持批评态度。他指出，这种相对意义的宪法概念是与形式化的宪法概念联系在一起的。唯有按照相对宪法概念，人们才可以谈论宪法的形式标记。这些标记有二：一方面，只有成文宪法才可称为有形的宪法；另一方面，宪法的修改受制于一系列繁难的条件和程序。施米特认为，对宪法概念进行相对化、形式化的理解，无以把握宪法的实质，只会带来理论上的混淆。人们着眼于宪法的可证实性、持久性与稳定性，强调宪法的形式特征，然而，宪法之成文及宪法修改程序上的繁难，并非问题的关键。施米特在此重申了政治意志的重要性。② 他指出，宪法概念的相对化，使得“作为一个完整统一体的宪法变成了大量具有外在标记、被称为‘宪法律’的法律规定”③。在不再区分宪法与宪法律的情况下，始有所谓“繁难的修改程序”的问题。施米特结合对《魏玛宪法》第 76 条的解释就此做了说明。

《魏玛宪法》第 76 条说：“宪法得用立法手续修改之，但联邦国会欲议决

① ［德］卡尔·施米特：《宪法学说》，14 页。

② 参见［德］卡尔·施米特：《宪法学说》，19 页。

③ ［德］卡尔·施米特：《宪法学说》，20 页。

修改宪法，必须有法定人数三分之二之出席及出席议员三分之二之赞成，其决议案始得成立。又联邦参议会对于修改宪法之议决，亦须有所投票数三分之二之多数赞成。若由国民请愿而用国民投票的议决修改宪法，须有多数选民之赞成。”[①]《魏玛宪法》第76条说明了修改宪法的条件和程序，然而，是否按照此种修改程序宪法就可以被任意修改呢？按照实证主义法学家托马、安许茨的看法，只要是符合宪法所设定程序而做出的决议，便具有法律效力，与一国人民的政治决断无涉。针对此种观点，施米特写道：“宪法的持久性和稳定性被简化成这样一个要求：有关宪法修改的宪法条款所规定的若干形式程序必须得到遵循。如果这确实就是最终的宪法概念的话，有关宪法修改的规定就变成了宪法的根本核心和唯一内容了，整部宪法就不过是一种权宜之计，实际上只是一部空白法律，必须不时地按有关宪法修改的规定来加以填充。”[②] 这种“形式”的宪法概念必然得出推论：《魏玛宪法》的其他条款，都可以经由第76条而被修改。施米特说：“不管在逻辑上，还是在法学上，这样一种宪法概念都不能成立。”[③] 在施米特看来，《魏玛宪法》第76条也是以整体意义上的宪法为前提的。与宪法和宪法律的区分相应的，是德国人民的制宪权与《魏玛宪法》第76条中民国国会、参政会或选民修宪的权限。施米特写道：“对宪法律实施修改的权限是一种保持在宪法框架内、由宪法本身提供依据、从不超越宪法的权限。它并不包含制定一部新宪法的权限。”[④]

在批评把宪法与宪法律混同，把宪法相对化、形式化的做法之后，施米特正面阐述了他在《宪法学说》中采用的宪法概念，即“实定的宪法概念”。这一概念中，宪法是关于政治统一体的类型和形式的总体决断。照此定义，宪法是制宪行为的产物，其本质是政治统一体对自身存在类型与形式的决断。宪法预设了政治统一体的存在，宪法的效力不是来自某种规范，而是来自制宪权主体的政治意志。在法律规范、政治意志与宪法之间，施米特认为，实定的宪法概念关键在于强调政治意志的绝对性、优先性，法律规范的统一性以政治上的统一性为前提。法律规范以政治统一体为前提，至于政治统一体凭什么理据而存在，施米特回答说：“一切现存的政治统一体的价值和‘存在理由’并不在

① ［德］卡尔·施米特：《宪法学说》，424页。
② ［德］卡尔·施米特：《宪法学说》，23页。
③ ［德］卡尔·施米特：《宪法学说》，23页。
④ ［德］卡尔·施米特：《宪法学说》，24页。

于规范的正当性或有用性，而在于其存在。”[①] 政治统一体的存在是一个事实，其首要任务也是维系自己的存在，宪法与法规以政治统一体的存在为前提，而不是相反。存在必定以某种形式展现出来，实定意义的宪法正是关于政治统一体具体存在的类型和形式之决断。

以《魏玛宪法》为例，施米特指出，《魏玛宪法》包含了德国人民作为一个政治统一体对其存在类型与形式的决断。这里面仍然要区分宪法与宪法律。并非《魏玛宪法》中的每一个条款都涉及这种根本决断，但《魏玛宪法》中确实包含了某些根本政治决断，具体而言，这些决断有：“第一，选择民主制的决断，这一决断是德国人民凭借其作为人民有意识的政治存在而做出的，体现在宪法序言（‘德国人民为自己制定了本宪法’）和第一条第二项（‘国权出自人民’）中；第二，选择共和政体而非君主政体的决断，体现在第一条第一项（‘德意志民国为共和政体’）中；第三，保留邦亦即民国的联邦制国家结构(尽管不是联盟结构）的决断（第二条）；第四，针对立法和政府形式选择一种原则上的议会代议制的决断；第五，选择国民法治国的决断，该法治国实行基本权利和权力区分的原则。”[②] 概括来说，《魏玛宪法》中德国人民做出的决断是，魏玛共和国“是一个立宪民主制国家。也就是说，它是一个采取民主共和国的政治形式的国民法治国，具有联邦制国家的结构”[③]，体现这些政治决断的条款不是宪法律，而是宪法，它比宪法律更为重要。人们不能认为这些文字是纯粹的宣言或空洞的套话。相反，这些政治决断才构成了《魏玛宪法》的实质，它们是共和国内一切法律规范有效的前提。施米特概括说：“《魏玛宪法》总体说来是一部宪法，而不是一系列互不关联、可按第 76 条予以修改、由魏玛联合政府的各党派在某些‘妥协’的基础上抛进宪法条文的个别规定的总和，个中缘由只能追溯到德国人民这种涉及存在的总体决断。”[④]

施米特对《魏玛宪法》的解读，关键在于区分宪法与宪法律，照施米特之思路，《魏玛宪法》中的条款，有的是涉及德国人民根本政治决断的宪法，其余则是因之而派生出的宪法律。施米特结合《魏玛宪法》进一步阐释了宪法与宪法律区分的实际意义。值得列举的有：（1）宪法律可按《魏玛宪法》第 76 条予以修改，但对整体的宪法则不能适用。通常人们所说的宪法的“制定”和

① ［德］卡尔·施米特：《宪法学说》，27 页。
② ［德］卡尔·施米特：《宪法学说》，28 页。
③ ［德］卡尔·施米特：《宪法学说》，28 页。
④ ［德］卡尔·施米特：《宪法学说》，29 页。

宪法的“修改”实有性质上的不同，制宪会议与立法机关也有性质上的区别。[①]（2）宪法不容侵犯，但宪法律则可在非常状态下临时中止，而宪法则不局限于日常状态，“宪法的不容侵犯并不意味着一切个别的宪法律都不容侵犯”[②]。由此，《魏玛宪法》第48条第2项规定的民国总统的专政权便意味着，在非常状态下，宪法律可以受到“侵犯”，但总统行使专政权并非违宪。（3）《魏玛宪法》既然包含了建立国民法治国的决断，也就说明宪法保障公民的基本权利。因此，个别的宪法律及宪法修正案均不能侵犯公民的基本权利。（4）对宪法的宣誓并不等于对每项宪法律的宣誓，也不是对修改程序的宣誓，并不意味着认可和服从《魏玛宪法》第76条关于修改程序的条款中引申出的一切结果。宣誓的本质是以自己的人格作担保来保证对《魏玛宪法》所包含的政治决断的承认。（5）叛逆罪是指对整个宪法的攻击，而不是对宪法律的攻击。

魏玛共和国通常被认为是各种政治力量妥协的产物，这种妥协性在《魏玛宪法》的条款中也有体现。不过，施米特指出，这种妥协性仍要基于对宪法与宪法律的明确区分方能予以理解。施米特一方面强调，作为“宪法”，《魏玛宪法》包含了德国人民对具体政治存在类型与形式的决断。但是，在宪法的个别条款细则中，确实存在着妥协与含糊之处。“在这些地方，没有什么决断可言，相反，各联盟政党恰恰要努力回避决断。”[③]《魏玛宪法》在某种程度上可以视为“对原则性问题的真正决断和在非原则性细节上的真正妥协”[④]。原则性问题即根本的政治问题，在1919年就是“或者是君主制或者是共和制”“立宪民主制或苏维埃专政”“建立资产阶级的社会秩序还是建立社会主义的社会秩序”。《魏玛宪法》在前两个问题上做出了决断，但在“建立资产阶级的社会秩序还是建立社会主义的社会秩序”这一或此或彼的选择中，《魏玛宪法》未做决断，因此在宪法诸条款之间可以发现相互对立的信念。“对人身自由和私有财产的资产阶级个人主义式的保障、社会主义的纲领条款和天主教的自然法在一种时常显得有点杂乱的综合中搅在一起。”[⑤]这种综合的背后是“完全不同的政治、社会、宗教内容和信念”[⑥]。“非原则性细节上的真正妥协”是指冲突的各方在组织、秩序等细节问题上让步而达成的协议，这种妥协性协议本质上“也是一

① 参见［德］卡尔·施米特：《宪法学说》，31页。

② ［德］卡尔·施米特：《宪法学说》，31页。

③ ［德］卡尔·施米特：《宪法学说》，33页。

④ ［德］卡尔·施米特：《宪法学说》，36页。

⑤ ［德］卡尔·施米特：《宪法学说》，34页。

⑥ ［德］卡尔·施米特：《宪法学说》，34页。

种决断”，尽管它不涉及或此或彼的重大政治抉择。施米特称之为“真正的妥协”。与“真正的妥协”相对的则是“假妥协”，“假妥协”是说双方暂时不做决定，其本质是决断被推迟、延缓，问题暂时被搁置起来，它是形式上的妥协。在假妥协中，人们只是在表面上，从语言表述上将本质上互不相容的内容放在一起，实际上则是双方尚未达成妥协。施米特举例说明，《魏玛宪法》中关于国家与教会问题的条款、关于学校问题的妥协均是延迟性假妥协的例子。① 出于政治实践的考虑，某些情况下延迟决断不失为明智之举，然而，若意识不到此种妥协仅仅是假妥协，在解释宪法条文时以一个条款、一个文本去挑战另一个条款、另一个文本，实际上则毫无意义。施米特说：“谁也不可能对一种不存在的意志进行解释。在不存在意志的地方，再敏锐的法律洞察力也毫无用处。”②

这里，施米特政治思想中的决断论特色充分展示出来。施米特写道，随着政治形势发生变化，假妥协的肥皂泡迟早要破灭，根本问题上的决断回避不了。如果制宪会议不能包含关于一国人民政治存在方式等实质性问题的决断，人们就可能在制宪会议之外以暴力或和平的方式做出实质性的决断。照施米特之意，《魏玛宪法》的妥协色彩并不具有实质性意义，其政治决断的本质才是关键所在。这是施米特对《魏玛宪法》的基本看法。

在阐释实定的宪法概念后，施米特又补充说明了一种“宪法的理想概念”。按照“宪法的理想概念”，宪法是指“在一种突出的意义上，因一种特定内容而被称为宪法的‘宪法’”③，即具有某种特定意涵的宪法。施米特写道：“基于政治上的原因，经常会出现这样一种情况：只有符合宪法的某一特定理想的东西才被称为‘真正的’或‘纯粹的’宪法。”④ 这实际上体现了政治斗争的各方对话语权的争夺：“对所有卷入政治斗争的党派来说，只有符合其政治要求的宪法才被承认是真正的宪法。”⑤ 在西方自由主义占主导地位的今天，人们仍然倾向于在“有限政府”“分权”“法治”等意义上界定“宪法”（在这种语境中，constitution 通常译为“宪政”）。施米特指出，这种宪法概念实质上把宪法具体化为资产阶级法治国，其渊源则来自资产阶级与绝对君主制的斗争，结果是：“从 18 世纪以来，只有符合公民自由的要求并为公民自由提供了特定保障的宪

---

① 参见［德］卡尔·施米特：《宪法学说》，37～38 页。

② ［德］卡尔·施米特：《宪法学说》，39～40 页。

③ ［德］卡尔·施米特：《宪法学说》，41 页。

④ ［德］卡尔·施米特：《宪法学说》，41 页。

⑤ ［德］卡尔·施米特：《宪法学说》，42 页。

法才被称为宪法。”[①] 事实上，在无产社会主义者那里，宪法的概念也被重新界定。施米特对不同语境下宪法的内涵进行了说明，他写道：“就资产阶级自由主义的表达方式而言，只有当私有财产和人身自由得到保障时，才会有宪法。其余的一切都不是宪法，而是专制、独裁、暴政、奴役等。相反，从一以贯之的马克思主义观点来看，如果一部宪法承认了国民法治国的原则，尤其是私有财产的原则，它就要么是经济技术落后的国家的宪法，要么是反动的假宪法，是用来掩盖资本家独裁的毫无意义的法律幌子。”[②] 施米特说：“有多少政治原则和信念，就有多少自由概念和宪法概念。”[③]

鉴于资产阶级法治国意义上的宪法（宪政）观影响颇大，施米特对这一观念进行了详细说明。施米特指出，此种特定的宪法概念有三层值得重视的含义，他给出了三个等式。(1) 宪法＝公民自由的保障系统。这种宪法概念立足于自由宪法与不自由宪法（政体）的划分，所谓保障公民自由的制度包括对基本权利的承认、权力分立制及人民通过代议机关而实现的一定的政治参与，等等。(2) 宪法＝权力分立。权力分立更准确地说是权力的区分，即区分立法、行政和司法。分权的目的在于从制度上防止权力的滥用。“权力分立”遂成为宪政的标记。没有分权，就必然有暴政、独裁。施米特指出，1789 年法国大革命时期的人权宣言即称：“凡是既没有提供权利保障，又没有确立权力分立制的社会都没有宪法。”德国唯心主义国家哲学尤其是康德和黑格尔的国家哲学也有相类的观点。(3) 宪法＝成文宪法。拥有宪法意味着拥有成文的宪法律。质言之，国民法治国宪政理想的中心主旨是保护公民自由，使之免受国家权力的侵害，意在提防、限制、监督、压制国家，而非组织国家。施米特指出，这种法治国的宪法理想仅仅是近代国家宪法的一部分，还有一部分则包含了对政治存在形式的决断。“当今共和国的宪法总是包含两个要素：一是保护公民自由不受国家侵害的法治国原则；二是政治要素，从中可以推断出实际政体。这两个要素的结合便是当今国民法治国宪法的特征。这种双重性决定了宪法的整体结构，也给若干核心概念——例如法律的概念——造成了相应的双重性。”[④]

---

① ［德］卡尔·施米特：《宪法学说》，43 页。

② ［德］卡尔·施米特：《宪法学说》，42 页。

③ ［德］卡尔·施米特：《宪法学说》，43 页。

④ ［德］卡尔·施米特：《宪法学说》，46 页。

二、制宪权的观念

宪法从何而来？其理据何在？谁有权制宪？对这些问题的回答构成了施米特制宪权理论的主要内容。制宪权理论堪称施米特宪法学说中最为重要也是最具特色的内容，它与施米特在20世纪20年代对主权问题及政治概念的思考相互呼应。制宪权学说本身涉及政治统一体、决断、正当性等问题，这些问题迄今仍是政治理论的重大问题。施米特在前文从政治决断角度界定实定宪法的基础上，为人们提供了一套自成体系的宪法发生学论议。这一论议不仅包括关于宪法起源的历史状况的描述，包括制宪权问题涉及的政治哲学论争，也包括对《魏玛宪法》正当性的具体说明。

宪法的产生，不外乎两种情况。施米特写道："一部宪法要么通过制宪权主体单方面的政治决断产生出来，要么通过若干制宪权主体相互间的商议产生出来。"[①]《宪法学说》第七章关于"作为协议的宪法"即"真正的宪法协议"的论述，正是针对第二种情况而展开的讨论。在更常见的情况下，更具有典型意义的是第一种情况：宪法通过制宪权主体单方面的政治决断而产生。由此也引出关于"制宪权"（第八章）、"一部宪法的正当性"（第九章）的讨论。第十章正如标题所言，施米特概括了"从制宪权学说尤其是人民制宪权学说中得出的结论"。顺便提一下，第十一章"从宪法概念派生出来的诸概念：宪法修改、宪法的打破、宪法的临时中止、宪法诉讼、叛逆罪"自成一个部分，是对前文实定宪法概念的补充说明，内容上与第三章相呼应。[②]

在对近代欧洲宪法起源历史的概述中，施米特着力凸显的是一国政治统一体与中世纪封建等级制之间的实质性差别，以及由此而产生的近代宪法与中世纪契约在性质上的不同。这一描述背后是施米特对中世纪封建等级制与近代民族国家体制二者间差别的确认。近代宪法观念必须在近代国家形成的历史背景中方能得到理解。施米特指出，中世纪晚期西方在政治上处于一种封建等级状态，国王、贵族、僧侣、平民阶级之间通过契约建立秩序，界定各自的特殊利益，然而这样的契约并不包含对政治统一体形式的总决断。封建制与政治统一体有本质的不同。举例说明，1215年英国《大宪章》与1689年英国的《权利法案》便有着本质上的不同。施米特指出，1215年《大宪章》时常被称为近代自由宪法的原型，然而，这种看法是错误的。把《大宪章》树立为自由宪法的

① ［德］卡尔·施米特：《宪法学说》，51页。

② 参见［德］卡尔·施米特：《宪法学说》，32～33页。

典范，使《大宪章》成为一个具有传奇色彩的概念，来源于特定党派的虚构。以历史的角度观之，1215 年的《大宪章》只是中世纪君主与封建主订立的众多协议之一。它是英王约翰与贵族之间的协议，以证明文书（宪章）的形式固定下来。"《大宪章》这个名称的出现肯定不是由于存在着一部类似于近代宪法或近代基本权利的根本法，而是与 1217 年颁布的包含狩猎法内容的《小宪章》或称《森林宪章》相对而言。《大宪章》最初名为《自由宪章》或《贵族宪章》。直到几个世纪以后，自 17 世纪以来，经过英国议会与斯图亚特王室的绝对王权主义的斗争，《大宪章》才变成了自由宪章的典范，并且从近代意义上被重新解释。然而，如果有谁从《大宪章》中见出了哪怕只是接近于近代自由宪法或民主宪法的东西，都会犯下史实错误。如果说这部《大宪章》保障了一切自由民免于王权滥用的某些权利，这也完全不同于近代意义上的人权宣言或公民权宣言。当时的'自由民'仅限于贵族，只有贵族才被视为自由人，甚至才被视为人。"[①] 与之不同，1689 年的《权利法案》虽然从形式上看是英国国会与英王之间的协议，但国会是作为英国政治统一体的代表而出现的。法案的条款类似于近代意义上的宪法律，其中"政治统一体的概念已经非常明确，议会与国王之间的协议肯定没有建构统一体，而是预设了统一体；在此过程中，议会作为统一体的代表而出现"[②]。

"政治统一体"在此是一个关键词。施米特认为，政治统一体在欧洲大陆是通过绝对主义国家造就的。国王权力的绝对性意指国王有全权也有能力做决定而不必考虑封建各等级的特权，国王是主权的代表者，超越各等级之上，代表着政治统一体——国家。施米特写道："'国家'（staat）一词非常贴切地概括了这种近代政治结构的特点，因为该词表明了它与'状态'（status）一词在语言和思想上的联系。政治统一体包含着一种无所不包的状态，相比之下，其他的所有状态，尤其是各等级和教会，都具有相对的性质，并且被统统予以收纳。因此，国家，即政治状态，就变成了一种绝对意义上的状态。"[③] 而 1789 年法国大革命对于理解近代宪法理论与实践的发展具有重要意义，这种重要性体现在这一时期诞生了制宪权学说。根据施米特的描述，法国大革命与英国政治统一体渐进形成的过程不同，作为政治统一体的近代法国之构建是法国人民有意识做出根本政治决断、将理念付诸行动的结果。观念"激唤"出"现实"

① ［德］卡尔·施米特：《宪法学说》，52～53 页。

② ［德］卡尔·施米特：《宪法学说》，54 页。

③ ［德］卡尔·施米特：《宪法学说》，56 页。

在法国大革命时期得到充分的体现。施米特指出，就宪法理论而论，1789 年法国大革命必须从两个不同的层面去理解。第一，法国人民将自己建构为制宪权主体，作为一个民族在政治上觉醒，人民意识到自己作为拥有政治行动能力的主体的身份，想自己决定自己的政治命运。人民变成了民族。第二，法国大革命产生了一部资产阶级法治国宪法，赋予法兰西民族以一种新的特定的政治存在方式，从而区别于旧制度。这两个层面又以第一点为要。法治国宪法关于权力分立、保障公民基本权利、限制政府等原则皆以政治统一体的存在与自决为前提。施米特写道："法国大革命的伟大政治意义在于，虽然有自由和法治国原则，但法国人民关于政治统一体的思想无时无刻不是决定性的基准点。"[①] 就理解近代宪法的实质而言，正如施米特所言："宪法不是君主与人民之间的协议，甚至不是某些等级组织之间的协议，而是一个统一的、不可分割的民族做出的决定其自身命运的政治决断。一切宪法都预设了这种统一性。"[②] 尽管在 1814 年至 1830 年的王朝复辟时期仍有人试图复活中世纪的协议观念，但 1830 年法国七月革命最终还是确立了近代宪法观念，并对"制宪权主体是国王还是人民"做出了回答，即制宪权在人民而不是国王，以后所有法国宪法皆以人民拥有制宪权为前提。

对于近代德国宪法的历史发展，施米特也进行了描述。施米特的相关描述可概括如下：1848 年革命在德国确立了立宪君主制，这一政体的特点是国王与人民代议机关二元并存，并且均被视为政治统一体的代表。谁是制宪权主体这个问题被悬搁，决断被推迟。这一状况一直持续到 1918 年十一月革命。1918 年革命最终确认了制宪权在人民，而非国王。1919 年 2 月 6 日在魏玛举行了国民议会大选，行使了德国人民的制宪权，拟定了德国人民政治决断的内容。国民议会是制宪权的代理者，其使命是制定宪法法规。1919 年 8 月 11 日，《魏玛宪法》正式生效，国民议会作为拥有主权专政权的制宪会议的地位告终。基于新宪法而产生的国会，拥有源自宪法的权限，与国民议会有着性质上的不同。施米特在这里着重强调的是，《魏玛宪法》产生于德国人民的制宪权。而德国人民制宪的观念与实践均经历了一个过程，这一过程正是德国人民在政治上统一的过程。

如前所述，宪法产生的第二种情况是经由若干制宪权主体相互协商而产生，在这种情况下，宪法其实是一种宪法协议。施米特就这种宪法协议的概念、前提、性质进行了阐释。施米特认为，理解宪法协议，首要的一条是区分国家契约或社会协约与宪法协议。施米特此处对国家契约与社会契约并不作区

① [德] 卡尔·施米特：《宪法学说》，58 页。
② [德] 卡尔·施米特：《宪法学说》，58 页。

分，均用以指意在为政治统一体奠定基础的契约，例如人们通常所说的社会契约论中的“社会契约”便是在此意义上使用的。社会契约与政治统一体的关系是：先有新契约的订立，随之有政治统一体的产生。而宪法协议则不同，若干政治统一体订立宪法协议，但并不随之产生一个更高级的新政治统一体，它只是某种“治理协议”。宪法协议的订立不影响诸政治统一体的独立存在，但它赋予各政治统一体一种作为成员邦的新身份。真正的宪法协议通常是一种联邦协议。在一个政治统一体内部只可能有“假宪法协议”。①

关于宪法协议的性质，施米特指出，宪法协议是一种“身份契约”。这种身份契约是所有参与立约的国家的一种新的政治身份。身份契约区别于自由契约，施米特强调：自由契约是按照自由主义理念来界定的，它主要有三个方面的内涵：（1）订约的各方是单独的个人，不是政治共同体；（2）自由契约仅仅确立了原则上可以预期且在固定范围内的特定关系，并且这些关系的发生具有期限；（3）自由契约不包括一个人的人身。与此形成对照的是，身份契约“确立了一种永久的、涵括了个人之存在的生活秩序，将个人嵌入一个总体秩序中”②。身份契约不能随意解除。身份契约的实例有婚约、公职人员与主管当局之间法律关系的确立。宣誓是身份契约的一个典型标志，它表明一个人以其整个人身从存在的层面加入进去了。而在一个立足于自由契约的社会秩序中，宣誓则不复存在。③ 以施米特之论，身份契约与自由契约虽然均冠以“契约”之名，但两种契约实有本质的不同。施米特也论及亨利·梅因（Henry Sumner Maine）与社会学家斐迪南·滕尼斯（Ferdinand Tönnies）的说法。梅因把西方从传统到现代的历史描述为“从身份到契约”的过程④，滕尼斯则将之描述为从“共同体”到“社会”的发展过程⑤。施米特批评说：“身份与契约、共同体与契约的对举有误导之嫌，因为共同体状况和身份状况也是通过契约确立起来的。”⑥ 施米特解释说，中世纪社会秩序赖以建立的各种契约是身份契约，而霍布斯、卢梭那里的契约则是自由契约，自由契约拒斥了宣誓仪式。这种对宣誓仪式的摒弃可以追溯到宗教改革时期的新教教派。它标志着近代和自由契约时代的真正开端。是故，与其说从传统到现代是从身份到契约的转变，不如说

---

① 参见［德］卡尔·施米特：《宪法学说》，71页。

② ［德］卡尔·施米特：《宪法学说》，74页。

③ 参见［德］卡尔·施米特：《宪法学说》，75页。

④ 参见［英］梅因：《古代法》，沈景一译，北京，商务印书馆，1959。

⑤ 参见［德］斐迪南·滕尼斯：《共同体与社会》，林荣远译，北京，商务印书馆，1999。

⑥ ［德］卡尔·施米特：《宪法学说》，75页。

是从一种契约到另一种契约的转变，即从身份契约到自由契约的转变。

在对宪法产生的两种情况作了说明后，施米特始于理论的高度就如何理解制宪权进行了论证。施米特说，制宪权的本质是“一种政治意志，凭借其权力或权威，制宪权主体能够对自身政治存在的类型和形式作出具体的总决断”①。施米特补充说，在他所讨论的宪法学说语境中，没有必要区分权力与权威，不过他认为这一区分在国家学说中是有意义的。②

施米特对制宪权的理解与他对宪法与宪法律的区分一脉相承。制宪权直接涉及的是宪法，而非宪法律。如何理解“制宪权是制宪权主体决定自身政治存在形式与类型的政治意志”？施米特从四个方面进行了解释。（1）制宪权本质上是政治意志，也就意味着宪法建立在政治决断之上。这与视宪法建立在规范正当性之上的观点形成对照。与此相关联的一个法哲学中的问题，乃法律的本质是命令还是规范，或曰是意志还是理性。施米特站在意志主义的传统一边。施米特明确表示：“宪法必然是一种决断，一切制宪权行为都必然是命令。”③（2）宪法律是制宪意志的实施规范，它以制宪权主体做出的决断为前提。（3）制定一部宪法并未用尽全部制宪权。制宪权并不因制宪行为结束就消失。制宪权主体的政治意志与宪法同在，且高于宪法。由此，真正的宪法冲突只能凭制宪权本身的意志予以决断，宪法的漏洞也只能由制宪权行为来填补，一切涉及根本政治决断的意外情形也要由它来决断。（4）制宪权是统一的、不可分割的，它是立法、行政、司法等权力的基础。④

关于制宪权主体，施米特列出上帝、人民、国王、少数人四种情形，认为这四种情形对应于不同的历史时期。（1）中世纪流行的观念是上帝拥有制宪权，宗教改革时期加尔文宗的暴君伐放论者仍然坚持这一观点。（2）法国大革命时期，西耶斯（Emmanuel Joseph Sieyès）提出了人民拥有制宪权的学说。人民，或者更准确地说民族，被视为制宪权主体。（3）1814—1830年王朝复辟时期，作为人民制宪的反题，产生了“制宪权主体在国王”的论辩。（4）20世纪出现了少数有组织的人充当制宪权主体的情况，可由俄国苏维埃统治和意大利法西斯统治为代表，它们某种程度上包含了贵族制或寡头制的要素。不过，施米特也认为，这两种统治形式并没有最终放弃对人民意志的诉求，制宪权属

① ［德］卡尔·施米特：《宪法学说》，84页。

② 参见［德］卡尔·施米特：《宪法学说》，84页。

③ ［德］卡尔·施米特：《宪法学说》，86页。

④ 参见［德］卡尔·施米特：《宪法学说》，86页。

于人民还是少数人尚不十分明确，理论上对其进行概括尚有困难。施米特建议说："对这两个国家的独裁政权应作如是观：它们只是一个过渡，还没有对政治存在的类型和形式做出最后决断。"①

施米特结合四个时期的历史描述所列出的制宪权归属的诸情形中，尤以法国大革命时期西耶斯代表的"制宪权在人民"的观念为重。这部分内容也是施米特论述中着力最多的地方。西耶斯是法国大革命时大名鼎鼎的政治活动家，《第三等级是什么》是他的代表作。这本小书不仅是一本法国大革命政治宣传手册，也是一部包含真知灼见的政治哲学经典。不难看出，施米特关于制宪权问题的讨论中打上了深刻的西耶斯烙印。从制宪权问题的提出，到对制宪权本质的理解，施米特宪法学说背后总有西耶斯的影子。施米特写道："西耶斯提出了'制宪权'的理论。他认为，法国革命的一个壮举是，它从一开始就区分了制宪权和依据宪法而产生的权力。这种看法是很有道理的。"②

施米特区分宪法和宪法律，与西耶斯区分制宪权与宪法权相呼应。事实上，施米特大体接受了西耶斯关于制宪权问题的基本理论框架。西耶斯强调，制宪权与依据宪法而产生的权力（即宪法权）不同，从逻辑上讲，制宪权在宪法之前，宪法权在宪法诞生之后。制宪权在国民，国民通过其特殊代表从事制宪活动，行使制宪权。西耶斯说："如果我们没有宪法，那就必须制定一部；唯有国民拥有制宪权。"③ 西耶斯把政治社会分成三个时期。在第一个时期，单个的个人聚集在一起，个人意志发挥作用，其结果是结成了政治团体。在第二个时期，政治团体成为一个有共同意志、能够组织行动的整体。在第三个时期，从共同体中分离出一部分人成立政府以处理公共事务，代行国民意志。此时起作用的不再是真正的共同意志，而是一种代表性的共同意志。政府基于国民的委托而拥有权力，并且永远受制于国民意志，不得背离其宗旨。④ 西耶斯关于政治社会形成的描述典型地体现了自由主义有限政府教义的逻辑——基于单个的个人，形成政治统一体，在此基础上产生政府。其理论起点是霍布斯式的个人主义，终点是洛克式基于国民委托产生的有限政府。不过，这两者皆非西耶斯理论的重点。在当时的语境中，即法国大革命前夕，西耶斯的理论主旨并非限制政府权力的滥用，而是呼唤创设一个政治共同体存在的新架构，作为

---

① ［德］卡尔·施米特：《宪法学说》，91页。

② ［德］卡尔·施米特：《宪法学说》，88页。

③ ［法］西耶斯：《论特权　第三等级是什么》，冯棠译，56页，北京，商务印书馆，1990。

④ 参见［法］西耶斯：《论特权　第三等级是什么》，57～58页。

政治统一体存在的人民自己决定自己的存在类型与形式，这就是“制宪”。西耶斯指出：“国民存在于一切之前，它是一切之本源。它的意志永远合法，它本身便是法律。在它之前和之上，只有自然法。”[①] 国民通过自然法形成，政府则只能隶属于人为法，即政府是人造物，是国民意志的产物。关于国民、政府与合法性的关系，西耶斯极其清晰地指出：“政府只有合于宪法，才能行使实际的权力；只有忠实于它必须实施的法律，它才是合法的。国民意志则相反，仅凭其实际存在便永远合法，它是一切合法性的本源。”[②] 需要注意这里西耶斯所说的国民意志“仅凭其实际存在便永远合法”。照西耶斯之意，国民意志不必到更高的规范或正义那里去寻找理据，只要它存在，便是合法的。国民作为制宪权主体正如上帝曾经是制宪权的主体，国民作为一个整体是最高的存在，它不受制于宪法。西耶斯所说的“国民”即施米特所说的人民或民族，其特征在于意识到自己的政治存在，具有共同意志，能够采取行动。关于人民的概念，施米特《宪法学说》后文还有详论。施米特尽管列出了制宪权主体的四种可能性，但这四种可能性中，人民作为制宪权主体最值得重视，特别是结合西方从中世纪到近代直至20世纪的历史，我们可以看到，“制宪权在人民”实为近代人特有的政治理念。

关于制宪权的动用，施米特强调，制宪权的动用之根本特点在于“不可能有一种规定程序”[③]。与制宪权主体独立于各种规范之外相联系，制宪权的动用也独立于任何规范程序之外。在绝对君主制中，君主凭全权颁布钦定宪法，从而动用自己的制宪权。人民制宪权的动用则通过明确表达其直接的总体意志。施米特指出：（1）人民作为制宪权主体不是一个固定的、有组织的机关。一旦他被设立起来行使日常的、常规的职能，按部就班地处理公务活动，他就失去了人民的品质。人民无固定的形态或组织，这既是其长处也是其短处。[④]（2）一国人民的直接意志表达的自然形式是，聚在一起的人群以口头方式即喝彩表示赞成或不赞成。在近代各国，人民喝彩的形式是“民意”。并且，只能表示“是”或“否”，赞成或不赞成；人民越是处在需要对自身的总体存在作出根本决断的时刻，其“是”或“否”的表示就越是简单和基本。在和平时期，这类表示十分罕见，也没有必要，在这种情况下，人民没有明确表达其特

① ［法］西耶斯：《论特权　第三等级是什么》，59页。

② ［法］西耶斯：《论特权　第三等级是什么》，60页。

③ ［德］卡尔·施米特：《宪法学说》，91页。

④ 参见［德］卡尔·施米特：《宪法学说》，92页。

殊意志，这恰恰表明人民依然同意现行宪法。在关键时刻，针对现行宪法说出的“否”明显地体现出来，而肯定的意志则未必明确。(3) 人民的制宪意志是一种直接意志，它先于一切宪法律程序，凌驾于一切宪法律之上。

施米特关于制宪权的讨论自然引出他对宪法正当性问题的理解。[①] 宪法的正当性问题即宪法存在的理据，它关涉的是宪法是否得到人们的承认。照施米特之论，历史上有两种典型意义的制宪主体——国家与人民。与此相对应，就有两种正当性类型——王朝正当性和民主正当性。王朝正当性体现在君主政体中，在那里，权威的要素居于中心地位，宪法的正当性等于君主的权威。民主正当性则体现在民主制中，在那里，权力的要素居于中心地位，宪法的正当性基于人民的权力。在王朝正当性中，由于孤立的个人很难以其个人存在而拥有权威，因此，这种正当性的基础与其说是个人，不如说是“家族的历史存续，是王朝和王位继承的连续性”[②]。这也是施米特称之为“王朝正当性”而非“君主正当性”的原因。与之不同，民主正当性则建立在政治统一体的基础上。我们可以看到，王朝正当性从时间中确立权威的地位，以便说明宪法的正当性；民主正当性则从空间中界定政治权力的存在，以便构建宪法的正当性。

施米特关于宪法正当性的讨论，不免让人想起马克斯·韦伯关于正当性与权威问题的讨论。施米特所构建的两种理想类型的正当性情形，并非简单的并列关系，它们基于历史观察而提出，暗含了一种历史哲学。照此种历史哲学的逻辑，现代社会的展开在本质上是民主正当性凸显、王朝正当性衰落的过程。这也意味着现代政制（宪法）的合法性只能建立在民主的基础之上。

在关于宪法正当性问题的论说中，施米特仍不断重申制宪权的含义，强调国家无所谓正当性问题，实定的宪法才有正当性问题。宪法的正当性不依赖于任何超越性的规范，也不依赖于之前存在的、有效的宪法律，它的本质是制宪权问题。

从制宪权学说特别是人民制宪权学说中可能得出哪些结论？施米特从四个方面进行了概括。第一，制宪权具有常在性（恒久性）。施米特指出：“制宪权不能让渡、转让，也不会用尽。只要可能，制宪权便始终存在。与一切源于制宪权的宪法以及在宪法框架内有效的宪法法规同时存在，并且凌驾于后者之

---

① 此处“正当性”一词严格说来当译为“合法性”。不过，考虑到行文的方便，此处仍遵从中译本“正当性”的译法。相关概念辨析，见本章第五节。

② ［德］卡尔·施米特：《宪法学说》，101 页。

上。”[1] 施米特在此提出了“最低限度的宪法”的概念。他说：“只要存在着制宪权，就总是存在着最低限度的宪法。”[2] 第二，在宪法被废止或打破的情况下，只要制宪权不变，国家就保持着连续性。[3] 第三，制宪权主体发生变化时，国家是否具有连续性尚无定论。制宪权主体发生变化意味着革命。在 1793 年的法国和 1917 年的俄国，制宪权变化后新政府从国家法和国际法上均否定了之前的政治统一体的连续性。而 1918—1919 年德意志奥地利共和国则与之前的德意志帝国保持着连续性。施米特分析说，1871 年《德意志帝国宪法》显然没有废除君主制，但它是以民族为基础的，它建立在德国人民的同意上。从 1871 年宪法到 1919 年《魏玛宪法》，尽管宪法变化了，制宪权主体也由君主转为人民，但德国人民及其在民族基础上建立政治统一体的意志没有变，因此国家保持着延续性。[4] 如施米特所言：“德国人民不想用《魏玛宪法》来否认他们与 1871 年宪法中的人民相同，如同《魏玛宪法》序言所宣告的那样，德国人民想更新自己的帝国，但不想建立一个新的帝国。正因为新宪法是一部民主宪法，它就没有为一个新的德意志国家奠定基础。这部新宪法仅仅意味着，德意志人民原来相信，他们只能将自己的政治存在建立在君主制原则之上，而现在，这项原则从政治上被取消了，于是，德国人民就凭借着自身的政治决断，通过自己为自己制定的宪法继续维持其政治存在。”[5] 第四，要区分人民制宪权与一切根据宪法而产生的权力（即宪法权），与此相联系，宪法中规定的宪法修改权与制宪权也不可混用，议会立法权同样不可与制宪权混同。施米特举英国为例：“英国议会可以议决一项宪法律，但如果以为议会的简单多数决议案能够将英国变成一个苏维埃共和国，那就大错特错了。”[6]

三、近代法治国宪法的要素

在阐释宪法的观念及基本理论之后，施米特开始讨论一种特定的宪法类型——近代资产阶级法治国宪法。《宪法学说》第二、三部分分别探讨了“近代宪法的法律要素”“近代宪法的政治要素”。施米特认为，近代资产阶级法治国宪法实包含两个方面的要素：一是法律要素，体现了“法治”的理念，涉及

---

① ［德］卡尔·施米特：《宪法学说》，103 页。
② ［德］卡尔·施米特：《宪法学说》，104 页。
③ 参见［德］卡尔·施米特：《宪法学说》，105 页。
④ 参见［德］卡尔·施米特：《宪法学说》，109 页。
⑤ ［德］卡尔·施米特：《宪法学说》，109 页。
⑥ ［德］卡尔·施米特：《宪法学说》，111 页。

的是国家目标实现的方式；二是政治要素，涉及的是国家的目的和内容。在法律要素层面，近代资产阶级宪法表现为一个自成一体的法律体系，宪法就是规范或程序的观念正是由此而来。然而，这种观念仅仅抓住了近代宪法的"法"的要素，近代宪法还有一个要素——政治要素。施米特指出，近代资产阶级法治国固然奉行法治的原则，但它同时也是一个国家，它预设了一个政治统一体的存在。而关于政治统一体存在的政治形式，便是近代宪法的政治要素。这些政治要素包括民主制、君主制、贵族制，即从政治形式上讲，近代资产阶级法治国宪法同时包括了民主制、君主制与贵族制的成分。

施米特指出，近代宪法首先是一种自由宪法，其本质是自由。基于自由的理想，法治国宪法又包括两大原则，施米特称之为分配原则（verteilungsprinzip）与组织原则（urganisarionsprinzip）。前者旨在界定个人自由与国家权力的边界，确立个人自由的优先性，对国家权力进行限制，在宪法中这一分配原则通过规定一系列基本权利体现出来。后者则通过分权，主要是立法、行政、司法的分立，确立国家权力部门的组织架构，以贯彻实施法律原则。质言之，"基本权利和权力分立构成了近代宪法的法治要素的主要内容"[①]。例如，1789年《人权和公民权宣言》完全有理由宣称，一个不规定基本权利、不实行权力分立的国家便没有资产阶级法治国意义上的宪法。自由主义法治国（rechtsstaat）的理想着眼于公民自由之维护，对个人、社团的权利均作了规定，并赋予其比国家的政治存在与安全更高的地位，人们视权力分立为法治国在组织结构上的标记。在市民阶级与绝对王权的斗争过程中，从分权原则又衍生出其他一些要求。这些要求有：(1) 针对政府部门，强调依法行政；(2) 国家的活动必须彻底纳入一系列严格限定的权限，国家权力活动要具有"可预测性"，从而成为可监督的权力；(3) 法官独立，通过司法监督行政，法治国即司法国。最终，完美的法治国实质是实现"全部国家生活的普遍司法化"。一切冲突、争端均可纳入司法程序予以解决。不过，施米特也明确指出，这种理想状况实有很大的问题，因为将一切付诸司法程序必须以规范的有效为前提，一旦规范无效或涉及规范之外的情形，法官的调解作用便相当有限了，必要时就必须诉诸国家政治决断。施米特指出，法官发挥调解作用必须有两个条件："第一，争执双方有共同的公平观和道德观，或者有某些共同的道德前提；第二，双方的

① ［德］卡尔·施米特：《宪法学说》，139页。

矛盾尚未达到极端的紧张程度。”[①] 此处我们不难想到施米特在《政治的神学》[②]与《政治的概念》[③] 中的有关讨论。关于基本权利与权力分立，施米特在第十四章、第十五章分别进行了详论。不过，在此之前，施米特在第十三章专门讨论了法治国理想中的法律概念，并将之与“政治的法律概念”进行了比较。

法治国的理想，顾名思义，即试图确立“法律的统治”。然而如何理解其中“法律”的含义呢？施米特指出，法治国理想中的“法律”既区别于命令，也区别于立法机关所通过的“法”，它有着“特定的品质”，如“正当、理性、公正等等”[④]。法治国中的“法”本应具有高级法的意涵，它源于西方理性主义的自然法传统，认为法律不是一个人或许多人的意志，而是理性。施米特指出，尽管在现代社会中自然法已丧失了自明性，然而仍有一个品质不能舍弃，否则法治国便无从说起，这个品质就是“法规范的普遍性”[⑤]，即法必须以人的自由、平等为前提，普遍运用于每一个公民。“法律面前人人平等是法治国的法律概念的内在属性。”[⑥]

施米特批评了将一切按立法程序形成的东西皆称为法的形式主义法律概念。按照那种法律概念，所谓“法律的统治”便成了立法机关的统治，施米特强调，“法律的统治”首先意味着立法者本人必须受到法律的约束，只有在法律是具有特殊品质的一般性规范时，“立法者受到法律约束”这句话才有意义。

与“法治”的“法律”概念形成对照的，是施米特所谓的“政治”的法律概念。这两种法律概念区分，对应于前文所论及的近代宪法的两个要素：法治要素与政治要素。施米特写道：“在这里，‘政治的’一词与法治国相对，指的是一种从国家的政治存在形式和统治结构的具体构成方式中产生出来的法律概念。从法治国的视角来看，法律本质上是规范，而且是具有某些特定品质的规范：它是一种具有普遍性的法的规定；从政治的法律概念来看，法律是具体的意志和命令，是主权行为。”[⑦] 近代法治国宪法其实同时包含了这两种法律概念，而法治国的法律概念与政治的法律概念是有矛盾的，在涉及主权问题时，这个矛盾便立刻显示出来。施米特指出：“一个始终如一、完整自足的法治国

① ［德］卡尔·施米特：《宪法学说》，105 页。
② 参见［德］卡尔·施米特：《政治的概念》，12 页。
③ 参见［德］卡尔·施米特：《政治的概念》，144 页。
④ ［德］卡尔·施米特：《宪法学说》，152 页。
⑤ ［德］卡尔·施米特：《宪法学说》，155 页。
⑥ ［德］卡尔·施米特：《宪法学说》，166 页。
⑦ ［德］卡尔·施米特：《宪法学说》，159 页。

力图压制政治的法律概念，目的是要用‘法律的主权’来取代一种具体存在的主权。也就是说，它实际上不想回答主权的问题，将下面这个问题悬搁起来，即：哪一种政治意志将正当的规范变成了实在有效的命令？”①

近代宪法同时混合了两种法律概念，由自由市民阶级的政治斗争历程观之，市民阶级不仅为抽象的法治国理想而斗争，也为构建人民主权而奋斗，前者追求自由，后者追求民主，故而近代宪法可以恰当地称为自由民主宪法。在此意义上，近代法治国宪法也是一种混合宪法。

政治的形式要素混合在一起，还在于在政治形式要素内部，将民主制、君主制、贵族制不同的要素混合起来，形成“混合政体”。针对如何理解“政治形式”，施米特指出了政治形式的两个原则——同一性原则与代表原则。这两个原则对立而统一于一国政体，其间各自实现的状况造成了现实政体的差异。理解施米特所说的政治形式的这两个原则，必须以政治统一体的存在为前提，即以国家（一国人民政治存在的特定状态）为前提。同一性原则意指人民凭借其政治觉悟和公共意志具备区分敌友的能力，成为真正意义上的政治统一体，在这种情况下，人民与政治统一体实现了同一。代表原则是说政治统一体无法在时空中真正实现，须经过人格化代表的在场来代表它，由此政治统一体通过统治而体现出来。在现实生活中，没有哪个国家能完全放弃同一性原则，也没有哪个国家能放弃代表原则。无代表的国家与无人民的国家在现实中均无法存在。施米特结合亚里士多德的共和政体理论解释说：“亚里士多德在关于‘共和政体’的学说中已经认识到，真正的国家是统治与被统治的结合。统治与被统治、治理与被治理的同时并存意味着代表与同一性这两项原则的结合，离开了这种结合，国家就不可能存在。”② 同一性原则与民主的概念密切联系，施米特在后文关于民主制的讨论中对此有进一步的论述。

就近代宪法的政治要素而论，施米特指出，近代宪法同时包括了民主制、君主制与贵族制的成分。施米特花大量篇幅探讨了民主的相关问题，他强调，民主制是以同一性为其原则的政体，民主制预设了人民的存在，它基于划分出“我们”与“敌人”，包含着一种实质性平等的观念，这种实质性平等观念是一个政治观念，在本质上意指“人民的同质性”。③

施米特如此界定民主：“民主制是统治者与被统治者、治理者与被治理者、

---

① ［德］卡尔·施米特：《宪法学说》，159页。

② ［德］卡尔·施米特：《宪法学说》，231页。

③ 参见［德］卡尔·施米特：《宪法学说》，251页。

施令者与服从者的同一性。”[①] 对于理解民主制而言，关键的概念是公民而不是私人或资产者，是人民而非个人。施米特对民主、人民或民族的理解打上了深刻的卢梭印记。就近代宪法学中“人民”的概念，施米特在第十八章“人民和民主宪政”中进行了讨论，他分析指出，“人民”概念可分两种情况。第一种情况下人民是无固定形式的实体，具体又可分为：（1）人民是制宪权的主体；（2）人民是民意的载体、喝彩的主体；（3）人民是那些不统治、不当权的人。第二种情况则是人民是宪法律中所界定的有固定形式的、有组织的实体。这种界定实质是对人民的一种理论虚构，在这种情况下，“人民等于参加投票的选民或选举权人的简单多数或特定多数”[②]。施米特在随后的章节表明，民主制原则在近代宪法中体现于立法、政府、国际往来、行政、司法等多个方面，而君主制和贵族制原则在近代宪法中也各有所体现，例如：君主制原则体现于总统制中，贵族制原则体现于两院制的上议院之中。[③] 至于议会制，施米特在第二十四章至第二十八章中用五章的篇幅进行了说明，其中当然包括对《魏玛宪法》下议会制的论述。这几部分可参照施米特早先的《当今议会制的思想史状况》去理解。施米特认为，议会制“同时运用了同一性和代表要素，运用了君主制、贵族制和民主制这几种不同的结构要素，因而就以一种特殊的方式符合自由市民阶层和国民法治国的政治趋势”[④]。混合与平衡，使议会制成为实现法治国理想最好的制度设计，其唯一的缺陷在于它回避最终的政治决断，而这也是法治国理想的特有缺陷。

《宪法学说》第四部分“联邦宪法学”，包括第二十九章“联邦宪法学的基本概念”和第三十章“从联邦宪法学的基本概念中得出的结论”。这是全书的最后两章，在这两章中，施米特沿其宪法学说的思路，讨论了联邦制的相关理论问题。

施米特强调，联邦“是以自由协定为基础的永久联合体，它以各成员邦的政治自保为共同目标，并且从这一目标出发改变了各成员邦之间的总体政治状态”[⑤]。联邦制结构中关键是联邦与成员邦之间的特定关系。区别于单一制国家，联邦制国家把主权问题悬搁了起来，即主权在联邦还是成员邦，这个问题

---

① ［德］卡尔·施米特：《宪法学说》，252页。

② ［德］卡尔·施米特：《宪法学说》，269页。

③ 参见［德］卡尔·施米特：《宪法学说》，278页。

④ ［德］卡尔·施米特：《宪法学说》，329页。

⑤ ［德］卡尔·施米特：《宪法学说》，385页。

暂不作答。如果联邦声称拥有主权，那么联邦制其实已经转化为单一制国家而非真正的联邦制了。施米特列出了联邦与成员邦之间存在的几种矛盾，并就如何解决这些矛盾作了说明。他认为，解决这些矛盾的途径必须有一个前提，即“全部成员邦必须具有同质性”[1]。同质性有多个层面：民族同质性、宗教同质性、文明同质性、社会或阶级同质性，等等。具有同质性意味着成员邦内部不致发生极端的冲突。[2] 基于对联邦制概念的解析，施米特就联邦国家的特征、在国际法与国家法中的地位以及它与民主制的关系等问题进行了说明。需要注意的是，施米特的联邦宪法学中并不区分“联邦”与“邦联”，他明确指出这种区分毫无意义。[3] 施米特一方面指出联邦确立了一个新的政治统一体，另一方面也指出联邦制回避了主权问题。在某些问题的决断上，主权者是联邦，但在另一些问题上，主权者是成员邦。不过这并不意味着主权的分割，而只是说明主权归属的不明确。考虑到联邦制也是《魏玛宪法》包含的一个根本的政治决断，联邦制便是一个十分重要的问题。施米特的联邦宪法学与前文保持了逻辑的一致，它是施米特宪法理论在处理联邦制问题上的具体应用。用政治统一体、制宪权、同质性、身份契约、宪法协议、主权等概念工具，施米特极其清晰地揭示了联邦制的特征及理念，并就如何理解《魏玛宪法》中的相关条款作了说明。

施米特的《宪法学说》写于魏玛共和国时期，其中阐发的宪法理论可以视为对于20世纪20年代魏玛宪政局势的理论回应。《宪法学说》之理论魅力与令人信服之处，不在于它对《魏玛宪法》条文的解释，也不在于它所阐发的国家理论，而在于如施米特自己所言的那样，它提出了一种关于理想类型的资产阶级法治国（the biirgerliche rechtsstaat）的政治学。当代美国学者艾伦·肯尼迪认为，施米特在《宪法学说》中实际阐发了一种“政治宪政理论”（political constitutional theory），施米特理解宪法的理路独特之处在于它溯及宪法的起源及构建意图，考察宪法的历史发展及实质，由此“将政治问题（例如主权）纳入对宪法的解读”[4]。施米特对实证主义与自由主义的批评也在对《魏玛宪法》的批判性分析中达到高潮。肯尼迪说，施米特之运用《魏玛宪法》，正

---

① ［德］卡尔·施米特：《宪法学说》，394页。

② 参见［德］卡尔·施米特：《宪法学说》，394页。

③ 参见［德］卡尔·施米特：《宪法学说》，385页。

④ Ellen Kennedy, *Constitutional Failure: Carl Schmitt in Weimar*, Durhan & London, Duke University Press, 2004, p. 123.

如马基雅维利之运用佛罗伦萨政制。[①] 回想起施米特在该书1927年序言中所说的“历史条件与政治相对主义”对宪法的影响，施米特“通过拒绝把自由主义法治国作为一个‘绝对教条’，凸显了宪政的或然性（constitutional possibility)”[②]，即资产阶级法治国并非宪政的唯一表现方式。肯尼迪说，从历史的角度观之，资产阶级法治国是近代德国自康德以来的德国自由派一直追求的目标。1848年德国自由派实现这一理想的努力失败，1919年魏玛共和国建立，德国自由派终于确立了自由民主政体，在表面上实现了自由主义法治国的理想。然而施米特指出，20世纪时代已发生了大的变化，法治国所代表的自由主义理念与民主成为大趋势的20世纪实有内在的冲突，《魏玛宪法》便内在地包含了自由主义与民主的矛盾。它是一部自由主义法治国的宪法，也是一部确立民主制的宪法，要理解《魏玛宪法》构成的这种二重性，就必须跳出法律实证主义的视野，区分出最低限度的宪法与宪法律，从而把握《魏玛宪法》的实质。肯尼迪将施米特此书置于魏玛宪政的语境中去考察，无疑有助于我们把握施米特著述的主旨。

不过，施米特到底是如何看待《魏玛宪法》的，这一问题仍有必要予以说明。综观《宪法学说》全书，施米特通过区分不同意义的宪法概念，指出了《魏玛宪法》的本质是德国人民作为政治统一体对其政治存在形式的判断，德国人民拥有制宪权，民选总统则是德国人民的代表。这为施米特通过对《魏玛宪法》第48条的解释为总统行使专政权辩护作了铺垫。施米特并未否定自由主义法治国理念的价值，他指出，《魏玛宪法》第25条是其法治国理念的集中体现。[③] 但是他表明，仅仅从法治国的层面，按纯粹法学的思路去理解《魏玛宪法》，是无以把握《魏玛宪法》的实质的。施米特着力表明，《魏玛宪法》包含了德国人民做出的一系列根本政治决断。近代宪法区别于中世纪契约正在于它以一国人民的政治统一体的存在为前提。

施米特精心阐发的有系统的宪法理论与当时占主导地位的自由主义法学家凯尔森的纯粹法学形成鲜明的对比。施米特的政治宪法理论正是针对那种以中立化、技术化、程序化的方式看待《魏玛宪法》的观点的。照施米特之意，《魏玛宪法》并不像自由主义法学家所认为的那样是一套纯粹的规则与程序，

---

① Ellen Kennedy，*Constitutional Failure*：*Carl Schmitt in Weimar*，p. 123.

② Ellen Kennedy，*Constitutional Failure*：*Carl Schmitt in Weimar*，p. 123.

③ 《魏玛宪法》第25条规定：“联邦大总统得联邦国会，但出于统一之原因，仅得解散国会一次。新选举最迟应限于联邦国会被解散后之第六十日行之。”（［德］卡尔·施米特：《宪法学说》，417页。）

并非各种政治力量角逐政党派别利益的竞技场，相反，它包含了若干根本的政治决断，它在价值上不是中立的，它预设了具有相当程度的同质性的德国人民这一政治统一体的存在。这为施米特呼吁清理异质成分、消除分裂因素以捍卫宪法埋下了伏笔。

第二节　宪法的守护者

1923 年，施米特发表了《当今议会制的思想史状况》[①]，时人多责其对魏玛宪政缺乏同情。他对大众民主时代议会制危机的分析被看作恶意唱衰自由民主政体的作品。其实，魏玛宪政的危机日积月累，施米特一篇论文对现实几无影响。到 1929 年，在世界经济大萧条的环境中，魏玛宪政的处境更显窘迫。此时，施米特再次呼吁，保卫宪法，维持秩序。他发表了《宪法的守护者》一文。这篇论文是施米特宪法学说的通俗版，直接针对德国现实政治状况，具有政论的特点。施米特探讨"宪法的守护者"，具体而言，即《魏玛宪法》的守护者，足见施米特此时是旗帜鲜明地站在既有宪法一边，否则便不会煞费苦心地为它寻求"守护者"了。仅从 1929 年此文的标题看，关于施米特反魏玛的流言便不攻自破。以施米特之审慎，越是在时局混乱、情势危急时，维持基本的秩序越是重要。而从另一方面来讲，正如施米特此文开篇所言："对于宪法守护者或维护者的呼声经常是宪法状态危急的一种表征。"[②]

对于法律实证主义来说，不存在宪法的守护者的问题，或者说，谁来守护宪法是政治问题，法学家不必对此做出回答。实证主义法学家至多回到司法手段，即诉诸宪法法院，来考虑守护宪法的问题。施米特显然不同意此种观点。对他来说，法律不能自己守护自己，法学家不应当脱离政治语境与历史条件孤立地去思考问题。在探讨宪法的守护者的问题上，施米特首先批判了一种"政治司法化"的错误想法。根据"政治司法化"的思维方式，宪法争议当通过司

① Carl Schmitt, *The Crisis of Parliamentary Democracy*, translated by Ellen Kennedy, Cambridge, Massachusetts & London, The MIT Press, 1985. 中译载于［德］卡尔·施米特：《政治的浪漫派》，冯克利、刘锋译，上海，上海人民出版社，2004。

② ［德］卡尔·施米特：《宪法的守护者》，李君韬、苏慧婕译，1 页，北京，商务印书馆，2008。

法程序去解决。[①] 施米特在文中单辟一章批驳了将司法者作为宪法守护者的观点，他的结论是，司法者不足以构成宪法的守护者，政治司法化不仅于事无补，反而会戕害司法本身，导致“司法政治化”。这一结论与施米特历来的宪法理论相一致。他写道：“如果我们坚持，《魏玛宪法》是以作为制宪权主体成为一体之德国人民的政治决定这种意义而存在的，并借助这样的决定使德意志帝国成为一个宪政民主体制，那么宪法的守护者这个问题的答案就不会是通过虚构的司法形式而会以其他方式出现。”[②] 在施米特看来，人们倾向于在司法领域寻求宪法守护之道，主要是19世纪自由主义法治国理论及实践使然。因为，在反对绝对王权的斗争中，新兴市民阶级的目标是限制政府权力的滥用。在20世纪民主潮流浩浩荡荡的时代，自由主义理论家担心的则是如何防止立法者滥用权力的问题。施米特的答案则是在政治与行政领域寻找宪法的守护者，具体而言便是总统。不过，施米特导出总统是宪法的守护者这一结论并非用简单的排除法，他是依据对魏玛德国“具体的宪政状态”的分析而导出的。

施米特认为，德国宪政的前提是德国人民作为统一体的存在，但是，这种统一体已受到多种因素的破坏，这些因素主要有三：一是多元主义，二是多角势力，三是联邦主义。具体说来，第一个方面体现为议会体系的崩溃，即议会已经日益成为多元主义集中表现之场所。多角势力则是说公共经济领域中的离心、分化趋势。在国民经济日益重要的时代，德国却没有经济宪法。最后，联邦主义也对政治统一体的构建提出了挑战。这三个层面中，又以前两者为要。施米特仍在国家与社会关系演变的历史背景下展开思路，这一演变过程即17世纪与18世纪的绝对国家、19世纪的中立性国家到20世纪国家与社会具有同一性的总体国家。[③] 施米特对议会制危机的判定与《当今议会制的思想史状况》一文一致，但给出的理据却大为不同。在《宪法的守护者》中，施米特更加关注多元主义政党对议会制的破坏，他认为多元主义政党国家与走向总体国家的趋势相背离，也与议会制立法型国家的初衷相抵牾。特别是，20世纪政党组织的高度严密化、专业化，已经使之与19世纪建立在自由舆论基础上的松散型政党大不一样。这样，新时期多元主义政党分割了立法团体，最终分割了国家的统一性。人们对国家的忠诚为对多元主义政党团体的忠诚所取代。[④] 由此，

① 参见［德］卡尔·施米特：《宪法的守护者》，4页。
② ［德］卡尔·施米特：《宪法的守护者》，70～71页。
③ 参见［德］卡尔·施米特：《宪法的守护者》，105页。
④ 参见［德］卡尔·施米特：《宪法的守护者》，120页。

对于何为“合法”的理解也呈多元主义的局面，宪法的基础遂遭到了多个方向的攻击。在施米特看来，法学家们在19世纪的框架中重复着“议会主权”的陈词滥调，乃是无力回应20世纪走向总体国家趋势的表现。①

关于公共经济领域中的多角势力，施米特沿用的是他的朋友珀比茨(Popitz)的说法。“多角势力”是指在缺乏统一性的情况下公共经济领域中发展出的众多自主、独立的公共经济承载者。这些承载者如各个州、各地方行政单元、社会保险机构、国家银行、邮政、铁路，等等。多角势力存在造成的结果是：经济生活缺乏统一的准则，出现无组织、无计划的状况。在施米特看来，多角势力在经济层面威胁着国家的统一性。针对这种状况，使国家去经济化固然不现实，但完全由国家控制经济，亦不妥当。施米特认为，制定一部经济宪法，在实际上具有误导性与危险性。它不仅不会强化国家意志的统一性，反而会使之弱化。他提到：“有一个事实颇值得注意，那就是，今天只有两个大国拥有这种经济宪法：俄国所采取之苏维埃体制以及法西斯意大利所采取之工团国家体制。这两个国家大致上而言，都还算是农业国家，它们绝对不是站在经济发展与工业进步的前端。而且每个人都知道，这两个国家的宪法，都是处在严格中央集权式的政党组织以及所谓一党国家的阴影下。”② 此处可见施米特并不主张学习俄国苏维埃与意大利法西斯的做法。

关于《魏玛宪法》，施米特对第48条再次进行了解释。施米特批判去政治化的建议而倡导紧急状态下总统的专政权。他特别提到专政权范围的变化。这就是从“军事性-警察性例外状态”下的专政到“经济性-财政性例外状态”下专政的发展。这符合迈向经济国的趋势，也与议会成为多元主义政党角力场的趋势相重叠。施米特通过对《魏玛宪法》第48条第2项的解释最终表明，唯有帝国总统才能采取强有力的救济手段与反向运动措施。帝国总统是“整体秩序的守护者”③，这在当时即指兴登堡总统。

施米特论证帝国总统是宪法的守护者，基本理据是德国《魏玛宪法》所包含的德国人民的根本决断，或曰人民民主。④ 因为依据《魏玛宪法》，总统经直接民主选举产生，直接代表人民。总统守护宪法的权力以此为合法性基础。换言之，总统的地位具有民主基础。不过，仅此仍不能说明总统到底当如何实现其权力，

---

① 参见［德］卡尔·施米特：《宪法的守护者》，122页。

② ［德］卡尔·施米特：《宪法的守护者》，133页。

③ ［德］卡尔·施米特：《宪法的守护者》，178页。

④ 参见［德］卡尔·施米特：《宪法的守护者》，212页。

在哪些范围内运用何种权力。施米特在19世纪自由主义者贡斯当（Constant）的宪政思想中找到了理论依据。贡斯当曾提出关于“中立性、斡旋性与规制性权力”的学说。施米特认为，这一学说有助于解释资产阶级法治国中国家元首“统治但不执政”的问题。贡斯当的学说继承了古罗马人关于“权威”与“权力”的区分[①]，标明了国家元首的特殊性。施米特说，《魏玛宪法》中总统的权力唯有借助于贡斯当的学说才可能得到阐明。总统时时刻刻代表整体，关注整体，他可以是一种“斡旋势力”，对维系整个共和国的统一性有根本性的意义。[②] 施米特以事实为例，提到总统艾伯特与兴登堡在政治上的重要时刻皆将自己称为宪法的守护者。[③] 在1933年的一篇题为《总体国家在德国的进一步发展》的报告中，施米特再次重申总统的权威是《魏玛宪法》秩序的“最后一根支柱”。[④]

施米特的《宪法的守护者》立场鲜明。我们在理解施米特此文时，有以下诸条值得注意。首先，施米特坚定地捍卫《魏玛宪法》，这固然是出于秩序与安全的考虑，而非对自由民主的信奉，但他无意于成为魏玛政体的掘墓人。其次，施米特明确地将护法的使命赋予总统，或者说捍卫总统守护宪法的合法性。他的论证并未借助于韦伯的卡理斯玛理论，但无疑他领会了韦伯、普鲁斯等《魏玛宪法》制定者设置直选总统的用意。最后，施米特基于20世纪20年代中后期国家对经济生活干预日益增多的状况，分析了总体国家中国家与经济的关系问题，他既不像古典自由主义者那样恪守“守夜人”政府的信条，也不主张苏维埃或法西斯国家全面掌管经济的做法。他的“总体国家”立场大致处于一个中间位置。基于这种认识，施米特论证总统在例外状态下的专政权不仅限于军事、警察领域，也包括经济、财政领域。施米特此论在经济“大萧条”来临之际实有其特定的现实语境。

第三节　合法与合法性

施米特在1932年魏玛共和国的最后时刻，发表了直接论合法性问题的论文《合法概念的滥用》[⑤] 与《合法与合法性》。尤其是《合法与合法性》，此文

---

① 参见［德］卡尔·施米特：《宪法的守护者》，191页。

② 参见［德］卡尔·施米特：《宪法的守护者》，195页。

③ 参见［德］卡尔·施米特：《宪法的守护者》，196页。

④ 参见［德］卡尔·施米特：《论断与概念》，朱雁冰译，190页，上海，上海人民出版社，2006。

⑤ Carl Schmitt, “Der Missbrauch der Legalität,” in *Tägliche Rundschau*, 1932.

语境与他的《当今议会制的思想史状况》《宪法学说》等作品一样，都是魏玛共和国的危机。施米特此文虽在篇幅上不及《宪法学说》，但却比《宪法学说》更具实际影响力。当时魏玛政坛的官方舆论常常直接引用《合法与合法性》为政府政策与决定进行理论辩护。

施米特的这篇论文标题英译为 Legality and Legitimacy，国内已经出版的中译本将之译为《合法性与正当性》。不过这种译法并不贴切。在政治哲学讨论中，关于合法性问题的讨论由来已久，人们通常以“合法性”来翻译 legitimacy。并且，“正当性”一词已经具有价值偏向，包含了某种未曾言明的正义观，与 legitimacy 的意涵并不相同。在施米特的政治理论框架中，“价值”是一个慎言乃至讳言的问题，以正当性来翻译施米特所说的 legitimacy，从理论上也不符合施米特之意。legality 旨在描述那种合乎法律程序、合乎形式上规定的做法，直译为“合乎法律”。我们可以沿用“宪法律”与“宪法”的区分，将施米特此文题目译为“合法律性与合法性”，或简称为“合律性与合法性”。

施米特提出的“合律”与“合法”的区别，与实证主义法学的流行观念相抵牾，对后世政治哲学、法哲学在基本概念问题上的廓清大有功劳。哈耶克在关于法治的论述中即援引施米特对“合律”与“合法”的区分，指出第三帝国虽然有各种法律，却无从名之曰法治国家。[①] 时至今日，这种区分仍然有其现实意义。不过，稍后我们也会看到，施米特这种原本纯粹学理的概念区分，也可成功地为纳粹政权辩护，可见其理论本身不是没有问题。

《合法与合法性》是对某种国家制度的分析，也是对《魏玛宪法》的分析。施米特采用韦伯所创立的构建理想类型的方法，构建了四种国家类型。[②] 这四种国家类型为司法型国家、政府型国家、行政管理型国家及立法型国家。立法型国家是施米特讨论的重点。因为魏玛共和国正属此类。施米特所谓的立法型国家，似与他在《宪法学说》中讨论的“法治国”相当，但其实不然。施米特指出，在这篇论文的讨论中，他不使用“法治国”一词，以免产生混淆。他说，“法治国”的概念，正如“法”与“国”的概念不确定一样，可以意味着许多不同的东西。法治国有多种形态，而立法型国家则有具体的含义。他认

① 参见［英］哈耶克：《通往奴役之路》，王明毅、冯兴元译，80～82 页，北京，中国社会科学出版社，1997。

② 施米特此处“国家”概念也具“状态”的含义，例外状态可以看作与此处四种“国家”（即状态）相并列的第五种状态。（Carl Schmitt，“The Way to the Total State，” in Carl Schmitt，*Four Articles*，edited，translated and with a Preface by Simona Draghici，Washington D.C.，Plutarch Press，1999，p. 4.）

为，要理解现实政治中的合法性问题，必须区分不同的国家类型，在此前提之下，分而论之。照施米特之意，在立法型、司法型、政府型、行政管理型国家中，何为合律，何为合法，皆有大的不同。立法型国家是一种由非人格的、先定的、普遍的规范支配的国家，其特点在于排除各种独断的、主观的权威与命令的统治，立法者居于支配者的地位。司法型国家中，裁决案件的法官具有最后决定权，它在外观上更像“法治国”。政府型国家处于立法型国家相对立的一极，其中进行统治的是至高无上的国家元首的个人意志和政府命令。行政管理型国家则是各种实际的法令措施居支配地位，其中既非人也非规范在统治，而是具体问题具体处理。[①]

立法型国家可能是君主立宪制国家，也可能是议会制国家。施米特着重讨论的是议会制立法型国家。在议会制立法型国家中，议会垄断了立法权，议会是全国唯一的立法者。议会做出的决议即法律。但是，这种议会制立法型国家，实有特定的政治前提，即议会是全体国民的代表，议会背后是一个民族的政治统一体。离开这个前提，议会中通过的决议就未必等于人民的决议，议会的决议也不能称为“法”。施米特一如此前的做法，批评法律实证主义的“形式主义、功能主义”错误[②]，指出立法型国家对“法”的界定有着实质性的内容，它包含了一国人民的实质性政治决断，而非仅仅是在程序、形式的意义上理解法。那种认为凡是议会做出的决议便是法律、迷信议会立法程序的观念，忘记了议会立法型国家的前提。议会民主制的前提是同质的人民，是政治统一体。在此前提之下，议会的意志等同于人民的意志，这里面包含的乃是施米特在《宪法学说》中曾经诠释过的同一性原则与代表原则的辩证关联。

随后，施米特对《魏玛宪法》中关于各政党获取政权机会均等的原则进行了论述。按照纯粹功能主义的思维方式，不仅何为合法徒具程序的意涵，对各政党获得政权机会均等原则的理解也仅停留在形式上。施米特认为，如果以人民的同质性为前提条件，则通过简单多数来形成国家意志确实可以接受。因为在同质性人民的政治前提下，在实质性的决议上并不存在少数，遑论存在大量固定不变的少数。以51%与49%的多数与少数而论，这种数字的区分并不表明人民分化为两大对立的阵营。这里的多数、少数仅仅是策略上形成决议的做法，并不具有实质性区分，多数也无权宣布少数为敌人。

---

① 参见［德］卡尔·施米特：《政治的概念》，248～249页。

② 参见［德］卡尔·施米特：《政治的概念》，267页。

但是，按照形式主义的机会均等观，任何政党只要获得议会席位的多数，便有机会获取政权。在政党组织松散的情况下，这种设计自有其合理之处，但在政党变成了官僚化、专业化、纪律严密的组织的情况下，政治统一体已被肢解，此时机会均等的原则便不再适用。在这里，施米特提出了政治的“剩余价值”理论。政治的剩余价值这一提法，或许是施米特对马克思“剩余价值”一词的化用。它指的是获取政权者所获得的超出其应得的那部分价值，类似于某种“政治奖赏”。这种政治的剩余价值，在安定、正常的情况下，可以相对地加以估算，而在非常状态中则不可预期与估算。施米特描述了获得政治奖赏的三种方式：(1) 使用或界定不确定的概念或自行界定概念，例如“危险”“国家安全”“必要措施”，等等；(2) 在面对各种关于是否“合法”的疑惑时，当权者总是做出偏向自身而不利于竞争对手的解释；(3) 即使在合法与否有争议的情况下，即使有申诉与司法等其他形式的制约，当权者的命令也可以暂时先行，所谓“两岸猿声啼不住，轻舟已过万重山”。而在例外状态下，当权者所获得的政治剩余价值就更加丰厚了。他们有权规定对手的行动范围，自行决定何时宣布竞争者为非法，由此公平竞争、机会均等便不复存在。施米特指出，一旦竞争双方对何为合法不再有共识，议会制立法型国家便面临解体的危险。这种相互视为敌人的状况是十分可怕的。“合法占有国家政权手段的多数必然认定，反对党如果占有合法政权，就将利用政权加强自己对政权的占有，在自己背后把门关上，从而以合乎法律的方式排除法治原则。追求占有政权的少数则断定，执政的多数早就在做同样的事情；由此追求占有政权的少数明确地或者含蓄地自行宣布现存国家政权为非法，这当然是任何合法政权都不能容忍的。这样，在危急时刻，每一方都指责另一方为非法，每一方都把自己打扮成法治与宪法的守护者。结果就是一种没有法治、没有宪法的状态。”① 除此之外，政治的剩余价值还可以用来描述过去的多数在今日已沦为少数却仍然把持政权的状况，在这种状况下，只要反对派未达到多数，或反对派未能获得政权，当权者即使早已成为少数，也仍然可以坐拥政权，在此意义上，当权者同样获得了大量的剩余价值。施米特指出，此时“生效的不再是机会均等，而是幸运的占有者的胜利”②。而政治奖赏的原则实与机会均等的原则存在着根本的对立。政治的剩余价值理论揭示了现代政治背景下权力现象的内在逻辑。按照政治的剩余价值规律，现代议会制国家必将走向崩溃。施米特关于议会制立法

① ［德］卡尔·施米特：《政治的概念》，277 页。

② ［德］卡尔·施米特：《政治的概念》，279 页。

型国家体制及其“合法”概念的诠释与他的政治剩余价值理论，为分析《魏玛宪法》中存在的“合法”与“合法性”问题提供了理论框架。

施米特指出，《魏玛宪法》虽然确立了德国的议会制立法型国家制度，但同样也包含了三个特别的立法者，它们都对议会立法构成了挑战。这三个特别的立法者是：(1) 出于实质理由的特别立法者。这一立法者立法权力的依据是《魏玛宪法》第二部分关于“德国人民之基本权利与义务”的规定，施米特认为这个部分与组织议会制立法型国家的第一部分相比，实为另一部异质的宪法，两个部分在本质上存在矛盾，前者主张价值中立，第二部分则包含了一系列实质性价值取向。[①] 按四种理想类型的国家来看，则是在议会制立法型国家中加入了司法型国家的因素。其间矛盾正是“司法型国家与议会制立法型国家之间的矛盾”[②]。一个国家体制中于是出现了两个立法者。(2) 基于至高理由的特别立法者。这种立法者的主体是议会所代表的人民，它意味着全民直接民主，意味着以“合法性”取代“合法”。施米特指出，《魏玛宪法》设定了一种全民直接民主的立法程序，即全民公决，这意味着主权者的直接现身，议会立法在人民公决面前自然也无所作为，诚如卢梭所言，如果被代表者自己讲话，代表就必须沉默。[③] 这种人民立法的规定见于《魏玛宪法》第 73 条、第 74 条及第 76 条。(3) 出于必要理由的特别立法者。这种立法者的本质是行政管理的措施排挤了议会制立法型国家的法律。其宪法依据是《魏玛宪法》第 48 条第 2 项关于民国总统特别权限的规定，现实依据则是德国魏玛时期十余年的实践。在这样的情形中，总统不是依据实质理由，也不是依据最高理由，而是出于紧急状态下必要性的考虑，它渊源于特定的时间和处境，依赖总统作为专政者的个人决断。这种立法者可以不颁布一个普遍法令，而是直接发出一项具体的行政指令，例如禁止一个集会，或宣布某个组织为非法。在此情境下，对总统的制约措施便毫无意义。关于《魏玛宪法》第 48 条，施米特曾多次进行理论说明，以为紧急状态下总统不受限制的专政权进行辩护。但施米特并不讳言这与议会制立法型国家的“合法”概念相矛盾，专政者的举措显然“不合法”。

需要注意的是，尽管施米特指出了三种立法者对议会制立法型国家中“合法”体系的威胁，却并未就此宣判《魏玛宪法》的死刑。他在结论中表明，议会立法者如“以坚决、统一的意志意识到自己的权力”，坚持“合法”原则，

---

① 参见［德］卡尔·施米特：《政治的概念》，282 页。

② ［德］卡尔·施米特：《政治的概念》，295 页。

③ 参见［德］卡尔·施米特：《政治的概念》，303 页。

则其余几种立法者往往难以在实际中发挥影响。然而，魏玛时期的问题在于，议会制立法型国家本身缺乏统一而稳固的基础，它仅仅是异质权力妥协的产物，是多元力量从事谈判与交易的舞台，这就使得议会制立法型国家的“合法”（legality）概念缺乏政治基础，由此，各政党机会均等的原则也殊难实现。鉴于这种多元政党的局面，施米特称当时全民直接民主的合法性是“可以普遍地被承认有效的国家辩护的唯一方式”①。施米特描述了大众民主政治兴起、总体国家出现的情形，并指出社会全面政治化的趋势。

不过，施米特并未导出民粹主义、极权主义的结论。他对人民依然保持着相当的警惕，他的头脑中仍然有明确的“权威”概念。他认为，即使在全民直接民主制中，“问题也只能从上面提出来”②。他说：“即使在这里，伟大的宪法设计者西耶斯的提法也经受住了考验，权威从上而来，信任从下而来。”③ 关于人民，他基本上重复了《宪法学说》中的观点。他写道：“人民只能说赞同或反对，人民不能建议、协调或者讨论，人民不能统治，不能管理。人民也不能制定规范，只能用自己的赞同来批准摆在自己面前的规范化草案。人民尤其不能提问题，只能用赞同或反对来回答对自己提出的问题。”④

《合法与合法性》的最后一段文字十分重要，它表明了施米特在魏玛共和国最后时期的立场。从这段文字中我们可以看到，施米特并未像通常人们所误解的那样，主张以合法性取代合律性，以全民直接民主取代议会制民主。⑤ 他只是提出，鉴于《魏玛宪法》第一部分与第二部分“具有不同类型的一贯性、不同的精神和不同的根基”，德国法学界必须从功能主义、形式主义的思维中走出，从价值中立的幻觉中醒来，意识到《魏玛宪法》是“两个宪法”，第二部分才是《魏玛宪法》的核心，它包含了德国人民的基本政治抉择。如此，魏玛共和事业方能有救。⑥ 具体到魏玛德国当时的处境，施米特提醒人们防止反宪法的纳粹主义政党借法律程序进入权力中心而危及宪政本身。

在政治哲学的层面，施米特此文涉及合法与合法性的区分。这是民主时代法理学必然面临的问题，涉及自由、民主之间的内在张力。在施米特之前，例

① ［德］卡尔·施米特：《政治的概念》，332 页。

② ［德］卡尔·施米特：《政治的概念》，332 页。

③ ［德］卡尔·施米特：《政治的概念》，332 页。

④ ［德］卡尔·施米特：《政治的概念》，331 页。

⑤ 参见吴庚：《政治的新浪漫主义：卡尔·史密特政治哲学之研究》，145 页，台北，五南图书出版公司，1981。

⑥ 参见［德］卡尔·施米特：《政治的概念》，337 页。

如在马克斯·韦伯那里，合法只是合法性诸种类型中的一种，它是宪法理性主义传统的一部分，两者并不作区分。施米特显然也清楚这一点。① 但他旋即批判了韦伯的这一混淆。不过，简单地视施米特以一方取代另一方，完全将二者对立起来，也是对施米特的误解。事实上，施米特更愿意接受如下表述：议会制立法型国家的合法概念以人民统一体的存在或曰人民民主为政治前提。这就等于说，议会立法以人民同质为前提，合法以合法性为前提，而非以合法性取代合法。多元主义政党体系仍是施米特批判的重点，因为它在根本上承认了异质性，对政治统一体构成了威胁。

施米特关于"合法性"问题的讨论，涉及四个不同的重要概念，即"合法性""合法""正当性""现状（status quo）合法性"。关于"合法性"与"合法"的含义，上文已有详论。大体说来，合法性总是指向民心的向背，涉及支配者要求服从的理据，本质上是一个政治概念；"合法"则是指"合乎法律"，重在强调形式与程序上的正义，依实证法而行为；正当性是凭借自然法或实质性正义准则对政治权力做出道德上的评估；现状合法性背后是"存在的即合理的""契约应当得到遵守"等理念，它是一种对存在于现实中但尚未获得正当理据的状况被动、消极的容忍。"现状合法性"观念反映了人心思定、"宁做太平犬，不做离乱人"，为求安全和平而放弃道德理想的一种心态。施米特反对这种苟且偷安、丧失追求的理念。② 他也批判自由主义"合法"理念对政府及领袖、人民的束缚以及对政治的消解。而具有实质内容的正当性概念则不为施米特所采用。这源于他避免以伦理道德哲学损害对政治现象本来面目的认识，也与他对政治与道德关系霍布斯式的理解相一致。

施米特重视政治合法性，确实抓住了理解政治支配现象的要害，然而他的理论也能很好地为极权政体服务。施米特的理论似可为一切口头上宣称人民民主的政权辩护，这并非仅仅因为其理论易被利用。事实上，施米特一度积极主

---

① 参见［德］卡尔·施米特：《政治的概念》，340 页。

② 早在 1925 年，施米特曾发表《现状与和平》一文，对"现状"（status quo）的含义进行了详论。施米特此文针对《凡尔赛条约》下的国际秩序而发。他指出，现状对不同国家有不同的意涵：对英国来说，维护现状指的维护英国的世界统治；对法国来说，维护现状即是指维护法国在欧洲大陆的霸权，维护其对其他国家的干涉权；对德国来说，维护现状指防止出现新的义务或通过片面解释《凡尔赛条约》而产生新的负担。在当时，现状合法性是要使《凡尔赛条约》造成的成问题的局面合法化。施米特认为，现状合法性的概念与日新月异的时代相背离，它"来自要求安定、和平和正义的愿望与无力找到一个合法原则的结合"，它并不能带来和平，只会导致新的冲突。（［德］卡尔·施米特：《论断与概念》，25～33 页。）施米特 1929 年的《国家伦理与多元主义国家》一文也是针对这种"现状合法性"观念而作。（［德］卡尔·施米特：《论断与概念》，130 页。）

动地动用其宪法理论与概念为希特勒的独裁及倒行逆施提供辩护。他的理论实与希特勒的言论有相当的亲缘性，这在《领袖守护宪法》一文中表现得淋漓尽致。施米特自己描述说："在1932年10月3日莱比锡德意志法学家大会上，领袖曾就国家与法发表讲话。他指出，一种本质性的、跟道德和公正不可分离的法与一种不真实的中立性之空洞的合法性的对立，说明了魏玛体制的内在矛盾——这种体制如何被毁于中立的合法性，听任自己的敌人摆布。接着他说：'这对于我们必然是一个警告。'1934年7月13日，领袖对全体德意志人民的议会发表演说，他提醒人民记住另一个历史性的警告。强大的、俾斯麦所创建的德意志帝国在世界大战间崩溃，因为它在关键时刻没有'使用自己的战争条款'的力量。文官官僚体制丧失了政治本能，为自由的'法治国家'的思维方式所麻痹，以致软瘫，也没有勇气根据应有的法律对待叛乱者和国家的敌人。"[①] 在这里，"合法性"与"合法"的关系问题通过对希特勒演说的评述引出，并表现为明确的对立关系，而不再如魏玛时期那样仍在严肃的学理意义上承认二者可能的联系。

施米特说："所有这样一场可耻的崩溃的义愤，都在希特勒胸中郁结起来，在他内心变成了采取政治行动的推动力。德国的不幸历史的所有经验和警告，都在他心头苏醒。绝大多数人害怕这类警告的严厉，宁可躲进退让、调和性的肤浅议论聊以安身。可是，领袖却认真对待德国历史的警告。这给予他创建一个新国家和确立一种新秩序的法权和力量。"[②]

施米特从紧急状态主权者的专政权出发，称："领袖在危急关头凭借他作为最高法官的领袖地位直接创制法律，他是在保护法律免受最恶劣的滥用。"[③] 他说，自由主义的"合法"思想、司法化倾向，违背了政治领导优先的原则。议会所做的并非对领袖的独裁行为进行事后批准或鉴定，而是在以人民的名义向领袖表示感谢。领袖是人民的最高法官，领袖的行为即真正的司法。施米特表示拥护领袖的讲话，并按照领袖的讲话来指导法学的研究。此时，施米特对自由主义的批评也不再止于学理的分析，而是变成了肆无忌惮的进攻。不过，这一进攻应放在1918年德国战败、德意志帝国崩溃的语境下去理解。施米特称自由主义所谓的"合法"概念束缚了德国政治家的手脚，最终德国人吃了败仗。这种"合法"理论是毒害德国人民的工具，是英法长期以来反德宣传的熟

① ［德］卡尔·施米特：《领袖守护宪法》，见［德］卡尔·施米特：《论断与概念》，200页。

② ［德］卡尔·施米特：《领袖守护宪法》，见［德］卡尔·施米特：《论断与概念》，201页。

③ ［德］卡尔·施米特：《领袖守护宪法》，见［德］卡尔·施米特：《论断与概念》，201页。

练手法，旨在瓦解德国人民的政治意志，消除其政治行动能力。施米特写道："德国的某些敌人以类似的要求对付希特勒的行动。他们会认为，当今的德意志国家具有区分敌友的力量和意愿，这是十分可怕的。他们会向我们许诺，如果我们重又像当年，即 1919 年那样跪倒在地，向自由主义偶像贡献我们的政治生存，全世界人民都将赞美我们，向我们欢呼。看到我们整个政治形势的巨大背景者，将会理解领袖的告诫和警告，并投身于这场伟大的、维护我们的完美法律的精神斗争。"①

施米特认为法律是政治决断的产物，宪法律背后实有一国人民的政治决断，在魏玛共和国时期，他的这一论断可以为捍卫共和提供依据。然而，施米特终究无法避免这样一个问题：人民的政治决断并非一成不变。施米特的理论事实上肯定了这种改变的可能性。所以当 1933 年《授权法案》在国会投票通过、希特勒攫取政权之后，施米特的合法性理论竟可十分贴切地为新政体辩护。而施米特的论敌法律实证主义，因其迷信于形式与程序意义上的"合法"，最终也能为新政体提供辩护。恰如艾伦·肯尼迪所言，施米特的合法性理论可以为希特勒的新政体提供政治上的辩护，而法律实证主义的"合法"论则可以为希特勒的新政体提供法律上的论证，最终结果是二者都不能有效地对希特勒说"不"②，这种结果确实令人深思。

第四节　危机时代的魏玛法理学：施米特与海尔曼·海勒

施米特于魏玛后期所阐发的宪法理论是其政治思考的一个重要结果。他的宪法理论当置于魏玛危机的历史背景中去理解，放在当时的法理学论争中去考察。此处我们将介绍施米特与魏玛时期另一位法学家海尔曼·海勒（Hermann Heller）的争论。海勒与施米特的遭遇不仅在体现在学术上③，更是直接体现于 1932 年"普鲁士对联邦"的诉讼案中，其时二人是对立双方

① ［德］卡尔·施米特：《领袖守护宪法》，见［德］卡尔·施米特：《论断与概念》，205 页。

② Ellen Kennedy, *Constitutional Failure: Carl Schmitt in Weimar*, Durham & London, Duke University Press, 2004, p. 20.

③ 海勒与施米特都曾参加 1927 年德国政治高等学校所举行的关于"民主的问题"的系列讲座，二人之间还有书信联系。（Joseph W. Bendersky, *Carl Schmitt, Theorist for the Reich*, Princeton, Princeton University Press, 1983, pp. 92－93.）

的律师。魏玛时期，海尔曼·海勒当是反对施米特最为激烈的法学家。他发表的关于主权、议会制、法西斯主义等问题的著作，大多针对施米特的观点而作。

海尔曼·海勒（1891—1933）出生于奥匈帝国时期犹太人家庭。“一战”时曾服役于奥地利军队，并因此而致心脏受损，此病最终使他在1933年42岁时过早地离开了人间。海勒后来到了德国，致力于社会民主事业。1932年在“普鲁士对联邦”的诉讼案中，他曾任普鲁士社会民主党的法律代表。1928年在柏林，1931年在法兰克福，海勒顺利取得大学教职。1933年去世前的几个月，他还受哈罗德·拉斯基（Harold Laski）的邀请前往英国讲学。海勒的著作涉及甚广，包括政治哲学与法理学、具体法律问题、教育、黑格尔、民族主义、社会主义等多个方面。[①] 后人根据其手稿辑有《海勒著作集》凡三卷[②]，包括《主权》《政治民主与社会同质性》《国家理论的危机》《法律、国家与权力》《作为政治科学的国家理论》《法治国抑或独裁？》《欧洲与法西斯主义》等作品。吴庚先生说：“假定史密特所倡导的是一项命题，那么海勒的著作就是这一命题的反命题。”[③] 可见海勒与施米特理论之分歧。海勒对施米特的批评因此也受到施米特研究者的重视，后来不少学者批评施米特，理路仍不脱海勒的框架。[④]

在与施米特、凯尔森的对照中理解海勒是颇为有趣的一件事。在政治主张方面，海勒与凯尔森大体站在一边，共同批判施米特，海勒支持民主事业，以民主批判施米特所谓的“独裁”，为西方议会制民主辩护。但在法理学方面，海勒则站在施米特一边反对凯尔森的纯粹法学。海勒认为，法律问题本质上具有政治意涵，法律源于人的意志，凯尔森非人格化的法律思想中存在的是过时的自然法思想残余，它假定一种固定的法律规范能够不偏不倚地来规约复杂、多变、充满对抗的社会现实。[⑤] 而法律是不能纯粹化的，应放在历史与社会、

① David Dyzenhuas, “Introduction of Hermann Heller,” in Arthur J. Jacobson & Bernhard Schlink (eds.), *Weimar: A Jurisprudence of Crisis*, Berkeley and Los Angeles, University of California Press, 2000, p. 250.

② Hermann Heller, *Gesammelte Schriften*, Tübingen, Mohr, 1992.

③ 吴庚：《政治的新浪漫主义：卡尔·史密特政治哲学之研究》，36页。史密特，即施米特的另一译法。

④ 例如德国学者沃尔格穆特（Heinrich Wohlegemuth）于1932年在爱尔兰根大学的博士论文《现存德国新浪漫主义国家学说之政治本质》中对施米特的批评，“简直是海勒见解的重述”。（吴庚：《政治的新浪漫主义：卡尔·史密特政治哲学之研究》，36页。）

⑤ 参见［英］克里斯·桑希尔：《德国政治哲学》，陈进江译，444页，北京，人民出版社，2009。

文化的语境中去理解。他声称，凯尔森缺乏政治概念的纯粹法学，实际上为施米特对魏玛政体的颠覆做了铺垫。[①]

海勒的政治理想是一种建立在法治基础之上的国家，他认为："强国家通常是一个法治国：国家越强，它的法律也就越强、越普遍，赋予公民的权利也越强和越具参与性。"[②] 不过，海勒所致力于之的是把自由主义的形式法治国转变为能够适应社会民主事业的"社会法治国"[③]，在这种"社会法治国"中，国家要处理生产与经济管理事务，从而限制经济生活中私法自由给公民带来的破坏性影响[④]。

海勒认为，凯尔森与施米特的错误在于假定伦理实践不可能有什么效果。在关于"合法"与"合法性"的争论中，如果说凯尔森站在合法（legality）一边，施米特倾向于合法性（legitimacy）[⑤]，海勒则是将二者结合，认为合法与合法性本不可分。海勒指出，"法治国"中的"法"应当克服形式主义抽象，成为具有自然法实质内容的伦理准则，由此"法治"便不会沦为施米特所批评的纯粹形式而抽象的规范。海勒说，尽管现代社会政治伦理的根基已经受到动摇、侵蚀，然而这并不等于说没有根基就可以建立政治秩序，正如同建造房屋需要根基，不能因为根基已坏就主张不要根基一样。海勒相信基于社会文化实践而产生的伦理准则对政治秩序的构建十分重要，也颇为有效。[⑥] 海勒的诸多思想带有明显的马克思主义的痕迹。例如：他从人的"社会性"去理解人，并由此展开他的政治与法律理论；他认为人是社会、文化的产物，而非抽象的个人或神造之物；他的理论强调政治、道德、法律的辩证统一，合法与合法性的辩证统一，政治统一体当以运动而非静止的眼光去看待。凡此种种言论，对于浸淫于马克思主义哲学的中国读者来说不无索然无味之感。做过海勒专题研究的沃夫冈·施路赫特（Wolfgang Schluchter）指出，海勒的意图是要在不贬抑法律、道德与权力三者中任何一方的情况下理解三者的内在结构

---

① David Dyzenhuas, "Introduction of Hermann Heller," in *Weimar: A Jurisprudence of Crisis*, p. 250.

② ［英］克里斯·桑希尔：《德国政治哲学》，447 页。

③ David Dyzenhuas, "Introduction of Hermann Heller," in *Weimar: A Jurisprudence of Crisis*, p. 250.

④ 参见［英］克里斯·桑希尔：《德国政治哲学》，448 页。

⑤ 施米特虽倾向于"合法性"概念，但并不否定"合法"概念的意义。

⑥ 大卫·戴赞豪斯（David Dyzenhaus）敏锐地指出，海勒的观点仍然是缺乏超越的此世论的观点。（David Dyzenhuas, "Introduction of Hermann Heller," in *Weimar: A Jurisprudence of Crisis*, p. 253.）

与关联。[①]

海勒一方面批判施米特，另一方面也从施米特那里习得决断、政治统一体等概念，并将其融入他的政治法律理论。他写道："所有的政治都存在于统一体的形成与维系中，在紧急情形中，一切政治最终都要以对进攻者的肉体消灭来回应对这种统一体的攻击。"[②] 针对施米特的政治概念等论议，海勒说："在施米特关于特定政治区分是朋友与敌人的区分这一说法中，存在着正确的内核。"[③] 不过，海勒的社会民主派立场毕竟不同于施米特。他与施米特的分歧也是多方面的。他认为，施米特未能看到一国之内构建统一性这一政治过程，施米特"只是看到已经完成了的政治状态，但这一状态也不是某种静止的东西，相反它是某种必须每天更新的东西，此即所谓公民的每日投票"[④]。

海勒强调，政治就其原初经验来讲源出于古希腊城邦（polis）而非战争（polemos），区分敌人和朋友固然事关政治，然并非在所有情境中都有此需要。海勒认为施米特与帕累托等主张非理性主义的政治理论家属于一个类型，与提倡赤裸裸的权力斗争的马基雅维利主义者也无二致。[⑤] 针对施米特对普世主义的批判，海勒说，普世主义世界国家的理想在现实中能否实现姑且不论，在理论上却完全有可能，它与人的境况并不矛盾。[⑥]

关于民主，海勒认为民主意在从人民中选举代表，与主权无干。施米特的民主观是有问题的。他说："民主被假定为政治统一体自下而上的形成过程，所有代表被假定为在法律上依赖于共同体的意志。"[⑦] 与施米特一样，海勒也赞同民主需要以社会同质性为前提，但他立刻指出社会同质性不可在施米特的意义上去理解。海勒承认利益分化，肯定政党政治为民主政治之一部分，并不妨

---

① Wolfgang Schluchter, *Entscheidung für den sozialen Rechtsstaat: Hermann Heller und die staatstheoretische Diskussion in der Wermarer Republik*, Baden-Baden, Nomos Verlagsgesellschaft, 1983. Also see Arthur J. Jacobson & Bernhard Schlink (eds.), *Weimar: A Jurisprudence of Crisis*, p. 254.

② Hermann Heller, "Political Democracy and Social Homogeneity," in Arthur J. Jacobson & Bernhard Schlink (eds.), *Weimar: A Jurisprudence of Crisis*, p. 258.

③ Hermann Heller, "Political Democracy and Social Homogeneity," p. 258.

④ Hermann Heller, "Political Democracy and Social Homogeneity," p. 258.

⑤ Hermann Heller, "Bemerkungen zur staats-und rechtstheoretischen Problematik der Gegenwart," *Archiv des öffentlichen Rechts*, Band 16, Heft 3, 1929, p. 338; Joseph W. Bendersky, *Carl Schmitt: Theorist for the Reich*, Princeton, Princeton University Press, 1983, p. 92.

⑥ Hermann Heller, "Political Democracy and Social Homogeneity," p. 258.

⑦ Hermann Heller, "Political Democracy and Social Homogeneity," p. 260.

碍政治统一体之形成。他批判了施米特卢梭式浪漫化的人民观。他说，“社会同质性”并不意味着社会中对立、分化的彻底消除，“社会同质性是指一种社会心理状态，在这种状态中，不可避免的对立与冲突受到一种‘我们’意识（we-consciousness）与感觉的限制，受到实现共同体这一目标的限制”①。海勒进一步指出，社会同质性背后不是民族主义神话或宗教神话，资产阶级的民族主义神话与宗教神话皆不足以为政治统一体的形成提供辩护。社会同质性指向的是国民对社会平等的追求。

对于施米特对议会制的理解，海勒也提出了批评，这在前文论及施米特议会制论议时我们已有所涉及。概括说来，海勒认为，施米特视西方资产阶级议会制的原则是“公开与讨论”，这是对议会主义的误解。在海勒看来，议会主义的基础，是“讨论的共同基础之存在，以及内部政治对手因此公平博弈（fair play）之可能，是每个人对人与人之间不必诉诸赤裸裸的武力而能逐步取得共识的确信”②。

海勒对施米特的批判不无道理，大卫·戴赞豪斯即认为海勒比施米特对于理解今日自由主义面临的挑战更有意义。③ 然而，在笔者看来，海勒对施米特的批判也有就事论事、断章取义之弊，全然不顾施米特论著的主要关怀，某种意义上讲并未涉及施米特思想的核心。海勒对施米特的误解，施米特曾亲自纠正过。④ 海勒与凯尔森对施米特的批判似乎强化了施米特“反魏玛”“反自由主义”的形象，但其实施米特论著并非简单的政治立场的表达，它更多的是对魏玛危机的法理学分析。不过，魏玛时期德国法学界的纷争，确实生动地折射出无序时局中知识精英在不同路向上寻求秩序的尝试与努力。

第五节　国家、运动、人民

魏玛共和国覆灭的结局不因施米特的理论而改变。随着希特勒登上历史舞

① Hermann Heller，“Political Democracy and Social Homogeneity，” p. 261.

② Hermann Heller，“Political Democracy and Social Homogeneity，” p. 260.

③ David Dyzenhaus，“Putting the State Back in Credit，” in Chanted Mouffe（ed.），*The Challenge of Carl Schmitt*，London & New York，Verso，1999，p. 89.

④ Joseph W. Bendersky，*Carl Schmitt：Theorist for the Reich*，Princeton，Princeton University Press，1983，p. 93.

台，德国走上了一条全面纳粹化的不归路，进入了德国历史上的“第三帝国”时期。领袖与纳粹党在政体中的支配地位，改变了旧式的国家与社会关系。1933年秋，在希特勒上台数月后，施米特写了《国家、运动、人民：政治统一体的三要素》（*Staat*，*Bewegung*，*Volk*：*Die Dreigliederung der politischen Einheit*）①，试图从理论上对新政体进行描述。

施米特认为，理解第三帝国的宪法（政体），国家、运动、人民三个概念最为核心。德国的新政体正是建立在国家、运动、人民的三联基础之上的。他写道：“国家、运动、人民，这三个词中的每一个都可以用来指陈整个政体。但同时，它们也各自描述了整体的特定因素与方面。似此，国家允许自身在一个更为狭窄的意义上成为政治上静态的部分，运动是政治上动态的要素，人民则构成了非政治的一面。人民在政治决断的荫护下实现自身……运动……就是国家，也是人民。没有运动，现在的国家（在政治体的意义上）与德国人民（作为德意志帝国这个政治体的主体），皆无从谈起。”②

施米特强调“国家”一词在狭义上使用，是因为当时的国家已非19世纪黑格尔意义上超乎市民社会特殊利益之上的国家。但国家的行政管理主体包括军队、公务员，这还算符合黑格尔的学说。运动则与纳粹党密切相连，二者皆从社会各阶层发展其成员，人民的声音正是通过运动得以表达。施米特指出，在国家、运动、人民三者中，政党领导下的运动占有更重要的地位，政党及运动渗透于国家与人民之中，并引导着国家与人民。“党履行它的使命，这同样是德意志人民自己的政治统一的命运之所系。”③ 但总体来看，国家、运动与人民三者并肩而行，各有其内在的法则，并且皆与整个政治体相协调。施米特认为，国家、运动、人民构成的秩序，不必诉诸任何外在的基础或标准，本身便包含了内在的合法性。“这是那些代表国家的、以特殊方式建立在宣誓忠于领袖的盟约之上的生活和集体秩序所固有的内在合法性。”④

---

① Carl Schmitt，*Staat*，*Bewegung*，*Volk*：*Die Dreigliederung der politischen Einheit*，Hambourg，Hanseatische Verlagsanstalt，1933.

② Carl Schmitt，*Staat*，*Bewegung*，*Volk*：*Die Dreigliederung der politischen Einheit*，3rd Edition.，Hamburg，1935，p. 12；George Schwab，*The Challenge of the Exception*：*An Introduction to the Political Ideas of Carl Schmitt between 1921 and 1936*，2nd Edition，New York，Greenwood Press，1989，p. 108.

③ ［德］卡尔·施米特：《论断与概念》，204页。

④ ［德］卡尔·施米特：《论断与概念》，204页。

施米特的描述背后凸显的是，在支配性政党出现后，社会政治结构已发生大的变化，极权国家的构成大不同于19世纪民族国家结构。施米特描述的国家、运动、人民的三联基础性结构，实为对国家与市民社会二元结构的否定。纳粹政党战胜了黑格尔式的国家。希特勒上台的那一天，黑格尔在德国死去了![①] 在新的纳粹政体中，政治决断来自运动，而非国家。施米特也描述了极权国家中政党与国家联合的状况。正如施米特所宣称的那样，民族社会主义政党是德意志人民政治意志的唯一载体。这种党国联合通过民族社会主义运动的领袖与德意志帝国的领袖集于一身体现出来。他指出，纳粹主义的精髓建立在"领袖"的概念之上。领袖是运动的中心，是国家、运动、人民所构成的秩序之中唯一的决策者，他可以作为"人民的最高法官"而行动，"领袖个人决定他的行动内容和规模"[②]。他或许要靠他所任命的人员来辅佐他，但那些辅助人员从来不担责任。[③]

根据施米特的描述，在极权政体中，领袖并无蜕化为暴君的可能。这是因为该政体中实质平等的实现，即领袖与被领导者相互信任，永不背叛。领袖是人民的领袖，人民是领袖的人民，统治者与被统治者实现了同一。施米特所描述的这样的政体，其前提是一个高度同质的社会之存在。他说，如果自由主义者与马克思主义者被允许参与人民民主的进程，新的国家必将完结。另外，种族上不同的人也应当被排除在政体之外。

如何理解施米特的这些话？它们是对第三帝国实际政体的客观描述吗？乔治·施瓦布（George Schwab）的评论颇有道理。施瓦布认为，施米特此文不仅是对德国新出现的政体的描述，也包含了施米特从自己的立场出发所进行的理论构建。施米特展望的其实是一种制度化的一党制国家。然而，他的这种构建在纳粹德国不过是一种无望的努力。[④] 理解施米特的理论与第三帝国极权政体实践之间的差异，关键在于注意施米特对人民的论述。施米特关于人民的论述，仍然延续了他在先前《宪法学说》中的主张。他与纳粹主义之不同在于，他称人民是政治统一体中"非政治的因素"。而纳粹化的德国中，人民与运动、政党同为积极的政治因素。施米特后来受审讯时辩称"试图赋予民族社会主义

---

① 施米特日记，1933年1月30日。

② ［德］卡尔·施米特：《论断与概念》，203页。

③ George Schwab, *The Challenge of the Exception: An Introduction to the Political Ideas of Carl Schmitt between 1921 and 1936*, 2nd Edition, New York, Greenwood Press, p. 111.

④ George Schwab, *The Challenge of the Exception: An Introduction to the Political Ideas of Carl Schmitt between 1921 and 1936*, p. 112.

这个词以自己的意涵”[1]，说的正是这个意思。这里我们不难看出，即使在1933年后，施米特仍未拥抱激进主义思潮，他那瓜田李下之作的背后仍有某种政治理论家所具有的平静、审慎与抱负。当同时期的一些法学家有意避开与纳粹的瓜葛，甚至公开与纳粹决裂以求保全名节时，施米特的做法诚如他自己所言，乃是某种“知识中的冒险家”的做法。[2]

第六节 “自由的宪法”

1935年9月15日，纳粹党在自由的名义下集会，德意志帝国会议通过了《帝国国旗法》《帝国公民权法》与《保护德国人血统与德国人荣誉法》。施米特随后发表《自由的宪法》一文，为这三部法案的合法性辩护，并向德国的法学家发出倡议，倡议大家积极拥护这三部法案。他称这三部由纳粹党制定的法是德国人民自由的体现。

在这篇文章中，施米特提出以“自由”（freedom）代替个人权利意义上的“自由”（liberties）。他严格区分了两个自由概念，并将二者对立起来，把“自由权利”意义上的自由看作英法等外国势力麻痹德国人民政治神经的说辞。施米特沿袭其反自由主义、反个人主义的立场，运用他的政治统一体、合法性、自由等概念，为第三帝国的法律进行了公开的辩护。令人惊诧的是，施米特在魏玛时期所阐发的旨在守护《魏玛宪法》的概念与理论，如今竟十分贴切地被运用于对第三帝国法律政策的解释。在当时反犹主义大行其道、民族社会主义领袖掌握国家领导权的背景中，施米特作为法学家的所作所为确实有其相当可憎的一面。他本可不发表那些有损其名节之论。民族社会主义与施米特在反对自由主义、反对外来势力支配的问题上走到了一起。原本尚存发挥余地的“人民”“统一体”等概念，运用于第三帝国的法律与政策，具体化为“德国人的血统”“德国人的荣誉”“犹太人问题的解决”等不无血腥色彩的词语，实有助纣为虐、为虎作伥之弊，也是施米特一生无法抹去的污点。尽管施米特其他严肃的理论著作相当深刻，但他面对纳粹权力而写出此等谄媚之作，确实令人不

---

① Interrogtion of Carl Schmitt by Kempner，Robert（III），in *Telos*，vol. 72，Summer，1987，p. 106.

② Interrogtion of Carl Schmitt by Kempner，Robert（II），p. 103.

齿。当时并没有什么外在的力量胁迫施米特发表这样的文字，施米特如此作为完全是出于他当时的自愿。

施米特指出，“党”召集的帝国会议不同于那种旨在谋求妥协的议会，不是多党磋商、谈判、交易的场所。会议就是德国人民自身的展现，它由民族社会主义运动所领导，并追随领袖希特勒。它制定的法律承载的是“多个世纪以来自由在德国的首次构建”①。

如何理解这样的“自由”呢？施米特说：数世纪以来，德国人民拥有的只是自由权利（liberties）或自由主义，而不是自由（freedom）。17 世纪和 18 世纪德国宪法所保证的自由权利，保证的是德国人民的分裂，意在使德国在这样可悲的状态中于内政外交上任由摆布。19 世纪宪法中的自由主义自由，则是国际列强强化德国人民宗教与阶级裂痕的手段。如此，宪政自由成了所有德国敌人与寄生分子的武器和座右铭。然而，现在德国人民已经识破了这些欺骗。施米特写道，德国人民认识到，自由主义宪政已成了外国支配德国人的典型口号，一族人民可能有世上最自由的宪法，而同时其中的人们则是租金和工资的奴隶。鉴于希特勒及其领导的民族社会主义运动，施米特称这代表着德国人民的觉醒，他们“开始将自己从外国的精神支配中解放出来”②。

施米特写道：“数世纪中，我们宪法的概念首次成为德国人民自己的概念。我们并不是希望贬损我们的自由主义先辈，他们是德国人，同样属于我们。即使其自由主义主张有错，他们的德国人本质仍清晰可辨，德国人血统的声音仍萦绕耳边。……但我们不能继续持我们的自由主义父辈、祖父辈的法律与立法思想。它们是以非德国体系的概念之网织成的。他们认可的宪法是盎格鲁-法兰西法律。他们将德国人的自由与一个进步主义政党的计划相混淆，掩盖了资产阶级与君主各自的法学家以中立、抽象概念达成妥协这一事实。他们的宪法只是被构建出来的，他们的国家会议与州会议只是议会。他们的公民只是‘市民（citoyen）’不成功的复制。他们的宪法并不诉说德国人的血统与荣耀。‘德国人’一词的出现在宪法中只是为了强调‘所有德国人在法律面前一律平等’。但这个句子，只有当‘德国人’的概念在实质意义上指向‘人民’时才能获得其正确的含义，而不是说物种中的异类与德国人平等相待或把每个人都当作德国人从而在法律面前平等相待。”③ 施米特宣称，德国人民已再次成为德国人

---

① Carl Schmitt, “The Constitution of Freedom,” p. 324.

② Carl Schmitt, “The Constitution of Freedom,” p. 324.

③ Carl Schmitt, “The Constitution of Freedom,” pp. 324 – 325.

民，在“九一五”法律之下，德国人的血统与荣耀将是法律的主要概念，国家现在是人民的力量与统一体的新工具。德意志帝国也有了一个单一的旗帜，即民族社会主义运动的旗帜，它是德国人民作为政治统一体重新觉醒的象征。①

在反犹主义成为实践的当时，施米特说，犹太人问题将从对其依法规制转化为由民族社会主义政党去解决。他称民族社会主义德国工人党（即纳粹党）是人民圣殿的守护者，是宪法的守护者。施米特最后向德国法学家发出倡议，他说：“作为德国的法律专业人士，我们必须保护那些法案中确立起的德国人民的权利。领袖的警告也是针对我们的警告。……这三个法案囊括并弥漫于我们整个的法律。它们决定着我们的道德、公共秩序、正义与良善的实践。它们是自由的宪法，是今日德国法律的核心。我们德国法律人所能做的一切，就是从中获取意义与荣耀。”②

施米特在《领袖守护宪法》《国家、运动、人民》《自由的宪法》等1933年后的作品中所说的此等话语，读来确实令人感到不适乃至恐怖，难怪自由主义者坚定地将他看作危险的人物，列入“反自由主义”者的行列。③ 不过，施米特从魏玛宪政的捍卫者，转变成了纳粹政权下一度走红（尽管只是一段时间）的法学家，这种转变并不意味着施米特是政治上的一个投机者，他1933年前后的作品处理的题材固然殊异，但其背后基本一致的宪政理论逻辑，依然清晰可见。

结　语

施米特属于1933年希特勒上台后仍“留”在德国高校任教的学者。在那样一个几近疯狂的时代，学者欲求一张安静的书桌几无可能。具有独立思想的人必定面临着巨大的压力。因为执着于种族主义意识形态的第三帝国根本不需要独立的思想。施米特在魏玛时期，力陈自由民主法治国实有其政治前提，《魏玛宪法》已包含德国人民根本的政治决断，警告政界需做出决断，取缔纳

① Carl Schmitt, “The Constitution of Freedom,” p. 325.

② Carl Schmitt, “The Constitution of Freedom,” p. 325.

③ 参见［美］斯蒂芬·霍尔姆斯：《反自由主义剖析》，曦中、陈兴玛、彭俊军译，北京，中国社会科学出版社，2002。

粹党，禁止其活动，他坚定地捍卫魏玛宪政，而非像一些人所言是自由民主的敌人。施米特捍卫魏玛宪政，并非出于对自由民主的热爱，而是出于对秩序与安全霍布斯式的担忧。

施米特曾捍卫魏玛共和，这是真的；他在1933年后著文论证某种“国家、运动、人民”三位一体的政治统一体，也是事实。施米特所构想的政治统一体，与第三帝国的政治现实不尽相同，却也有其相通之处。尽管施米特未给人民赋予一个积极创造历史的角色，如《宪法学说》中所言，人民只是对政治家的决定表示赞同或反对，但他的学说，始终都缺乏个人主义的气质。他正视民主这一时代潮流，视大众政治为20世纪政治之首要特点，故而人民或群众为施米特所重视。他著名的《政治的概念》一文称政治的基本范畴是敌人与朋友，敌友区分正是专注于群体与群体之间的紧张或对立。人民必预设了我们与他们身份的不同。施米特捍卫一套秩序，其理据不外是“人民的根本决断”。而人民的决断，实是多变的意志。故而，施米特的理论很快即可用于对某种新秩序的论证，这也显示出施米特政治宪政论的根本缺陷。

不过，这一缺陷并没有冲淡施米特宪政学说之意义。施米特的理论并不导向一种具有高度流动性、无法无天的极权主义。他坚守的是一种秩序。这与他长期对霍布斯的精研有关。施米特学说的缺陷，根源在于霍布斯所强调的以安全、稳定为第一要务的国家制度能否容纳“民主”。民主社会的到来，是施米特时代与霍布斯时代的迥异之处。政体是君主制，还是民主制，霍布斯说不甚重要。然而，20世纪以来的事实是，民主对越来越多的人而言很重要。如施米特所言，此为政权合法性由王朝合法性转换为民主合法性所致。

陈　伟

参考文献

陈伟．施米特与政治的逻辑．北京：三联书店，2015.

吴庚．政治的新浪漫主义：卡尔·史密特政治哲学之研究．台北：五南图书出版公司，1981.

［德］卡尔·施米特．宪法学说．上海：上海人民出版社，2005.

［德］卡尔·施米特．政治的概念．上海：上海人民出版社，2003.

［德］卡尔·施米特．政治的浪漫派．上海：上海人民出版社，2004.

［德］卡尔·施米特．宪法的守护者．北京：商务印书馆，2008.

［德］卡尔·施米特．论断与概念．上海：上海人民出版社，2006.

［德］扬-维尔纳·米勒．危险的心灵：战后欧洲思潮中的卡尔·施米特．北京：新星出

版社，2006.

［德］约瑟夫・本德斯基．卡尔・施米特：德意志国家的理论家．上海：上海人民出版社，2015.

［德］斐迪南・滕尼斯．共同体与社会．北京：商务印书馆，1999.

［英］梅因．古代法．北京：商务印书馆，1959.

［法］西耶斯．第三等级是什么．北京：商务印书馆，1990.

［奥地利］哈耶克．通往奴役之路．北京：中国社会科学出版社，1997.

［德］克里斯・桑希尔．德国政治哲学．北京：人民出版社，2009.

［美］斯蒂芬・霍尔姆斯．反自由主义剖析．北京：中国社会科学出版社，2002.

Carl Schmitt. Four Articl es. edited，translated and with a Preface by Simona Draghici. Washington D. C.：Plutarch Press，1999.

Carl Schmitt. The Crisis of Parliamentary Democracy. translated by Ellen Kennedy，Cambridge，Massachusetts & London：The MIT Press，1985.

Arthur J. Jacobson & Bernhard Schlink . Weimar：A Jurisprudence of Crisis. Berkeley & Los Angeles：University of California Press，2000.

George Schwab. The Challenge of the Exception：An Introduction to the Political Ideas of Carl Schmitt between 1921 and 1936. 2nd Edition. New York：Greenwood Press，1989.

Ellen Kennedy. Constitutional Failure：Carl Schmitt in Weimar. Durhan & London：Duke University Press，2004

Joseph W. Bendersky. Carl Schmitt：Theorist for the Reich. Princeton：Princeton University Press，1983.

Carl Schmitt. Staat，Bewegung，Volk：Die Dreigliederung der politischen Einheit. Hambourg，1933.

Carl Schmitt. Der Missbrauch der Legalität. Tägliche Rundschau，1932.

Rudolf Smend. Verfassung und Verfassungsrecht. Munich & Leipzig：Duncker & Humblot，1928.

第四章
论施特劳斯及其政治哲学*

施特劳斯（Leo Strauss，1899—1973），德裔美籍犹太人，前半生（1899—1937）在欧洲，后半生（1938—1973）在美国。哲学背景方面，受学于新康德主义的马堡学派，也心仪新康德主义大家科恩（Hermann Cohen），但更服膺现象学派，尤其是海德格尔一支。作为犹太思想家，其学问起于犹太脉络，研究其犹太先贤斯宾诺莎的宗教批判思想，成书《斯宾诺莎的宗教批判》。在其斯宾诺莎研究基础上，施特劳斯转而考察斯氏的启蒙前贤霍布斯及其中世纪理论敌人迈蒙尼德（Maimonides）。纳粹上台之前，幸运去国赴法从事中世纪哲学研究。约两年后，转赴英国研究霍布斯，先伦敦后剑桥，形成在英语世界出版的第一本书《霍布斯的政治哲学》（1936）。停留英国三年，期满之时去了美国。美国这个地方，最初对施特劳斯完全没有吸引力，却恰恰成就了这位来自欧洲的犹太思想家。

1937 年，施特劳斯踏上了美利坚之路，在哥伦比亚大学度过了一年的临时教学时光。而后，他应聘到了纽约的社会研究新学院。社会研究新学院十年时间是成熟期施特劳斯的重要组成部分。这一时期出版的两部重要著作《论僭政》（1948）和《迫害与写作的艺术》（1952），可以说宣告了施特劳斯式政治哲学的成型及其理解政治哲学史的独特方式。因为这十年的知识贡献，施特劳斯才能于 1949 年获聘芝加哥大学教授职位。如今，大家都知道芝加哥大学的施特劳斯。事实上，没有社会研究新学院的施特劳斯，就没有芝加哥大学的施特劳斯。

---

* 本章为拙著《论施特劳斯》（上海，华东师范大学出版社，2015）的主体部分。

1949年，施特劳斯获聘为芝加哥大学的政治科学教授，并于该年底在芝加哥大学做了六次系列讲演。这些讲演便是施特劳斯的代表作《自然正当和历史》的底本。自此，施特劳斯在芝加哥大学教学和研究近二十年，绝大多数重要著作（如《关于马基雅维利的思考》和《什么是政治哲学?》）皆完成于这一时期。1967年底从芝加哥大学退休之后，他被加州克莱蒙特男子学院（现克莱蒙特学院）聘为政治哲学教授。1969年至1973年，施特劳斯为圣约翰学院的杰出驻校学者，并终老于斯。从芝加哥大学退休后，施特劳斯又完成了两本论色诺芬的著作，一本解读柏拉图《法律篇》的著作，其临终编定文集《柏拉图式政治哲学研究》亦主要完成于这一时期。

1973年10月18日，施特劳斯卒于安纳波利斯。

施特劳斯自欧洲至美国，在美国教学研究三十多年。与当时许多流亡美国的犹太知识分子一样，施特劳斯在美国成就了自己作为思想家的地位，也为美国留下了一份富有争议的思想遗产，至今争议不绝。所以，本章希望从争议中的施特劳斯开始，首先指出流传广泛的两个“神话”并不是对施特劳斯思想的恰当定位。然后，通过与学界研究的辩驳，本章试图澄清施特劳斯思想中的一些核心概念，包括耶路撒冷与雅典之争、政治哲学的特别含义、隐微-显白论、古今之争，同时试图把施特劳斯放在古今政治哲学（尤其是柏拉图、霍布斯与施米特）和欧洲文明的大背景中来进行讨论，研究其独特的思路。最后，本章指出，施特劳斯强调政治哲学及其必要性，根本上与其对哲学本身的认识密切相关，尤其是哲学的高贵品质与危险特征。

第一节　关于施特劳斯的两个神话

自20世纪中期以来，施特劳斯政治哲学的影响越来越大。如今，其影响力不但从美国波及其故土德国和其他欧洲大陆国家，而且在中国学术界产生了十分巨大的影响。中国读者在接受施特劳斯思想的过程中，也难以绕开关于施特劳斯的种种学术形象和政治肖像。关于施特劳斯思想的定位，笔者认为存在两种需要小心的神话：一种是政治的神话，一种是学术的神话。

作为一位政治哲学家，不能说施特劳斯只停留于书斋风格的政治理论而两耳不闻政治现实。不过，施特劳斯也从未想过，自己的思想在身后居然在现实政治领域掀起了如此大的波澜。关于政治思想和政治现实之间的关系，历史上一直充斥着各种猜测和判断。据说柏拉图哲学奠定了极权主义思想的根基，据说卢梭的政治思想塑造了法国大革命的精神，据说尼采的哲学思想影响了法西斯主义政治，据说，施特劳斯奠定了美国新保守主义的精神基础。施特劳斯一生的写作都在澄清哲学对于政治的超越，死后却被认为是美国的一个政治派别——新保守主义——的精神奠基者。一种时髦的流行判断认为，施特劳斯在政治思想上属于保守主义，在政治立场上属于右派。这种流传甚广的政治神话与施特劳斯那艰深难懂的著作显然构成了一种反讽关系。

从理论上论证这种流行观点的典型代表，当属加拿大的正派学者德鲁里(Shadia B. Drury)。她先后出版两部著作，不光系统地分析和批判了施特劳斯的政治理念，而且全面地揭示和论述了施特劳斯政治思想和美国新保守主义在精神旨趣上若合符节。根据德鲁里的揭露，施特劳斯及其学派在思想层面无视对话而崇拜隐秘传承，在政治层面由于憎恶自由民主而崇尚精英权术，在经济层面反对国家干预而倡导自由放任政策，在社会层面（诸如教育、艺术、出版和传媒）主张政府应该积极涉入，在宗教层面强调信仰的文化生命力，在性别问题上坚持男尊女卑的男权主义立场。① 如果德鲁里的分析都确切无疑，那么施特劳斯政治思想的路数可谓狭隘偏执、顽固保守到了无可救药的地步；不可思议的是，如此不合时宜的路数居然追随者众，自然更是令人愤懑。

说施特劳斯是美国新保守主义的思想教父和理论奠基人，其实是一个相当武断的说法。这个流行说法的背景是伊拉克战争，其流传的一个政治依据是，布什政府内的重要鹰派人物（最典型的是沃尔福威茨）曾经是施特劳斯的学生。实际上，沃尔福威茨并不是施特劳斯的学生。况且，即便他真的是施特劳斯的学生，他的政治理念也未必就一定追随施特劳斯的思想。德鲁里的分析虽非一无是处，但大抵属于片面之说、诛心之论。不过，由于这种论调体现出了对美国霸道政治乃至国际政治现实的一种道德批判，故而引起诸多共鸣。然而，多数从此论调者恐怕基于不假思索的义愤和人云亦云的方便。由此，形成了关于施特劳斯的一个政治神话。

在《施特劳斯与美帝国的政治》中，诺顿（Anne Norton）和德鲁里一样将新保守主义和施特劳斯分子绑在一起讨论，不过在一定程度上试图区隔施特

① 参见［加］德鲁里：《列奥·施特劳斯的政治观念》，张新刚、张源译，北京，新星出版社，2009；［加］德鲁里：《列奥·施特劳斯与美国右派》，刘华等译，上海，华东师范大学出版社，2006。

劳斯和施特劳斯分子，从而将施特劳斯本人与施特劳斯分子分别开来。[①] 但是，诺顿的著作充满着趣闻逸事，而且重点关注施特劳斯分子，并没有真正从思想逻辑上论证施特劳斯和美国新保守主义的根本区别。格特弗里德（Gottfried）则持中间路线，一方面否认施特劳斯政治哲学和新保守主义的关系像德鲁里所认为的那样直接，但是另一方面又认为两者并非全无关联。[②] 斯密什（Steven B. Smith）的《阅读施特劳斯：政治学、哲学、犹太教》对施特劳斯和美国政治之间的关系做了较为稳健的分析，从思想上分别了施特劳斯的政治哲学精神和美国新保守主义的政策旨趣。[③] 不过从另一个角度来看，斯密什的论述在哲学上过于强调施特劳斯的怀疑主义，在一定意义上削弱了施特劳斯对古典政治哲学最佳政体理念及其意义的坚持。[④]

一个比较值得注意的观点出自曾经长期“自认为是一名新保守主义者”的福山（Francis Fukuyama）。关于施特劳斯和布什政府外交政策之间的关系，福山与德鲁里的观点截然相反。首先，福山指出，“关于列奥·施特劳斯与伊拉克战争之间联系的不实之词实际上比其他任何议题都多”，并且强调指出，“认为施特劳斯对布什政府的外交政策有影响是愚蠢的”。其次，福山认为，施特劳斯“酷爱”而非如德鲁里所说的“憎恶”自由民主；正出于对自由民主的热爱，他担心现代性危机可能会瓦解西方传统的自信心。他教给学生的“不是一套关于公共政策的指示，而是一个认真对待和理解西方哲学传统的愿望”。施特劳斯本人并没有制造出某种主义，是他的若干学生或者学生的学生把施特劳斯的学说政治化，并将其中的思想作为当代公共政策的处方。最后，福山特别讨论了一个与施特劳斯思想以及布什政府都密切相关的思想，也就是“政权”（regime）思想。他指出，施特劳斯根据他对柏拉图和亚里士多德的解读，将政权理解为一种政治体制和非政治体制不断相互交融的生活方式。如果正确

---

① Anne Norton, *Leo Strauss and the Politics of American Empire*, New Haven, Yale University Press, 2006.

② Paul Gottfried, “On Straussian Teachings,” *Modern Age*, 2007 (49), pp. 77 - 81. 新近出版的著作，参见 Paul Gottfried, *Leo Strauss and the Conservative Movement in America*, Cambridge, Cambridge University Press, 2011。

③ Steven B. Smith, *Reading Leo Strauss: Politics, Philosophy, Judaism*, Chicago, The University of Chicago Press, 2007, pp. 156 - 201. 中文译文参见［美］斯密什：《阅读施特劳斯：政治学、哲学、犹太教》，高艳芳、高翔译，北京，华夏出版社，2012。

④ Chen, Jianhong, “Review of Reading Leo Strauss: Politics, Philosophy, Judaism by Steven B. Smith, Sino-Christian Studies: An International Journal of Bible,” *Theology & Philosophy*, 2006 (2), pp. 220 - 225.

理解施特劳斯对政权的读解，就会发现“从他的理解中并不能导出”对布什政府把“政权变更”作为美国外交政策核心的支持，因为后者仅仅把政权理解为“一套有形的正式体制”。[①] 福山对施特劳斯虽无精深研究，但对这个问题的把握还是比较准确的：关于施特劳斯和伊拉克战争之间的联系基本上是“不实之词”；如果正确理解施特劳斯，则并不能从中找到对新保守主义外交政策的理论支持。

2006 年，（凯瑟琳和迈克尔）扎科特夫妇（Catherine and Michael Zuckert）的合著《施特劳斯的真相：政治哲学与美国民主》出版，详尽地讨论了施特劳斯作为新保守主义精神教父这一政治神话的前因后果，分析了这一传说的不靠谱之处，勾勒了施特劳斯学派的共同之处和内部分野。对于抵消德鲁里著作对施特劳斯的政治攻击和理论歪曲，这部著作是目前为止能够起到最好疗效一种的消毒剂。[②]

关于施特劳斯的第二种神话纯粹局限于学术界，这种神话的肇端是德国学者迈尔（Heinrich Meier）的研究。笔者认为，也需要谨慎而仔细地反思。迈尔的研究对中国学术界接受施特劳斯的思想起到了非常重要的作用，华夏出版社相继于 2002 年和 2004 年出版了迈尔的两部研究文集。迈尔的研究思路也因其独特的视角随之跃入中国研究者的视野。

迈尔思路的要点在于研究施特劳斯和施米特的思想对话，并由此定位各自的思想立场。其核心观点在于，施特劳斯和施米特的对话是一个政治哲学家和一个政治神学家的思想交锋。1988 年，在《施米特、施特劳斯和〈政治的概念〉》这篇短小、精悍而迷人的专题研究著作中，迈尔首次表达了他的核心观点。这篇专论的副标题是“论一场不在场的对话”。1995 年，芝加哥大学出版社出版了这篇专论的英译本，题为《隐匿的对话：施米特和施特劳斯》。这个专题研究的主题实际上是施米特的政治概念，所涉主要文本为施米特的关键文本《政治的概念》以及施特劳斯 1932 年对《政治的概念》的评论。通过比较研究《政治的概念》三个版本（1927、1932、1933）尤其是后两个版本的增删修改，迈尔阐发了施米特和施特劳斯之间的思想对话。从考订版本变迁之中读

① 参见［美］福山：《美国处在十字路口：民主、权力与新保守主义的遗产》，周琪译，18～28 页，北京，中国社会科学出版社，2008。

② Catherine Zuckert & Michael Zuckert, *The Truth about Leo Strauss: Political Philosophy and American Democracy*, Chicago, The University of Chicago Press, 2006；［美］凯瑟琳·扎科特、迈克尔·扎科特：《施特劳斯的真相：政治哲学与美国民主》，宋菲菲译，北京，商务印书馆，2013。

出一场思想对话，这是迈尔研究的犀利和迷人之处。更为关键的是，迈尔不光因此重现了这场被人遗忘了的思想对话，而且由此勘定了两位政治思想家的根本立场：政治哲学对政治神学。

迈尔的起点在于确定施米特政治思想的根本，他首先致力于论证施米特政治思想的核心是政治神学。他强调，施米特政治理论的根本立足点在于启示，在于他的基督信仰。迈尔还认为，通过施特劳斯从政治哲学角度的批评，施米特的政治神学立场才变得明确而清晰起来。施特劳斯和施米特的对话因此是一个政治哲学家和一个政治神学家的思想交锋。迈尔这篇不到100页的研究著作为施米特思想研究提供了一个新思路，由此引发了施米特研究中的所谓“神学转向”。[①]

在一定程度上，迈尔的这篇专论也为理解施特劳斯提供了一个新的思路。但是，由于耶路撒冷和雅典之争本身就是施特劳斯思想中的一个重要因素，所以迈尔的研究思路在施特劳斯研究者中间的影响力度也不如它在施米特研究者中间所引起的反响力度。不过，迈尔的解释思路仍然独树一帜。迈尔的研究特别突出了施米特和施特劳斯之间的思想对话，在这个方面可谓开风气之先。整个研究细致入微，而且见树又见林，堪称学术研究中以小见大的典范。这个缜密研究令人意识到了，施米特和施特劳斯在1932年的思想对话对于理解施米特和施特劳斯这两位政治思想家的思想及其根本立场有着至关重要的指示作用。

不过，到底施米特和施特劳斯之间的这场对话是不是政治神学和政治哲学的思想交锋？这是一个关键的问题。在迈尔的施米特研究之前，施米特通常被认为是一个政治存在主义者或者政治现实主义者；等而下之，则为一个政治投机分子或者政治纳粹分子。迈尔将施米特定位为神学意义上的政治神学家，从而在根本上颠覆了以往对施米特的种种刻画，因此引发了所谓施米特研究领域中的神学转向问题。迈尔认为施米特在根本上是一个政治神学家，也就是说，神学信念是施米特政治思想的根基或者隐匿根基。迈尔对施米特的这个定位，随之者众，反之者亦众。随之者认为这个观点确实挖掘出了施米特思想的隐匿

---

① 参见［美］迈尔：《隐匿的对话：施米特与施特劳斯》，朱雁冰、汪庆华等译，北京，华夏出版社，2002；［美］迈尔：《古今之争中的核心问题：施米特的学说与施特劳斯的论题》，林国基等译，北京，华夏出版社，2004。对迈尔思路的批评分析，参见拙文“What is Carl Schmitt's Political Theology?” *Interpretation: A Journal of Political Philosophy*，2006（33），pp. 153－175。

根基，反之者认为这种看法实际上是对施米特政治思想的神学歪曲。这种毁誉参半的现象至少可以提醒我们需要冷静思考：迈尔的思路和观点究竟是否完全可靠?

在迈尔之前，为什么就没有学者认识到施米特的政治神学立场?这涉及迈尔的另外一个看法：施米特在自由主义时代批判自由主义的时候运用了隐微术。他认为，施米特有意隐藏了其政治理论的神学根基。但是他又认为，当时有一个人准确地读出了施米特的隐秘神学根基。这个人就是施特劳斯。迈尔认为，施特劳斯在1932年的评论中已经准确地把握到了施米特隐秘的政治神学立场。这样，迈尔不仅为他自己的施米特神学化方案找到了一个重量级证人，而且将施米特和施特劳斯的对话演绎为政治神学和政治哲学立场的一场现实较量。政治神学的根本点在于启示，在于信仰，政治哲学的立足点则在于人类理性。迈尔把施米特和施特劳斯对照来读，意在说明这两种立场的根本冲突。虽然施特劳斯和施米特的根本立场相互不可调和，但是迈尔认为他们都十分清楚对方的根本立场。总而言之，迈尔的研究包含着双重论证：就施米特而言，其根本立场在于政治神学，在于启示信仰；就施米特和施特劳斯的思想对话而言，两者的交锋是一场政治神学和政治哲学之间的较量。对于理解施米特和施特劳斯的思想及其根本立场，他们在1932年的思想对话有着至关重要的指示作用。

如果施特劳斯确实把施米特理解为一个政治神学家，迈尔的主要论点便获得了一个强有力的支持。如果并非如此，他便有利用施特劳斯为自己的观点作证之嫌。施特劳斯是否确实像迈尔宣称的那样，把施米特理解为一个政治神学家?这是一个根本问题。事实上，几乎没有明确的直接文本证据表明，施特劳斯认为施米特是一个政治神学家。相反，施特劳斯倒在1932年的书评中明确表示，施米特的反自由主义在根本上仍然没有脱离现代自由主义的窠臼。① 2006年，剑桥大学出版社出版了迈尔的《施特劳斯与神学-政治问题》的英文版。此书后附施特劳斯的两篇讲演底稿，皆属首次整理出版，其中一篇（1940年）讨论第一次世界大战后德国哲学的精神演化。在这个演讲当中，施特劳斯提到施米特将政治权威视为最终权威。施特劳斯同时也提到，施米特对政治权

① 参见［美］施特劳斯：《〈政治的概念〉评注》，刘宗坤译，见刘小枫编：《施米特与政治法学》，10、24页，上海，上海三联书店，2002。

威的最终诉求进一步演化为巴特对神学权威的最终诉求。[①] 显然，认为施米特的政治思路最终会导向巴特的神学思路是一回事儿，认为施米特本人的政治理论扎根于神学则是另一回事儿。总而言之，施特劳斯其实并没有把施米特看作一个政治神学家。

当然，从另一个角度来看，即使施特劳斯没有把施米特看作一个政治神学家，也不能完全否定施米特是一个政治神学家的可能性。但是，这至少可以说明，迈尔的论证本身并不恰当。迈尔把施米特和施特劳斯的对话看作政治神学和政治哲学之争，基本上是施特劳斯的耶路撒冷和雅典之争这个命题的一个应用分析。但是，如果施特劳斯没有把施米特理解为一个政治神学家，那么这个运用本身便属无效。总体来看，施特劳斯更加认同对施米特的一种传统看法，也就是认为施米特是一个政治存在主义者或者说政治现实主义者。另外，施米特是否也像施特劳斯那样重视哲学与神学、理性与启示之争，也颇为可疑。迈尔运用施特劳斯的耶路撒冷和雅典之争这个命题，将施米特的政治神学和施特劳斯的政治哲学对立起来考虑。但是，迈尔模糊了施特劳斯对犹太教和基督教的分别，只是突出了耶路撒冷和雅典之间的一般紧张。

迈尔悉心而缜密的研究揭示出，施米特和施特劳斯之间有过一场精彩的思想对话。凡是关注施特劳斯和施米特之间思想对话的研究者，确实都无法忽视迈尔的研究思路。但迈尔的研究也的确创造了一个学术神话：施米特和施特劳斯之间的思想对话是一场政治神学和政治哲学的交锋。[②]

第二节　耶路撒冷与雅典之争

通常来说，施特劳斯的思想中有三个争论至关重要：诗歌和哲学之争，古今之争或者说古今政治哲学之争，还有耶路撒冷和雅典之争。这三个争论也可以看作一个争论的三个方面。换句话说，这三个争论其实就是古典哲学在三条

---

① Leo Strauss, "The Living Issue of German Postwar Philosophy," in Heinrich Meier, *Leo Strauss and the Theologico-Political Problem*, Cambridge, Cambridge University Press, 2006, pp. 115 - 139.

② 基于这个判断，笔者的博士学位论文就完全从另外一个角度重新解读施特劳斯和施米特之间的思想对话，详参 Chen, Jianhong, *Between Politics and Philosophy: A Study of Leo Strauss in Dialogue with Carl Schmitt*, VDM Publishing, 2008。

战线上作战。诗歌和哲学之争，主要就是指希腊哲学和希腊诗歌之间的紧张；古今之争，也就是指古代希腊哲学和现代哲学之争；耶路撒冷和雅典之争，也就是《圣经》启示和希腊哲学之争。

耶路撒冷和雅典是两座既古老又现代的城市。从现实政治的角度来看，耶路撒冷因为它与华盛顿的关系在一定程度上也体现了它在20世纪政治版图中的地位。但是，它毕竟不是20世纪世界政治格局的指挥和决策中心。雅典这座城市对20世纪政治现实的影响则可谓微乎其微。这些都是20世纪世界政治结构方面的现实情况。象征着20世纪世界政治核心的城市，在上半期可以说是伦敦和柏林之间的紧张，后半期则是华盛顿和莫斯科之间的紧张。20世纪许多政治理论家的着眼点都是伦敦和柏林、华盛顿和莫斯科的紧张关系，不管他的政治立场最终落在哪里。作为一个政治哲学家，施特劳斯为什么要去思考耶路撒冷和雅典这两个城市之间的紧张问题？或者更准确地说，为什么这两座城市对于一个政治哲学家来说具有非同一般的意义？

施特劳斯并非完全不关心伦敦和伯林、华盛顿和莫斯科之间的紧张，他并没有漠视世界政治现实版图中的紧张关系。但是，他显然更加重视两座古城——耶路撒冷和雅典——之间的紧张。作为20世纪的政治哲学家，施特劳斯更加关心耶路撒冷和雅典之争，而不是更加关心比如说伦敦和柏林、华盛顿和莫斯科之间的紧张。耶路撒冷和雅典已经不是世界政治格局的核心，但是这两座城市的名称包含着某种永恒的东西。正是这种永恒的东西，抓住了世世代代思想家的心，也抓住了施特劳斯的心。这两座城市之名背负着西方文明的两种永恒因素。

耶路撒冷和雅典之争，在施特劳斯那里，也就是两种生活方式之争。一种生活方式的最终根据是启示信仰，另一种生活方式的最终根据则是理性分析。①耶路撒冷一般而言代表着启示，代表着人类追求美好生活的神学之路；当然从具体来讲，耶路撒冷又可以单指犹太教。雅典一般而言代表着理性，代表着人类追求美好生活的哲学之路。当然，雅典还有辉煌的神话、诗歌和艺术成就。但是，一般而言，提及耶路撒冷和雅典之时，人们通常指启示和理性、神学和哲学之间的关系，代表了西方关于人类美好生活的两种思路，代表了西方文明的两种根本要素。

施特劳斯究竟如何看待宗教尤其是犹太教这个问题则众说纷纭。这些争论

① 参见［美］施特劳斯：《自然权利与历史》，彭刚译，76～77页，北京，三联书店，2006。

都在一定程度上根据施特劳斯关于哲学与神学关系的论述各取所需。所以，首先需要了解施特劳斯关于耶路撒冷和雅典之争或者说神学和哲学之争的一些基本观点。

首先，神学与哲学根本上是截然相反的两种生活方式。神学生活的根基在于神的启示，在于虔心服从神法；哲学生活的根基则在于人类理性，在于追求自由洞见。其次，神学和哲学作为不同的生活方式，在根本上不可通融。想要综合二者的企图，必然都以失败告终，因为综合二者的后果，要么是哲学成为神学的婢女，要么是神学成了哲学的牺牲品。最后，施特劳斯认为，西方思想的生命力恰恰就在于神学和哲学根本上的不可通融，在于保持这两种生活方式之间的紧张。

施特劳斯强调神学和哲学也就是耶路撒冷和雅典之间的紧张，这种强调显然和许多当代宗教思想家的观点不一致。比如说，新教神学家蒂利希（Tillich）和天主教神学家吉尔松（Gilson）都强调神学和哲学之间在根本上相通，也就是说哲学家的上帝和亚伯拉罕的上帝在根本上是一个上帝。① 不过，施特劳斯的立场也并非标新立异。从德尔图良到路德到帕斯卡尔再到克尔凯郭尔，耶路撒冷和雅典之间的紧张和冲突一直以不同的形式得到强调。

施特劳斯强调这种紧张，根本上在于他认为哲学在本质上是非宗教的。作为试图以真知取代意见的努力，哲学必然不满足于为大多数人所信奉的传统、习俗和宗教。哲学家在本质上是牛虻，他在根本上质疑城邦及其公民视为当然的既定生活、习俗和宗教。另外，施特劳斯又强调，在言行上顺从自身所属共同体的习俗和信仰，是成为一个哲学家的必要条件和政治义务。哲学生活如果自认为是完全正当的生活，它便不能随意削弱自身所属共同体的基础，因此必须学会尊重政治意见和宗教习俗。哲学在思想上是完全自由的，但要在言论和行为举止上注意自我约束。施特劳斯认为，古典哲学家及其在中世纪犹太和伊斯兰世界的追随者都对哲学的非宗教本质及其政治义务有非常深刻的领悟。他们都极其小心地隐藏他们的哲学思想与宗教之间的本质紧张，并且在言行上公开捍卫哲学对宗教的顺从。

由于古典政治哲学家隐微教诲的方式，理性真理对于大多数人来说显得隐晦不明，资质平常的凡夫俗子对此完全不得要领。古典政治哲学家视此隐微/

① Paul Tillich, *Biblical Religion and the Search for the Ultimate Reality*, Chicago, The University of Chicago Press, 1955, p. 85; Étienne Gilson, *God and Philosophy*, New Heaven, Yale University Press, 1941, pp. 103-104, 144.

显白手法为政治义务。与此相反，现代启蒙哲学家则使古人刻意隐而晦之的教诲大白于天下。由此，施特劳斯认为古代和中世纪的理性启蒙本质上是隐微的，现代启蒙运动本质上则是显白的。① 现代哲学家不仅将哲学的非宗教性质全然公之于众，而且公开捍卫这种性质。这么做的目的在于企图一劳永逸地解放被束缚了的人类理性，从而使之彻底脱离外在权威尤其是宗教权威的束缚。比如，培根将知识区分为神学和哲学两大块，认为前者的根基在于神圣启示，后者则扎根于自然理性之光。② 又如，斯宾诺莎宣称，启示和哲学立于完全不同的根基之上，并且明确表示，其《神学政治论》的首要目的就在于把哲学从神学那里独立出来，从而赢得哲学理性的彻底自由。③ 既然哲学与神学的分离自现代以来便是一个公开的秘密，那么施特劳斯对神学与哲学、耶路撒冷和雅典之间紧张关系的公开强调便也承续了现代哲学的传统。如此看来，施特劳斯便不是一个完全意义上的古典主义者。

施特劳斯一方面推崇古典政治哲学家的绝对隐微手法，另一方面又承续现代政治哲学家的路线公开强调哲学与神学之间的紧张和冲突。究竟该如何理解这两者之间的矛盾呢？施特劳斯认为，无论今贤古哲都坚持哲学的非宗教本质。施特劳斯公开强调哲学的非宗教本质，可以说是坚持了现代启蒙者的立场。从这个角度来看，施特劳斯已经是一个很“现代”的哲学家。但是，施特劳斯毕竟和现代启蒙者有重大分歧之处。现代启蒙者将古代贤哲刻意隐藏的观点完全公之于众，因此他们在思想和言行上都表现出了十分彻底的坚决意志。他们放弃了古代政治哲学的绝对的隐微/显白手法，而采取了相对的隐微/显白手法，以达到彻底解放哲学理性的目的。在这一点上，施特劳斯又表现出了和现代哲学路线的不同。他更为欣赏古典政治哲学家的审慎品格而非现代政治哲学家的勇敢品格。也就是说，他对哲学理性是否可以并且应该大众化这个问题保持了谨慎的态度。这种谨慎态度源自对通过大众教育建立理性世界这一现代文明理想的根本怀疑。由于这一审慎态度，施特劳斯虽然和现代启蒙者一样公开强调哲学与神学的紧张，但是他的口吻远比后者温和。

---

① Leo Strauss, *Philosophy and Law*, Adler, Eve (trans.), Chicago, The University of Chicago Press, 1995, pp. 102 - 103.

② F. Bacon, *Advancement of Learning*, Chicago, Encyclopaedia Britannica, 1952, Second Book, V: 1, XXV: 3.

③ Spinoza, *A Theologico-Political Treatise*, *A Political Treatise*, R. H. M. Elwes (trans.), New Heaven, Yale University Press, 1951, pp. 9, 42, 183; Leo Strauss, *Persecution and the Art of Writing*, Chicago, The University of Chicago Press, 1952, pp. 165 - 166, 192.

现代启蒙的意图十分明显，就是要使哲学脱离神学的束缚和制约。施特劳斯则有意采取了一种貌似中立的口吻。他主要讨论“耶路撒冷和雅典之间的紧张”而非直接宣扬将哲学从神学的束缚下解放出来。这一种谈论方式至少给予了双方以同样的敬意，强调了它们之间的不可通融性。现代启蒙者则明确摆出和启示神学划清界限的姿态，并且实际上嘲笑启示神学为偏狭甚至迷信。施特劳斯以貌似中立的口吻将耶路撒冷和雅典相提并论，这很好地说明了一个政治哲学家的温顺品格。谈论耶路撒冷和雅典之间的紧张，不只是陈述虔敬生活和自由生活之间的冲突和不可通融，同时也暗示了哲学作为正当生活应当保持理性审慎的态度，应当显白地遵从城邦及其公民认可并遵从的宗教教诲。

那么，施特劳斯对耶路撒冷和雅典之争的强调，对于理解其思想整体有多大重要性？这只是施特劳斯思想的一个部分或者一个面向？它们具有同等的重要性，还是其中一个起着更为根本的作用？尤其是，到底如何定位耶路撒冷和雅典之争在施特劳斯思想中的地位？

并举耶路撒冷和雅典之时，施特劳斯所说的耶路撒冷主要指犹太教尤其是传统犹太教所信奉的生活方式。在分析施特劳斯与施米特的思想对话之时，迈尔虽然应用了施特劳斯的思想框架，但也做了一个关键的修正。迈尔所解释的施米特政治神学立场，首先是基督教的，其次是反犹的。施米特的反犹态度和言论，一直就是一个非常有争议的问题。敏锐如迈尔者自然没有回避这个敏感问题，而是最终归之为宗教问题，因此也就区别了施米特的宗教反犹态度和纳粹的种族反犹政策。这个宗教根源问题实际上触及了西方的一个根本问题：耶稣是不是基督？如果认信耶稣是基督，就是承认耶稣是救世主，是神。这也是基督教最为根本的信条。对于犹太人来说，耶稣只是一个人，是一个犹太人，而不是神。犹太人在源头上否认了基督教的根本信条。迈尔的解释隐含着这样一个意思：施米特既然是一个基督教政治神学家，那么他的反犹态度从宗教角度来看属于自然而然之事。

迈尔将施米特定位为一个基督教政治神学家，同时将施米特放到施特劳斯的思想框架中来理解。迈尔有意无意地忽略了一个重要的事实：施特劳斯实际上将耶路撒冷等同于传统犹太教。所以，要彻底理解施特劳斯关于耶路撒冷和雅典之争的论述，还需要弄清楚他怎样理解犹太教，怎样从犹太教的角度理解耶路撒冷和雅典之争。

在《迫害与写作的艺术》的前言中，施特劳斯明确说：“传统犹太教与哲学的问题也就是耶路撒冷和雅典的问题。”[1] 从这个断言里面可以看到，施特劳斯把传统犹太教等同于耶路撒冷和雅典之争的耶路撒冷一方。这个等同，其实表现了施特劳斯思想的一个倾向。这个倾向就是，施特劳斯实际上认为犹太教比基督教更为高明。那么，究竟高明在什么地方呢？

在《迫害与写作的艺术》的前言里，施特劳斯说明了传统犹太教和基督教之间的一些根本分别。主要分别可以大致归为两点。一是神的启示在传统犹太教那里是律法，在基督教那里则是教义信仰。二是哲学作为一种生活方式在传统犹太教世界中的地位一直是可疑的；在基督教那里，哲学在神学体系中的地位则非常稳固。[2] 这样就涉及施特劳斯对哲学本身的看法。在他看来，犹太教对哲学本身的警惕，更好地把握了哲学作为一种生活方式的本质。哲学不断追问事物本质的热情，必然会最终动摇律法的根本，所以传统犹太教对哲学始终抱有深刻的怀疑和警惕。那么反过来呢，也恰恰因为这样，哲学作为一种生活方式更好地保持了它的完整性和纯粹性。在基督教神学体系里边，神学对哲学本身不但没有敌意，反而把哲学作为进入神学殿堂的门槛学科。这样，哲学就成了基督教神学体系的坚实基础，但同时也不得不成为神学的婢女，因为它必须在根本上服务于神学信条。

施特劳斯还将基督教传统看作现代性的根本渊源。1936 年，施特劳斯发表了论述迈蒙尼德和法拉比（Al-Farabi）的一篇文章，文中强调了中世纪犹太-阿拉伯思想与古典思想在政治科学方面存在着“一种深刻的一致性”，并且明确断言：“《新约》也许导致了与古典思想的一致性，而宗教改革和现代哲学则无疑导致了与古典思想的决裂。”[3] 根据施特劳斯的分析，现代政治哲学企图通过启蒙让世人完全摆脱愚昧，摆脱宗教，从而建立一个理性的世界。这也就是说，这种启蒙教育是放之世界而皆准的理性教育。这个目标推到极致，就是要建立一个天下大同的人类世界。

就基督教和犹太教的关系来看，基督教是普世的宗教，而犹太教是一个民族的特殊宗教。因此，从犹太教到基督教有一个从特殊到普遍的飞跃。犹太教的主体局限于一个特殊民族，也就是犹太人。基督教则把信仰主体推广到所有世人。所以，从犹太教到基督教，便是从特殊民族的拯救到普世大众的拯救。

---

① Leo Strauss, *Persecution and the Art of Writing*, p. 20.

② Leo Strauss, *Persecution and the Art of Writing*, pp. 8-9.

③ Leo Strauss, "Some Remarks on the Political Science of Maimonides and Farabi," *Interpretation: A Journal of Political Philosophy*, 1990 (18), pp. 3-30.

根据犹太人的律法，神拣选犹太人作为神的子民。根据施特劳斯的解释，神选择犹太人并令他们受苦是为了向世人表明：这个世界得救的时刻还没有来临。犹太人坚持自己的选民身份，就是坚信救世主还没有来临。基督教把这个问题给解决了，因为对于基督教来说，救世主已经来临了，这就是耶稣基督。相信耶稣是基督，就得拯救。施特劳斯认为，现代哲学的大众启蒙和基督教的普世拯救是一种乌托邦，是一个不可能。所以，相对于基督教，施特劳斯倾向于回到传统犹太教；相对于现代政治哲学，他倾向于回到古典政治哲学的精神。[①]最后的问题是：究竟该怎样了解政治哲学和犹太智慧的关系问题？

在1962年的一次讲演中，施特劳斯将自身的思考主题确定为“犹太人问题”。[②]施特劳斯不是一个政治哲学家吗？为什么他的思考主题反而是“犹太人问题”？

从哲学史的角度来看，是苏格拉底把哲学从天上带到地上，把自然哲学转变为伦理学。在这个意义上，苏格拉底是第一个政治哲学家。苏格拉底哲学使命的起点，在于对神谕的怀疑。神谕说，世间没有人比苏格拉底更加聪明。为了挑战这条神谕，苏格拉底想尽办法找世间的聪明人交谈，希望因此找到比他更为聪明的人，从而反驳神的谕示。犹太精神的起点和希腊哲学精神的起点完全不同。希腊哲学精神的起点是在接受神的谕示之时企图质疑神的谕示，犹太精神的起点则是完全服从神的律法。希腊人的智慧在于理性盘诘，在盘问中超越一切，犹太人的智慧则在于恭行上帝的诫命，谨守摩西律法。苏格拉底因其不依不饶的盘问而显智慧，犹太人则因恪守笃行神法而显其聪明。这是施特劳斯所论耶路撒冷和雅典之争的一个重要方面。

同时，两者之间的一个根本的类似点对于理解施特劳斯所说的耶路撒冷和雅典之争也十分重要。希腊哲学和犹太传统都对普世教育和普世拯救持怀疑态度。传统犹太教坚持特殊拯救论，希腊哲学坚持少数人启蒙的观点。可以说，犹太民族作为民族在世上各族中的地位和苏格拉底作为个人在人群中的地位，有其类似之处。换个角度来说，犹太人作为民族在这个世界上所背负的命运和苏格拉所背负的使命极为相似。

苏格拉底这样的哲学家人间稀有，散落在万千大众之中。其不依不饶的盘问既令人头痛，又令人警醒。哲学盘问表明，哲学的落脚点根本就不在政治生活之内，虽然追求哲学者都置身于政治生活之中。只要哲学没有王位，哲学与

① 参见陈建洪：《施特劳斯论古今政治哲学及其文明理想》，载《世界哲学》，2008（1）。

② Leo Strauss, *Jewish Philosophy and the Crisis of Modernity: Essays and Lectures in Modern Jewish Thought*, Kenneth Hart Green (ed.), New York, SUNY, 1997, p. 312.

政治在根本上的冲突就不会完结。哲学的存在见证了世界还没有摆脱恶。作为没有自己土地的民族，犹太人散落在尘世万族之中，以其笃信重重黑暗之中的上帝而贵为世上的稀有民族。对犹太人来说，尘世的一切王位皆为虚妄。犹太人的笃信表明他们的落脚点也不在万族所依赖的任何政治生活，尽管他们不得不生活在万族之中。犹太人对神治的盼望与万族尘世政治之间的冲突不会完结。犹太人的存在证明，弥赛亚还没有来临，世界还在恶的统治之下。犹太人的谨守神法在万族之中既赢得敬重，也引来嫉恨和迫害。

施特劳斯认为，犹太人散落于万族之中受苦，这是被拣选民族的使命。犹太人被拣选出来以证明救赎尚付阙如，这是犹太人作为被拣选民族在这个世界上的使命。① 只要犹太人问题还没有解决，就表明弥赛亚还没有来临，世界就还没有得救。犹如苏格拉底是神送给雅典人民的礼物，犹太人是神送给尘世万族的礼物，用以警醒世人。所以，在这个世界上，犹太人问题无法解决，除非弥赛亚来临，就好像哲学与政治冲突无法缓和，除非哲学拥有王位。苏格拉底在一定意义上是神拣选的个人。这个人在世上的存在就证明，世人还缺乏真正的知识和智慧。施特劳斯对耶路撒冷和雅典之争的特别强调，在一定程度上也容易令人忽略两种生活态度除了在根基上针锋相对之外，还拥有十分类似的高贵命运。

最后，需要强调一下理解这个耶路撒冷和雅典之争的另外一个重要维度。

1955 年，施特劳斯在耶路撒冷大学讲演《什么是政治哲学?》。开篇便说，政治哲学的主题——“义人之城、虔诚之城”——在耶路撒冷比在世界上任何其他地方都得到了更为严肃的对待。② 这句话说明，追求完全正义和虔诚的城邦乃是雅典和耶路撒冷的共同主题。然而，两者通往正义之城的道路截然相反。一条道路是通过理论沉思建构一个绝对完美的正义城邦；另一条道路则是通过践行神法而渴望绝对完美的神治状态。如此说来，耶路撒冷和雅典之间的紧张也是实践和理论的紧张。在《神学和哲学的相互影响》这篇文章的第一节尾段，施特劳斯就直接将希腊传统和《圣经》传统的紧张归结为人类生活中最为基本的二元论：言与行的紧张。两者的紧张关系因此最终可以归结为言与行何者优先的问题。具体来说，雅典选择了言语的优先性，耶路撒冷则选择了行

---

① Leo Strauss, *Jewish Philosophy and the Crisis of Modernity*, p. 327.

② Leo Strauss, *What is Political Philosophy*? Chicago, The University of Chicago Press, 1959, p. 9.

动的优先性。①

要真正理解施特劳斯所说的这种言行二元紧张，需要将它与对正义之城的两种真诚渴望和永恒追求结合起来分析。犹太律法强调在行动上服从摩西律法，服从上帝的诫命和拣选。犹太人为被拣选民族，他们要通过笃行律法而渴望正义之城的最后来临。最终正义是否最后来临以及何时来临，这一切都依赖于神。犹太人对正义之城的渴望以及他们在这个世界上的受苦，都表现出了最终的正义尚未来临。希腊政治哲学选择通过对话言词建立最佳政治秩序，建立起“理想中的城邦”。只有哲学家称王，这个理想国才有可能。然而，哲学家称王的可能性微乎其微，完全依赖于那不可依赖的运气。所以格劳孔（Glaukon）说：“这种城邦在地球上是找不到的。”但是，苏格拉底回答说，这样的城邦“现在存在还是将来才能存在，都没关系”。最重要的事情是，理性的人“只有在这种城邦里才能参加政治”②。也就是说，哲学家的根基同样也不在这个大地上。

无论耶路撒冷还是雅典，从正面来说，都追求最完美的正义之城；从反面来说，都否定了人间政治现实的完满性。两者之间的根本争议在于究竟如何（通过行动还是通过言词，通过实践还是通过理论）建立最佳政体，追求正义之城。两种对正义之城的追求道路虽然不同，但是都提醒并见证了世间尚未摆脱恶苦的事实。施特劳斯所说的耶路撒冷和雅典之争的问题，因此根本上要追踪到如何追求正义城邦和最佳政治秩序的问题。

第三节　政治哲学、隐微论与文明理想

作为 20 世纪著名的政治哲学家和政治哲学史家，施特劳斯虽然备受争议，但是也不折不扣地确立了一个流派——施特劳斯学派，不管我们怎样看待以他命名的这个流派。也恰恰因为他解读西方政治哲学史的独特眼光和思路，施特劳斯的名字和思想始终挥不去争议和误解。施特劳斯研究政治思想史的特色究竟是什么？首先在于他重点强调西方政治思想史中的政治哲学史。政治思想史虽然只是思想史研究的一支一脉，但仍然是一个非常宽泛的领域。它研究一切

① Leo Strauss，*Jewish Philosophy and the Crisis of Modernity*，p. 120.

② ［古希腊］柏拉图：《理想国》，郭斌和、张竹明译，386 页，北京，商务印书馆，1986。

有关政治的思想，政治哲学史则是一个相对狭窄的领域。比如说，丘吉尔和希特勒的政治观念可以是政治思想史的研究对象，但不可能是政治哲学史的研究对象。政治哲学首先来说是对政治的哲学处理；对于施特劳斯来说，政治哲学更是哲学的政治学，也就是对哲学的政治处理。因此，要想理解施特劳斯如何解读政治哲学史，一个前提是要从思想上定位他如何理解政治哲学。施特劳斯倾其毕生精力探索政治哲学的本质及其历史沿革。换句话说，施特劳斯毕生都在思索究竟什么是政治哲学以及政治哲学的兴衰命运。那么，究竟什么是施特劳斯的政治哲学或者说施特劳斯所心仪的政治哲学？这是阅读施特劳斯所碰到的首要问题。

一、什么是政治哲学？

在通常意义上，政治哲学首先意味着对政治的哲学思考。如果从一个更为宽泛的角度去理解，政治哲学也意味着对政治的种种思考。对施特劳斯来说，政治哲学需要从严格意义上去理解，也就是说对政治的哲学理解。从词源上看，哲学乃是对智慧的追求，对真正整全知识的追求。那么，作为对政治的哲学理解，政治哲学便是对政治智慧的追求，对政治真知的追求。既然政治哲学是对政治智慧的追求，那么说明政治哲学并不满足于一般的政治意见，也不同于从其他角度思考政治的观点。因此，政治哲学需要和政治思想、政治理论、政治神学、社会哲学和政治科学这些概念区别开来。

在《什么是政治哲学?》中，施特劳斯明确区分了政治哲学和其他几个大概念。首先，政治哲学是对政治的哲学反思，政治思想则是关于政治的一切思想。就政治哲学与政治理论的区分而言，与政治哲学相同，政治理论是对政治处境的全面反思；与政治哲学不同，政治理论的全面反思最终是为了引出一套宏观政策，而非追求政治的最终真理。政治哲学和政治神学的根本区分在于，政治神学乃是以神的启示为基础的政治学说，而政治哲学则诉诸人类理性。政治哲学和社会哲学都以政治事务为主题，但是两者的观察点并不相同。政治哲学将政治体——国家或者民族——看作最为全面和最为权威的机构，而社会哲学仅把政治机构看作“社会”整体的一个部分。最后是政治哲学与政治科学之间的区别。在施特劳斯的对比讨论中，政治科学既指以自然科学为模范、以现代方法论为指导对政治事务的经验研究，也指以收集和分析政治材料和数据为要务的科研工作。与前一种意义上的政治科学不同，政治哲学并不以自然科学为模范，而是自有门径，追问何谓正当的政治秩序；与后一种意义上的政治科学不同，政治哲学并不满足于对政治事实的材料分析，而是追求政治的真知识。[①] 需要注意，在区分这些概念的时候，施特劳斯都在特定意义或者派生意义上谈论政治理论和政治科学。如果从原本意义上来理解理论（theoria）和科学（epistēmē），那么政治哲学、政治理论和政治科学三者同指。

政治哲学是哲学的一个部门。哲学追求真知和智慧，追究万事万物的本质。如此，政治哲学便是追求政治知识和智慧，追究政治的本质。政治哲学既追求政治的真知识，便不满足于通常的政治见解和日常意见。然而，通常的政治见解和日常意见乃是一个政治社会的根本成分。政治哲学既然要超越甚至剔除通常的政治见解和日常意见，就必然会触及政治社会的根本。如果政治哲学的努力本身在根本上可能危及政治社会本身的构成要素，那么政治哲学便需回答政治社会的质问：为什么政治哲学仍然必要？[②]

哲学追求知识和智慧，目的自然是要追求更好的生活。如苏格拉底所说，未经反思的生活乃是浑浑噩噩的生活。同理，政治哲学的根本目的显然也是追求更好的政治和社会生活。如果没有政治哲学，那么人们仅满足于生活在政治洞穴之中。因此，政治哲学的努力在于将人们带出政治洞穴而面对政治的真知识、真智慧，认识美好的政治生活和完善的政治社会。然而，如果政治哲学的探索在根本上危及政治社会的基础，那么政治哲学在回答了其自身必要性问题之后仍然需要认真思考，如何才能既保持政治哲学超越政治洞穴的可能性，又不危及政治哲学身处其中的政治社会本身。无论政治哲学在多大程度上超越了政治洞穴，政治哲学毕竟只有在政治社会中才有其可能性。没有政治社会本身的土壤，政治哲学也就无从谈起。而且，既然政治哲学的目的在于追求美好的政治生活和完善的政治社会，那么政治哲学便需要将政治社会引向更好和更完善的方向，而非引向政治社会本身的瓦解。这也是施特劳斯眼中政治哲学的另一重意思，也即对哲学的政治理解。

究竟如何可以既保留哲学对政治的超越，又不危及政治本身的基础？这便触及施特劳斯政治哲学思想的精髓。对施特劳斯来说，政治哲学不仅仅意味着关于政治的哲学思考。更为重要的是，它也意味着哲学的政治姿态。换句话说，政治哲学不光是关于政治的哲学，也是哲学的政治学。它是讲政治的哲学。所谓讲政治的哲学，也就是说它顾及了政治。也可以说，它兼顾了哲学意

① Leo Strauss, *What is Political Philosophy? And Other Studies*, Chicago, The University of Chicago Press, 1959, pp. 10–14.

② 参见［美］迈尔：《隐匿的对话：施米特与施特劳斯》，106～126页。

义的至善和政治意义的良善。如何才能两者兼得呢？施特劳斯的答案是双重教诲理论，也就是隐微/显白双重教诲的学说。

二、隐微论

施特劳斯之所以成为施特劳斯，最为关键的是他的双重教诲理论。这个理论既为他带来与众不同的声名，也经常招致学人的指责和诟病；既催发诸多争论，也引起无数误解。虽然施特劳斯这个名字始终伴随着争议，但是，对其生前与诸多理论家和学者的交锋，应该没有太多离谱的误解。这些误解，在其死后逐渐增多，而且并没有随着研究著作的急剧增加而有所减少。

施特劳斯据说是一个提倡撒谎的政治哲学家。这个说法听起来有些简单化了，也比较直接。用更为粗俗的概括来形容，施特劳斯隐微/显白论的根本精神就在于见人说人话，见鬼说鬼话，而且要是能见到神，那就得编神话。这种说法的基本思想根源在于从非常简单而鄙夷的角度来理解施特劳斯所倡导的古典政治哲学的微言大义。也就是说，施特劳斯所论显白教诲，经常被简单等同于哲学家对政治大众的傲慢态度和欺骗手段。比如，德鲁里就明确断言："施特劳斯认为哲学家的角色不是把关于太阳真理的知识带入洞穴，而是去操纵洞穴中的影像。他教导哲学家必须向大众编造谎言，而他们自己却拥抱黑暗。"[①] 国内青年学者也从理论上对施特劳斯的隐微论提出了许多质疑和批评，比较突出的批评理据主要有两点。第一，隐微论如适用于施特劳斯本人所提出的隐微论，便会造成自我矛盾或者吊诡的现象。所以，直接介绍和讨论隐微论是对隐微论的"嘲讽和背叛"，只有对它不置一词，才是对隐微论的实质继承。第二，施特劳斯的言外之意是，阅读法不仅有"真理化"和"特权化"自身的阅读和阐释路径的嫌疑，而且其隐微写作论实际上遮盖了"哲人一个根本的无能，即最终无法言说真理。'隐微写作'这一操作使得无能者躲入洞穴中，通过贬低洞外的大众而抬高自身，从而遮盖自己的根本性无能"[②]。这两点批评并非全无道理，但是没有说清楚施特劳斯所说的隐微论传统到底想要隐藏什么东西，而且为什么需要隐藏。

---

① ［加］德鲁里：《列奥·施特劳斯与美国右派》，刘华等译，93页，上海，华东师范大学出版社，2006。译文依原文稍有改动。Shadia B. Drury，*Leo Strauss and the American Right*，New York，St. Martin's Press，1997，p. 80.

② 吴冠军：《日常现实的变态核心》，169～170页，北京，新星出版社，2006；吴冠军：《爱与死的幽灵学》，58～59页，长春，吉林出版集团，2008。

施特劳斯认为，真正哲学家的学说中都包含着双重教诲：隐微和显白的教诲。[①]

施特劳斯的这个双重教诲理论大致可以从四个角度来理解。从学说本身的意图来看，真正的哲学学说都包含着哲学的隐微学说和政治的显白学说。前者包含着哲学家的真实意图，后者则是这种真实意图的保护色。从受众来看，隐微教诲可称为“私密教诲”，其受众为极少数资质出众者；显白教诲可称为“公众教诲”，是迎合大多数人理解力的教诲。从文本结构来看，经典哲学文本包含着两层意义：内在的真实意义和外在的表面意义。从写作的艺术手法来看，哲学家通过隐微/显白的写作方式，将其哲学意图和政治意图编织在一起，将内在义和外在义糅合在文本之中。因此，既向资质出众的潜在哲学家展现了其隐微哲学教诲，又以其显白政治教诲迎合了大多数人的理解力。从另一个角度来看，这种隐微/显白的写作方式既向大多数凡夫俗子隐藏了哲学教诲，又引导极少数出众才子领悟显白学说的必要性。所谓向凡夫俗子隐藏了哲学教诲，并非隐藏到了完全看不见的地方，而是由于这种写作的艺术性和凡夫俗子的理解力所限，大多数人对近在眼前的哲学学说视而不见。那么，有没有可能隐微的哲学教诲被不该看到的人识破并遭到揭发呢？施特劳斯对这个问题的答案是，凡能意识到隐微/显白双重教诲的人，必会先领悟到双重教诲的苦心真谛。所谓苦心，它兼顾哲学和政治的良善；所谓真谛，它是为了追求真正的人间至善。

明白了隐微/显白论的基本意思之后，需要再分析施特劳斯隐微/显白理论的根据。施特劳斯对此根据问题的一个明显回答相当简单：因为考虑到迫害的因素。这从他因之成名的著作标题便可看出：《迫害与写作的艺术》。施特劳斯所说的迫害，所指范围相当宽泛，包括最为严厉的宗教裁判和最为温和的社会排斥（social ostracism）。最为常见的迫害形式则通常介乎两者之间。那么，施特劳斯最为关心的迫害形式是什么呢？这便要从施特劳斯的一个哲学信念开始：在哲学家和凡夫俗子之间存在着一个不可逾越的鸿沟。施特劳斯把智者与俗人之间、哲人与大众之间的鸿沟看作人间的一个基本事实。[②] 也就是说，这个鸿沟不只是暂时存在于某一时代，而是人世间亘古不变的一个基本事实。施

---

① Leo Strauss, *Persecution and the Art of Writing*, pp. 22－37; “Exoteric Teaching,” in Thomas L. Pangle (ed.), *The Rebirth of Classical Political Rationalism: An Introduction to the Thought of Leo Strauss*, Chicago, The University of Chicago Press, 1989, pp. 63－71.

② Leo Strauss, *Persecution and the Art of Writing*, pp. 32－34.

特劳斯用“鸿沟”一词非常形象地说明智者和大众之间的距离。不过，需要注意两者之间存在着“鸿沟”并不意味着两者全无瓜葛。两者皆生活在政治共同体之中。为了人间社会的福祉，哲学家不能也不应离弃政治生活而独善其身。施特劳斯所用“鸿沟”一词主要意指两者在根本生活态度上的不可通融。

作为人性的基本事实，智者与大众之间的鸿沟说明了思想本身与社会本身的根本关系。也就是说，思想本身与社会本身之间存在着根本性的紧张关系。在这一点上，施特劳斯将自己与知识社会学的观察角度对立起来。在《迫害与写作的艺术》一书导言中，施特劳斯对两个概念作出区分：哲学社会学和知识社会学。[①] 施特劳斯这里所说的哲学社会学，也就是他后来所定义的政治哲学。知识社会学认为不同类型的思想与不同类型的社会之间存在着对应和谐关系。它出现的土壤是这样一个社会观念：思想和社会之间，或者说知识进程和社会进程之间，是一种本质和谐的关系。因此，知识社会学从不同的哲学思想里面看到了相应不同的社会、阶级或者部落精神。总而言之，知识社会学主要关心特定思想形式和特定社会形式的结构一致性。施特劳斯所理解的哲学社会学则关乎思想本身和社会本身的根本关系。在施特劳斯看来，思想本身和社会本身的根本关系是一种根本的紧张或者冲突关系。知识社会学完全忽略了这个冲突关系。这样，施特劳斯就否定了思想和社会之间是一种本质和谐的关系，强调了哲学和政治之间的紧张关系。[②] 施特劳斯对知识社会学的另一点批评是，知识社会学没有看到这样一种可能性：有一种因素将不同时代的真正哲学家凝聚在一起；这种因素比一个特定哲学家与其自身社会之间的纽带关系更为根本。哲学家之为哲学家，在于其追求替代日常意见的真知，而政治社会的根本恰恰在于日常意见。哲学家因此在根本上质疑政治社会的基础。在这个意义上，哲学对于社会有根本的危险性。此外，由于哲学对于社会的危险性，哲学事业本身在社会中也处于危险的位置。哲学质疑社会的基础，质疑政治价值的完善性，因此可能引致社会对哲学事业的压抑和迫害。因此，哲学在政治社会里面的地位是不稳固的，是可疑的。[③]

鉴于哲学在社会中的可疑位置，哲学需要采取双重行动。“政治哲学”便是哲学对自身的双重辩护。从消极方面来看，哲学需要将自身向社会的大多数

---

① Leo Strauss, *Persecution and the Art of Writing*, pp. 7 - 8.

② Chen, Jianhong, “What is Carl Schmitt’s Political Theology?” *Interpretation: A Journal of Political Philosophy*, 2006 (33), pp. 153 - 175.

③ Leo Strauss, *Persecution and the Art of Writing*, p. 18.

凡夫俗子隐藏起来，因此避免来自政治大多数人的迫害。从积极方面来看，哲学还需要辨明自身追求的政治正当性，需要辨明哲学乃是正确的生活方式，而政治社会在根本上无法摆脱意见。如果哲学乃是正确的生活方式，那么哲学家便有义务教育禀赋出色的青年人进入哲学之路，引导这些未来的政治社会领导人认识到哲学对于政治的根本改良有正面的而非负面的作用。政治哲学因此具有双重功能：保护功能和教育功能。

如果真正意识到政治哲学也就是显白教诲的双重功能，就可以避免对施特劳斯的很多误解。在很多情况下，这些误解都只强调施特劳斯政治哲学的自我保护功能，而忽略了它的教育功能。① 更有甚者，显白教诲仅仅被简单等同于哲学家对政治大众的傲慢态度和欺骗手段。这种误解仅仅看到了施特劳斯强调哲学对政治的超越以及两者之间的对立，但忽视了施特劳斯同样强调哲学政治对社会精英的政治教育功能和崇高目的。

三、古今政治哲学

施特劳斯如何思考政治哲学的历史沿革？

关于这个问题，施特劳斯思想中的一个重大方面便是古今之争，也就是古今政治哲学之争这个错综复杂的问题。众所周知，施特劳斯是古典政治哲学的忠实拥护者，因此是现代政治哲学的严厉批评者。然而，施特劳斯并非纯粹为了厚古而薄今，或者反过来纯粹为了薄今而厚古。施特劳斯非常清楚地强调，没有直接通往古人的便捷道路。只有深入理解现代政治哲学奠基人对古典政治哲学的攻击及其意图，才能为清楚理解古代政治哲学获得基础。这也是为什么施特劳斯不断要首先回到现代政治哲学的奠基处。

根据施特劳斯的分析，大致可以从以下几个方面去理解古今政治哲学之间的重要分别。

首先，两者对政治社会的基础有截然不同的理解。古人把有别于非常状态的正常状态作为他们政治理论的考虑标准，而现代政治哲学家则把例外和极端状态作为理论标准。现代政治哲学家之所以把极端状态作为理论标准，是因为他们认为极端状态比正常状态更好地表明了公民社会的根源和真正特征。② 在这一点上，霍布斯是一个绝佳的例子。他的道德和政治理论都建立在对极端状

---

① Leo Strauss, *Persecution and the Art of Writing*, pp. 36 - 37.

② Leo Strauss, *What is Political Philosophy? And Other Studies*, p. 47; Leo Strauss, *Natural Right and History*, Chicago, The University of Chicago Press, 1953, p. 179.

态的理解之上。[①] 非常的自然状态被确定为正常的政治状态的基础。施特劳斯本人则崇奉他所理解的古代政治哲学家，把正常的法律状态而非把非常状态作为他政治哲学的起点和标准。这两种考虑涉及对自然尤其是人性自然的两种不同理解。现代政治哲学家认为人性本恶，但是这种恶是无辜的恶，也就是无涉道德之恶。为了摆脱和战胜这种自然之恶，人类理性需要人为建立一个事实上的完美政治实体，通过法律和惩罚来防范人间恶。古代政治哲学家对人性自然和人间恶有着不同的理解。他们认为人间恶乃是道德恶而非无辜之恶。这种道德恶的缘由恰恰是人性中对自然理性的普遍不信任。为了驯顺这种道德恶，人类需要通过语言建立一个完美的政治实体。这个语言城邦的完美性彰显了人间政治城邦未臻完美，因此也说明了人间道德之恶积重难返。此外，这个完美城邦只存在于语言之中也表明了古典政治哲学家并不迷信人类理性能力的慎重态度。

其次，古今政治哲学看待理性教育的态度不同。现代政治哲学认为人性恶乃是无辜恶，因此可以通过理性教育来逐步战胜。如此，现代政治哲学企图通过普世理性启蒙让世人彻底摆脱愚昧，摆脱宗教，从而建立一个理性的世界。现代政治哲学的理性启蒙对象是世间所有人，也就是说所有人都可以通过教育而摆脱无辜恶，摆脱蒙昧。因此，这种启蒙教育是放之世界而皆准的理性教育，是适用于所有人的，换句话说，是普世的。这个教育的目标在于建立理性的人类新社会，最终目标就是天下大同的理想。古代政治哲学对理性能力的态度没有现代政治哲学那么勇往直前。它对人类社会完全根据理性而生活的能力持谨慎的态度，也正因此，它始终把绝对的理想国家置于语言之中。由于它对人间道德恶的冥顽不灵有更为深刻的洞察，因而古典政治哲学对通过普世理性教育战胜人间恶的想法并不乐观。[②] 也因此，它所采取的教育策略是高等精英教育。通过结合哲学理性和政治激情驯顺人间的道德恶，有效地引导大多数人避恶趋善。在这一点上，福山的判断相当准确："如果说施特劳斯对现代启蒙运动计划的怀疑含有任何一个中心主题的话，那么他所怀疑的就是这样一种观点：理性本身足以建立一个持久的政治秩序，或者说，非理性的神示能够从政治中被清除掉。"[③]

再次，对理性教育信念的不同态度，导致了古今政治哲学对隐微/显白论

---

① Leo Strauss, *Natural Right and History*, p. 196.

② Leo Strauss, *Persecution and the Art of Writing*, pp. 33 - 34.

③ ［美］福山：《美国处在十字路口：民主、权力与新保守主义的遗产》，27 页。

的不同理解。施特劳斯认为，所有真正的古典哲学家都坚持双重教诲并实践隐微/显白写作的方式。这种传统并没有随着现代政治哲学的兴起而消失。在施特劳斯看来，至少迟至 18 世纪末段，仍有哲学家和思想家（比如莱布尼茨和莱辛）明确地坚持和实践隐微/显白双重教诲和这种写作的艺术。[①] 只有在历史意识兴起并主宰思想主流之后，这种意义上的政治哲学才逐渐衰落甚至消失。那么，古今政治哲学的隐微/显白论之间是否没有实质分别呢？答案是两者确实有别。由于对理性教育和对文明理想的不同理解，古今政治哲学对隐微/显白论也有不同理解。在施特劳斯的讨论中，虽然没有明确区分两种隐微/显白论，但是他却指出了古今政治哲学对隐微/显白论的不同理解。由于古典政治哲学对理性能力的审慎理解，也因为它认为少数和多数之间的鸿沟不可逾越，故坚持认为隐微的哲学真理不可能也不应该显白于天下大众。[②] 所以，古典的隐微/显白论可以称为一种绝对的隐微论。与古代政治哲学的审慎比较而言，现代政治哲学大胆地认为政治压迫的问题并非不可解决。它希望通过理性教育的大众启蒙，也就是通过推行思想和言论的彻底自由，一劳永逸地解决哲学与政治、思想与社会之间的根本紧张问题。所以，现代政治哲学的隐微/显白论是一种相对的隐微论。[③] 所谓相对的隐微论，也就是说现代政治哲学家只是在一定程度上隐藏了他们的真正观点，这种程度足以使自身避免遭受迫害便够了。如果他们把自己的真正目的隐藏得更为隐秘，那么他们便不可能达到自身努力的目标：废除政治迫害现象，大力推行大众教育，从而建立一个完全理性的公开社会。[④]

最后，古今政治哲学在隐微/显白论方面的区别直接与两者所持的不同文明理想相关。也就是说，古今政治哲学对理想国家有不同理解。古典政治哲学家所理解的理想国家，其前提条件是人类身体和灵魂同臻完美之境。古典政治哲学家对此理想国家在事实上的实现并没有幻想，但是仍然坚持把这种理想国

---

① Leo Strauss, "Exoteric Teaching," in Thomas L. Pangle (ed.), *The Rebirth of Classical Political Rationalism: An Introduction to the Thought of Leo Strauss*, Chicago, The University of Chicago Press, 1989, pp. 63–71.

② Leo Strauss, *Persecution and the Art of Writing*, p. 34.

③ 近些年来，已有论者正确地区分了“有条件的隐微论”和“无条件的隐微论”，或者区分了施特劳斯学说中的弱版本（也即现代版本）和强版本（古代版本）的隐微论。[Paul J. Bagley, "On the Practice of Esotericism," *Journal of the History of Ideas*, 1992 (53), pp. 231–247; Michael L. Frazer, "Esotericism Ancient and Modern: Strauss Contra Straussianism on the Art of Political-Philosophical Writing," *Political Theory*, 2006 (34), pp. 33–61.]

④ Leo Strauss, *Persecution and the Art of Writing*, p. 34.

家作为人间政治体的典范，以警醒人类政治尚未摆脱无法摆脱的恶。现代政治哲学家既认为无辜之恶可以通过政治法律手段来战胜，便把目标转向未来，通过人类理性建立一个事实上的完美国家，这就是天下大同的理想政治社会。霍布斯的利维坦、黑格尔的理性国家和马克思的共产主义社会都可以理解作现代意义上的未来完美国家。

四、古今文明理想

施特劳斯常说，现代政治哲学降低了古代政治哲学的道德标准，以实现自身的理想和目标。如何理解这个说法呢？古典政治哲学家所设想的理想国家仅存在于语言之中。恰恰因为仅存在于语言之中，较之现实中的任何城邦，它就是非历史的、完美的和绝对的标准。现代政治哲学家企图把这个绝对城邦历史化和现实化，使之成为人类历史的完美终结点。为了历史化和现实化古典理想，现代政治哲学不得不首先降低道德标准。因为古代理想的实现前提过高，所以几无实现的可能性。古代理想的这个前提就是确保人类身体和灵魂同臻完美之境。现代政治哲学为了提高实现这种文明理想的可能性，便降低了古典政治哲学的标准，放弃了灵魂方面的要求，仅仅满足于人类身体方面的安全。所以，现代完美国家的首要任务便在于确保公民身体的安全，灵魂方面的修养则属于国家不可随便侵犯的禁区。

现代政治哲学在道德标准方面的降低，在施特劳斯看来，事实上一方面放弃了古典政治哲学家为人类政治生活所设定的绝对标准，另一方面为人类政治生活埋下了隐忧。一个隐忧是，为了实现未来完美国家的理想，任何手段都可能被认为是正当的。另一个隐忧是，既无绝对的理想标准，现实诸城邦之间便无善恶良莠之分，人类生活从而处于无可救药的纷争状态，也即陷入霍布斯意义上的自然状态。

1941 年，二战尚未结束，施特劳斯在美国发表了一个讲演，探讨德国虚无主义的本质及其精神渊源。这个讲演大体上可分为两个部分来读。前半部分主要阐述德国虚无主义是对现代文明理想的反动；后半部分则进一步说明，德国虚无主义不仅是对现代文明理想的反动，而且是对文明理想本身的否定。[①]

所谓现代文明理想，其主旨就是建立一个天下大同的公平社会，建立一个

---

① Leo Strauss, "German Nihilism," *Interpretation: A Journal of Political Philosophy*, 1999 (26), pp. 353 - 378.

彻底启蒙的光明王国。这个文明理想曾经激励了若干代的现代有识之士，至今血脉未断。然而，在德国，这个理想遭受到了最可怕的政治挑战和最深刻的哲学挑战。最可怕的政治挑战就是自由主义政治理念的衰落和纳粹政治理念的兴起。最深刻的哲学挑战就是对哲学理性原则的彻底历史化和世间化。这两股挑战力量并非完全偶然地同时折射了德国虚无主义的精神特征。德国虚无主义不仅对现代文明理想——无论自由主义的还是马克思主义的——不再心存幻念，而且抛弃了古今政治哲学共同保育的理性精神。也就是说，德国虚无主义放弃了依据理性建立和追求至善社会的根本理念，也即放弃了理性原则本身。但是，德国哲学的虚无主义确有其深刻之处。它不是简单放弃或者忽视传统的理性原则，而是毫不留情地对它进行了历史的解构。根据这种深刻的解构，传统的理性原则不过是作为时间的存在，是存在的历史发生。

现代文明理想已经失落，理性文明原则本身也已被历史地解构掉了。那么，德国虚无主义自身的根基落在何处？回到虚无。准确地说，回到霍布斯所说的自然状态。当代政治理论中最完美地体现了这一点的是施米特的政治理论。施米特认为，政治的标准就是划分敌友的能力。施米特所说的敌友划分主要是就国家与国家关系层面而言。施米特关于政治的定义是一个双重否定。它既否定了建立未来天下大同世界的现代文明理想，也否认了完美政治理念的古典文明理想。施米特认定政治是人类无法逃避的宿命。施米特和霍布斯的根本不同在于，霍布斯认为自然状态需要摆脱，而施米特则认为政治就是人类无法摆脱的宿命。由此，施米特揭示了人类生活的一个可怕事实：政治乃是生存命运。该如何面对残酷的政治事实呢？古典政治哲学通过语言辩证法建立一个完美的理想城邦，一方面以此来缓和人类生活的苦痛，另一方面以此来提醒人类建立文明的无比艰难。现代政治哲学抛弃了古代的完美政治理想，转而寻求建立未来的天下大同世界，以此来摆脱霍布斯意义上的自然状态和施米特意义上的政治状态。施米特的政治理论所代表的德国虚无主义则放弃了古今文明理想，转而采取勇敢直面冷酷政治事实的态度。

为什么就不能真诚地面对人类生活其实一直处于纷争状态的事实呢？这恰恰是施米特政治理论的真诚态度。施米特的政治概念认定人间的政治纷争乃是人性无法摆脱的命运。[①] 它既否定现代政治哲学的未来完美国家理念，也不承认古典政治哲学的永恒完美国家理想。它直接而且勇敢地面对赤裸裸的人间政

① 参见［德］施米特：《政治的概念》，刘宗坤等译，128～205页；［美］施特劳斯：《〈政治的概念〉评注》，1～25页。

治事实。在施特劳斯看来，这种真诚态度既是对现代政治哲学未来完美国家理想的反叛，也是现代政治哲学历史化古典理想的必然产物。这种真诚态度彻底放弃了古今政治哲学都抱有的理性文明理想。

德鲁里认为，施特劳斯的政治哲学将施米特的政治概念神学化，因此也将施米特的政治理论极端化了。[①] 这个结论看到了施特劳斯和施米特一样对现代政治哲学路线持批评态度，但没有看到施特劳斯并不像施米特那样直截了当地放弃理性原则本身。施特劳斯始终坚持古典政治哲学通过语言辩证法建立完美城邦的必要性和可行性。德鲁里认为施特劳斯政治思想是美国新保守主义的理论根源，根本上在于她把施特劳斯思想看作德国虚无主义的极端化变异。这是一个认识错误。其实，美国新保守主义所奉行的政治理念和政策在很大程度上暗中推行施米特的政治理念，而不是实行施特劳斯的政治哲学。在一定程度上，这是一个嫁接。以美国军事政治实力建立美国治下的世界和平，这种方式实质上是以施米特政治原则延续现代文明理想，在新世纪建立一个新的世界帝国。这一点在根本上和施特劳斯的政治哲学精神相抵触。

第四节　三种政治理念中的施特劳斯

施特劳斯从来就不是一个纯粹的历史学家，而是一个哲学家。这一点跟剑桥学派的斯金纳完全相反。斯金纳是一个纯粹的历史学家，而不是一个哲学家。斯金纳从一开始就否认哲学的永恒问题，他认为哲学家们所提出来的各种问题和各种理论，只有放在它们的社会-历史-语言的语境中才能够得到恰当的理解。在这一点上，伯林和斯金纳类似，虽然两人的路子相差较远。伯林强调了价值多元论，也就是说价值之间不可通约，不可能妥协，只能选择理性沟通并且接受相对存在。斯金纳否认卓越的哲学家有可能超越他们的时代而结成一个独一无二的群体。施特劳斯则恰恰把这看作当代思想史研究进路的一个错误。当代思想史研究特别强调了特定思想和某一特定社会之间、知识发展和社会发展之间的密切关系。但是，它完全忽视了这样一种可能性，也就是卓越的哲学家们自成一脉。施特劳斯坚持认为，将所有真正的哲学家凝聚在一起的

① 参见［加］德鲁里：《列奥·施特劳斯与美国右派》，101～109 页。

东西，远比将一个哲学家和某一个特定的非哲学群体聚集在一起的东西更为重要。[①] 明白这一点，对于理解施特劳斯的政治哲学至关重要。

施特劳斯回归古典政治哲学精神并非一个精神遗老对当代社会的愤懑和轻佻表达，而是重新审视现代政治哲学及其当代虚无主义的结果，指出西方当代思想中历史主义、相对主义、多元主义和虚无主义流行，而且这种流行恰恰衬托出了西方文明本身的瓦解，以及对自身政治理性主义传统的不自信。所以，施特劳斯回归古典政治哲学的根本目的是要重振古典政治理性主义，要重新确立西方文明传统的自信，尽管施特劳斯的这种努力在种种政治和思想浪潮中显得有些暗淡，有些闪烁，有些微弱。

古典政治哲学的代表人无疑是柏拉图，柏拉图最有名的著作自然是《理想国》。这个中译名也许不是很理想，不过还是有启迪意义。这部著作的主题就是在对话中建立一个理想的国家、一个哲学家为王的理想城邦。这是理想国家。苏格拉底的对话者格拉孔就指出，这种理想的城邦“在地球上是找不到的”。苏格拉底则回答说：它是否现实（无论现在还是将来）存在无关紧要，关键是一定要通过语言建立这种理想的城邦。苏格拉底确实通过对话建立了这种语言中的理想城邦。波普尔曾经把这种理念视为极权制度的思想源头，伯林也把这种理念视为一元论的典型。施特劳斯的读解恰恰相反，他把在语言中确立理想城邦的古典方式视为避免人间政治步入疯狂的一个保证。苏格拉底通过对话确立了永恒的、理想的城邦，将之作为一个永恒的标准。在这一标准的映照下，人们才能明白，任何现实的城邦和国家都不能自称完美，无论古希腊的雅典还是当今的华盛顿。古典政治哲学始终关心美好生活和最佳政治制度的问题，并且把这个问题作为理论思考的依据。苏格拉底的回答说明，人类理性必须保持对理想城邦的追求，而不是去关心它是否能够实现；只要保持着这一份追求，人类的美好生活和制度就始终还有实现的可能性，尽管概率极小。

古典政治哲学只关心纯粹的正义，而不去关心这种纯粹正义是否可能实现。这引来了现代政治哲学家的批评。马基雅维利就曾经批评过古代政治哲学传统的不切实际：“我觉得最好论述一下事物在实际上的真实情况，而不是论述事物的想象方面。许多人曾经幻想那些从来没有人见过或者知道在实际上存在过的共和国和君主国。可是人们实际上怎样生活同人们应当怎样生活的距离是如此之大，以至于一个人要是为了应该怎么办而把实际上是怎么回事置诸脑

① Leo Strauss, *Persecution and the Art of Writing*, pp. 7 – 8.

后，那么他不但不能保存自己，反而会导致自我毁灭。因为一个人如果在一切事情上都想发誓以善良自持，那么，他置身于许多不善良的人当中定会遭到毁灭。”[①] 马基雅维利的这个批评包含了这样一层意思：古典政治哲学以善作为政治哲学的首要考虑，从而在面对政治现实的时候显示出了进退失据的无能。立足于马基雅维利的现实主义思想，霍布斯便从现实政治世界中的自然状态开始建构他的政治哲学。人与人之间的自然状态是一种恐怖状态，因此霍布斯政治理论的首要目的在于令人摆脱这种无休止的恐怖状态，其方法是通过理性自由立约建立共同的政治主权权力来约束人们的自然自由。不过，主权与主权之间仍然处于群龙无首、弱肉强食的自然状态，因为在主权与主权之间并不存在一个更高的主权决断者。这也是霍布斯政治理论的一个矛盾。建立利维坦也即现代国家的目的在于摆脱人与人之间的自然状态，然而国与国之间仍然处于自然状态。于是，在现代政治理论中，自然而然地发展出建立一个超级利维坦的思路，也就是黑格尔意义上的世界国家，或者建立一个无阶级的自由社会，以摆脱国与国之间的自然状态。这是现代文明思想的精髓所在。现代文明理想就是要建立一个天下大同的公平社会，建立一个彻底启蒙的光明王国，建立一个彻底自由的理性社会。

霍布斯政治理论的矛盾还有另一种不是办法的解决办法，那就是施米特的政治概念。施米特认为，政治就是敌我划分。有政治意识，就是要有敌我分明的意识，也就是对谁是敌人谁是朋友要有清楚的认识。因此，政治的衡量标准就是敌友划分意识。不过，敌人和朋友虽然是构成政治的共同要素，但实际上朋友概念相对不重要。敌人概念是首要的，朋友概念基本上处于附属地位。因此，要划分敌友，首要任务是认清和确定谁是敌人。施米特的政治概念主要涉及国家与国家之间的敌友划分意识；他所说的敌人概念，也主要指国家与国家之间的敌对意识。施米特是关心天下秩序的政治理论家，尤其关心由现代国家与国家之间的敌我转换关系所构成的世界秩序问题。在现实政治中，国家和国家之间的关系仍然由敌友划分意识来决定。也就是说，国与国之间仍处于政治状态，仍处于非常状态。虽然有些理念超乎国家概念，但实际上还没有什么法律凌驾于国家主权之上。国与国之间的关系仍然处在霍布斯意义上的自然状态，这是一个无法否认的事实。施米特政治理论紧盯的正是这一个政治事实，而且要证明这一种政治事实是人类无法逃避的宿命。

---

① ［意］马基雅维里：《君主论》，潘汉典译，73～74 页，北京，商务印书馆，1985。

1932年，施特劳斯为施米特的《政治的概念》写了一篇书评。在这篇书评里，他说施米特的政治概念“荣耀地恢复了霍布斯的自然状态概念”①。施特劳斯的这个评论包含着两层意思。一是描述性的含义，说明施米特的政治概念是霍布斯自然状态学说的复活；一是批评性的意思，指出施米特肯定了霍布斯想要否定的东西。“恢复”只是一个描述语，“荣耀地恢复”则包含了批评态度。也就是说，施米特的政治概念既是对霍布斯自然状态概念的一种复活，也是对霍布斯文明状态理论的一个否定。在霍布斯那里，自然状态是要不得的状态，是所有人对所有人的战争状态，所以这种状态需要被否定，需要被文明状态取代。在霍布斯那里，自然状态是一个负面概念。施米特则运用这个负面概念来分析国与国之间的关系，并从生存论的角度将其转换为一个正面概念。人间的政治秩序就是在血腥争斗和势力转换中不断脱胎换骨，不断打碎旧的秩序并且产生新的秩序。施米特认为，政治状态是人类生存中无法否定的现实。只有直面这一不可逃避的政治现实，人类才能认清自身的生存状态和命运。在施米特的思想体系中，人类社会的真正命运就是刀光剑影的血肉政治，既不是什么存在于语言中的理想城邦，也没有什么四海之内皆兄弟的自由社会。施特劳斯并不像施米特那样断定，人类根本没有办法超越政治。施特劳斯始终坚持，人类虽然始终生活在无情而残酷的政治现实之中，但是人类生活的尊严恰恰在于保持超越政治生活的希望。政治是人类生活的根本现实，但是人类生活的尊严在于追求高贵的政治。

施米特经常被人称为20世纪的霍布斯，这种比喻有其合理性，也有其误导性。施米特之所以被人称为当代霍布斯，除了他对霍布斯的独特研究之外，一个重要原因在于施米特本人的政治概念复活了霍布斯的自然状态概念。不过，同样重要的是，施米特和霍布斯的政治学说在根本目标上存在着不一致的地方。

在霍布斯所描绘的自然状态中，人与人之间弥漫着一种警惕和不安，每个人都得依靠自身力量来保卫自身的存在和安全。在施米特所描绘的政治状态中，国家和国家之间也同样弥漫着警惕和不安，每个国家都得依靠自身力量自我保全。霍布斯所描述的自然状态是一种所有人对所有人的战争倾向。施米特的政治状态也是一种国家对国家之间的战争倾向。霍布斯所描写的自然状态侧重于个人与个人之间的无政府状态；施米特所强调的政治状态则侧重国家与国家之间没有更高主权的无序状态。所以，施米特的政治概念是霍布斯自然状态

① ［美］施特劳斯：《〈政治的概念〉评注》，8页。译文稍有改动。

概念的彻底化形式。它提醒并且教导人类这样一个残酷的事实：人类生活从来就没有而且将来也不太可能摆脱自然状态。

霍布斯所描述的自然状态是一种恐怖状态，是一个需要而且可以得到克服的生活状态。与之相对的就是文明或者政治状态。霍布斯政治理论的目的在于摆脱这种无休止的恐怖状态并且建立文明的政治状态，其方法则是通过理性地自由立约而建立共同的政治主权权力来约束人们的自然自由。建立利维坦也即现代国家的目的在于克服人与人之间的自然状态，然而国与国之间仍然处于自然状态。因为在主权与主权之间并不存在一个更高的主权决断者，所以主权与主权之间仍然处于群龙无首、弱肉强食的自然状态。这种国与国之间的自然状态也就是施米特所强调的政治状态。这个问题究竟如何解决是霍布斯政治理论中一个悬而未决的问题。

在现代政治理论中，有两种解决这个问题的方案。一种方案是建立一个超级利维坦或者说黑格尔意义上的世界国家，以克服国与国之间的敌对状态。另一种方案就是施米特的消极解决办法：否认建立超级利维坦的可能性，否认人类可以摆脱或者克服敌对状态，断定政治是人类生活的宿命。可以说，施米特逆向解决了霍布斯政治理论中的矛盾。换言之，施米特坚持停留在霍布斯政治哲学所蕴含的问题本身，而且否认这个问题可以得到最终解决。①

根据霍布斯的政治学，按约建立主权国家也即利维坦是理性法则的真正确立和对自然状态的克服。政治是对自然的克服，是文明取代野蛮。霍布斯政治理论虽然有权力政治学之称，但是霍布斯并没有像施米特那样完全抛弃自然法的概念。霍布斯认为，关于自然法的科学是真正而且唯一的道德哲学。② 他还明确指出："自然法自宇宙洪荒以来一直是法律，不但成为自然法，而且成为道德法规，是由信义、公道等品德以及一切有益于和平和仁爱的思想习惯组成的。"③ 在《利维坦》第十四和第十五章，霍布斯总共讨论了 19 条自然法则；第十四章着重讨论了头两条自然法则，第十五章探讨了其他 17 条。

霍布斯坚持自然法的有效性，不过他也强调了传统自然法观念的虚弱性。在自然状态中，自然法仅是虚的法则，无法得到实际的贯彻。人虽是理性的动物，但还没有获得理性的生活。在没有公共权力的地方，理性法则脆弱不堪。

---

① 关于霍布斯的自然状态学说和施米特的政治概念之间的关系，参见拙文《论霍布斯的自然状态学说及其当代复活形式》，载《学术月刊》，2008 (6)。

② 参见［英］霍布斯：《利维坦》，黎思复、黎廷弼译，121～122 页，北京，商务印书馆，1985。

③ ［英］霍布斯：《利维坦》，271 页。

只有在公共权力得以确立的地方，理性法则才可能得以现实化。从自然法到民约法的现实化过程，也是理性原则确立自身的过程。在自然状态下，自然法并无实际的约束力；在文明状态下，自然法通过现实化为民约法而具有明确的约束力。霍布斯国家理论的一大目标便是确保理性法则的现实化。在自然状态下，理性还未能确立自身的力量。在没有建立国家之前，理性法则是空洞的语词，是未能现实化的道德规则。霍布斯认为，理性法则在过去一直未能得以真正的现实化，仅存在于语词或者理想之中。霍布斯政治理论的目的就在于通过主权意志顺利地现实化过去仅仅停留在理论层面的自然法。

在其国家学说的结尾处，霍布斯比较了他自己的和柏拉图的国家学说："我几乎认为自己费这一番力就像柏拉图搞出他那共和国一样没有用处了。因为他也认为在主权者由哲人担任以前，国家的骚乱和内战所造成的政权递嬗是永远无法消除的。"[①] 从这一个比较来看，霍布斯认为柏拉图所设计的共和国是无用的。柏拉图所设计的共和国，思想史上通常称为理想国、由哲人王所统治的共和国。之所以被称为理想国，是因为它是几无可能实现的理想，因为现实的情况是，国家的骚乱和内战所造成的政权递嬗永远无法消除。一方面，自然状态永远无法消除；另一方面，理想国的理念又无力克服这种状态。在这个意义上，霍布斯说柏拉图的共和国是无用的。这番话里边还有一个字需要注意，就是那个"也"字。这个字说明了霍布斯也跟柏拉图一样，认为自然状态永远无法消除，除非哲人担任王位。在这个意义上，霍布斯说，他几乎认为，自己的国家学说也和柏拉图所设计的共和国理论一样无用了。从这一点来看，霍布斯和柏拉图一样，认为只有主权者由哲人担任，才能真正消除纷争和骚乱。

霍布斯又如何避免自己的国家学说变成无用之说呢？霍布斯比较了自己的国家学说和柏拉图国家学说的不同之处。主要有两点不同：一是霍布斯认为他自己的学说考虑到了主权者和主要大臣"唯一必须具有的学识就是关于自然正义的学识"，无须像柏拉图的国家学说设想的那样需要学那么多数学；二是霍布斯自认为做到了"柏拉图和迄今为止的任何其他哲学家"都没能做到的事情，那就是"整理就绪并充分或大概地证明伦理学说中的全部公理，使人们能因此而学习到治人与治于人之道"[②]。换言之，霍布斯自认确立了伦理学说中的全部公理，也就是确立了自然正义的原则。主权者及其主要大臣只需学习和运用这些公理和原则，并促使人们学习这门学问。霍布斯通过为未来的主权者及

---

① ［英］霍布斯：《利维坦》，288 页。

② ［英］霍布斯：《利维坦》，288 页。

其大臣确立明确的“治人与治于人之道”来现实化柏拉图的哲人王理想，企图一劳永逸地摆脱人类生活的自然状态。

在柏拉图的政治学说之中，哲人王的统治是贤者和智者之治，只有贤智者才配得大位。所以，传统政治学说首先关心理想的极致，而不关心这种理想是否能够实现。当格劳孔说苏格拉底所构建的“理想中的城邦”在这个地球上找不到的时候，苏格拉底回答说：这样的城邦“现在存在还是将来才能存在，都没关系”，最重要的是理性的人“只有在这种城邦里才能参加政治”①。换句话说，苏格拉底完全不关心如何逾越横亘在政治理念和政治现实之间的那道不可跨越的鸿沟。从霍布斯的眼光来看，这种理想政治如无实现的可能性，那就不过是无用的语词。为了现实化传统的理想政治理念，或者说为了弥合理想政治和现实政治之间的传统鸿沟，霍布斯一方面坚持传统的自然正义理念，另一方面试图通过主权意志将传统理想政治转化为现实政治，其目标是使人类生活彻底摆脱自然状态。由此，霍布斯为未来的主权者订立了自然正义的全部公理，希望未来的主权者能够通过其主权意志实现自然正义之道。因此，霍布斯的政治理论弥合了传统政治哲学中的哲学与政治、理论与实践之间的鸿沟。在弥合这道鸿沟之时，霍布斯需要做出一定的调整。根据传统理想，哲人王依据其智慧而具有统治的正当性，这种正当性是纯粹的正当性。所谓纯粹的正当性，是无须考虑任何现实条件的正当性。在霍布斯那里，正当性的渊源不再在于智慧，而在于以自由个体的同意作为基础的主权意志。

在一定程度上，霍布斯的政治哲学转移了传统政治哲学中的紧张因素。在传统政治哲学中，理想政治是纯粹的理想。由于它是如此纯粹而完美的理想，所以用霍布斯的话来说，它是无用的语词。也恰恰因此，在理想政治和现实政治之间始终存在着一种紧张。霍布斯的政治哲学缓和了这种紧张关系。因为这种缓和，现实主权之间的紧张替代哲学与政治之间的紧张成了政治理论的核心问题。主权无休止的斗争问题要求得到解决，于是产生了社会主义和自由主义等各种解决办法，包括施米特的不是办法的解决办法。

霍布斯的政治哲学完全融合了哲学和政治，或者说把哲学政治化了。此后，哲学和政治、思想和行动之间的紧张不再是政治哲学的主题。霍布斯承认政治学是难度极高的一门学问。他说，和几何学比起来，“政治学更难研究”②。霍布斯深深明白亚里士多德的立场：政治学的立足点是人类生活的经验及对其

① ［古希腊］柏拉图：《理想国》，386 页，592b。

② ［英］霍布斯：《利维坦》，274 页。

洞察，而非抽象的理论思考。亚里士多德始终坚持哲学和政治之间、理论和实践之间的紧张；霍布斯则试图消除两者之间的紧张，或者说通过将哲学政治化来使哲学无害化和多余化。

哲学的政治化过程最终使得原本意义上的哲学成了一门多余的学问。现实政治的残酷性和严肃性使得冷峻的政治思想家们强调，人类不应该再依赖幻觉而应该诚实地面对现实而生活。这种诚实态度要求人抛弃哲学所坚持的自然正义，而紧紧盯住随政治形势而变化的正义观念。英语世界翻译和研究施米特的先驱者施瓦布曾经问施米特如何看待施特劳斯，据说施米特的回答是：施特劳斯过于把所有东西都藏匿在自然法后面。从这个说法中可以看出，施米特认为施特劳斯过分强调自然正义，施米特本人则充分重视政治现实的严肃性。

施特劳斯对西方政治哲学史的解读始终伴随着他与这三种政治观念的分析、对话和辩驳。在这种对话和辩驳中，施特劳斯逐渐确立了自身的政治哲学旨趣，形成了对西方政治哲学变迁的特有判断。柏拉图政治哲学确立了绝对完美政治的典范，霍布斯政治哲学引导出未来完美政治的思路，施米特政治理论则抛弃所有企图完善人间政治的思路，诚实面对残酷而血腥的政治历史和现实。施特劳斯 1932 年面对施米特政治概念的挑战时，便质疑这种政治诚实的思考立场。施米特著作中充满了关于人间政治的狂风暴雨或者说腥风血雨，施特劳斯的著作则更多体现了喃喃细语的特色，始终企图把握和传递哲学对话中关于人间政治和风细雨式的思考。从施米特的角度来看，施特劳斯的哲学路数过于理想化，过于孩子气。在《高尔吉亚》中，柏拉图就描述了智者卡利克勒斯对苏格拉底的指责，他指责哲学类似于小孩子家的游戏。虽然认为哲学确实有助于年轻人的成长教育，卡利克勒斯仍特别强调：谁要是成年了还念念不忘哲学，不仅可笑，而且纯粹属于找抽。[1] 这也说明，哲学总是自觉不自觉地不顾人类现实生活，营造一个人类的天真世界。

第五节　哲学的天真及其危险

老舍曾经说，自己喜爱喜剧诗人阿里斯托芬甚于三大悲剧家。施特劳斯恐

---

① Plato, "Gorgias," in John M. Cooper (ed.), *Complete Works*, Indianapolis, Hackett, 1997, pp. 91 - 869, 484c -e, 485a-d.

怕也是如此。喜剧诗人阿里斯托芬就曾以喜剧的笔调揭示了哲学的天真及其危险性。没有一个当代政治哲学家比施特劳斯更为重视阿里斯托芬喜剧的哲学意义。施特劳斯专门写了一本书，讨论阿里斯托芬喜剧和苏格拉底问题。[①]施特劳斯思想中的诗歌与哲学之争这一个重要主题，笔者认为主要体现在喜剧诗人阿里斯托芬对哲学的批评以及柏拉图对阿里斯托芬的回应之中。至于后来启蒙时期的诗歌与哲学之争，只不过是这种古典形态的一种现代变化。从这一争论中，施特劳斯领悟了哲学的天真及其危险性，这也是他要重申隐微论的一个缘由。

阿里斯托芬喜剧作品中，《云》具有最为典型的哲学意义。这篇喜剧，罗念生先生很早就翻译过来了。[②] 因为它是一部喜剧作品，哲学工作者基本没有人拿它当真。恰恰是这部喜剧作品，有助于理解和反思始终伴随着哲学的天真及其危险性，也有助于提升我们对哲学品格的信念。

《云》这篇喜剧讲的是一个勤俭持家的农民斯瑞西阿得斯，因为娶了讲究生活享受的城里姑娘为妻，所以生了一个做梦也沉迷于赛马的败家子。这个农民因为给儿子买马，欠了一屁股债。还债的日子到了，却又还不起。怎么办呢？这个农民想出了一个办法。他希望他儿子斐狄庇得斯能够洗心革面，不再沉迷于赛马，而是去上学。上学的目的地是苏格拉底的“思想研究所”(phrontesterion)，只要交钱就能上学。学习的目的在于：第一，改变认识世界的方式；第二，掌握辩论技巧，从而能够打赢债务官司达到赖账的目的。

所谓改变认识世界的方式，就是不再固守传统观念和信仰，要从自然科学的角度看待世界。希腊的一般公民都相信天体是神灵，思想研究所里的人则认为天体只不过是一个自然物体。一般人以为的神异现象，思想研究所里的人认为只是自然现象。一般人所崇拜的诸神，思想研究所里的人并不信仰。从这个角度来看，苏格拉底的思想研究所其实就是一所自然科学研究所，是一所微型理工科大学。

斯瑞西阿得斯知道苏格拉底会两种辩论方法，也就是会两种逻辑。一种是正直的逻辑，另一种是歪曲的逻辑。一种是正道，另一种是歪理。他还知道，思想研究所里的人主要传授歪理，也就是用强词夺理赢得辩论，从而赢得官司。由于这个农民的主要目的在于打赢官司好赖账，所以从一开始他所关注的

---

① Leo Strauss, *Socrates and Aristophanes*, Chicago, The University of Chicago Press, 1996.

② 参见罗念生：《阿里斯托芬喜剧六种》，见《罗念生全集》，第四卷，上海，上海人民出版社，2007。

就是歪理，就是要强词夺理的技巧。当然，这里所说的强词夺理，不是指硬是把黑的说成白的，而是指不理会语言所蕴含的习俗和道德力量，将语言本身的逻辑和证据贯彻到底。正直逻辑和歪曲逻辑之间的演示辩论就体现了这一点。歪曲逻辑以其纯粹的逻辑和雄辩驳倒了正直逻辑，并且让正直逻辑自动认输并且加入歪曲逻辑的阵营。从这点来看，苏格拉底的思想研究所其实又是一所微型法学院，一所培养律师的大本营。

苏格拉底的思想研究所是两大领域的权威研究机构：一是自然科学，二是诉讼法学。从现在的学科分类来看，这两门学科完全风马牛不相及。但是，在阿里斯托芬笔下，苏格拉底确实既研究天文地理，又教授法庭辩论术。如果从正面的角度来理解，苏格拉底其实是一位文理兼通的学术大师。

斯瑞西阿得斯其实只关心辩论技巧的学问，为什么阿里斯托芬在这个剧本里要花那么多笔墨描述苏格拉底的自然科学研究，还把苏格拉底的自然科学研究态度放到他教授辩论技巧过程的前面呢？其实，这说明自然科学研究态度是前提。只有先受自然科学的洗礼，并从这个角度来理解世界，才能够开始理解并真正贯彻语言逻辑本身的纯粹力量。

由于喜好赛马的斐狄庇得斯看不起思想研究所的白面书生，年迈的斯瑞西阿得斯只好自己到研究所学习。可是，毕竟年纪不饶人，这位老农民还是没能掌握苏格拉底那严格的语言和思维训练，只能再要求他儿子来学。儿子虽然不爱学那些文绉绉的东西，但是毕竟还得靠老子养活，还是答应了去思想所学习。斐狄庇得斯没有辜负他父亲的期望，顺利学会了苏格拉底那口吐莲花般的辩论技巧，轻松地赢得了辩论，并且因此合乎逻辑地赖掉了债务。

然而，老农民斯瑞西阿得斯如愿以偿的时候，也就是他开始倒霉的时候。债务了了，纯粹逻辑的魅力还在继续。领略过纯粹逻辑的美妙之后，斐狄庇得斯开始贯彻逻辑的彻底性。他揍了他父亲，而且还能从逻辑上无可挑剔地辩论：他殴打父亲完全是合情合理的。纯粹逻辑的力量也刺激了年轻的斐狄庇得斯胸中的肆意之情。依据纯粹的语言技巧和美妙的逻辑力量，能够胜过既定的法律，这是多么痛快的事情。这说明，法律的权威经不住纯粹的语言分析。放肆的年轻人既然认识到法律皆由凡人制定，于是自然地意识到，制定新法以代替旧法便是合情合理的事情。古法要子女孝敬父母，斐狄庇得斯的新法则要推翻古法，以鞭打回敬曾经惩罚过子女的父母。

老农民斯瑞西阿得斯最终领略了纯粹语言和逻辑的强大力量，认识到了纯粹语言的逻辑力量可以帮助他免除债务的束缚，但是同时也可以免除道德和法律对语言逻辑的束缚。他可以为了苏格拉底而抛弃神灵，也就因此而丧失了神灵在人类生活中的道德作用。但是，当他领悟到这个道理的时候，却已悔之晚矣。神灵已经失去，去法庭告苏格拉底又是以卵击石。所以，他只有一条路，那就是暴力摧毁。他愤怒地一把火点燃了苏格拉底的思想研究所，苏格拉底和他的门徒于是葬身火海，思想研究所灰飞烟灭。

阿里斯托芬的喜剧表明，正直逻辑和歪曲逻辑之间的辩论就是旧教育和新教育之间的较量，是守旧传统和维新思想之间的争夺。阿里斯托芬的这个故事虽然有点荒诞不经，但是给了哲学家很大的面子。苏格拉底是哲学中的哲学家，他的思想研究所其实是一个学术研究所，主要研究天文地理并传授语言辩论技巧。但是，这个思想所的学术研究不仅能够帮人赢得官司，还能引发社会秩序及其道德观念的崩溃。这样看来，哲学这门学问就不是修身养性的点缀性学问，也不是时代精神的反映，更不是实践的理论指导。阿里斯托芬的这部喜剧说明，哲学是一门危险的学问，是一门革新的学问。

哲学是一门危险的学问，这是阿里斯托芬通过喜剧教导的观点。但是，阿里斯托芬毕竟只是一个喜剧作家。他的戏谑是否值得哲学工作者认真对待，这是一个问题。我想简单引述三个人的观点来说明这个问题。

第一个是英国的卡莱尔。他曾经这么论断苏格拉底：

> 当文学不注重诗性而转向玄思时，文学的各种门类都将走向衰落。苏格拉底标志着希腊的衰落，代表着希腊人过渡时期的思想，他是欧里庇得斯的朋友。这么评价他似乎有些外行，我完全认为他是一个感情深沉、有道德的人，但我又完全能理解阿里斯托芬对他的评价，说他是一个要用自己的革新将整个希腊毁灭的人。[①]

卡莱尔这么严厉地批评苏格拉底，因为他认为苏格拉底的好辩和思考消磨了希腊人强有力的信仰和诗性精神：

> 我很崇敬苏格拉底，但我认为他的著作中有许多关于美德的空洞言论，他没有给出一个答案。苏格拉底的著作中没有现实生活，虽然他本人是一个始终如一而又坚定的人。苏格拉底之后，希腊变得越来越好争辩，希腊的哲人失去了独创精神，失去了诗性精神，代之而起的是沉思。[②]

---

① ［英］卡莱尔：《卡莱尔文学史讲演录》，姜智芹译，31页，南宁，广西师范大学出版社，2005。
② ［英］卡莱尔：《卡莱尔文学史讲演录》，32页。

当然，卡莱尔并不是严格意义上的哲学家，他可能只是站在文学的立场上赞同阿里斯托芬。所以，我想引述一个有分量的哲学家的观点：尼采。尼采在《偶像的黄昏》这本书里面，专门有一章讨论“苏格拉底问题”。在这一章里面，尼采对苏格拉底展开了集中而且猛烈的攻击，甚至包括苏格拉底的长相。

尼采最讨厌的是苏格拉底以后的哲学生病了，而且病入膏肓。这是什么样的病呢？这种哲学病就是对生命充满怀疑、忧伤、厌烦和抵抗。尼采说，所有的时代，那些最有智慧的人包括苏格拉底都认为生命毫无用处，没有价值，真正的价值和幸福在这个世界之外。他们对生命持否定态度，对生命的价值持怀疑态度。这让尼采感到很生气，很恼火。所以，他认为这些最伟大、最智慧的人是“衰败的典型”，“苏格拉底和柏拉图是没落的征兆，是希腊的解体的工具，是伪希腊的，是反希腊的”①。

在尼采看来，最成问题的就是苏格拉底和柏拉图所推崇的哲学理性。尼采说，苏格拉底和他的“病人们”——尼采指的是受苏格拉底影响的人——都把理性看作救星。尼采对此评论道：“整个希腊思维诉诸理性的狂热，透露出一种困境：人们陷于危险，人们只有一个选择：要么毁灭，要么坚持荒谬的理性……从柏拉图开始，希腊哲学家们的道德主义局限于病态；而他们对辩证法的重视同样如此。”②

哲学理性是通过辩证法确立的。因此，尼采也攻击了苏格拉底的辩证法。他说，在苏格拉底之前，在上流社会，辩证的风格是被人拒绝的：“它们被视为低劣的风格，是出乖露丑。人们告诫年轻人提防它们。人们也不信任所有这类表演的任何理由。……凡是得先证明自己的东西，都没有多少价值。无论何处，只要权威属于良好风俗，只要人们不‘说明理由’，而是发号施令，辩证论者就是一种丑角：人们嘲笑他，人们不把他当回事。”③

从这段话里，可以看出权威和理性、命令和辩证法之间的区别。在讲权威的社会里，讲道理是下层人的诉求。讲权威比说理更有说服力。对于尼采来说，苏格拉底的问题就在这里。他把理性和说理看作比权威更高的自然权威。讲道理和辩证法的兴起，也就意味着尼采所说的“小民崛起”，是小民向贵族的造反。尼采很贵族，很看不起苏格拉底的辩证法。他说：“一个人只是在别无他法时，才选择辩证法。……辩证法仅仅是那些不具备任何其他武器之人的

---

① ［德］尼采：《偶像的黄昏》，卫茂平译，44～45页，上海，华东师范大学出版社，2007。

② ［德］尼采：《偶像的黄昏》，52页。

③ ［德］尼采：《偶像的黄昏》，48页。

自卫手段。”[①]“小民”为什么好讲道理和支持辩证法？因为他没有权威。辩证法的胜利，在尼采看来，其实也就是民主制的胜利。辩证法颠覆了人们对于良好政治秩序的看法。尼采说：“苏格拉底，这个迫使人接受辩证法的平民（roturier），就这样战胜了一种高贵的品味，贵族们的品味。辩证法的胜利意味着庶民（plèbe）的胜利。当一个人是贵族并且本能健旺之时，他就不愿炫耀其理性——他有权威。而权威颁布法令。他将不再坚信辩证法。”[②]

尼采所谓的苏格拉底问题具有双重意思。第一，以苏格拉底为代表的哲学家否定生命，质疑生命的价值。他们把生命看作不幸的、有问题的。也就是说，苏格拉底给生命打了个问号。第二，尼采认为，不是人类生命有问题，而是哲学家病了。也就是说，尼采给苏格拉底本人对于生命的态度打了一个大问号。简单地说，自苏格拉底以来，哲学家都有病，而且病入膏肓。尼采则是要给哲学家看病，恢复前苏格拉底时期对生命的乐观看法。

当然，也许可以说，尼采实际上是一位对哲学并不友善的哲学家。那么，我们最后再引述一位对哲学无比友善的哲学家——黑格尔的话。黑格尔明确地把苏格拉底看作是“哲学史中极其重要的人物——古代哲学中最有趣味的人物，而且是具有世界史意义的人物”。最为关键的是，苏格拉底是哲学的一个转折点，因为他的学说中生发出了“无限的主观性”，也即“自我意识的自由”[③]。黑格尔这么一个严肃的哲学家，也承认阿里斯托芬喜剧的严肃性。他说，阿里斯托芬“在他的喜剧《云》中做的是完全正确的。这位以最诙谐、最辛辣的方式来嘲弄苏格拉底的诗人……他的一切都有非常深刻的理由，在他的诙谐中，是以深刻的严肃性为基础的”[④]。黑格尔在这方面的主要观点是阿里斯托芬的喜剧以诙谐的方式解释了苏格拉底哲学的消极性：“由于培养反思的意识，那在意识中有效准的东西、习俗、合法的东西都产生动摇了。”[⑤]黑格尔虽然认为阿里斯托芬以夸大的方式把苏格拉底的辩证法极端化了，但是，他也明确说：

> 我们却不能说他这个表现法对苏格拉底不公正。阿里斯多芬绝对没有

---

① ［德］尼采：《偶像的黄昏》，48～49 页。

② ［德］尼采：《偶像的黄昏》，50 页注 1。

③ ［德］黑格尔：《哲学史讲演录》，第 2 卷，贺麟、王太庆译，39～40 页，北京，商务印书馆，1960。

④ ［德］黑格尔：《哲学史讲演录》，第 2 卷，76～77 页。

⑤ ［德］黑格尔：《哲学史讲演录》，第 2 卷，76 页。

> 什么不公正，我们确实应当钦佩他的深刻，他认识到苏格拉底的辩证法的消极方面，并且（当然是以他自己的方式）用这样有力的笔触把它表达了出来。因为在苏格拉底的方法中，最后决定永远是放到主体里面，放到良心里面的；可是如果在一种情况之下，良心是坏的，那么斯特雷普夏德的故事就一定要重演了。[①]

卡莱尔、尼采和黑格尔这三位思想家都强调了苏格拉底哲学思想的危险性和消极性，都从不同的角度重申了阿里斯托芬对苏格拉底的攻击。作为一门高贵的学问，哲学首先是一门危险的学问。但是，哲学并非从一开始就是一门自我反思的学科。也就是说，哲学在一开始对自身的危险性并不在意，因为这就是它的内在本质。如苏格拉底所描述，典型的哲学家“专注于迢迢河汉之间，而忘却近在脚旁之物”[②]。哲学家于俗事俗物无所关注，故常因不通人事而狼狈不堪，处处张皇失措。哲学家的这种张皇失措其实就是其危险性的一个方面，因为他漠不关心常人习以为常的人间常情。

阿里斯托芬以喜剧的形式解释道，哲学是城邦道德秩序最为根本、危险和永恒的敌人。柏拉图的哲学对话则要说明，正因为哲学是城邦道德秩序的威胁，所以它才是追问人间正义者的永恒朋友。施特劳斯从喜剧诗人阿里斯托芬那里学习到，如无天真及其危险性，哲学便无超凡脱俗的气质；如不反思自身的危险性，哲学在人世间将无立锥之地。有意识地转变为政治学，哲学方显其高贵品质。

施特劳斯始终在反思尼采对苏格拉底及其理性传统的攻击，并且在后尼采的西方世界中以其独特的方式重新捍卫苏格拉底的理性传统及其辩证法。苏格拉底的理性和辩证法也许确实瓦解了希腊城邦的政治气概，不过也因此确立了希腊哲学的永恒光荣。施特劳斯所处的美国已经不是欧洲的附庸，也不是世界列强之一，而是世界新秩序的确立者和引领者。正是在那个引领世界政治走向的国度里，施特劳斯坚持并且强调，他为之奉献终生的政治哲学的旨趣不是为这个世界的君侯们出谋划策，而是关心一个完美君主所应该关心的人间政治问题。

施特劳斯返回古典政治理性主义的努力促使和教导我们深入思考只有领导世界的大国才会思考的问题：在逐渐重新崛起的过程中，我们究竟该如何把握政治的宏大气象和哲学的微弱光芒之间的复杂关系？百年积弱的老大中国应该纯粹凭

---

① ［德］黑格尔：《哲学史讲演录》，第2卷，79页。

② ［古希腊］柏拉图：《泰阿泰德——智术之师》，严群译，65～66页，174a～175b，北京，商务印书馆，1963。

借逐渐强盛的政治气象当仁不让地屹立于世界民族之林，还是依然不忘为昏暗依旧的人间政治点上一盏微弱而永恒的哲学长明灯？也许有一天，我们会突然发现并且重新找回一个曾经被我们彻底抛弃和遗忘的政治传统，可以做到二者兼得？

结　语

施特劳斯努力揭示，哲学并非雕虫小技，也非陶冶情操之学，而是一门事关人间秩序的大学问。他也竭力证明，哲学之为大学问，必须有勇有谋。所谓有勇，就是有勇气在思想上一以贯之，即便抵达荒谬的境地也在所不惜。所谓有谋，就是意识到勇敢的思想可能是一种鲁莽，需要谨慎的美德来节制这种鲁莽。如果完全一以贯之，则哲学可能体现了政治鲁莽，或者说体现了政治的幼稚病。这是施特劳斯带给我们的哲学启迪。这种启迪促使我们进一步思考：哲学在什么意义上是一种鲁莽和幼稚，在什么意义上才配得上一门大学问的高贵品质？其思想中的耶路撒冷和雅典之争、古今政治哲学之争以及诗歌和哲学之争，全都围绕着哲学那危险而高贵的品质这么一个中心而展开。

100 年来，我们哲学工作者一直在不假思索地为哲学做辩护。但是，这种辩护一直没有充分注意哲学自身的危险性。中国传统思想中，哲学并没有实际的名分，我们以此为耻。于是，我们的现代哲学史家苦心孤诣地重建中国哲学传统，甚至试图汇合中国古学和西方新学“产生一种中国的新哲学”[①]。整个重建传统的过程没有认真反思哲学这门学问的危险性。所以，这种重构的中国哲学思想要么只是实践的理论指导，要么只是时代精神的反映，要么等而下之沦落为展示博学多识的点缀。所有这些都还没能说明中国思想传统的伟大之处究竟在哪里。

我们究竟该如何认识哲学和这个时代？哲学在这个时代的尴尬处境究竟意味着什么？是否意味着，哲学这门学问是时候退出人类生活的历史舞台了？也就是说，我们已经进入了不再需要哲学的历史时代？归根结底的问题是：哲学对于人类政治生活究竟意味着什么？

陈建洪

① 胡适：《中国哲学史大纲》，卷上，9～10 页，北京，商务印书馆，1987。

参考文献

[古希腊] 柏拉图．理想国．郭斌和，张竹明，译．北京：商务印书馆，1986.

[古希腊] 柏拉图．泰阿泰德——智术之师．严群，译．北京：商务印书馆，1963.

[加] 德鲁里．列奥·施特劳斯的政治观念．张新刚，张源，等，译．北京：新星出版社，2009.

[加] 德鲁里．列奥·施特劳斯与美国右派．刘华，等，译．上海：华东师范大学出版社，2006.

[美] 福山．美国处在十字路口：民主、权力与新保守主义的遗产．周琪，译．北京：中国社会科学出版社，2008.

[德] 黑格尔．哲学史讲演录：第二卷．贺麟，王太庆，译．北京：商务印书馆，1960.

胡适．中国哲学史大纲：卷上．北京：商务印书馆，1987.

[英] 霍布斯．利维坦．黎思复，黎廷弼，译．北京：商务印书馆，1985.

[英] 卡莱尔．卡莱尔文学史讲演录．姜智芹，译．南宁：广西师范大学出版社，2005.

[英] 凯瑟琳·扎科特，迈克尔·扎科特．施特劳斯的真相：政治哲学与美国民主．宋菲菲，译．北京：商务印书馆，2013.

[德] 施米特．政治的概念．刘宗坤，等，译．上海：上海人民出版社．2003.

[美] 施特劳斯．自然权利与历史．彭刚，译．北京：三联书店，2006.

[美] 施特劳斯．《政治的概念》评注//刘小枫，编．施米特与政治法学．上海：上海三联书店，2002.

罗念生．阿里斯托芬喜剧六种//罗念生全集：第四卷．上海：上海人民出版社，2007.

[意] 马基雅维里．君主论．潘汉典，译．北京：商务印书馆，1985.

[德] 迈尔．古今之争中的核心问题：施米特的学说与施特劳斯的论题．林国基，等，译．北京：华夏出版社，2004.

[德] 迈尔．隐匿的对话：施米特与施特劳斯．朱雁冰，汪庆华，等，译．北京：华夏出版社，2002.

[德] 尼采．偶像的黄昏．卫茂平，译．上海：华东师范大学出版社，2007.

[美] 斯密什．阅读施特劳斯：政治学、哲学、犹太教．高艳芳，高翔，译．北京：华夏出版社，2012.

陈建洪．论霍布斯的自然状态学说及其当代复活形式．学术月刊，2008（6）．

陈建洪．施特劳斯论古今政治哲学及其文明理想．世界哲学，2008（1）．

Bacon，F. Advancement of Learning. Chicago：Encyclopaedia Britannica，1952.

Bagley，Paul J. On the Practice of Esotericism. Journal of the History of Ideas. 1992（53）.

Chen，Jianhong. Between Politics and Philosophy：A Study of Leo Strauss in Dialogue with Carl Schmitt. VDM Publishing，2008.

Chen, Jianhong. Review of *Reading Leo Strauss: Politics, Philosophy, Judaism* by Steven B. Smith, Sino-Christian Studies: An International Journal of Bible. Theology & Philosophy, 2006 (2).

Chen, Jianhong. What is Carl Schmitt's Political Theology?. Interpretation: A Journal of Political Philosophy, 2006 (33).

Frazer, Michael L. Esotericism Ancient and Modern: Strauss contra Straussianism on the Art of Political-Philosophical Writing. Political Theory, 2006 (34).

Gilson, Étienne. God and Philosophy. New Heaven: Yale University Press, 1941.

Gottfried, Paul. On Straussian Teachings. Modern Age, 2007 (49).

Gottfried, Paul. Leo Strauss and the Conservative Movement in America. Cambridge: Cambridge University Press, 2011.

Norton, Anne. Leo Strauss and the Politics of American Empire. New Haven: Yale University Press, 2006.

Plato. Gorgias//Cooper, John M. Complete Worksed. Indianapolis: Hackett, 1997.

Smith, Steven B. Reading Leo Strauss: Politics, Philosophy, Judaism. Chicago: The University of Chicago Press, 2007.

Spinoza. A Theologico-Political Treatise, A Political Treatise. trans. R. H. M. Elwes. New Heaven: Yale University Press, 1951.

Strauss, Leo. Exoteric Teaching// Pangle, Thomas L. The Rebirth of Classical Political Rationalism: An Introduction to the Thought of Leo Strauss. Chicago: The University of Chicago Press, 1989.

Strauss, Leo. German Nihilism. Interpretation: A Journal of Political Philosophy, 1999 (26).

Strauss, Leo. Jewish Philosophy and the Crisis of Modernity: Essays and Lectures in Modern Jewish Thought. ed. Kenneth Hart Green. New York: SUNY, 1997.

Strauss, Leo. The Living Issue of German Postwar Philosophy //Meier, Heinrich. Leo Strauss and the Theologico-Political Problem. Cambridge: Cambridge University Press, 2006.

Strauss, Leo. Natural Right and History. Chicago: The University of Chicago Press, 1953.

Strauss, Leo. Persecution and the Art of Writing. Chicago: The University of Chicago Press, 1952.

Strauss, Leo. Philosophy and Law. trans. Eve Adler. Chicago: The University of Chicago Press, 1995.

Strauss, Leo. Some Remarks on the Political Science of Maimonides and Farabi. trans. Robert Bartlett. Interpretation: A Journal of Political Philosophy, 1990 (18).

Strauss, Leo. Socrates and Aristophanes. Chicago: The University of Chicago Press, 1996.

Strauss，Leo. What is Political Philosophy? . Chicago：The University of Chicago Press，1959.

Tillich，Paul. Biblical Religion and the Search for the Ultimate Reality. Chicago：The University of Chicago Press，1955.

Zuckert，Catherine & Zuckert，Michael. The Truth about Leo Strauss：Political Philosophy and American Democracy. Chicago：The University of Chicago Press，2006.

第五章
汉娜·阿伦特与政治经验的诠释

由德国纳粹主义所代表的极权主义，是20世纪人类历史上的灾难，也是现代世界文明危机的集中爆发。第二次世界大战结束后，在极权主义大屠杀所留下的废墟上，政治思想家的一个基本的任务，就是对这一灾难做出解释。在这些思想家中，汉娜·阿伦特（Hannah Arendt，1906—1975）是极其重要的一位。正是这位杰出的女性政治思想家使“极权主义”（totalitarianism）一词有了清晰的理论意涵。依阿伦特之见，极权主义指的是一种特定的人类经验。这种经验是，超人类的力量支配了人们生活的一切方面，人在种族主义、阶级斗争法则、历史运动规律面前丧失了一切属人的自发性。极权主义政体不同于人对人的专制统治，它之史无前例、令人绝望，在于它是非人力量对人的统治。这种统治如何发生？它从当今世界消失了吗？人类能够从中得到教训吗？这些教训是什么？阿伦特由此将极权主义反思引向对人的存在及其境况的探询。

阿伦特出生于德国汉诺威的一个犹太人家庭，1933年纳粹上台后流亡法国巴黎，1941年到达美国，1951年成为美国公民，同年出版《极权主义的起源》，一举成名，其后诸多著作亦颇为引人注目。关于纳粹战犯阿道夫·艾希曼受审的报道《艾希曼在耶路撒冷》[①]，在当时的美国更是掀起轩然大波。自20世纪30年代希特勒在德国执政以后，极权主义的问题便日益引起阿伦特的关注。然而，我们并不能从阿伦特的著作那里找到极权主义的“原因”。关于

---

① Hannah Arendt, *Eichmann in Jerusalem: A Report on the Banality of Evil*, Revised and Enlarged Edition, New York, The Viking Press, 1965.

时代灾难的疗救处方，阿伦特也从未明确提供。阿伦特研究者或许可以概括出阿伦特对这些问题可能的回答，但这种概括往往与阿伦特的理论旨趣相背离。这涉及政治理论本身在现实社会中的地位，涉及理论家是否有意识地致力于充当时代疾病的诊断者、疗救者。实际上，阿伦特拒斥了这样的角色。阿伦特是一位卓越的思想家，但她的自我定位却是一名普通的思考着的公民。她并不自诩是“走出洞穴”的哲人，她尝试思考时代经验与历史事件，思考思想活动本身。阿伦特在这里不是谦虚，她的自我定位是她对政治哲学的理解使然。在阿伦特的思想历程中，她对西方政治哲学传统进行了根本性的否定，并由此出发指出一种尊重政治的政治理论当如何展开。她把极权主义归为更为抽象的“恶的问题”，在其晚年进行了精神生活层面的思考。这些思考囊括了诸多理论难题，如恶的本质与起源、行动与思考的关系、独裁统治下的个人责任、世界的真实性、真理与政治、现代世界的自由，等等。

第一节　阿伦特与西方政治哲学传统

阿伦特拒绝别人称她为“政治哲学家”，她认为自己与那些人不属于一类，她说自己是一位政治理论家或政治思想者。① 阿伦特对政治哲学家的这种态度来源于对西方政治哲学传统的批判。阿伦特称，西方政治哲学传统有明确的起点与终点，起点是柏拉图，终点是马克思。②

自 19 世纪以后，西方思想家皆已感觉到政治哲学传统崩解后造成的恐慌。新的时代经验，超出了传统政治哲学术语所能解释的范围。马克思、尼采、克尔凯郭尔等皆试图寻求出路，处理新现象、新经验，然而，如阿伦特所言，他们中的大多数不过是颠倒了传统价值的等级序列。他们“如同黑夜中迷路的小孩，越来越大声地吹着口哨”③，以克服内心对万籁俱寂的黑暗的恐惧。至 20

① Hannah Arendt, “What Remains? The Language Remains: A Conversation with Gunter Gaus,” in Hannah Arendt, *Essays in Understanding (1930 - 1954)*, Kohn, Jerome (ed.), New York, San Diego, London, Harcourt Brace & Company, 1994, p. 1.

② ［美］汉娜·阿伦特：《人的境况》，王寅丽译，5 页，上海，上海人民出版社，2009。Hannah Arendt, *Between Past and Future: Eight Exercises in Political Thought*, New York, The Viking Press, 1968, p. 5.

③ Hannah Arendt, *Between Past and Future: Eight Exercises in Political Thought*, p. 27.

世纪极权主义兴起，政治哲学的传统术语及理论更是全然无用。不过，阿伦特又说，奥斯维辛之后，人们在文明的废墟上，反而可以有一种优势，“以不受传统束缚之眼光去审视过去”①，在无所依凭的情况下进行思考（thinking without a banister）。② 阿伦特的论文集《过去与未来之间》的序言，对这种思考的实质进行了描述，她称她的八篇论文，是政治思考的八个练习（exercises）。③ 在这样的思考中，西方政治哲学的传统不再是思考的依凭，而成了被检讨的对象。

一、政治哲学传统及其问题

阿伦特说的这个西方政治哲学的大传统，是通常意义上欧洲人所说的“我们的大传统”。此传统由柏拉图开启，经中世纪绵延至19世纪。它是西方思想的形而上学传统，它预设了本质与现象、理念世界与可感世界之间的二元对立，所谓哲学，正是对本质、对理念的把握。西方政治哲学传统的政治哲学家首先是哲学家。他们有时也被阿伦特不无讽刺地称为“职业／专业思想家”。沉思的生活，是他们追求的生活方式。政治哲学由他们来阐发，便深深地打上了独特的哲学家的印记。西方政治哲学的此种特点，可从柏拉图著名的洞穴譬喻中去看。④

柏拉图在《理想国》卷七中以比喻的方式说明了哲学家与城邦的关系。这个比喻包括下面这些设计：终年不见阳光的洞穴内，一群头和颈被束缚以致不能移动的穴居人，从出生至死亡只能看到前面墙上的影子。洞穴有一条很长的通道可以走出去。柏拉图说，哲人，就是有幸从这条道上走出去，进入光明世界，能够看到太阳的人。洞穴外的世界象征理念世界，被囚的穴居人却只能生活在影子世界-现象世界之中。他们靠自己的感官做出判断，所发表的无非是不具有真理成分的意见，那些意见是虚幻的、肤浅的、不真实的。哲学家则是目光盯着真的理念、善的理念、美的理念的人。他们是掌握了真知而非意见的人。这种洞穴内外的二分，以比喻的方式揭示了形而上学的基本特征。不过，此时并不产生出政治哲学的问题。政治哲学的问题发生于哲人“被迫”回到洞穴之后，缘于哲人与城邦的其他人要共同生活在一起。由阴暗的洞穴走向光明

① Hannah Arendt, *Between Past and Future*: *Eight Exercises in Political Thought*, p. 28.

② Margaret Canovan, *Hannah Arendt*: *A Reinterpretation of Her Political Thought*, Cambridge, Cambridge University Press, 1992, p. 6.

③ Hannah Arendt, *Between Past and Future*: *Eight Exercises in Political Thought*, p. 14.

④ 参见［古希腊］柏拉图：《理想国》，郭斌和、张竹明译，272页，北京，商务印书馆，1986。

世界的上升，产生了关于政治的哲学；由洞穴外回到洞穴内的下降，产生了关于哲学的政治学，二者皆为柏拉图式政治哲学的基本内容。

让我们看看哲人回到洞穴后发生了什么。柏拉图说哲人是“被迫”回到洞穴的。哲人离开了洞穴，他的吃穿住就成了问题。回到洞穴后，哲人告诉囚徒说他们生活于虚幻的影子世界中。囚徒们冲他大笑，说他到洞穴外走了一遭，回来尽说胡话。他们又将哲人打一顿，甚至要判处哲人死刑，置其于死地。[①] 柏拉图说，哲人好心地启蒙民众，这些民众不仅不领情，反而恶语相加。哲人于是处于一种十分危险的境地。为了摆脱这种局面，柏拉图说，除非建立起哲学家的统治，否则就没有出路。这就是柏拉图著名的哲人王思想。在这个由哲学家统治的理想国度中，哲人因其对真理的洞察而获得了对生产者与护卫者的统治权。阿伦特说，希腊人本无权威概念，柏拉图在城邦衰落的时期开始写作，他的哲人王思想，本质是要建立理性的权威统治。柏拉图是在以一种等级制的秩序来取代城邦这个自由平等公民组成的联合体（isonomy）。

柏拉图的“理想国”是又一篇苏格拉底的申辩，柏拉图的哲学政治学，与他的老师苏格拉底之死密切相连。这种解释人们并不陌生。然而，阿伦特说，柏拉图关于哲人回到洞穴后处境的虚构，实无依据。阿伦特说，人们对哲人的笑是无知者自然表现出的没有恶意的笑，绝非嘲讽，更不会对哲学家宣战。人们不会对哲人产生敌意，相反，敌意来自哲学家一边，是哲学家放弃了大多数常人。[②] 柏拉图式的哲学家与苏格拉底式的哲人属于不同的两类人。柏拉图虽为苏格拉底的学生，但他的很多哲学是反苏格拉底的。[③] 柏拉图虚构出的民众对哲人的敌意，使得西方政治哲学传统一开始就打上了深刻的反政治的印记。

洞穴譬喻可以引出多种不同方向上的解读。若说它体现了传统形而上学的特点，则这些特点可包括如下要点：(1) 对现象世界的否定，将存在与现象剥离，认为存在或本质属于另一个世界。这使得它无法直面现象本身。(2) 否定偶然性，追求必然性，由此对具体的人与事均予以轻视。政治事务的偶然性、不确定性特征，均使哲人头疼。哲学家对政治的偏见，或许亦源于此。(3) 以一元代替多元，追求抽象、整全、绝对的“一”，轻视具体、片面、相对的多元意见。(4) 理性主义。视激情、欲望为需要控制的东西，认为理性应当在人

---

① 参见［古希腊］柏拉图：《理想国》，276 页。

② Hannah Arendt, *The Life of the Mind*, One-volume Edition, San Diego, New York, London, Harcourt & Company, 1978, p. 82.

③ Hannah Arendt, *The Life of the Mind*, p. 168.

的灵魂中占主宰的地位。(5) 关注死的问题。人该如何面对死亡? 人死后灵魂是不灭的吗? 哲人的沉思生活，与“死”是最为接近的。(6) 哲思是少数人的事，多数人为习俗、偏见所左右，为意见所包围，为欲望与激情所控制，他们不能也不愿走出“洞穴”。上述诸方面，落实到政治哲学的层面，则是哲学家对政治的不信任、鄙视、傲慢乃至敌意。这种非政治、反政治的倾向，贯穿于西方政治哲学传统的始终。政治生活的衰落，不必至近代国家兴起之后，从古希腊晚期便可见端倪。柏拉图与亚里士多德的哲学已含有追求个人幸福与灵魂得救的倾向，在斯多葛学派及奥古斯丁的基督教哲学那里，亦是如此。所以，阿伦特说，政治哲学传统对政治的偏见，自这个传统开始时便存在。哲学家们书写的这个传统，是不同情政治生活的，因此，它不能给我们认识政治经验以多大帮助。由此，阿伦特希望摆脱这个传统，阐发一种政治在其中有荣耀、有尊严，至少得到恰如其分的理解的政治理论。如果我们仍要称之为政治哲学，那么务必牢记在心的是，阿伦特所指的是一种新的意义上的政治哲学。

二、多样性与新政治哲学

传统政治哲学的一个重要问题，就是未能很好地处理人的多样性 (plurality) 这一基本事实。柏拉图的哲人王，一人之统治，以制作 (making) 代替了行动，即体现了摆脱多样性的企图。① 论证君主制优越的理论以及近代主权学说 (包括人民主权学说在内)，均体现了对多样性的否定。人的多样性是对主权最根本的威胁。② 极权支配的一个关键，也在于化多为一③，它是对人的多样性境况最彻底的否定。极权主义致力于摧毁人与人之间的差别，使人们失去任何可以标识个人身份的东西。极权社会是一个整齐划一的社会，其中每个人都以相同的路线去说话，去思考，或者说，他们根本不去思考，因为领袖已代替民众做出了判断，一个人只需听从领袖的指示就是。这种整齐划一，千人一面，甚至体现为服饰、发式的单一。极权政体中，大众中的一员可以与另一员互换。在体现极权支配最高“境界”的集中营里，被关押者连名字也没有，而只有数字代号。如果说传统政治哲学对多样性的排斥只是理论上的不足，那么极权主义实践则从事实上说明，无视乃至摧毁人的多样性，将是一场严重的

① Hannah Arendt, *The Human Condition*, Chicago and London, The University of Chicago Press, 1998, p. 221.

② Hannah Arendt, *The Human Condition*, p. 234.

③ 参见［美］汉娜·阿伦特:《极权主义的起源》，林骧华译，582页，北京，三联书店，2008。

灾难。

阿伦特认为，多样性是人的基本境况之一。它指的是这样一个事实："不是人（Man）而是人们（Men）居住在地球上，生活于世界之中。"[①] 阿伦特认定的这个事实，虽然简单，但很多理论家如传统形而上学政治哲学家们并不承认。阿伦特经常提到这句话。何为多样的人？笔者认为，我们可从以下几个层面去理解：（1）多样性首先意指人们生活的群居特性。不是一个人，而是很多人，共同生活在地球上。人与人的共存，引发出政治问题。孤独的人对于世界而言，好比没有存在过。因此，政治理论或哲学不能从彼此间没有联系的个人出发，而应考虑到事实上地球为人们所共享。（2）然而，对人与人共存于世的确认，并不意味着阿伦特会从一种集体主义的角度去看问题。阿伦特的整个政治理论，仍属个人主义学说。具有悖论意味的是，集体主义政治理论常常从抽象的大写的"人"出发去讨论问题。而视一个个具体的、活生生的个人为必要时可以牺牲的对象。因此，阿伦特说的"人们"，指的是具体的个体所组成的集合，它与"人民""民族"等名词具有截然相反的理论旨趣。（3）阿伦特在"多样性"一语背后所描述的人的境况，不仅确认个人存在的理据、个人的基本权利及尊严，更重要的是要突出个人的独特性。这种独特性，不能用密尔或浪漫主义哲学家所说的"个性"来解释，它指向的不是个人与众不同的生活方式，而是说个体本身具有不同的观点、想法，也包括个体具有不同的外貌形体等特征，由此任何个体都是独一无二的存在，它不是作为人种的类的成员而存在，而是作为他自身而存在。一个人的生命只有一次，一个人活着，没有第二个人可以代替他。讨论不同生命的价值是毫无意义的，因为每个个体都是珍贵的、独一无二的。阿伦特说，人与一切事物共享的 otherness，与一切有生命之物共享的 distinctness，变成了 uniqueness（独一无二性），"人的多样性是独一无二的个人悖论性的多样性"[②]。

依阿伦特之见，人的多样性，是人的诸境况中颇为重要的一种，它与人作为政治动物存在的维度相联系。阿伦特认为政治生活是一种公民同侪之间的言行互动的生活，行动为实践生活（其余为劳动、制作）中最具政治性的一种。行动正是对应于多样性境况。她写道："……人的境况的所有方面多少皆与政

① ［美］汉娜·阿伦特：《人的境况》，7 页；［美］汉娜·阿伦特：《论革命》，陈周旺译，159 页，南京，译林出版社，2007；Hannah Arendt，*Essays in Understanding (1930 - 1954)*，p. 360；Hannah Arendt，*The Human Condition*，p. 234。

② Hannah Arendt，*The Human Condition*，p. 176.

治有关，多样性则尤为一切政治生活的条件。”① 多样性的事实指向独特的个人共存的状况。“多样性是人行动的条件，因为我们以这样一种方式都是人，这就是每一个人与任何其他故去的人、活着的人和即将出生的人都不一样。”② 每一个人都有其独特性，因而他需要向他人表明自己的身份，回答“我是谁”，就一个问题发表自己的看法，或者以行动来展示自己。而这一切又依赖于他人的在场，依赖于公共空间的存在，也依赖于他人与“我”的差异。因为如果别人的想法和我总是一样的，就没有交流之必要。阿伦特说，罗马人这个最具有政治性的民族，在他们的语言中，活着（to live）意味着存在于人们中间（to be among men）。③

人的多样性，意味着人无法化约为抽象的人，人无法由他人来完全代表。每个人基于他的位置，发表他对一个事物的看法，这种看法是独特的、视界性的，永远不可能是全面的。然而基于每个人必定片面的观点，现实（reality）才得以确证。阿伦特如此写道：“在共同世界的情境下，现实不是由人‘共同的本质’来保证的，而是由他们所处位置与观点的不同来保证的。”④ 因为多样的人意味着不同的立场、观点和经验。而暴政以及大众社会中，只有私性的个人、孤独的个人，这样的人，不免为个体经验的主观性所主宰，这种经验的叠加，仍然是单一的。一个声音、一个观点、一种立场的重复，仍然只是个体的经验，与公共世界无关。⑤

多样性的境况不仅与人的行动有密切的关系，在人的精神生活中也有体现。在关于人的思考能力的讨论中，阿伦特指出，思考，在苏格拉底的意义上，指个人内心“我”与自己无声的对话，在这个无声对话的过程中，一人分成了两个角色。当内心的对话被外在事物打断时，两个角色又复合为“一”。思考过程中的人分为两个角度的“二元性”，正是源于人的多样性，一个人独处并不必定意味着孤单。在独处中，“我”与自己的对话仍然表明“我”与另一个“人”时刻共存。“我”希望他是我的朋友。阿伦特说，在人的思考活动中，人的多样性转化成了二元性（duality）。⑥ 没有这种一人分饰两角、内心无声的对话，人就会沦为无思想的人，而没有思考能力，正是纳粹战犯艾希曼所

---

① Hannah Arendt, *The Human Condition*, p. 7.
② Hannah Arendt, *The Human Condition*, p. 8.
③ Hannah Arendt, *The Human Condition*, pp. 7 - 8.
④ Hannah Arendt, *The Human Condition*, p. 57.
⑤ Hannah Arendt, *The Human Condition*, p. 58.
⑥ Hannah Arendt, *The Life of the Mind*, p. 187.

表现出来的典型特征，它使人无从在恶行面前说“不”。

不是人，而是人们，生活在这个地球上。阿伦特称多样性是一个事实，而不是什么理想。这个事实将康德所说的“人是目的”“尊重每一个人”的理想落实为对人的特性事实上的界定。人活着，即意味着在人们中间。每一个个体皆是独特的。如果不同的人们可以化约为抽象的人，政治生活就变得多余。阿伦特的理论十分清晰。然而，为什么有的政体总是致力于消灭多样性？如极权主义支配即以让人变得相似为目标。多样的个人如何构成一种秩序？阿伦特当然有她的回答。多样的个人不仅是构建新秩序的起点，也是新秩序要维护的东西。多样性是人的基本境况之一，是说我们摆脱、超越不了它。政治理论只宜正视之，而不能无视它去构建一个整齐划一的世界。

三、natality 的问题

苏格拉底之死给西方政治哲学传统蒙上了挥之不去的阴影。哲学家对政治的不信任，对民主的敌意，与这一具有标志性意义的事件不无关系。并且，这个事件也使“死亡”成为哲学家们津津乐道的话题。“贯穿整个哲学史的，是一种十分奇怪的观念——在死亡与哲学之间有着姻亲关系。多少个世纪以来哲学被假定成教人们如何去死亡。正是在此脉络中罗马人说哲学研究只有对老年人来说才是合适的职业，而希腊人曾经认为哲学当被年轻人研究。”① 转变发生自柏拉图。苏格拉底死之前，与包括青年柏拉图在内的学生与朋友有一些交谈。在这场堪称临终诀别的谈话中，苏格拉底叫他的朋友们别哭，他说死并不是一件可怕的事，死后灵魂还是存在的，灵魂是不朽的。按照这样的哲学，灵魂与肉体是可以分离的。“死”对于活着的人可能会提出具有哲学意义的挑战。哲学家进入沉思状态时，看上去肉体一动不动，不正是接近于死亡状态吗？柏拉图哲学以及古希腊悲剧，都视“死亡”为重大主题。中世纪基督教哲学，更是围绕“死”的问题大做文章。人体死后灵魂的得救与永生成为基督教追求的目标。近代政治哲学，虽然不再将重心放在灵魂上面，如马基雅维利所言，“我爱我的祖国，甚于爱我的灵魂”，但仍然关心死亡的问题。肉体安全之保证，成为近代政治哲学的目标。霍布斯明确地说，成立国家，建立政府，目的是让人免于被他人杀死。死仍然是避免不了的，但死于他人的暴力伤害，乃是最大的恶。

---

① Hannah Arendt，*The Life of the Mind*，p. 79.

阿伦特对传统政治哲学过分关注“死”十分不满。她认为，我们每一个人，都只有一次生命，活着的时候岂可天天为“死”操心。阿伦特并非说要及时行乐，而是说我们必须认真地去思考“生”的问题。颇具悖论意味的是，基督教虽然关注死后得救的问题，但同样是基督教哲学家，如奥古斯丁，其学说第一次对生予以了充分的肯定。生，并不是指活着，而是指开端启新。奥古斯丁关于“生”的名言“人被创造出来，一个开端形成”多次被阿伦特引用。例如，在《极权主义的起源》结尾，阿伦特即引用此句，以说明随着新人不断来到世间，总有新的希望存在。[①] 基督教对世界的“faith”与“hope”（信与望），为古希腊人所不知。[②] 这种对“生”的认识，也与对“世界”的关注密切联系在一起。阿伦特对于“生”这一人类境况的强调，体现了奥古斯丁哲学对她的影响。

阿伦特用 natality 来描述“生”这一人类境况。Natality 可译为创生性，它既可以指人的出生、人来到世间这个事实，与人生命的有限、终有一死的“mortality”（必死性，或译为有朽性，意指人终有一死这样一种境况）相对，也可以在抽象的层面指人能开创新事物的事实。在这一意义上，阿伦特多将之与实践生活中的行动联系在一起。人的行动能力植根于“创生性”。[③] 行动是自由的，它既不像劳动那样严格服从于自然进程，也不像制作那样受制于目标-手段关系，它是个体在他人面前做出的出人意料的举动。这种做出新事物的能力，与人的知识水平、地位均无关系。它是一种禀赋，类似于“奇迹”。人在行动时是完全自由的。阿伦特说：“既然行动是最典型的政治活动，创生性而非必死性，可能是政治思想（区别于形而上学思想）之中心词。”[④] 人的创生性能力，“像永远存在的提醒者，提醒人们，尽管他们必须死，但他们出生并不是为了死亡，而是为了开始”[⑤]。人做出行动，开始新的事情，这便打破了日常生活的进程。人不是时刻都在行动，甚至可以说，大部分时间人都耽于日常平静的、按部就班的生活，然而，人总有创生的可能。对于这种启新的能力，阿伦特基本上给予充分的肯定。阿伦特由此批评思想史上许多哲学家对于此点的忽视，认为恰当的政治理论必须关注这一点。这种新生的能力，甚至被阿伦特

---

① 参见［美］汉娜·阿伦特：《极权主义的起源》，596 页。

② Hannah Arendt, *The Human Condition*, p. 247.

③ Hannah Arendt, *The Human Condition*, p. 247.

④ Hannah Arendt, *The Human Condition*, p. 9.

⑤ Hannah Arendt, *The Human Condition*, p. 246.

视为突破极权主义恐怖支配界限的力量。这正是阿伦特在《极权主义的起源》一书结尾引奥古斯丁关于“生命来到人间”的含义。[①] 阿伦特在讨论到法国启蒙运动时期思想家孟德斯鸠时也提到，孟德斯鸠认为，传统中国的专制君主虽然不免残暴，但这种专制暴虐程度现实中往往十分有限，这要归功于中国妇女强大的生育能力。[②] 在传统条件下，因为不断有新人来到世间，所以要控制人们的思想就变得较为困难。人不断降生这一事实便对专制统治构成挑战。在极权主义密不透风的牢笼中，试图统一人们的思想，改造人们的灵魂，使大家按意识形态要求去思考与行为的努力，每因新人的到来而稀释、淡化乃至消解。

然而，阿伦特对创生性并非一味地赞扬。行动本身的危险，亦是源于这种创生性。行动的特点包括作者不具名、发起不可预料以及后果与影响没有止境。[③] 不同的行动交汇互动，产生更加复杂的结果，它会给人们带来什么，行动者自己无法控制，这是人自由的体现，它赋予自然界以人的印记，给世间增加了新事物，然而，它也威胁着世界的稳定与人类文明的延续。这具有悖论意味，不无悲剧色彩。似乎人们得到了一些东西，就会失去另一些东西。不过，阿伦特的重点仍在于强调创生性的积极意义。一方面，西方政治哲学传统长期忽略了它们；另一方面，现代世界理性化的情况下，行动因难能而可贵，它给予工具理性主导的世界以活力、希望和突破。由此，阿伦特说政治哲学应重点关注生而非死，便不仅是理论思考的结果，也是对时代基本问题的回应。

四、政治学中的本真性

阿伦特的政治观念之重要特色，是关于本真性的诉求。这种诉求是她反思20世纪人类灾难的结果。阿伦特认为，政治生活本可以是坦诚的，彼此信任的，以友好的精神展开的，人们在政治生活中敞开心扉，直言对公共事务的看法，一方面追求他人的赞同，另一方面又认真倾听他人的意见，随时准备调整自己的观点。政治的本真性，意指一种摆脱了尔虞我诈、党派纷争、暴力血腥的政治。它的主体是坦诚的公民，而非政客。它拒斥谎言、虚假与做作。

阿伦特的政治思想所包含的对“本真性”的诉求，首先源于她对极权主义的反思。依阿伦特之理解，极权主义支配的一个特点便是缺乏本真性，缺乏现

① 参见［美］汉娜·阿伦特：《极权主义的起源》，596页。

② 参见［法］孟德斯鸠：《论法的精神》，张雁深译，上卷，128页，北京，商务印书馆，1961。

③ 参见［美］汉娜·阿伦特：《人的境况》，171页。

实感。意识形态的特点便是与现实严重脱节，它以强大的逻辑力量伪装成科学理论，让人做它恭顺的奴仆，让现实配合它的理论。有些人属于垂死的、没落的阶级，历史发展的客观规律已宣告了他们的死刑。他们的罪不在于他们实际上做了什么，而在于意识形态对地主或资产阶级的界定。定义不同，人们的命运就大不一样。一旦某人不幸地被界定为没落的阶级，等待他的便是厄运。事实上，那些意识形态分子是等不及历史的自然发展的。他们势必提前消灭这些人，以便加速历史的进程。他们是刽子手，是杀人魔王，双手沾满了鲜血，却丝毫没有负罪感，相反，他们还有一种光荣感，因为他们自认为在从事一项伟大的、崇高的、神圣的事业，他们在尽历史的责任。一旦极权主义政体建成，意识形态在整个社会便成功地塑造出一种虚幻的氛围。不仅民众如此，统治者也是如此。愚民政策一词并不能描述这种情况，因为极权政体中，统治者自己也成了“被愚弄”的对象。统治者甚至比一般民众更相信那些意识形态的胡言乱语，相信种族斗争或阶级斗争铁一般的规律。在这种令人绝望、史无前例的坏政体中，只有统治而没有政治，人成了徒具躯壳的动物，成了意识形态的牺牲品，极权政体致力于制造“活死人”，他们没有法律身份，没有道德人格，连属于人本身的自发性也荡然无存。英国作家乔治·奥威尔的小说《一九八四》里面的那首歌，是极权主义政体中恐怖与荒谬的真实写照：“在茂密的树荫下，你出卖了我，我出卖了你。”相互揭发，相互出卖，甚至置亲情于不顾，连自己的父母都要揭发。

谎言流行，不仅见于发展成熟、羽翼丰满的极权政体，也见于现代自由民主社会中。自从柏拉图在《理想国》中为“高贵的谎言”[①] 辩护之后，谎言与政体便开始产生独特的关联。近代政治哲学家如马基雅维利、霍布斯，实际上都认可了为了维护统治而向人民撒谎的做法。国家理性、国家机密、政府公关等均与此有关。阿伦特在《共和的危机》中有《政治中的谎言》一文，专论现时代谎言的新形式。阿伦特在这篇论文中说，五角大楼文献给我们展示了两种新的谎言类型：一种谎言类型是以政府公关的名义进行的，旨在左右舆论，塑造政府良好形象；另一种谎言类型，则是由头脑中装备了博弈论、系统论等社会科学理论的所谓问题解决专家们为了其理论的前后一致而不断制造出来的。这些专家同时又是政策制定者。于是，从错误的假设（例如“共产主义阴谋”“中苏结盟”“中国的扩张主义”，等等）出发，按照其理论，比如多米诺骨牌

① ［古希腊］柏拉图：《理想国》，127 页。

理论或者博弈论，一系列政策便出台了。事实是，这些骨牌论、博弈论、阴谋论的信奉者，他们不需要事实，他们拥有的是“理论”，而现实材料如果不合理论，便被忽略或否定。[①] 此种“理论”或意识形态，助长了谎言，使得人与实际世界的距离越来越远。

本真性问题不仅体现为破除政治中的谎言，维护一种本身不免脆弱的现实感，更指向人的本真性。阿伦特在《论革命》中有大量关于法国革命时期“伪善”的讨论。阿伦特说，社会问题取代政治问题，主宰革命的进程，伪善的问题由此产生，必然性侵入、腐蚀了自由的政治领域，道德口号成了杀人的工具。在革命恐怖的氛围中，人至少得声称自己是爱国者，此时“本真性”即无从谈起。[②] 事实上，不仅在革命时期，在日常生活中，社会力量也侵蚀、妨碍人的本真性。一个社会人，是一个戴着面具的人。他表现出的和他的本来面目并不相同。阿伦特早期作品《拉尔·凡哈根》中的一个主题便是，凡哈根作为一个面容不甚美丽的犹太女性如何想方设法掩盖自己内心的想法去迎合社会，这当然体现了犹太人同化过程中的一种情形。凡哈根在临终前才醒悟过来，然而为时已晚。她说：“我从来没有过一天我自己的生活！”[③] 此种情形，在现实社会中岂非常见！阿伦特对于本真性的诉求，不仅用于批判极权主义，也用于对现代社会兴起、政治衰落这一事实的反思。顺便指出的是，阿伦特并不试图将极权主义的兴起归结为现代性。现代社会一定会导向极权主义吗？阿伦特否定了这种路径的解释。

不过，阿伦特在政治本真性问题上的论述，并不令人满意。阿伦特一方面强调人的世界、政治世界即现象的世界，称内心是一个黑暗的世界，我们只能从展示出的言语行动来判定他；另一方面又指出，有时候展示出的东西失真。这种相互矛盾的观点如何去看呢？这里，一种意识或心灵哲学呼之欲出。我们心中那个真实的自我存在吗？它的根源是什么？我们最后表现出来的是否与心中的那个我相一致？极权社会的恐怖氛围下，人们或者是不被允许去体验自己的真实想法，或者已完全被改造，丧失了那个“自我”，由此也就无所谓本真性。阿伦特的政治思想可以推进至对于政治世界的前提条件的思考。当阿伦特在充满欺诈与血腥的现实中展望一个坦诚交流、和平共处的政治世界时，她假

---

① 参见［美］汉娜·阿伦特：《共和的危机》，郑辟瑞译，31页，上海，上海人民出版社，2013。

② 参见［美］汉娜·阿伦特：《论革命》，84页。

③ Hannah Arendt, *Rahel Varnhagen*: *The Life of a Jewess*, Liliane Weissberg (ed.), Richard & Clara Winston (trans.), Baltimore & London, The Johns Hopkins University Press, 1997.

设的是一种市民美德，它主要包括“宽恕”与“承诺”。不过，这样的假设显然不足以支撑一个政治社会。因为问题仍然存在，有人就是不守诺言，有人就是不想宽恕自己的邻人。“恶”人就在我们中间。现在让我们转向阿伦特的心灵哲学，它与“恶”的问题密切相连。

五、恶的问题与心灵哲学

阿伦特在晚年把研究重点转向人的精神生活。这并不意味着阿伦特由政治理论界转向哲学界。如阿伦特自己所言，她是以政治科学家的身份去处理一个通常属于职业哲学家的事。[①] 阿伦特说，她关注精神生活的理由有两个：一个是在她参加艾希曼审判旁听后对思考能力与恶行关系的思考；另一个是，要继续《人的境况》的工作，处理未曾讨论的精神世界的问题。[②] 在第一个方面，阿伦特由艾希曼审判发现了一种完全不同的恶，这种恶的特点是它体现出明显的肤浅、空洞性，不能将之追溯到更深的根源或动机。作恶者是十分普通的人，常见的人，他们不是嗜血的恶魔，也不是被极权政体洗脑的人，他们并没有明确的意识形态信仰。这些人的特征并不是愚蠢，而是没有思想（thoughtlessness），艾希曼正是这样一个人。一旦没有可以依凭的惯例或程序，他就显得十分无助。阿伦特指出，思考的缺乏，是我们日常生活中普遍的经验。阿伦特问道：思考活动，检讨遭遇之事的习惯，无论其内容与结果，是使人避免作恶甚至是让人与恶进行斗争的条件之一吗？[③] 可见，对精神生活的反思，是阿伦特进一步反思极权主义的结果。

在第二个方面，阿伦特对精神生活的研究是她《人的境况》关于行动问题研究的延伸。阿伦特认为，关于精神生活，从来采用的术语都是由那些耽于沉思生活的人塑造的。从他们的观点来看，精神活动与实践活动截然不同。实践活动是辛劳的，沉思的生活则是宁静的；前者是公开的，他人可见的，后者则是在不可见的内心的荒漠中进行的；前者指向“邻人的必然性”，后者则指向对上帝的观照（vision of God）。沉思生活，总是一种消极的事情。[④] 阿伦特说，我们需要以一种完全不同的观点来看问题。精神生活，同样是一件积极的事情。在《人的境况》一书的结尾，阿伦特引用了西塞罗归于加图的话：“一个

---

① Hannah Arendt, *The Life of the Mind*, p. 3.

② Hannah Arendt, *The Life of the Mind*, p. 6.

③ Hannah Arendt, *The Life of the Mind*, p. 5.

④ Hannah Arendt, *The Life of the Mind*, p. 6.

人在什么都不做时反而更活跃，当他与自己在一起的时候，他更不会孤单。”[①] 阿伦特由此问道：当我们只是思考时，我们在做什么？当我们只是与自己在一起时，我们在哪里？

阿伦特认为，20 世纪上帝、形而上学、哲学以及实证主义的“现代”死亡，反而给我们优势以思考上述问题。一方面，我们得以用新眼光去看待过去，可以不受任何传统的束缚，去处理过去的原初经验。“我们继承了遗产，但没有遗嘱”[②]。另一方面，过去少数职业思想家与多数民众的区分已失去意义，思考不再是少数人的事。这也是我们的一个优势。阿伦特说，思考的能力，区分对错的能力，并不为少数哲人所垄断；有些哲人并不会思考，而有些愚蠢的人却同样具有思考的能力。[③] 少数与多数区分的失效，符合现代社会民主平等发展的趋势，也与阿伦特关于“平庸的恶”的提法相一致。

阿伦特的《精神生活》是关于精神活动的思想史著作。阿伦特有时似乎会从思想史的叙述中引出某种结论，然而又常常是点到为止，她提出一些问题，答案却仍然保持着开放性。该书拟分三卷：论思考、论意志、论判断。然而第三卷刚开始写作时，阿伦特便因病突发辞世。人们多以阿伦特晚年的《康德政治哲学讲义》以及其他文献中关于“判断”的论述来推测阿伦特的观点。在阿伦特看来，判断的能力是精神生活中最具政治性的能力，它与现象世界亦密切联系，判断针对特定的个体，针对现在。判断的标准是“有效性”，而非“真理性”，以康德的术语言之，判断体现“扩大的见地”，是在头脑中设想若干他人与我一起来看同一事物。判断凭人的想象力而展开，是一种“再现式思维”。[④]

思考、意志与判断共同构成三种基本活动。它们都要求从世界中撤离，回到自我的内心。它们相互之间不无联系，然而却彼此独立，具有其自主性，每一种活动均不能化约为其他活动，每一种活动均遵循着自己内在的法则。精神活动的自主性，意味着它们的“无条件性”。三种活动的对象来源于世界，由世界所给定，但活动本身不受任何东西的束缚与限定。“人的存在完全是有条件的，但精神活动超越了所有的条件。”[⑤] 精神活动的无条件性具体体现为：

---

① Hannah Arendt, *The Human Condition*, p. 325.

② Hannah Arendt, *The Life of the Mind*, p. 12; Hannah Arendt, *Between Past and Future: Eight Exercises in Political Thought*, p. 3.

③ Hannah Arendt, *The Life of the Mind*, p. 13.

④ Hannah Arendt, *Between Past and Future: Eight Exercises in Political Thought*, p. 241.

⑤ Hannah Arendt, *The Life of the Mind*, p. 70.

“判断时可以赞同，也可以不赞同；人可以意欲不可能之物，可以思考未知的东西。”[①] 如果说《人的境况》讲的是人的存在的条件性，《精神生活》隐含的则是人的内心活动的无条件性。

阿伦特曾以“没有思想”或不能思考来描述艾希曼。阿伦特由此追问：思考能力是否可以阻止人们作恶？思考时我们在做什么？我们在哪里？思考的后果又是什么？笔者将从阿伦特关于“思考”的纷繁的思想史叙述中，概括出若干要点。阿伦特认为，思考活动，如海德格尔所言，是一种无序的活动。它的特点是“自我毁灭”“无结果”以及它的反思性。[②] 思考不同于知识。它的一个比喻是“帕涅罗珀之织物”（Penelope's web）[③]：每天织一些，第二天早上又散开从头再来。思考总是针对过去的，它如其他精神活动一样，都要借助于人再现事物的能力。思考是没有结果的。在这种不可见的精神活动中，我与自己在进行无声的对话。苏格拉底，正是阿伦特选择的“思考者”的模范人物。

阿伦特称，苏格拉底是一种“理想类型”，由此可避开关于真实苏格拉底到底在想什么的争论。苏格拉底既非少数哲人，也不属于多数常人，他是一名善于思考的公民。他未著一字，只是时常与人交谈。人们常解释说，苏格拉底似认为关于正义、善的思考能促使人去追求正义与善。苏格拉底既非哲人也非智者。他被比喻为牛虻、助产士、电鳐。他不断进行着思考，并且如助产士一样帮助他人展开思考。他如牛虻一样，通过提问、反诘，让人惊醒。他宣称自己困惑无知，电鳐的比喻也是说苏格拉底通过自己的困惑来让别人感到困惑。[④] 苏格拉底与柏拉图不一样，他并不认为思考能力是少数人的专利。而这种思考，是否将人引向正义，从苏格拉底的两个原则或可看出答案。苏格拉底说：“被冤枉比冤枉别人要好。”又说：“我不想与自己相冲突。”阿伦特解释说，苏格拉底的这些话并非廉价的道德说教，而是对经验的洞悉。思考时一人分饰两角，我与自己进行无声的对话。我想与这个对话的同伴做朋友，我们不愿意与一个杀人凶手住在一起。这就是苏格拉底的话的意思。亚里士多德也说：“朋友是另外一个自己，思想的对话只能在朋友中进行。”[⑤]

阿伦特说，思考是人类生活的天然需要。没有思考，生命就不能发展出它

① Hannah Arendt, *The Life of the Mind*, p. 71.
② Hannah Arendt, *The Life of the Mind*, p. 88.
③ Hannah Arendt, *The Life of the Mind*, p. 88.
④ Hannah Arendt, *The Life of the Mind*, p. 172.
⑤ Hannah Arendt, *The Life of the Mind*, p. 188.

的本质。不思考的人，就像一个梦游者。[①] 如此，思考能力能使人避免作恶吗？它会导向一种政治性后果吗？阿伦特诠释苏格拉底“勿与自己相矛盾”这一原则时，已暗含思考有让人避免作恶的作用的意思。然而阿伦特又说，思考在大多数情况下并不具有政治性，只是在极少数情况下，如大多数人已沦为不思考的动物时，个别人拒绝参与作恶便成了一种行动。[②] 思考具有破坏力，它能冲破传统观念与习俗的束缚，把人的判断力解放出来。思想之风并不导向正确的判断，但它为人们做判断做了准备。[③]

第二节 阿伦特的行动理论

西方传统政治哲学，视政治为低于沉思生活的活动，哲学家对政治历来多持不信任乃至敌视的态度，故而从柏拉图所开启的政治哲学传统那里，已无法获得对政治本性的理解。阿伦特认为，一种恰当的政治理论，欲对政治有同情的理解，必须对实践生活的三种类型（劳动、制作、行动）予以清晰的区分。政治理论首先是关于行动的理论。为此，我们需要回到特定的人类生活经验以及与之相关的人的境况。本节将集中讨论阿伦特的行动理论。

行动是阿伦特 20 世纪 50 年代著作《人的境况》一书中的关键词之一，事实上也是阿伦特政治理论的关键词之一。阿伦特的政治理论在某种意义上即指她的行动理论。因为在阿伦特看来，行动是最具政治性的活动，不过对阿伦特的行动理论常常存在一些误读。例如，一种常见的误读是，认为阿伦特倡导行动，实则导向一种大众参与式的民主政治，它当然有别于代议制民主，与极权主义社会中的大规模群众运动相仿，好比一种“大民主”。另一种解读则认为，阿伦特所谓的行动，具有强烈的个人英雄主义色彩，它导向的是唯美的、乌托邦式的政治，不仅排斥了真正的人民参与，还会对政治共同体的维系构成威胁。加拿大学者查尔斯·布莱特堡（Charles Blattberg）即认为：“对阿伦特而言，政治基本上是一件作为展示的行动与作为奖赏的判断之事。”他称阿伦特就像儿童故事中那个永远也长不大的彼得·潘一样。他写道：

---

① Hannah Arendt, *The Life of the Mind*, p. 191.

② Hannah Arendt, *The Life of the Mind*, p. 192.

③ Hannah Arendt, *The Life of the Mind*, p. 193.

> 在把政治理解为受审美享受之引导而不是着眼于实践的目标——好好活着时，阿伦特是太孩子气了。因为孩子们，在他们被允许的时候，正是审美者，他们想一直鉴赏、想象、游玩或者展示，只有当他们长大后，他们才真正进入严肃的实践世界。这就是为什么阿伦特在号召我们把政治这个严肃的事情当作审美之事来对待时，我觉得她就像彼得·潘——西方经典儿童故事中那个永远长不大的孩子。因为他的家（如果这个词合适）存在于审美之中，存在于他叫作“不存在之岛”（Neverland）的那个岛屿上。①

上述两个不同方向的解读也对应于阿伦特是平等主义者还是精英主义者的争论，以及关于行动的两种模式的争论，即以言为重点的沟通性行动与以行动为重点的展示性行动。两个方向上的解读，哪一种更合阿伦特原意？抑或二者皆未得阿伦特行动理论之要旨？回到阿伦特的文本那里，将有助于我们回答上述争议。

一、行动理论的提出

阿伦特的行动理论，集中见于《人的境况》，《论革命》一书中也有所涉及。《人的境况》一书，德文版名为Vita Activa，可直译为“实践生活”（也有“积极生活”的译法，但“实践生活”是准确的译法，Vita Activa相对于Vita Contemplativa）。阿伦特在序言中称此书并不指向任何实践，它只是思考“我们正在做什么”②。该书的主体部分分别探讨了三种不同类型的实践活动，它们是劳动、制作和行动。这三种活动均为人们生活中基础性的活动，它们对应于不同的人类境况，揭示了不同的实践经验。

劳动，是人与自然界进行能量交换的一种活动。它依赖于人的身体，其目的是维持生命的存活与延续。对劳动动物来说，生命本身即最高昀善。劳动的特点是其自然性，在劳动过程中，人与自然发生直接的联系，并全然受自然必然性的束缚。劳动时人是孤独的，或者说人可以在单个的情况下从事劳动。因而，它是非世界性的活动。

制作（Work，Make，Fabricate，又译作“工作”，译为“制作”更为准确）则是人凭双手进行的活动，如手工业者的活动，制作一双鞋、一张桌子，雕刻一个雕像，都是制作活动。制作的目的是生产出产品，它们比劳动成果，

---

① ［加］查尔斯·布莱特堡：《像彼得·潘一样的汉娜·阿伦特》，陈伟译，见李强主编：《民主与现代社会》，234页，北京，北京大学出版社，2014。

② ［美］汉娜·阿伦特：《人的境况》，5页。

甚至比制作者本人在世界上存活得更为长久。它们构成了人类文明世界的重要内容。制作活动的特点是，它凭借人的理念，具有明显的目的性，目标-手段关系贯穿于其中。在此过程中，暴力成为必需：为了制作一张桌子，必须砍伐树木，对木材进行加工；为了做一份炒鸡蛋，必须先打碎鸡蛋。制作者或曰技艺人（匠人）追求的是产品的稳固、持久，考虑的是产品的美观与实用。制作同样可以在单个人的情况下进行。制作出的产品可能进入市场，与他人发生联系，但通常情况下，人们只关心产品本身，对产品的制作者并无兴趣。

行动，则是人与人之间发生的活动，它不需要以物为媒介。行动对应于人的多样性境况，即“不是单个的人，而是人们共同生活在地球上”。并且，尽管劳动、制作也与人的创生性境况（人开创新事物的能力）相关联，但行动与创生性的联系最紧密。行动总是与言说联系在一起。它需要行动者表明自己的身份，需要运用语言进行交流，需要他人的在场。我们以言与行进入人的世界。没有行动，一个人就很难说是“活在人们中间”。行动意味着离开私人领域走进公共领域。这种进入好比人的第二次诞生。[①] 行动由他人的在场激发，但行动仍是自由的，它并不为外界的情况所决定，行动“不像劳动那样是必然性强加于我们的，也不像制作那样是被有用性所促迫的，而是为他人的在场所激发的，因为我们想要加入他们，获得他们的信任。但它又不完全为他人所左右，因为它的动力来自我们诞生时带给这个世界的开端，我们又以自身的主动性开创了某个新的东西，来回应这个开端”[②]。阿伦特讲的行动与做出新举动、开始新事物含义相当。人能行动，即指人能不受束缚地去造成一个新开端。行动是全然与自然无关的事情，它是人与人之间发生的事，是唯一具有政治性的活动。

理解阿伦特的行动概念，还有一个层面就是要注意行动与行为（Behavior）的区别。行为区别于行动，在于它缺乏自发性，是一种可预期的规范化举动。以阿伦特之描述，行动以古希腊城邦政治生活为典型，在现代革命时期亦可见其踪迹。而在现代的大部分时间里，行动为行为所取代，它根源于现代社会的兴起，因为行为预设着社会规范的存在。从 18 世纪的上流社会、19 世纪的阶级社会到 20 世纪的大众社会，伴随着社会对公共领域的征服，社会中的“划一主义”（conformism），实为新式的专制主义。阿伦特写道：“重要的是社会在它所有方面都排除了行动的可能性（而在先前，行动只是从家庭中被排除了

① 参见［美］汉娜·阿伦特：《人的境况》，139 页。

② ［美］汉娜·阿伦特：《人的境况》，139 页。

出去)。取而代之的，是社会期待从它的每个成员那里得到的某种行为。社会通过施加无数各式各样的规则，使它的成员都规范化，排除任何自发的行动或特立独行的成就。”① 阿伦特说：“现代的平等以内在于社会的划一主义为基础，并且只有在行为替代行动成为人类关系的首要模式的条件下才有可能。”② 现代经济学、统计学，皆以这种社会化了的行为者为预设。如果人是时常做出新开端的行动者，经济学的基础便没有了。而每一次行动对统计学来说，不过是一种数据上的波动或暂时的偏差。现代行为主义之所以兴起，在于它与现实中行为人的出现相吻合。阿伦特描述了现代社会人从行动者变为技艺人（制作者）再沦落为劳动动物的过程，在这一过程中，人完全地丧失了他的“世界性”，丧失了他的自发性，人被社会彻底功能化。她说：“今天，在这个我们生活于其中的世界里，对于我们正在做的事情，或思考我们正在做的事情来说，劳动甚至变成了一个如此崇高、如此有抱负的字眼。劳动社会的最后阶段——职业者社会，要求它的成员成为一种纯粹的自动化机能，似乎个人生命已经真正融入了物种整体的生命过程，此时唯一需要个人做出的积极决定就是随波逐流，亦即放弃他的个性，忘记他个人仍然感觉着的生活的痛苦与艰辛，默认一种昏昏沉沉的、让人麻醉的功能化行为类型。现代行为主义理论的问题不在于它们是假的，而在于它们能够变成真的，它们实际上是现代社会某些鲜明趋势的概念化体现。”③

阿伦特区分行动与行为时，令人想起她同时代的另一位海德堡学子诺贝特·埃利亚斯。埃利亚斯在《文明的进程》中即称，现代文明的进程实在是社会不断对个人施以规范限制的过程。④ 不过，埃利亚斯视为“文明的进程”，在阿伦特看来不过是人堕落为失去创造性、自发性的行为人的过程。二人对20世纪极权主义危机都做出了诊断，但各自所确认的病因却大不相同。⑤ 阿伦特对现代社会中划一主义的反思，也不难看出托克维尔的影子。面对大众社会人们在追求平等的过程中丧失了个性与自由，宁愿平等地享受奴役而不愿不平等地享受自由，阿伦特表现出了与托克维尔同样的担忧。如果说行动主要是古代人的经验，行为是现代人流行的经验，那么阿伦特批评现代社会以行为取代行

① ［美］汉娜·阿伦特：《人的境况》，26页。

② ［美］汉娜·阿伦特：《人的境况》，26页。

③ ［美］汉娜·阿伦特：《人的境况》，254页。

④ 参见［德］诺贝特·埃利亚斯：《文明的进程》，王佩莉译，北京，三联书店，1998。

⑤ 参见［英］丹尼斯·史密斯：《埃利亚斯与现代社会理论》，李康译，59页，北京，北京大学出版社，2011。

动，确实使她的理论带上了无法抹去的古代色彩。

二、行动的特性

在劳动、制作与行动三者中，尽管阿伦特并不否定劳动、制作对我们生活的重要性，但行动无疑最为阿伦特所看重，因为行动是最具有政治性的活动，它与人的自由直接相联系。自由的人意指一个能够行动的人。在行动中，人与人发生联系，这是劳动、制作活动所不具备的特征。行动具有展示的性质，它向他人揭示了“我是谁”。不过，阿伦特推崇行动的同时，对它本身的“问题”也有清晰的认识。行动既反映人启新的能力，却也反映了人类事务本身的脆弱性。这种脆弱性，源于行动本身的特性。阿伦特将行动的特性明确概括为三条，即产生（或结果）的不可预期、过程的不可逆转以及作者无法指明。

行动结果的不可预期，与人的“创生性”境况相联系。去行动，原本即指去做出一个开端。实际上，不仅行动的结果不可预测，行动的发起本身也是无法预知的。而行动者的诞生，也是一件新事，是一个新的开端，并且这个人总是独特的。阿伦特写道：“某个新的东西出现了，它完全不能从以前发生的事情中预测出来，这就是开端的本质。这种令人吃惊的、未曾预料的性质内含于所有开端和所有起源中。……人能够行动的事实，意味着总是可以从他身上期待未曾预料的事情，他能够完成不可能的任务。”①

行动结果的不可预期，更为关键的还在于行动必定发生在人与人之间，而其他人并非消极的旁观者或接受者，他们本身也具有行动的能力。阿伦特也用“行动内在的无限性”来描述行动冲破各种界限，造成无止境影响的特点。行动总是蕴含着潜在的无限性。阿伦特写道：“行动所造成的后果是无限的，因为每个行动都造成反动，每个反动都造成连锁反应，从而每个过程都是新过程的起因。因为行动总是对那些自身有能力行动的人起作用，所以它造成的反动力就不仅是一个反应，而且是一个自行爆发并影响其他人的新行动。因而，人们之间的行动和反动绝不会封闭在一个圈子里，也绝不会只牢牢局限于两个参与者之中。”② 并且，行动结果的不可预测，还直接源于行动所构成的“故事”的意义只有在故事结尾时才显现出来。由此，讲故事的人或历史学家，比行动者能更好地看清故事本身。而对行动者来说，行动的结果，实不可测。③

---

① ［美］汉娜·阿伦特：《人的境况》，130～140 页。

② ［美］汉娜·阿伦特：《人的境况》，149 页。

③ 参见［美］汉娜·阿伦特：《人的境况》，150 页。

行动过程的不可逆，是说行动一经发出便无法收回，好比覆水难收。他不能取消他做过的一切。此点并不难理解。而关于行动故事作者无法指明这一点，阿伦特是说，人的行动与承受的反动，构成一个个故事，但故事为何这样展开，结局为何那样，实不可测，而故事的作者也无人知晓。人可以是故事的主人公，但故事的作者，无从得知。正是由于这个原因，有人把故事的作者归为上帝、神、命运或历史背后的幕后力量，其共同点在于他们都不是人。

三、行动的救赎之道

行动的上述诸特征使得人类事务表现出极脆弱的特点。人们生活在一个充满不确定的世界中，人与人之间的关系网错综复杂。这便引出针对行动而产生的相应的救赎办法。阿伦特专门描述了古希腊人的方法。古希腊人在两个方向上的努力，皆可视为行动救赎之道：一是前哲学的方案，二是柏拉图等哲学家的方案。

前哲学的方案，即政治的方案，它是通过建立城邦来保证行动"展开"的空间，并以城邦的法律来限制行动的后果。阿伦特说，城邦在这方面的功能有二。一是使人们能够持续地行动，使行动由非同寻常的事变成一种日常活动。城邦给人们提供了展示个人风采、彰显独特个性，表明"他是谁"的机会。在城邦中做出的行动，体现高度个人化的争胜精神，但城邦并不因之变得混乱无序，因为它也对人们施以法律的限制。城邦的第二个功能，则是作为记忆的共同体，记录伟大的言行，让人获得不朽。言行并不导向有形的产品，它需要他人的见证，如此，伟大的言行才有人记录，才有其意义。① 阿伦特写道："城邦组织，在物质上得到城墙的保卫，在形态上得到法律的保护——以免在以后的时代辨认不出——是一种组织化的记忆。它向有死的行动者保证：它倏忽而过的存在和稍纵即逝的伟大，不会失去来自为他人所见、所闻和一般地出现在同辈观众面前获得的真实性。"②

与政治的方案相比，苏格拉底学派的方案与其说是拯救行动，不如说是抵制行动，取消行动。柏拉图偏爱制作而非行动，因为制作比行动更可靠。然而这种做法破坏了人际关系的本性。行动的问题源自人的多样性这一境况。摆脱多样性危险的办法就是建立一个人的统治。柏拉图的哲人王方案，正是如此。理想国中取消了多样性，取消了那个让公民得以自由行动的空间。理想国是一

---

① 参见［美］汉娜·阿伦特：《人的境况》，154 页。

② ［美］汉娜·阿伦特：《人的境况》，155 页。

个稳定而和谐的社会，却是一个消灭了政治的社会。统治取代了政治，制作取代了行动。行动多种不可预测的灾难性后果一劳永逸地被取消。阿伦特写道：

> 事实上，从人类事务的脆弱性状态逃避到安宁有序的稳固状态是如此受欢迎，以至于自柏拉图以来的大部分政治哲学都可以轻易地被理解为彻底逃避政治寻求理论基础和实践方法的各种尝试。而统治概念正是所有这些逃避政治方式的标志，也就是，仅当一些人有资格发命令，另一些人被迫服从命令的时候，人们才能合法地在政治上共同生活的观念。……此种观念与其说立足于对人的藐视，不如说立足于对行动的怀疑，并且出自为行动寻找一个替代品的强烈渴望，而非出自任何不负责任的或专横的权力意志。①

古希腊之后，还有什么方法可以解决行动的不可预见、不可逆转等问题？阿伦特梳理中世纪基督教及罗马法律传统，指出人类尚有宽恕与作出承诺的能力，宽恕可以解决行动的不可逆性带来的问题，承诺多少也可以消除行动的不可预测带来的不确定性。而这两种力量实源于宽恕的行动与作出承诺的行动。这等于说，行动本身的问题可借由人的行动的其他潜能而得以平衡、化解。这也意味着，阿伦特相信人类事务的问题最终还是依靠人自己去解决。

四、批判性思考

阿伦特在对行动做出详细的论述之后，又结合行动在现代的境遇，指出现时代不仅实践生活与沉思生活传统的等级系列发生了倒转，实践生活内部诸活动的等级序列也发生了倒转。这种倒转表现为先是技艺人的胜利，继而是劳动者对技艺人的胜利，由此，现代人进入了一个劳动者社会。另外，社会的兴起也使得人们由行动人变成了行为者。至极权主义支配体系，一切不可预期之事皆被清除，人的自发性行动被禁止。现时代的危机，是政治衰落的危机，也是行动本身的危机。阿伦特的描述实包含了对西方政治哲学传统以及对现代性的批评。由此，说阿伦特推崇行动，也不是没有依据。

不过，阿伦特并非一味歌颂行动，相反，她一直关注行动的问题以及与此相联系的人类事务的脆弱性，并思考行动的救赎之道。加上她对人的条件性、局限性的重视，她的思想带上了浓重的保守主义色彩。然而，从另一个方面去看，阿伦特又是如此乐观、激进。她其实是在捍卫人的行动的能力，肯定人的

① ［美］汉娜·阿伦特：《人的境况》，173 页。

创生性境况，并由此寻求对日常生活的突破。行动毕竟是非常态的事情，人不是每时每刻都会采取或发起行动。行动的判定标准是伟大，它不能拿日常的标准去衡量。[①] 阿伦特捍卫行动，实因行动与人的自由直接相联系，与多样而又独一无二的人的生活相联系。人不同于劳动动物，不同于与世界疏离的制作者，正在于他能行动。

回到本部分开头所提及的关于行动的展示性与沟通性的争论，可以看到，阿伦特凸显的主要是展示性，沟通性一面几未提及。阿伦特常将行动与启新、开端等同，然而启新并不见得具有政治性。阿伦特所说的行动可以具体体现为哪些，尚可进一步探讨。

第三节　革命经验的重温

行动是真正的自由人才能做出的，然而自由是有代价的，行动的危险性似乎表明人本身就是一种危险的存在，当然他又是一个有创造力的存在。不过，阿伦特并不因行动本身的问题便否定了行动，如柏拉图所做的那样去寻找一个行动的替代方案。相反，她对自由与行动的珍视使她去探寻一种旨在使自由人很好地行动而又不有害于共同世界的出路。阿伦特 60 年代的《论革命》，虽是针对特定的语境而作，在学理层面则可视为对上述出路的说明。以阿伦特之见，革命的主旨当是为行动创造一个制度框架，为自由行奠基礼。革命本身即为行动，革命带来的宪政框架，也是着眼于自由行动空间的保障。然而，革命往往偏离其初衷，行动的后果不可预料。阿伦特重温革命经验，试图使革命精神再放光芒，这种革命精神指向一种可容纳公民自由行动的新政治，这种新政治，或可概括为“独具个性的共和主义”。[②] 这种共和主义不同于自由主义，也与历史上其他共和主义大异其趣。还是让我们来看看她的《论革命》讲了些什么。

“革命”一词大家并不陌生。“革命”在中国语境中，通常是一个好词，“反革命”将承担严重的政治后果。革命也常与改革相区别。所谓“革命”，即以剧烈的方式快速实现某种社会理想，体现社会政治、经济和文化的激烈变

---

① 参见［美］汉娜·阿伦特：《人的境况》，161 页。

② 参见陈伟：《阿伦特与政治的复归》，282 页，北京，法律出版社，2008。

革。所谓“改革”，即指点滴修正、小步快走，以渐进的方式去处理中国面临的问题。在这个意义上，今天中国要的是改革而不是革命。其实，革命具有深刻的含义。并不是所有剧烈的变化都叫革命。古代的宫廷政变、大规模的农民起义，也是剧烈的变化，但并不能称之为革命。

关于“革命”这一问题，我们该如何理解？西方人如何看待革命？阅读阿伦特的《论革命》可以促使我们重新去思考革命，思考革命的含义。革命问题本身非常重大，它与今天的世界有高度的现实相关性。比如“天鹅绒革命”“橙色革命”，这些革命就被称作“阿伦特式的革命”。“阿伦特式的革命”主要有两个特征。首先，它是和平的，在本质上排斥暴力的运用，是以和平重建秩序的努力。这与列宁所说的暴力夺权不同。其次，以为自由奠基为目标，试图为自由制定宪法。这是发生在后极权时代的一种现象。因为在后极权时代，特别是 21 世纪的今天，基本的情况是，革命的力量几无可能通过武装斗争的方式去夺取政权。阿伦特作这一番思考是在 50 年代，那时很多地方的革命都还没有发生。60 年代、70 年代和 80 年代，至 90 年代初，革命大面积发生。那时，有学者说，现实中发生的革命就印证了阿伦特在 50 年代的预言。她预言了后极权社会如何实现政权内部的更替。在两次世界大战和冷战的语境中，她展望了人们通过和平的方式重新找回自由的可能性。“阿伦特式的革命”已经成为一个专门的词了。

1959 年春，阿伦特在美国普林斯顿大学开设了一学期的课程。在课程讲义底稿的基础之上，她写作《论革命》。她当时开设的课程名称是“美国与革命精神”。她思想的落脚点是美国革命。1962 年，《论革命》一书成稿，之后出版。这本书有两个背景需要注意。第一，如之前所说，阿伦特在美国写作，她的着眼点是美国，是美国与革命精神。第二，阿伦特是从法国来到美国的，在来到美国之前，阿伦特有近 10 年时间作为无国籍者生活在法国，这段时间，她与雷蒙·阿隆、加缪以及本雅明等法国学者都有很多的交流。在法国，阿伦特从事一些实务工作，像犹太服务组织及其他公益组织的活动。同时，阿伦特阅读了不少法国思想家的著作。阿伦特对政治理论的入门，很大程度上是从阅读法国思想家的著作开始的。阿伦特在哲学上深受胡塞尔、雅斯贝尔斯和海德格尔的影响，而这些人对政治问题的处理都是非常次要的，政治并非他们关注的重点。阿伦特对政治问题的关注一方面源于现实对她的触动，如 30 年代德国纳粹力量的兴起，纳粹对犹太人的迫害；另一方面，从知识上讲，阅读法国思想家的著作也让她受益颇多。因此法国革命对她来说并不是陌生的题材。后来她从法国来到美国，成为美国公民。这一时期她在给导师雅斯贝尔斯以及丈夫的书信中，所表达的都是对美国生活的赞誉，特别是对美国地方自治以及公民精神的赞誉。她住在一个美国老太太的家中，这位老人对某个时政问题有意见的时候，就会欣然提笔写信给总统，这种情况真是让人感到震撼。当然，阿伦特也注意到美国社会存在的问题，她认为美国存在真正的"社会问题"。大革命摧毁了欧洲旧的等级秩序，但在美国，社会问题却是十分真实的，那就是种族歧视。从阿伦特在美国生活的切身体会来讲，她对美国的政治高度赞扬。她认为，在美国依然可以找到共和精神，公民参与政治生活的热情清晰可见。但是，美国的社会问题却非常尖锐，以至后来要通过一场战争来解决。而美国的国父和立宪者的厉害之处在于，他们使社会问题与政治问题相安无事，也就是说，没有因为社会问题影响政治问题的处理。阿伦特《论革命》一书从实践和现象出发，并不诉诸某一理论。阿伦特在法国和美国的生活经历对于我们理解《论革命》十分重要。我们须结合这两段经历去体会《论革命》所表达的意思以及该书洋溢的情感，只有这样才能体会到这本书的玄妙之处。

阿伦特关于革命问题的再审视，还有一个背景知识。阿伦特写《论革命》深受罗莎·卢森堡思想的影响，阿伦特批评的是列宁的暴力革命论。1966 年，阿伦特应约给学者彼得·奈特所著的两卷本《卢森堡传》写书评。阿伦特本身就很喜欢卢森堡，阿伦特的母亲也是卢森堡的崇拜者。阿伦特在书评中写道，她不满于奈特对卢森堡的评价，奈特认为卢森堡只是一名批评家，对社会主义的认识还不够。卢森堡认为，革命家任何时候都应该考虑自由问题，个人自由与公共自由二者缺一不可，对革命要进行伦理的评估，暴力需要有其正当理据。因此卢森堡不满于列宁的观点。列宁主张暴力，认为战争能加速革命的到来，战争能够引发革命。卢森堡认为一个革命家这样想是一件十分恐怖的事情。卢森堡思想的核心是一种共和理想，这与一些马克思主义者所说的不大一样。他们认为革命无所谓道德，道德只是上层建筑。并且，卢森堡不赞成列宁所说的"革命需要紧密组织的小团体"，卢森堡强调共和的纲领，排除了这种紧密组织的小团体从事的运动。卢森堡认为国家和宪法并不是上层建筑，国家和宪法能够约束资本主义带来的问题。阿伦特在书评中认为卢森堡的伟大之处在于她对公共自由的关注，革命的目标是公共自由。所谓好的组织不是成立于行动之前，而是行动本身的产物。先有革命的行动，然后在革命行动中产生议事会。行动产生权力组织，这是阿伦特《论革命》的精髓。"阿伦特式的革命"与卢森堡阐发的思想可谓一脉相承。

《论革命》背后有着一个梦想，一个“乌托邦”。阿伦特曾对记者说，如果要将她描绘的称为“乌托邦”，那么这个乌托邦是有经验依据的人民的“乌托邦”，是值得人们追求的梦想，而绝不是理论家和意识形态的乌托邦。[①]《论革命》这本书出版以后，并没有立即引起震撼和轰动，不像《极权主义的起源》那样引人关注。60年代中后期，随着学生运动的兴起，《论革命》逐渐成为大学生阅读的热门手册，开始发挥它的影响。对于《论革命》的评价，阿伦特与很多人是不一样的。阿伦特的导师雅斯贝尔斯、丈夫布吕赫认为《论革命》是阿伦特写得最好的一本书。而当时的学界以及公众并没有给予《论革命》太多的关注，阿伦特曾向她的朋友雅各布松言及这一情况。[②] 不过，当时阿伦特仍是备受关注的人物。这一时期，《纽约客》杂志正在连载阿伦特关于艾希曼审判的报道，一时引起很大的争议，《论革命》故而被忽略。

然而，《论革命》一书在阿伦特著作中却处于十分重要的位置。阿伦特在书中第一次正面阐发她的政治理想，同时第一次从制度的层面去思考政治，即政治生活展开的制度前提。这本书堪称阿伦特学术思想炉火纯青时期的创作。从这本书与阿伦特之前著作的联系上看，有学者认为，《论革命》一书是对之前《人的境况》以及《过去与未来之间》这两部重要著作的综合。翻看《人的境况》一书，迎面而来的是古希腊城邦、城邦公民的行动理想。尽管也有提到古罗马，但主要以古希腊城邦政治经验为中心。而在《过去与未来之间》中，尽管阿伦特对于古希腊、古罗马、中世纪以及近代的问题都有涉及，但关注的重心是古罗马。她写的“权威”和“传统”都是古罗马人的概念，还有她关于“教育的危机”和“文化的危机”之思考背后的罗马情结也是非常明显的。所以有的学者将《人的境况》概括为“古希腊的行动理性”，将《过去与未来之间》概括为“古罗马的共和传统”。当我们读完《论革命》之后，对阿伦特将会在上述二者之间取得比较“平衡的理解”。这本书和《极权主义的起源》也有联系。一个学者给这本书英译本写过一篇导言，在导言中，该学者着眼于《极权主义的起源》与《论革命》之间的对照，以此去诠释这本书的意旨。他认为，《论革命》一书是《极权主义的起源》的反题，两本书所描写的东西正好是相对立的，非恐怖与恐怖、非暴力与暴力的对立。《极权主义的起源》中写的集中营，在《论革命》中写的《“五月花号”公约》，通过签订契约所形成

① 参见［美］汉娜·阿伦特：《共和的危机》，郑辟瑞译，178页，上海，上海人民出版社，2013。

② 关于该书出版后的状况，阿伦特的学生扬-布鲁尔在其《汉娜·阿伦特：爱这个世界》一书中作了清楚的描述。

的公民联合体，这二者正好处于相对立的两极。从这个角度去思考，可以发现阿伦特著作中一以贯之的地方。

理解阿伦特的《论革命》，需要注意的是：首先，这本书不是简单的史学著作，而是一部政治理论著作，它对具体的史实并不关心，而是重在解析人类的政治经验，阐发它的意义，这种意义与我们现实的困境相联系。所以《论革命》中提到"寻求失落的珍宝，挖掘失落的传统"。美国革命发生之后被人遗忘，阿伦特提出要重视革命留下的精神和遗产。其次，从风格上说，尽管这本书在寻求失落的精神传统，但并无浪漫怀旧色彩，恰恰相反的是，这本书真正关心的是现实中的革命现象，书中洋溢着理想，给人以希望。

阿伦特论革命，是从谈战争开始的。阿伦特写道，战争与革命依然是当今世界两个核心的政治问题，它们决定了 20 世纪的面貌。由此引出了为革命辩护的问题，即革命的理据是什么。历来的说法是，以自由对抗暴政。从对革命问题的思考，引出了对自由问题的思考。书中在讲到自由时提到，现代科学，无论是心理学还是社会学，都未给自由的概念留下位置。"自由一词也从革命的语汇中消失"[①]，革命家对自由的讨论已经很少。但是另一种情况是，近年来自由观念又卷入对战争和暴力合理之运用的讨论中。[②] 为战争正名，这一传统由来已久。古希腊人城邦生活理想是区别于战争的，城邦生活建立在说服而非暴力之上，暴力运用于城邦生活之外，或者说运用于外交事务上。在古希腊那里，暴力的使用无须正名，"强者行其所能为，弱者忍其所必受"（修昔底德）。在古罗马，首次出现了正义战争与非正义战争之分。但是在古罗马人那里，这跟自由没有关系，古罗马人不区分侵略性战争与防御性战争。李维说："必然之战皆正义。"从上面可以看出，古希腊人、古罗马人的战争都不是以自由为论据的。而在 20 世纪新的形势下，我们该如何认识战争的变化？阿伦特在书中指出了四个事实。第一，全面战争来临，战士与平民的区分已经不再重要。第二，战争中战败的一方，其政权必定无法存活。第三，军备竞赛不是为了作战，而是为了使战争变得不可能。第四，战争与革命的联系日益紧密，但重点是由战争转向革命，革命而非战争将伴随我们走向未来，战争正在变得不可能，20 世纪是革命的世纪，理解革命的人将会胜出。阿伦特意指，我们不能用权力政治时代的术语去理解战争和革命。

① ［美］汉娜·阿伦特：《论革命》，2 页。
② 参见［美］汉娜·阿伦特：《论革命》，2 页。

一、革命的意涵

阿伦特认为，革命首先意味着人们需要面对一个开端，西方思想史上17世纪出现的关于自然状态与文明状态的对照，实际上是描述文明秩序有一个开端。革命与开端的联系显而易见，开端是革命的第一个含义。当阿伦特试图去诠释革命的含义时，她厘清了对革命的几种错误理解。第一，革命不是简单的变革。人类历史上的变革不计其数，但很多变革都不能叫革命。革命不是古希腊城邦的内乱，也不是古罗马人所说的动荡，波利比乌斯所说的政体的变动与循环也不是革命。革命是一个明确的开端，它不是内乱，也不是政体的循环。第二，革命不等于穷人造反。革命中有穷人翻身的现象，穷人推翻富人，然而穷人造反不是革命。在古代，譬如在亚里士多德那里有类似的描述。革命是一种近代（现代）现象，古代与中世纪没有革命。穷人推翻富人建立平民政体，建立穷人的统治，不是革命。革命不只是穷人翻身，革命是要把每一个人从贫困中解放出来，解放每一个人，这种理想在前现代是没有的。这里可以看到现代革命与社会问题的联系。社会问题就是经济问题，是有关衣食住行的问题。现代革命所涉及的贫富问题与亚里士多德从经济的角度思考政体的更替，这二者的含义是不同的。亚里士多德没有说解放每一个穷人，穷人造反可能是支持僭主上台。在古代人的思想世界中，贫富的差别是天经地义的，是自然的，不值得非议。[①] 在现代来说，分配是指按需分配，保证人的基本生活需求。我们讲到革命涉及的贫富问题，革命解放穷人与古代是不同的。法国革命处理贫困的问题和美国革命处理这一问题的方式是不一样的。因为在美国革命时没有贫困问题，恰恰相反，美国的繁荣对法国革命影响很大。美国革命本身对现代革命的进程几乎没有什么影响。但是，人们从美国看到了富足，这激励着人们通过革命去追求富足的生活。也就是说，美国革命本身对法国革命以及后来的革命没有什么影响，但美国前革命时期的繁荣和富足对革命造成了深刻的影响。阿伦特说："有些因素在另一方面给其他一切革命都提出了一个最迫切、政治上最棘手的问题，即表现为贫苦大众悲惨境况的社会问题，却在美国革命进程中无迹可寻。尽管尚未爆发美国革命，但革命的条件在《独立宣言》很久以前就已经确立，并在欧洲广为人知，欧洲滋养了革命的热情。"[②] 由于美

---

① 另可参见［美］塞内尔·弗莱施哈克尔：《分配正义简史》，吴万伟译，南京，译林出版社，2010。

② ［美］汉娜·阿伦特：《论革命》，13页。

国革命没有社会问题，有学者就否认美国发生过革命。阿伦特说这种观点是不对的。

阿伦特又批判“一切现代革命在本质上都源于基督教”[①] 的观点。论者也以为早期基督教具有反叛的性质，譬如路德的宗教改革。阿伦特认为这种观点是有问题的。路德对于世俗革命没有基本贡献，路德创立了新的教会，但他并没有创立新时代的秩序（novus ordor saeclorum）。很难说宗教改革带来革命，基督教存在多年，但现代以前没有任何一场革命是以基督教的名义发动的。第二个观点也与此相联系，认为基督教所包含的线性时间观念为现代革命提供了基础。这种观点很常见。阿伦特在这里作了一个辨析，她认为这种观点没有多少道理，因为希腊人也好，罗马人也好，对于世俗新生的经验、开端的体会都是极其有限的。

革命意味着一种开端，开端启新。18 世纪的两次革命都包含了这种特征。革命的意义是什么？实际上革命进程本身的行动者和旁观者都无法控制，也无从预料，但事件本身的新颖之处和意义还是看得出来的，它的意义在于自由的出现。1773 年，罗伯斯庇尔把他的统治界定为“自由专制”。[②] 孔多塞也说，只有在革命的目标是自由时，革命才可以称为革命。所以，对现代革命的理解，我们既要注意革命的开端特征，还要注意自由这一方面。首先要区分解放和自由。解放是自由的条件，但并不自动带来自由。[③] 与解放相联系的，是“liberation”一词。[④] 自由主义者讲自由，通常用“liberty”，其含义是一种消极的权利，但是“freedom”一词有积极的含义，意味着摆脱某些束缚，自由地出入公共领域。但是“liberation”是说解放之后获得生命、财产上的保障，在此意义上，人是自由的。这二者是严格区分的。在这里，我们要理解解放和自由之间的关系以及不同。“freedom”是政治自由，自由是一种政治现象，这种现象与古希腊城邦的兴起相伴随。理解自由要理解古希腊人的自由观，并将之与古希腊的城邦经验相联系。古希腊城邦是怎样的构造呢？阿伦特在这里的描述与《人的境况》里的描述是一致的。城邦（政治）不是一种民主制，而是“isonomy”，指平等、自由公民的联合体。在这种联合体中，自由和平等是相同的。在古代人眼里，自由和平等不是自然的，而是约定俗成的，是人造的，

---

① ［美］汉娜·阿伦特：《论革命》，14 页。

② 参见［美］汉娜·阿伦特：《论革命》，17 页。

③ 参见［美］汉娜·阿伦特：《论革命》，18 页。

④ 在《论革命》英文本中，“解放”一词是“liberation”，“自由”一词是“freedom”。

具有人造物的特点。自由意味着在平等的公民之间发言的自由，僭主和专制者都没有自由。这种平等公民组成的空间叫作政治空间，自由与政治空间相联系。僭主统治、专制统治中都缺乏政治空间；没有政治空间，自由也无法栖身。所以古希腊有广场，供人们聚会交流、讨论问题。自由人能为他人所看到，他的发言也能为他人所听到。现代的自由是宪法所保障的公民权或市民权，包括宪政结构中所说的集会和抗议的权利也是消极的，这与古代不同。以上区分了解放和自由，革命往往同时与这两者发生联系。解放也要求人们投身于公共事务，当人们走在一起时，会有意无意地构建出自由得以展示的空间。所以革命带来的新经验除了开端的经验以外，还有自由的经验，同时具备这两者，才可以谈论革命。革命的行动者所体会到的自由与市民的自由权是完全不同的。

革命往往与暴动和暴乱相混淆。但实际上内乱、叛乱和暴动都不是革命。因为它们不具备上述我们所说的要素。它们之所以易被混淆，原因在于它们都与暴力相联系。只有当变革在一个新的意义上发生，在那里“暴力被用来构建一种全然不同的政府形式，缔造一个全新的政治体，从压迫中解放，以构建自由为起码目标，那才算得上是革命”[①]。

阿伦特运用词源学的方法，考察“革命”一词的历史，以揭示在什么情况下出现了什么样的经验使得人们赋予革命特定的含义。文艺复兴时期是现代的基础，是近代政治思想的基础，它代表近代西方的新生、与中世纪的告别。这种情况下能否找到革命的蛛丝马迹呢？阿伦特的描述是这样的：在文艺复兴的史料和政治理论中，没有“革命”这个词。马基雅维利也不用这个词，他还是沿用西塞罗的“动荡”一词。一个词不可能先于现象而产生。马基雅维利探讨政体的变革，但他实际关心的是稳定、持续的秩序，他不是政治变迁理论的思想家。但是可以说他是革命的先驱。[②] 阿伦特认为，马基雅维利是“第一个思考建立一个持久不变的政体之可能性的人”[③]，“是第一个设想了一个纯粹世俗化领域兴起的人”[④]。纯粹的世俗领域独立于教会，也独立于道德。革命源于世俗领域的兴起，而不是基督教，也不是宗教改革。马基雅维利告诫人们，进入政治领域不要遵从基督教的教义。与革命理论家不同，他理解的“奠基”只是

① ［美］汉娜·阿伦特：《论革命》，34 页。

② 阿伦特对马基雅维利的解读，可以参考《过去与未来之间》里《历史的概念》一文。

③ ［美］汉娜·阿伦特：《论革命》，35 页。

④ ［美］汉娜·阿伦特：《论革命》，36 页。

重建，即意大利民族国家的重建。革命所包含的开端含义在马基雅维利那里付之阙如。马基雅维利不是政治科学和政治理论之父，但他是革命精神之父。从两个意义上可以这么说：其一，马基雅维利主张复兴古罗马的精神和制度；其二，马基雅维利谈到了政治领域中暴力的角色。这两个因素都在18世纪的革命中有所体现。然而马基雅维利与后来的革命理论家的差别也是极大的。因为18世纪的革命者生活在17世纪以来科学昌明的时代，他们无法像马基雅维利那样自如地与古人交谈，宾至如归。马基雅维利的思想标志着中世纪市镇自治生活的终结，而不是开端。在这个意义上，他与革命相去甚远。如何理解马基雅维利关于政治领域中暴力角色的论述呢？马基雅维利的论述不仅是对人性现实主义的思考，更多的是基于对权威合法性的思考。因为使用暴力者恰似无所不能的上帝。马基雅维利思考奠基的问题，奠基意味着树立新的权威。此时他不得不求助于上帝，这赋予奠基者以神性，并不是出于某种宗教情感，而只是试图寻找绝对性的一种努力。但是所有这些相似之处，对于意大利城市国家来说都不是革命，没必要用一个新词去描述这种经验，所以马基雅维利的著作中没有“革命”一词。他用“state”一词，这种状态不同于共和国，它是指统一的意大利。我们现在将其译为“国家”。另外，“造反”和“叛乱”两个词在前现代就有，但不是革命，因为革命不是解放某些人，而是解放古往今来的所有人。中世纪的反抗只是更换统治者，而不是人民自己统治。换的只是处于权威位置的那个人，而不是权威的格局。所谓改朝换代不过是换统治者而已。这里暗含着另外一个含义：解放和人人平等的理想相联系，这种理想是贵族制的反体。所以从词源学的角度来讲，革命是一种近代现象，古代和中世纪没有革命，马基雅维利的著作中有革命的因素，但没有真正的革命，他可以说是革命精神的先驱，但不是真正的革命者。

人们什么时候开始讲革命？“革命”这个词的含义是什么？尽管前面提到革命有开端的含义，但革命最初并非此义。革命最初是指某种复辟和回归，这种复辟来源于神的护佑。“革命”一词本来是天文学术语，“指有规律的天体旋转运动”[①]，是循环往复的运动，没有开端、启新的含义。因为一个新的开端意味着打破某个进程。在17世纪英国革命中，“革命”一词第一次作为政治术语意指复辟，指回到某个原点，它基本接近于天体运行这样一个隐喻的原意。天体运行是一个隐喻，革命最初的含义接近于它，所以人们称1660年、1688年

① ［美］汉娜·阿伦特：《论革命》，31页。

国王复辟时期为革命，所谓“光荣革命”是指国王重新获得了光荣和尊崇，“革命”是指复辟的含义。最初的革命不热衷于新的事物，从立国者的角度来讲，他们也往往具有保守的心理。革命的行动者是保守的，但当代的旁观者所看到的是全新的东西，认为他们开启了新的局面。所以阿伦特认为，我们讨论革命，围绕英国革命来讲是不可行的。因为英国革命本质上指向的是某种复辟，而今天我们为革命赋予的新含义是开端和自由，因此要转向法国革命和美国革命。当我们转向法国革命和美国革命的最初阶段，就会发现人们只是想复兴一种秩序，找回被绝对王权或殖民地政府破坏了的东西。革命即使在那个时期也包含回到某种秩序的意思，直到后来人们才把革命当作某种开端，视革命为人们努力的结果，在革命中，人们有意识地规划自己的未来。可见，开启新的局面、“创新”等观念，需要花费近两百年的时间才能到达政治领域。

创生性、开端和暴力与革命息息相关。而天文学意义上的“革命”除了循环往复的运动这一意思之外，还有一个，即不可抗拒性。法国大革命中人民攻占巴士底狱，是革命而不是单纯的反叛，它超出了人力所能控制的范围。革命意味着大势已去，反叛还可以通过暴力维稳。不可抗拒性体现了革命自身的逻辑，革命的领导者、行动者和旁观者都阻挡不了。因为大量的底层人、穷人走进公共领域，走向政治舞台，这样一来，“面包问题”、财富问题代替了自由问题，成了革命的口号，革命的目的不再是为自由奠定基础，而是变成追求解决贫困问题，追求生活的改善。在革命进程中，无论是参与者还是旁观者都感觉到一股强大的力量将人裹挟着前进，好像是一股外在的力量在插手人类的历史进程。所谓“革命潮流，浩浩荡荡，顺之者昌，逆之者亡”。革命的旁观者，观察法国大革命就产生了现代历史意识，这就是现代德国历史哲学的兴起。现代历史哲学认为人类历史发展是有规律的，背后有超越人的力量在主宰。这种观念即来自法国大革命。法国大革命以其实际的进程告诉人们革命这种伟大的事件背后有某种力量在推动。但是在美国革命中，情况则相反，在美国革命中，人是主要的。所以法国大革命以后，启蒙时期的哲学就转向历史哲学，阿伦特写道：“从理论上说，法国革命意义最为深远的后果，就是黑格尔哲学中现代历史观念的诞生。”[①] 黑格尔革命性的理念使哲学家旧的绝对性在人类事务领域中展现。后康德时代的哲学之所以能发挥对欧洲乃至世界的影响，并非因为通常所说的唯心主义，而是因为康德哲学已经离开了纯粹思辨的领域，试图

① ［美］汉娜·阿伦特：《论革命》，40页。

提出一种与时代最新、最现实的经验相契合的哲学。但是，黑格尔哲学关于人类事务的哲学，重点仍在于思考，这是相对于马克思来讲的。黑格尔的世界精神仍是一种人的思考，但在马克思那里，重要的是实践，是行动的力量，在行动中哲学才展示出来。马克思所说的改造世界，不是说基于某种理论去改造世界，而是说哲学要在改造世界的实践中展现出来，在这个意义上，它不是“乌托邦”，而是科学共产主义。阿伦特认为，18 世纪收获的不是托克维尔式的“新的政治科学”，而是黑格尔的历史哲学。政治科学是围绕公民权利和自由来讲的，而历史哲学是围绕如何把握历史进程、如何认识事件发生的规律等问题展开的。二者有质的不同，一个是为了把握不可抗拒的进程，一个是思考人类如何能够主宰自己的命运。政治是人为的，是约定俗成的，而不可抗拒的进程则是人所不能控制的。

托克维尔应对新政治局面的新政治科学，在黑格尔那里是历史哲学。这里有一对基本的范畴——“行动者”和“旁观者”，这是理解阿伦特思想的重要范畴。旁观者见证行动者的存在，旁观者叙述历史。阿伦特自己在某个时刻是行动者，同时她也作为旁观者在观察历史。法国大革命时期革命中人是行动者，他们并不知道自己在开启新的时代，革命中人对于革命的方向也是不清楚的。这跟行动本身的特点是相联系的，如上文所言，行动的后果具有无疆界性，一个人做出行动，无法预计它的影响。法国大革命时期革命中人是行动者，德国的思想家则是旁观者。德国由于受封建思想的束缚，革命来得比较迟缓，但是作为旁观者他们却产生了独特的现代历史意识。革命者本身卷入了一个自己也无法控制的进程，一浪高过一浪，从最初的立宪派到雅各宾派再到复辟，革命的整个进程和意义在德国人的头脑中呈现出来。当时的黑格尔、费希特、马克思都对法国大革命作了相关的描述。法国大革命如何对德国人的思想形成影响呢？这就要注意理解“行动者”和“旁观者”这一对范畴。黑格尔在说法国大革命时，仿佛已洞悉事件背后的规律，他是以旁观者的视角去谈的。关于黑格尔的历史哲学以及黑格尔的教义，阿伦特在书中也作了相关阐释。按照黑格尔的历史辩证法，世界历史是分阶段、一个阶段取代另一个阶段、按照某种规律不断地上升的过程。在这一过程中，每一个阶段都是一个过渡。黑格尔说：“一切现实的皆是合理的，一切合理的皆是现实的。”黑格尔本意不是要维护既存的东西，他所谓的“现实的”是指具有必然规律性的东西，在发展过程中，之前现实的东西也可能失去合理性，这种说法不是保守的，而是革命的。那么面对旧的东西该怎么办呢？黑格尔认为，如果旧的东西充分理智，不加抵抗地自行死亡，那么便和平地被代替；如果它负隅顽抗，就以暴力的方式被代替。黑格尔哲学否定任何永恒秩序的存在，否定任何神圣的东西。在一定阶段，某种秩序是合理的，但当新的阶段到来时，它就会丧失它的理据。黑格尔的历史观念，以及自由与必然性之间的辩证观念，深受法国大革命的启发。所以法国革命而不是美国革命使人类历史进入了革命时代。但当革命到来时，人们忘记了美国革命的经验，阿伦特正是要唤醒人们重温美国革命的经验，重新诠释美国革命留下的遗产。实际上，法国革命带来了灾难，它是一场失败的革命，而美国革命缔造了自由，它是一场胜利的革命。

阿伦特认为，我们关注革命不是为了记叙革命的历史，而是为了理解革命对于世界史的意义，对于人作为一种政治的存在之意义。因此，我们要回到某些特定的"时刻"。"时刻"话语是区别于历史哲学的。我们要关注革命时期的政府形式，而这些政府形式后来被人们忘记了。阿伦特《论革命》一书与其他论革命的书的不同在于，它对于革命初期政体形式和政府形式，以及自由问题，有颇为独特的讨论。阿伦特称托克维尔是"最敏锐也最有思想的观察家"[①]，阿伦特的思想深受托克维尔的影响，同时也对其进行批评。托克维尔说："当过去不再照亮未来时，人的心灵就会在混乱中徘徊。"[②] 这里暗含一层意思，即托克维尔也无法很好地理解革命，尽管他后来写过《旧制度与大革命》一书。阿伦特认为，托克维尔在观察美国的时候，是带着法国人的思维定式去看的，所以他只看到美国社会方面的平等，却没有看到美国人建国、追求自由的一面。阿伦特接着从法国革命讲到俄国十月革命，讲到俄国革命历史和行动。在这里可以看到"历史"和"行动"也是一组对立的范畴。奉行一套黑格尔式的历史范畴，是否定人的行动的意义的。恩格斯写过一篇文章《路德维希·费尔巴哈和德国古典哲学的终结》，文章里讲到，黑格尔哲学的革命意义，在于告诉人们人的思想和行动本身都不具备决定性的意义，这些要放到大的历史进程中去考虑。而在阿伦特的政治思想中，行动是非常重要的，它挑战任何历史主义的东西，凸显人的创造性。实际上这里可以看到阿伦特对历史主义的批评。她认为，在俄国革命中，意识形态和恐怖分别从内外两个方面对人进行控制，作为行动者的人不复存在，即使革命者也只是顺着潮流往前走。

---

① ［美］汉娜·阿伦特：《论革命》，45页。

② 英译原文是："As the past has ceased to throw its light to the future，the mind of man wanders in obscurity ."

二、政治问题与社会问题的辨析

社会问题是相对于“政治问题”来讲的，总体上阿伦特是要说明，革命关注的问题是从政治问题转向社会问题时会产生的后果，这后果就是自由屈从于必然性。阿伦特的书中有两个含义不同的“必然性”概念：一个是历史决定论中的必然性，一个是生命过程的必然性，背后皆为对自由的否定。这两种必然性在革命中都有。尽管刚开始历史必然性只是在思想家的头脑中，但随着职业革命家的产生，随着列宁式革命的出现，情况发生了变化，因为到列宁时期革命有可能是谋划和策动的结果，这和法国革命是不同的。社会问题领域是一个必然性领域，人在社会问题领域中没有自由。这里的社会问题就是指贫困问题，即人的面包需求。而“面包问题”在法国革命中迅速成为一种口号。革命不再是追求自由，而是为了摆脱贫困。这时人的权利变成了穷人的权利。“马克思从法国大革命中学到的是，贫困是第一位的政治力量。”① 马克思将社会问题转化成一种政治力量，他习用“剥削”一词，也就是认为，贫困是一个掌握暴力手段的“统治阶级”剥削带来的结果。马克思的解释模式是奴隶制的，奴隶制中确实存在一个“统治阶级”，但是资本主义时期，情况发生了变化。但马克思用古代奴隶制的模式去解释资本主义的现实。阿伦特认为，只是为了革命，马克思将政治因素引入经济学，并使它“伪装”成“政治经济”，即一种基于政治权力之上的经济，由此也可以通过政治组织的变革、通过革命的手段将其推翻。马克思帮助解放穷人，他不是说贫困是某种历史的或必然现象，而是劝说人们贫困是一种政治而非自然的现象，是暴力和压迫造成的结果。马克思以政治语言解释经济问题，把贫困转化成了革命的动力。马克思的解释是古代奴隶制的模式，而现代社会是要解放劳动者。马克思的早期著作是以政治术语来解释经济问题的，而在《共产党宣言》之后则以经济术语来解释政治问题。“马克思将必然性等同于生命过程所具有的强迫性冲动”②，他比任何人都注重强调生命是最高的善，人的吃穿住最重要。这样一来，革命的目的不再是将人从压迫中解放出来，也不是以自由立国，而是使社会的生命过程摆脱稀缺性这一锁链。“不是自由，而是富足，现在成为革命的目标。”③ 马克思就是这样使自由服从于必然性。罗伯斯庇尔和列宁也是如此。阿伦特认为，列宁最初

① ［美］汉娜·阿伦特：《论革命》，50页。
② ［美］汉娜·阿伦特：《论革命》，51页。
③ ［美］汉娜·阿伦特：《论革命》，52页。

还没有混淆这个问题，当有人问十月革命的目标是什么的时候，列宁的回答是“电气化加苏维埃”，他主张通过电气化这种技术手段解决社会问题，用苏维埃解决自由问题。但是列宁很快发现，贫困仅靠电气化解决不了，于是试图依靠党的力量推动经济的发展，而不再说“苏维埃”了。阿伦特说列宁是法国革命的最后一位继承者，他继承了法国革命悲剧性的失败——以政治手段解决贫困问题的失败。

阿伦特说，马克思从法国大革命中发现了穷人的力量。但这种情况在法国大革命之前并不存在。18 世纪热爱自由的人们谈到人民有反抗统治者的权利时，他们所说的“人民”不是指“穷人”。认为一切革命都有其社会根源，这一 19 世纪的偏见在 18 世纪的理论和经验中并不存在。事实上，当美国革命者来到法国，面对欧陆实际的社会情况时，便对革命失去了信心，不再相信华盛顿的话：美国革命会给欧洲和几乎所有的民族打开眼界，自由和平等精神会蔓延至各地。因为他们认为法国已经腐化了数个世纪，美国式的革命在此将会遭遇巨大的障碍，自由要想在旧世界扎根，将经过巨大的混乱。因为那里的人民充满痛苦，那里的贵族又相当腐化。欧洲大陆的人不具有美国人拥有的那种自由心灵，对于其他生活优越的人，杰斐逊也不抱希望，他们的行为是有礼貌，但这种礼貌无时不在加剧这里人们的痛苦。约翰·亚当斯也认为一个自由的共和政府，无法建立在凡尔赛皇家动物园中的大象、狮子、老虎、豹子、狼和熊之上。阿伦特在这里实际是说，法国的穷人、富人不具有自由的心灵。在法国革命失败的地方，美国革命取得了成功。美国并不是没有贫困问题，但是国父们认为美国的劳工并不痛苦，他们不受需求的驱使。他们提出的问题不是社会性的，而是政治性的。他们关心的不是社会秩序，而是政府形式。美国也有穷人，美国穷人的特点是没有追求卓越、秀异（virtuosity）的激情。穷人的生活没有目标，他们生活在公共领域的光明之外。他们无论走到哪里都站在黑暗之中。这是亚当斯对穷人生活的描述。阿伦特说，亚当斯的观点在现代是极少见的。亚当斯看重穷人的政治困境，然而这种观察并不为穷人所共享，因为穷人更重视需求的满足。在任何地方，穷人变富以后也不会成为追求卓越的人士。他们没有走向公共领域的激情，而是耽于享受。他们敞开他们的私人住宅，炫耀财富，展示那些不适合被人看到的东西。所以说美国没有社会问题是不真实的，美国还有奴隶制，存在黑人劳动这些痛苦。但是亚当斯和其他一些建国之父并不为这种情况所打动，他们看到的是穷人默默无闻的状况。换言之，他们似乎缺乏同情心。同情历来在政治领域之外、在教会等级制领域之外运作。但到了18世纪，这种状况开始发生变化。卢梭式的同情在法国大革命前变得分外流行。从那时起，同情与革命结伴而行。同情驱动着革命中人，美国是唯一的例外，其中同情不扮演任何角色。考虑到美国奴隶制的存在，欧洲各国的痛苦要比美国少得多。杰斐逊讨论过奴隶的问题，但他并不是出于同情和对同胞的感情，而是出于奴隶制与自由制度的不相容。欧洲则与之相反，在那里奴隶制不是问题，驱使革命者最重要的因素是同情。阿伦特对自己所讲的社会问题进行了廓清，以区别于现代所讲的社会问题，如平等问题以及与社会地位相关的问题。她所讲的社会问题就是指贫困。

法国革命一开始也是为了反对暴政与压迫，而非剥削与贫困。但从暴政中获得解放仅触及少数人的生活，大部分人对此毫无感觉，仍然生活在痛苦之中。所以他们认为解放应该再来一次，这种解放是从必然性中解放。相较而言，从暴政中解放不过是儿戏。在这种解放过程中，革命者所代表的人民不再以共同的事业结合在一起，而是以罗伯斯庇尔所说的美德结合在一起。这种美德与自由没有关系，它的目的不是建立共和国，而是把人民的幸福放在心里，把人民的幸福等同于自己的幸福，它指向的是多数人的幸福。吉伦特派之后，幸福而非自由变成了“欧洲新观念”（圣鞠斯特）。从暴政中解放出来获得的是自由，而从必然性中解放出来获得的是财富。解放和自由有联系，但二者并非一回事。在法国革命中，“people”一词不是指人民，而是指底层人，它是不幸与痛苦的同义词，同情也成了最高的政治美德。雅各宾派相信人民而非共和国，人民与共和国是对立的。共和国关注的是一套制度、一套宪法、一套政府体系，它对人民能否做主不感兴趣。法律也是以人民的名义发布，而不是以法兰西共和国的名义发布。这种转向不是因为某种理论，而是因为在当时的革命进程中，强调基于人民同意的法治政府理论不再受重用，卢梭的公意理论取而代之，大行其道。然而公意理论的前提是一个稳定的政治体，它本身并不足以构建一个新的政治体。公意只对特定的决定以及问题的设定有效。更为重要的是，“意志”取代了同意，政府不是源于人民的同意，而是源于人民的意志，这是一个重大的转变。如何理解政治哲学中的意志？意志本质上排除了所有意见交换并最终达成一致的过程。意志只能是一个，不可分割，意见之间可以通过媒介去交换，但意志之间不存在交换。“从共和国转变为人民意味着未来政治实体持久统一的保障，不在于人人有份的世界性制度，而在于人民自身的意志。”① 人民意志作为公意，

① ［美］汉娜·阿伦特：《论革命》，63～64页。

它的突出品质表现为一致性。受一个意志驱动的政治体必定没有稳定性。卢梭的一个公共意志的隐喻，是将民族想象成单一意志，像一个人一样可以随时发生改变。卢梭的理论对法国大革命的吸引力在于，它找到了一种方法，将一大群人放在一个人所处的位置，这个位置原来是开明君主所处的位置。

公意化多为一，这实际上是在说民主将人民化为一个意志放在原来君主的位置，将君主主权变成人民主权。克劳德·勒弗借用坎特罗维茨（Ernst Kantorowicz）的《国王的两个身体》来讲民主理论，他说，民主社会有一个空位子，它不能由一个人或一个党来把持，空位不能实质化，一旦实质化就会变成极权主义。因此民主社会本身就暗含不确定性，谁来占据这个位子是不确定的。但是革命时国王的头颅被砍下，人与人之间的纽带没有了。也就是说，在过去是由国王来代表整个国家，国王没有了以后，人与人之间的冲突就出现了。谁来代表国家整体？这时就出现了一个空位子，在空位子上的人代表整个民族。卢梭是如何化多为一的呢？卢梭诉诸第三方，当有民族共同的敌人存在时，多人即能化为一个人，大家会团结起来，一致对敌，所以民族预设了敌人的存在。革命时期的圣鞠斯特对这一道理十分熟悉，他说只有对外事务可以成为政治事务，人际关系只构成“社会”。不过，这种解释只触及卢梭理论的表面，卢梭理论还包含着从民族内部将人们统一起来的一面，即在对外事务之外找到一个共同的敌人，这个共同的敌人藏在每一个公民的心中，存在于他的特殊意志和利益之中，他认为这一潜藏着的敌人可以成为一个共同的敌人，促使人们团结起来。每个人在与特殊利益作斗争时，整个国家就凝聚成了一个整体。卢梭在这里将意志与利益等同，在卢梭的《社会契约论》中，意志与利益是同义词，他预设意志是利益的某种表达，公意也是公共利益的表达，它的存在源于与每个人的意志相冲突。公民就是在持续不断地同自己的私人利益作斗争的过程中产生的。

这个理论的后果是什么？阿伦特认为，没有哪个民族主义的政治家会追随卢梭，卢梭的逻辑是非常极端的。民族主义的公民概念只讲共同的外部敌人，而非心中的那个敌人。但是革命家和革命传统则不同。罗伯斯庇尔到列宁、斯大林都承继着卢梭的逻辑。革命者的无私不可混同于英雄主义和理想主义，他们的无私往往令人惊讶。这种无私观念就源于卢梭。从罗伯斯庇尔开始，“美德”就与无私画上了等号。[①] 古希腊就有“美德”一词，但不是无私的意思，

① 参见［美］汉娜·阿伦特：《论革命》，66页。

古希腊人说知识即美德，美德有正义、勇敢、节制等含义，但没有无私。从罗伯斯庇尔开始，美德变成了无私。这样一来，“衡量一项政策的价值标准是它与一切特殊利益相对抗的程度，判断一个人的价值的标准则在于他的举动在多大程度上违背了自己的利益和意志”①。这里我们要理解革命者的美德是如何与无私、无我画等号的。

如何理解卢梭、罗伯斯庇尔这样的人对美德的理解？在罗伯斯庇尔那里，同情是联系不同阶层的力量。在卢梭的理论中，自然状态中的人会对他人的遭遇产生同情，这种同情是自然人交往的基础。自然状态中人们并不处于战争状态，相反，人和人之间有一种最初的情感，人对他人的遭遇会产生同情。从卢梭到罗伯斯庇尔，他们都视社会为一个腐化的社会，因此要恢复健康的社会。这里有一个理性和同情的冲突，或者说是理性和自然的冲突。卢梭认为理性会让人自私，使人丧失本性，背离他的天性（nature），从而使他对不幸者缺乏同情。我们常说 19 世纪早期浪漫主义对理性的反叛，视 18 世纪为启蒙理性主义，而忽略了 18 世纪对情感对激情对心灵对灵魂的诉求，这种诉求尤见于卢梭的著作中。对理性的反叛并不一定要等到 19 世纪浪漫主义时期，在卢梭的著作中就包含对理性的反叛。激情在这里被理解为对他人的痛苦有一种理解的能力，它引申出同情或者悲悯这样一种美德。同情和悲悯是一个词，即英文中的 compassion。卢梭希望通过同情重建人与人之间的天然纽带，把人从堕落的社会中拯救出来。卢梭将同情引入政治理论，是前无古人的。罗伯斯庇尔则将这样一种政治哲学付诸实践。

卢梭式政治哲学的问题在于：同情本质上是非政治的，它是一种私性品德。它摧毁了人与人之间的距离，摧毁了人与人之间现实交往的空间。当同情试图改变世界，它诉诸的将是快速而直接的行动，其手段则是暴力，而非劝说、协商、妥协等法律与政治的程序。法律或政治的程序是和劝说、协商、讨论联系在一起的。而通过暴力方式诉诸直接行动，则是一种非政治或反政治的方式。

卢梭讲同情针对的是上流社会的冷漠，是理性的无心无肺（heartlessness）——那是一种没有善心的状态。但是，卢梭的重点不是他人的苦难，而是自己的情感。卢梭不是要通过现实的方案去解决现实中的苦难问题，他是要讲一种情感。同情被理解为一种情绪、一种冲动，这种情绪叫作怜悯（pity），

① ［美］汉娜·阿伦特：《论革命》，67 页。

指一种对痛苦的感受。阿伦特把怜悯和团结进行了对照。她说："怜悯可能是同情的滥用，而它的另一个替代性选择是团结（solidarity）。"[①] 一种态度是怜悯，另一种态度是团结。从怜悯出发，人们关注弱者；而从团结中人们则建立起一个与被压迫被剥削者的利益共同体，共同利益则是人的尊严和光荣。这里的利益共同体包含兴趣的意思，不能单纯从"利益"的角度去理解英文的interest。团结诉诸一般性，因而不仅能理解一群人，而且最终能给予所有的人，这种团结对强弱贫富一视同仁。怜悯不是一视同仁的，它是强者对弱者的慈悲。在团结的共同体里，人们是平等的，团结能够扩展至所有的人。但是怜悯只针对弱者，对富人和强者是没有慈悲的。这就是怜悯和团结的区别。与怜悯这样一种情感相比，团结显得冷漠而抽象，因为它诉诸的是伟大、荣誉、尊严等理念，而不是对人的爱。怜悯不能做到一视同仁，没有不幸者、贫困者、弱者，怜悯便无法存在。团结是一种能够激发指导行动的原则，同情是一种激情，而怜悯则是一种情绪或情感。同情和怜悯在很多情况下是同义词。罗伯斯庇尔对穷人的赞美、对痛苦的颂扬都是情感性的，即使它不是渴求权力的托词，仅这种情感也具有足够的危险性。阿伦特着意突出怜悯被引入政治实践中的危险性。当怜悯被视为美德之源时，它将拥有比残酷本身更大的行残酷之事的能力。[②] 法国大革命时期怜悯的空气四处弥散，其特点是无疆界性（boundless），这是一个关键词。它是指情感本身不受约束，可以四处弥漫，随意泛滥，它的影响也没有止境。

当罗伯斯庇尔面向公众时，他最初的同情已经变为怜悯，他不再针对具体个人的遭遇，而是针对广大的人群与抽象的无尽的痛苦。为了所谓抽象的原则，为了历史，为了革命的进程，牺牲个人在所不惜。革命就是这样。革命的代价很大，无数革命先烈牺牲换来了一个政权，但是革命者认为为了心中的理念可以牺牲几千万人的生命。革命者关心的是抽象的人民，他们对人民的痛苦深怀怜悯之心，但他们针对的不是具体的个人。政治中讲同情和怜悯是极其危险的。我们要理解为什么在政治中讲同情反而不好。同情是好的，但是它是一种私人情感，把它上升到政治领域的主导地位，它会占据道德上的制高点，它会让人感到自己伟大而高尚。在大谈同情的政客眼里，批评他们的人都应该杀掉。作为个人的生活伦理，可以讲同情或怜悯。但是，在政治领域试图实践怜悯，那就是怀抱创建美好天堂的梦想却在无意间创造了人间地狱。这是卢梭学

① Hannah Arendt, *On Revolution*, New York, Penguin Books, 2006, p. 78.

② Hannah Arendt, *On Revolution*, p. 79.

说的危险性。阿伦特讲，在一个贫穷落后的国家发生革命时几乎不可避免地会走上这条道路：非政治的怜悯之心主导整个进程，从而使革命走向恐怖。怜悯不受法律的限制，不受任何限制。在人民的苦难面前，法律没有约束力。恩格斯说资本主义的自由就是亿万富翁和乞丐都有到公园长椅上睡觉的自由，但是在穷人吃不饱饭的时候，这些自由就是虚伪的、空洞的。因此革命就变成了解决吃饭穿衣的问题。只保证基本的自由无法使穷人吃饱饭，那只有杀富济贫、公有化等。对法国而言，对巴黎宫殿里与睡在桥洞里的人施以同样的正义与法律，无异于讽刺。革命为穷人打开了进入政治领域的大门，政治领域由此也变得具有社会性。然而家务领域的事情即使被容许进入公共领域，也不能以政治的手段去解决。这里暗含了对政治手段有限性的确认，我们不能以政治手段解决非政治的问题。因为这些行政管理事务应由专家去解决，而非通过说服与决定去解决。政治与行政，实不相同。

在 18 世纪末期的革命之前，社会和经济问题就已经侵入了公共领域。政府转型为行政管理，人格化的统治为官僚规章所代替，甚至法律转化为命令，曾是绝对王权的突出特征之一。但随着政治与法律权威的倒塌以及革命的兴起，是人民的需求而非一般的经济财政问题更为关键。人民不仅要侵入政治领域，还要控制政治领域。他们的需求是暴力的、前政治的，似乎只有暴力足够强大与快捷才能够帮助到他们。[①] 在法国大革命中，社会问题如何代替政治问题占据上风，人民如何代替共和国使政府形式的问题被搁置，暴力如何压过权力的构建，阿伦特对这些问题进行了阐发。在大革命中，国王路易十六被处死是因为他是一个叛徒而不是因为他是一个暴君。人民是与外民族相区分的，暴君是与共和相区分的。在历史的这一时刻，革命陷入内战与外战之中，暴力开始登上舞台，为了人民的幸福，为了让人民从贫困中解放出来，一切皆被许可。这是法国革命。

法国革命受制于从必然性而非从暴政中解放，人民无尽的痛苦与这种痛苦所激发的怜悯四处泛滥。无法律性是它的特点。没有法律的时候暴力就可以随便使用。美国革命的方向则定于为自由奠基，建立持续的制度。美国人对暴力并不陌生，但暴力只是个人行为，与人本性中动物性的一面有关。它不是有组织的人民的政治行为，美国人不会为某种历史必然性而采用暴力。美国立国之前的人民概念也与法国不同。美国的人民概念是指多种多样的人，它意味着在

---

① Hannah Arendt, *On Revolution*, p. 81.

不同的声音、各种意见之间寻求一种契合。他们知道，共和国的公共领域是由平等者之间的意见交流所构建的，一旦所有平等者都正好持相同的意见，从而使交流变得多余，公共领域就将彻底消失。罗伯斯庇尔与法国革命者讲的公共舆论，实际上是用武力将观点强加给他人，而不是指平等的意见交流。这种公共舆论的统治实际上是一种暴政。在法国，人民只是一种数量，可以合为一个声音，人民的声音就是需要吃饭穿衣，需要面包。既然大家都需要面包，那大家就是相同的，就可以凝聚成一个有机体。这种状况发生在贫困的情况之下。罗伯斯庇尔就曾将民族比喻为苦难的海洋，与此相联系的是情感的海洋。而为自由奠基的目标则被湮没了。美国革命者没有使他们臣服于必然性的迫切需要以至于忙于解决社会问题，因此没有背离理性，在美国，革命好像是在象牙塔里完成的。这可以解释为理性对激情的控制。但事情还有另一方面。阿伦特说："人心是一块黑暗的地方，人的目光不能穿透；人心也需要保护，不适合暴露在公共领域的阳光之下，因为世界的光亮会扭曲人的内心生活。我们只能看到现象而无法断定其动机。"① 这段话对理解阿伦特乃至政治哲学本身都非常重要。一种时常听到的说法是，某人虽然做了坏事但其动机是好的。从阿伦特的角度来讲，这些讨论没有任何意义。因为人心是一个黑暗的地方，除了他本人谁都不知道。但是法国大革命要求表忠心，这是一种恐怖，它试图通过这种方式控制人的内心世界。而事实上人的内心世界应该被保护，如果它得不到保护，人的心灵就会被扭曲。当根据动机判断一个人是否爱国时，virtue 从原初意义上的促成行动的政治品质变成了一种内心的品质。这种情况下，伪善的问题就出现了。我们记得，奥古斯丁不主张所谓国教，不主张用政治权力强迫人去信教，因为强迫人信教会导致伪信徒。阿伦特说，把人的心灵看作政治美德的来源，是错误的、危险的。除了上帝，无人能看透人心。人的行为确实都有它的动机，但行为本身并不展示动机。虚假的爱国者和真正的爱国者是没有办法区分的。只有爱国和不爱国的区别，没有真爱国和假爱国的区别。"相比其他任何领域，在政治中我们更加没有可能区分存在与现象。在人类事务中，存在和现象其实是一回事，是一样的。"② 这是阿伦特政治思想在哲学层面的表述。阿伦特认为，政治领域本身就是一个展现的领域，是一个现象的领域。没有现象就没有政治。

阿伦特认为，伪善（hypocrisy）在革命中造成了"恐怖"的后果，法国革

① Hannah Arendt, *On Revolution*, p. 86.

② Hannah Arendt, *On Revolution*, p. 88.

命、俄国革命中出现的是不同类型的恐怖。正是针对伪善的宣战使罗伯斯庇尔的独裁专政变为恐怖统治，这个时期的鲜明特征就是统治集团内部的清洗。俄国革命显然以此为榜样。但其间差别更重要，法国革命中恐怖并未用来作为加速革命的手段，它只是无疆界的怜悯泛滥的结果，它源自虔诚的信仰。而俄国革命的恐怖自始至终都存在，在夺权以后成为排除“敌人”的手段，并与意识形态交织在一起。这里有一个“客观敌人”的概念，而法国革命中没有。罗伯斯庇尔的“美德的恐怖”（terror of virtue）针对的是潜在的敌人，但不针对无辜的人民。法国革命中的恐怖范围是很小的，只是清洗统治集团内部的异己。俄国革命针对的是“客观敌人”，即阶级敌人。二者有一个共同点，即都诉诸历史必然性。但是这种理念对法国革命来说是不自觉的，而对俄国革命来说是自觉的。所以这是两种不同类型的“恐怖”。所谓“客观敌人”是说，不是依据你做了什么而是依据某些客观情况去判断你是否是敌人，这里面可能包含很多无辜的人民。

为什么伪善比其他恶德更受人憎恨？阿伦特提到了苏格拉底和马基雅维利。苏格拉底相信现象的真实性，要求人们表里如一，诉诸自己的良知。你是谁就展示出你是谁。苏格拉底的思想属于古希腊的思想传统。而马基雅维利的思想属于基督教思想传统。马基雅维利不反对基督教，但他会批评教会的腐败。施特劳斯学派的解读认为，马基雅维利是反基督教的。而另一种解读着眼于古今的不同，认为马基雅维利反对的是古代的异教。阿伦特认为马基雅维利从大的范围来讲属于基督教的传统，因为他相信现象世界后面有一个超越性的存在，有一个一元的上帝。“你想表现为什么样子，就表现为什么样子。”对马基雅维利来说，在“世界”与政治中，只有现象而非真正的存在（true being）是重要的。关键是表现出来的是什么，而非本质上是什么。[①]《君主论》中常有君主应该表现得像什么这样的话。你是不是善良的无所谓，但是在某些状况下你必须表现出你是善良的。政治是一个表象的世界。

阿伦特认为，从政治上来讲，困扰苏格拉底与马基雅维利的不是说谎的问题，而是无人所见的隐蔽的犯罪。[②] 马基雅维利预设了一个最后审判的上帝，苏格拉底则诉诸“我”与自己内心的对话——思考，它是人们内心的法官，我们后来称之为良知。良知随时监视着我们，不存在神不知道的东西。但在苏格拉底的框架中，不存在意识到伪善现象的可能性。城邦是一个现象领域，确认

---

① Hannah Arendt，*On Revolution*，p. 91.

② Hannah Arendt，*On Revolution*，p. 92.

人类行为的真实性价值，人类行为中有欺诈与谎言。但伪善并不是欺骗，口是心非的伪君子不同于说谎的人或骗子。伪君子在希腊文中是指演戏者（play-actor），他完全入戏，没有他自己。伪善者不仅在他人面前表现出有美德，而且要让自己确信自己有美德。伪善是万恶之首，因为它不存在表里如一，而在其他恶行里都存在表里如一。骗子是知道自己在骗人的，而伪善者完全入戏了。[①] 在马基雅维利那里，也无所谓伪善的问题。对马基雅维利来说，一个人是谁（the one-who-is）与他表现出来是谁（the one-who-appears）是分离的。[②] 他是谁会在上帝面前表现出来，腐化只存在于现象领域。伪善指向的是法国的上流社会，在卢梭和罗伯斯庇尔的理论中都十分清楚：人民是未腐化的、诚实的，法国社会则戴着虚伪的面具。法国革命中的解放变为自然人的解放，与政体无关。人们作为自然人是平等的，政治化约为自然。政治权力转变为人拥有维持生命必需品的权力。作为自然人，人人平等。自然人没有面具，他处在政治之外。除去了伪善，就是赤裸裸的吃、穿、利益。穷人登上政治舞台，追求的不是自由而是幸福。暴力诉诸必然性因此得到了辩护。

三、对幸福的追求

对公共自由的追求在大洋两岸的革命中都有，但是并不相同。法国革命讲的公共自由在美国革命中是公共快乐，前者重理论，后者重经验。美国人知道公共自由在于分享公共事务，被看到和听到，在于脱颖而出的快乐。美国在殖民地时期是长期自治的，人民享受着公共自由，即公共幸福。法国革命的理论是原则化的，是对古代的回忆，不是来自经验和具体观察。18 世纪革命前，文人（hommes de lettres，the men of letters）不同于知识分子（the intellectuals），二者对社会的态度不同。知识分子历来是社会的一部分，为政府服务。文人憎恨公共事务的秘密性，不为政府服务，从职业生涯开始就从社会中撤离。只是从 18 世纪开始，文人才开始公开反叛社会及其偏见，参与政治，重视政治自由。无论他们来自哪个等级，他们皆无贫困的负担，旧制度中的闲暇对他们来说不是自由，反是负担。他们并不享受古代哲学家所说的摆脱政治的自由。[③] 他们对古希腊罗马作品的研究，使得他们对古代政治制度着迷。对政治自由而非真理的追求，引领他们返回古代。法国为革命提供原则的人被称为

---

① Hannah Arendt，*On Revolution*，pp. 92 – 93.

② Hannah Arendt，*On Revolution*，p. 94.

③ Hannah Arendt，*On Revolution*，pp. 113 – 114.

“哲士”，他们重新界定自由的定义，侧重公共自由，与摆脱世界的压力而获得的内心的自由以及奥古斯丁的自由意志概念皆不相同。“对他们来说，自由只存在于公开场合；它是一种可感的、世间的现实，它由人们创造以便由人来享受，而非一种禀赋或能力。正是在古代已经知道的人造的公共空间或集市那里，自由得以现身，并变得让所有人皆可看到。”①

幸福（happiness，又译为快乐）分为私人的幸福和公共的幸福。私人的幸福是指家庭和睦；公共的幸福是公民追求的公共快乐，如果没有人知道你，你就会觉得不幸福。人对不朽的追求和人生命的有限使人要走到公共领域中去。立言、立德、立功都是针对公共领域的。西方共和主义的重要诉求，即参与公共事务。参与公共事务所能体会到的幸福，是人在私人领域无法享受到的。阿伦特显然是要凸显公共幸福。北美移民追求的是与母国不同的公共快乐。私人快乐是不完全的快乐，然而《独立宣言》讲的是私人快乐，或许杰斐逊也分不清哪种是人不可或缺的，他本人实际上还是持 18 世纪的政府观：参与公共事务是负担，好政府只是“守夜人”。参与公共事务也是一种权力欲。他曾写道：幸福存在于公共领域之外，存在于家庭、邻里等私人事务之中。② 这种思考在美国国父们的著作中不少见，但阿伦特说这些并不是重要的部分。公元前 5—前 4 世纪的希腊就有了视公共事务为负担的观点，这种观点并不是 18 世纪典型的观点。而美国革命者的经验很少以语言表达，亚当斯是个例外。不过还是可以在他们某些时候的著作中看出他们革命性的思想和行动。例如，在《独立宣言》发表时杰斐逊说，《独立宣言》的伟大不在于它的自然法哲学，而在于尊重人的意见，将我们的论证诉诸公共事务的法庭。③ 这种精神主导着整个文件的写作，从对一个特定君主的指责发展为对君主制原则、王权本身的拒绝，这一拒绝是文件中的新因素。在美国革命与法国革命爆发前，保皇派和共和派的尖锐对立并不存在，共和国与君主国的对立在革命进程中才出现。从古代结束开始，政治理论历来以政府是否守法来判断一个政体是不是暴政。绝对君主制原不等于暴政，但在革命爆发后，一切非共和政府皆让人感到是专制主义。④ 在革命者那里，二者的共同点不在于对私人幸福的破坏，而在于它们剥夺了公民的公共幸福，剥夺了每个公民被听到、看到的机会。“暴政，正如革命者逐

---

① Hannah Arendt，*On Revolution*，p. 115.

② Hannah Arendt，*On Revolution*，p. 120.

③ Hannah Arendt，*On Revolution*，p. 120.

④ Hannah Arendt，*On Revolution*，p. 121.

步理解的那样，它是这样一种政府形式，其中统治者尽管按法律进行统治，但还是垄断了行动的权利，他禁止公民进入公共领域，使他们只能生活在家务私人领域，要他们只关心自己的私人事务。换言之，暴政剥夺了公共幸福，尽管不是必定剥夺私人幸福，而共和国则认为每个公民皆有权成为政府事务的参与者，都有在行动中被看到的权利。”[①]《独立宣言》以及杰斐逊卸任之后的书信中都可以看到他对公共幸福的推崇。

我们怎样去理解杰斐逊所说的公共幸福？阿伦特说，这需要放到西方政治哲学的传统语境中。在托马斯·阿奎那那里极乐至善存在于对上帝的愿景（vision）中。在这种愿景中，不需要有朋友，一个人就可以。这也是柏拉图式的不朽灵魂的观念。与之相反，杰斐逊认为好的生活离不开朋友。[②] 这个观念和柏拉图以及传统基督教的观念是不同的。《独立宣言》包含了公共的幸福和私人的幸福两个含义，然而公共的幸福的含义很快被忘记了。

而法国革命中解放具有了优先性，制宪越来越不被人重视。阿伦特引用了托克维尔在《旧制度与大革命》中的话：“在酝酿了大革命的所有观念和情感中，严格意义上的公共自由的概念和对公共自由的喜好，是最先消失的东西。”[③] 革命中公共自由的概念是最先消失的。罗伯斯庇尔不想终止革命也是因为他认为宪政政府主要关心市民自由，革命政府则是关注公共自由。罗伯斯庇尔对市民自由和公共自由的区分与美国革命中对幸福一词的含混使用相类似。革命爆发前，大西洋两岸的文人都试图回答这样一个问题：政府的目的是什么？革命爆发后这个问题变成了革命与革命政府的目的是什么。革命在法国的发生是自然的吗？暴政之下公私自由和幸福皆被剥夺，故而两者不必区分。在革命进程中，公共利益与私人利益的尖锐冲突出现了，在美国和法国皆然。

人们常认为法律限制下的政府都可以保证市民自由，如此革命就不一定是必需之事，只要改革或者更换统治者就可以。言外之意是，革命有其他的目的。事实上，两场革命最初都是要温和地限制王权，进行立宪君主制改革，但很快都转向了共和政府的建立，因为革命让人们体验到了公共幸福，这使他们更爱公共自由而非市民自由，更爱公共快乐而非私人快乐。罗伯斯庇尔理论上的问题是革命的终结和立宪政体的引入是否意味着自由的终结，由此是否要终止革命。如果罗伯斯庇尔活着看到美国革命的成果，他的疑惑就会消失。美国

---

① Hannah Arendt, *On Revolution*, p. 121.

② Hannah Arendt, *On Revolution*, pp. 122 – 123.

③ Hannah Arendt, *On Revolution*, p. 123.

革命在法国革命失败的地方获得了成功，完成了建国的任务。在美国，革命的结束并不意味着公共快乐的结束，但很快便发生了转向，重点由《宪法》转向《权利法案》，由公共自由转向市民自由，从公共幸福转向私人幸福。杰斐逊讲的幸福，双重含义只剩了私人幸福一重含义。

在美国革命中依然可以看到公共幸福与私人利益的冲突。一方面是亚当斯、杰斐逊对公共幸福的推崇。亚当斯的名言是："让我们在行动中被人看到。"一方面是本质上反政治的欲求，试图放弃一切政治职责，仍然享受君主制政府的好处，以便注意力只放在个人利益上。对私人利益的追求与君主制下的生活状况是联系在一起的。在君主制下私人幸福也是可以得到很好的保护的。

阿伦特写道，美国革命的产物，区别于它发起时的目的，总是模糊不清。政府的目的是自由还是繁荣，从未确定。更多的人来美洲不是为了建立一个新的世界，而只是追求一种新的生活方式。[①] 这两种人是不同的：一种人貌似爱自由，其实不过是痛恨他们的主人；另一种是真正爱自由的人，他们不希望在自由之中寻求自由之外的东西。革命的模糊特征源于革命者头脑中的矛盾。罗伯斯庇尔最初将革命政府的目的确定为创建共和国以保障公共自由，然而很快他修改了自己的看法，认为宪政旨在保护个人免受公共权力的侵害，于是自由换了地方，它不再存在于公共领域，而是存在于私人领域。自由与权力已经分家，权力被等同于暴力，政治被等同于政府，政府被等同于"必要的恶"。[②] 相较而言，社会问题对美国革命的干预少得多。在美国，是一夜暴富的激情而非必然性阻碍着共和国的建立。阿伦特说，公共幸福和自由的观念在共和国的政治结构中还是保存了下来，但这种结构能否经得起社会经济力量的冲击，只有未来能够回答。今天，希望与担忧并存。[③] 这句话表现了阿伦特的一个想法，不只是对两次革命的解读。

欧洲人民的涌入或许会让贫困问题冲击自由的基础。富足与无穷无尽的消费是穷人的理想，美国的变革与大众社会日益威胁着政治领域。穷人渴望的不是需求的满足，而是无限制的欲求。自由只有在那些需求满足时来临，也会在人们追求欲求时逃走。美国梦既不是美国人民追求自由之梦，也不是法国革命中人的解放之梦，让人不悦的是，它是一个牛奶与蜜水四处流淌的应许之地的

① Hannah Arendt, *On Revolution*, p. 127.

② Hannah Arendt, *On Revolution*, p. 128.

③ Hannah Arendt, *On Revolution*, p. 129.

梦。现代科技的发展很快就会实现这一梦想，梦想者也可能生活在所有可能的世界中最好的一个世界。[①] 阿伦特的这些描述充满讽刺意味，也包含着一种担忧。

关于幸福观念，由公共幸福转向对私人幸福的追求，可以看出人对公民的胜利。人是私人性的个人，公民是一个公共性的个人，革命时期的公民被 19 世纪社会中的个人或者叫作资产者取代。这也是资产者对公民的胜利。《极权主义的起源》中有专门讨论资产者对公民的胜利的章节。[②] “资产者”一词没有政治意涵，它是一个经济概念。这些描述是阿伦特思想中一贯的东西。此后个人不需要针对社会进行斗争，因为社会已经胜过了个人。19 世纪、部分也是 20 世纪的特征正在于此。

四、为自由奠基

历史学家关注叛乱、解放最初所处的暴力阶段，不关注制宪活动，认为制宪是背叛革命所致。阿伦特的目的是要辨析出制宪活动的革命性。阿伦特区分了两种宪法：政府强加给人民的宪法和人民用来构建自己政府的宪法。美国革命中立国者考虑的主要不是限制政府，而是如何构建新的权力，重在启新、填补权力的真空。法国革命带来一种误解，即把人权等同于公民权，以为革命就是保障人权。阿伦特的这一解释在看待美国革命时注重孟德斯鸠对美国革命的影响。创立新的权威是孟德斯鸠思想中极其重要的一点。美国革命前，孟德斯鸠在北美是一个理论权威。阿伦特主要讲到孟德斯鸠政治思想的如下两个方面。第一是权力和自由的关系，两者是密切联系在一起的。第二是权力分立的原理，孟德斯鸠指出，以权力制约权力，这不是破坏削弱了权力，而是加强了权力。孟德斯鸠的思想对约翰·亚当斯有重要的影响。亚当斯思想的中心就是权力平衡和以权力制约权力。只有权力才能制约权力，其他的诸如法律道德都不行。这体现了一种非主权的权力观，一种基于永久联盟的权力原则。它区分于主权，阿伦特认为，主权与暴政是一回事。[③] 美国革命中小国共和、联邦主义的理念都源于孟德斯鸠。美国的建国者们深受孟德斯鸠而不是卢梭的影响。

---

① Hannah Arendt, *On Revolution*, p. 129.

② Hannah Arendt, *The Origins of Totalitarianism*, San Diego, New York, London, Harcourt Brace Jovanovich Publishers, 1975, p. 135.

③ 参见［美］汉娜·阿伦特：《论革命》，137 页。

阿伦特进一步比较法国革命与美国革命，重点考察了两次革命权威来源的不同。阿伦特批评一种观点，这种观点认为革命与各自继承的制度遗产有很大关系。比如，法国革命前是绝对王权制，所以导致激进主义革命，以人民的权力取代君主的权力，以民主制取代君主制；而美国革命前则处在有限王权统治下，所以美国革命者同意有限政府的理念。美国革命者认为权力属于人民，但法律的源泉是联邦宪法，宪法不是人的意志，是客观事物。阿伦特说，这种历史反思听起来有道理，实则不然。[①] 阿伦特认为要结合世俗化进程来思考权威的来源问题，考察革命中面临的绝对性问题。这就涉及宗教与政治的关系问题。

是政治更需要宗教，还是宗教更需要政治？政教分离与其说是解放了政治权力，不如说是解放了宗教。绝对君主试图以他的绝对性来取代神圣绝对性。世俗化就是世俗领域从宗教束缚中解放出来的过程，它涉及如何建立一个新权威的问题。没有新权威，世俗领域根本无法获得属于自己的新尊严，甚至连它在教会隐蔽下具有的派生性地位也会丧失。[②] 绝对主义是解决权威来源的一种方法，试图用君主的绝对性取代神圣绝对性。但这个解决很成问题。绝对主义是在既定的框架下解决问题，而革命的任务是要树立一种全新的权威。最高权威过去是上帝，政教分离之后世俗领域不再由上帝主宰，需要新的权威。保守主义对革命的反对是因为他们认为传统和习俗能够确立新权威。实际上，当人们不相信上帝的时候，他们也不会信传统和习俗。所以革命问题和近代合法性问题或者近代政治权威来源问题是联系在一起的。它是寻求一种新的绝对性来解决绝对王权时期没有处理好的问题。法国革命时期的理论家西耶斯诉诸民族意志，阿伦特认为他是把共和国建立在流沙之上，因为民族意志不是绝对之物，它可以被政治家随意玩弄。

谁有权力制定宪法？权力与法律是否是同一个来源？对此类问题，法国革命和美国革命做出了不同的回答。美国革命中包含了一种新的权力概念，即基于承诺和契约产生权力，以《“五月花号”公约》为代表，它源于美国殖民地时期的现实经验。阿伦特区分了两种社会契约：一种是人民之间的契约，一种是与既定统治者之间的契约。人民之间订立契约就产生了权力。阿伦特认为，权力是基于人们之间的契约而产生的一种共同行动的力量。权力产生的过程中，人们丧失的是孤独。另一种契约是同意被政府统治，它维护的是孤独。阿

---

① 参见［美］汉娜·阿伦特：《论革命》，143 页。

② 参见［美］汉娜·阿伦特：《论革命》，144 页。

伦特此论涉及两种不同的原则：共和原则和绝对统治原则。在另一个层面，则是联邦原则和现代国家的原则。国家在原则上是人民所处的一个状态，包含主权的概念。联邦原则中没有人民、主权的概念，它意味着是无数人民团体以某种方式共存。国家原则诉诸主权者的绝对统治，国内国外没有人能超过他。

权力观是阿伦特政治思想的核心和精髓。阿伦特的权力观是基于对美国革命经验的考察，也包括对古希腊政治经验和不同时期政治实践所作出的理论上的概括。人们走到一起，权力就有可能产生。

美国革命的主要问题是树立权威而非创立权力。这里要区分权力和权威。在美国，权力在人民，权威在联邦法院。古罗马时期权力在人民，权威在元老院。美国人把两者分开，法国人把二者合一。在法国革命中，权力和权威都在人民，而人民的意志是飘忽不定的，君主的绝对性去掉后，却没有新的绝对性来代替它。

美国革命在承诺立约基础上产生权力，体现出公民之间平等合作互惠的精神。然而，持久联盟的产生光有权力还不够，还需要稳定性，这就涉及法律源泉的问题。讲稳定性的时候很可能要诉诸一种绝对性。法国革命中有不朽的立法者。古希腊罗马人认为法律是前政治的，但他们不认为法律具有神圣性。孟德斯鸠不诉诸绝对性，也不讲法律的神圣起源。孟德斯鸠称法在各地是不同的，法没有什么神圣性，没有什么最高的统一的标准。他告诉我们世界上有多种法，无法理出一个最高的法。诉诸绝对性一定程度上是绝对主义的遗产。美国《独立宣言》中有这样一句话："我们认为以下这些真理是不言而喻的。"这句话有两个含义：一方面，这些真理有强制效力；另一方面，我们不是在被动服从真理的强制力量。

美国人是如何处理绝对性问题的？美国人以古罗马为榜样，重视"奠基"这样一个举动本身。他们的经验促使他们转向古人，转向古罗马（偶尔是古希腊）人，区分权力和权威，建立了一个经受后世考验的政体。美国革命者将自己想象成"立国者"这一事实表明，他们是多么了解，最终成为新政治体权威之源的，并不是不朽立法者或不言而喻的真理，或其他超验的、超凡的源泉，而是立国举动本身。[①] 美国革命表明，一种新的秩序之开始，不必依赖于暴力，而是靠契约和承诺。美国革命中的这些真知灼见区别于由来已久的一种观念，

① 参见［美］汉娜·阿伦特：《论革命》，189页。

这种观念认为，专断的暴力对于一切立国都是必要的，因而据说在一切革命中皆不可避免。在这一方面，美国革命的进程讲述了一个令人刻骨铭心的故事，给人们上了独特的一课。这场革命不是突然爆发的，而是人们经过共同协商、依靠相互誓愿的力量而缔造的。奠基不是靠建筑师一人之力，而是靠多数人之合力。在那些生死攸关的立国岁月中逐渐露出庐山真面目的原则，就是相互承诺和共同协商的互利原则。事件本身其实就决定了，正如汉密尔顿坚持的那样，人们"确实能够……经过反思和选择而成立一个好政府"，"他们的政治宪法"不再"永远注定要依赖于机缘巧合和强制力量"①。美国革命证明，革命是可以不需要暴力的，人们通过契约的方式能够确立起一种新秩序。这就是美国革命的意义。人们通过订立契约产生新的政府，美国革命真正实践了社会契约论。

不过，革命结束之后建立的共和国，并没有留下足够的公共空间。这里面有自由和稳定的矛盾。革命一旦结束，革命精神该如何保存？不论是法国还是美国，革命后保存公共精神做得都不尽如人意。俄国革命更是如此，革命后中央政府垄断权力，取缔民间社团。阿伦特着重讨论杰斐逊的街区制度（ward system），重点诠释了它的议事会制度。这样一种制度是一个全新的政府形式，因为它可以保存自由，可以保存公共空间。没有公共空间就没有自由的立足之地。为了保障这个公共空间，杰斐逊构想了这样一种议事会制度。杰斐逊试图以这种形式的共和国来拯救革命精神。他针对的是共和国的腐化，公和私的模糊是共和国腐化的标志。

议事会不仅见于杰斐逊的著作，更出现于历次革命中。革命中自发出现的议事会，体现了阿伦特的政治构想。议事会的要旨是行动和参与。它的对立面是政党制度和代议制民主。议事会的特点包括两个：一是自发性，一是非党派性。议事会是在革命进程中民众自发形成的组织。不同层级的议事会构成一个体系，它是一个金字塔式的权威，它不是自上而下，也非自下而上，而是产生于每一个层级。议事会代表的产生奉行一种自然遴选的原则，这种遴选只适用于政治领域，其他领域不适用。议事会体系是能够打破大众社会的最好工具。议事会把大众社会分成若干个小单元，精英从中产生。议事会制度也有问题，阿伦特提到，议事会制度的问题是没有区分政治决策和行政管理，一个是自由的领域，一个是必然性的领域。

---

① ［美］汉娜·阿伦特：《论革命》，199～200页。

结　语

阿伦特的著述，主旨并不在诊断时代疾病，给出药方。实际上，阿伦特反对以疾病来比喻人类社会事务。阿伦特自言她所做的，不过是作为旁观者进行思考以及必要时作为行动者参与公共论坛的论辩。阿伦特主张直面人类生活的经验，她认为，西方自柏拉图以来的形而上学政治哲学传统，扭曲或遮蔽了政治的经验。她试图为人们重新呈现人类关于政治的体验及理解。阿伦特对政治哲学家头衔的拒斥，实因她不认为存在一种关于政治的哲学。政治事关每个公民，是每个公民皆可、皆应关注之事。政治意见必定是多样的，从意见走向哲学不仅徒劳，在实践上还意味着某种暴政。

阿伦特重视公民行动，重视政治生活，却也同时重视人的精神生活，注意考察人的思考能力与政治实践之间的勾连。她善于发现我们的时代缺少的东西。阿伦特关于行动与革命的论述，表明她并无唯美主义、英雄主义的倾向。她的理论思考背后关心的是后极权时代人类秩序的确立。人能行动，使人区别于动物。然而行动本身亦需救赎。阿伦特诉诸人的宽恕与承诺的能力，希冀由此克服行动带来的危险。她的革命理论也暗示，在神圣权威、国王的权威、传统与习俗的权威悉数坍塌后，人类只有自己为自己立法。阿伦特的公民理想必以法治为前提。

创生是阿伦特极为重视的人的境况之一。阿伦特由此也导出了一种不可知论。不过，认识到很多事情不可预测，并不意味着我们可以自暴自弃，它只是提醒我们应当注意什么。阿伦特极重视人作为公民对于“我们的世界”的责任。以她之见，政治衰败，个人完全私人化，是时代危机的表征。极权主义的问题，并非人们常说的凡事政治化，而是极权主义完全排除了行动的可能，让政治无立足之地。极权主义以对人实现从肉体到内心的全面支配为目标，它不允许不同意见的交流，不允许公民联合行动。阿伦特看似美好的关于城邦政治生活的追忆，背后是她对时代之痛苦灾难的体认。极权主义有可能卷土重来吗？阿伦特的回答是，如果人们不努力，世界再极权化便可能发生，当然，它会以新的面貌出现。

陈　伟

参考文献

陈伟．阿伦特与政治的复归．北京：法律出版社，2008.

李强，主编．民主与现代社会．北京：北京大学出版社，2014.

［美］汉娜·阿伦特．极权主义的起源．北京：三联书店，2008.

［美］汉娜·阿伦特．人的境况．上海：上海人民出版社，2009.

［美］汉娜·阿伦特．共和的危机．上海：上海人民出版社，2013.

［美］汉娜·阿伦特．论革命．南京：译林出版社，2007.

［美］汉娜·阿伦特．黑暗时代的人们．南京：江苏教育出版社，2006.

［美］汉娜·阿伦特．精神生活·思维．南京：江苏教育出版社，2006.

［美］汉娜·阿伦特．精神生活·意志．南京：江苏教育出版社，2006.

［美］伊丽莎白·扬-布鲁尔．汉娜·阿伦特：爱这个世界．上海：上海人民出版社，2017.

［美］伊丽莎白·扬-布鲁尔．阿伦特为什么重要．南京：译林出版社，2009.

［德］沃尔夫冈·霍尔，主编．阿伦特手册．北京：社会科学文献出版社，2015.

［古希腊］柏拉图．理想国．北京：商务印书馆，1986.

［法］孟德斯鸠．论法的精神．北京：商务印书馆，1961.

［英］奥威尔．一九八四．南京：译林出版社，2011.

［德］诺贝特·埃利亚斯．文明的进程．北京：三联书店，1998.

［英］丹尼斯·史密斯．埃利亚斯与现代社会理论．北京：北京大学出版社，2011.

［美］塞内尔·弗莱施哈克尔．分配正义简史．南京：译林出版社，2010.

Hannah Arendt. Rahel Varnhagen：The Life of a Jewess. Liliane Weissberg，ed. Richard & Clara Winston，trans. Baltimore & London：The Johns Hopkins University Press，1997.

Hannah Arendt. The Origins of Totalitarianism. San Diego，New York，London：Harcourt Brace Jovanovich Publishers，1975.

Hannah Arendt. The Human Condition. Chicago and London：The University of Chicago Press，1998.

Hannah Arendt. Eichmann in Jerusalem：A Report on the Banality of Evil. Revised and Enlarged Edition. New York：The Viking Press，1965.

Hannah Arendt. Between Past and Future：Eight Exercises in Political Thought. New York：The Viking Press，1968.

Hannah Arendt. On Revolution. New York：Penguin Books，2006.

Hannah Arendt. The Life of the Mind. One-volume Edition. San Diego，New York，London：Harcourt & Brace Company，1978.

Hannah Arendt. Essays in Understanding（1930－1954）. Jerome Kohn，ed. New York，San Diego，London：Harcourt & Brace Company，1994.

Margaret Canovan. Hannah Arendt：A Reinterpretation of Her Political Thought. Cambridge：Cambridge University Press，1992.

第六章
社会正义与理想制度：罗尔斯的政治哲学

1962 年，以赛亚·伯林发表《政治理论还存在吗?》，慨叹政治哲学已经消亡或正在消亡，理由是“20 世纪没有出现一本政治哲学方面的权威著作”[①]。然而仅仅九年之后，也即 1971 年，伯林断言的这一状况就被证伪了，这一年，哈佛大学的约翰·罗尔斯（John Rawls，1921—2002）出版了他的《正义论》。来自批评者的评价往往更为公正，罗伯特·诺奇克（Robert Nozick）——以《无政府、国家与乌托邦》闻名于世的自由意志主义者，罗尔斯正义理论的最主要批评者之一——认为：“今天的政治哲学家要么在罗尔斯的理论框架下工作，要么就必须解释为何不这么做。”[②] 时至今日，罗尔斯已被世人公认为 20 世纪最伟大的政治哲学家之一，而他的《正义论》也理所当然地成为政治哲学史上的权威著作。

何为权威著作？依旧借用伯林的说法，它指的是这样一种著作：“它能在大的范围之内将似是而非之说变为老生常谈，反之亦然。”[③] 罗尔斯的《正义论》为后来人贡献了太多的老生常谈以及似是而非之说，比如“反思的均衡”“原初状态”“无知之幕”“基本自由权”“公平的机会平等”“差别原则”等等。每一个论题都引发了无数的争论，以至于有人形容在 20 世纪 70 年代以后形成了所谓的“罗尔斯产业”。

---

① Isaiah Berlin，*Concepts and Categories*，Henry Hardy & Bernard Williams（ed.），Princeton，Princeton University Press，1999，p. 143.

② Robert Nozick，*Anarchy*，*State*，*and Utopia*，New York，Basic Books，1974，p. 183.

③ Isaiah Berlin，*Concepts and Categories*，p. 143.

罗尔斯说："分配正义的主要问题是社会制度的选择问题。"① 尽管正义二原则的选择对罗尔斯的理论至关重要，但是正义二原则的制度性表达同样引人关注，一个抽象的正义原则必须外化为特定的制度性安排，才能展开其所有的潜能，进而发现它的优点和缺点、可欲性与可行性之间的差距。有鉴于此，本章将聚焦在罗尔斯正义二原则所适用的理想政经制度之上。

晚近以来，越来越多的学者开始将注意力集中在这一主题上。大体说来，主要观点如下：少数学者如丹尼尔·沙皮若（Daniel Shapiro）认为罗尔斯误解了自己的理论，正义二原则应该支持自由市场的资本主义。② 多数学者——如保罗·沃尔夫（Paul Wolff）、布莱恩·巴里（Brian Barry）、阿兰·布坎南（Alan Buchanan）、诺曼·丹尼尔斯（Norman Daniels）等人——认为罗尔斯的理论是"对福利国家的资本主义的平等主义分支所做的哲学辩护"。但是正如理查德·克劳斯（Richard Krouse）和迈克尔·麦克佛森（Michael McPherson）所指出的，这个主流判断存在两个方面的误读，首先为罗尔斯理想化的私有产权制度贴上"资本主义"的标签，不仅低估了罗尔斯的私有产权观对于平均化产权持有程度的要求，而且也低估了其理想政体与福利国家的资本主义之间的距离。在他们看来，"罗尔斯的理想政体根本就不能被称作资本主义"。其次，福利国家在罗尔斯理论中的地位不如评论者想象的那么高，罗尔斯对于使用福利国家的税收和转让来减少收入不平等的热情要远低于多数评论者的理解。③

罗尔斯本人认同克劳斯和麦克佛森的解读，在 2001 年出版的《作为公平的正义》中，罗尔斯列举了备选的五种政经体制：自由放任的资本主义、福利国家的资本主义（welfare state capitalism）、带有指令性的国家社会主义、财产所有的民主制（property-owning democracy）以及自由（民主）社会主义（liberal democratic socialism）。罗尔斯认为前三种政经制度的理想型描述都"至少以一种方式违反了正义二原则"：自由放任的资本主义仅仅保证形式的自

---

① John Rawls, *A Theory of Justice*, Cambridge, Harvard University Press, 1999, p. 242. 本章中对罗尔斯原著的引文，均参考了现有中译本的译文，但根据英文原版进行了必要的修改或调整，在注释中我将只标明英文原著的页码。感谢何怀宏、何包钢、廖申白、万俊人、姚大志等前辈学者在罗尔斯专著翻译上做出的贡献。

② Daniel Shapiro, "Why Rawlsian Liberals Should Support Free Market Captitalism," *Journal of Political Philosophy*, 1995, 3 (1), pp. 58 - 85.

③ Richard Krouse, and Michael McPherson, "Capitalism, 'Property-Owning Democracy', and the Welfare State," In *Democracy and the Welfare State*, Amy Gutmann (ed.), Princeton, Princeton University Press, 1988, pp. 79 - 80.

由，否认平等的政治自由的公平价值和公平的机会平等；福利国家的资本主义否认政治自由的公平价值，并且缺少达到机会平等所需的相应政策；带有指令性的国家社会主义违反了平等的基本权利和自由权，更不用提这些自由的公平价值了。只有后两种政经制度，也即财产所有的民主制和自由（民主）社会主义，建立起了民主政治的宪政框架，保证了基本自由以及政治自由的公平价值和公平的机会平等，而且基于互惠原则（如果不是差别原则的话）来调节经济不平等和社会不平等。[①]

毋庸讳言，相比现有的当代西方宪政民主国家的经济制度，无论财产所有的民主制还是自由社会主义都是相对激进的主张。正如马丁·奥尼尔（Martin O'Neill）所指出的："罗尔斯理论这个令人惊讶的和激进的元素目前为止还未得到充分的关注，因此我们急需理解罗尔斯的制度方案之本性以及评价它们的真确性和说服力。"[②]

在探讨罗尔斯正义二原则所适用的理想制度之前，我们将借助于古典自由主义代表人物哈耶克的观点，对罗尔斯的社会正义理论做比较性的研究。哈耶克虽然不遗余力地批判社会正义，但他认为他和罗尔斯不存在根本性的分歧。本章第一节认为，虽然哈耶克与罗尔斯在方法论上存在着某种亲和性，比如都重视纯粹程序正义的意义，并借助类似"无知之幕"的工具探讨最可欲的社会，但是由于他们关于社会的本质、运气的权重、福利国家以及经济自由和政治自由等论题的讨论均存在着重大差异，因此二者之间不仅有字词之争更有实质之争。并且，就实现自由主义的价值理想而言，罗尔斯的理论比哈耶克更有可欲性。

第一节　哈耶克与罗尔斯论社会正义

哈耶克一直被世人视作反对"社会正义"的旗手，从《通往奴役之路》（1944）、《自由秩序原理》（1960），到《法律、立法与自由》（1973—1979）以及《致命的自负》（1981），在哈耶克近四十年的著述历史中，可以轻而易举地

---

① John Rawls, *Justice as Fairness*, Cambridge, Harvard University Press, 2001, pp. 136-138.

② Martin O'Neill, "Liberty, Equality and Property-Owning Democracy," *Journal of Social Philosophy*, 40 (3), p. 379.

找到他对“社会正义”无所不用其极的抨击，比如说“社会正义”是“毫无意义的”“空洞的”，是“哲学家的魔法石”“原始概念”“迷信”，等等。这些论述给人们留下一个刻板印象，即认为哈耶克在任何意义上都不会接受“社会正义”的理念。与此同时，众所周知，罗尔斯在1971年出版《正义论》，一举将“社会正义”奠定为此后四十年英美政治哲学的主要论题。初看起来，哈耶克与罗尔斯在“社会正义”问题上是针锋相对、水火不容的。但是让人感到困惑的是，在《法律、立法与自由》（以下简称LLL）中，哈耶克却对罗尔斯多有赞许之意，比如在第2卷《社会正义的幻象》序言里他是这么说的：

> 经过仔细的考察，我得出了这样一个结论，我原本想就罗尔斯的《正义论》所做的讨论，对我所探讨的直接目标并无帮助，因为我们之间的差异看起来更多的是语义上的而非实质的。尽管读者的第一印象可能不一样，但是我在本卷稍后处（第100页）引用的罗尔斯的陈述，在我看来，表明我们之间在我所认为的最根本论点上是有共识的。事实上，如我在那一段的注释里所表明的，在我看来罗尔斯在这个关键论题上的论点被广泛地误解了。①

在第2卷《社会正义的幻象》第九章“‘社会’正义或分配正义”的最后一段，哈耶克重申道：

> 令我感到遗憾和困惑的只是这样一个事实，即在讨论这个问题的时候，罗尔斯竟也采用了“社会正义”这个术语。但是我与罗尔斯的观点之间并不存在根本的分歧……②

哈耶克的这些论述让人大惑不解。尽管哈耶克在最后的著作《致命的自负》中与罗尔斯划清了界限，认为“罗尔斯的世界绝不可能变成文明世界：对于由运气造成的差异进行压制，会破坏大多数发现新机会的可能性”③。但自20世纪七八十年代以来，不断有学者加入这场学术公案的解读和争论中。有人坚持认为哈耶克是“衣橱中的罗尔斯主义者”（closet Rawlsian）和平等自由主义者④；有人认为哈耶克在根本问题上误读了罗尔斯，他们之间的分歧要远大

① ［英］哈耶克：《法律、立法与自由》，第2卷，邓正来等译，4页，北京，中国大百科全书出版社，2000。译文参照英文原版稍有调整或修改，以下不赘。

② ［英］哈耶克：《法律、立法与自由》，第2卷，169页。

③ ［英］哈耶克：《致命的自负》，冯克利译，83页，北京，中国社会科学出版社，2000。

④ Andrew Lister，“The ‘Mirage’ of Social Justice：Hayek Against (and For) Rawls，” http：//social-justice. politics. ox. ac. uk/materials/SJ017 _ Lister _ MirageofSocialJustice. pdf.

于共识[①]；也有人试图结合哈耶克和罗尔斯的理论发展出所谓的“罗尔斯哈耶克主义”（Rawlsekianism）[②]，或者创立所谓的“市场的民主主义”（market democracy）[③]。应该如何理解哈耶克在LLL中的判断？到底是哈耶克误解了罗尔斯，还是如哈耶克所说罗尔斯被世人广泛地误解了？两个人在哪些核心论题上存在一致意见？他们真的“不存在根本性的分歧”，只是字词之争而非实质之争吗？进一步，我们可以从以哈耶克为代表的古典自由主义以及以罗尔斯为代表的平等自由主义那里得到什么启示？我们能够在不受约束的市场资本主义和日益陷入困局的福利国家之间走出一条新路吗？借由这场争论可以引申出许多值得深思的问题。

限于篇幅，本节将不探讨晚近一些学者融合哈耶克与罗尔斯理论的努力，而是通过细致的文本分析比较二者的社会正义观，指出哈耶克至少在两个重要的论题上和罗尔斯存在亲和性：第一，强调纯粹程序正义的重要性；第二，利用类似“无知之幕”的方法去构想最可欲的社会。[④] 但是由于哈耶克与罗尔斯关于社会的本质理解不同，处理运气/命运的态度不同，反对福利国家的理由不同，对待经济自由和政治自由的观点不同，所以他们之间的分歧远不止于字词之争，而是存在实质之争。

一、哈耶克论社会正义与正义

在漫长的约四十年的著述历史中，哈耶克对“社会正义”的批评俯拾皆是，但是万变不离其宗，如果对其分门别类，则大致可区分为“语义学的批评”“知识论的批评”以及“后果论的批评”。

所谓“语义学的批评”意在指出，将“社会的”与“正义”连接在一起乃是无意义的胡话。理由如下：“严格说来，唯有人之行为才能被称为正义的或

---

① DiQuattro Arthur，“Rawls versus Hayek,” *Political Theory*，Vol. 14，No. 2，May 1986，pp. 307 – 310.

② Will Wilkinson，“Is Rawlsekianism the Future?”，http：//www. cato. org/blog/rawlsekianism-future.

③ John Tomasi，*Free Market Fairness*，Princeton，Princeton University Press，2012.

④ Andrew Lister 认为在规范性原则的层面上，哈耶克有许多方面都是罗尔斯主义者，他认为二者在四个问题上存在共识：纯粹程序正义的重要性、功绩（merit）的无关性、“无知之幕”的使用以及不平等应该惠及所有人的原则。［Andrew Lister，“The ‘Mirage’ of Social Justice：Hayek Against（and For）Rawls,” http：//social-justice. politics. ox. ac. uk/materials/SJ017 _ Lister _ Mirage of Social Justice. pdf.］笔者不完全认同这一判断，理由是：“功绩的无关性”可在“纯粹程序正义的重要性”中得到解释，而在“不平等应该惠及所有人”的具体表述上哈耶克和罗尔斯存在根本性的不同。

不正义的。”[①] 哈耶克认为，若要用正义的或不正义的去评价事态，就必须找出对促成或者允许该事态发生负责的行动者，否则在面对“一个纯粹的事实，或者一种任何人都无力改变的事态”时，就只能用“好的”或“坏的”去形容，而不能用正义的或不正义的去评价。[②] 由于哈耶克把社会理解成自生自发的秩序，所以用“社会的”去形容“正义”就是把社会想象成一个有意向性的行动者，这是错误的“拟人化”的原始思维方式。在自生自发的秩序里，“每个个人的处境都是由许多其他人的行动造成的一种综合性结果”[③]，任何人都没有责任或力量决定某个特定的结果，因此“社会正义”“分配正义”这样的术语甚至不是所谓的范畴错误，而是毫无意义的胡话。

所谓“知识论的批评”意在指出，社会正义不仅是没有意义的、空洞的胡话，而且有损于知识的声誉，因为没有人可以整体性地把握市场（社会）中的个体所具有的“分散性知识”，自生自发的市场秩序的功能之一就是为“个人可以自由地决定把自己的知识用于实现何种目的”提供条件，这是“选择自由”以及“个人自由”的精义所在。相反，政府如果试图通过中央计划去安排所有人的实质性机会，以社会正义的名义把某种报酬模式强加给市场秩序，就是对人类有限理性的无视，是知识上的僭越。[④]

哈耶克认为，这种知识上的僭越会进一步造成政治和经济上的灾难性后果，对“社会正义”的笃信具有一种特殊的自我加速或强化的取向：“个人或群体的地位越是变得依附于政府的行动，他们就越会坚持要求政府去实现某种可以得到他们认可的正义分配方案；而政府越是竭尽全力去实现某种前设的可欲的分配模式，它们也就越是会把不同的个人和群体置于它们的掌控之中。”[⑤] 哈耶克认为这个过程“必定会以一种渐进的方式越来越趋近于一种全权性体制”[⑥]。笔者把这一批评称作“后果论的批评”。

以上三种批评彼此关联，环环相扣，最终都指向哈耶克对“社会”之本质的理解。借用奥克肖特的术语，哈耶克认为存在着两种类型的秩序：一种是“受目的支配的”（teleocratic）秩序，其主要特征是用同一个目的等级序列来

① ［英］哈耶克：《法律、立法与自由》，第2卷，50页。

② 参见［英］哈耶克：《法律、立法与自由》，第2卷，50页。

③ ［英］哈耶克：《法律、立法与自由》，第2卷，50页。

④ 参见［英］哈耶克：《经济、科学与社会——哈耶克论文演讲集》，冯克利译，298页，南京，江苏人民出版社，2003。

⑤ ［英］哈耶克：《法律、立法与自由》，第2卷，124～125页。

⑥ ［英］哈耶克：《法律、立法与自由》，第2卷，125页。

约束所有社会成员，这种秩序必定是一种人造的秩序或者“组织”（taxis）；另一种则是“受规则支配的”（nomocratic）秩序，也即自生自发的秩序（kosmos），哈耶克以“社会”命名之。[①]

在LLL序言中，哈耶克写道，一个由自由人组成的社会的维续，取决于三个根本的洞见：第一，自我生成演化的或者自生自发的秩序与组织秩序完全不同；第二，当下通常所说的“社会的”或者分配的正义，只是在上述两种秩序的后一种即组织秩序中才具有意义，而在自生自发的秩序中，也就是在亚当·斯密所说的“大社会”或者卡尔·波普尔爵士所说的“开放社会”里，则毫无意义且与之完全不相容；第三，那种占支配地位的自由民主制度模式，因其间的同一个代议机构既制定正当行为规则又指导或管理政府，因而必定导致自由社会的自生自发秩序逐渐转变成一种服务于有组织的利益集团联盟的全权性体制（a totalitarian system）。[②]

需要特别指出的是，哈耶克虽然反对“社会正义”这个术语，却并不反对“正义”这个概念。在LLL的某个脚注里哈耶克援引了卢卡斯（J. R. Lucas）《政治的原则》中的一段话：

> 面对人的不完善性，我们在一定程度上是从程序的角度来阐释法治的，这些程序并不是为了确保绝对的正义得到实现，而是为了防止最糟糕的不正义。在政治哲学中，“披着外衣”的是不正义而不是正义。这是因为，作为会犯错误的人，我们无力事先说出什么样的判决将始终是正义的。再者，由于我们生活在自私的人当中，所以我们也无力始终如一地保证正义得到实现。据此，从明确性这个角度来考虑，我们采取一种否定性的认识进路，并确定一些程序以避免某些可能产生的不正义现象，而不是去追求各种形式的正义。[③]

哈耶克之所以大篇幅地引用这段话，是因为它与哈耶克的正义观非常契合。我们可以总结如下。

首先，正义的规则是“抽象的”，“我们必须明确承认我们对于特定情势所具有的那种不可避免的无知”[④]，所以我们只能从程序的角度而非结果的角度去寻求正义。

---

① 参见［英］哈耶克：《法律、立法与自由》，第2卷，20页。
② 参见［英］哈耶克：《法律、立法与自由》，第1卷，2页。
③ ［英］哈耶克：《法律、立法与自由》，第2卷，101页。
④ ［英］哈耶克：《法律、立法与自由》，第2卷，55页。

其次，正义规则是“否定性的”而非“肯定性的”。它们不是为了确保实现绝对的正义，而是为了防止最糟糕的不正义，这意味着它们“通常不向任何个人施加肯定性的义务”[①]。哈耶克同意格拉克曼（Max Gluckman）的观点，认为“相互帮助和彼此支持这项普遍的义务”乃是部族社会尤其是血缘群体的典型特征，尽管“缺失这项义务，也正是大社会受到普遍指责的一个方面”，但是哈耶克坚信“这项义务乃是与大社会不相容的，而且否弃这项义务，也是我们为达致一种更为广泛的和平秩序所付出的部分代价”[②]。

最后，正义的追求与自生自发的秩序之间存在着密切的关系。哈耶克说：“从历史上看，正是对正义的追求，使得一般性规则系统得以生成和演化，而这个规则系统反过来又成了日益发展的自生自发秩序的基础和维护者。”[③]

为求更好地理解哈耶克的正义观在政治哲学谱系中的位置，我们不妨引入阿马蒂亚·森（Amartya Sen）在《正义的理念》中的区分。森认为存在思考正义的三个层面：消除不正义、促进正义以及追求完美的正义世界。在他看来，欧洲启蒙运动传统中，有很多人念念不忘寻找和确认“完美正义的本质”，常常轻视甚至遗忘了前两个层面，森把这些人称作“先验制度主义者”，代表人物包括霍布斯、洛克、卢梭、康德以及罗尔斯。与此相对，另一些人如亚当·斯密、孔多塞、边沁、马克思和约翰·密尔则更加关注促进正义尤其是消除不正义的事业，森称之为“比较的进路”。先验制度主义以制度安排为中心，把自己限定在对于完美正义社会的先验研究之上；比较的进路则以实践为中心，关注的是已经存在或者可能会出现的社会之间的比较。[④]

若以森的区分为标准，则哈耶克的正义观念恰恰介于先验制度主义和比较的进路之间：他一方面强调正义的主题是“最抽象的规则”和“程序”；另一方面又认为正义规则的目标只可能是“否定性”的，它们“并不是为了确保绝对的正义得到实现，而是为了防止最糟糕的不正义”。哈耶克当然不是先验制度主义者[⑤]，因为在他看来自生自发秩序是人类经验的演化发展的结果，但另一方面他也不全然属于比较的进路，因为他同时强调抽象规则和程序正义的重要性，笔者认为，正是这一点让哈耶克坚信他与罗尔斯在“最根本论点上是有

① ［英］哈耶克：《法律、立法与自由》，第2卷，56页。

② ［英］哈耶克：《法律、立法与自由》，第2卷，102页。

③ ［英］哈耶克：《法律、立法与自由》，第2卷，82页。

④ Amartya Sen, *The Idea of Justice*, Cambridge, Harvard University Press, 2009, pp. 5-8.

⑤ 本章作者亦不认为罗尔斯属于先验制度主义者，详细论述参见周濂：《把正义还给人民》，上海，上海人民出版社，2010。

共识的”。

二、抽象规则与纯粹程序正义

哈耶克认为罗尔斯虽然令人遗憾地采用了社会正义这个术语，但他与罗尔斯之间只有字词之争而无实质之争。为佐证这一论断，哈耶克长篇摘录了罗尔斯的原文：

> 把选择具体的制度或选择分配欲求之物的方式这个任务视作正义的做法，必须“被视作一种原则性的错误而予以放弃，而且这种做法无论如何也是不可能有一个明确答案的。更为准确地说，正义诸原则所界定的乃是一些至关重要的限制性条件：如果要使那些涉入制度和联合活动中的人对它们没有怨言，那么这些制度和活动就必须符合这些限制性条件。如果这些限制性条件得到了满足，那么由此作出的分配，不论是什么样的分配，就都可以被视作正义（或至少不是不正义的）的分配而为人们所接受”。[①]

这段文字摘自罗尔斯 1963 年发表的论文《宪政自由和正义的概念》，它直接带出罗尔斯日后在《正义论》中关于“分配正义”（distributive justice）与“配给正义”（allocative justice）的区分：所谓分配正义，指的是在“社会基本结构”层面上对“基本善”进行分配；所谓配给正义，则是在已知其欲望和需求的特定个人中就一定量的善进行分配。[②]

区分分配正义与配给正义的重要意义在于，首先它再次强调了社会基本结构是正义的主要对象，其次它告诉我们“纯粹程序正义”是考虑分配正义（社会正义）问题最恰切的概念。“纯粹程序正义”有三个主要特征：（1）对于什么样的分配是公平的，并不存在一个独立的标准；（2）存在一个公平程序，根据这个程序产生的结果就是公平；（3）决定正义结果的这个程序，必须实际被执行。相比之下，配给正义则属于“不完美的程序正义”，其特点是：（1）存在得出正确结果的独立标准；（2）没有确保导致正确结果的可行程序。罗尔斯认为，按照配给正义的思路，势必导致古典效益主义的观点，因为效益主义者认为在原则上存在判断所有分配是否正义的独立标准，因此配给正义隐含的正是不完美的程序正义观。[③]

---

① ［英］哈耶克：《法律、立法与自由》，第 2 卷，169 页。哈耶克在注释中指出，一些论者常常把罗尔斯的《正义论》解释成一部支持社会主义的论著，但在他看来这种解释是错误的。

② John Rawls，*A Theory of Justice*，p. 77.

③ John Rawls，*A Theory of Justice*，pp. 74－75.

在论及纯粹程序正义所体现出来的巨大的实践优点时，罗尔斯这样写道："我们不再有必要详细地了解无数的特殊环境和个人在不断改变着的相对低位，我们也不再有必要确定一些原则来处理若这些细节与正义有关便会出现的一些极其复杂的问题。……我们要判断的是社会基本结构的安排，而且是从一种普遍的观点来判断。……接受两个原则就构成这样一种理解：要把许多信息和日常生活中的复杂情况作为与社会正义无关的事情弃而不论。"[①]

哈耶克会毫无保留地认同罗尔斯的上述观念，尤其是对分配正义和配给正义所做的区分，以及强调正义无法实现"选择具体的制度或选择分配欲求之物的方式这个任务"，恰如哈耶克所指出的，这是他在 LLL 第 2 卷《社会正义的幻象》中"所力图阐明的观点"。[②]

哈耶克认为，对"自由主义的正义观念"而言，"真正重要的乃是竞争得以展开的方式，而不是竞争的结果"[③]。对此哈耶克解释说，在自生自发的秩序中，有人通过正当的交易可能收获颇丰，有人通过正当的交易可能失去一切，无论结果是什么，只要人们竞争得以展开的方式是公平的，就不能否认这些交易是正义的。"正义所关注的并不是一个自生自发秩序所产生的那些非意图的后果，因为这些后果并不是任何人所刻意促成的。"[④]

由此可见，哈耶克虽未使用"纯粹程序正义"这个术语，但是他心中所想的正是这个概念，因为自生自发秩序在处理正义问题时完全满足"纯粹程序正义"的主要特征："不存在判定正当结果的独立标准，而是存在一种正确的或公平的程序，这种程序若被人们恰当地遵守，其结果也会是正确的或公平的，而无论它们可能会是一些什么样的结果。"[⑤]

分析至此，哈耶克与罗尔斯的唯一分歧似乎就在于哈耶克将配给正义等同于社会正义（分配正义），因此主张彻底废除社会正义（在配给正义的意义上）这个概念，而罗尔斯区分了配给正义与社会正义（分配正义），因此仍旧坚持

---

① John Rawls，*A Theory of Justice*，p. 76.

② 值得一提的是，虽然哈耶克从未提及罗尔斯的"基本善"（primary goods），但是他对于"多种目的之工具"的阐释与罗尔斯的"基本善"非常类似："在大社会中，人们之所以有可能保有和平和达成共识，实是因为个人不必就目的达成共识，而只需就那些有助于各种各样的目的之实现且能够有助于每个人实现自己的目的的手段达成共识。"（［英］哈耶克：《法律、立法与自由》，第 2 卷，4～5 页。）不过，哈耶克本人应该没有意识到这个类似性，因为他从未提及罗尔斯基本善的概念。在他眼中，他和罗尔斯之间的一致性主要体现在他们都反对配给正义以及都支持"纯粹程序正义"上。

③ ［英］哈耶克：《法律、立法与自由》，第 2 卷，59 页。

④ ［英］哈耶克：《法律、立法与自由》，第 2 卷，59 页。

⑤ John Rawls，*A Theory of Justice*，p. 75.

使用社会正义（在非配给正义的意义上）这个概念。哈耶克敏锐地意识到这是他与罗尔斯的争点所在，所以才会认为二人之间只有字词之争而非实质之争。但是笔者认为，二者虽然共同接受“纯粹程序正义”的重要性，但由于他们对于“竞争得以展开的方式”的“公平性”理解不同，对社会之本质的理解不同，因此他们之间的分歧是根本性的。不过在进入这个分析之前，此处将首先探讨哈耶克与罗尔斯之间另一个隐而未显的潜在共识。

三、“无知之幕”与“最可欲的社会”

任何政治哲学家都会在规范意义上展望一种理想的或者可欲的社会秩序，哈耶克亦不例外。哈耶克的选择原则是这样的：“我们应当把这样一种社会秩序视作最可欲的社会秩序，亦即在我们知道我们于其间的初始地位将完全取决于偶然机遇（比如说我们出生在某个特定家庭这类事实）的情形下我们会选择的那种社会。由于对任何一个成年人所具有的吸引力都可能是以他已然拥有的特殊技艺、能力和品味为基础的，所以更为确切地说，最好的社会乃是这样一种社会，亦即在我们知道我们的孩子于其间的地位将取决于偶然机遇的情形下我们仍倾向于把他们置于其间的那种社会。”①

为解释这一原则，哈耶克提到了自己的一次亲身经历。1940 年，哈耶克一家居住在伦敦，当时英国正面临纳粹空军的密集轰炸，有几个中立国邀请哈耶克移民，哈耶克不得不严肃地考虑到底应该把自己的年纪尚幼的孩子送到哪个国家。他比较了阿根廷、美国和瑞典这些具有极为不同的社会秩序的国家，他考虑的标准是：我的孩子会在其间成长的那个国家的条件有多少是由机遇决定的？这让哈耶克意识到，指导他为孩子们做出合理选择的原则不同于指导他本人做出类似选择的原则。当时哈耶克四十出头，已经拥有了稳固的社会地位，具有一技之长，有了固定的趣味以及人格，而他的孩子不同，哈耶克说：“考虑到我的孩子们还需要发展他们的人格，所以我认为，由于美国社会不存在旧世界（指英国或者欧洲这样的古老国度）中那种严格的社会等级差别——尽管这种差别对我颇具好处，因此我决定为我的孩子们选择美国。（也许我应当补充一点：这样的选择乃是以这样一种默会的想法为基础的，即我的孩子们在美国会被送到一个白人家庭而不是一个有色人种的家庭中生活。）”②

正如众多学者所指出的，哈耶克在此展示的推理逻辑与罗尔斯的“无知之

① ［英］哈耶克：《法律立法与自由》，第 2 卷，223～224 页。
② ［英］哈耶克：《法律、立法与自由》，第 2 卷，230 页。

幕”非常类似。[1] 当然，相比罗尔斯，哈耶克的思想实验仅仅停留在初级反省阶段，他既没有意识到与罗尔斯的共通之处，更没有自觉地将此方法拓展应用到整个思想体系，而且再一次，他在术语使用上坚持不用“正义社会”而是用“最可欲的社会秩序”——这似乎再次证明了他与罗尔斯之间的“字词之争”。接下来的问题是：哈耶克与罗尔斯存在实质之争吗？如果存在，其具体内容到底是什么？

上述例子表明，当哈耶克在为孩子构想“最可欲的社会秩序”时，主要考虑了两个要素：从肯定性的角度看，他希望在这个社会中的“初始地位是纯粹经由选择而决定的”；从否定性的角度看，他不希望固有的社会等级差别、肤色等外在偶然因素干涉孩子的成长过程。这里的关键概念一为“选择”，一为“外在偶然因素”[2]，这个思路很容易让我们联想起金里卡对罗尔斯的评价：“罗尔斯的核心直觉涉及选择（choices）与环境（circumstances）之间的区别。”[3]也很容易让我们联想起德沃金、金里卡等人总结的平等自由主义基本原则——“敏于选择，钝于禀赋”。笔者认为，如何评价“选择”和“环境”（罗尔斯的术语是“道德上任意的因素”）对于人生的影响，特别是如何理解“竞争所得以展开的环境”的“公平性”，乃是哈耶克与罗尔斯（以及以德沃金、金里卡为代表的平等自由主义）出现实质之争的关键所在。

四、个人选择、运气与正义

哈耶克认为，自发秩序或法治的极端重要性基于这一事实：“它增加了人们为相互利益而和平共处的可能性。”[4] 对此李斯特进一步指出，在哈耶克眼

---

① 唐·阿瑟指出，有许多作者如伊丽莎白·安德森、劳伦斯·科宁、亚瑟·戴蒙德以及约翰·格雷均提到了这一类似性。(Don Arthur, “Hayek & Rawls,” http://evatt.org.au/papers/hayek-rawls.html.)

② 哈耶克在《自由秩序原理》中指出，他和平等主义者的不同在于，后者认为个人能力间的差异，有一部分是生来具有的，另一部分是受环境影响而产生的，哈耶克认为关键的问题在于：“我们是否有足够的理由大举变更我们的制度，以尽可能地消除那些出于环境影响的优势？”他的回答是否定的。哈耶克具体考察了家庭、继承和教育这三个领域，虽然某些具体分析很有洞见，但遗憾的是，他的最终结论要么将平等主义的诉求归因于妒忌，要么在配给正义的层面上强调“根据品行（merits）获得报酬”之不可行性。([英]哈耶克：《自由秩序原理》，邓正来译，上册，106～124页，北京，三联书店，1997。) 笔者认为，哈耶克的第一个结论过于简单，没能如罗尔斯一样很好地区分妒忌、怨恨与愤恨，第二个结论只是重述对社会正义的知识论批评，对此罗尔斯关于分配正义和配给正义的区分已经很好地回应了这个问题。

③ [加]金里卡：《当代政治哲学》，刘莘译，132页，上海，上海三联书店，2008。

④ [英]哈耶克：《法律、立法与自由》，第2卷，393页。

中，“市场社会的伟大发现不在于自私自利如何能够转而为公共利益服务，而是有着极端不同目标的人们如何能够开始合作，每个人都是为了他自己的目标而行动，但却以某种方式一般性地惠及他人”①。初看起来，哈耶克的观点与罗尔斯所主张的“社会是一种为了相互利益的合作冒险”相去不远，但是细察二者的表述，却能发现他们对于社会之本质的理解存在重大差别。

哈耶克认为市场（社会）是一种“非人格化的过程”，它就像是一场竞赛：

> 竞赛结果是不可预测的，而且通常来说也总是有赢家和输家的。就像在一场竞赛中那样，我们在市场竞赛中完全有理由要求人人公平竞争，也完全有理由要求人人诚实无欺。但是，如果我们要求竞赛结果对每个参与者都保持公平，那么我们的这种要求就会变得极为荒谬。因为我们知道，这种竞赛的结果在某种程度上肯定是由技艺决定的，而在某种程度上又必定是由运气决定的。②

如前所述，在展望“最可欲的社会秩序”时，哈耶克曾经隐然接受了“选择”与“环境”的区分，但是他并没有将这一思路贯彻到自己的政治哲学中。相反，他一方面接受“技艺”与“勤奋”对个体成败的影响，另一方面又认可“运气”或者“纯粹偶然的事件”的横加干涉。哈耶克指出，自发秩序的主要功能就在于“为千变万化的个人需要提供最佳的追求机会”，但是这个论断更像是一个信念而非一个事实。为什么市场能够自始至终为所有人提供一个公平的竞争环境？为什么千变万化的个人可以在自生自发的秩序中获得“最佳的追求机会”？对于这些问题哈耶克并没有给出令人信服的论证。他反复强调的观点是，在接受自发秩序和法治的前提下，个体必须接受技艺、勤奋以及运气等要素综合影响下所产生的任何结果，在此过程中个人可以“向上帝或命运女神埋怨命运不公”，但断然不能以社会正义的名义对此结果进行修正。

罗尔斯对待运气和纯粹偶然事件的态度和哈耶克迥然不同。在罗尔斯看来，社会虽然是为了相互利益的合作冒险，但是在冒险的过程中，首先需要确立的是“社会作为一个世代相继的公平的社会合作体系的理念”，这个理念意味着：“在公平的正义中，人们同意相互分享各自的命运。他们在设计制度时，只是在有利于共同利益的情况下才会利用自然和社会的偶然因素。正义二原则

---

① Andrew Lister, “The ‘Mirage’ of Social Justice: Hayek Against (and For) Rawls,” http://social-justice.politics.ox.ac.uk/materials/SJ017_Lister_MirageofSocialJustice.pdf, p. 10.

② ［英］哈耶克：《法律、立法与自由》，第1卷，129页。

是一种对待命运中的偶然因素的公平方式。”①

罗尔斯对待技艺和勤奋的态度也与哈耶克存在重大差异。在哈耶克那里，技艺和勤奋无疑属于个体选择的范畴，但罗尔斯却认为它们同样可能深受道德任意因素的影响，因此带有非选择色彩，譬如一个出身贫寒的孩子不仅可能因为缺少教育而不具备必要的技艺，也可能因为对生活前景缺少信心而失去勤奋工作的动力，由此，社会基本结构也应该对影响个体技艺和勤奋的道德任意因素进行调整。

尽管罗尔斯从未正式回应过哈耶克的观点，哈耶克的名字甚至都从未出现在他的著作中，但这并不意味着哈耶克式的理论不在罗尔斯的批评视野里。按照罗尔斯的分析框架，因其强调“效率原则”与“向才能开放”的结合，所以哈耶克式的古典自由主义属于“自然的自由体系”。这一体系最明显的不正义之处，“就是它允许分配的份额受到这些从道德观点看是任意的因素的不恰当影响”②。与“自然的自由体系”不同，公平的正义属于“民主的平等”，这意味着“差别原则”与“公平的机会平等”的结合，其宗旨在于尽可能地减少自然偶然性以及消除社会偶然性对于个体的任意影响。

哈耶克认为自发秩序将为“千变万化的个人需要提供最佳的追求机会”，如果替罗尔斯回应哈耶克，他会说，只要存在道德任意因素的影响，只要没有对选择和环境做出严肃认真的区分，哈耶克的理论就不可能真正实现自我预期的目标，因其主张的只是“职位向才能开放”意义上的形式的机会平等而非公平的机会平等。③

在“选择”和“环境”的区分问题上，罗尔斯的理论并非无可指摘，同为平等自由主义阵营的金里卡就曾经这样质疑：“我赞同罗尔斯的核心直觉，但罗尔斯本人既为自然不平等留下太大的影响空间，又为我们的选择留下太小的影响空间。”④ 比方说，一个资质平庸（没有自然天赋的优势）、白手起家（没有阶级和家庭背景的优势）、通过个体的辛勤努力致富的人，应该运用差别原则让他为更少受益者买单吗？再比如说，一个资质甚高（拥有自然天赋的优势）却好吃懒做（缺少正确的志向）最后堕入最少受益阶层的人，差别原则应该为他的选择性贫穷做出补偿吗？金里卡的批评意在指出，由于无法正确地区

① John Rawls，*A Theory of Justice*，p. 88.

② John Rawls，*A Theory of Justice*，p. 68.

③ 参见［英］哈耶克：《自由秩序原理》，上册，111 页。

④ ［加］金里卡：《当代政治哲学》，132 页。

分“选择”和“环境”对于“最少受益者”所发挥的影响及其权重，当把差别原则应用到具体个人时，它不仅有可能无法实现“抵消了自然偶得的和社会偶得的不平等”这个目标，反而有可能造成“钝于选择”的效果，因为，“当收入的不平等是自由选择的结果而非境况左右的结果时，企图消除不公平的差别原则反而会制造不公平”①。

必须承认，具体到个体层面，我们几无可能区分出哪些不利境况是由个人选择所致，哪些不利境况是由非个人选择所致——这让我们再次回想起哈耶克关于个人知识之分散性的观点。虽然罗尔斯可以回应说，基于分配正义和配给正义的区分，正义二原则将始终活动在社会基本结构层面，把差别原则直接用来分析个人境况的做法是“非法”的。但是这个解释并不能完全消除反对者的困惑，因为我们并不清楚在差别原则的指导下究竟会制定出哪些具体的分配政策，在这个问题上罗尔斯与其说是保持了审慎的模糊，不如说根本就无法给出具可操作性的指导原则。进一步，这个质疑还促使我们重新思考分配正义和配给正义的区分，哈耶克的担心看起来是有道理的，只要不取消分配正义（社会正义）这个概念，它就必然会在具体的政治经济安排中插手配给正义，从而放任国家/政府干预价格制定和经济活动，并最终破坏市场秩序。

我们认为，从罗尔斯的角度出发可对上述质疑做出以下三点回应。

首先，按照“纯粹程序正义”，只要个人在公平程序的框架下参与自愿的交换，那么无论具体结果是什么，都是正义的，但是问题的关键在于，单靠纯粹程序正义并不能解决初始竞争环境的公平性问题，也不能回答正义原则的具体内容。哈耶克诉诸自发秩序的历史演化，强调正义原则是人类行动的后果而非理性设计的结论，但是这种纯形式化的回答无法令人相信竞争得以展开的方式是公平的。罗尔斯对于这一问题的敏感性要远高于哈耶克，他一方面诉诸

---

① ［加］金里卡：《当代政治哲学》，139 页。约翰·托马西指出：“绝大多数著名的古典自由主义者和自由意志主义者都分享了一个奇妙的特征：在拒绝分配正义理念的同时，他们通过预言自己所支持的制度将创造出有利于穷人的分配模式来为之做辩护。”这个奇妙的做法意味着，即使是古典自由主义者和自由意志主义者也认识到不能无视底层人民，因为“从道德的观点看，一个对辛苦工作的穷人无所作为的制度是存在缺陷的。”（John Tomasi，*Free Market Fairness*，p. 125.）哈耶克曾在一次讲座中为自由市场制度辩护道：“感谢这不平等的分配，穷人在竞争性的市场经济中所得要多于他们在中央指导制度中的所得。”（Don Arthur，“Hayek & Rawls，” http：//evatt. org. au/papers/hayek-rawls. html.）这个说法意味着古典自由主义者以及自由意志主义者与平等自由主义者还存在着一个更加令人深思的争点：哪种理论才是在事实上更有利于穷人的？显然，在前者看来，平等自由主义者占据的只是道德上的高地，但是从经济学或者事实性的角度出发，平等自由主义的规范性理论也许恰恰不能让穷人受惠。由于这个问题超出本章的论述主题，故在此不做深入分析。

“纯粹程序正义”观念，另一方面借助反思的均衡确保原初状态也即初始的立约环境的公平性，指出正义原则是“由参与合作的自由而平等的公民所达成的一致意见，并且是根据他们视为彼此之间互惠的利益或善的东西而制定的”①。这意味着在选择正义原则的时候，除了要借助于“纯粹程序正义”的观念，同时也部分地要根据某些实质性的道德价值——譬如是否确保存在公平的机会平等以及提升较低社会地位者的地位——来得到定义。②

其次，罗尔斯会认为，哪怕我们接受古典自由主义和自由意志主义的基本前提——个体之间的交换是信息充分并且是自愿的——如果我们放宽历史的视野，将代际因素考虑进来，也会发现：“个人和团体所达成的众多分散且看来公平的协议，经过长时期的积累，其结果非常可能会破坏自由和公平的协议所需要的背景条件。”③ 换言之，哪怕是在最理想的条件下，个体之间源于自愿的市场交换所导致的贫富差距也可能经过世代的累积而无法为后人提供公平的竞争环境，方此之时，千变万化的个人将无法在哈耶克所谓的自生自发的秩序中获得“最佳的追求机会”，“除非基本结构被不断地加以调整，否则早期各种财产的正义分配将不能保证后来的分配也是正义的，而不论个人和团体之间所进行的具体交易，当从局部和脱离背景制度来看的时候，是否出于自愿和公平”④。

最后，退一步讲，即便分配正义（社会正义）的主张将不可避免地滑向配给正义的主题，也不意味着会一路滑向哈耶克所担心的极权主义深渊。哈耶克在1956年也即《通往奴役之路》出版12年后撰文表示，反对者认为，英国的社会主义政府在六年中并没有造成任何同极权主义国家相似的东西，对此哈耶克指出该书的主要论点之一是：“广泛的政府控制所引起的变化是一种心理变化，是人民性格上的改变。这肯定是一个缓慢的过程，这个过程不是几年，而

---

① John Rawls, *Justice as Fairness*, p. 15.

② 有人据此认为哈耶克与罗尔斯的根本区别在于，前者主张自发秩序和正义原则是社会演化的结果，后者则是理性建构主义的范本——而这正是哈耶克所反对的。但是笔者认为这个比较太过表面，如果我们深入了解罗尔斯的理论，就会发现其中同样包含着非常重要的非建构性要素，譬如正义二原则不是借助于人类的先验理性无中生有发明出来的，而是针对美国宪政民主两百年历史的一种理论抽象，“无知之幕”背后的立约各方并不是基于理性建构发明出正义二原则，而是针对历史上既有的正义原则清单做出的选择，这与哈耶克所说的抽象原则“在人们意识到其存在或理解其运行机制之前就已经存在了”的观点并不矛盾。虽然罗尔斯自称是政治建构主义，但本文认为他的方法论更接近于沃尔泽所说的“解释的进路”而非“发明的进路”，原初状态和“无知之幕”只是作为一种“启发性的机制”帮助人们通过反思进一步澄清业已被接受的观念。就此而言，罗尔斯与哈耶克一样都把法治和正义原则视为人类行为互动的结果而非人类理性设计的结果。

③ John Rawls, *Justice as Fairness*, p. 53.

④ John Rawls, *Justice as Fairness*, p. 53.

是需要一两代人的时间。”[①] 但问题在于，如今距离《通往奴役之路》出版已经过去70多年，哈耶克的上述预言仍然没有实现。正如唐·阿瑟（Don Arthur）所指出的：“哈耶克用了一生的时间来反对20世纪30年代和40年代的社会主义。但是到了70年代，平等主义的一流思想家们已经向前发展了，无论是他们的政策还是理念。尽管哈耶克对于社会主义的计划经济的反驳是毁灭性的，但是他的著作对于反驳罗尔斯所激发出来的社会民主主义的视野却贡献甚少。”[②]

五、福利国家抑或财产所有的民主

哈耶克反对打着社会正义的旗号实施福利政策，但并不反对以别的理由实施一定程度的福利政策。在《自由秩序原理》中，哈耶克写道：

> 实际上，所有的现代政府都对贫困者、时运不济者和残疾者进行了救济，而且对健康卫生问题和知识传播问题予以了关注。我们没有理由认为，这些纯粹的服务性活动，不应当随着财富的普遍增长而增加。此外，也的确存在着一些只有通过集体行动才能满足的公共需求，而且通过这样的方式来满足公共需求，也不会限制个人自由。[③]

在LLL中，哈耶克重申了类似的观点：

> 我们完全有理由认为，在自由的社会中，政府也应当以一种确获保障的最低收入的形式来确使所有的人都得到保护并免遭严重而残酷的剥夺。[④]

有论者认为哈耶克虽然反对以社会正义之名支持福利政策，但支持福利政策这个事实本身再次说明了他和罗尔斯之间只有字词之争。笔者认为，这个论断仅仅看到了表象，而忽视了哈耶克与罗尔斯在福利政策上两个根本性的差异。

其一，在政治哲学以及一般意义的哲学思考中，理由的区别是最根本的区别。假定两种理论都支持同一种制度或者政策，如果证成的理由不同，则二者之间的差异就绝不只是字词之争，而更可能隐含了根本的实质之争。哈耶克支持一定程度的福利政策，其理由要么是视其为个体的道德义务，要么视其为社会稳定的需求，前者属于交往性道德的要求，后者属于后果论分析的范畴，不

---

① ［英］哈耶克：《经济、科学与社会——哈耶克论文演讲集》，319～320页。

② Don Arthur, "Hayek & Rawls," http://evatt.org.au/papers/hayek-rawls.html.

③ ［英］哈耶克：《自由秩序原理》，下册，9页。

④ ［英］哈耶克：《法律、立法与自由》，第2卷，151页。

管怎样，哈耶克都竭力反对以社会正义的名义把福利政策上升到法治层面的基本原则，对哈耶克来说，让国家走上奴役之路的关键不在于国家会以某种方式支持健康或者失业保证，而是诉求社会正义。相比之下，罗尔斯支持一系列的福利政策，其理由既不是从个体的互动性道德要求出发，也不是出于后果论的考量，而就是从社会正义的角度出发寻求制度上的解决之道。涛慕思·博格正确地指出其中的逻辑："罗尔斯之所以集中关注社会正义，乃是由于他洞察到，伦理学越来越不能处理现代社会具有重要道德意义的方面的问题。现代社会引起了大量的社会问题，制度性道德分析远比交往性道德分析能更好地解决这些难题。交往性道德分析试图用他人犯下的道德上失当（错误）的行为来解释某些人所蒙受的损失。制度性道德分析则寻求用道德上失当（非正义）的社会制度来解释这些损失在统计学上的发生率。"①

其二，更重要的是，罗尔斯并非福利国家的资本主义的支持者——虽然这是最常见的流俗理解之一。对罗尔斯来说，最能体现其正义二原则的政经体制并非福利国家的资本主义制度，而是"财产所有的民主制"或者"自由（民主）社会主义"。罗尔斯谈论较多的是财产所有的民主制，它与福利国家的资本主义的共同之处是"都允许生产资料的私有制"。二者的差别在于："财产所有的民主……试图分散财富和资本的拥有，由此就避免社会的少部分人控制经济并因此间接地控制政治生活。不是通过把收入再分配给那些在每个时段的最后阶段处于收入最少的人，而是通过在每个时代的开始就确保生产资本以及人力资本（教育能力和受训练的技术）的广泛拥有。"②

福利国家的资本主义的弊端不一而足，对罗尔斯来说，最不能容忍的是福利国家的资本主义会产生一种"沮丧而消沉的下等阶级，其众多成员长期依赖于福利。这种下等阶级会感到自己被抛弃了，从而放弃参与公共政治文化"③。财产所有的民主制与此不同，按照罗尔斯的构想，这个制度中既不会产生依赖性的文化，也不存在任何下等阶级，即便存在很少数量的这一阶级，也不是社会基本结构的后果而是"社会条件的结果"，"而对于这些社会条件，我们不知道如何去加以改变，或者甚至我们根本就无法将它们辨认出来或理解它们"④。

---

① ［美］涛慕思·博格：《罗尔斯：生平与正义理论》，顾肃、刘雪梅译，32页，北京，中国人民大学出版社，2010。

② John Rawls, *A Theory of Justice*, pp. xiv-xv.

③ John Rawls, *Justice as Fairness*, p. 140.

④ John Rawls, *Justice as Fairness*, p. 140.

为了实现以上目标，就需要通过限制一定程度的经济自由来保障每个公民都拥有平等的政治自由，避免少数权贵把控整个政治生活。罗尔斯说："为了贯彻一种作为世代相传的在自由和平等的公民之间的公平合作体系的社会的观念，基本制度必须从一开始就把成为一个社会的完整意义的合作成员的生产资料交予普泛的而不是少数的公民手中。其重点在于由遗产法和赠予法所保障的在相当时间内资本和资源的拥有权稳定的分布，以及由教育和技术训练等部门所保证的机会的公平平等，还有支持政治自由的公平价值的制度。"①

行文至此，我们已经触及哈耶克与罗尔斯最根本的分歧，也即对自由的定义特别是对经济自由和政治自由的定义及其权重存在根本分歧。

六、经济自由与政治自由

哈耶克自称在"最原始的意义"上把"自由"定义为"独立于他人的专断意志"，"在此状态下，一些人对另一些人所施以的强制，在社会中被减至最小可能之限度"。在这个意义上"个人自由""人身自由"这些表达可与"自由"互换使用。②

为明确论点，哈耶克在概念上区分了其他三种不同的自由定义。首先是"政治自由"，其含义是"指人们对选择自己的政府、对立法过程以及对行政控制的参与"③。哈耶克明确反对政治自由，认为这是一个群体性的概念，其危险性在于"一个人可以通过投票或缔结契约的方式而使自己处于奴役状态，从而同意放弃原始意义的自由"④。

其次是对"内在自由""形上自由"或曰"主观自由"的理解。哈耶克认为一个人能否理智地在不同替代方案中做出选择或者能否理智地贯彻一项他业已拟定的解决问题的方案，与其他人是否将他们自己的意志强加于他，属于两个根本不同的问题，前者属于内在自由范畴，后者属于他所青睐的自由定义。⑤

最后一种自由概念是把自由理解为"做我想做的事情的实质能力"。哈耶克认为这是社会主义者所主张的自由定义，其危险性在于它将会以自由之名压

---

① John Rawls，*A Theory of Justice*，p. xv. 关于这部分内容我们将在本章第三节展开详细的论述。

② 参见［英］哈耶克：《自由秩序原理》，上册，3～5 页。

③ ［英］哈耶克：《自由秩序原理》，上册，6 页。

④ ［英］哈耶克：《自由秩序原理》，上册，7 页。

⑤ 参见［英］哈耶克：《自由秩序原理》，上册，8～9 页。

制个人自由，从而导致极权主义的恶果。[①]

对哈耶克来说，自由的重要性不在于它促成的目标有多崇高，而在于它为个体行动所打开的可能空间有多大。他之所以推崇自发秩序，理由正在于自发秩序会“给千变万化的个人需要提供最佳的追求机会”。同理，哈耶克之所以反对组织，理由也在于“组织的全体成员要为同一个目标体系服务”[②]，而这会对个体的行动自由造成根本性的伤害。

哈耶克指出，他的自由观重在强调“行动的自由”而非仅仅是“经济的自由”，因为前者的内涵要远大于后者。[③] 但是细察哈耶克的论述逻辑却能发现，经济自由在其理论中的重要性是毋庸置疑的。早在《通往奴役之路》中哈耶克就明确指出，20 世纪早期的社会主义倾向将导致一种新的奴役形式，在社会主义的观念指引下，“我们逐渐放弃了经济事务中的自由，而离开这种自由，就绝不会存在以往的那种个人的和政治的自由”[④]。这段表述很清楚地告诉我们，经济自由是个人自由和政治自由的基石。在 1973 年为意大利《新世纪百科全书》撰写“什么是自由主义”时哈耶克再次强调了经济自由的重要性，对此他打了一个非常形象的比喻：“如果政府控制着印刷设备，就不会有出版自由；如果必要的空间受到这样的控制，就不会有结社自由；如果运输手段被政府垄断，就不会有迁徙自由；如此等等。印刷机处在国家的控制之下就不会有新闻自由，如果所必需的房屋处在国家的控制之下就不会有集会的自由，如果交通工具由政府垄断就不会有迁徙的自由。”[⑤] 在这篇总结性陈述中，哈耶克的最终结论是：“这就是由政府支配一切经济行动……为何必然会给个人能够追求的目标造成严重限制的原因。大概 20 世纪的政治发展所提供的最有意义的教训就是，在我们已经了解的所谓极权主义制度中，对生活的物质内容的控制，使政府也拥有了深入控制精神生活的权力。正是目的在于提供各种手段的不同独立机构的多样性，使我们能够选择我们愿意追求的各种目标。”[⑥]

相比古典自由主义和自由意志主义对经济自由和财产自由的高度重视，平等自由主义对于自由的理解要丰富得多。以罗尔斯为例，他反对仅仅从否定性

---

① 参见［英］哈耶克：《自由秩序原理》，上册，10 页。

② ［英］哈耶克：《经济、科学与社会——哈耶克论文演讲集》，348 页。

③ 参见［英］哈耶克：《自由秩序原理》，上册，36 页。

④ ［英］哈耶克：《通往奴役之路》，王明毅、冯兴元等译，20 页，北京，中国社会科学出版社，1997。

⑤ ［英］哈耶克：《经济、科学与社会——哈耶克论文演讲集》，357 页。

⑥ ［英］哈耶克：《经济、科学与社会——哈耶克论文演讲集》，357 页。

的角度去定义自由。在他看来，无论现代人的自由还是古代人的自由“都深深地植根于人类的渴望之中”。基于这个考虑，他接受麦考伦对自由做出的三位一体式的理解：“这个或那个人（或一些人）自由地（或不自由地）免除这种或那种限制（或一组限制）而这样做（或不那样做）。”[①]

在正义第一原则中，罗尔斯开列了包括良心自由、思想自由、结社自由在内的一系列基本自由权，其中有两个条目与本章主旨直接相关。

第一，罗尔斯强调“平等的政治自由权”（包括投票权、担任公职的权利、集会自由、组织和加入政党的权利）的重要性，这与哈耶克形成了鲜明的对比。罗尔斯指出：“从历史角度来看，宪政体制的一个最主要的缺陷就在于未能实现政治自由的公平价值……此法律体系普遍容忍了大大超出政治平等所能容纳的资产和财富分配的不平等。”[②]

第二，为了实现政治自由的公平价值，就需要对基本自由权中的私有财产权做出特殊规定。具体说来，罗尔斯把特定类型的财产权（例如生产资料的所有权）以及契约自由这两个最被古典自由主义和自由意志主义理论看重的经济权利挪出基本自由权的范畴，这个做法在理论上意味着作为基本权利的私人财产权既不包括无限累积的权利，也不包括生产资料的绝对拥有权以及经济资源不受制约的使用和转让权，在现实中则意味着允许政府通过遗产法、赠予法等方式来调整和确保自由和公平的协议所需要的背景正义。

哈耶克与罗尔斯在经济自由和政治自由问题上的分歧反映的是二者根本问题感的差异。终其一生，哈耶克最关心的问题就是如何防止“一个强有力的极权主义国家重生的危险”[③]，为此他将反对一切形式的集体主义，并把捍卫市场的自生自发特征等同于捍卫经济自由，进而将捍卫经济自由等同于捍卫个人自由。如前所述，在设想“最可欲的社会秩序”时，哈耶克已经隐然接受了选择与环境的区分，认为一个人若想发展其健康的人格就必须免于道德上任意因素的影响。令人遗憾的是，哈耶克未能意识到内在逻辑的不一致性，在具体展开其理论时他放弃了选择和环境的区分，把社会简单地理解为一场优胜劣汰的竞赛，无视市场环境可能存在的不公平，主张在形式化的法治前提下，个体必须承担运气和偶然因素的影响，反对通过诉诸社会正义在基本制度层面对此做出

① John Rawls, *A Theory of Justice*, p. 77.

② John Rawls, *A Theory of Justice*, p. 198.

③ Kukathas Chandran, “Hayek and Liberalism,” in Edward Feser (ed.), *The Cambridge Companion to Hayek*, Cambridge, Cambridge University Press, 2006, p. 200.

补偿。

对于哈耶克的政治哲学，冯克利有过一个相对公允的评价，在他看来，哈耶克的“作为方法论的‘个人主义’……并非一种救赎哲学，而是有着高度形式化的特点，它把为这种形式填充内容的任务交给了每个人的道德责任。从他始终表现出关心人类福祉的情怀这个大前提说，我们可以猜想，大概他不会反对在促进‘实质的个人主义’幸福这方面所做的努力。但是公共权力除了维持‘公正行为的规则’，它在这方面还能为人类福祉做些什么，我们从哈耶克那儿并不能得到更多的启示”①。罗尔斯的政治哲学也不是救赎哲学，他自称是“现实主义的乌托邦”②。某种意义上，罗尔斯的正义理论正是接着哈耶克往下讲：公共权力除了维持公正行为的规则，还能够为人类的尊严和价值做出更多实质性的贡献。作为自由主义者，罗尔斯反对中央计划经济以及传统理解的社会主义，因为它侵犯了包括私有财产权在内的一系列基本权利，作为平等主义者，罗尔斯反对不受约束的自由市场和传统理解的资本主义，因为它赋予所有者阶层过多的经济权力和政治权力，从而侵犯了公平的政治自由和公平的机会平等等价值。罗尔斯所关心的问题，一言以蔽之，就是如何通过确立一种正义的制度以使生活于其间的每一个自由平等的道德人都能过上有价值的人生。相比哈耶克，罗尔斯关注的是“更高的理想”，借用约翰·托马西的观点，“这是民主社会的理想，生活在其中的人们，作为公民是以自由和平等的道德存在者相遇的。正义要求我们寻求建立一个社会世界，所有公民都能在其中发展和实践他们的道德能力，包括那些在基因和社会博弈中处于劣势的人的能力”③。

综上所述，本节认为哈耶克虽然正确地认识到他与罗尔斯都反对“把选择具体的制度或选择分配欲求之物的方式这个任务视作正义的做法”，都接受“纯粹程序正义的重要性”，在构想“最可欲的社会秩序”时都采用了“无知之幕”的思考进路，但是由于他们关于社会的本质理解不同，处理运气/命运的态度不同，反对福利国家的理由不同，对待经济自由和政治自由的观点不同，所以他们之间的分歧远不止于字词之争，而是存在实质之争。笔者认为，立足于广义的自由主义传统，哈耶克与罗尔斯应该在原则上都会认同如下判断：“个体应该自由地追求他们自己的美好生活，而政府的职能就是提供便利。”④

---

① ［英］哈耶克：《致命的自负》，12 页。

② John Rawls, *Justice as Fairness*, p. 4.

③ John Tomasi, *Free Market Fairness*, p. 40.

④ Don Arthur, “Hayek & Rawls,” http://evatt.org.au/papers/hayek-rawls.html.

但是比较而言，罗尔斯的理论比哈耶克的理论更好地实现了这一价值理想。

第二节　财产所有的民主制：理论与现实

最近十年以来，在萨德·威廉姆森（Thad Williamson）、马丁·奥尼尔（Martin O'Neill）以及萨缪尔·弗里曼（Samuel Freeman）等人的努力下，越来越多的学者将注意力放在了罗尔斯对“财产所有的民主制”（下文中除非必要不再使用全称，简写为POD）的理论构想上。由于罗尔斯在注释中多次提到英国经济学家詹姆斯·米德（James Meade）1964年出版的《效率、平等与产权》对于POD的启发，所以容易让人误以为米德是该术语的首倡者；又因为罗尔斯引入POD的主要目的是与“福利国家的资本主义”（welfare-state capitalism，以下一些地方简称WSC）相区别，所以会让人进一步误以为POD不仅有别于福利国家而且是反资本主义的。但是如果我们仔细考察POD的发展史，就会发现它既不是学者闭门造车的理论产物，更非左翼自由主义专享的政治立场和政策主张。恰恰相反，这个术语的发明权属于苏格兰的保守党议员诺伊尔·斯克尔顿（Noel Skelton），当他在1923年首次使用这个术语时，主要动机之一是回应来自社会主义公有制以及工党的挑战，其根本宗旨不是反对资本主义而是维护资本主义。在20世纪英国政治发展史中，历任保守党党魁以及保守党出身的首相，从斯坦利·鲍德温、安东尼·艾登、哈罗德·麦克米兰、亚历克·道格拉斯-霍姆、玛格丽特·撒切尔直到戴维·卡梅伦，都曾经依据当时当地的政治形势激活过POD，把它作为重要的执政理念和施政纲领，以至于有评论者认为POD是20世纪英国保守党最根本的意识形态宗旨之一。

这个现象提醒我们，POD的概念内涵、理论脉络以及现实政治的发展要远比想象的更为丰富和复杂，有必要追问如下一些问题：保守党传统的POD与米德-罗尔斯一脉的左翼进路究竟有何异同？他们只是碰巧使用了同一个术语，但在概念内涵、价值承诺以及具体政策上均存在根本性的分歧，还是说尽管存在诸多重大的分歧，但二者仍旧分享了最根本的问题意识？

为了澄清上述疑惑，本节将依次探讨如下四个主题。首先，阐释斯克尔顿创造POD的时代背景、问题意识以及具体构想，指出斯克尔顿虽然身为保守党议员，但在思想取向上却和米德-罗尔斯的左翼进路有着很强的亲和性。其次，以安东尼·艾登和玛格丽特·撒切尔为例，指出斯克尔顿之后的保守党人把 POD 转变成“住房所有的民主制”，这个策略不仅出于现实的选战考虑，同时也反映出保守党内右翼立场反对国有化和公有制的基本原则。再次，本节认为罗尔斯本人接受 POD 时存在一个逐步清晰化的过程，归根结底他是想通过调整财产权和经济自由来影响政治自由的实践，避免 WSC 对于公民德行以及民主政治造成的负面后果。最后，通过比较 POD 的左右两翼，本节认为无论在价值理想还是在实现路径上，罗尔斯与斯克尔顿都比较接近，相比之下，罗尔斯与艾登-撒切尔则存在着深刻的分歧。

一、斯克尔顿论“财产所有的民主制”

1923 年 4 月到 5 月之间，来自苏格兰的保守党议员诺伊尔·斯克尔顿在《旁观者》杂志上连续发表四篇短文，论述保守党的改革方略和施政纲领，次年以《建设性的保守主义》为题结集出版，这本小册子由于首创了“财产所有的民主制”而在 20 世纪的英国政治史上占有举足轻重的地位。

保守党之所以要强调“建设性”，非务相反也，时势异也。1917 年，正在进行中的第一次世界大战意外催生出史上第一个社会主义国家苏俄，社会主义公有制对于资本主义私有制的挑战从理论变成现实，并且在欧洲大陆呈现出从东往西的蔓延趋势。与此同时，英国政治也正在发生结构性的变化。1918 年，英国《第四次改革法案》通过，几乎取消了选民的财产资格限制。随着普选制和政治自由的实现，保守党与之缠斗百年之久的主要政敌自由党开始式微，取而代之的是方兴未艾的工党。

斯克尔顿认为英国正在步入一个“新时代”，其主要特征是：(1) 它在选举的意义上是一个“彻底的民主国家”(a complete democracy)；(2) 就公民受教育的程度而言，特别是在公民的心智和品格培养的意义上它是一个“有教养的民主国家”(an educated democracy)。[①] 这个“新时代”面临一个迫在眉睫的关键问题：“普罗大众——他们中的多数人依靠工厂的工资生活——的政治地位和教育地位远远胜过其经济地位。”[②] 斯克尔顿相信，整个国民生活因此处于结构性失衡的危险之中，而解决的良方正是“财产所有的民主制”：“除非我

① Noel Skelton, “Constructive Conservatism (II): The New Era,” *Spectator*, May 5, 1923, p. 745.

② Noel Skelton, “Constructive Conservatism (III): Problem and Principle,” *Spectator*, May 23, 1923, p. 789.

们的有教养的和政治的民主显著地变成财产所有的民主制，否则国家的均衡和个体生活的平衡都无法得到修复。”①

“财产所有的民主制”是斯克尔顿首创的概念，顾名思义，这个术语的重点有二：一是“财产所有”，二是“民主”。前者针对的是社会主义的公有制挑战，后者针对的是普选制带来的民主挑战。

斯克尔顿明确反对社会主义公有制，理由是“每个人所有，就等于没有人所有”②。但与此同时他清楚地认识到社会主义对于财产匮乏的普通民众所具有的魅惑力，就此而言，POD本质上是执两用中的策略，在不接受公有制的同时，通过大范围地增加财产所有者的人数让保守主义者得以正面回应社会主义的挑战，正如马修·弗朗西斯所指出的，它的优势在于“既不会导致革命也不会对工人阶级的要求无动于衷”③。

秉承保守党一直以来的根本信念，斯克尔顿深信私有财产对于个体性的充分发展具有根本性的影响，唯有产者有能力保持人格的独立性、主动性和责任感。斯克尔顿的革新之处在于，他没有从这个前提出发为选举权的财产资格限制做辩护，而是顺应时势提出，在“彻底的民主”成为现实的“新时代”，就应该大范围地增加财产所有者的人数，借此把工薪阶级的经济地位提升到与其政治、教育地位比肩的程度，保证他们拥有实践政治自由的品格与能力，从而解决国民生活失衡的时代问题。在1926年发表的《捍卫英国民主》一文中，斯克尔顿设问道：“民主的本质德性、内核以及内在价值究竟是什么?”对此他的回答是，积极参与“公共事务的慎议和决策”会创造负责任的公民，而“慎议和决定”是“只有民主才可能允许公民予以实践的功能——这个功能运转良好，民主就会运转良好”④。一言以蔽之，在“新时代”的环境中，“文明的成功和稳定建立在尽最大可能增加公民的私有财产的基础之上”⑤。

显然，对斯克尔顿来说，问题的关键在于通过何种方式实现“大范围地增加财产所有者的人数”。借助本·杰克逊的观点，我们可以把斯克尔顿的具体

---

① Noel Skelton, “Constructive Conservatism (II): The New Era,” p. 745.

② Noel Skelton, “Constructive Conservatism (II): The New Era,” p. 745.

③ Matthew Francis, “A Crusade to Enfranchise the Many: Thatcherism and the ‘Property-Owning Democracy’,” *Twentieth Century British History*, Vol. 23, No. 2, 2012, p. 278.

④ Noel Skelton, “The Safeguarding of British Democracy,” *English Review*, July 1926, pp. 27－28.

⑤ Noel Skelton, “Constructive Conservatism (I): Architect or Caretaker,” *Spectator*, April 28, 1923.

策略总结如下：第一，对于工薪阶级实行分红制，并最终实现现代工业生产中的合伙人制（co-partnery）。所谓合伙人制，其目的在于以公司股份的形式回馈工人，缩小劳资之间的鸿沟，“随着工人变成资本家，要么出于对民主内部管理的关注，要么出于一般性的指引，会很自然地产生‘同舟共济’感”。第二，对于那些想要寻求完全自主性的小型农场主来说，要保证他们成为小农场的所有者，借此更广泛地分散土地所有权。第三，在大规模的农业生产中引进合作社原则。第四，引入“全民公决”作为宪政手段，借助公共意见来否决任何可能会威胁新的民主宪政安排或者私有产权的议会决策。[①]

通过上述分析可知，有别于传统保守主义以及古典自由主义所主张的形式意义上的私有财产权，斯克尔顿的POD旨在通过各种具体的经济手段尽可能广泛地分散私有财产的实质持有，说得明确一些，这意味着POD强调的不是抽象的财产权而是实质的财产所有或持有。

以约翰·洛克的观点为例，他主张所有公民都毫不例外地拥有财产权，但是这只是形式意义上的财产权，并不保证每个公民都确然地拥有实质的私有财产。此处涉及对“自然权利”的两种解释：一种解释是指与生俱来的权利，比如生命权和自由权，这意味着他/她无须特别地做任何事就可以拥有这种权利；另一种解释指的是“这一权利是通过人之本性（nature）的行为获得的”[②]，比如财产权就属于这一类，它不是与生俱来的，而是特定的人基于人的本性（譬如理性）“碰巧”做了特定的事——比如伸手摘了苹果或者在某块土地上劳作——才拥有的所有权。正是基于这个原因，杰里米·沃尔准把洛克的私有产权证明称为基于“特殊权利”（special right）的证明。与此相对应，他把黑格尔的私有产权证明称作基于“一般权利”（general right）的证明，这是因为黑格尔认为财产权与特定个人的特殊行动无关，由于财产是“人的伦理发展的必要条件”，所以“私有财产不仅是道德上合法的，而且用黑格尔的话说，‘每个人都必须拥有财产’”[③]。我们不妨这么总结：洛克意义上的财产权是特殊的并且形

---

① Ben Jackson, “Property-Owning Democracy: A Short History,” in Martin O'Neill and Thad Williamson (eds.), *Property-Owning Democracy: Rawls and Beyond*, Malden, Wiley-Blackwell, 2012, pp. 38 - 39; Noel Skelton, “Constructive Conservatism (IV): Democracy Stablized,” *Spectator*, May 19, 1923, pp. 837 - 838.

② Sukhninder S. Panesar, “Theories of Private Property in Modern Property Law,” *Denning Law Journal*, Vol. 15, 2000, p. 125.

③ Jeremy Waldron, *The Right to Private Property*, Oxford, Oxford University Press, 1988, p. 4.

式的（special and formal），而黑格尔意义上的财产权则是一般的并且实质的（general and substantial）。

在这个意义上，把斯克尔顿的POD翻译成“财产所有的民主制”而非“财产所有权的民主制”显然更加符合原意，因为无论是基本宗旨还是具体策略，斯克尔顿的理论都更接近黑格尔的基于“一般权利”的私有产权观，也就是强调每个人实质上的财产所有。沃尔准指出：“黑格尔进路的有趣之处在于它所隐含的分配观念。……我们不能一方面论证拥有财产是伦理发展的必要条件，然后另一方面又对无产者的道德和物质困境毫不关心。正如支持言论自由的权利论证（a right-based argument for free speech）建立了确保每个人都能自由言论的责任，支持私有财产的基于普遍权利的论证（a general-right-based argument for private property）也建立了确保每个人成为财产所有者的责任。这事实上是一种反对不平等的论证，并且支持所谓的‘财产所有的民主制’。”①

综上所述，笔者认为，斯克尔顿的POD已经突破传统保守主义的思想边界，而与平等自由主义的传统有着很强的亲和性：就强调私有财产与公民个体之品格养成的紧密关联进而主张实质性地拓展财产所有者的数量而言，他上承黑格尔的基于“一般权利”的私有财产观；就强调经济自由对于政治自由以及提升民主质量的重要性而言，特别是强调合伙人制以及工人对于工厂管理的民主参与而言，他近似于罗尔斯的正义理论和慎议民主思想。也正因如此，斯克尔顿被认为是保守党内的左翼代表。

二、“财产所有的民主制”到“住房所有的民主制”

1933年斯克尔顿因病早逝，未能在英国政坛一展宏图，其人其名也在此后的岁月里逐渐被世人淡忘，但是他的精神遗产POD却在英国保守党乃至整个20世纪的英国政治中留下了深刻的烙印。1945年，工党击败保守党赢得英国大选，时任保守党领袖的安东尼·艾登在1946年保守党全国大会上复活斯克尔顿的理念，呼吁建立“全国范围内的财产所有的民主制”。不同于斯克尔顿对合伙人制和工厂管理民主的重视，艾登重点强调的是“住房所有”。不难看出，在理论照进现实的过程中，斯克尔顿版本的“财产所有的民主制”已经悄然变形为“住房所有的民主”（home-owning democracy）。这首先是出于选战策略的考虑，二战期间的大轰炸让英国至少缺少200万套的房屋，1945年大选

---

① Jeremy Waldron, *The Right to Private Property*, p. 4.

之前的民意调查显示住房问题已经成为选民最为关注的议题。除此之外，也是更重要的，强调住房所有是最安全和最符合保守党精神的增加私有财产的方式，因其绕开了生产资料所有权这一根本问题，在政策执行上也便于操作——其他拓展私有权的方式都被认为过于"技术化"以至于不可行。值得一提的是，自1951年保守党赢得大选之后英国就进入了"共识政治"时代，在此期间，POD更像是保守党用来区隔工党理念、维系自我认同的一个标签，其理论意义大于现实意义，形式意义大于实质意义。

直到撒切尔执政期间，POD才真正得到了实质性的落实。1975年撒切尔初任党魁就在首次演讲中提出保守党正沿着"安东尼·艾登的足迹前行，他为我们设立了财产所有的民主制这个目标"。1987年赢得第三次大选之后，撒切尔再次明确地告诉《时代》杂志，她的第三任期目标包括"建立财产所有的民主制"。但事实上正如弗朗西斯所指出的，早在撒切尔的前两个任期，POD已然得到强有力的落实："大量的机制调整——出售地方政府出资建立的公房，出售国有企业的股份，让雇员分享所有权的计划——已经被用来极大地拓展了财产的私人所有权。"① 毋庸置疑，在上述各种政策中，最引人瞩目的仍旧是住房私有政策，它再一次成为保守党赢得大选的杀手锏。1979年，85%的英国选民表示赞成公房销售，撒切尔在第一次大选获胜后指出："成千上万的公房住户……第一次倾巢而出支持我们，因为他们希望有机会购买自己的房屋。"②

1986年撒切尔在保守党大会上声称，如果说19世纪保守党最伟大的成就是让越来越多的人拥有投票权，那么"这个世纪保守党的伟大改革就是使越来越多的人拥有财产。人民资本主义（popular capitalism）无异于国民经济生活中解放（enfranchise）众人的战争"③。

现在的问题是，应该如何评价撒切尔的这一自我评价，撒切尔版本的POD与斯克尔顿版本究竟有何异同之处？弗朗西斯高度评价撒切尔的POD政策，认为它实现了"民主"的双重功能："一方面，撒切尔政府继续支持斯克尔顿的POD概念，试图通过出售地方政府的房屋和在私有化企业中分享股票使财

① Matthew Francis, "A Crusade to Enfranchise the Many: Thatcherism and the 'Property-Owning Democracy'," *Twentieth Century British History*, Vol. 23, No. 2, 2012, pp. 275 – 276.

② ［英］保罗·皮尔逊：《拆散福利国家——里根、撒切尔和紧缩政治学》，舒绍福译，98页，长春，吉林出版集团有限责任公司，2007。

③ Matthew Francis, "A Crusade to Enfranchise the Many: Thatcherism and the 'Property-Owning Democracy'," p. 296.

产所有‘民主化’；另一方面，它开始‘与财产权产生联系，其方式让人回想起19世纪的财产权与普选权的关系，哪怕细节上并不一致’。也就是说，财产所有是实践民主权利和个人选择的前提条件——尽管这些权利在这里采取的是‘经济选择’的形式。”① 上述评价让人感到困惑，如果撒切尔真的实现了“民主”的双重功能，那么撒切尔就不仅继承了斯克尔顿的理想，甚至与罗尔斯版本的POD旨趣也相去不远。费利克斯·邦盖伊（Felix Bungay）在一篇探索性的短文中大胆主张，罗尔斯版本的POD与撒切尔的自由市场政策是兼容的，而且，“当我们思考哪种方式在实践上最好地实现POD的目标时，玛格丽特·撒切尔的政策提供了比‘税收和再分配’这些与罗尔斯的POD传统相关的政策更优的自由市场替代方案”。邦盖伊认为，撒切尔不仅实现了住房的私有化，而且“通过私有化国有企业，撒切尔政府让数以百万计的人第一次成为股份所有者。资本所有不再属于投资银行家和富人，而是属于数以百万计的普通英国人”。通过以上方式，邦盖伊认为，撒切尔政府实现了罗尔斯版本所蕴含的生产资料所有权的广泛分布。②

笔者认为，弗朗西斯和邦盖伊的观点值得商榷。理由在于，从思想资源的角度出发，撒切尔接受的是哈耶克和弗里德曼所代表的古典自由主义，她之所以高举POD的旗帜，除了现实的选战需要，更是为了坚持货币主义、自由市场以及自由放任的资本主义，反对凯恩斯主义、福利国家政策、持续坐大的工会权力以及法团主义，换句话说，在理论出发点上撒切尔的POD就是反对平等主义的。从现实的政治效果看也证明了上述观点，撒切尔的POD虽然增加了财产所有者的人数，但却加剧了贫富差距以及社会的不平等，比如本·杰克逊就指出，撒切尔的一系列政策“显然都是反平等主义的，事实上在这一重建项目过程中，英国的收入和财富的不平等都加剧了”③。试以撒切尔POD中最重要的住房私有政策为例，数据显示，从1978年到1988年的十年里英国住房拥有率从54.7%上升到65.4%，而公房出租率从31.7%下降到24.9%④，表面上看让很多熟练劳动者与下层白领工人拥有了个人住宅，但是正如有的学者所指出的：“私有住宅的范围扩大促使中产阶级分化，导致新的

---

① Matthew Francis，“A Crusade to Enfranchise the Many：Thatcherism and the ‘Property-Owning Democracy’，” p. 297.

② Felix Bungay，“John Rawls，Margaret Thatcher，and Property Owning Democracy，” http：//bleedingheartlibertarians. com/2013/04/john-rawls-margaret-thatcher-and-property-owning-democracy/.

③ Ben Jackson，“Property-owning Democracy：a Short History，” p. 47

④ 参见［英］保罗·皮尔逊：《拆散福利国家——里根、撒切尔和紧缩政治学》，100页。

社会矛盾产生。住宅的民营化并没有使所有的人都成为中产阶级，反而不少人由于借贷购房而成为‘债务者’。为此，英国保守党被人指责说：‘保守党培育中产阶层的政策非但没有把英国变成财产所有者的国家（Property-Owners' Nation）’或‘住宅私有者的国家’（A Nation of Home Owners），反而变成了‘债务者的国家’（A Nation of Debtors）。”[①] 因此笔者认为，以艾登-撒切尔为代表的POD右翼版本与斯克尔顿尤其是米德、罗尔斯的版本存在着根本性的区别。

三、罗尔斯论“财产所有的民主制”

1971年罗尔斯《正义论》问世不久，WSC就因为滞涨而逐渐陷入全面的危机。在很长一段时间里，多数学者把《正义论》列为WSC的辩护之作，没有认识到罗尔斯既非福利国家的支持者，也非资本主义的支持者，而是“财产所有的民主制”的支持者。

应该说，这个误解部分地要归咎于罗尔斯本人，虽然《正义论》初版根本没有提及“福利国家”和“资本主义”这两个概念[②]，但与此同时，全书正文587页中也只有两处地方简单地提到了POD，这让读者很难意识到POD是实现正义二原则的理想政经体制。对此，一个合理的解释是，直到修订版发表之前，罗尔斯虽然认识到“分配正义的主要问题是社会制度的选择问题”[③]，但对正义二原则和POD的关系并没有做过深入认真的思考。

在20世纪80年代的英美学术界，只有极个别的学者注意到了POD对于《正义论》的重要性。1983年，阿瑟·迪夸特罗（Arthur DiQuattro）在一篇论文中指出：“在《正义论》中罗尔斯从未使用过一次‘资本主义’。罗尔斯从詹姆斯·米德那里借用了‘财产所有的民主制’这个术语，其主旨在于对财产所有的民主制和资本主义的福利制度做出严格区分。”[④] 不久，理查德·克劳斯和迈克尔·麦克弗森进一步指出：“罗尔斯对于使用福利国家的税收制度并且

---

① ［韩］张世薰：《扩大住宅私有与培育中产阶级：以韩国为例》，叶克林校译，载《学海》，2009（5）。

② 在《正义论》初版中“福利”这个词更多的是以“社会福利”“福利经济学”以及“最少受益者的福利”的组合形式出现的，而“资本主义”这个词只在第361页的脚注中因为援引熊彼特名著《资本主义、社会主义和民主》才有幸出现。

③ John Rawls，*A Theory of Justice*，p. 274.

④ Arthur DiQuattro，“Rawls and Left Criticism，”*Political Theory*，Vol. 11，No. 1，February 1983，p. 56.

通过转让来弥补收入的不平等的热情要远小于许多评论的假设。这部分是因为他想要通过使财产持有变得更平等来减少收入转让的需求。但是罗尔斯对福利国家衡量手段的拒绝超出了为了获得更平等的背景条件的需要而证成的内容——我们判断他走得要更远。”①

罗尔斯显然是受到了上述学者的启发，才会在《正义论》1990 年的修订版序言中特别提到，如果要重新撰写该书，就必须对“福利国家”的观念和“财产所有的民主制”做出明确的区别。② 2001 年，罗尔斯生前最后一本著作《作为公平的正义》出版，罗尔斯对这一问题做出了盖棺论定的表述。他列举了五种理想型的政治经济制度，认为只有 POD 或者“自由（民主）社会主义”能够满足正义二原则的要求，其余三种制度——“带有指令性的国家社会主义”“福利国家的资本主义”以及“自由放任的资本主义”——则以不同的方式违背了正义二原则。③

POD 和自由（民主）社会主义的共同之处在于，它们“都建立了民主政治的宪政框架，确保基本的自由权以及政治自由的公平价值和公平的机会平等，如果不是通过差别原则也是通过互惠原则调节经济和社会的不平等”④。换言之，它们都能很好地体现正义二原则。二者的不同之处在于，自由社会主义主张生产资料为社会所有，而 POD 则允许“生产资料的私人财产权”（private property in productive assets）。⑤ 需要指出的是，正义第一原则虽然包含了私人财产权，但却把生产资料和自然资源的私人财产权排除出基本自由权的保护范围，所以罗尔斯认为，在理论上正义二原则与这两种不同的财产体系和经济制度相互兼容，在实际政治的选择中罗尔斯认为很难在二者之间做出预先判断，只有综合考虑特定社会的历史条件、政治思想和政治实践的传统以及其他许多因素后才能做出选择。⑥

罗尔斯虽然对自由社会主义着墨不多，但从散落各处的论述可以得知，“社会主义”一词在罗尔斯这里并不特指“分配的平等主义”，而是重在强调

---

① Richard Krouse, and Michael McPherson, “Capitalism, ‘Property-Owning Democracy’, and the Welfare State,” In *Democracy and the Welfare State*, p. 80.

② John Rawls, *A Theory of Justice*, p. xiv.

③ John Rawls, *Justice as Fairness*, pp. 136 - 138.

④ John Rawls, *Justice as Fairness*, p. 138.

⑤ John Rawls, *Justice as Fairness*, p. 139.

⑥ John Rawls, *Justice as Fairness*, p. 139.

"生产资料（土地、自然资源，即实际资本）的公共所有权的经济制度"[①]。罗尔斯认为市场制度完全可以和私有产权制度以及社会主义制度相容，实现这一点的关键在于"区分价格的配置（allocative）功能和分配（distributive）功能"[②]。

区分"配给"与"分配"对于正确理解罗尔斯的理论至关重要。除价格的配给功能和分配功能，罗尔斯还在更一般的意义上区分"配给正义"与"分配正义"：前者指的是在已知其欲望和需求的特定个人中就一定量的善进行分配；后者指的是在"社会基本结构"层面上对"基本善"进行分配。[③] 这一区分的重要意义在于，它告诉我们只有"纯粹程序正义"才是考虑分配正义和社会正义的最恰切概念。

罗尔斯认为，由于在社会主义条件下生产资料和自然资源是公有的，这一部分的收入归国家所有，因此价格的分配功能——运用价格决定个人贡献的报酬——将受到很大限制，但是价格的配给功能——运用价格来配给生产要素以提高经济效益——依然存在，就此而言，市场制度无论对私有制还是对社会主义制度都是兼容的。但是在具体的环境下，人们无法事先决定"这些制度及其许多中间形态中的哪一种更充分地符合正义要求"。因此在现实中究竟应该适用财产所有的民主制还是自由社会主义，"对这个问题大概并没有一般的答案"，而要"依赖于每个国家的传统、制度、社会力量和特殊的历史环境"。抽象的正义理论无法回答这些具体问题。[④]

正如萨缪尔·弗里曼所指出的："当被简单地理解成生产资料的公共所有权时，社会主义就是和使用市场价格来配给生产要素相一致的，只要资本与生产资料始终是公共所有的。这一形式被称为自由社会主义或者市场社会主义。"[⑤] 自由社会主义与国家社会主义的指令性计划经济不同，前者保证"企业在一种有效地自由竞争的市场体系内部开展它们的活动，职业的自由选择也得到了保证"[⑥]，后者则是"反对市场并依赖于（假定的）生产的理性计划（在理想的情况下是民主决定的）去配给生产要素的社会主义形式"[⑦]，并且在后者那

---

① Samuel Freeman, *Rawls*, London, New York, Routledge, 2007, p. 220.

② John Rawls, *A Theory of Justice*, p. 241.

③ John Rawls, *Justice as Fairness*, p. 77.

④ John Rawls, *Justice as Fairness*, pp. 241 - 242.

⑤ Samuel Freeman, *Rawls*, p. 220.

⑥ John Rawls, *Justice as Fairness*, p. 138.

⑦ Samuel Freeman, *Rawls*, p. 220.

里基本的职业自由选择也无法得到保证。

自由社会主义与 POD 的根本区别在于，前者明确主张生产资料和自然资源的所有权归国家或者社会所有，后者则允许存在生产资料的私人所有权（虽然它不受正义第一原则的保护）。相比之下，在承认生产资料的私人所有权这一点上，财产所有的民主制与福利国家的资本主义有着基本的共识，这也是人们常常混淆二者差异的原因所在。罗尔斯在《作为公平的正义》中做出的一个重要而醒目的修正就是对它们做出区分。

罗尔斯批评福利国家的资本主义将不可避免地“违背正义原则”[①]，借用奥尼尔的总结，福利国家的资本主义存在如下三个问题[②]：

（1）福利国家的资本主义没能保证政治自由的公平价值，因为“经济控制和多数政治生活的控制都掌握在少数人的手里”（因此违背了罗尔斯的正义第一原则）。

（2）福利国家的资本主义不能充分地实现机会平等（由此导向对正义第二原则的第一部分的侵犯）。

（3）福利国家的资本主义不能制度化地实现“互惠的原则”，比如差别原则，而是仅仅能够保证不充分的社会最低保障（这是对正义第二原则的第二部分的侵犯）。[③]

由此可见，在罗尔斯看来福利国家的资本主义几乎全方位地违背了正义二原则，这让他有足够的理由与之划清界限。POD 与福利国家的资本主义的一个主要差别在于，财产所有的民主制“力图分散财富和资本的所有权，由此来防止社会的一小部分人控制整个经济，从而间接地控制政治生活。与此相反，福利国家的资本主义则准许少数阶级几近垄断生产资料”[④]。

为了避免出现少数阶级几近垄断生产资料的局面，POD“在每一阶段的一开始就将生产性资本和人力资本（即教育和经过训练的技术）尽量广泛地分布，这一切都是在公平的机会平等的背景下进行的”[⑤]。相比之下，福利国家的资本主义则是在每一时段的最后阶段才进行社会再分配。

不同的做法导致不同的结果。罗尔斯孜孜以求的是通过调整经济自由的内

---

① John Rawls, *Justice as Fairness*, p. 137.

② 萨缪尔·弗里曼曾经详细比较财产所有的民主制与福利国家的资本主义存在的 11 处不同观点（Samuel Freeman, *Rawls*, pp. 226 - 231），限于篇幅，在此不赘述。

③ Martin O'Neill, "Liberty, Equality and Property-Owning Democracy," pp. 380 - 381.

④ John Rawls, *Justice as Fairness*, p. 139.

⑤ John Rawls, *Justice as Fairness*, p. 139.

容来确保所有公民得以在适当的社会平等和经济平等的基础上“自己管理自己的事务”，这是一种类似于古典共和主义的自治理想。[①] 相比之下，福利国家的资本主义虽然为最不利者提供最低生活标准，满足他们的基本需要，并且提供某种程度的保护，但是这种“输血型”的救助方式把最不利者视为同情和怜悯的对象，不仅无法为他们提供“自尊的社会基础”，反而有可能进一步挫伤他们的自尊感，造就“一种沮丧而消沉的下等阶级”，罗尔斯担心这些成员因为长期依赖于福利而丧失自治的能力和期望，感到自己是被社会抛弃的那一部分，从而放弃参与公共政治文化。[②]

罗尔斯相信 POD 既不会产生依赖性的文化，也不存在任何下等阶级，哪怕存在很小数量的这一阶级，也不是“社会基本结构的后果”而是“社会条件的结果”。前者是道德上的恶，它可以通过制度设计与安排予以解决；后者则是有限理性的人类不得不接受的坏结果——“对于这些社会条件，我们不知道如何去加以改变，或者甚至我们根本就无法将它们辨认出来或理解它们。”[③]

仍旧借用奥尼尔的观点，我们可以把 POD 的制度性特征总结如下：

(1) 资本的广泛分散：POD 的必要条件是它蕴含了生产资料所有权的广泛分散，同时公民个体可以控制实质（相对平等的）数量的生产性资本（也许也有机会控制他们自己的工作条件）。

(2) 阻止代际的利益传送：POD 包含了重要的地产、遗产和赠予物的税收的实施，以此限制最大的财富不平等，特别是代际相传的那种财富不平等。

(3) 防止政治的腐败：通过竞选经费的改革，建立正当的公共基金，为政治辩论提供公共财政所支持的论坛，以及其他限制财富对政治的影响的措施（也许还包括以公共基金为基础的选举），POD 试图限制私人或者公司财富对于政治的影响。[④]

综上所述，罗尔斯认为，“为了贯彻一种作为世代相传的在自由和平等的公民之间的公平合作体系的社会的观念”，“基本制度必须从一开始就把使个人成为一个社会的完整意义的合作成员的生产资料交予普泛的而不是少数的公民

---

① 参见周濂：《古典共和主义与政治自由主义的一致性：对桑德尔的几点回应》，载《哲学与文化》，2012（8）。

② John Rawls, *Justice as Fairness*, pp. 139 - 140.

③ John Rawls, *Justice as Fairness*, p. 140.

④ Martin O'Neill, "Liberty, Equality and Property-Owning Democracy," p. 382.

手中。其重点在于由遗产法和赠予法所保障的在相当时间内资本和资源拥有权的稳定的分布，以及由教育和技术训练等部门所保证的机会的公平平等，还有支持政治自由的公平价值的制度。”① 按照他的设想，POD 因为保障了政治自由的公平价值（第 3 点），以及制度化地实现了公平的机会平等和差别原则，所以是正义二原则最适合的社会制度安排之一。

值得一提的是，罗尔斯反复提及詹姆斯·米德对 POD 的贡献，但对于英国保守党的 POD 传统未置一词。同样，米德在其著作——无论是《效率、平等与产权》还是《自由、平等和效率》——中，也都没有论及保守党起源。这一点让人颇感疑惑，尤其是米德，他曾经历任牛津大学、伦敦政治经济学院以及剑桥大学的经济学教职，并一度在战时英国内阁秘书处经济部任职，于情于理都应该对 POD 的保守党传统谙熟于胸。笔者认为，米德与罗尔斯之所以不提 POD 的保守党传统，主要是为了避免与右翼传统拉开距离，但他们之所以仍旧坚持把 POD 作为理想的政治经济制度形式，则与这个概念原初蕴含的平等主义取向有着直接的关系。

四、“财产所有的民主制”的左右之争

鉴于此前已经探讨过斯克尔顿与艾登-撒切尔版本的 POD 的异同，以及斯克尔顿与米德-罗尔斯版本的 POD 的异同，因此接下来笔者将重点放在比较撒切尔版本的 POD 与罗尔斯版本的 POD 的异同上。众所周知，撒切尔的主要思想资源是哈耶克的古典自由主义，因此这个比较也部分地反映出自由右翼与自由左翼之间的差异。

首先，无论是撒切尔还是罗尔斯的 POD 都是以 WSC 为主要论敌的。但是他们反对 WSC 的立场却不尽相同，在政治连续谱上，罗尔斯将 POD 放在 WSC 的左边，而撒切尔无疑是把 POD 放在 WSC 的右边。

与上述区分相关的另一个分歧是，罗尔斯不仅反对福利国家，同时还反对资本主义。笔者对于资本主义的定义参考了萨缪尔·弗里曼的观点，在弗里曼看来，“资本主义最根本的特征就在于，为了满足收入与财富的配给与分配的经济高效条件，强制执行自由竞争市场制度中的私人经济权利和自由体系”②。弗里曼指出：“这样定义的资本主义，正如古典经济学的自由主义，与效益主

---

① John Rawls, *A Theory of Justice*, p. xv.

② Samuel Freeman, “Capitalism in the Classical and High Liberal Tradition,” *Social Philosophy & Policy Foundation*, July 2011, pp. 21 – 22.

义有着紧密的联系，而且与效益主义的论证更合拍，尤其是在盎格鲁-美利坚传统中。”[①] 撒切尔版本的POD就隶属于这个与效益主义论证相容的资本主义传统，出于种种原因它重视私有财产的广泛分布，但归根结底并不关注社会正义的实现。与此相对，罗尔斯的POD不仅反对福利国家，同时也反对以效益最大化为基本原则的资本主义，罗尔斯的正义理论是建立在差别原则（或者互惠原则）基础之上的。

在实现POD的手段和策略上，POD左右两翼体现出最深刻的分歧。需要强调指出的是，在员工集体持有股份、利润分红、住房私有化乃至征收遗产税和赠予税等策略上，应该说POD的左右两翼，哪怕是以主张自由放任的资本主义和小政府著称的撒切尔也与米德-罗尔斯在原则上存在共识，如果存在分歧，也只是具体数字和政策上的分歧，在很大程度上属于技术性的问题（虽然仍旧可以折射出对待社会正义等规范性论题的认识差异）。由于这些问题涉及社会理论和经济理论的探究，故而此处将不予讨论。

就本章所关注的论题而言，在实现POD的手段和策略上，POD左右两翼的根本分歧体现在如下三点。

第一，对待自由市场的态度根本不同。尽管承认员工集体持有股份、利润分红、住房私有化乃至征收遗产税和赠予税等手段，但在根本上右翼版本始终是以自由市场的策略作为实现POD的基本手段的。与此相对，罗尔斯版本的POD虽不彻底反对自由市场，但只是把自由市场及其价格机制视为配给资源的有效方式，并不把它们作为分配收入和财富的手段和标准。[②]

第二，主张不同的私有产权和经济自由观。罗尔斯的POD的根本宗旨在于通过分散财富和资本的所有权，“来防止社会的一小部分人控制整个经济，从而间接地控制政治生活”[③]。为了实现这一目标，罗尔斯的POD主张：“在每一阶段的一开始就将生产性资本和人力资本（即教育和经过训练的技术）尽量广泛地分布，这一切都是在公平的机会平等的背景下进行的。”[④] 相比之下，POD的右翼版本虽然试图增加财产所有者的数量，但仍旧允许少数人垄断生产资料，并且其社会再分配（不管是否心甘情愿）也与WSC一样，是在每一时

---

① Samuel Freeman, “Capitalism in the Classical and High Liberal Tradition,” p. 23.

② 罗尔斯认为市场制度完全可以和私有产权制度以及社会主义制度相容，实现这一点的关键在于“区分价格的配置（allocative）功能和分配（distributive）功能”。（John Rawls, *A Theory of Justice*, p. 241.）

③ John Rawls, *Justice as Fairness*, p. 139.

④ John Rawls, *Justice as Fairness*, p. 139.

段的最后阶段才进行的。这个区别反映在私有产权和经济自由观上，便凸显出POD左右两翼的一个本质差异。罗尔斯只把两种经济自由权划归受“正义第一原则”保护的基本自由权：第一种是职业选择的自由权，包括免于奴役和强制劳动的自由，以及选择和改变工作或职业的自由；第二种是“持有和排他性地使用私人财产的权利”[①]。罗尔斯的理由是这两种权利“能够赋予人格独立和自尊感以足够的物质基础，而人格独立和自尊感对于道德能力的全面发展和使用是极其重要的。拥有这种权利并能够有效地行使这种权利是自尊的社会基础之一”[②]。与此同时，罗尔斯把两种广义上的财产权剥离出受正义第一原则保护的基本自由权行列，它们分别是“一般而言在自然资源和生产资料方面的财产权，其中包括获取和馈赠的权利”，以及“包括参与控制生产资料和自然资源的平等权利在内的财产权，而这些生产工具和自然资源应该为社会而非私人所拥有”[③]。把“自然资源和生产资料方面的财产权”剥离出基本自由权就意味着即使私人可以拥有它们，比如POD虽然允许存在“生产资料的私人财产权”，但由于它们不属于基本自由权，所以也不是“根本的”和“不可让渡的”。而这在POD的右翼版本中是无法被接受的。

约翰·托马西（John Tomasi）据此指出，古典自由主义持有的是“厚版本的经济自由观”，而高端自由主义持有的是“薄版本的经济自由观”。所谓厚版本的经济自由观，顾名思义是指因为包含了名目众多且类型广泛的经济自由，比如生产资料的所有权、私人财产的所有权、立约自由、择业自由，等等，从而被古典自由主义视为与言论自由、结社自由这些传统意义的权利和自由同等重要的权利和自由。与此相对，以罗尔斯为代表的高端自由主义被称为薄版本的经济自由观。[④] 笔者认为，厚版本的经济自由观与薄版本的经济自由观是POD右翼与左翼的根本分歧所在，同时也是古典自由主义与高端自由主义的根本分歧所在。从证成基础（justificatory foundation）的角度看，POD右翼与左翼的分歧又进一步地体现在，前者多从自我所有权、自然法传统或者效益主义的立场出发证成厚版本的经济自由观，而后者从人之为人的伦理发展的必要条件（比如罗尔斯的自由平等人的两种道德能力）入手证成薄版本的经济自由观。如何评价厚薄两种经济自由观及其证成基础是一项艰巨繁难的任务，

① John Rawls，*Justice as Fairness*，p. 114.

② John Rawls，*Justice as Fairness*，p. 114.

③ John Rawls，*Justice as Fairness*，p. 114.

④ John Tomasi，*Free Market Fairness*，pp. 22－26，42－43.

限于篇幅，笔者只想提出一点思考的方向。

晚近以来，所谓的“新古典自由主义”（neoclassical liberalism）[①] 开始兴起。以托马西为例，其核心论点是：一方面坚持古典自由主义厚版本的经济自由观以及自生自发的秩序；另一方面接受高端自由主义对社会正义的诉求以及政治证明的慎议进路，由此拼贴成一种据称可以超越自由主义内部纷争的新主张。反映在私有产权和厚版本的经济自由观上，新古典自由主义在证成基础上更接近于自由主义左翼。比方说，托马西模拟罗尔斯“人的两种道德能力”创造出一个新的概念“负责任的自我书写者”（responsible self-authorship），意思是：“所有健康的成年公民，不管他们与生俱来的特定优势和劣势是什么，都拥有发展人生计划以及按此计划行动的能力（无论这个计划是个人制订、集体制订，还是以其他方式分享的）。人们是生活的行动者，而且他们的能动性是至关重要的。”[②] 与此相应的是“尊重其公民同胞是负责任的自我书写者的道德能力”（the moral capacity to honor one's fellow citizens as responsible self-authors too）。托马西以这对概念作为他所支持的“市场民主主义”（这个概念在托马西那里可与新古典自由主义互换使用）的证成基础，一如罗尔斯以他的“人的两种道德能力”（善观念的能力与正义感的能力）作为高端自由主义的证成基础。

归根结底，新古典自由主义若想取得成功，就必须直面如下这个问题：实践厚版本的经济自由是充分实践和完全发展负责任的自我书写者的必要条件吗？必须指出的是，对于这个问题托马西的表述显得非常犹豫和摇摆，比如他说：“随着社会的富裕，实践厚版本的私有经济自由对多数公民来说是负责任的自我书写者的本质条件。”[③] “对许多人来说，独立的经济活动是好生活的本质性的和持续存在的部分。”[④] 这两句话中有两个限定语：一个是“对多数公民来说”，一个是“对许多人来说”。这意味着托马西并不认为实践厚版本的私有经济自由“对每一个公民来说”是负责任的自我书写者的必要条

① 新古典自由主义的主要代表人物及文本包括以下一些：David Schmidtz，*The Elements of Justice*，Cambridge，Cambridge University Press，2006；Gerald Gaus，*The Order of Public Reason*，Cambridge，Cambridge University Press，2011；John Tomasi，*Free Market Fairness*，Princeton，Princeton University Press，2012；Jason Brennan，and John Tomasi，“Neoclassical Liberalism，” in David Estlund (ed.)，*The Oxford Handbook of Political Philosophy*，2012.

② John Tomasi，*Free Market Fairness*，p. 40.

③ John Tomasi，*Free Market Fairness*，p. 183.

④ John Tomasi，*Free Market Fairness*，p. 183.

件。换言之，厚版本的经济自由不符合罗尔斯“基本善”的定义，而这恰恰可以支持罗尔斯把生产资料的所有权以及立约自由排除出正义第一原则的做法。反过来说，如果把托马西有所保留的表述绝对化——实践厚版本的私有经济自由“对每一个公民来说”是负责任的自我书写者的本质条件，或者，“对所有人来说”独立的经济活动都是好生活的本质性的和持续存在的部分，那就要求托马西接受比黑格尔的主张——“每个人都必须拥有财产”——更强的平等主义立场：每个人都必须拥有进入“独立的经济活动”的财产。这同样要求对生产资料所有权进行广泛分配。通过以上简单的分析可知，新古典自由主义借用自由主义左翼的证成基础来证明厚版本的经济自由观是失败的。

第三，POD 右翼和左翼的一个本质区别还体现在对于工厂民主议题的态度上。POD 左右两派的争点集中于，为了培育工人的民主管理能力以及使之更多地参与工厂决策，是否应该牺牲一定的经济效益？为了分析这个问题，有必要引入约翰·托马西所做的一个区分。他认为存在着两种不同的观点：第一种是“更多财富论题”（the greater wealth thesis），主张一个运转良好的资本主义市场要比罗尔斯所支持的偏社会主义的制度能创造出更大的财富，而财富的增加会以某种方式惠及穷人，所以，“长时段看，资本主义经济可以通过创造更多的财富从而更好地满足差别原则”①；第二种观点是“民主化的工厂议题”（democratic workplace thesis），其代表人物是密尔、罗尔斯以及弗里曼，他们主张放弃对资本主义财富积累的过分热情，哪怕承受更缓慢的经济增长的代价，也要为工人提供更好的工厂经验，增加公民做出经济决策的权力，并扩大他们在工厂中的权力。② 比如罗尔斯就曾经指出：“人们需要的是与他人自由结社中的有意义的工作……为实现这一状态，巨大的财富并不是必需的。事实上，超过了某一限度，巨大的财富更可能成为一种实实在在的障碍，如果它不是使人放纵以及堕入空虚的诱惑的话，最好的情形也就是一种无意义的干扰。”③

显然，POD 的右翼版本倾向于“更多财富论题”，而 POD 的左翼版本倾向于“民主化的工厂议题”。本章第二节提到的邦盖伊本质上就属于“更多财富议题”的支持者。托马西认为按照“更多财富论题”的主张，“社会财富的增

① John Tomasi，*Free Market Fairness*，p. 187.

② John Tomasi，*Free Market Fairness*，pp. 187－188.

③ John Rawls，*A Theory of Justice*，pp. 257－258.

长本身就扩大了工人的权力。在富裕社会，甚至是普通的公民也可以购买股票和债券：在个人化的经济时代，工人的确开始拥有生产工具。更重要的是，在富裕社会，工人拥有比在贫穷社会中更多的议价权力。面对一系列可供选择的有吸引力的工作时，工人能够要求得到更高的工资，或者为了寻找他们认为更有吸引力或更具成就感的工厂经验而另谋高就”[①]。如果上述理由成立，那就意味着 POD 的右翼版本完全可以借助于“更多财富论题”来消解左翼版本的观点。但是正如撒切尔时期的 POD 政策并没有缩小贫富差距反而增加了社会的不平等一样，“更多财富论题”也需要经过经济学以及社会学的实证研究的检验才有可能判定是非。

从规范性的角度说，从工厂民主这个论题引出的是一个更加重要的问题。借用罗尔斯常用的句式，我们可以追问：参与工厂决策和民主管理能够赋予工人以“人格独立和自尊感”吗？它们是充分实践和完全发展自由平等的道德人所拥有的两种道德能力的必要条件吗？笔者认为，面对上述问题，罗尔斯的回答应该是否定的。注意，当我们探讨工厂民主的意义时，我们是在追问 POD 是否可以满足差别原则的要求。而差别原则所要分配的基本善，不仅包括收入和财富，还包括“权力和负有责任的位置，以及自尊的社会基础”[②]。所谓工厂民主关涉的正是后两种基本善。但在这里恰恰出现了一个罗尔斯没有想到的问题：即使“权力和负有责任的位置，以及自尊的社会基础”属于基本善的范畴，但是具体到参与工厂决策和民主管理时，它们会是“每一个理性人都假定想要得到的事物”吗？从经验的角度看当然不是。一定有一些人既无兴趣也无能力参与工厂的管理和决策，在这个意义上，即使工厂民主与 POD 相容，也不能因此推论出 POD 的制度设计中必然包含着工厂民主。

POD 从创立之初就与普选制有着密不可分的关系，但是它不仅是为了应对选举政治的挑战，更重要的是通过尽可能广泛地分散私有财产，最终令公民个体拥有实践政治自由的责任感和独立性。就此而言，无论左翼版本还是右翼版本，在最抽象的价值承诺上都承认，财产与个体品格和德性养成以及财产与民主之间存在着紧密关系。纵观 POD 在 20 世纪的理论演进和现实政治发展，可知这是一个有着较大解释空间的政治主张，它既可以为主张自由放任的资本主义的撒切尔政府所采纳，也可以为更具平等主义取向的米德-罗尔斯所主张。

---

① John Rawls, *A Theory of Justice*, p. 188.

② John Tomasi, *Free Market Fairness*, p. 186.

笔者认为，POD的右翼版本——尤其是艾登-撒切尔进路背离了这个概念所蕴含的平等主义诉求，沦为现实选战的策略工具，相比之下，POD在理论史上的三个重要代表——斯克尔顿版本、米德版本和罗尔斯版本——是彼此相关的，正如阿米特·罗恩所指出的，它们“是从同一个起源发展出来的连续性的变化”①。

第三节　正义第一原则与财产所有的民主制

目前为止，我们已经相对清楚地了解了罗尔斯正义二原则的制度理想。对罗尔斯而言，无论选择财产所有的民主制，还是选择自由社会主义，其根本目标都在于“随着时间的流逝确保背景正义”。罗尔斯称，它们是“秩序良好的民主政体”的理想类型，正因为是理想类型，且仅仅停留在政治哲学的考察领域，所以罗尔斯深知其限度所在，他坦承这里所探讨的大多数问题都是“高度争议性的”：“我不试图表明这些政策实际上能做到这点。这需要对社会理论做研究，而我们目前无法这么做。这里的论证和思想是粗略而直观的。”② 其实无须诉诸社会理论，我们仍旧可以从哲学论证的角度出发去检讨POD这一理想制度的可信性和真确性。

本节重点探讨两个方面的问题：首先，我们将探讨正义第一原则中的薄版本的经济自由观的道德理据；其次，通过援引詹姆斯·尼克尔（James Nickel）以及本杰明·巴罗斯（Benjamin Barros）等人对罗尔斯薄版本的经济自由观的批评，对罗尔斯正义第一原则中的经济自由观提出暂时性的修正意见。本节的结论是，罗尔斯在论述正义二原则的政经制度选择时并没有给出令人信服的论证，因此这是一个开放的问题。

一、罗尔斯论基本自由权中的私有财产权

正如萨缪尔·弗里曼和约翰·托马西所指出的，高端自由主义（high lib-

---

① Amit Ron, “Visions of Democracy in ‘Property-Owning Democracy’: Skelton to Rawls and Beyond,” *History of Political Thought*, Vol. XXIX, No. 1, Spring 2008, p. 172.

② John Rawls, *Justice as Fairness*, pp. 135 - 136.

eralism)[①] 与古典自由主义（classic liberalism）和自由意志主义（libertarianism）[②] 的关键差别在对经济自由和财产权的定义与保护上。

严格意义上的自由意志主义者，比如莫瑞·罗斯巴德（Murray Rothbard）和简·纳佛森（Jan Narveson），认为自由权以及所有其他权利归根结底都是财产权，财产权不仅是根本性的权利，也是某种道德绝对之物（moral absolute）。以罗伯特·诺奇克（Robert Nozick）为代表的自由意志主义者或者将财产权视为前社会的、独立于政府的自然权利，或者从"自我所有者"的道德理想出发提出以下主张：(1) 经济自由的观念不仅是厚版本的而且是绝对的；(2) 为形式的平等观做辩护，认为市场的结果不是部分正义的而是完全正义的；(3) 提出了原则性的理由，否定国家拥有任何权威向公民征税来为其他人提供社会服务。[③] 由此，自由意志主义的根本条规就是，人们应该拥有几近于不受约束的积累、控制、转让事物（财产）的权利，不管其结果或者控制会对其他人造成什么影响。[④]

古典自由主义者有的是效益主义者，有的是自然权利论者，无论他们的论证思路是什么，都主张厚版本的经济自由观，并且把经济自由的普遍权利视为与其他权利和自由（如宗教自由、言论自由、结社自由等）同等重要之物。与自由意志主义者不同，古典自由主义者认为经济自由是根本的权利，但不具备道德绝对性，因此，多数古典自由主义者会支持通过有限的税收政策建立公共

---

① 萨缪尔·弗里曼创造了"高端自由主义"这个术语。所谓高端自由主义指的是与哲学自由主义相关联的一组制度和观念。哲学自由主义的核心观点包括：(1) 存在一组内在善，没有一种简单的生活方式可以包容它们的全部，因此存在各自不同的因其自身而有价值的生活方式；(2) 不管哪一种内在善对于个体是合适的，个体都有自由去决定和追求自己的善观念，这对于他们过上美好人生是根本性的；(3) 对于个体的善而言，一个必要条件是个体所接受的善观念与正义是一致的。弗里曼认为从 18 世纪至今，高端自由主义的主要哲学支持者包括康德、密尔、罗尔斯、洛克等人。高端自由主义的说法会让一些人反感，他们认为它有倾向性，但是弗里曼认为这个术语并不表明相对于古典自由主义它具有道德上的优越性。(Samuel Freeman, "Illiberal Libertarians: Why Libertarianism is not a Liberal View," in *Philosophy & Public Affairs*, No. 2, Princeton, Princeton University Press, 2002, pp. 105 - 107.) 托马西在《自由市场的公平》一书中沿用了"高端自由主义"这个术语，并把古典自由主义视为自由主义传统的早期阶段，高端自由主义则是自由主义的当代形态。(John Tomasi, *Free Market Fairness*, pp. 51 - 56.)

② 我把 libertarianism 翻译成自由意志主义而非自由至上主义，理由在于：(1) liberalism 同样珍视个人自由，并将之视为最高的价值，将 libertarianism 译成自由至上主义对 liberalism 不公；(2) libertarianism 传统上属于自愿主义的脉络，将自愿原则视为原点，因此自由意志主义是一个更为恰切的译名。

③ John Tomasi, *Free Market Fairness*, p. 47.

④ Samuel Freeman, "Illiberal Libertarians: Why Libertarianism is not a Liberal View," p. 126.

教育系统和社会安全网，而自由意志主义者则反对这些项目。①

相比之下，高端自由主义者所主张的基本自由权内容最多，但包含的经济自由却最少，因此被托马西称为薄版本的经济自由观。以罗尔斯为例，在正义第一原则中他列举了几大类基本自由权（basic liberties）：政治自由（投票权和担任公职的权利）以及言论自由和集会自由；良心自由和思想自由；人身自由，包括免除心理的压制和身体的攻击与分裂（个人的完整性）；持有个人财产的权利，以及依照法治观念不受任意逮捕和不被没收财产的自由。② 持有个人财产的权利虽然被包括在内，但是“特定类型的财产所有权（如生产资料所有权）以及自由放任理论所理解的契约自由”却被明确排除出基本自由权的范围，不受正义第一原则的保护。③

在深入探讨罗尔斯薄版本的经济自由观的道德理据之前，有必要对基本自由权多说几句。就概念而言，主张某些权利是基本的，就意味着它们是“根本的”和“不可让渡的”。所谓“根本的”，意思是“基本自由权相对于其他政治价值具有绝对的优先地位”，换言之，基本自由权“不可以为了满足民主的多数偏好而被侵犯，也不可以为了增加经济效益或者实现文化上卓越目标的至善主义价值而被伤害”④。所谓“不可让渡的”，意味着“一个人不能通过契约来转让基本自由权或者自愿放弃它们”⑤。举例说明，自由意志主义者主张，可以通过自愿的契约行为让渡公民权利和政治权利，极端者如诺奇克和布洛克甚至为自愿为奴辩护，这些做法不仅违背了基本自由权的不可让渡性，而且是对基本自由的自我颠覆。对罗尔斯来说，唯有当基本自由权与其他的基本自由权发生冲突时才会受到限制和需要做出妥协，也正因为如此，基本自由权中的任何一个都不是绝对的。⑥

罗尔斯坦承上述基本自由权的清单并非完整无遗、一成不变，因为“脱离一个特定社会的特殊环境——社会、经济和技术条件——完整地列出这些自由

---

① John Tomasi, *Free Market Fairness*, p. xxvii.

② John Rawls, *A Theory of Justice*, p. 53. 在《作为公平的正义》中，罗尔斯列举的基本自由权清单与此类似，只存在些微的表述差异：“思想自由和良心自由、政治自由（例如选举权和参与政治的权利）和结社自由，以及由人的自由和完整性（身体的和心理的）所规定的权利和自由权，还有由法治所涵盖的权利和自由权。”(John Rawls, *Justice as Fairness*, p. 44.)

③ John Rawls, *A Theory of Justice*, p. 54.

④ Samuel Freeman, “Illiberal Libertarians: Why Libertarianism is not a Liberal View,” p. 109.

⑤ Samuel Freeman, “Illiberal Libertarians: Why Libertarianism is not a Liberal View,” p. 110.

⑥ John Rawls, *A Theory of Justice*, p. 54.

权是困难的，甚至是不可能的”[①]。具体说来，罗尔斯开列基本自由的清单的方式有两种。一种是历史的：通过研究各种各样的民主政体，在那些历史上看起来更加成功的政体中，将那些看来是基本的并得到确保的权利和自由收集起来。另一种是分析的：“我们的思路是这样的：对于自由和平等的人之两种道德能力的充分发展和全面实践，什么样的自由权能够提供必不可少的政治条件和社会条件。”[②]

历史的路径表明，罗尔斯非常清醒地意识到，在后形而上学时代，人们已经不再可能诉诸自然法、自然权利的进路去证明权利的神圣不可侵犯性。对于主张普世价值的多数自由主义者来说，这是一个巨大的政治让步，但是出于智识的诚实，笔者认为这是一个必须承认的事实，尽管它将导致权利概念从此丧失坚固的形上基础。[③]

分析的进路是罗尔斯为避免权利论证失败做出的尝试，这个思路的核心在于“人的政治观念”的提出。罗尔斯政治的正义观聚焦于“终其一生都有能力成为正常的和充分合作的社会成员的人”。获得这种“道德人格”（moral personhood）的关键在于发展出两种道德能力：“关于正义感的能力［尊重公平合作的条款并因此成为合情合理（reasonable）之人的能力］，以及善观念的能力［因此成为理性的（rational）人］。”[④] 有必要简单阐释下两种道德能力的内容：正义感（sense of justice）的能力体现的是人的政治观念中所具备的合情合理的（reasonable）能力，也即“理解、应用和践行（不仅仅是服从）规定了社会合作之公平的政治正义诸原则的能力”。善观念（conceptions of good）的能力体现的是人的政治观念中的理性（rational）能力，也即“形成、修正以及理性地追求善观念的能力”[⑤]。

罗尔斯认为：“《正义论》的一个严重缺点是，在对基本自由权进行说明的时候，它提出了两种不同的且相互冲突的标准，而这两种标准都是无法令人满意的。一种标准规定，这些自由权应该达到范围最广的自由体制；另一种标准要求我们采纳平等公民理性代表的观点，然后按照这种公民的理性利益来规定

---

① John Rawls, *A Theory of Justice*, p. 54.

② John Rawls, *Justice as Fairness*, p. 45.

③ 关于没有本体论基础的权利是否可能的问题，请参见周濂：《后形而上学视阈下的西方权利理论》，载《中国社会科学》，2012（6）。

④ John Rawls, *Political Liberalism*, New York, Columbia University Press, 1996, p. 302.

⑤ John Rawls, *Justice as Fairness*, pp. 18 - 19.

自由的体制。"[1] 罗尔斯现在不认同这两种标准，提出了他心目中更好的标准："基本自由权及其优先性应该平等地保证所有公民在我们提到的两种基本情况中都拥有对于充分发展和全面而知情地实践两种道德能力必不可少的社会条件。"[2] 换言之，关于一种自由是否是足够基本的因此是否应该被包含在第一原则之中的实质性测验就是去追问这样的问题："哪些自由是保证终其一生充分地发展和完全地实践这两种道德人格的能力的根本的社会条件？"[3]

根据以上标准，罗尔斯只把两类经济自由划归受正义第一原则保护的基本自由权：第一种是职业选择的自由权，包括免于奴役和强制劳动的自由，以及选择和改变工作或职业的自由；第二种是"持有和排他性地使用私人财产的权利"[4]。在论述后者的时候，罗尔斯指出，这种权利之所以被列入基本自由权，是因为它"能够赋予人格独立和自尊感以足够的物质基础，而人格独立和自尊感对于道德能力的全面发展和使用是极其重要的。拥有这种权利并能够有效地行使这种权利是自尊的社会基础之一"[5]。罗尔斯没有详述"持有和拥有个人财产的独占使用权"的具体内容，只是在注释里举例提及"某种形式的固定财产，诸如住所和私有土地"[6]。

最为关键的同时也是最具争议性的内容出现在这里：罗尔斯把两种广义上的财产权剥离出基本权利的行列。

（1）一般意义上的自然资源和生产资料方面的财产权，其中包括获取和馈赠的权利；

（2）包括参与控制生产资料和自然资源的平等权利在内的财产权，而这些生产资料和自然资源应该为社会而非私人所有。[7]

把"自然资源和生产资料方面的财产权"剥离出基本自由权范围的意思是，即使私人可以拥有它们，比如财产所有的民主制就允许"生产资料的私人所有权"，但由于它们不属于基本自由权，所以也就不是"根本的"和"不可让渡的"，在特定情况下国家可以根据经济效益、稳定、平等以及公共利益等其他政治价值对之进行直接或者间接的干涉。

---

① John Rawls, *Justice as Fairness*, p. 112.

② John Rawls, *Justice as Fairness*, p. 112.

③ John Rawls, *Political Liberalism*, p. 293.

④ John Rawls, *Justice as Fairness*, p. 114.

⑤ John Rawls, *Justice as Fairness*, p. 114.

⑥ John Rawls, *Justice as Fairness*, p. 114.

⑦ John Rawls, *Justice as Fairness*, p. 114.

强调“参与控制生产资料和自然资源的平等权利在内的财产权”为“社会而非私人所有”，意味着资本和生产资料可以广泛地分散在工人、团体以及公司手中，工人甚至可以不同程度地参与企业的民主管理。弗里曼正是基于此认为财产所有的民主制是介于工团主义（syndicalism）和福利国家的资本主义之间的一种形态。[①]

如前所述，罗尔斯还把契约自由这个放任自由主义非常珍视的权利剥离出了基本自由权的范围。罗尔斯主张，以上广义的财产权之所以不是基本的，是因为它们“对于道德能力的全面发展和充分运用不是必要的，从而不是自尊之实质性的社会基础”[②]。值得深思的是，罗尔斯毫不讳言这个论证不够充分有力，他坦承：“无论如何，它们可能仍然需要加以证明。这依赖于现存的历史条件和社会条件。……作为一种公共的政治观念，作为公平的正义应该为权衡是支持还是反对包括社会主义在内的各种财产形式提供一种共享的基础。要做到这点，它应该在基本权利的主要层面尽力避免对生产资料的私人所有问题抱有先入之见。”[③]

以上表述说明，罗尔斯并不确信“道德能力的论证”的效力，它需要得到进一步的分析，如果可能，还需要寻找其他形式的论证加以辅助支持。

丹尼尔·沙皮若认为，除了“道德能力的论证”，罗尔斯论证基本权利的方式还包括“多样性论证”以及“重叠共识论证”。“多样性论证”的意思是，考虑到多元主义的事实，社会合作的唯一公平的基础就是允许存在大量不同的善观念，而基本善确保和保护了这样的繁荣。重叠共识和基本权利之间的联系——沙皮若称之为“重叠共识论证”——在于，基本权利把最具分裂性的议题移除出政治议程之外，一旦一个议题属于基本（宪政）权利的范围，它就超越了民主多数和政治力量动态平衡的控制范围。[④] 沙皮若认为，虽然“道德能力的论证”不支持生产资料的所有权作为基本权利，也不要求在社会主义和资本主义之间做出选择，但是“多样性论证”和“重叠共识论证”却支持拥有和获得自然资源和生产资料的权利，这意味着总体而言罗尔斯式的自由主义将支持自由市场的资本主义，罗尔斯本人搞错了其理论的隐含之意。[⑤]

---

① Samuel Freeman, *Rawls*, p. 220.

② John Rawls, *Justice as Fairness*, p. 114.

③ John Rawls, *Justice as Fairness*, p. 114.

④ Daniel Shapiro, “Liberal Egalitarianism, Basic Rights, and Free Market Capitalism,” *Reason Papers*, Vol. 18, Fall 1993, pp. 58 - 60.

⑤ Daniel Shapiro, “Liberal Egalitarianism, Basic Rights, and Free Market Capitalism,” pp. 63 - 64.

限于篇幅，此处不拟对沙皮若的观点做出详细分析。笔者认为，所谓“多样性论证”和“重叠共识论证”都只是间接的而非直接的论证，二者不仅可以为“道德能力的论证”所蕴含，而且当三方发生冲突时，“道德能力的论证”所得出的结果在罗尔斯的理论中将占据压倒性的优势，因此即使沙皮若的推论成立，罗尔斯也可以通过调整“多样性论证”与“重叠共识论证”的范围和效力来否决沙皮若的最终结论。

笔者认为与“道德能力的论证”构成相辅相成作用的是“理想的历史过程观的论证”。众所周知，罗尔斯的一个根本性观念是，社会作为自由平等公民之间世代相继的公平合作体系之理念，为了实现“这个理想的历史过程观”(an ideal historical process view)，必须要借助正义原则来调整社会基本结构，以确保社会制度不会因为时间的推移而丧失背景正义。具体说来，罗尔斯认为，哪怕我们接受古典自由主义和自由意志主义的基本前提——个体之间的交换是信息充分并且是自愿的，但如果我们放宽历史的视野，将代际因素考虑进来，就会发现“个人和团体所达成的众多分散且看来公平的协议，经过长时间的积累，其结果非常可能会破坏自由和公平的协议所需要的背景条件”[1]。换言之，哪怕是在最理想的条件下，个体之间源于自愿的市场交换所导致的贫富差距也可能会经过世代的累积而无法为后人提供公平的竞争环境，方此之时，千变万化的个人将无法在哈耶克所谓的自生自发的秩序中获得“最佳的追求机会”，罗尔斯认为，“除非基本结构被不断地加以调整，否则早期各种财产的正义分配将不能保证后来的分配也是正义的，而不论个人和团体之间所进行的具体交易，当从局部和脱离背景制度来看的时候，是否出于自愿和公平”[2]。笔者将以上论述称为“理想的历史过程观的论证”，这个论证很好地揭示了罗尔斯为什么会把自由放任主义所珍视的契约自由剥离出基本自由权。

必须承认，无论是“道德能力的论证”还是“理想的历史过程观的论证”，都无法为罗尔斯薄版本的经济自由观提供终极性的道德论证。从方法论的角度看，自由意志主义者如诺奇克在论证财产权的道德绝对性时采取的是基础主义、演绎推理以及自然主义的方法。这些方法的优点是在形式上可以提供终极性的道德论证，但是缺点在于：(1) 一旦有人不认同论证的前提，比如自我所有权或者自然权利的正当性，那么整个论证就失去了效力；(2) 由于论证思路过于单一甚至单薄，所以常常给人造成思虑不详的印象，乃至得出违反基本直

① John Rawls, *Justice as Fairness*, p. 53.

② John Rawls, *Justice as Fairness*, p. 53.

觉的结论，比如支持自愿为奴的观点。相比之下，立足于反思的均衡，罗尔斯对于基本自由权的论证思路偏重于历史主义、整体主义和理想型。这是罗尔斯一以贯之的方法论，在《正义论》中他曾经明确指出："一种正义观不可能从自明的前提或者原则的条件中演绎出来；相反，它的证成乃是许多考量的相互支持，是把许多条件整合为一个融贯一致的观点。"[①] 这类论证的优点是兼顾了日常的道德直觉与决策性程序的逻辑要求，缺点是始终处于不断校勘和反复的动态平衡之中，无法赢得一锤定音式的终极性论证。正如哈贝马斯所指出的，对罗尔斯来说价值怀疑论和道德实在论都是不可接受的，罗尔斯希望把理性义务的规范性陈述甚至把作为整体的正义论奠定在可证成的主体间性的认知基础上，与此同时又不赋予其知识论的意义。[②] 这是一种方法论上的自觉：正因为对后形而上学时代有着自觉的反省，所以罗尔斯不接受自然法和自然权利的论证思路；正因为对效益主义可能存在的现实恶果有着清醒的认识，所以罗尔斯才会放弃这种通过模仿自然科学建构一劳永逸的决策程序的方法，转而立足于契约论的传统，把证明转化为慎思，力求为薄版本的经济自由观提供一个公共的道德基础。

虽然我们力图同情地理解罗尔斯，但是不可否认罗尔斯在论述财产权时，更像是在做声明而不是论证。罗尔斯对此应该心知肚明，所以他的措词与用语常常显得小心翼翼又信心不足，比如："这些观念以及其他的财产权观念的优点所在，得等到以后拥有了更多的关于社会环境和历史传统的信息时才能逐步决定。"[③] "我们的探讨是简略的，而且所提到的大部分问题是高度争议性的，例如那些关于选举和政治竞选的公共基金、不同种类的财产所有权和税收的问题。我们无法充分地解决这些复杂的问题，我的评论只是说明性的，并且具有高度的尝试性。"[④]

二、对罗尔斯私有财产观的批评

罗尔斯强调"平等的政治自由权"（包括投票权、担任公职的权利、集会自由、组织和加入政党的权利）的重要性，这与古典自由主义和自由意志主义

---

① John Rawls, *A Theory of Justice*, p. 19.

② Jurgen Habermas, *The Inclusion of the Others: Studies in Political Theory*, Ciaran Cronin and Pablo De Greiff (ed.), Massachusetts Institute of Technology, 1998, pp. 63 – 64.

③ John Rawls, *Political Liberalism*, p. 298.

④ John Rawls, *Justice as Fairness*, p. 136.

形成鲜明的对比。罗尔斯指出："从历史角度来看，宪政体制的一个最主要的缺陷就在于未能实现政治自由的公平价值……此法律体系普遍容忍了大大超出政治平等所能容忍的资产和财富分配的不平等。"①

罗尔斯对基本自由权中的私有财产权做出特殊限制，根本目的是实现政治自由的公平价值。把生产资料的所有权以及契约自由挪出基本自由权的范畴，在理论上意味着作为基本权利的私人财产权并不包括无限累积的权利，也不包括生产资料的绝对拥有权以及经济资源不受制约的使用和转让权，在现实中则意味着允许政府通过遗产法、赠予法等方式来调整和确保自由和公平的协议所需要的背景正义。

我们充分理解薄版本的经济自由观想要实现的规范性目的，但是一个理论的价值绝不仅仅取决于其所展示的美好愿景，而是更多取决于其论证基础以及在现实操作中可能出现的各种后果。如前所述，在后形而上学时代期待一个终极性的道德论证已不复可能，但是这并不意味着我们可以降低道德论证的严谨性要求。

下面将要依次深入探讨以下三个问题：

第一，罗尔斯对于"私有财产"（personal property）和"生产性财产"（productive property）的概念区分存在模棱两可之处，这是否会对他的薄版本的经济自由观造成某些根本性的冲击？

与此相关的第二个问题是，从"道德能力的论证"的角度出发，罗尔斯只是简单地断言生产资料和自然资源的所有权并非充分发展和全面实践两种道德能力的必要条件，但没有对此做进一步的分析，这个命题是否成立，值得深思。

第三，为了实现政治自由的公平价值，必须对财产权做出如此严苛的规定吗？有无可能通过具体政策的调整而不是通过基本自由权的限制来实现政治自由的公平价值？

罗尔斯试图区分"私有财产"和"生产性财产"，但问题在于，"在边缘地带拣选一些相对清晰的例子是可能的，但若要在二者之间划出边界却很困难"②。詹姆斯·尼克尔借用斯蒂芬·芒泽（Stephen Munze）和诺奇克的观点指出，私有财产很容易用于生产性的用途，最日常的例子包括用某人的厨房和

① John Rawls, *A Theory of Justice*, p. 198.

② D. Benjamin Barros, "Property and Freedom," *New York University Journal of Law & Liberty*, Vol. 4: 36, 2009, p. 62.

器皿做外卖出售，用某人的家用工具去修理或者刷墙来挣钱，以及用某人的花园工具来做园艺挣钱。[①]

推而广之，无论宗教自由、言论自由还是政治自由，都需要薄版本的私有财产以外的更多的经济自由权，比方说，当我们参与政治组织和政党活动的时候，和宗教组织一样，需要雇佣全职的劳工，需要有固定的住所和设备，所有这些行为都要求远超出罗尔斯薄版本的经济自由权之外的内容。尼克尔认为我们有很好的理由把更多的财产权利划归基本自由权。他提出了两种论证方式：第一种是“连锁论证”（linkage argument），第二种是“直接论证”（direct argument）。

“连锁论证”的意思是，通过在一个封闭的、较有争议的经济自由权和另一个封闭的但较少争议的自由权之间建立关联，表明如果一个人相信后者是重要的就必定会承认前者也是重要的。[②]“连锁论证”的作用在于利用私有财产与生产性财产的划界困难，指出如果财产是确保其他基本自由权的必要条件，那么我们就有可能将部分的生产性财产作为基本自由权的一部分，而不是简单地将之排除出正义第一原则的保护范围。

巴罗斯以言论自由——它毫无疑问是基本自由权之一——为例说明，尽管个体可以在街头的演讲台上实践言论自由，但是在现代世界中真正有效的言论却要求有能力进行广泛的意见传播。过去几百年里这意味着有能力进入印刷发行业，最近则意味着可以通过个人电脑和互联网来传播意见。印刷业是生产性资产的相对清晰的例子，相比之下，当代社会的个人电脑属于私人财产，但是与此同时它们也被广泛地运用于商业和信息经济，成为比古典的工业资产更重要的财富来源。不管是印刷业还是个人电脑，关键的问题都在于，真正的言论自由要求拥有能被视为生产性资产的渠道。[③]

尼克尔在探讨政治自由时表达了类似的观点：“一种承认政治自由却严重限制经济自由的制度告诉人们，他们能够参与政治，但是他们应该在没有办公室和设备，没有职业雇佣者，不建立带有商业元素的组织来发动政治议程，以及不使用实质性的资源的前提下来做这件事情。”[④] 根据“连锁论证”的观点，

---

① James W. Nickel, “Economic Liberties,” in Victoria Davion, Clark Wolf (ed.), *The Idea of a Political Liberalism: Essays on Rawls*, Lanham, Roman & Littlefield Publishers, 2000, p. 166.

② James W. Nickel, “Economic Liberties,” p. 157.

③ D. Benjamin Barros, “Property and Freedom,” p. 64.

④ James W. Nickel, “Economic Liberties,” p. 159.

如果拥有一定程度的生产性财产和经济自由（比如出租和买卖房屋与土地，雇佣工人，出租或买卖印刷机器和设备等）是确保基本自由权的必要条件，那么正义第一原则就应该考虑同等地保护它们，而不是简单地将之剔除出去。笔者认为“连锁论证”很好地揭示出罗尔斯财产观的不足之处。姑且不论自然资源的所有权，单就毫无保留地将生产资料（生产性财产）的所有权剥离出基本自由权的范围而言，就的确会造成一系列的连锁反应，最后可能伤及那些没有争议的基本自由权。

相比“连锁论证”的迂回进入，“直接论证”为厚版本的经济自由观和财产权之根本重要性提供直接论证。这个论证与要探讨的第二个问题直接相关。

如前所述，尼克尔认为政治自由包含着重要的经济面向，因此大规模地限制经济自由会实质性地限制政治自由。进一步，尼克尔认为：“经济活动，与政治活动和智力活动一样，也是人之自主性的重要领域。”[①]

自主性的观念主张：“拥有正常智力和能力的成年人不应该或者在被迫的情况下把对自己生活的管理移交给其他人，即使他们做得更好。这种理想主张人们应该在相当程度上是自己生活的创制者。”[②] 在罗尔斯的理论框架里，自主性概念属于至善论的价值理想，从价值多元论和政治自由主义的角度出发，某些合乎理性的民主社会公民也许不会接受这个观念，但是尼克尔认为罗尔斯依然“在有限的意义上接受了自主性这个概念”，比如“正义感的能力和善观念的能力”就与“广义的自主性概念共享了很多内容”[③]。

正义感的能力和善观念的能力是政治观念的人应该具备的两种道德能力。为了发展两种道德能力，正义的社会制度必须为公民提供所谓的基本善。这些基本善是“自由和平等的人度过完整的一生所需要的东西”，“它们对于充分发展和完全实践两种道德能力，对于追求他们各自确定的善观念来说，是一般而言必需的各种各样的社会条件和所有目的的手段（all-purpose means）”[④]。基本权利和自由是基本善清单上的一部分，从这个角度说，基本善也可以作为正义第一原则基本自由权的论证方式之一。

关键的问题在于，为什么从高端自由主义者的角度看，“公民和政治自由

① James W. Nickel, “Economic Liberties,” p. 160.

② James W. Nickel, “Economic Liberties,” p. 161.

③ James W. Nickel, “Economic Liberties,” p. 161.

④ John Rawls, *Justice as Fairness*, pp. 57 – 58.

权的发展和自由实践是人的道德本性的根本所在”[1]，而生产性的活动和商业贸易却不构成充分发展和完全实践公民两种道德能力的必要条件？罗尔斯对此只是做出简单的断言，并没有深入分析。尼克尔相信，发展和实践人的生产性能力的高阶兴趣（higher-order interest）隐含在罗尔斯的道德能力和高阶兴趣的理论中。如果这个直接论证成立，那么基本善就将支持更多经济自由的内容，由此基本自由权将包含更多经济自由的内容。

在罗尔斯的理论中，从两种道德能力向基本善清单的转变需要一个居中的环节，也就是所谓的三种“更高阶的兴趣”，这是道德心理学层面上关于动机资源的考察。因为人们拥有这些“更高阶的兴趣”，所以才需要开列基本善的清单来发展和实践人的两种道德能力。尼克尔认为从语义上说，所谓“更高阶的兴趣”更加合适的表述是“根本的兴趣”，但罗尔斯没有使用这个术语。[2] 按照罗尔斯的想法，人们拥有三种“更高阶的兴趣”：（1）发展和实践正义感的能力；（2）发展和实践善观念的能力；（3）终其一生保护和发展某些有确定内容（但允许发生改变）的善观念。[3]

对尼克尔来说，突破口出现在第三种更高阶的兴趣上。尼克尔认为完全可以设想如下场景：比如若一个人认为拥有一座房子是件好事，他就会有兴趣去建造、购买或者租住一间房子；若一个人相信在教堂里做礼拜是件好事，他就会有兴趣和其他人一起建造或者出资建造教堂。为了做这些事情，他会有兴趣与其他有能力的人一道去生产木材、地板以及砖头之类的事物。总之，“发展一个人的善观念常常要求他自己和其他人参与生产制造”[4]。尼克尔认为：“因为第三种更高阶的兴趣包含了参与生产以及获得生产所必需的设备和物资的兴趣，我们就有理由说获取生产及其必需品是一种基本善。这种基本善将会支持把大量的经济自由包含在基本自由权当中。在我看来，它也支持罗尔斯理论中的平等机会和经济的最低要求，因为进行生产不仅要求有自由，还要求拥有技术和资产。”[5]

除了从更高阶的兴趣入手，尼克尔认为也可以从人类能力的观念入手论证更广泛的经济自由：“我相信另一种能力，也即为自己和他人创造善品的能力，

---

① John Tomasi, *Free Market Fairness*, p. 49.

② James W. Nickel, “Economic Liberties,” p. 165.

③ John Rawls, *Political Liberalism*, p. 74.

④ James W. Nickel, “Economic Liberties,” p. 167.

⑤ James W. Nickel, “Economic Liberties,” p. 167.

是被罗尔斯为了互惠而进行公平合作的制度这一根本观念预设的。这一根本观念包含如下观念：如果我们在公平条款下相互合作，制造和分配有用的产品以及服务，那么我们所有人都会过得更好。”①

也许有人会反驳说，并不是所有人都对进入生产制造过程有个人的兴趣，并不是每个人都对经济活动和商业贸易有兴趣，但是同样的反驳也可以针对其他基本自由权，比如并不是所有人都对政治活动有兴趣，甚至于并不是所有人都希望成为自我生活的创制者。就像不能由此推论得出不该保护政治自由的公平价值，以及不能由此推论得出不该发展人们的善观念能力一样，我们也不能由此推论得出不该发展每个人的生产能力。② 当然，正如尼克尔所指出的，主张将更多的经济自由权列入基本自由权之中，并不等于主张这些经济自由权应该是不受限制的或者它们的实践不能为法律所调整。③

综上所述，尼克尔与巴罗斯的结论是，即使根据罗尔斯的标准，也应该在基本自由权中包含某些生产性财产的权利。罗尔斯将私人产权包含在基本自由权中，反映出他也认为在允许个体形成、检测他们的善观念和依据他们的善观念以及有价值的人生观行动时，这部分财产是至关重要的。但是问题在于，在这个语境中，这部分财产不能仅限于非生产性的财产。④

现在的问题是：究竟应该将罗尔斯式的薄版本的经济自由“增厚”到什么程度？我们需要从罗尔斯的立场退回到哈耶克的立场甚至诺奇克的立场吗？抑或我们不需要走得那么远，只需要在财产所有的民主制与福利国家的资本主义之间寻找一个平衡点？约翰·托马西在最新出版的《自由市场的公平性》中主张“市场民主制”的观念，指出“市场民主制的核心道德主张是厚版本的经济自由属于自由主义公民所拥有的基本自由权”⑤。但是正像弗里曼所担心的，一旦将古典自由主义式的厚版本的经济自由权列入“根本的”和“不可让渡的”

---

① James W. Nickel, “Economic Liberties,” pp. 167 - 168.

② 尼克尔提出了四种理由来为发展人的生产能力做辩护：(1) 能提供给一个人的多数善很可能是自我生产的，或者是通过参与合作的企业生产出来的。(2) 生产和储备的社会体系可能失败，尤其是在特定的领域或者环节，因此如果一个人厌恶冒险，那么他将为了生存和繁荣而发展出备选的能力。为了逃离战争、饥馑、压迫和宗教迫害，人们需要成熟的生产能力和实践它们的自由。(3) 在多数人参与生产性活动的社会里，自尊会因为可避免的依附性而受到伤害，尤其当它是全面的和长期的时。(4) 通过和其他人一起参与生产性活动的努力，一个人可以享受善品和社会联合，而这会“极大地拓展和维系每个人的确定的善”。(James W. Nickel, “Economic Liberties,” p. 168.)

③ James W. Nickel, “Economic Liberties,” p. 155.

④ D. Benjamin Barros, “Property and Freedom,” p. 67.

⑤ John Tomasi, *Free Market Fairness*, p. 121.

基本自由权范畴，那就意味着“通过向每个人征税来为公共服务如公共教育、健康关注、失业保险、养老保险以及其他被古典自由主义者如哈耶克或弗里德曼所认可的其他利益服务，都对它们构成了侵犯”[1]。限于篇幅，此处无法深入探讨这些细节问题。

有一点是明确无疑的：自由意志主义把财产权视为道德绝对之物是不可取的，古典自由主义厚版本的经济自由观在理论上和现实政治中同样不适用，需要做进一步的“削薄”。但是与此同时，罗尔斯在正义第一原则中所主张的薄版本的经济自由观同样存在难以克服的困难。一个可能的解决之道是，为了保证民主社会公民的第三种更高阶的兴趣，以及为了发展民主社会公民的生产性能力，可以允许将部分生产资料的所有权列入基本自由权的范畴，但为了保证“理想的历史过程观”，有必要继续将自由放任主义所珍视的契约自由排除在基本自由权之外。这只是一个初步的构想，对于这一构想的具体论证，限于篇幅，此处无法进一步展开。

现在让我们简短地探讨第三个问题：为了实现政治自由的公平价值，必须对财产权做出如此严苛的规定吗？有无可能通过具体政策的调整而不是通过基本自由权的限制来实现政治自由的公平价值？

正如罗尔斯本人所承认的那样，由于这部分内容涉及社会理论的知识，作为政治哲学层面的探讨，罗尔斯给出的政策建议无法回答更细节的问题，因此也是极富争议性的。显然，社会理论和政治社会学的知识并非无足轻重，如果经验研究表明完全可以通过具体政策的调整实现政治自由的公平价值，那么就无须接受罗尔斯对财产权所做的严苛规定。由此，不但正义第一原则的内容需要做出调整，相应的正义二原则所适用的政经制度也存在着更多的开放性。马丁·奥尼尔就认为罗尔斯过于强调生产性资料的控制与政治生活的控制之间的关系的紧密性，我们无须接受与财产所有的民主制相关的经济政策也能够避免经济权力向政治权力的转化的观点，比如通过竞选经费的改革或者政治言说的调整等等。[2]

三、结论

众所周知，罗尔斯把《正义论》的主题严格限定在“社会基本结构”的层

---

① Samuel Freeman，“Can Economic Liberties Be Basic Liberties?” http：//bleedingheartlibertarians. com/2012/06/can-economic-liberties-be-basic-liberties/.

② Martin O'Neill，“Liberty，Equality and Property-Owning Democracy，” p. 387.

面上，更确切地说，就是“社会主要制度分配根本权利和责任，以及决定由社会合作产生的利益之划分的方式”①。所谓“社会主要制度”，罗尔斯指的是“政治宪法和主要的经济和社会安排。因此，对思想自由和良心自由的法律保护、竞争性的市场、生产资料的私有制以及一夫一妻的家庭都是社会主要制度的例子。把这些因素结合成一个体系，主要制度就定义了人们的权利和责任，并影响着他们的生活愿景，即他们可望达到的状态和成就。社会基本结构之所以成为正义的首要主题，是因为它的影响十分深刻并且从一开始就已出现”②。

从以上表述可知，“竞争性的市场”和“生产资料的私有制”是社会正义考察的主题之一。作为社会基本结构的重要组成部分，经济制度和财产关系的性质深刻而广泛地影响了人们的生活愿景，对此罗尔斯心知肚明。然而，纵观罗尔斯的正义理论，无论是早期的《正义论》还是后期的《政治自由主义》以及《作为公平的正义》，他对于这部分内容不仅着墨不多，而且常常语焉不详，相比自由主义传统对财产权和经济自由长篇累牍的阐释，罗尔斯的表现难免让人困惑。

本节认为，根据字典排序法，正义第一原则优先于第二原则，自由优先于平等。因此在论证正义二原则的制度性表达是否为财产所有的民主制时，正义第一原则在论证效力上顺理成章地优先于第二原则。不难想象，即便“公平的机会平等”和“差别原则”支持财产所有的民主制，但如果正义第一原则不支持财产所有的民主制，那么罗尔斯的论证也将因此失败。而在正义第一原则中，最能支持财产所有的民主制的无非两点：其一，罗尔斯关于薄版本的经济自由的论证；其二，关于政治自由的公平价值与生产资料私人产权之间的关系的论证和阐释。本章通过一系列论证指出，上述两点都存在着难以克服的困难。

罗尔斯说：“分配正义的主要问题是社会制度的选择问题。”但罗尔斯正义二原则尤其是第一原则中关于经济自由和财产权的论述存在着可商榷的余地，这就意味着正义二原则的政经制度选择仍旧是一个开放的问题。

周　濂

参考文献

［英］哈耶克．通往奴役之路．王明毅，冯兴元，等，译．北京：中国社会科学出

① John Rawls, *A Theory of Justice*, p. 6.

② John Rawls, *A Theory of Justice*, pp. 6 - 7.

版，1997.

［英］哈耶克．自由秩序原理．邓正来，译．北京：三联书店，1997.

［英］哈耶克．法律、立法与自由．邓正来，等，译．北京：中国大百科全书出版社，2000.

［英］哈耶克．致命的自负．冯克利，译．北京：中国社会科学出版社，2000.

［英］哈耶克．经济、科学与社会——哈耶克论文演讲集．冯克利，译．南京：江苏人民出版社，2003.

John Rawls. A Theory of Justice. Cambridge：Harvard University Press，1971.

John Rawls. Political Liberalism. New York：Columbia University Press，1996.

John Rawls. A Theory of Justice. Cambridge：Harvard University Press，1999.

John Rawls. Justice as Fairness，Cambridge：Harvard University Press，2001.

John Tomasi. Free Market Fairness. Princeton：Princeton University Press，2012.

Martin O'Neill. Liberty，Equality and Property-Owning Democracy. *Journal of Social Philosophy*，Vol. 40，Issue 3，2009.

Noel Skelton. Constructive Conservatism（I）：Architect or Caretaker. *Spectator*，April 28，1923.

Noel Skelton. Constructive Conservatism（II）：The New Era. *Spectator*，May 5，1923.

Noel Skelton. Constructive Conservatism（III）：Problem and Principle. *Spectator*，May 23，1923.

Noel Skelton. Constructive Conservatism（IV）：Democracy Stablized. *Spectator*，May 19，1923.

Noel Skelton. The Safeguarding of British Democracy. *English Review*，July 1926.

Richard Krouse and Michael McPherson. Capitalism，"Property-Owning Democracy"，and the Welfare State//Democracy and the Welfare State. Amy Gutmann，ed. Princeton：Princeton University Press，1988.

Samuel Freeman. Liberal Libertarians：Why Libertarianism is not a Liberal View. *Philosophy &Public Affairs*，30，No. 2，Princeton：Princeton University Press，2002.

Samuel Freeman. Rawls. London，New York：Routledge，2007.

Samuel Freeman. Capitalism in the Classical and High Liberal Tradition. *Social Philosophy & Policy Foundation*，July 2011.

Thad Williamson and Martin O'Neill. Property-Owning Democracy and the Demands of Justice. *Living Reviews in Democracy*，September 2009.

第七章

辉煌的失败：对哈贝马斯民主法治国理论的方法论批判

尤尔根·哈贝马斯（Jürgen Habermas，1929—　），德国著名的社会学家和哲学家，法兰克福学派第三代传人，自 2002 年罗尔斯辞世之后，也许是仍然在世的 20 世纪理论家中最负盛名的一位。而《在事实与规范之间》则是哈贝马斯最后一本堪称代表作的作品。哈贝马斯的许多作品都带有强烈的论战性质与时代痕迹，而《在事实与规范之间》结构相对完整和精密，是哈贝马斯作品中少有的精心建构之作。如果说《公共领域的结构转型》是哈贝马斯理论大厦的起点，《认识与兴趣》标示了哈贝马斯哲学家的身份，《交往行为理论》使得哈贝马斯跻身一流社会理论家之列，那么《在事实与规范之间》则使得哈贝马斯能够在政治哲学领域与罗尔斯平起平坐，并对法哲学的论辩产生了深刻的影响。

回顾哈贝马斯一生的思想事业便可以发现，哈贝马斯兴趣广泛，视野开阔，精力旺盛，而他的一生乃是论战的一生——他不同阶段的代表作，都留下了浓重的论战痕迹。例如，《现代性的哲学话语》是哈贝马斯与同时代的哲学家和社会理论家的论战记录，《社会理论还是社会工程学》记录了哈贝马斯与卢曼社会系统理论的第一次交锋，《理论与实践》《社会科学的逻辑》和《认识与兴趣》则是哈贝马斯与社会科学实证主义的论辩成果。确实，哈贝马斯是在同别的学者争论的过程中，逐渐形成和发展出自己的理论体系的。要理解哈贝马斯理论大厦的全貌，就必须采取一种历史的眼光，将哈贝马斯的理论放到他那个时代的精神氛围之中，梳理哈贝马斯与他的对话者的对话。这倒也符合他的核心理论，即商谈（交往）伦理学的基本精神。

从论战性的作品中可以看出哈贝马斯的见识、才华和激情，但凭此，一个人还很难在人类历史上一流思想家的序列中占据某个重要位置。一流的思想家的作品，总是有一种内在的成熟度，并且总能在基本概念层次有所贡献，能够形成前后一贯的理论体系。在哈贝马斯的所有作品中，或许也只有《理论与实践》《交往行为理论》和《在事实与规范之间》等少数作品是在基本概念的层次上展开工作的，尽管这几部作品同样带有很强的对话色彩。也恰恰是哈贝马斯的这几部著作，交代了哈贝马斯对几乎所有问题的完整态度。

哈贝马斯作品呈现出了一种随时间展开和演变的性质，而《在事实与规范之间》则是哈贝马斯最后一部集大成之作。因此，我们几乎可以通过对《在事实与规范之间》一书的分析和回溯，来观察哈贝马斯整个学术思想的演变。反过来说，通过将《在事实与规范之间》放到哈贝马斯整个学术事业演变过程中，我们也可以更好地理解《在事实与规范之间》的成败得失。

《在事实与规范之间》的问题意识和写作背景是：进入 19 世纪以来，随着整个社会日益复杂，18 世纪的哲学家们（他们同时也是政治哲学家）所提出的现代规范性政治方案（其核心内容是以国家为中心的社会和由个人结合组成的社会）已经逐渐失效。马克思对资本主义的批判，便指明了这一点。在哈贝马斯看来，18 世纪规范性政治方案的此种失效，其实是 18 世纪哲学（其核心概念是个人主义的实践理性）的失败。由此造成了严重的后果。以各种面目出现的相对主义和历史主义都是它的表现形式。[①] 通过对历史处境的此种简单勾勒，哈贝马斯表明了自身历史视野的出发点：在现代复杂社会的背景下，通过在哲学和社会理论层面重新挖掘和释放 18 世纪启蒙哲学的规范性潜力，以全新的基本概念构造来承载此种规范复兴的事业，并最终将其落实为全新的民主法治国方案。

我们可以看到，在哈贝马斯的这个事业中，有三个问题至关重要。首先是对现代复杂社会的描述与理解。其次是在基本概念层次构造出足以替代实践理性的概念，使之成为承担整个视野重量的概念基石。最后则是在前二者基础上对民主法治国方案的重新设计。

我们看到，第一个问题涉及的是由马克思、涂尔干和韦伯所开创的现代社会理论的传统，即对现代社会进行描述、理解甚至批判。第二个问题涉及对启

① 参见［德］哈贝马斯：《在事实与规范之间》，童世骏译，1～3 页，北京，三联书店，2003。

蒙哲学所开创的现代性工程之规范内涵的释放，乃是在20世纪下半期的后形而上学的知识语境下为规范性重新奠基。第三个问题则构成了对前两个问题的综合，也就是说，通过这个综合，同时克服后形而上学时代规范性事业与事实性维度各自的缺陷，从而形成一种黑格尔式的扬弃与合题。

《在事实与规范之间》第一章，哈贝马斯提到法律的规范性与事实性之间的两个张力，即内在的规范性与事实性的张力和外在的规范性与事实性的张力。[①] 可以说，内在的规范性与事实性的张力问题，其实就是在后形而上学的语境中重新对规范性进行奠基；而外在的规范性与事实性的张力，就是指对规范性的重新奠基工作，必须要在现代复杂社会中经受检验，使之具有某种现实的可能性。这既意味着对现代复杂社会的批判，同时也意味着对规范性重新进行奠基的工作必须以考虑到现代社会结构的事实性维度为前提。也就是说，规范性的重新奠基工作，必须要内在地包括现代复杂社会的事实性因素。从全书的结构来看，这一点也是很鲜明的。第三章和第四章构成了该书规范性重新奠基的部分，而第六章和第七章则是检验和论证此种规范性工作在现代复杂社会的背景下的可能性问题。二者正好对应着规范性和事实性外在张力的两个方面。例如，在该书的第二章，哈贝马斯对规范主义阵营的理论家尤其是罗尔斯提出了尖锐批评，批评其规范主义过于理想化，而没有将现代社会的事实运作规律考虑在内，从而导致空想主义[②]；同时哈贝马斯又批评了卢曼的社会系统理论，认为卢曼对现代社会的描述过于冷酷，将西方传统的规范主义切除得一干二净，从而使自己变成了保守主义者和犬儒主义者[③]。而哈贝马斯则试图左右开弓，左右互搏，同时在规范和事实的两个层面工作，并最终通过自己设计的民主法治国方案实现二者的大和解。

哈贝马斯这部作品的理论雄心，就体现在这里。这个工作的困难在于，规范主义进路和事实主义进路，在基本概念和基本方法论层面是大相径庭的。弥合规范和现实之间的理论鸿沟，从而既不使规范主义压倒事实主义，也不使事实主义罔顾规范，是很难的。这个问题解决不好，很可能就变成了某种一厢情愿。此处的重点不在于描述哈贝马斯的成功，而在于指出哈贝马斯的失败，尤其是在方法论层面的前后矛盾、进退失据。因此，我们首先承认哈贝马斯以商谈伦理学为代表的规范性重构事业是相对成功的。在此前提下，通过仔细对照

---

① 参见［德］哈贝马斯：《在事实与规范之间》，41页。

② 参见［德］哈贝马斯：《在事实与规范之间》，70～79页。

③ 参见［德］哈贝马斯：《在事实与规范之间》，54～69页。

分析《在事实与规范之间》和《交往行为理论》，却可以发现，哈贝马斯的此种弥合规范与事实鸿沟的努力也许仍然是失败的。但这并不意味着哈贝马斯的事业因为被判定为失败就没有价值。事实上，哈贝马斯的这种勇敢的尝试尽管整体上是失败的，却仍然在很多方面取得了重要进步，是值得高度肯定的。

第一节　商谈伦理学与规范性事业的重构

如果我们贯彻本章开头提出的从历史发展的脉络来理解哈贝马斯的方法论准则，便可以发现事实性与规范性交叉并用的理论进路，很早就内在于哈贝马斯的研究之中。例如，哈贝马斯是通过自己的博士论文《绝对性与历史——论谢林思维的二重性》，以一个马克思主义者的身份进入学术界并被广泛接受的。通过对马克思主义精神遗产的继承，哈贝马斯继承了对西方资本主义社会进行批判的视角。但正如哈贝马斯自己指出的，通过对资本主义内在矛盾性的揭示，马克思有效地表明了18世纪民主法治国传统的虚伪性，并强调了经济基础和生产力等事实性的因素，通过生产力决定生产关系、经济基础决定上层建筑的命题，彻底否定了民主法治国的规范性内涵。① 因此，哈贝马斯虽然继承了马克思主义的批判传统（例如，《交往行为理论》一书就具有浓重的批判精神，指出了资本主义的根本危机），但哈贝马斯仍然在基本概念的层次对马克思的劳动概念进行了批判和改造。在哈贝马斯看来，“马克思混淆了两种不同的认识领域，即人类社会和自然，试图用‘劳动’概念来解释二者，从而落入了自然科学研究方法的陷阱”②。因此，哈贝马斯提出要区分人类面对自然的工具性行为与人类面对社会交往的交往行为，它们是两个独立的认识领域，遵循着完全不同的规则。在此基础上，哈贝马斯提出了交往理性的概念。

交往行为的概念与工具性行为概念的区分，使得哈贝马斯在社会理论的层面与马克思区分开来，却与韦伯达成了一致，尤其是在如下这一点上：研究对象的不同促生了社会科学相对于自然科学的独立性，社会科学的研究对象乃是

① 参见［德］哈贝马斯：《在事实与规范之间》，57～58页。

② ［德］霍尔斯特：《哈贝马斯传》，章国锋译，45页，上海，东方出版中心，2000。

人的社会性行动，而人的社会性行动总是与人的意义问题关联在一起。韦伯接受了狄尔泰的诠释学原则，承认研究者与被研究者享有共同的意义视野，因此能够通过对自身的意义视野的反思来理解他人的意义视野："对于社会集合体的情况，与有机体恰恰相反，我们不仅能够证明其功能上的相互关联和一致性，而且能做到某些在自然科学领域永远也做不到的事情：对组成集合体的个人的行动做出主观理解。但是自然科学就无法做到这一点，它只能限于阐述对象和事件的因果规律，并运用这些规律说明具体实施过程。我们并不能理解细胞的表现，只能观察相应的功能关系并根据这种观察去进行概括。解释性的理解当然不用于从外部进行观察，它能做到更有成效地进行说明，然而代价却是，它的成果当中有着更多的假设和片面性。不过，主观理解正是社会学认识的特殊性所在。"①

当然，与对待马克思的态度一样，哈贝马斯在承认韦伯社会科学方法论的这个基本原则之外，很快就将自己与韦伯区分开来——虽然交往行为的概念确实是韦伯的"社会行为"概念的下属概念，但韦伯对社会行为的分析侧重的是"策略性行为"。所谓策略性行为，就是在人际交往过程中，不再是真诚地对对方的主观动机进行理解，也放弃了与对方进行真诚商谈和沟通的可能性，而仅仅将对方当作工具来操控。② 在策略性行为中，对方做出的行为往往是违反其意愿的；如果是出于其意愿的话，则往往是欺骗和诱导的结果。与策略性行为相对的是交往行为，它指的是人们之间有意义的互动。根据哈贝马斯的说明，交往行为包含三个功能，即传递信息、建立起与他人的社会关系、表达自己的观点和情感。③ 正如埃德加指出的，交往行为和策略性行为之间的区别是："后者并不设定建立任何共同理解的必要。在策略性行为中，一个人可能只是试图操控另一个人，第二个人并不必然理解或者赞同正在发生的事情。"④ 策略性行为与交往行为两个基本概念之间的差异，构成了韦伯与哈贝马斯的根本性差异。由于韦伯的整个社会学理论的分析基本上是借助于策略性行为的概念进行

① ［德］韦伯：《经济与社会》，阎克文译，104页，上海，上海人民出版社，2010。

② Jürgen Habermas, *Communication and the Evolution of Society*, Thomas McCarthy (trans.), Boston, Beacon Press, pp. 41, 209; Jürgen Habermas, *On the Pragmatics of Communication*, M. Cooke (ed.), Cambridge, Polity Press, pp. 224-226; Jürgen Habermas, *On the Pragmatics of Social Interaction: Preliminary Studies in the Theory of Communicative Action*, Barbara Fultner (trans.), Cambridge, Polity Press, pp. 12-13.

③ 参见［英］埃德加：《哈贝马斯：关键概念》，杨礼银、宋松峰译，23页，南京，江苏人民出版社，2009。

④ ［英］埃德加：《哈贝马斯：关键概念》，24页。

的，所以韦伯对现代社会的理性化做了天才式的分析，最后得出了“理性铁笼”的悲观预测。就此而言，在哈贝马斯的理解中，韦伯与马克思有相通之处，他们在揭示资本主义现有结构的不合理之处方面都有惊人的发现，但在建设性方面却都存在不足。也就是说，它们构成了哈贝马斯批判的资源，却难以成为哈贝马斯建设性工作的基础。

真正构成哈贝马斯建设性工作之理论基石的，是英美语言哲学，尤其是牛津大学的语言哲学家约翰·奥斯汀的语用学理论。哈贝马斯对奥斯汀的语用学理论做了进一步的发展，形成了他自己的普遍语用学理论，从而构成了交往行为理论和商谈伦理学的真正基础。

从韦伯的社会行动概念跃迁到语言哲学的层次，也是有章可循的。例如，在评论韦伯的社会行动基础时，哈贝马斯认识到：“倘若行为与意向紧密联系在一起，可以从表达此种意向的句子中导出，那么反过来，以下论点便可以成立：一个主体，只有在其行为的意向原则上可以被描述时，才会实施该行为。一种行为的界限是被可能的描述空间规定的，而描述空间又被语言的结构制约。只有在语言结构中，一个社会集团的自我理解和世界观才能得到表达，换言之，行为的边界为语言的边界所规定。”[①] 在此基础上，哈贝马斯认为：“如果我们将社会行为理解为在有效性规范指导下实施的行为，那么，探究行为的理论必须重视规范的总体关联，因为正是这个总体关联使互动过程成为可能。由于规范首先以象征性形式被给定，所以行为的系统便可以从语言交往的条件中导出。正因为行为的边界为语言的边界所给定，所以语言的结构便给出了可能的行为的渠道。”[②]

从哈贝马斯的这段话中，我们可以非常清晰地看出哈贝马斯是如何从社会学的社会行动理论的层次跃迁到语言哲学的语用学层次的。同时，从这个思路中，我们也可以看到在哈贝马斯的思考方式中，规范性与事实性的勾连与缠绕：事实性的社会行动只有以背景性的规范关联为前提，才能够实现。因此，必须通过对个别的和事实性的社会行动的背景性的规范关联结构的揭示，才能够真正理解这些个别的社会行动的意义和逻辑。因此，经验性的事实已然包含了规范性，而规范性又必须从经验性事实的背景中被发现。这就是哈贝马斯“重构性”的方法基础，同时，这种规范和事实互相包含的关系，已经预示了“生活世界”的概念了。

① ［德］哈贝马斯：《社会科学的逻辑》，见［德］霍尔斯特：《哈贝马斯传》，29页。
② ［德］哈贝马斯：《社会科学的逻辑》，见［德］霍尔斯特：《哈贝马斯传》，29页。

根据奥斯汀的语用学理论，语言哲学不但是表意系统，也是行事系统。例如，我们说某句话时，不但是在表达某个含义，同时也通过说出某句话来做某件事情。后一种情形就是语用学要着力研究的，奥斯汀将其称作“以言施为”。例如，当你跟某人说“给我一块砖头”时，既在表意的层面表达了你言说的对象是“一块砖头”，同时这句话在不同的语境中还体现了不同的交往关系。例如，在工地，这意味着让对方递一块砖头砌墙，这是一种工作关系；在游戏中，也许这意味着要拍砖，表达愤怒的情绪。这就意味着，语言不但是一个传播意义的工具，也是规定了人与人之间关系的结构。同时，在不同的语境中，同一句话能够表达不同的人际关系的内容。

奥斯汀的语用学理论着眼的是对现实中的语言行为的观察、理解和分类，因此带有很强的“经验性”。哈贝马斯则不满足于这一点，他的工作是试图在抽象层次对语用学的理想条件进行探索和归类。正是在这个意义上，哈贝马斯将自己的语用学称作“普遍的”。在1972年出版的《交往资质理论的准备性论点》中，哈贝马斯提出了一切语言的交往行为所共同蕴含的有效性要求：表意层面的真实性要求、行事层面的正确性要求和表达感情层面的真诚性要求。有论者指出，这三大有效性要求恰恰对应着康德的三大批判和三个世界的理论。哈贝马斯指出，任何成功的话语活动，都必须同时满足这三大有效性要求。这里比较重要的是真理性要求，也就是表意层面的真实性要求。古典的真理论是一种“符应论”的真理论，强调陈述与外部客观现实的一致。但根据哈贝马斯的普遍语用学，表意层面的真理是蕴含在语言运用过程中的，因此也是可批判和沟通的。通过语言运用者的沟通和交流（当然是理想言谈情境中的），最后不同主体之间能够就真理问题达成一致意见。这就是商谈论的真理。因此，对真理的追求，其关键就是对理想言谈情境的要求与设计。按照普遍语用学的标准，就是使得理想言谈情境符合有效性的三个标准。概括来讲，理想的言谈情境包含了如下四个基本条件：

（1）一种话语的所有潜在参与者都有同等参与话语论证的权利，任何人都可以随时发表任何意见，或对任何意见表示反对，可以提出质疑和反驳质疑。

（2）所有话语参与者都有同等权利做出解释、主张、建议和论证，并对话语的有效性规范提出疑问、提出理由或表示反对，任何方式的批评和质疑都不应该遭到压制。

（3）话语活动的参与者必须有同等的权利实施表达式的话语行为，即表达他们的好恶、情感和愿望。

（4）每一个话语参与者作为行为人必须有同等的权利实施调节性话语行为，即发出命令或拒绝命令、允许或禁止、做出承诺或拒绝承诺、自我辩护或要求别人做出自我辩护。①

关于理想言谈情境的这四个要求，可以被概括为可理解性、真实性、正确性和真诚性，恰恰就是语用学分类中的三个有效性要求和它们的前提条件可理解性。而关于理想言谈情境的这四个要求，就构成了哈贝马斯整个批判理论的规范性基础。② 只有认识到这一点，我们才可以评价此后《在事实与规范之间》中哈贝马斯所构建的整个民主法治国方案的原则和具体内容，也才能够理解哈贝马斯对罗尔斯、卢曼等其他理论家提出的批评的真正含义。

第二节　生活世界的殖民化

理想的言谈情境既然是理想的，也就意味着此种言谈情境在社会现实生活中很难完美地实现。哈贝马斯当然也承认这一点。但哈贝马斯通过生活世界的概念表明，此种理想的言谈情境，确实近似地存在于生活世界之中，并且构成了生活世界的背景性意义关联的规范性内核。通过生活世界概念对交往理性的补充，哈贝马斯将他的规范性事业重新放入 20 世纪后半期以来的复杂社会的语境之中。借鉴科尔贝格的儿童发展心理学理论，哈贝马斯通过历史演变的视角，将整个西方社会的演变分成了三个阶段，即前俗成阶段、俗成阶段和后俗成阶段。现代社会显然已经进入后俗成的社会发展阶段，其特征是每个人都具有高度的个人自由，因此可以依据自己的理性来决定自己的行为。而在俗成阶段，个人尚不具有此种独立的理性判断能力和空间，为各种习俗性的外部社会规则所约束。在后俗成社会，社会要形成有效的整合，就必须依据商谈伦理学的理想言谈情境的设计来达成共识，形成约束自我的规范。

与后俗成社会概念相联系的是另外一个概念，即“生活世界的理性化”。这两个概念结合在一起，构成了哈贝马斯对现代社会的诊断基础。之所以说这两个概念是联系在一起的，首先是因为二者都暗示了现代性的主题，因此都指

① 参见［德］霍尔斯特：《哈贝马斯传》，80 页。

② 参见［德］霍尔斯特：《哈贝马斯传》，82 页。

向了西方社会发展的同一个阶段。无论是俗成社会与后俗成社会之区分，还是生活世界与生活世界理性化的区分，其中都暗含着现代社会与前现代社会的区分。根据哈贝马斯的描述，在前俗成阶段，整个世界图景是由原始宗教提供的，原始宗教通过仪式的神圣性与神灵惩罚的恐怖性，将规范有效性和事实性糅合起来，形成了一种特殊的社会交往的背景性规范结构。[①] 随着前俗成社会向俗成社会的转变，宗教权威所造成的内心恐惧不再是人们遵循规则的基础，规则的有效性更多地依靠传统的惯性和力量获得维持。但是在后俗成社会，整个世界日渐除魔，人们越来越多地拥有理性反思的能力。人们对交往规则的遵守，不再是理所当然的，而是日益拥有对规则提出质疑的能力，人们对规则的遵守，建立在理性的反思和证立的基础之上。[②]

科尔贝格儿童道德心理学的历史唯物主义运用，更多的是在规范层面的工作，而生活世界的理性化，则更强调社会学的事实层面的工作。就此而言，生活世界的理性化，乃至于“生活世界”与“系统”的二分，都是规范层面后俗成社会概念在社会学的事实层面的对应者。

“生活世界”的概念最早是由德国现象学哲学的奠基者胡塞尔提出的，针对的是西方历史日益科学化和客观化所造成的“意义丧失”的危机。[③] 胡塞尔的学生，同时也是韦伯的“铁粉”——舒茨进一步将这个概念与韦伯的行动理论结合在一起，将这个现象学的概念社会学化，从而提出了一种完整的“生活世界”的社会学理论。[④] 在胡塞尔和舒茨那里，生活世界主要是指个人身体在场的面对面交往的世界，乃是一种直接经验的世界，是由拥有共同历史的小型共同体的人们所经历的世界。这是一个前理论的世界，很多日常生活中所要用到的知识，都是未经科学论证的“直接上手的”背景性知识。因此，在胡塞尔和舒茨的“生活世界”中，既包含哈贝马斯所强调的交往行动，也包含着哈贝马斯所着力批评的“策略性行动”，甚至包含着“工具性的行动”（可以参考海德格尔在《存在与时间》中对器具的分析）。

哈贝马斯接过了这个概念，并用交往行动的概念对这个概念进行了激进的改造。于是，在哈贝马斯那里，生活世界的范围被严格限定，从人类一般行动

---

① 参见［德］哈贝马斯：《在事实与规范之间》，28～30页。

② 参见［德］哈贝马斯：《在事实与规范之间》，30～32页。

③ 参见［德］胡塞尔：《欧洲科学危机和超验现象学》，张庆熊译，58～63页，上海，上海译文出版社，2005。

④ Alfred Schutz, *The Phenomenology of the Social World*, George Walsh and Frederick Lehneert, (trans.), Evanston, Northwestern University Press, 1967.

和一般经验的前理论性背景被严格限定为“交往行动概念的补充”[①]。也就是说，哈贝马斯是从“交往行动理论”的视角来理解和改造生活世界理论的。所以，在哈贝马斯那里，生活世界中人们的交往，主要是通过协调双方的目的和意图来达成共识的方式进行着。[②] 另外，舒茨所说的历史的累积性知识，在哈贝马斯那里成了“文化传统”[③]，而除了文化传统之外，人们在生活世界之中还进行着结社等活动，同时完善着自己的人格，形成自我认同。因此，哈贝马斯参考了帕森斯提出的文化/社会/人格的三层结构，将其定义为生活世界的三个结构性要素。[④] 这三个结构性要素，既是行动者在生活世界中进行交往和沟通的资源，同时也是哈贝马斯用以说明生活世界自我维持和自我生产的方式和途径。哈贝马斯用两个带有强烈马克思主义色彩的词组即“象征性生产”和“物质生产”来说明生活世界的此种自我维持和自我生产的方式。象征性生产是指生活世界中的文化传统、社会制度和人格能力的再生产和持续，而物质生产则是指生活世界赖以存在的基质的再生产和持续。[⑤] 其中，对生活世界来说，“象征性生产”更为本质和关键。例如，其中的文化再生产使得各种历史传统累积而来的知识能够得到传承、转化和更新，从而维护了历史知识的延续性和与时俱进，对个人的当下生活提供帮助和指导。社会制度的再生产则通过共享的规范和价值实现个人之间的社会性整合，从而为个人提供各种日常生活的能力，使得个人能够与历史协调，与集体协调，在这种协调关系中实现个人自我的认同和集体认同。最后，生活世界的这三个结构性要素的再生产，相互之间是紧密关联的，一个结构性要素的再生产，将大大地促进另外一个结构性要素功能的发挥。反过来说，其中一个结构性要素的再生产出现了问题，另外两个要素的再生产和功能发挥也要受到影响。但当生活世界的这三个结构性要素的再生产和功能发挥都出现问题时，就出现了总危机——哈贝马斯曾经在《合法化危机》一书的开篇指出，危机是一个借自医学的概念，预示着对时代的诊断。[⑥]

根据哈贝马斯进一步的描述，生活世界的危机源于生活世界的理性化，从

---

① Jürgen Habermas, *Theory of Communicative Action*, Vol. 2, Thomas McCarthy (trans.), Boston, Beacon Press, 1987, p. 119.

② Jürgen Habermas, *Theory of Communicative Action*, Vol. 2, pp. 121, 126 - 127.

③ Jürgen Habermas, *Theory of Communicative Action*, Vol. 2, p. 134.

④ Jürgen Habermas, *Theory of Communicative Action*, Vol. 2, pp. 133, 138.

⑤ Jürgen Habermas, *Theory of Communicative Action*, Vol. 2, p. 138.

⑥ 参见［德］哈贝马斯：《合法化危机》，刘北成、曹卫东译，1页，上海，上海人民出版社，2000。

历史的视野来看，中世纪晚期，生活世界的理性化即已启动。如果说危机的概念来自马克思（例如马克思对资本主义经济危机的揭示），那么理性化的概念则来自韦伯。通过理性化和危机这两个概念的奇妙结合，哈贝马斯继承了法兰克福学派将马克思主义传统韦伯化的传统，同时也完成了将韦伯的社会学理论马克思主义化的工作。所谓将马克思主义传统韦伯化，就是将韦伯对现代社会的理性化批判传统引入传统的马克思主义的批判传统之中，从而替换马克思对资本主义的政治经济学批判，例如霍克海默（哈贝马斯的老师）和阿多诺的《启蒙辩证法》就不是对资本主义经济基础的批判，而是借鉴了韦伯的概念和方法，对资本主义的文化工业进行了批判。[①] 同样，哈贝马斯虽然继承了马克思的批判传统，但通过交往行动与劳动的区分，哈贝马斯也放弃了马克思的剩余价值学说和政治经济学的方法，接受了韦伯的“理性化”的概念。所谓韦伯的马克思主义化，则是指韦伯的理性化概念超越了资本主义的概念，是对整个现代性的批判，而哈贝马斯则将这个概念嫁接到资本主义的概念中，从而通过马克思批判视野所蕴含的“解放潜能”，通过对资本主义的超越，也克服了韦伯的悲观主义现代性论调，从而展现了一副乐观主义的未来图景。

很显然，“生活世界的理性化”来源于韦伯在《宗教社会学》绪论中以理性化为标准对西方世界和非西方世界所做的比较。[②] 生活世界的理性化具体体现为几个方面。由于陌生人之间的交往越来越多，他们之间的交往不再建立在共同的历史和记忆基础之上，所以在文化层面，文化知识不再建立在传统之设定的基础上，而是出现在理性反思的基础上。对规范的遵守也越来越依赖于对规范性的理性证立过程。对于各种各样的传统智慧，个人也不再盲目接受，而是采取一种批判性的态度和立场，进行理性选择。更重要的是，生活世界的象征性再生产，变得越来越专业化了。文化传统自身随着理性化而分化为自然科学、宗教、理性自然法、自律的艺术等不同的领域。[③] 在这些不同的领域，它们都遵循自身的规律：

> 现代社会所特有的意识结构源于文化合理化，而文化合理化包括认知、审美表现以及宗教传统的道德评价三个部分。有了科学和技术、自律

---

① 参见［德］哈贝马斯：《交往行为理论》（上卷），曹卫东译，326～347页，上海，上海人民出版社，2004。

② 参见［德］韦伯：《宗教社会学论文集·绪论》，见［德］韦伯：《新教伦理与资本主义精神》，苏国勋等译，1～14页，北京，社会科学文献出版社，2010。

③ 参见［德］哈贝马斯：《交往行为理论》（上卷），161页。

> 的艺术和自我表现的价值以及普遍主义的法律观念和道德观念，三种价值领域就出现了分化，而且各自遵守的是自己特有的逻辑。这样，不仅文化的不同组成部分（认知部分、表现部分以及道德部分）有了自己的内在规律，这些价值领域之间也形成了紧张关系。①

同时，这些不同领域和层面的追求和活动，都脱离了个人日常交往所需要的层次，由相应的机构专门承担。例如，科学活动日益在大学、科研机构进行，艺术活动也通过专门的画廊、博物馆等进行，道德由教会进行专门的研讨，法律则由经过专业训练的人士来操控，如此等等。②

这是文化层面。在社会层面，《经济与社会》中着重描述的资本主义企业、官僚制的行政国家和形式化的实证法是社会理性化最典型的例证。③ 从个人的层面来看，人际交往层面的双重偶连性问题日益严重，用哈贝马斯自己的概念来说，就是异议风险日益强化，个人越来越倾向于通过策略性的行动而对他人的意志表示冷漠，双方之间通过商谈达成共识的希望越来越渺茫。而这一点，在未被理性化的生活世界中，在各种混合的背景性文化共识的作用下，本来不是很困难的。④

生活世界理性化严重到一定程度，就会从生活世界中分化出媒介导控的社会系统。社会系统一旦从生活世界中分化出来，就能够通过导控性媒介进行自我维持和自我运作，从而独立于生活世界之外。如此一来，现代社会就是通过生活世界和系统两种方式和两个渠道进行整合的。通过生活世界进行的整合，是社会整合，这是哈贝马斯所欣赏和肯定的。通过系统进行的整合则是系统整合，这是哈贝马斯要批判的。但同时哈贝马斯也承认系统整合在现代社会中不可避免，并且系统整合有其特殊的功用。例如，经济系统的整合，在效益方面的成就是不可替代的，而政治系统的整合，在达成目标的有效性方面也是不可替代的。但系统的理性一旦脱离生活世界的导控，按照自身的媒介进行运作，不断进行自我扩张，最后就会反过来危害生活世界尤其是生活世界象征性再生产的过程，从而导致系统对生活世界的殖民。⑤

由此可见，哈贝马斯的社会理论是高度二元论的，整个社会被区分成两个

---

① ［德］哈贝马斯：《交往行为理论》（上卷），159 页。

② 参见［德］哈贝马斯：《交往行为理论》（上卷），160 页。

③ 参见［德］哈贝马斯：《交往行为理论》（上卷），154 页。

④ 参见［德］哈贝马斯：《交往行为理论》（上卷），159 页。

⑤ Jürgen Habermas，*Theory of Communicative Action*，Vol. 2，pp. 332－373.

相互独立的部分，即生活世界和系统。系统虽然最初是从生活世界分化出来的，但其最终形成了独立于生活世界的运作逻辑，茁壮成长，形成了强大的动力机制，甚至侵入生活世界之中，犹如现代西方的资本主义体系不断扩展，侵入太平洋地区和非洲地区的诸“部落社会”，瓦解和分化这些部落社会一样，瓦解和分化“生活世界”。

那么，社会系统的内部逻辑是什么呢？在描述和分析社会系统的内部逻辑和运作形态时，哈贝马斯借鉴了韦伯《经济与社会》中的理性化主题，但更多的还是建立在帕森斯的社会系统理论，尤其是帕森斯后期关于系统交换媒介的理论上。20 世纪 60 年代，帕森斯在《论政治权力》[①] 和《论影响力》[②] 两篇论文中提出，社会系统是在普遍的象征性交换媒介的帮助下形成自主运作逻辑的。例如，货币是经济系统的普遍化的象征性媒介，权力是政治系统的普遍化的象征性媒介，影响力是交往系统的普遍化的象征性媒介，等等。帕森斯普遍化的象征性媒介，对于社会系统理论的建构具有非常重要的促进作用，同时对哈贝马斯和卢曼都具有深刻的影响。在这两篇论文中，帕森斯首先通过对人们最熟悉的经济系统的货币的分析，指出货币类似于语言，甚至本身就是一种特殊的语言。语言本身虽然不是语言所指涉的客观物体，但它却可以传达出关于客观物体的信息。例如，黑板上写了一行字：“外面的狗在叫。”标记在黑板中的“狗”字本身不是狗，当然也不会叫，但它却能够指涉狗的实体，从而产生意义。而经济系统中的货币，本身没有任何实际的使用价值，却能够指涉各种具体的物品，并且通过货币体系所赋予的交换价值，能够购买到几乎任何实际的使用价值。这恰恰是因为货币象征着经济系统的首要价值，即效用。[③] 在此基础上，帕森斯进一步指出，政治系统的普遍化的象征性媒介是权力，权力本身只是惩罚，但惩罚没有任何实际的意义，它只有在禁止人们做什么、要求人们遵守什么时才有实际意义，从而象征着政治系统的首要价值，即作为集体约束力的决策的做出。[④] 交往系统的普遍化的象征性媒介则是影响力，其象征着交往系统的首要价值，即说服。帕森斯进一步将社会行动分成了四种类型，每

① Talcott Parsons, “On the Concept of Political Power,” *Proceedings of the American Philosophical Society*, 1963 (107).

② Talcott Parsons, “On the Concept of Influence,” in Parsons, Talcott, *On Institutions and Social evolution* (Selected Writings), Mayhew (ed.), Chicago, The University of Chicago Press, 1982, pp. 224 - 252.

③ Talcott Parsons, “On the Concept of Influence,” p. 226.

④ Talcott Parsons, “On the Concept of Political Power,” pp. 236 - 242.

种类型都是为了影响对方的行动。但是每一个类型影响对方行动的通道是不一样的。具体见下表[①]：

影响通道

惩罚	意图	环境
积极	说服	激励
消极	义务感的激励	威慑

通过意图这个影响通道，我们既可以采取积极的说服的手段来改变对方的行为，也可以采取消极的施加义务的方式来影响对方的行为。除了直接通过影响对方意图的通道改变对方的行为之外，我们还可以通过改变对方的环境来改变对方的行为。例如，我们可以通过经济激励诱惑对方改变行动，也可以通过施加惩罚来改变对方的行动。在帕森斯看来，这四种影响对方行动的特定通道，就构成了四种特定的“语言”，从而在此基础上构成四个特定的社会系统。

哈贝马斯基本上接受了帕森斯关于普遍化的象征性媒介的这种定义，并且承认了改变对方行为的环境的两种通道，即积极通道和消极通道，以及对应的两种媒介，即货币和权力，同时也承认在此基础上形成了两种系统，即经济系统和政治系统。但他不承认通过改变行为意图的两个特殊通道能够形成两个现代社会系统。在哈贝马斯看来，这二者恰恰是生活世界覆盖的范围，它们的首要目的是通过交往和论证达成普遍共识，而不是为了改变对方的行为。通过对帕森斯交往伦理学的改造，这部分内容就被哈贝马斯的生活世界的概念吸收了。

当然，哈贝马斯也承认，在后俗成社会，由于系统理性和科学理性对生活世界的入侵，文化、宗教、习俗等各种原先在俗成社会中不言自明的规范性意义关联，对个人的约束力越来越弱。在生活世界的那一面，个人与个人之间要达成交往性共识，其论证负担和理性负担也越来越重了。在系统层面，系统是通过法律的媒介进行建构的，因而法律自身必须被正当化。但现代社会系统运作的逻辑却体现了规范空心化的趋势。而哈贝马斯试图通过生活世界对系统世界的反抗和反向渗透来扭转韦伯的理性化的悲观结论。这就是哈贝马斯《在事实与规范之间》提出民主法治国方案的基本问题意识背景。

① Talcott Parsons, “On the Concept of Influence,” p. 231. 原表如此。

第三节　法律的重要性：两种有效性的张力

在哈贝马斯看来，要完成生活世界对系统的反攻，通过生活世界的理性重新控制和引导系统理性，法律占据着相当关键的位置。简单地说，法律是生活世界重新对系统产生影响，从而引导和矫正系统之偏执理性的中介。对哈贝马斯而言，生活世界的概念意味着其规范性事业在社会现实中的对应者，因此也意味着现实存在的规范性渊源。而社会系统则是它不得不面对的事实性，是它要认真应对和克服的。法律恰恰典型地将此种规范性和事实性蕴含于自身之中。因此，内在于法律的规范性和事实性恰好对应于宏观层面的生活世界所象征的规范性与社会系统所象征的事实性的紧张关系，这就是哈贝马斯《在事实与规范之间》所着重指出的规范性与事实性的内在张力和外在张力及二者之间的关系。

我们可以将所有的问题都聚焦于如下这个假设性的问题情境中进行理解，即两个人面对面的互动和交往。如果是在典型的生活世界情境之中，因为交往双方是熟人，有共同的历史背景，彼此知根知底，并有二者都认同的规范制约着，所以他们将比较容易达成共识，形成有效的交往。但如果是已经被高度理性化的生活世界，则意味着神灵的权威已经被消解，交往双方可能拥有完全不同的出生地点和成长经历，他们可能是互不信任、处处设防的陌生人。如此一来，双方如何达成相互理解，就构成了一个困难。在极端的情形下，交往的双方就构成了对方的“黑匣子”。[①] 交往的一方不清楚的是，对方是抱着一种真诚交往和交流的态度与自己交往，还是抱着一种利用和完全以追求个人利益为目标的态度来和自己交往。在这种情况下，交往的一方随时可能中断交往，中断沟通。例如，当交往的一方发现另一方完全是在带着利用态度操控交往过程时，他就可能退出交往，或者同样采取策略性的行动，从而使得交往失去任何真正的有效性。

哈贝马斯设想，在这种情况下，法律就出场了。对于那些违背商谈伦理的策略性行动，法律是容许的，但又必须将其控制在某种限度之内。由此达到的

① 参见泮伟江：《双重偶连性与法律系统的生成》，载《中外法学》，2014（2）。

效果是，只要遵守法律，即便交往者是带着策略性的意图来遵守法律的，也可以被假设成他是带着规范目的从事交往的。对于那些突破了法律设定之底线的策略性行动者，法律则施以强制性的惩罚。但法律的此种强制性惩罚的前提，必须以法律自身的规范性为前提。这意味着，法律的规范性，必须是以真诚交往的参与者的视角为基础制定出来的。如此一来，法律的制定，就必须是以生活世界的交往行动和商谈伦理学为基础的，而法律的执行则可以对策略性行动者发挥作用。①

正如前文所述，交往行动和策略性行动是哈贝马斯整个社会学理论的两个关键性概念，分别对应着生活世界和系统。因此，法律就构成了生活世界和系统发生关系的媒介。只要法律的制定过程能够扎根于生活世界之中，为生活世界所塑造，生活世界就能够通过法律这个中介对策略性行动者发挥作用，从而也对系统发挥作用和影响。从另外一个角度来看，正如韦伯曾经指出的，经济系统和政治系统的官僚化，恰恰建立在法律的基础上。例如，各种经济制度和政治制度，都是通过实证法的规定建立起来的。我们通常所说的市场经济是法治经济，表达的其实也是类似的含义。

如此一来，对哈贝马斯在交往行动理论中所揭示的整个现代性的危机，便可以通过对法律的重新塑造而得到实现。而哈贝马斯通过商谈伦理学所落实的整个规范性事业，也可以通过立法活动而被建制化和具体化。因此，哈贝马斯的整个哲学和社会学的事业，都可以通过某种民主法治国的工程学设计而得到终极的解决。就此而言，《在事实与规范之间》构成了哈贝马斯毕生事业的终极总解决。这个方案又具体分成两个部分，分别被放在“法律”这个天平的两边：规范性的那一部分，就是对基本权利的重构；另外一部分则对应着法律的实施，即民主法治国内部的具体分权逻辑。

第四节　商谈伦理学与基本权利体系的重构

在哈贝马斯对民主法治国的内在逻辑也即哈贝马斯所称的“现代法律秩序的自我理解”进行重构的部分，对基本权利的逻辑重构是最重要、最精彩也是

① 参见［德］哈贝马斯：《在事实与规范之间》，33～52页。

最成功的重构。下文将会谈到，相对而言，对民主法治国分权逻辑的重构是比较含糊的，这也是遭受较多质疑的部分。哈贝马斯之所以要对权利体系进行重构，与上文谈及的法律的媒介作用有关系。法律沟通生活世界和系统，主要是通过对守法动机的中立化和立法过程的规范化的双重保证实现的。其中，守法动机的中立化，是通过对行动的界限的划分来实现的。从法学的角度来看，此种行动的界限就是赋予行动者个人的各种“主观权利”。在法律赋予行动者的各种主观权利的界限内，行动者具有充分自由的行动选择，而不用考虑动机为何。这是以权利的语法来书写法律，或者说，整个现代西方的法律传统是以权利为核心建构起来的。

但问题是，权利的正当性基础是什么，或者说，法律的正当性基础何在？法律的权利话语奠基于17世纪和18世纪。那是理性法的时代，所以权利的正当性基础被安放在理性自然法的传统之上。但在后俗成阶段，自然法本身的那种超时空的正当性也需要被反思和证立。因此，权利/法律的正当性基础就成了问题。这个问题转译到法理学的语境之中，就是著名的法律与道德的关系难题。在法理学的论辩脉络中，有两个基本立场。一个立场是法律实证主义的立场，强调法律与道德的分离，认为合法律性就是正当性，因此法律的正当性来源于自身，而不需要在法律之外寻找道德的正当性。另外一个则是自然法立场，强调法律的正当性来自法律之外的道德。这是一方面，另外一方面，在西方的自由主义大传统中，还有一种很强的消极自由的传统，将主观自由权利看作一种消极的私人自由，以此将其与公法层面的积极的政治自由权利区分开来。在这种自由主义传统中，以财产权和人身自由权为核心的私人自由权利，乃是一种前政治的消极自由，也是一种自然法所赋予的普遍正当的自由权。在消极自由主义传统中，积极自由是一种危险的存在，通过积极自由产生的公共意志，很容易变成不受约束的暴政，从而侵害和消灭消极自由权。在法学领域，这种区分通过公法和私法的区分而被具体化，许多民法学者认为民法虽然在法律效力层面要低于宪法，却普遍先于宪法而存在，于是便间接地表达了此种私人权利要优先于公民权利的思想。

关于法律与道德的关系，哈贝马斯的看法是，法律与道德，包括伦理，都起源于生活世界。而在本源意义的生活世界之中，法律、道德、伦理之间是浑然不分的。在后俗成社会中，随着生活世界的理性化程度不断提高，法律与道德首先分离开来。在后俗成时代，道德变成了一种文化知识，而法律则具有建制性的强制效力。尽管如此，法律与道德在功能上却可能存在着重叠的范围。

例如，二者都是对交往行动的选择进行调节，从而帮助交往结构中的行动者达成共识。[①] 如果在后俗成时代法律与道德是同源的（都来自生活世界），那么二者就不存在自然法传统所认为的那种等级关系，即道德是基础，高于法律，当法律与道德冲突时，法律自动失效。相反，法律与道德之间，既存在着上述内容重叠和一致的可能性，也存在着相互冲突的可能性。当法律与道德相互冲突时，二者同时在各自的领域和范围有效。尽管如此，哈贝马斯还是认为法律与道德的一致的可能性要更高，这主要是因为，在后俗成时代，法律与道德的正当性都是通过商谈的原则和程序确立的。只是由于二者的调整方式有所不同，所以在商谈原则和程序的条件方面有所不同，从而可能产生二者内容的不一致。按照哈贝马斯的说法，同时适用于法律和道德的商谈原则是如下原则：

> 有效的只是所有可能的相关者作为合理商谈的参与者都有可能同意的那些行动规范。[②]

哈贝马斯对这个原则中涉及的几个核心概念做了进一步的澄清。

这里的"有效的"（gültig），"涉及的是所有的行动规范和相应的普遍规范命题"。这里的行动规范（handlungsnormen），是指："在时间方面、社会方面和事态方面都普遍化了的行动期待。"这里的相关者（btroffen），是指："其利益将受到该规范调节的一般实践的可以预见结果影响的每一个人。"最后，合理商谈指的是："所有旨在就问题的有效性主张达成理解的努力，只要这些努力是在这样一些交往条件下发生的：这些条件在通过一个语内行动义务而构成的公共空间里，使得对主题和所发表的意见、信息和理由的自由处理成为可能。"[③]

这一商谈原则（简称 D 原则）"根据不同问题的逻辑和相应种类的理由"可以进一步被类型化，又可以进一步被区分为道德商谈、伦理商谈和实用商谈。这些不同类别的商谈，都不过是 D 原则的操作化。

在哈贝马斯看来，法律和道德都是从这个 D 原则推导和引申出来的，因此它们是同源的。但是，从另外一个角度来讲，这并不意味着道德权利可以自动演变成法律权利，因此我们"不能把出现在宪法规范之实证内容当中的基本权

---

① 参见［德］哈贝马斯：《在事实与规范之间》，131 页。

② ［德］哈贝马斯：《在事实与规范之间》，132 页。

③ ［德］哈贝马斯：《在事实与规范之间》，132 页。

利理解为只是道德权利的摹本，把政治自主理解为只是道德自主的摹本”。法律和道德的区别，主要在于它们落实D原则的方式不同。道德对于D原则的落实，主要在文化层面上，D原则在文化层面上的体现就是道德原则，道德原则乃是商谈原则在文化层面的一种操作化，其采取的是一种普遍化原则的形式。依据商谈原则在文化层面的这些操作细则，人们可以更加合理地认识和检测道德。但是，道德原则对个人的理性能力提出了较高的要求。同时，它也依赖于苏格拉底式的知识自动转换成行动的理性预设。

而民主原则则是D原则同时在两个层面的落实方式：一个是文化层面，另一个是建制层面。其中主要是建制层面的落实。也就是说，D原则不但要落实为一种辩论规则，也要获得制度层面的约束力。于是，D原则就落实为民主原则。

更加浅白地说，道德就是道德主体通过作为一种论辩规则的道德规则最后得出的某种结果。而法律则是法律权利主体通过建制化的民主论辩规则而取得的结果。对于道德规则来说，遵守某个具体的道德规范的人与通过道德原则而最后推导出来的遵守该具体道德规范的人是重合的。这意味着，如果要某人遵循某一条道德规范，就必须让他亲自参与到关于该道德规范之合理性的论辩中去，并且通过理性的论辩最后使之心甘情愿地接受该道德规范。而对于通过民主原则建立的法律规范来说，遵守法律规范的人和通过民主原则制定法律规范的人是可以分离的。遵守法律的人不必亲自参与到民主商谈的过程之中，在遵守法律的时候也往往不必从立法者的角度来考虑和理解相关的法律问题。哈贝马斯将这概括为法律的外在有效性，也就是法律的实证性。不过，哈贝马斯在承认和坚持法律的这种实证性之外，通过法律的外在有效性的概念，同时说明了法律的内在规范有效性的来源，从而在一定程度上坚持了法律的规范性。

这是如何实现的呢？哈贝马斯说：“在自由的政治意见形成和意志形成过程中，作为承受者必须服从的那些规则，恰恰是他们自己赋予其权威的。”[①] 但是，这些承受者如何可能相信自己必须服从的那些规则恰恰就是他们自己赋予其权威的呢？

这就涉及对民主这个概念的理解了。哈贝马斯提出的民主原则，实质上是对民主与人权关系的一种重构，按照哈贝马斯自己的话来说，这是对人权和人

① ［德］哈贝马斯：《在事实与规范之间》，46页。

民主权关系的一种重构。这种重构的一个核心内容，就是将多数人统治的民主原则重构成强调审慎商议的审议式民主。在形式语用学和交往行为理论看来，规范的实际效力同规范的可接受性是联系在一起的。而要保证规范的可接受性，就必须对论证规范是成立的论证性商谈中的交往主体进行高要求的重构。这种重构既可以内化到交流主体的心中，也可以外化为一种制度和规则。在保障这些制度和规则的合理性的前提下，只要参加交流的人遵循了这个制度的规则，我们就可以认为通过这个制度制定出来的法律规范是合理的，是遵守这些法律规范的人自身所同意了的。在前文所引的那句话之后，紧接着哈贝马斯又说了一句话："当然，这种合法化过程必须成为法律系统的一部分……它本身需要在法律上加以建制化。"[①] 这句话的主要含义，即在于此。

尽管哈贝马斯认为在现代社会单靠道德对社会进行整合已经远远不够用了，但是哈贝马斯毕竟还是承认，在这个社会中，仍有一部分从内在视点来看待法律的人。这些人的存在，是现代法律得以保持其规范性效力的前提条件，从而那些从外在视点看待法律的人才得以免除其规范性论证的负担，可以仅仅将自己假设成民主立法过程的参与者。

所以，一个合理的、能够符合商谈原则要求的民主立法程序就变成了关键。另外，必须有一些原则，使得公民们自由地在两种看待法律的视角之间进行转换成为可能。因为现代社会并不是界限分明地区分成从内在视点看待法律的人和从外在视点看待法律的人的。毋宁说，某些人在某些特定的时候对法律持外在视点，在另外一些特定时候则对法律持内在视点。因此，这个民主立法程序必须扩展为一种宪政程序，从而使得生活在这个宪政程序中的人有可能自由地在两种视角的实践中自主地切换。

在哈贝马斯看来，要建立这样一个以民主立法程序为核心的宪政程序，把商谈原则运用于法律媒介，必须满足如下三个条件：

(1) 产生于以政治自主方式阐明对尽可能多的平等的个人实施的自由的权利的那些基本权利。

(2) 产生于以政治自主方式阐明法律同伴的志愿团体的成员身份的那些基本权利。

(3) 直接产生于政治的可诉诸法律行动的性质和以政治自主方式阐明

① ［德］哈贝马斯：《在事实与规范之间》，46 页。

个人法律保护的那些基本权利。[1]

不过哈贝马斯同时也指出，仅仅满足这三个条件还无法保障民主立法过程的合理性，还必须加上下面这两个条件：

（4）机会均等地参与意见形成和意志形成过程（在这个过程中公民行使其政治自主权，通过这个过程公民制定合法的法律）的那些基本权利。

（5）获得特定生活条件（现有状况下公民要机会均等地利用从1到4所提到的公民权利所必需的在社会上、技术上和生态上得到确保的生活条件）的基本权利。[2]

只有在满足了这五个基本条件或者说保障了这五项基本的权利之后，民主立法过程才具有产生合法之法的能力。

当然，这五个条件自身还并不是我们通常所理解的宪法上的基本权利。在哈贝马斯看来，具体的宪法上的基本权利是什么，这要同一个国家具体的历史文化基础以及当下所面临的具体历史情境结合起来考虑。与其说这五个条件是五个具体的基本权利，倒不如说它们是五个具体的产生基本权利的等式。其中该国的具体宪政实践以及历史文化情境可以看作是这个等式的变量，一旦将这些变量填入这五个等式之中，就会产生具体的值，而产生的这个具体的值，就是该国宪法上的基本权利。

这五个等式中的前三个等式，对应的乃是“公民们若要用实证法对其共同生活做合法的调节，就必须彼此承认”的权利，公民们若要自由联合在一起，就必须拥有这些权利。在这个意义上，它们确实出现于国家权力的法律组织之前。尽管不同于但是它们确实对应着经典自由主义传统中那些对抗国家的权利，也就是自由主义者们一直津津乐道的自然权利。哈贝马斯虽然承认这些权利是先于国家出现的，但是认为它们并不是对抗国家的权利，而且不是笼统地从自然权利论的角度，而是从商谈哲学的角度论证了其同民主政体的同源关系。不过，哈贝马斯也承认，如果不加入第四个等式，那么这三种权利就仅仅是理论家的外在建议，而不是法律行动者的自我选择。要将基本权利变成法律行动者的自我选择，就必须加上第四个公式，建立一种“使商谈得以运用的形成意见和意志的政治过程”，从而确保“每个人都有平等机会行使对具有可批判性的有效性主张表示态度的交往自由”。一旦第四个公式落实为“使商谈得

① ［德］哈贝马斯：《在事实与规范之间》，149页。

② ［德］哈贝马斯：《在事实与规范之间》，150页。

以运用的形成意见和意志的政治过程”的各种建制化的程序和制度，公民们就可以确信通过这个程序和制度产生出来的法律就是他们应该遵守的有效的法律了。

如此一来，现代法律的权威结构就被从内部进行了合理化的重构，从而保障了其内在的合理性和正当性，使其不至于演变成一种类似于军事组织的权威组织，从而保障了生活在这个法律制度中的现代社会的人类能够有尊严地享受这个现代“利维坦”带来的种种好处。而现代社会的法律也不至于演变成韦伯所说的囚禁人类自由的“铁笼”。从另外一个方面看，哈贝马斯也在一个后俗成的社会和后现代的知识状况下，为现代性的法律基本权利体系提供了新的基础。这种权利体系不再像传统自然法一样，是外在于现代法律体系而仅仅从外部来制约法律体系的，而是与现代法律体系同源而生的，乃是作为商谈原则与法律形式相互交叠之结果的民主原则的逻辑后果。在一定程度上，这种权利体系并未对民主宪政体制进行外在制约，相反，满足这五个条件，民主宪政体制才得以实现。所以，它们给民主宪政体制提供了可能性。

第五节　民主法治国的分权逻辑

哈贝马斯通过商谈伦理学的运用，对民主法治国的基本权利所做的重构确实精彩。但此种基本权利体系如果无法落实到民主法治国的具体建制过程中，那么就只能是一种模拟的象征性，难以有实际的力量。实际上，卢曼就曾经如此评论过哈贝马斯对基本权利体系的重构之举。[①] 哈贝马斯自己也明确承认这一点。[②]

因此，哈贝马斯必须将他对基本权利之重构的规范性事业重新安放在现代社会的现实之中，使它有坚实的现实基础。对哈贝马斯来说，内在法律的那个事实性，即对基本权利之强制性的落实，就是这个现实性的基础。为了有效地组织起对基本权利体系的保护，必须有一个中央权威以及中央权威领导下的高效的组织系统。此外，当围绕着基本权利之界定发生各种冲突和纠纷时，由一

① Niklas Luhmann, *Das Recht der Gesellschaft*, Suhrkamp Verlag Frankfurt am Main, 1993, S. 99.

② 参见［德］哈贝马斯：《在事实与规范之间》，164页。

个中立的司法机构来裁决这些纠纷和冲突就显得很有必要了。而这个司法机构同样是高度组织化的。通过商谈伦理学形成的基本权利体系还不是具体的法律权利，而是法律权利正当化的条件。因此，要将这些基本权利具体化为法律权利，还需要有一个组织化和程序化的立法权威，通过立法商谈，将基本权利体系具体化为各种实在的法律权利。① 如此一来，一个建制化的立法权也就有必要了。最后，无论是立法权、行政权还是司法权，又都是通过法律的方式建立的。

这就涉及对自孟德斯鸠以来的三权分立的内在逻辑的重构了，或者说，涉及对国家的内在逻辑的重构。在孟德斯鸠的传统三权分立逻辑之下，权力分立的原因乃是"政府职能的分化"。立法部门负责制定法律，司法部门负责根据立法部门制定的法律来解决纠纷，而行政部门则主动实施那些不自动生效的法律。除此之外，这种权力分立理论，更是以国家和私人之间的横向对立为理论背景的。之所以需要独立于立法权力的司法权力和行政权力，乃是出于对独断权力侵犯自由的恐惧。同样的道理，一旦有了立法权力，行政权力和司法权力也就必须在法律规定的范围内行动。

为了更好地理解和解释法律与政治权力的复合体国家，哈贝马斯通过一种历史回溯式的分析，将国家的形成和发展的历史放到了社会的形成和发展的大背景下进行研究。对哈贝马斯来说，远在现代国家形成之前，换句话说，在原始社会阶段，即已形成现代国家的功能对等物，用来裁决纠纷，形成有效的社会交往，达成集体性目标。与现代国家不同，此时政治性权力的基础是社会性权力，例如家族力量、宗教权威等。②

哈贝马斯对法律与政治权力的此种历史回溯，其潜台词其实是，就像法律与道德其实都根源于生活世界一样，法律与政治权力也同样根源于生活世界，它们是同源性的存在。在生活世界之中，帕森斯模式中的社会整合和集体目标达成是占据核心地位的两种功能。社会整合的功能主要是通过对冲突的裁决来承担的，而集体目标达成则需要一个共同的权威来发布命令。冲突裁决的方式又可以根据两种理想行动类型（即交往行动和策略性行动）分成两种：一种是共识型的方式，另外一种是仲裁型的方式。集体目标达成的方式也可以被分成两种：一种是通过权威的决断，另外一种是通过参与者的妥协。哈贝马斯认为，仲裁和妥协这两种功能实现方式，依据的是生活世界中各种复杂的分散型

---

① 参见［德］哈贝马斯：《在事实与规范之间》，164 页。

② 参见［德］哈贝马斯：《在事实与规范之间》，170～171 页。

的权威复合模式，只有共识和权威决断这两种模式，才需要将法律与政治权力交织在一起。[①] 因此，哈贝马斯进一步将此种政治与法律交织在一起的同源发展分成了两个范式阶段。第一个阶段是国王范式阶段，国王身兼祭祀者和军事首领的角色，因此同时拥有来自宗教的规范性权威和以军事力量支持的强制性力量。也因此，国王就同时拥有了法律的规范性和政治的事实性。我们可以将此种法律与政治权力的结合模式看作是拼合模式，国王的肉身是此种拼合得以形成的中介。第二个阶段，法律与政治才真正地互相结合在一起，法律和政治互相利用：政治权力通过法律规范建构起来，法律赋予政治权力的行使以合法性；反过来，法律规范则通过政治权力被贯彻，从而使得法律机构变成一种正式的国家机构。法律与政治之间构成了一种交换和循环的关系。[②]

法律与政治的互相利用与交换，使法律系统与政治系统得以形成。

一旦法律赋予政治权力之实施以法律形式，法律的作用就是帮助形成一种二值的权力代码。谁掌握权力，谁就可以对别人发号施令。就此而言，法律的作用就是充当国家权力的组织手段。反过来说，就权力造成了对国家法庭判决的服从而言，权力有助于形成一种二值的法律代码。法庭判决何者是对的，何者是错的。就此而言，权力的作用是促进法律的国家建制化。[③]

哈贝马斯绘制的下表非常清晰地反映了法律与权力之间的功能联系。[④]

法律与权力之间的功能联系

功能／代码	内在的功能	彼此服务的功能
权力	集体目标的实现	法律的国家建制化
法律	行为期待的稳定	政治统治的组织手段

哈贝马斯对法律与权力关系的这种描述，有几点很值得注意。首先，在哈贝马斯关于法律和权力的此种描述中，开始出现了“代码”的概念，同时，除了以“权力”作为政治代码之外，还出现了法律的代码。因此，这意味着法律也成为一个正式的社会系统，平行于政治系统和经济系统。但问题是，如果法律也是一种由代码导控的社会系统，那么法律是否还能够成为连接和沟通社会系统与生活世界的中介呢？其次，在此种法律与政治权力的关系图景中，哈贝

① 参见［德］哈贝马斯：《在事实与规范之间》，172～174页。

② 参见［德］哈贝马斯：《在事实与规范之间》，175～177页。

③ 参见［德］哈贝马斯：《在事实与规范之间》，176页。

④ 参见［德］哈贝马斯：《在事实与规范之间》，177页。

马斯描绘了法律与权力的相互交换关系，实质上也意味着，法律系统和政治系统互为对方的前提。因为法律系统内在功能的实现依赖于权力系统的强制力的支持，而政治系统要实现其内在功能，必须要依赖于法律所提供的国家建制化的功能。如此一来，法律与权力之间就形成了某种闭合的循环。

在处理法律与政治关系时，通过代码概念的重新引入，哈贝马斯实际上重新引入了在《交往行为理论》中尝试引入的系统论的思路和术语。但是在《交往行为理论》中，系统论的思路和术语虽然是受到哈贝马斯的批判性审视的，但其具有内在的一致性。《在事实与规范之间》的立场是建设性的，因此在某种意义上就应该超越系统论的概念体系，在基本概念层面和方法论层面对这套概念体系的变更做出说明。我们看到，哈贝马斯虽然试图在基本概念的层面这样做，但做得却似乎远远不够。

哈贝马斯已经做的工作，是将权力区分成三种类型：社会性权力、行政性权力和交往性权力。社会性权力是一种纯粹的事实性权力，其并不依赖于法律的授权和建制而存在，因此是不合法的权力。行政性权力是一种政治性权力，它的存在是通过法律而建制化的，因此是一种合法的权力。但此种合法性，是由实证性的法律赋予的。然而，实证法必须自身也具有“合法性”，即正当性。因此，交往性权力解决的就是实证法的正当性问题。而这种交往性权力是无法被实证地占有的。在此，哈贝马斯援引了阿伦特的理论，将权力的概念同暴力的概念区分开来，强调“权力所对应的人类能力不仅是行动和做某事的能力，而且是与他人协调一致地行动的能力”[①]。哈贝马斯进一步指出：

> 这样一种交往性权力，只可能形成于未发生畸变的公共领域之中。它只可能产生于未受扭曲之交往中那种未遭破坏的主体间性结构。在产生交往权力的地方，意见形成和意志形成过程，由于每个人在“每个点上公开地运用自己理性”的无障碍交往自由，使“扩展了的心智”发挥出创造力来。这种扩展表现在，“人们把他们的判断同别人的可能判断而不是实际的判断相比较，并且把自己放在任何别人的立场上”。[②]

通过引入交往性权力，哈贝马斯的民主法治国方案至此就一目了然了。

> 把由权力代码导控的行政系统同具有立法作用的交往性权力相联系，并使之摆脱社会权力的影响，也就是摆脱特定利益的社会事实性实施能

① ［德］哈贝马斯：《在事实与规范之间》，180页。
② ［德］哈贝马斯：《在事实与规范之间》，182页。

> 力。行政权力不应该自我繁殖；它的再生产，应该仅仅是交往性权力之转化的结果。归根结底，法治国应当调节的就是这种转化，但并不扭曲权力代码本身，也就是说，不干预行政系统的自我导控逻辑。①

表面上看，除了在立法权层面将多数决的民主改造成审慎商议式的民主之外，这样一种商谈论的民主法治国方案与古典的三权分立方案并没有什么其他区别。但哈贝马斯指出，在20世纪后半期的福利国家的语境下，行政部门承担了越来越大的功能，立法越来越以一般条款的方式授予行政权力和司法权力更大的自由裁量权，从而有可能掏空了民主法治国的基础。

因此，如果以上述谈论的角度来理解立法权、行政权和司法权的关系，则仍然可以保持民主法治国的一贯性逻辑。在上述谈论的视角下，不仅可以把立法看作一种交往性权力的运用，甚至还可以通过行政程序和司法程序的设置，将行政权力和司法权力变成一种“准商谈”的设置，从而将行政权力和司法权力变成一种“准交往性的权力”。这种“准交往性的权力”在哈贝马斯的概念中，就是一种由“运用性商谈”形成的权力。如此一来，概括性的授权和一般性的条款也就不再那么可怕了。但问题是，如此一来，还能够像当初所保证的那样，此种交往性权力对政治系统的全面性渗透不会干涉“行政系统的自我导控逻辑”吗？

第六节　对司法权运作样态的考察：自我检验

《在事实与规范之间》的整个篇章结构相当考究。全书的第一章和第二章既是对此前工作的扼要回顾，同时也是对全书主题的呈现和确认——哈贝马斯着重要强调和说明的是，为什么法律在现代社会中占据如此重要的位置，因此哈贝马斯要将自己毕生理论视野的最终解决放到法律这个主题之上。第三章和第四章是哈贝马斯提供的最终的规范性方案，或者说，这是哈贝马斯提供的最终答案。解决的是内在于法律的事实性与有效性的张力问题。第七章和第八章则是要将这个答案放到现代社会的语境下进行重述，解决的是哈贝马斯所说的外在的有效性和事实性的紧张关系。第五章和第六章，在某种意义上是将哈贝

---

① ［德］哈贝马斯：《在事实与规范之间》，185页。

马斯的方案放到狭义的法学理论的语境下进行验证。

就此而言，第五章和第六章对于哈贝马斯的理论方案的可行性是相当重要的。如果说在第三章和第四章哈贝马斯是从政治哲学的角度来理解民主法治国方案的话，那么在第五章和第六章，哈贝马斯则不得不从法律理论的角度来理解和验证民主法治国方案。此种验证并不容易。例如，哈贝马斯的民主法治国方案实际确立了立法权的优先性地位。① 但哈贝马斯也承认，在狭义的法律理论范畴中，法官的视角具有优先的地位。② 因此，哈贝马斯最终承认，虽然法律理论不但包含专家的视角，同时也包含着立法者、公民行动者等人的多维视角，但“法律理论首先仍然是关于司法的理论和关于法律商谈的理论”③。

就狭义的法律理论而言，司法的核心问题，便是裁判的自由裁量权问题。按照经典的法治理论，法官的裁判必须受到法律的约束。然而，正如哈特承认的，当抽象的法律规则运用于具体的情境之中时，会发现具体的情境永远比抽象的法律规则要丰富得多。因此，法官在裁判过程中，必须同时满足两个要求，即忠实于法律规则与个案裁判的正当性。当这两个要求之间产生矛盾或紧张关系时，不同的法律理论流派采取了完全不同的立场和进路。④

代表法律实证主义，哈特提出的一种方案是，通过区分词语的核心含义与边缘含义，承认概念和语言的开放性，因此，承认法律规范也有空缺结构。在法律规范的边缘区域，确实存在着抽象规则无法覆盖的新事实，在这种情况下，赋予法官自由裁量权。⑤

哈特对待司法裁量权的此种态度，相对于以霍姆斯为代表的美国法律现实主义者而言，已算是保守，因为他并没有像霍姆斯那样彻底颠覆法治的基本原则，而只是允许在例外情况下授予法官自由裁量权。而对霍姆斯而言，法律就是法官做出的司法裁判，因此也就是从坏人的角度对自己所做的坏事即将面临的惩罚的预测。⑥ 而法官在裁判的过程中，根本不受任何成文法的约束，而是

---

① “在民主法治国中，政治立法被当作核心功能。”（［德］哈贝马斯：《在事实与规范之间》，242页。）

② “像法教义学一样，法律理论也赋予法官的视角以特别地位。这是由司法部门在狭义的法律系统之中的功能地位引起的。”（［德］哈贝马斯：《在事实与规范之间》，243页。）

③ ［德］哈贝马斯：《在事实与规范之间》，244页。

④ 限于篇幅，此处不对诠释学理论（德国法学方法论传统）和批判法学做介绍和评价。

⑤ 参见［英］哈特：《法律的概念》，张文显等译，124～134页，北京，中国大百科全书出版社，1996。

⑥ 参见［美］霍姆斯：《法律的道路》，见［美］伯顿编：《法律的道路及其影响》，张芝梅译，北京，北京大学出版社，2005。

依靠自身的道德感、意识形态、情绪等诸多因素做出裁决。也就是说，法官拥有充分的自由裁量权，以立法者的身份做出判决。判决就是立法，通过判决，就可以像立法那样对未来的社会行为进行调控。

哈贝马斯欣赏德沃金所持的建构性诠释的立场。事实上，哈贝马斯关于司法的整个理论，基本上是建立在德沃金的建设性诠释学的基础之上的。德沃金坚持法官必须受到法律约束这一法治的基本立场，强调该基本立场构成了法官裁判的核心导控性原则，从而使得法官在裁判过程中必须做出一个唯一正确的判决。[①] 当既有的法律规则体系无法覆盖新的案件事实时，德沃金强调可以通过援引隐藏在法律规则背后的法律原则来指导裁判，从而平衡法律的确定性与个案的正当性。[②]

对于德沃金来说，为了克服法律实证主义和法律现实主义，坚持法律的整体性，就显得很有必要。德沃金做了一个形象的比喻，认为法官面对新的案件事实，做出一个唯一正确的判决，就类似于续写一本小说的全新章节一样。新章节的内容，相对于旧章节而言，一定是出现了新的情节和内容，但就其能够与旧章节缝合的角度看，它又是旧章节的延续和发展，内在于整个法律发展的故事之中。[③]

对法律整体性的此种重视和强调，使得德沃金理论中对法官的能力要求非常之高。德沃金用赫拉克勒斯这个半神半人的大力神的名字来命名法官。这个赫拉克勒斯式的法官，天生聪明，精力无穷，从而可以穿过规则和先例的丛林，将此前的所有规则和先例串联起来，与当前处理的案件联系起来，平衡法律的整体性与当前所处理案件的个案正当性。“如果每个有效的规范同可运用于一情境的其他规范之间都必须处于一种融贯的互补关系之中，那么，它的意义在每个情境中都会发生变化。这样我们就依赖于历史，因为只有历史才为我们产生无法预见的情境，这些情境允许我们对所有有效的规范每次都采取不同的诠释。”[④]

有趣的是，司法裁判的确定性和个案的正当性之间的张力，在哈贝马斯阐释德沃金的裁判理论时重心发生了巧妙的偏离。我们先看看哈贝马斯是如何表

① 参见［美］德沃金：《认真对待权利》，信春鹰等译，40～54 页，北京，中国大百科全书出版社，1998。

② 参见［美］德沃金：《认真对待权利》，40～54 页。

③ 参见［美］德沃金：《法律帝国》，李长青译，204～212 页，北京，中国大百科全书出版社，1996。

④ ［德］哈贝马斯：《在事实与规范之间》，269 页。

述二者关系的："在这个司法领域中，法律中的事实性和有效性之间的内在张力表现为法的确定性原则和对法的合法运用（也就是作出正确的或正当的判决）之主张这两者之间的张力。"① 接着，哈贝马斯还对这两个核心概念做了解释。所谓法的确定性，是指："判决是在现存法律秩序内自洽地做出的。"所谓合法性，指的是："判决不仅与过去类似案件的处理相一致，与现行法律制度相符合，而且也应该在有关问题上得到合理论证，从而所有的参与者都能够把它作为合理的东西而加以接受。"在此基础上，哈贝马斯总结裁判的合理性问题是："一种偶然地产生的法律的运用，如何才能既具有内部自洽性又具有合理的外在论证，从而同时保证法律的确定性和法律的正确性。"②

我们看到，在哈贝马斯的理解中，个案裁判的正当性变成了"合法性"或"外部证成"。个案正当性的论证，确实需要引入"外部证成"的因素，例如在疑难案件的个案裁判过程中引入道德等因素，但引起个案裁判正当性疑问的原因，以及个案裁判正当性的关键，仍然是个案裁判过程中出现了法律规范覆盖不到的新事实。对整个法律史的"整体性回溯"以及外部证成过程，都是个案事实引发的"涟漪效应"（贡特尔的概念），都是为个案裁判的个案正当性服务的辅助性手段。哈贝马斯，作为法律系统的外行人，尽管有贡特尔等如此优秀的法律理论家的辅导，却仍然无法明白这一点。因此，在哈贝马斯关于"整体性""合法性""外部证成"等问题的讨论中，以及代表德沃金对批判法学的反驳过程中，问题的关键点已经发生了变化和位移。

遗憾的是，哈贝马斯随后端出的运用性商谈这盘菜，恰恰是根据哈贝马斯的这个理解做出的。由于忽略了个案裁判的个案正当性与法律确定性之间紧张关系的要点，哈贝马斯接下来开始指责"法律专业共同体"的自我赋予合法性，同时他指出，"外部证成"也好，"合法性"也罢，其实都要回到正义法律秩序的原点，根据这个原点来裁判眼前的案件。而根据哈贝马斯关于商谈论的基本权利体系和民主法治国方案，正义法律秩序的起点就是商谈性的。因此，司法裁判在法律适用领域也必须继承这种商谈性，除了法官视角之外，也必须将公民商谈的视角包含进来。③

在此，我们可以看到，本意是想把自己的理论放到狭义的法律理论的视野和论辩语境下进行内测的哈贝马斯，却对法律理论提出了颠覆性的批判，同时

① ［德］哈贝马斯：《在事实与规范之间》，244 页

② ［德］哈贝马斯：《在事实与规范之间》，245～246 页。

③ 参见［德］哈贝马斯：《在事实与规范之间》，273～274 页。

为了适应自身理论的需要，甚至把法律理论的定义也改变了——如今法律理论不再以法官的视角为先，立法商谈在此前民主法治国方案中的优先性倒被恢复了。

《在事实与规范之间》写成之前，德国法律理论家阿列克西已经通过将哈贝马斯的商谈伦理学理论运用到法律理论中提出了法律论证理论。这对哈贝马斯关于司法的法律商谈理论来说，是一个很好的先导性工作。① 但阿列克西的法律论证理论将法律论辩当作道德论辩的一个特例，这是哈贝马斯所不同意的，因为这再次混淆了哈贝马斯此前已经澄清的法律与道德的区分。对于哈贝马斯来说，司法裁判乃是适用民主商谈形成的实证法律的过程，与道德商谈在程序性设置和条件性要求诸方面都是不同的。② 因此，哈贝马斯并没有采纳阿列克西的法律论证理论，而是采用了他的同事贡特尔的商谈理论。根据贡特尔的理论，法律商谈区分为两个层次：一个是立法性商谈的层次，另外一个则是运用性商谈的层次。立法性商谈解决的是法律规则的正当性问题，而运用性商谈由于是对合法之法的适用，因此并不需要证立法律的正当性问题。两种商谈的不同功能和目标设定，决定了两种商谈的规则也是不一样的。③

在建制化的层面，法律的运用性商谈和立法性商谈倒存在着某种类似性。为了平衡司法裁判的确定性要求与正确性要求，运用性商谈也必须类似于立法性商谈，通过法庭辩论的程序的设置，将司法判决实践建制化，从而产生如下一种效果："判决及其论证都可以被认为是一种由特殊程序支配的论辩游戏的结果。"④ 这种司法商谈的程序性设置，"并不对规范性法律商谈进行调节，而只是在时间向度、社会向度和实质向度上确保运用性商谈之逻辑支配的自由的交往过程所需要的制度框架"⑤。

就理论的内在融贯性而言，哈贝马斯关于法律的运用性商谈的理论确实能够自圆其说。但哈贝马斯设置司法商谈这一章的目的并非仅仅是自娱自乐的自圆其说，而是为了从法律理论的角度来验证自己从政治哲学和社会理论的双重视角建构起来的民主法治国方案。那么，哈贝马斯的这个民主法治国方案是否经受住了司法实践的可靠性检验了呢？恐怕未必。事实上，哈贝马斯关于司法

① Michel Rosenfeld & Andrew Arato (ed.), *Habermas on Law and Democracy: Critical Exchanges*, California, University of California Press, 1998, p. 428.

② 参见［德］哈贝马斯：《在事实与规范之间》，285 页。

③ 参见［德］哈贝马斯：《在事实与规范之间》，286 页。

④ ［德］哈贝马斯：《在事实与规范之间》，287 页。

⑤ ［德］哈贝马斯：《在事实与规范之间》，287 页。

的论述和分析，可能是哈贝马斯这部作品所遭遇的第一个“滑铁卢”。笔者当年从一个坚定的哈贝马斯商谈论的追随者，到最后放弃哈贝马斯的法律理论，也是出于对哈贝马斯关于司法问题论述的不满和失望。

具体来说，虽然哈贝马斯在批评阿列克西的时候强调法律与道德的区别，强烈反对将裁判过程的法律论证看作道德商谈的一个特例，但哈贝马斯对司法的描述和理解，仍然是从一个法律共同体的局外人的角度，以一种政治哲学家的思维和视角进行的。由于缺乏法律共同体的训练，哈贝马斯对司法权运作的某些独特性显然缺乏感觉。例如，从法律人的视角来看，即便是哈贝马斯的运用性商谈，也是过于靠近政治哲学而远离司法裁判的真实。① 事实上，无论是阿列克西版本的法律论证理论，还是哈贝马斯版本的法律运用性商谈，其典范都来自道德哲学的实践，而不是从法庭中法官法律解释的实践中总结出来的。

实际情况是，从象征性的层面看，法官必须受到法律规则的约束，因此立法具有相对于司法位阶上的优越性。尽管如此，这只不过表明，法律人尤其是法官在开展工作时，必须以对成文法的尊重为前提。但这并没有排斥如下可能性，即关于成文法的真实含义为何，实际上仍然需要由法官通过法律解释的方法来确认。而任何一个成文法的规则，在具体案件中，总是会出现多种解释的可能性。由此，法官必须受到法律的约束，并非如哈贝马斯所想象的那样，完全是一种单线的类似于“传输带”的输送模式。在司法实践过程中，法官结合具体案件事实对法律规则做出的解释，要比此种合法性的单线传输模式复杂得多，法官在裁判过程中所拥有的创造性发挥的空间，也远远比哈贝马斯所想象的要复杂。

无论是阿列克西还是哈贝马斯，他们的司法商谈理论都强烈地预设了一点，那就是通过论证性商谈可以形成具有高度客观性的正当的个案裁判结果。但这很可能是理性的高度自负。一种关于司法裁判更加真实的态度是，承认司法裁判过程中决断的因素是不可避免的。裁判的本质就是一种决断。试图通过理性论证规则的设置完全排除决断因素，是一种非常高贵但过于天真的幻想。就像通过运用性商谈和立法性商谈的区分完全摒弃司法裁判的隐性立法功能的做法一样天真。

---

① Niklas Luhmann, “Quod Omnes Tangit: Remarks on Jürgen Habermas's Legal Theory,” in Rosenfeld Michel and Andrew Arato (ed.), *Habermas on Law and Democracy: Critical Exchanges*, California, University of California Press, 1998, p. 166.

休·巴克斯特（Hugh Baxter）批判哈贝马斯的法律运用性商谈理论忽略了英美普通法的经验，其实指的也是这一点。[①] 在普通法中，很多时候先例对于裁判的影响要远远超过正式的成文规则。法官在裁判的过程中，通过区分技术，对先例进行鉴定，从而能动性地区分哪些先例是与手头裁判的案件相关的，对本案具有拘束力，哪些案件与手头裁判案件是不相关的，因此不具有正式拘束力，而仅仅具有参考的效力。就此而言，法官确实拥有相当自由的空间来解释和运用法律。同样，当立法机关指定的实证法在法律适用过程中带来荒谬或不正义的结果时，法官也可以通过法律解释的技术，适当地冷冻和回避这些法律规则。

当然，对司法过程的这种描述和理解，并不表明笔者赞同现实主义法学的立场。法官在法律解释过程中的这种自由度，并非某个具体法官所享有的，而是抽象和一般意义的法官所享有的。因此，法官所享有的此种法律解释的自由空间，同样也受到了整个法律共同体的拘束和限制。例如，整个法律共同体共享一套类似的法律训练体系，因此也共享了同样一套法律概念和知识体系，它们具有同质化的法律思维结构和法律职业伦理。因此，司法裁判的法庭，在某种意义上构成了法律职业共同体的公共空间和公共舞台。法律职业共同体的存在，对司法裁判的客观性提供了某种最低限度的担保。

除此之外，司法裁判运作的体系也能够对法官的自由裁量权做出拘束和引导。与立法不同，整个司法活动是建立在个案裁判的基础之上的，相同情况相同对待、不同情况不同对待构成了整个司法裁判体系运作的基础性原理。因此，整个司法裁判的关键和难点，就是就相同情况和不同情况做出具体的判断。因此，任何一个案子做出来之后，理论上都可能构成未来某个案件的先例，从而对未来的案件形成预先的拘束力；反过来，基于这种可能性，未来的案件也预先对该案的裁判进行了某种干预。而这个案件同时又要受到先前案件的拘束。整个司法裁判实际上就是在这样一个裁判的链条下进行的。[②]

通过对司法裁判运作形态的描述，笔者实际上已经指出了某种将哈贝马斯的立法权边缘化的可能性。在法律系统的运作中，司法权真正地居于中心的位置，正如哈贝马斯也承认的，法官裁判的视角居于整个法律体系的优先位置。

---

① Hugh Baxter, *Habermas: The Discourse Theory of Law and Democracy*, Stanford, Stanford University Press, 2011, pp. 116 - 119.

② Niklas Luhmann, *Das Recht der Gesellschaft*, S. 308 - 326.

而立法与司法并没有如哈贝马斯所希望的那样，构成那么明确的一种“授权”和直接传输的关系。实际上，立法商谈形成的各种法律决断，只有在真正为司法裁判所采纳，应用到具体案例中时，才算是真正具有法律的拘束力。很多时候，甚至“立法者原意”也是司法解释和建构的产物。那些无法被法律化和概念化的政治决断，即便是通过哈贝马斯的立法性商谈形成的交往性权力的决断，也可能为司法裁判所冷落、回避和无限期延迟，从而在事实上不具有任何法律的地位和价值。此种情形在历史上屡见不鲜。

反过来说，哈贝马斯的理想商谈情境的理论即便要运用到法律论辩过程中来，也未必要局限于“法庭”之中，而是要将整个法律专业共同体围绕司法裁判进行的法律教义学研究和论辩包含进来。如果把法律教义学围绕司法裁判进行的评论和研究整体地看作理想商谈情境的现实应用的话，又不免让人想起当初激发哈贝马斯理想商谈情境的皮尔斯的科学研究的共同体。

> 皮尔斯把“真”解释为合理的可接受性，也就是说解释为对具有可批判性的有效性主张的确认，而这种有效性主张的提出，则需要某种特定的听众群体——在社会空间和历史时间中理想地扩展的有判断能力的听众群体——作为交往条件。[①]

很显然，在皮尔斯的理想商谈情境中，听众群体就是专业的科学研究共同体之一部分，如法律共同体的情况一样。反过来说，法律职业共同体中的这些法学研究者，由于与法庭裁判中的个案没有特殊的利益关系，而是内在于一个法学（科学）研究体系，因此他们有足够的动机去阐明真理，提供更富有说服力的论据。反而是在生活世界中，每一个参与交谈和交往的人，都由于特殊的个人利益而存在某种惰性逃避理想商谈情境的交往。

第七节　“计划经济”的幽灵：系统与生活世界的矛盾

司法裁判现象学的描述，对哈贝马斯民主法治国方案的可能性与可行性是一场关键的考验。通过上文的分析，我们已经看到，表面上逻辑自洽的民主法治国方案，尽管在基本权利体系的规范性自我理解的层面仍然具有相当的自洽

---

① ［德］哈贝马斯：《在事实与规范之间》，18页。

性，但在权力分立的现实运作层面却似乎败下阵来。需要指出的是，这并不是规范性本身在现实性面前的失败。失败的反而可能是哈贝马斯民主法治国的理论策略和架构本身。

我们通过对哈贝马斯《在事实与规范之间》第七、第八章的分析，可以更清楚地看到这一点。在哈贝马斯的理论架构安排中，第七、第八章是在其理论经历了司法权问题的考验之后，进一步在社会语境下经受事实性考验的考虑。如果说第五、第六章是接受来自法理学的考验，第七、第八章就是接受来自社会理论的考验。如果说第五章是内测，第七、第八章则是投到竞技场接受真实的检验。通过对第七、第八两章的阅读和分析，我们也确实看到了哈贝马斯的整个理论脉络。

第七、第八两章，可以用一个主题来概括，就是在现代复杂社会中，如何可能实现民主。这实际上是哈贝马斯在做了所有的理论准备后，同系统理论的一次总决战。用哈贝马斯的话来说，这场战斗是民主法治国方案的逆导控（gengensteueren）逻辑同系统理论的媒介导控逻辑之间的总决战。这实际上呼应了该书第二章外在的规范性与事实性的张力的两条学术脉络的梳理。在规范性这条学术脉络中，最后的承接者和代表人物是罗尔斯，这表明罗尔斯是哈贝马斯在规范性事业方面的最大竞争者。在事实性这条学术脉络中，最后的承接者和代表人物是卢曼。因此，可以说，哈贝马斯毕生学术事业最大的敌人，既不是福柯，也不是德里达，而是卢曼。确实，正如哈贝马斯的学生和英美世界最大的学术盟友麦卡锡曾经指出的，卢曼是哈贝马斯一直不懈地与之进行斗争的一个“幽灵”。[①] 通过将哈贝马斯的交往行为理论与涂尔干关于有机团结的分析联系起来，麦卡锡指出，卢曼之于哈贝马斯的意义，犹如当年实证主义社会学之父斯宾塞之于涂尔干的意义。[②] 哈贝马斯与卢曼之间的缠斗，由来已久。在早期作品《作为意识形态的技术和科学》中，哈贝马斯就敏锐地检测到关于社会的自我规制的组织理论的危险性——颠覆人在社会中的主体性。此后，哈贝马斯基于同样的关切与卢曼进行了论战，并在《合法性危机》和黑格尔奖的讲座中再次对系统理论展开了系统性的批判。此后，哈贝马斯几乎所有的著作

---

① Thomas McCarthy, “Complexity and Democracy: Or the Seducements of System Theory,” in Axel Honneth and Hans Joas (eds.), *Communicative Action: Essays on Jürgen Habermas's Theory of Communicative Action*, Jeremy Gaines and Doris L. Jones (trans.), Cambridge, The MIT Press, 1991, p. 120.

② Thomas McCarthy, “Complexity and Democracy: Or the Seducements of System Theory,” p. 121.

都涉及卢曼的社会系统理论。[①] 然而，令人惊异的是，对卢曼系统理论的轮番轰炸的结果，竟然是在《交往行为理论》中对卢曼理论的半心半意的接受——在《交往行为理论》中，卢曼理论虽然仍然备受批判，却堂而皇之地在哈贝马斯的社会理论中占据了半壁江山，因为在《交往行为理论》中，社会由生活世界和系统共同组成。哈贝马斯的生活世界概念并没有覆盖全社会，社会系统虽然由生活世界分出，却构成了自我循环的运作方式，不依赖于生活世界而存在，同时还可能反过来对生活世界进行“殖民”。麦卡锡因此将哈贝马斯《交往行为理论》中关于复杂性和民主的讨论看作是哈贝马斯经受不住社会系统理论引诱的结果。

《在事实与规范之间》表明，哈贝马斯仍然坚持将卢曼的社会系统理论放置到自己的理论视野之中，并且将其当作自身理论的关键支撑。对卢曼理论的接纳，甚至构成了哈贝马斯与罗尔斯等规范主义视野的同行者和竞争者之间最大的差异，代表了哈贝马斯最大的理论野心，也就是将规范性视野放到更现实的现代复杂社会的理论背景下进行建构。就此而言，哈贝马斯的理论抱负和勇气，即便最终不成功，也是值得高度肯定和赞美的。

在这个意义上，《在事实与规范之间》可以说是对《交往行为理论》的呼应和补偿。如果说，《交往行为理论》中哈贝马斯的社会概念仍然是二元性的，是由生活世界和社会系统两个平行的“实体”组成的，犹如斯宾诺莎哲学中的身体与精神一样，互不往来和沟通，那么在《在事实与规范之间》中，生活世界已经通过法律的媒介而覆盖了全社会，实现了社会系统的彻底改造。

问题是，这种改造如何可能？在批判精神映射下的《交往行为理论》中，哈贝马斯强调的是社会系统通过媒介进行自创生的功能。哈贝马斯因此认为，生活世界与系统之间存在着某种界限。生活世界无法越过这条界限直接作用于系统，因此，系统的发展和生活世界的演化是互相脱节的。哈贝马斯实际上也承认了卢曼系统理论的观点，即恰恰是像货币和权力这样的系统媒介，使得系统与生活世界的界限成为可能。像帕森斯一样，哈贝马斯也是用语言来比喻系统的媒介的。一个系统的媒介就像某种专业化的语言。日常生活中的普通人，如果不经过系统的训练，就无法理解此种特殊的语言。而不同的特殊语言之间，如果不经过翻译，也无法直接进行交谈，就像操着不同国家语言的人相互之间无法交谈一样。

---

① Thomas McCarthy, “Complexity and Democracy: Or the Seducements of System Theory,” p. 120.

但是在《交往行为理论》中，系统和生活世界之间确实进行着某种交换关系。但是此种交换关系首先是在系统的操控下进行的，同时也必须以日常的生活世界按照系统设定的条件被转换成系统语言为前提。如下表所示①：

系统和生活世界的交换关系（从系统的视角看）

生活世界的体制性秩序	交换关系	媒介导向的次系统
私人领域	(1) P → 劳动力；M ← 工资收入 (2) M → 物品与服务；M ← 要求	经济系统
公共领域	(1) M → 税收；P ← 组织化的目标达成 (2) P → 政治决断；P → 大众化的忠诚	政治系统

说明：M：货币媒介；P：权力媒介。

很显然，哈贝马斯关于系统和生活世界的此种交换，受到了帕森斯《经济与社会》一书中关于经济系统通过工资机制与家庭进行物品和劳动力交换那部分论述的影响。按照这样一个模型，政治系统与生活世界之间的交换，是通过生活世界的公共领域那部分完成的。政治系统向生活系统中的个人征收税款，

① Jürgen Habermas, *The Theory of Communicative Action*, Vol. 2, p. 320.

并且得到大众化的忠诚，反馈给生活世界的则是组织化目标的达成和政治决断。除此之外，生活世界对政治世界似乎不能输入更多的东西。

这种情况在《在事实与规范之间》中出现了实质性的变化，就是法律在其中占据了一个特别重要的地位。哈贝马斯关于法律和权力之间的关系理论，相当形象地说明了法律连接生活世界和政治系统的媒介作用。哈贝马斯自己在批判卢曼自创生的社会系统理论时，也以语言作比喻，强调法律就像日常生活语言一样，具有无限的丰富性和多义性，从而使得不同的社会系统之间的沟通，可以通过法律这个共同的中介进行。①

但是，这种形象化是以牺牲基本概念的精确性为代价的。因为哈贝马斯同时也说明法律是一个有自己独立媒介的社会系统。那么，某个有自己独立媒介的社会系统，如何可能成为另外一个社会系统与生活世界的沟通媒介？事实上，根据上文关于司法的描述，法律系统确实构成了一种运作上封闭、认知上开放的社会系统。《交往行为理论》的缺憾是，哈贝马斯不得不承认整个现代社会是由生活世界和社会系统两个部分构成的，两个部分相互之间是“脱节”的关系，因此他的规范性事业也只能覆盖到生活世界这部分，而对社会系统这部分无能为力。《在事实与规范之间》试图弥补这个缺憾，试图通过法律这个媒介沟通生活世界和社会系统，从而使得规范性之活水能够通过法律而覆盖到社会系统，并改造社会系统。但这样做却带来了另外一个层次的问题：如果坚持《交往行为理论》对社会系统的描述和理解，则社会系统的边界可以界定，但生活世界和社会系统的两分局面仍要维持；如果要完成《在事实与规范之间》试图实现的工作，就必须放弃《交往行为理论》中用来描述和理解社会系统的那套概念，采用全新的描述和理解社会系统的概念和方法。

我们目前看到的情况是，哈贝马斯在描述交往性权力如何通过规范性逆向导控行政系统的过程时，就其行为的逻辑主线来看，他似乎已经放弃了《交往行为理论》的那套概念和体系。但就其选用的术语和概念，包括对社会系统的一些具体特征的描述来看，他仍然保留了导控性媒介、自创生系统等概念，同时也仍然保留了系统和生活世界二分的宏观架构。并且他没有对他在《交往行为理论》中关于社会系统的整套理论和概念框架做出任何批判性的描述和反思。这是很令人费解的。

哈贝马斯不可能没有注意到，政治系统的理性官僚制权力是通过法律具体

① 参见［德］哈贝马斯：《在事实与规范之间》，68～69页。

建制化的，这种形象和生动的描绘，与社会系统通过媒介建构起自己独特的、脱离规范的运作形态和结构是不同层面的工作。按照哈贝马斯曾经用过的概念来说，前者是一种具体的"社会工程学"的建筑工作，而后者则是基本概念层面的社会学方法论的建构。将两者强制性地结合在一起，可能注定是一场不愉快的强制婚礼。甚至，正如汉斯·琼（Hans Joas）曾经指出的，哈贝马斯的工作实际上可以分成三个部分：一个部分是行动理论的建构，一个部分是社会秩序的建构，另外一个部分则是民主法治国的方案建构。[①] 这三者中的前两者是处于社会学基本概念和基本方法论层面的工作，但二者是互相独立的，其中一个工作的成功，并不必然带来另外一个工作的成功。而第三个工作则带有很强的经验性和社会工程学的性质，同样独立于前两者的工作，甚至与前两者的工作不处于一个层面上。但在哈贝马斯的工作中，这三者被混同了，甚至不同层次的工作也被混同了，互相替代，由此带来了理论的混淆与错乱。

我们可以承认，哈贝马斯在行为理论层面区分工具行为和社会系统，在社会行为中又提出交往行为，以区别于韦伯的策略行为。这些工作都是很精彩的。但在社会秩序的建构这个问题的探讨中，哈贝马斯的工作似乎不太令人满意。而这似乎又最终影响到了他的民主法治国方案的实现。

哈贝马斯自己承认，《在事实与规范之间》关于法律沟通生活世界和系统的中介作用的一系列论述，受到了彼得斯（Bernhard Peters）相关论述的启发，其实就是借用了彼得斯的理论。[②] 但彼得斯恰恰是反对生活世界和系统二元分化的理论的。彼得斯认为系统和生活世界只能作为分析性的概念装置，却无法和现实进行一一对应。[③] 哈贝马斯一方面引入彼得斯的理论来改造自己关于系统与生活世界"绝缘"和"隔离"的观点，但另一方面，在描述系统时，仍然保留了卢曼自创生社会系统理论的一些核心概念和基本概念，由此导致了理论建构层面的自相矛盾。例如，彼得斯质问哈贝马斯：法律系统究竟是内在于系统，还是在系统之外？[④] 哈贝马斯的理论在这一点上显然过于模糊。休·巴克斯特则质问：当哈贝马斯把彼得斯的中心/边缘区分带入系统/生活世界这

---

① Hans Joas, "The Unhappy Marriage of Hermeneutics and Functionism," in Axel Honneth and Hans Joas (eds.), *Communicative Action: Essays on Jürgen Habermas's Theory of Communicative Action*, p. 98.

② 参见［德］哈贝马斯：《在事实与规范之间》，440～444页。

③ 参见［德］彼得斯：《法律和政治理论的重构》，见［美］德夫林：《哈贝马斯、现代性和法》，高鸿钧译，165～167页，北京，清华大学出版社，2008。

④ 参见［德］彼得斯：《法律和政治理论的重构》，165页。

一对区分的框架之中时，是否考虑过这样一种引入所带来的概念生态系统的混淆？边缘究竟是内在于还是外在于系统呢？①

下面的类比对哈贝马斯也许有些不尊敬，但似乎很有道理：如果说苏联和中华人民共和国改革开放以前的计划经济，是“生活世界朴素逻辑”对经济系统的恐惧和逆导控的结果，那么哈贝马斯的民主法治国方案则有些类似于生活世界朴素逻辑对政治系统的逆导控逻辑的后果。二者在基本理论逻辑上确实有很强的相似性：都是生活世界的朴素逻辑对系统逻辑的反抗；当发现无法完全消解系统逻辑时，都希望强化某种中央政府的逻辑，对两个系统（经济系统和政治系统）的逻辑进行层层控制，监控系统的每一个具体运作。而这样一种“计划经济”的方案遭遇到的“信息成本”无限之大的难题，似乎也是如出一辙。也许一种更好的调控方法是尊重和承认经济系统和政治系统的相对自主性，通过相对而言比较间接的“货币工具”和“权力工具”来进行“宏观调控”。

结　语

像哈贝马斯本人的工作一样，本章对哈贝马斯的考察，同样遵循了规范性与事实性的双重视角。就规范性层面的写作而言，本章力图通过对哈贝马斯作品的分析，将哈贝马斯的作品还原到哈贝马斯的认识兴趣背景中。同时，本章对哈贝马斯的分析也带有强烈的事实性色彩，注重将哈贝马斯的理论方案放到社会现实之中进行检验，尤其是跳出哈贝马斯来理解和客观评价哈贝马斯，将哈贝马斯的作品放到与卢曼、罗尔斯等同时代的对话者和竞争者的谱系之中进行理解。

通过考察，笔者发现哈贝马斯基本上是一个规范性事业的追求者，其基本立场是启蒙现代性的规范性内涵仍然没有穷尽，通过对启蒙现代性规范性内涵的挖掘和释放，现代性仍然可以进行自我治疗和发展，从而应对后俗成社会时代的各种挑战。但哈贝马斯与一般的规范性事业的追求者不同，他将规范性的政治哲学工作与强调事实性的社会理论视野结合起来，强调规范性事业的建设

---

① Hugh Baxter, *Habermas: The Discourse Theory of Law and Democracy*, pp. 165 - 167.

必须考虑社会理论的事实性制约。在这个意义上，哈贝马斯承认20世纪晚期的西方资本主义社会是一个后工业化、后俗成和后形而上学时代的复杂社会。规范性的政治哲学工作当前所遇到的挑战，很大程度上来自20世纪晚期以来的此种复杂社会形态的挑战。哈贝马斯试图在兼顾此种后现代复杂社会形态的前提下，坚持现代性方案。具体来说，就是他通过商谈伦理学和交往行为理论的探索最后形成的民主法治国方案。

通过分析，笔者认识到，哈贝马斯在规范性事业的追求和建设方面成效卓著。由于他比其他规范性事业的追求者多了一层社会理论的视野，所以其规范性方案的设计具有更强的现实感和更宽阔的视野。但哈贝马斯试图将规范性事业覆盖到全社会以消化社会理论的事实性维度的工作并没有成功。这意味着，他在社会行动理论层面的工作是相当成功的，但他在社会秩序如何可能的问题上却相当失败。由此导致他的民主法治国方案也是一半成功一半失败。如此一来，虽然哈贝马斯的规范性事业方面的成就要比他的同道者和竞争者高一些，但他的成就最后也就仅止于规范性事业方面的成功。尽管如此，哈贝马斯在沟通规范性与事实性方面的努力仍然值得尊敬，他的失败也是有价值和有启发意义的。

泮伟江

参考文献

［德］哈贝马斯．在事实与规范之间：关于法律和民主法治国的商谈理论．童世骏，译．北京：三联书店，2003.

［德］哈贝马斯．交往行为理论（上卷）．曹卫东，译．上海：上海人民出版社，2004.

［德］霍尔斯特．哈贝马斯传．章国锋，译．上海：东方出版中心，2000.

［美］德夫林．哈贝马斯、现代性和法．高鸿钧，译．北京：清华大学出版社，2008.

Jürgen Habermas. Theory of Communicative Action：Volume 2. Thomas McCarthy，trans. Boston：Beacon Press，1987.

Axel Honneth and Hans Joas ed. Communicative Action：Essays on Jürgen Habermas's Theory of Communicative Action. Jeremy Gaines and Doris L. Jones，trans. Cambridge：The MIT Press，1991.

Hugh Baxter. Habermas：The Discourse Theory of Law and Democracy. Standford：Stanford Law Books，2011.

Michel Rosenfeld & Andrew Arato ed. Habermas on Law and Democracy：Critical Exchanges. California：University of California Press，1998.

第八章
威廉姆斯的政治哲学

在政治哲学研究中，一直存在着这样两个主题：一个主题认为，人的理性能力是积极活跃的，人类可以通过运用人类积极活跃的理性能力，实现对于人类美好秩序的设计；另外一个附加主题认为，人类本性是具有善良意志的，通过发挥人类的善良意志，人类最终能够实现社会的和谐。这两个主题可以分别称作理性设计论和善良意志论，或者说是理性主义（rationalism）与道德主义（moralism）。

英国著名哲学家B. 威廉姆斯（Bernard Williams，1929—2003）虽以伦理学和古典学研究著称于世，但他在政治哲学方面同样建树颇丰，他的观点大致可以看作是对上述两个主题的集中批评。他批评理性主义，主张基于多元主义的现实主义的自由主义。他批评道德主义，主张政治具有自主性。事实上，他接受近代以来形成的人类政治文明的成果，但是对既有的解释路径如康德主义、功利主义等多有不满。可以看出，果是这样一个果，但是对于硕果何来，威廉姆斯有着自己的不同想法。他的这种构想最终促使他从政治现实主义的思考模式中寻找自己对于政治的理解。他也因对现实感的强调而被看作当代政治哲学领域政治现实主义立场的代表人物。

第一节　批评理性主义与道德主义

要讨论威廉姆斯对于上述两个主题的批评，首先就要提及威廉姆斯对于尼采思想的偏爱，他曾经专门编辑出版过尼采的《快乐的科学》英文版并为该书写序。在这个序言中，威廉姆斯讨论到了尼采在这本书中所涉及的一些重要话题：上帝已死，永恒回归，世界不存在自我发展的理性秩序，因而不存在可以为这个世界做出辩护的信念。当然，他也讨论到了属于人自身的“无条件的求真意志”①。这些话题之间存在着内在关联，这些关联思想几乎可以说渗透进了威廉姆斯晚期著作如《羞耻与必然性》《真与真实》的核心论题中。也难怪威廉姆斯自己说，他有时候甚至希望自己能够每隔上那么一二十分钟就引用一次尼采。而最能代表威廉姆斯与尼采思想关联的，当然就是尼采那段名言：“我的修养，我的偏爱，我对一切柏拉图主义的治疗，始终是修昔底德。修昔底德，也许还有马基雅维利的学说，因其毫不自欺的以及在实在中而不是在‘理性’中更不是在‘道德’中发现理性的绝对意愿而与我血缘最近。”②

可以说，尼采的这一段名言为威廉姆斯的哲学与政治哲学工作圈定了方向。威廉姆斯与尼采神会，因此他通过在哲学的特殊领域如伦理学、政治哲学、古典学、认识论等领域的工作，进而一般性地③对于哲学问题本身做出了深入具体的反思。这个反思从两个方向上展开：对于理性主义的批评和对于道德主义的批评。

威廉姆斯首先对于以理性反思为特征的理性主义哲学及其关联的理性主义假设提出了批评。威廉姆斯批评哲学家们存在着一种自我理性化的过程，而在这样一个过程中，这些哲学家不加节制，把一个我们运用反思考察人类生活的朴素事业简化成了理性的自我运动乃至理性的合目的运动。他对于哲学的理性反思活动的看法就是：“理性，尤其是作为哲学主要特征的理性反思在一定范围内是有其作用的，但是反思的力量是有限的。”④ 不但如此，他还特意提醒我们，如果不加节制，则反思本身会破坏我们人类的生活，同时也会破坏我们从

---

① F. Nietzsche, *The Gay Science*, B. Williams (ed.), Cambridge, Cambridge University Press, 2001, p. xviii.

② ［德］尼采：《偶像的黄昏》，周国平译，120～121页，长沙，湖南人民出版社，1987。

③ 威廉姆斯经常先通过对具体的哲学领域中的特殊命题的考察来思考一些问题，随后经过特殊的限定将其一般性地应用于哲学。因此，威廉姆斯的哲学讨论存在着“特殊的”（in particular）与“一般的”（in general）两类问题。其出版于1985年的名著《伦理学与哲学的限度》可以作为他这样思考问题的典范。读者经常会在这个两分的问题上感到困惑。为了便利，我们不妨称其一般性的推断为“哲学一般”（philosophy in general）问题，以区别于另外一些针对具体领域问题的特殊推断如“特别的伦理学”（ethics in particular）的问题。

④ B. Williams, *In the Beginning was the Deed*, Princeton, Princeton University Press, 2005, p. 24.

事反思活动的哲学家自己所要反思的对象，从而造成对被反思对象本来面貌的扭曲。这种不加节制的理性反思观念直接预设和造就了没有时间意识和没有偶然性存在的“理性主义”主张。而在威廉姆斯看来，我们需要的是一种有历史的哲学，一种偶然性介入其中的人类生活。历史意识以及相伴于这种意识的历史偶然感可以说是最具威廉姆斯特色的哲学主张，也可以说是威廉姆斯对哲学一般图景的基本回答。对于威廉姆斯所强调的这样一种观点，托马斯·内格尔在为威廉姆斯身后所出版的三本著作所作的书评中评价说：“尽管三本书所涉及的主题广泛，但是它们全因威廉姆斯敏锐的历史偶然感和对没有时间意识的哲学愿望的抵制而紧密地结合到了一起。……他是我们这个时代最高理性秩序的哲学反思无须超越人类生活更为偶然的特征这一观点的杰出代表。……威廉姆斯强调历史在使陌生的事物熟悉和使熟悉的事物陌生中的重要作用。”①

在 1998 年卢汶大学的一次讨论中，威廉姆斯在回答讨论班同人的提问时，谈到了他对于理性与人类生活的关系的主张：“很明显，人们谈论的是理性的力量的问题，不过我的观点显然不是柏拉图式的。柏拉图的问题是：理性的力量怎么能够成为一种社会的力量？问题即此。答案就是：通过社会威权的运用来达到这一点。舍此别无他途。（单凭）理性自身并不能够改变社会。康德认为（单凭）理性自身就能够改变社会。他的确考虑到了这一点，但是我们说，这一观点并没有得到社会的和历史的支持，如果你明白我的意思的话。这一愿望没有能够得到满足。在他之后，又有一位哲学家试图告诉我们说理性能够改变社会，这位哲学家就是黑格尔，但是我们根本不相信他的设想，起码我们大多数都不相信。……我可以告诉你我的观点。我认为，将论证的力量与哲学中的理性联姻，并认为这是改变社会的先决条件，这永远是一种错误的观点。但是进行彻底的还原，并认为所有的理性都只是一种随附现象，以其他方式而为我们所确定的变化是真正的动机力量，这样一种观点也同样是错误的。”②

如果理性反思的力量有限，那么我们就需要对于理性反思本身保持必要的机警，并且进而需要一种“有历史的哲学”。“必要的机警”可以说是我们从事理性反思的哲学工作者应该具备的一种职业美德，当然也适用于任何认可理性作用的人。在任何时候，我们都需要对我们所使用的工具保持一种节制。理论推理一旦找到了起点，就有可能迸发出强大的自我繁殖能力。而恰恰是在这个

① Thomas Nagel, “The View from Here and Now,” *London Review of Book*, May 5, 2006.

② B. Williams, “Seminar with Bernard Williams,” *Ethical Perspectives*, 1999 (6), pp. 43 - 265, 252.

时候，我们需要警惕我们自己是为了什么而展开理论推理活动的，反思我们的自我繁殖能力的产生是恰当地与我们的理论活动目的匹配了，还是过当地自我激发了。而“有历史的哲学”这一主张，则有可能引导我们摆脱理性主义的线性思维，将我们引导到一个复杂现实的截面上，从而将价值多元主义的主张引导到我们对于人类实践活动[①]的反思中。关于后一点，可见下一节“康德时刻与政治哲学”中的分析。可以肯定，从对理性主义在展现实践哲学问题的无力入手，威廉姆斯沿着伯林的思路，把价值多元主义以及由此而来的“何为政治”的问题重新进行了界定。20世纪以来的政治哲学，不得不现实地考量摆在我们面前的现实的政治局面。

威廉姆斯对于道德主义的批评为我们的道德哲学考察引入了新的维度。比如他的某种程度的自然主义主张，他对于道德心理学的强调，对精神分析方法在道德哲学考察中的作用的关注等等，无不表明威廉姆斯对于道德哲学发展的新理解。而他对于道德主义在政治哲学中的泛滥的批评，则直接把我们带入了他所主张的“政治现实主义”。这样一种路径，在表面上表现为前述尼采名言就已经凸显的修昔底德、马基雅维利路线，当然也可补加上后来的霍布斯与马克斯·韦伯。而深入威廉姆斯对于道德主义在人类伦理思想和政治思想中的位置的批评，我们就遇到了政治哲学的一个非常近代化的主题：政治的自主性。威廉姆斯在自己的文章中非常谨慎地提出了自己的这样一个主张，并且给出了一个非常谨慎的回答。而对于“政治自主性”命题的考察，将把我们带入近代以来人类对于自身的政治制度、政治规范的性质的反思。在这样的一个反思中，一个关于政治的新断言出现。这个新断言就是：政治是一种人造物，政治规范具有社会性和约定性，它不是也不应该是自然长成的，因此不必要也不应该从政治领域以外的地方为自己寻找基础。

简单说来，“政治自主性”命题否定了自柏拉图和亚里士多德以来就存在的“道德为政治奠基”这样一个传统主题。这个命题转而顺着马基雅维利所开创的思路，主张政治有独特的性质，因此需要独特的支撑政治生活的理由。政治家的活动、政治机制的建构、政治规范的产生都需要一种完全不同的“政治的”理由，不能够也不应该从政治以外的道德领域去寻找支撑基础。

强调人类具体实践领域具有自主性，这样一种思路当然不仅仅局限于人类

---

① 人类实践活动有多个领域。对应于对于人类实践活动的反思，当代实践哲学家更多关注法哲学、道德哲学与政治哲学。当代实践哲学家关注的领域自然是对人类活动的一种收窄，因此在某些特殊时刻，实践哲学家似乎应该不能够仅仅局限于考察被收窄后的反思领域。

的政治生活。从原则上讲，威廉姆斯重提“政治自主性”主张，这把我们带回到了还原论与非还原论的争论中。威廉姆斯对于我们所考察的对象采取的是一种现象主义的立场。他一直对还原论抱着一种警惕和批判。而如果将威廉姆斯的这样一种理论取向应用于对于西方近代政治思想的考察，则很有可能会改变我们对于一些传统话题的看法。比如对于自然法，我们就可以像威廉姆斯对待理性主义那样提出批评。自然法是还原论的和非历史的。就其强调理性的普遍无差异而言，自然法是非历史的；就其强调存在客观法则可以为我们的道德规范和政治规范的诞生奠基而言，它是还原论的。那么，一个更为重要的问题就出来了。如果自然法在其（来源与产生的）“自然性”和（适用能力与范围的）“法则性”两个方面同时出了错，那么，传统上运用它来解释的人类实践规范又应该做出什么样的新解释呢？与这样一个严峻的新问题关联，我们就不得不把我们的考察对象进一步放宽，将我们整个人类实践密切相关的三个领域即法哲学、政治哲学与道德哲学的问题都放到一起来考察。我们来整体地思考一下：指导人类实践的规范的基本性质到底是什么样的？到底可以寻求一种什么样的新解释？

大致说来，我们可以在本节所讨论到的两条线索上展开工作，以考察支撑威廉姆斯政治哲学的基本命题，并且最终说明威廉姆斯的政治哲学何以是“政治的”和“现实主义的”，而非“伦理的”和“理想主义的”（理性主义的一个现实实现）。

第二节　康德时刻与政治哲学

在对科斯嘉的《规范性的来源》一书的讨论中，威廉姆斯对科斯嘉的康德主义立场提出了怀疑。威廉姆斯提出，认为历史就停留在了康德的主张上，无法解释为什么在康德之后我们还会有黑格尔、施莱尔马赫等。

在《历史、道德与反思检验》一文中，威廉姆斯批评了科斯嘉在考察道德规范起源问题上所采取的康德式的理性主义立场，认为她只强调了个体的理性反思，而忽略了历史发展。而“如果一个人接受了历史和社会发展对于普遍化的道德出现来说的必要性这一观点——很难否认这一点——他就面临着几个著名的黑格尔式问题”。威廉姆斯提出了两个黑格尔式的问题：第一，许多历史活动以不接受普遍化的道德为前提，那么你是否承认在普遍化的道德出现的诸种条件中，这些历史活动也应该包括在内？“如黑格尔自己所问，康德主义者真的希望康德式道德已经具有压倒优势吗？”第二，为什么一定要假定历史止于康德？毕竟，在康德之后，历史事实上再次从康德到了施莱格尔（Friedrich Schlegel），又经黑格尔到了尼采。威廉姆斯认为，既然科斯嘉表现出了与她的许多康德路线的同路人不同的立场，已经开始严肃地考虑历史范畴，她就不得不解释这样的问题：在那样一个历史中为什么康德时刻（Kantian Moment）是特殊的？怎样解释这一特殊历史事实？又怎样解释在康德时刻来临之前的历史发展？[①]

这里提到的“康德时刻”，其实说的是理性主义者在思考哲学问题时，尤其是在思考实践哲学的问题时的一种主张。这种主张认为，我们人类都是有理性能力的，即便是某些人在某些时候还不能够就特殊的问题达成理解，但是在抽去了特定人的特定时期的理解之后，我们能够想象，只要人们充分运用自己的理性能力，那么在某个特定的极限时刻，人们注定会就某些问题形成一致的、无差异的结论。

科斯嘉曾经提出，我们可以设想，在我们的反思平衡中，或者说在经过了人类的多次博弈选择后，我们有希望达到一个相对稳定的平衡点。在现实的人类选择中，任何人都有可能希望得到起码不低于该平衡点的对待。我们把这个起码不能再低的平衡点称作社会公平的观念，也即正义观念。这样一种观念将蕴含着普遍无差异的道德要求，科斯嘉把可以通过这样一种推理过程而获得理解的理性观念称为“无条件的理性观”。[②]

在康德时刻中，我们面临着两种不同的思考方式。当我们去考虑“某些人在某些时候还不能够就特殊的问题达成理解”时，我们是在讨论“此时此地”（here and around now）的状况和问题。而当我们讨论假想中的“在某个特定的极限时刻，人们注定会就某些问题形成一致的、无差异的结论”时，我们是在诉诸一种“彼时彼地”（then and there）的观点。

在实际的讨论中，可以说所有的康德主义者和理性主义者最终都会诉诸

---

① Christine M. Korsgaard, *The Sources of Normativity*, Cambridge, Cambridge University Press, 1996.

② Christine M. Korsgaard, “Internalism and the Sources of Normativity: An Interview with Christine M. Korsgaard by Herlinde Pauer-Studer,” in Herlinde Pauer-Studer (ed.), *Constructions of Practical Reason: Interviews on Moral and Political Philosophy*, Stanford, Stanford University Press, 2003.

“彼时彼地”的观点。当有人提出实际的状况是有些人持有某种终极立场，而有些人就是持有现在这样一种立场时，大部分康德主义者就会说，我们讨论的不是这种实际情况，而是某种可以想象的理想状况。在那种状况下，因为人们拥有理性能力，并且只要我们给予他们更多的耐心，多等待他们一会儿，他们早晚会就这样一些问题达成一种共同的认识。这里需要注意的是，当代持康德主义立场的人，其立场态度的强弱程度是不一样的。有一部分人持一种强立场，坚持认为人类理性活动最终可以解决所有问题。而另外相当多的一部分人则在康德立场与所观察到的现实的人类实践活动之间犹豫，他们注意到人类实践是这样的，而康德主义的处理方式是那样的。依凭直觉，他们也承认人类实践似乎的确有无法完全通过康德主义加以处理的问题。

康德主义者所坚持的这样一种无条件的理性观对于人的一种假设就是：人是一种理智的动物。紧随着这个假设的第二个假设就是：理智反思的产物要比不经反思而展开的活动更可取。在这样两个假设的前提下，得出的结论就是：未经反思的生活不是好生活。这是一种在人类思想史上源远流长的“理智主义”（intellectualism）传统。正如其名称所体现的那样，它的麻烦就在于，它过于强调理智在人类生活和理解人类生活过程中的作用，以至于认为所有未经理智审视的生活都不是好生活，并且最终假设，人必有理智，且必然能够通过运用理智达成对于指导人类实践的道德规范与法律和政治规范的根本理解。当然，这种根本理解本身还应该是普遍无差异的。也就是说，从认识者的角度来说，每个人都能达到这样一种无差异的统一理解。而从规范的角度来说，这种规范最终也会无差异地同等适用于每一个人。非常明显，这样一种观点预设了人在理智生活这件事情上的地位和能力的平等。柏拉图显然是这种传统的代表。当代持有这种立场的人经常会私下里说：不诉诸人的理智或理性，我们又能怎么样呢？这种看法的假设就是，无法想象不运用理智来审视的人类状况。

当然，在实践哲学所触及的问题上，理智主义的确为其他不同立场的持有者留下了可能讨论的基点。这个基点就是，目前为止我们现实生活中所遇到的理智主义者，基本上都承认在某个特定的时间地点，人们的实际认识可能是千差万别、参差不齐的。区别在于，理智主义者认为这是一个需要我们最终克服的基本事实。如果连这个基本事实都被否认了，则那样的一种理智主义者就必然生活在一个与我们的实践观察不一致的特殊空间。而正因为有了这个基点的存在，我们似乎的确还有机会与理智主义者讨论点实践问题。

理智主义对于人的这些假设，再加上前边讲到的站在“彼时彼地”立场而坚持的一种“无条件的理性观”，构成了理性主义者心目中讨论人类道德生活与政治生活的基本期许。这个期许的结果，就是设定存在一种理想主义的道德目的王国或政治理想国。在那样一个时刻，在那样一个地方，人们可以运用自己的理性能力认识到这样一种理想状态的存在，并且可以运用自己的理性能力认识到与理想王国得以存在相配套的规则体系。这些规则体系就是理想王国本身得以存在的基本保证。

很显然，(尽管我们在康德那里也看到了关于德福不匹配问题的讨论，不过，在哲学史的讨论中）这种理性主义经常与善良意志论配套运用。它假定人有善良意志，并且假定人们可以通过善良意志的运用达成社会和谐。而人的理性能力则是达成这种社会和谐的另外一种前提保证。

威廉姆斯把这样一种传统所对应的政治主张叫作“柏拉图问题”，并在此基础上提出了与柏拉图问题完全不同的另外一个问题，这个问题可以被称作“马基雅维利问题”：“从柏拉图那里继承下来的好人的概念产生了好人根本上如何才能有所作为的问题，而马基雅维利的现实世界的概念则提出了任何人面对这个世界如何才能有所作为的问题。(‘现实主义’的一个流行含义就是从如下事实中得到了其力量的：即使第一个问题没有答案，第二个问题也还是有某些答案的。)”①

威廉姆斯提到的现实世界是一个“此时此地”的世界。这个世界面对的是具有个体差异的个人，是一个既有理性反思能力，也有情感、意志、气质、禀赋，并且生活在一定的文化系统中，同时向偶然性洞开的人。因此，威廉姆斯要处理的是一个并不诉诸理性可达到的极限的、“此时此地”的、现实世界中的问题。

威廉姆斯的主张是反对理智主义假设的，而且可以说是系统地反对理智主义假设的。威廉姆斯认为马基雅维利问题才是一种真正的政治问题的开端。因为，假如人类真的都能像理智主义者所主张的那样最终达成一种理性可及的极限状态，则分歧与差异就都会消失。然而，一个无歧异的理智人的世界不是一个政治世界，而是一个哲学王的理想世界。而政治问题要想可能，政治哲学要想可能，就需要抛弃“彼时彼地”的主张，现实地面对“此时此地”的人及“此时此地”的问题。

① ［英］威廉姆斯：《道德运气》，徐向东译，96页，上海，上海译文出版社，2007。

“此时此地”的主张，不可避免地要让我们面对一个价值多元的世界。理性主义的无条件的理性观必然主张价值的一元化。或者说，理性主义者可以策略性地接受价值本身的多元存在的局面。但是理性主义的假设必然是，这只是我们开始工作的起点，通过运用人类的理智，我们最终可以达到价值和规范的一元。因此我们可以说，理性主义就是一元论。而像威廉姆斯这样批评理性主义，就不可避免地涉及他早在 1979 年为伯林论文集所作序言中提出的“价值越多就越好”的主张。伯林说人类的价值是多元的。威廉姆斯则进一步提出，价值的多少看来可以作为我们衡量好社会与坏社会的基本标准。一个社会能够容纳的价值越多，它就越有理由被认为是好社会。在伯林和威廉姆斯对于价值多元主义的强调的基础上，我们还可以进一步假设，正是由于价值多元的存在，人类实践生活中才有了一部分无法通过其他的方法（如伦理的、经济的、宗教的方法）加以处理的问题。这样一个部分的问题最终被认为属于我们后来称作“政治的”（the political）部分。在这样一条理解线索上，我们假定了人类实践有一块坚硬的内核，有了这块坚硬的内核，我们才不得不进入或者说开辟一个人类政治生活的领域。这样一种基于价值多元的存在而为政治作为独立领域的存在加以辩护的主张，我们命名为“硬核论”。

将价值多元主义的主张纳入政治哲学的考量，必然要使政治哲学的反思方式产生改变。这种改变在威廉姆斯那里的表现，就是主张一种多元而竞争的政治。不过，“此时此地”的观点当然不局限于引入了价值多元主义。事实上，为了反对理性主义的“彼时彼地”的主张，威廉姆斯同时还提出了人的多维度的存在（性情说）、人的文化内嵌式存在以及价值的偶然性等主张。詹金斯称其为威廉姆斯哲学的三个基点，并认为它们分别是对亚里士多德、黑格尔与尼采哲学主张的继承。① 其中的性情说主张人有天生的禀赋倾向，因此这种主张认为应该以自然主义的方式、心理学的方式、生物学的方式、社会文化的方式乃至精神分析的方式理解人。这些被归结为威廉姆斯的思考新维度，强调了人不是一个单纯的理智抽象物，而是一个自然禀赋与文化演进相叠加的复合存在。这种存在既有价值文化的维度，也有肉身完整的基础。而不管是哪一种维度，其本身的存续毁灭都具有相当大的偶然性。

---

① Mark P. Jenkins, *Bernard Williams*, Dublin, Acumen Press, 2006. 事实上，当詹金斯强调威廉姆斯对于黑格尔的文化内嵌主张的继承时，他多少忽略了威廉姆斯对休谟以及以休谟为代表的苏格兰启蒙运动的道德哲学和政治哲学主张的继承。苏格兰启蒙运动的一个重要主题，就是主张人是“具体的与内嵌的”（embodied and embedded）。

威廉姆斯的哲学方法是现象主义的（尽管很难说是现象学的）[①]，这也就不难理解为什么他的道德哲学是道德心理学的和概念分析的，而不是规范的与伦理的。威廉姆斯强调回到古代希腊，其眼光就是要回到古代希腊人的视觉中心。事物是以什么样的一种面貌呈现给我们的，我们就以一种什么样的面貌表达出来。在这样一个过程中，重要的是我们要抱着一种真挚的态度。而对于随后应该如何解释哲学事物所呈现的面貌的问题，威廉姆斯其实也有着明确的主张。这种主张就是，对于世界的多态面貌的解释本身是复杂的。威廉姆斯有一个说法，经过笔者的简化改写后就是："不要以为我们用语言描述了一遍世界，便以为世界就是我们语言所描述的那个样子。"在威廉姆斯看来，解释系统是多样的，而解释系统与世界如其所是的样子之间的关系，则是一个需要特别慎重对待的问题。

第三节　多元与竞争的政治

从前面的理论交代，我们可以看出威廉姆斯导入政治问题的方式。他主张人类是理智与价值的复合物，是一种生物性的存在。在"此时此地"，我们面临着这样一群有着复合主张和复合诉求的人，他们自身的欲望与诉求就摆在我们眼前，如果我们愿意，我们可以将他们的不同的欲望与诉求窄化为不同的价值诉求，而政治制度、政治机制与政治规范的存在，就是为了能够应对和处理这些不同的诉求。在政治生活的层面上，我们把这种不同诉求并存且无法依照一条固定的原则统一处理的局面称作一种基本的多元事实。

需要说明的是，威廉姆斯的多元主义是对伯林多元主义的继承与发展。伯林与威廉姆斯之间也一直存在着一种理智上的相互信任和价值与情感上的相互欣赏。总结伯林的价值多元主义的主张，我们可以得到下述几个基本看法：(1) 存在着一些普遍的、共享的人类价值；(2) 同时也存在着一些相互冲突的人类价值，这些价值之间是一种相互竞争的关系；(3) 在这些不同的相互冲突的价值之间的选择必将意味着其中一些价值的牺牲和损失（loss）（选择了价值

---

① 相关分析参见 Charles Guignon，"Williams and the Phenomenological Tradition，" in Daniel Callcut (ed.)，*Reading Bernard Williams*，Abingdon，Oxon New York，Routledge Press，2009，pp. 166－188。

A 就必然意味着牺牲和损失了价值 B)；(4) 这种牺牲和损失是人类所面临的永恒困境。

威廉姆斯完全接受伯林的主张，认为人类既存在着共享的价值，又存在着多元而不可通约的价值。在伯林主张的基础上，威廉姆斯进一步提出“价值越多就越好”的主张，并将其作为衡量一个社会是否是好社会的标准。

这里存在着一个问题，多元价值的存在本身是一个基本的观念事实。一些哲学家会说这些是基本的伦理事实。而事实上，事情如果涉及人的价值，则其本身的性质可能比单纯的伦理事实要更复杂。而要从一种基本的观念事实进入关于人类政治生活的讨论，就需要一种过渡与跳跃。而事实上，我们都知道，伯林自己就没有能够处理好从价值多元主义向自由主义的过渡问题。他认为价值既然是多元的，则我们在政治上的自由主义的选择本身就不能够是由价值多元主义必然推论得出的。伯林自己既是一个价值的多元主义者，也是一个政治的自由主义者。但是他承认，他没有能够处理好这样一个从前者到后者的过渡难题。用克劳德的话来说就是：“伯林并没有完全成功地解释为什么多元主义者就应该是自由主义者。”① 不过，“伯林的确相信自由主义与多元主义可以调和，有时他走得更远，认为多元主义为自由主义提供了实证支持。而在这里，他的看法仍旧是不清晰、不连贯的，他的文本需要加以仔细的筛查”②。

不过如果我们引入约翰·格雷的解释，也许我们可以以一种曲折的方式为这个问题寻找一种新的理解。约翰·格雷基于他对伯林观点的理解，提出伯林的自由主义是一种竞争的自由主义 (agonistic liberalism)。③ 这一提法进一步加剧了伯林思想中多元主义与自由主义的紧张关系，使得从多元主义到自由主义的过渡这一难题明朗化。约翰·格雷自己也进而在这样一个难题的基础上提出了自己的主张：自由主义的未来取决于“权宜之计”的方案。④ 约翰·格雷说：“就像道德生活一样，政治生活中也存在一些在敌对的善和恶之间的基本选择，此时理性弃我们于危难而不顾，我们无论怎么选择都要导致一些损失，有时甚至会出现悲剧。我把伯林的由价值多元论引致的这种政治观

---

① George Crowder, *Isaiah Berlin*, Cambridge, UK Malden, Polity Press, 2004, p. 126.

② George Crowder, *Isaiah Berlin*, p. 142.

③ John Gray, *Post-Liberalism*, New York, Routledge Press, 1993, p. 67.

④ 参见［英］约翰·格雷：《自由主义的两张面孔》，顾爱彬、李瑞华译，南京，江苏人民出版社，2005。

称为‘竞争的自由主义’。……伯林的基本思路不是自由的竞争而是竞争的多元论。”①

格雷基于伯林的多元主义，认为人类的政治生活注定是一种“权宜之计”。这样一种论证对于将自由主义作为自己价值信念的人来说是一种打击。因为这将意味着这些人只能在主观的价值排序中将自由主义视为至善，而这样一种信念在现实的政治生活中无法得到理性论证。在格雷看来，不管怎么界定自由主义的价值，自由主义的普遍主张都会受到价值多元主义的破坏。尽管价值多元主义是一个富有争议的理论，并不总能得到清楚的表达，但是基于价值多元主义的政治理论不是自由主义，而注定是权宜之计的理论。因此，多元主义的确挑战了自由主义的普遍性主张。② 格雷的这样一种思路凸显了伯林式多元主义在人类政治生活面前的几个基本特征。第一，认为政治生活的善是一种人为的价值选择。伯林的自由主义“承认理性选择的局限，肯定基本选择的现实”③。第二，认为不同的价值选择是相互竞争的。第三，认为这种相互竞争的局面只能导致政治生活成为“权宜之计”。

我们在这里可以适当凸显格雷主张中的竞争特征，并且将这样一种竞争窄化为权力竞争。经过这样的过渡，威廉姆斯式的政治哲学观就将呈现出来。在威廉姆斯的视野中，人类的政治生活是一种多元而竞争的图景。这样一种图景，落实到对于政治生活的现实考量上，就是一种政治的现实主义。威廉姆斯对于近代以来发展出来的人类基本政治制度表示认可，对于民主制与竞选制度表示赞赏。但是他反对理性主义和道德主义解释人与人之间分歧的方式，他认为分歧是永远存在的，是任何机制与理智原则都无法化解掉的。而正是因为存在着这样一种无可化约的硬核，政治之作为政治才具有独立存在的内容和必要。我们把这样一种对政治作为独立领域存在的论证称作“硬核论”。而这一块不能被不同机制与理智原则化解掉的东西，其本身注定处于永恒的冲突状态。在人类政治生活中，这样的冲突表现为权力冲突。由于这样的冲突是永远存在的，因此伯林与威廉姆斯所主张的人类政治是一种“冲突论”的政治。这

---

① ［英］约翰·格雷：《伯林》，马俊峰、杨彩霞、路日丽译，“导言”，3～4页，北京，昆仑出版社，1999。

② John Horton & Glen Newey, *The Political Theory of John Gray*, New York, Routledge Press, 2007, pp. 213－215. 有意思的是，终其一生，伯林都没有撰文反对格雷对于其多元主义的这样一种拓展性理解。而他在其去世前不久的1994年还与威廉姆斯联合撰文反对G. 克劳德在一些关键概念上对于他们的误解。

③ ［英］约翰·格雷：《伯林》，152页。

样一种政治区别于以罗尔斯等为代表的理性主义的“和谐论”的政治。而且，这样一种不可避免的和永恒的冲突，其本身向偶然性洞开。并且其本身之所以存在，一个重要的力量来源，就在于人类生活的偶然性。

综合考虑威廉姆斯的政治思想，我们可以把威廉姆斯的政治哲学界定为“基于多元主义的现实主义的自由主义”。也就是说，与伯林一样，威廉姆斯接受和认可近代以来西方以自由主义为基本底色的自由民主制度，但是对于如何解释和理解这样一套制度安排，以及我们可以拿这样一套制度做什么，不能拿这样一套制度做什么，威廉姆斯有着自己的看法。这种看法的限制，就是前边的“现实主义”与“多元主义”。

“现实主义”与“多元主义”共享着格雷意义上的相互竞争模式，但两者强调的重点不同。“现实主义”更多的是政治的，“多元主义”则更多的是价值的。“多元价值之间的竞争在人类的政治生活中必然表现为权力的竞争。”或者我们可以进一步定义说：“在政治生活中，竞争的价值之间以争夺权力的形式表现出来；权力直接可以量化为我们在现实生活中观察得到的对于资源的支配权和规则制定的优先权。”[①] 经过这样一种过渡或者说跳跃之后，我们才可以从讨论一般的人类价值的分歧的话题领域进入讨论人类政治分歧的政治生活领域。强调政治生活是一种权力冲突与竞争的关系，这是现实主义的核心主张。

在经过了这样的重新界定后，我们大概可以看出，威廉姆斯的政治哲学与当代其他哲学流派的争论，首先不是现实政治制度基本安排的根本争论，而是关于现代政治安排的基本理据的争论。但是这样一种争论又不是一种概念之争或语词之争，而是关于这个世界的基本面貌的描述的争论。而这样一种争论，最终注定要反过来改写我们自身的政治理解，进而改写我们对于政治面貌与政治性质的理解。他批评理性主义，认为政治活动中的人不能被归结为简单的理智的存在物，而是一个复杂的现象的能动者。政治生活中的行动者以各种不同的表现方式呈现在我们面前，他可以从生物的、文化的、心理的、现象的等不同的方面被解释，但是就是不能够被单一地简化为理智主义的或理性主义的个人。同样，对于主体的活动面貌，我们最好以现象的方式加以谨慎描述，而不能够将其扁平化地嵌入某些特定的伦理解释中，比如康德式的道义论以及边沁式的功利主义。关于政治生活的主体，也许我们有更多可讨论的空间。

---

① 陈德中：《政治现实主义》，181页，北京，知识产权出版社，2010。

第四节　现实主义、偶然性与“他者”问题

我们把威廉姆斯的政治哲学界定为“基于多元主义的现实主义的自由主义”。前边我们已经触及其多元主义立场，本节将就其“现实主义”的立场给出一个深入分析。可以说，“偶然性”“多样性”与“多元性”是“现实主义”主张得以成立的几个关键概念。因此，在我们对“现实主义”与“政治现实主义”做出区分之后，我们将进一步就这几个概念以及由此生发出的“他者”问题做出交代。

首先区别现实主义与政治现实主义。对这两个概念，笔者尝试提出一个明确的判别方案。我们将发现，站在现实主义一边的思想家具备如下判别标准：

（1）关注事物的流变和不确定性（偶然性）。

（2）关注世俗生活中人类欲望的多样性与价值的多元性，即实践生活的杂多样态。

（3）主张杂多与偶然不可还原，主张基于杂多与偶然考察人类的实践活动，从而将杂多作为一实在（reality）而设定下来，使之成为考察实践生活的基本起点。

（不可用一条通用规则对不同的欲望与价值进行一劳永逸地排序。[①]）

这三点既不同于理性主义，也不同于理想主义。

理性主义和理想主义的判别标准为：

（1）都希望用一套稳定的方案来应对流变和不确定性。

（2）为了该方案的稳定，同时强调摈弃世俗生活中的欲望的多样性与价值的多元性。

（3）主张杂多与偶然是可还原与可排除的。

那么现在，当一些思想家在考察伦理政治生活时，如果他们同时坚持（1）（2）（3），并且批评稳定方案的可能性，我们就可以说，这些思想家具有现实感。当他们把这种现实感进行系统化，形成他们思考伦理与政治问题的系统主张时，我们说他们是现实主义的。概而言之，理性主义和理想主义与现实主义

---

① 这一表述直接来源于下述文献：Isaiah Berlin & Bernard Williams, “Pluralism and Liberalism: A Reply,” *Political Studies*, 1994 (42), pp. 306 - 309.

的关系是在一与多、静止与流变、是与应当的关系中的偏向上的区别。根本区别在于认为杂多与偶然是否可还原，也就是说是否可取得一套稳定的解决方案。流变与偶然性，欲望的多样性与价值的多元性，对于这些事实，现实主义与理想主义都承认是存在的。二者的区别不在于是否承认这些基本事实。二者的区别在于，现实主义接受这些东西，并视其为人类生活的基本事实，我们不但需要接受流变与偶然性，而且需要在我们的人类制度设计中保护乃至鼓励欲望的多样性与价值的多元性，并为它们保留一席之地。而理性主义则试图通过理性的运用将流变与偶然性转化为确定性，将欲望与价值进行统一的排序。

现实主义与理想主义的区别，可以追溯到二者对于理性到底能够有多大作为的态度上的区别。现实主义对于人的理性能力抱着一种谨慎的怀疑态度，认为理性只是消极的作为。而理想主义则认为理性具有较强的积极作为的能力。在休谟与康德那里，我们可以看到这种区别的不同表现。对于现实主义者来说，不仅理性能力本身是有限的，而且理性所处理的对象是多元的和不可通约的，因而理性的运用本身面临着双重困难。

所有的现实主义者都承认和接受世俗生活中人类欲望的多样性，并且将其作为思考伦理问题与政治问题的基本前提。即便是宗教现实主义（如尼布尔的基督教现实主义）也都是以承认世俗生活的现状为前提的。顺着这一点延伸，现实主义给人的印象是以世俗现状为出发点，并且表现出某种程度的去宗教化特点。虽然这并非笔者在本节所关心的重点，但是可以肯定，威廉姆斯的政治哲学是在一个完全世俗化的立场下展开的。①

而“政治现实主义”则有一个更为严谨的定义，那就是强调政治思考特殊的“自主性”。也就是说，当一些思想家认为政治生活应该有独立的考察概念，尤其是强调这些概念围绕“权力”与“权力竞争”而展开，并且认为作为集体生活的政治生活不同于个体生活的领域时，我们说这个思想家是一个政治现实主义者。

接续我们上节的讨论，“政治现实主义”的定义判别标准可以被界定为：

1. 强调通过权力与权力竞争模式来定义政治。

---

① 威廉姆斯排除理论活动的超验诉求，致力于将哲学的反思活动限定在人类生活范围之内。如哥廷汉所言，威廉姆斯“关闭了意义与和谐生活具有超自然或超验基础可能性的大门”，“将我们的理论家园局限于完全封闭的颇为偶然的宇宙”。[John Cottingham, “The Good Life and the ‘Radical Contingency of the ethical’,” in Daniel Callcut (ed.), *Reading Bernard Williams*, New York, Routledge Press, pp. 35－36.]

2. 强调政治思考的自主性。

3. 从而认为约束政治行为的规则不能够从政治以外的下述诸途径直接获得：

（1）考察行动者的个体生活；

（2）考察人与人之间的伦理问题；

（3）考察社会问题。

这三点的核心是“自主性”。标准 3 是在标准 2 的基础上进行的延伸与补充。标准 3 有两个不同的针对对象。第一是针对尼采这样的思想家。尼采思想不符合标准 2，他的超人政治是以考察个体生活的模式来考察集体生活。第二是针对以《理想国》为代表的政治哲学传统。《理想国》意识到了对于集体生活的政治考察不同于对于个体生活的考察，但是它不符合标准 2。当然，具体到柏拉图，我们甚至还会判断说，他并不是一个现实主义者。很显然，他是一个理念论者。起码我们会说他缺乏现实感。同样，我们会认为休谟与斯密是现实主义者，但不是政治现实主义者。所有苏格兰启蒙运动的思想家都是用社会学的视角看待政治的，苏格兰启蒙运动思想是现实主义的一个理论变种，属于一种机制论（本章也将讨论到机制论与理性论在这一问题上的差别）的政治哲学观，其并不认为政治具有自主性。

尽管罗尔斯也强调政治思考的自主性，但是他并没有强调甚至还否认通过权力与权力竞争模式来定义政治思考，所以他不是政治现实主义者，而是如他所言是政治自由主义者。强调了政治思考的自主性，在多大程度上还能够坚持自由主义，这对罗尔斯来说是一个关键性的困难。从对多元现实的承认和对理性与合理性概念的区分来推测，笔者将论证罗尔斯的政治哲学将逐步远离自由主义、接近现实主义的诸多假设。而这也是罗尔斯政治哲学所面临的基本窘境。

只通过判别标准 1 并不能够有效地将黑格尔及其辨证继承者共产主义者的政治现实主义理论与自由主义的政治现实主义理论区别开来。但是另外加入判别标准 2 和 3，我们就可以将二者区别开了。当然，这同时带来了一个问题，我们需要通过回溯才能实现判别。

需要特别说明的是，在现实主义与政治现实主义之间所做的上述区分，其基础底本依然是威廉姆斯。因此，我们所做的工作，可以算是对威廉姆斯基本主张的一个整理与推演。在我们所触及的判别标准中，一些为我们所特别强调的概念如“偶然性”“多样性”“不可还原”等，也都是威廉姆斯文献中的常见关键词。

我们上述判别标准的特殊贡献，一是在欲望与价值之间进行了再次划分，二是突出了偶然与流变特点的时空特性。笔者将欲望的多样性与价值的多元性进行了区分。不在二者之间进行区分的话，我们在讨论晚近的伯林多元思想时就会遇到困难，而且不利于具体地讨论约束政治生活的一般条件。在伯林那里，人类有一些共享的基本价值，如饥饿、幸福等等，也有一些不可通约的价值。但是伯林没在二者之间做出区分。

伯林所说的那些普遍共享的价值，说的其实就是一些可公度的人类欲望。而那些相互冲突且不可公度的价值才牵涉到我们所说的价值多元的问题。我们说人类欲望是可公度的，是说它们可以被大致以相同的方式来想象与描述。但是这并不是说当这些价值体现在每个人身上时，它们是可以被替代的。恰恰相反，具体到每一个人的欲望诉求，其本身同样体现为不可替代的价值。而价值的多元性在这里则特指那些不可通约的价值。在欲望的多样性与价值的多元性之间做出区分，是为了把政治生活中的两种不同的约束区别开来。

在谈到偶然与流变时，除了传统的偶然与运气的概念之外，我们还应该突出强调欲望与价值在不同时空条件下的变化。这种变化是说，即便是同一个人，在不同的时空条件下，他的欲望与价值的排序也会发生变化。由于欲望与价值随时空的不同而发生变化，人类价值排序问题上的冲突才显得更加复杂。很显然，传统的偶然与运气概念强调的是不依赖于人自身的外在环境的易变性给人类的价值结构与价值选择带来的冲突。而欲望与价值随时空变化而变化的特点强调的则是人的自身需求的易变性给人类的价值结构与价值选择带来的冲突。

环境约束的易变性催生了人类对于实践慎思经验积累的重视，这是就人类自身而言的。此外，面对约束环境的易变特性，人类或无意识地选择或有意识地设计出了一些社会运行机制，以减少或者说降低这种易变性给人类生活带来的冲击。面对实践生活的易变性，没有理由说我们只能够单纯依赖于人类实践生活慎思经验的积累，慎思本身的特性决定了它是洞开的。但是我们确实在自然演进的机制与人为设计的机制之间感到踌躇。

人类政治生活面对着偶然性。偶然性与政治的关系是人类政治生活的一个起点性话题。

首先，人类面对着自然的偶然多变。在政治共同体中生活的人类面临着自然的偶然性，如天灾人祸等。自然的偶然性使得政治生活获得了一个功效性的支持。政治生活出现了责任与义务等概念，还关联着抱怨、问责等。我们可以看到，对于自然的偶然灾难，我们只能以宗教的方式表达，但是我们无法追问人的责任。而对于人类生活领域由人类自身造成的偶然过失，我们则有了责任与义务的概念。比如在地震面前，地震本身的偶然性我们只有承受。但是现代人对于政府在地震中的作用则有追责之权利。我们不能以人在自然面前的无奈来同样宽恕人类政府的消极作为。又比如复仇，传统时代将其归咎于命运的安排，而现代政治则将其视作救济手段的缺失，试图通过权力的集中与法律的细致化，将这种传统观念上的自然偶然性纳入人类制度救济的框架内。同样，现代福利制度、现代医疗保障制度以及各种人身保险和财产保险等制度，也都是人类把自然偶然性转化为人类制度救济范畴的努力。在这样的背景下，传统的偶然性观念之消极性与现代人类制度的扩展之间就形成了强烈的反差。这种反差反过来以功效方式证明了人类制度设计的必要性。但是自然的偶然性作为人类生活的基本背景依然存在。人类生活处于极大的偶然性之中，这一基本特性依然未能在根本上改变。为什么自然的偶然性是不可抱怨的，而人类的不作为过失是可以追责的？这个问题仍值得我们进一步深入探讨。

其次，人类面对着人类欲望的变动。欲望的时空多样性构成了人类生活的复杂性。由群体生活欲望结构的复杂性、多样性及其在不同时空环境下的不同组合而造成的变动性，在总体上构成了人类经济生活与政治生活的变动特性。政治生活的动力不是人类的理性，也不是人类的非理性，而是人类欲望与算计结构在不同时空环境下的多变性。学界研究早就注意到，人类的博弈起码受到两个方面的约束：（1）人们受到物理资源适度匮乏（一如休谟所言）的约束；（2）人们受到其他行动者预期行为不确定性的约束。后一个断言特别地为威廉姆斯所推崇，他将人类政治及其不确定地依赖于他人的行为看作是对政治生活的一种真理性认识。正是在这个意义上，他主张“泰初有为”，并且认为依据某些固定原则推导出来的政治结论是严重偏离人类政治生活的实际面貌的。不同于一些理性主义伦理学家对于人类能动性的简单刻画，我们说一个行为体是能动的，是在说这个能动者自身需求的多样性与流变性。由于这种人类欲望与算计结构在不同时空环境下的多变性，政治生活的任何新行动都不宜简单套用固定的约束规则，而是需要考察特定时空条件下的人们的基本需求，依照彼时彼地的情况来做出应对。

资源和可能性上的适度匮乏（有限的资源与可能性），共享资源的他者的存在，作为利益主体对于他人的一定程度的淡漠，这几条合在一起，决定了分配上不可避免的冲突。这种冲突决定了政治必然存在，也就决定了政治家的任务是在冲突的偏好问题上选择当下的最佳排序。好的政治家尽量给出偏好排序最优解，坏的政治家给出最差解。在这中间，人类一致试图把偏好排序机制化。政治的难题是，当所有既存机制无法发挥作用时，仍然需要给出一个排序。而现实中的政治家的任务就是，在机制穷尽时仍要就现有问题进行安排。韦伯提出："说到底，经济发展过程同样是权力的斗争过程，因此，经济政策必须为之服务的最终决定性利益乃是民族权力的利益。"①

再次，我们面临着由价值的多元性造成的人类生活的偶然性。价值的多元性不同于欲望需求的多样性。欲望需求的多样性表现为不同时空条件下人类需求的流动变化，而价值的多元性表现为不同价值之间的不可通约。不同的需求只有在群体质与量上的时空波动，而不同的价值则表现为价值观念本身的不可还原。价值多元主义使得我们在政治制度的设计等方面产生了分歧，并且决定性地改变了我们思考政治生活的方式。欲望的多样或许可以通过不同的机制而消化，价值的多元则直接危及机制的效用。

最后，机制是人类抑制偶然性的中介。如市场机制与道德心理学机制，民主投票机制与宪政约束机制。前者是自发形成的，后者是人为设计的。机制只是简化了相应领域中的事务处理，在事关人类政治生活的复杂性面前，任何机制的发现（自发机制）与发明（设计机制）都无法穷尽人类政治生活的多样性本身。由人类政治生活的多样性决定的这些不可穷尽领域，被笔者称作政治生活不可化约的硬核。政治硬核的存在决定了政治生活不可能完全免于偶然性。因此，在进行了更多的细分，在尽可能动用了人类政治生活的能动因素之后，笔者发现人类政治生活仍然面对着偶然性。伯林的价值多元主义强调了部分价值的不可通约的特性。不可通约的价值的存在更加突出了政治所需要处理的是一些硬核性的东西。在价值不可通约之后，政治的任务不可为任何机制所消弭。

政治生活作为一个封闭的约束空间，漂浮在偶然性之上，并且消化着偶然性。政治作为人为的存在物与设计物，其本身是可以改进的，但是它与偶然性的关系是永恒的。理性主义者传统上看到了并且反复强调着人类的能动性，却背对偶然性，不愿意让偶然性话题打扰自己所强调的话题。现实主义者正面面对偶然性，不过确实也有一些现实主义者自己把政治生活完全托付于偶然性自身。笔者说政治现实主义者是关注偶然性的，并且也认为他们永远不会背弃偶然性话题，但是笔者在这里并不愿意强调政治只是基于偶然性的。

现实主义是一种应对流变的哲学。它批评理性主义在面对流变时以不变应

① ［德］马克斯·韦伯：《民族国家与经济政策》，甘阳等译，93页，北京，三联书店，1997。

万变，让原则支配了行为。但是它同时也批评完全的后果论，认为仍然有支配行为的价值考量。如果只强调流变，如赫拉克利特所做的，那么我们并不会说它是现实主义的。但是如果特别强调正视人类伦理与政治生活领域的流变特性，并强调将其作为出发点，审慎地考察和处理相关问题，那么这样的主张就是现实主义。现实主义接受流变，以流变为出发点，在流变中处理流变。变动、不稳定和偶然性因此而成为一些基本特征，决定了我们行为的基本特性。

现实主义哲学家会认为人类自身的事务（道德、法律与政治）也永远向偶然性和变动不居的不确定性洞开。人类需要时时挣扎，但是绝对不存在一个一劳永逸地摆脱摆动因素的永恒法则。理性主义则不认为情感、享乐在道德与政治生活中与理智具有同等地位。理性主义总是首先排斥情感与享乐，或者把它们置于较低的地位，因而为克服它们留下余地。柏拉图以理念论来排斥现实世界，伊壁鸠鲁反对享乐，康德在《实践理性批判》的开篇注释中把情感置于较低的地位。这一点也是理性主义与现实主义的区别。当然这一区别是与上述对于偶然性的看法一致的。情感与享乐意味着变动不居，而这也正是理性主义想克服的。

变动不居被现实主义看作一种基本事实，但是被理性主义看作一种需要克服的基本事实。价值多元在当代被凸显后，同样被现实主义看作基本事实，不过同样被理性主义视作需要克服的基本事实。在这里，作为被观察到的基本事实，对于变动不居两者都不否认。但是对于如何面对与处理这样的基本事实，二者的态度开始出现分歧。二者的分歧在这里很明显。不过在价值多元的问题上，价值是否可通约，理性是否可以发挥作用，以及能够发挥到什么程度等等，都是一些引起争议的话题。这些争议构成了当代论争的热点与核心。

价值多元主义有一个前设，就是认为竞争的诸价值之间是平等的关系。这一前设是事实的而非规范的。在政治的意义上，这一平等前设改变了我们对于政治的期许。政治生活被要求“一个都不能少”。而这一新的政治期许完全改变了政治的传统定义。前边我们已经提到，威廉姆斯主张人是一个复合的存在，而不是一个单纯的理智动物。威廉姆斯的这一主张关联于古代哲学关于人类政治生活的讨论存在着两个不同的路线的观点。其中一个路线强调精神不坏，且精神高于肉身，并将最终拯救肉身。这一路线的极端发展就是基督教的末世论。另外一个路线强调肉身完整，认为人的理智依附于肉身，与肉身的现实表现一起构成了具体的人。后一路线对于前一路线的主张表示温和的乃至激进的怀疑，其总体趋向是强调肉身活动的现实性、具体性。在涉及人类的政治生活的问题时，强调肉身的活动（包括相应的理智活动）与欲望是政治生活的基本单位。因此，后一路线强调政治生活的现世特性。一般认为，马基雅维利复活了人们对于政治生活世俗性的关注，使得我们对于政治生活的考察对象重新回到了有欲望的个人。

与此相关的一个话题就是“他者”问题。“他者”问题的另外一种政治哲学表述就是：无论我们能否在道理上说服其他人，只要其他人以一种完整的肉身形式出现在我们的视野中，我们的政治安排就必须将他们考虑在内。这样一种经过了重新表述的主题强调：无论传统的理智传统是否能够说服其他人，我们都必须将其他人视作我们政治生活的组成部分而加以考虑。政治的成熟不在于说服了“他者”，而恰恰在于当我们无法说服“他者”时，我们的政治架构仍然具有容纳他们的足够弹性。而这样一种要求，恰恰构成了现代政治的基本特性。这样一种特性也只有在流动足够频繁和异质性足够丰富的超大型现代社会中才能够得以充分展现。单一的和静止的封闭社会，是最为容易收敛于一种单一的规则约束的。杂多的动态的开放社会则不得不持续处理规则的极限使用，不得不持续为动态、多元的现示问题所冲击，不得不放弃原则的政治而寻求薄版本的底线政治。

政治要面对的正是充满主观欲望的个人。即便我们有望在理智上达成关于何者为善的一般规范，我们达成的规范也只是理想的和模型化的。我们动员的只是参与这种思考的个人，或者只是经我们理想化的人的抽象的理性能力。而现实的政治则要求无论个人是否动员了其理智能力，只要他生活在这样一个共同体中，我们就应该将他计算进我们的政治安排中。

“他者”问题具体体现在以下几个方面。第一，我们如何面对和包容 immoralist 与 amoralist？Amoralist 被认为是不持某种道德立场的人，或者是不具道德性的人。[①] 在威廉姆斯看来，对于世界观基本相仿的人来说，辩护有助

① 依照笔者的理解，amoralist 是对道德浑然不觉者，而 immoralist 是对道德不以为然者。中国学者通常将前者译作“非道德主义者”，而将后者译作“不道德者”。需要辨析说明的是，对道德浑然不觉者，是说这种人自有一套判断世界的方式，但是该方式与既有的道德判断和道德说理方式不搭，他意识不到世界上还有道德说理方式的存在。因此，对于坚持某种道德立场的人来说，一个重大的难题就是如何向对道德浑然不觉者导入道德辩护。而对道德不以为然者，是说这种人知道存在某种形式的道德和道德辩护方式，但是他选择不去遵守这种道德，他不以此种道德判断为然。笔者倾向于不将 immoralist 译作“不道德者”的一个重要原因，是这样一类人有着单独属于自己的一套判别对错的标准，他们可能因而不以既有的道德为标准。最为典型的就是政治现实主义者认为政治应该有着独立的判别标准，它不同于日常生活的道德判断标准。在这个时候，政治现实主义者是一个 immoralist，但他未必就是一个“不道德者”。

于澄清立场并达到说服对象的目的。而对于持 amoralist 立场的人，辩护是无法企及的。在辩护无法企及的情况下，如何包容与承认他者，这将构成对于伦理学体系的一种考验。威廉姆斯倾向于认为，康德路线的伦理学对于这个问题的回答是不成功的。无论是康德的理性-道德-个人自主性的社会制度路径，还是施特劳斯的封闭社会主张，都有可能陷入一个伦理共同体的构建。而政治恰好需要说明，如果他人恰恰不理解与不接受我们的伦理假设，那么我们如何能够仍然包容他。第二，我们如何面对和包容无法通过辩护达成一致的意见者？我们的辩护最终只能够说服和我们意见一致者。如果一个社会只以可通过辩护达成一致为前提，则这个社会只能是意见共同体。而对于通过辩护仍无法包容者，政治应该如何面对？第三，与上述路径一致，当我们的理智无法统一人的综合需求时，也就是说当我们面对人的各种欲望（在这里，我们界定欲望为人的各种需求之总集）要求时，政治应当何为？毕竟，欲望以其实体存在的特性，作为各种实际发生的事态而成为政治必须处理的对象。理智无法包容与解释人的全部欲望，我们的政治生活因而也不能够成为一个精神共同体而包容和处理理智所无法包容者。第四，不可通约的价值如果是现实存在的，那么政治应该如何面对价值的不可通约性？

对伦理共同体、意见共同体、精神共同体的批评，加上不可通约的价值的存在，这四点一起构成了“他者”存在的四个现实维度。我们可以把这四个虽相互关联但各有不同的不可包容对象的向度看作政治中需要处理的“他者”。如何包容这些无法通过理智而统一处理的他者问题，构成了我们对于政治的更为现代的要求。这些要求包含着传统的政治哲学诸路径的挑战与批评。可以说，他者问题的出现使得政治开始真正地成为政治，我们不再能够用伦理的、意见的、宗教的一致性来构建我们身居其中的政治生活，我们也不再能够把人的不同需求全部统一进人的理智要求中，不再能够用理智来制服欲望。我们现在的差异不仅是观点认识上的，而且是切身需求上的。他者出现意味着政治问题的真正开始。

话题至此，我们就不得不提及哈贝马斯的《包容他者》。因为该书提及了多元社会中道德论证的尴尬处境：“任何一个道德共同体的成员，在向现代世界观多元化社会转型过程中，如果认识到了这样的两难情况，即尽管他们关于基本道德规范的背景共识已经不复存在，但他们还是一如既往地用理由来争论道德判断和道德立场，那么，他们就会陷入一种尴尬境地。”

这种尴尬使得我们需要拓展出“一种对差异性十分敏感的普遍主义。平等地尊重每一个人，并非仅仅针对同类，而是也包括他者的人格或他者的他性”[①]。

一个政治共同体如何处理与他者的关系，决定了这个共同体的基本性质。传统政治哲学不乏将政治构想为伦理共同体、意见共同体、精神共同体的方案。哈贝马斯的方案是一种在宪政框架内既相互竞争又相互接纳的方案。除此之外，我们还可以有文明冲突的方案和政治现实主义的权力互竞方案。其中，政治现实主义将他者的存在视作基本的权力单位，主张以互竞作为考察不同权力单位之间关系的基本模式。而这一思考路径的一个背后假设就是：政治是自主的，我们不能够用政治生活以外的其他东西来还原性地解释政治问题。也就是说，我们批评政治哲学研究中的还原论立场，主张政治的自主性。

第五节　何为“政治”，如何“自主”?

威廉姆斯强调政治哲学应独立地使用政治的概念，它不应当是道德哲学的应用与分支。关于什么是“政治的”（the political），威廉姆斯主张[②]：

（1）政治哲学讨论的核心概念是“权力”及围绕对于权力的制约而产生的“正当性”。

（2）政治观念的分歧实际上是政治分歧。

（3）政治分歧包括（但不限于）对于自由、平等或正义等政治价值的解释的分歧。

（4）政治分歧表现为政治对手之间的一种关系。

威廉姆斯关于什么是政治的这四个观点突出强调了政治的特殊性质，因而可以说是对于政治哲学之为“政治的”而非伦理的或哲学一般问题的这一观点的特殊强调。我们可以从如下四个方面来理解威廉姆斯的这四个观点。

首先，威廉姆斯强调了权力以及权力使用的正当性问题是政治的首要问题。他提出了政治哲学并不只是应用的道德哲学，也不是法哲学的分支（部分地在回应德沃金的观点）。政治哲学必须独立地使用政治的概念，诸如权力及

① ［德］哈贝马斯：《包容他者》，曹卫东译，前言，上海，上海人民出版社，2002。

② 参见［英］威廉姆斯：《从自由到自由权：一种政治价值的建构》，应奇译，见应奇、刘训练编：《第三种自由》，398～399页，北京，东方出版社，2006。

对应的规范概念即正当性。这一主张将政治哲学从道德哲学中独立出来，可以说是当代政治哲学的一个突出进步。

其次，威廉姆斯强调了政治分歧，认为政治分歧是价值竞争的必然表现。威廉姆斯区分了政治分歧与道德分歧，认为道德分歧通过描述影响道德决策的种种理由而得到考察和说明，而政治分歧则由一个特定的领域决定。这个领域与什么是在政治权威的统治下应当做的事情这些问题有关，或者说最终与权力和制度的架构有关。我们总是在我们可以辨认的政治框架体系内讨论我们对于政治观念的基本分歧，这一背景框架是政治的而不是伦理的、宗教的。“政治分歧不仅仅是道德分歧，而且它并不必然包含道德分歧，尽管它也许是这样；同样，它并不必然只是利益分歧，尽管它当然会是这种分歧。”①

再次，政治分歧包括对于政治价值解释的分歧。这些分歧源于不同的理解和不同的政治传统，威廉姆斯将这些不同的来源称为不同的历史储备（the historical deposit）。因此，我们不能局限于解释一种制度模式。在这里，威廉姆斯十分明确地把批评矛头指向了罗尔斯和德沃金，认为“把关于原则问题的政治思想与关于实际的或理想的制度解释等量齐观仍然是错误的”②。这是因为我们和我们的政治对手并不是在解读同一个文本。

最后，强调“政治差异是政治的本质，而且政治差异是政治对手之间的一种关系，本身并不是智识上的或解释上的分歧关系。……我们会基于各种理由认为我们的对手首先在智识上是错误的，但是政治对抗的关系不能只是根据智识上的错误来理解”③。在这里，威廉姆斯借用卡尔·施米特关于基本的政治关系就是敌友关系的说法，认为“对手”（opponents）这个观念部分地可以准确表达我们对于政治的理解：“我们如何理解我们的对手，我们的对抗在多大程度上是一个利益问题，多大程度上是一个原则问题，牵涉到什么样的感情，为什么我们和他们会产生如此强烈的感情，以及我们每个人怎样以不同的方式融入历史储备。”④ 威廉姆斯在这里所强调的主题，也正是他在《泰初有为》一书中所表达思想的延续：“并不是说只要我们向我们自己表述了我们的实践，我们就可以在这一表述中找到我们信念的基础。”⑤

---

① ［英］威廉姆斯：《从自由到自由权：一种政治价值的建构》，398页。

② B. Williams, *In the Beginning was the Deed*, Princeton, Princeton University Press, 2005, p. 78.

③ ［英］威廉姆斯：《从自由到自由权：一种政治价值的建构》，399页。

④ ［英］威廉姆斯：《从自由到自由权：一种政治价值的建构》，399页。

⑤ B. Williams, *In the Beginning was the Deed*, p. 24.

以上关于政治的论述集中了这样一个看法：我们要将我们与他人之间的分歧视作一个事实，在特定历史条件下，我们不要认为我们与他们之间的关系是一种单纯的论辩关系，我们不仅仅是在与那些和我们有分歧意见的人进行论辩，我们应该把他们视作对手。政治决定并不是要宣称我们的政治对手在道德上是错误的，而是要表明，在这样一个决定中，他们已经损失了。当然，这样一个决定是经过了充分的政治慎思后做出的，这些慎思当然也包括对于原则的考虑。但是这种考虑并不是在评价对错，不是在追求真理。

威廉姆斯的上述观点可简化为如下四个词：权力（power）、冲突（conflict）、分歧（disagreement）和对手（opponents）。这样，我们就可以看到，威廉姆斯的政治观是一种现实主义的观点，这种现实主义观点在以下四个方面展示了自己独有的分析政治问题的模式：

（1）政治问题的核心是权力。

（2）权力参与各方存在着对于政治概念的多元理解。

（3）这种多元理解预示着权力参与各方在政治生活中相互处于一种冲突关系之中。

（4）这种冲突关系要求我们以竞争模式来理解政治。

正是在这样的基础上，我们可以把威廉姆斯的政治哲学主张描述成以权力为核心、以多元主义为基础的竞争模式。政治是一种对手竞争关系，处理的是可以抽象为可度量的基本权力单位的相互冲突与竞争问题。政治不是知识上的对与错。从根本上说，政治处理的是人与人之间的实践关系即行为关系，而不是处理人们对于政治性质与面貌的认识对错。从根本上说，人与人之间在一些基本价值上的多元冲突，使得人们在处理利益、生存与相互之间的观念关系时，不得不面临一种只能够从行为角度加以理解的实践关系。这一主张的一个更为基本的含义，就是认为政治规范包括政治哲学常用的正当性概念应该是一种构成性的，它只能够基于人与人之间的行为关系来加以思考，不应该也不可能从任何政治以外的其他地方输入到政治中来。而这就构成了威廉姆斯的政治自主性主张。很显然，这样一种定义，一定是以多元主义和相互竞争为基础的。后文我们将看到，多元主义预设了一个排他性的封闭的自我。然而这种排他性的封闭的自我在理论上是否成立与成熟，将在很大程度上影响我们对于政治自主性命题是否合法的判断。

清楚了威廉姆斯对于何为“政治的”这一问题的界定，我们接着需要讨论威廉姆斯如何看待政治需要自主这件事。政治的自主性是指，政治制度、政治规范以及政治问题的相关观念，可以并且只能在政治领域自身范围内来加以说明，既不可能也不需要经由政治领域以外的其他因素来进行说明。很显然，政治具有自主性这样一个命题，从其与外在理论的关系来看，是在批评对于政治的一种还原论理解，主张一种非还原的理解。或者说，是在批评两千多年来西方政治思想中一直存在的“道德为政治奠基”的主张。当我们说政治具有自主性时，我们是在说政治制度与政治规则是一个封闭自足的规范空间。也就是说，政治本身应该有着属于自己的（不同于其他领域的）研究对象与研究内容，应该独立地理解和解释政治规范的来源。换句话说，政治不应该从政治生活以外的地方来寻找其成立依据。哲学史上曾存在从自然法的角度、自然权利的角度、道德基础的角度或者理性主义的角度为政治生活和政治制度进行论证的传统。而如果威廉姆斯的政治自主性主张成立，那么上述这些传统的论证方式就全部存在问题。

本章开头时提到，在人类政治思想领域，一直存在着理性设计论和善良意志论，或者说是理性主义与道德主义这样两个主题。在论及这两个主题所透露出来的乐观气息时，同为当代政治现实主义的代表人物的盖斯认为，原因有如下几条：“首要的，传统哲学家假定，在认识上世界可以为我们完全无遗漏地所理解：原则上是能够如其所是地知道世界的任何一个部分的。其次，他们假定，一旦世界能够被正确地理解，就可以使得道德对于我们来说有意义。再次，世界向我们展示的这种‘道德意义’倾向于满足理性人的一些基本的欲望与利益，也就是说，世界并不完全中立于或者不当地阻挠人的快乐。[注意，这里有三个不同的概念：(1) 世界有某种意义；(2) 世界具有‘道德’意义；(3) 世界具有人类需要的或者起码是人类期望具有的某种道德意义。] 又次，在如此建立的世界中，知识的积累或理性的充分运用对于我们来说是有益的，也有助于使我们快乐。最后，这种观点假定，理性的运用，人类个体健康发展的条件与个体需求和利益的满足，基本欲望与人的交往需求的要求之间是自然匹配的。自然、理性以及所有的人类益品，包括人的种种德性，构成了一个潜在的和谐整体。”① 盖斯所论，正是我们前边所讲到的和谐论与理性论的世界图景。

在《政治理论中的现实主义与道德主义》一文中，威廉姆斯提出，政治的道德主义存在着两种理论模式。一种被称作“制定模式”，另一种被称作“结

① Raymond Geuss, *Outside Ethics*, Princeton, Princeton University Press, 2005, p. 223.

构模式”。在前一种模式中，政治理论本身系统地表达一系列原则、概念、理想和价值，而政治本身则借助动员说服、权力的运用等将其付诸政治行动。功利主义被认为是这一模式的一种理论范式，这一范式提供了一种全局观，通过理论对社会的透视性考察来弄清楚该如何改进社会。也就是说，通过对社会最大多数人最大利益的考察来决定应该如何运用政治权力。而在结构模式中，理论拟定与权力共存的道德条件，借助这些条件，权力得以公正地运用。罗尔斯《正义论》被认为是这样一种理论范式。

威廉姆斯关注二者的共同点，二者都认为道德对于政治具有优先性。在制定模式中，政治是道德的工具；而在结构模式中，道德提供了政治正确执行的约束条件。在这两种情况中，政治理论都类似于一种应用性的道德。威廉姆斯特别强调指出，罗尔斯在《政治自由主义》中仍然延续了道德对于政治的优先性的立场。道德优先于政治的观点被威廉姆斯称作政治道德主义。这种模式典型地以康德式的“自主”观念作为自由主义政治思想的基础，罗尔斯的政治思想可以说是这种思想的代表。而史克拉的“基于恐惧的自由主义”（the liberalism of fear）则被威廉姆斯视作政治现实主义，它源自政治理论中的一个悠久的传统。威廉姆斯主张以政治的现实主义态度来看待政治，因而对政治道德主义的缺陷与不足提出了批评。

在威廉姆斯那里，政治自主性论题至少从如下两个方面得以展开。首先，政治有着属于自己的独特事务，政治要处理的是一种冲突与分歧关系。其次，关于政治正当性的辩护应该以政治的而非伦理的方式展开。

威廉姆斯在这两个方面的工作，其实际效果是不同的。威廉姆斯主张价值多元主义，认为人类彼此之间存在着不可通约的价值，不同的价值之间相互冲突且无法协调。价值之间的永恒冲突的存在，使得人类必然有一部分事务只能够以政治的方式存在。这种冲突的价值所涉及的相关问题构成了政治的硬核。正是人类在价值上的永恒冲突，使得人类无法通过伦理的、经济的或者宗教的等其他方式来处理人类共同相处时所面临的一类特殊问题。这类特殊问题必须在我们单独开辟的领域中来单独地加以处理。我们把这块需要另外单独开辟的领域称作“政治的”领域。我们把威廉姆斯对于政治的这样一种辩护称作“硬核论”。硬核论的基础是价值多元的存在。价值多元本来是人类道德生活领域的问题，而在经过了我们前边讲到的从价值多元到政治生活的过渡之后，价值的多元这样一个事实就将转化为人类政治生活的多元存在的事实。而正是这样一个事实的存在，使得人类政治生活成为一种必然，对人类政治生活的反思成为一种必需。

威廉姆斯认识到了政治作为人为设计而存在这一基本事实，并在《羞耻与必然性》第五章结尾处加以强调。威廉姆斯指出：现代自由主义“交给自己的使命，是去构建社会正义框架来控制必然性和运气……如此设定问题，这是现代的突出成就”[①]。在《泰初有为》一书中，威廉姆斯分析说，现代社会已经被制度化。随着现代性的展开，对于人际冲突问题的解决，原来是基于私人伦理信念而做出决定，现在则让位于基于所颁行规则的公共制度而做出决定。因此，冲突问题的解决被公共关注，并且受可公共表述的原则的支配。公共规则不同于私人的伦理判断，它独立于个人的合宜感。伦理判断在介入公共生活后性质改变。

在论证政治规范应该是内在地产生的时，威廉姆斯曾经指出：“我们必须承认我们出场的方式不过就是我们出场的方式，我们必须生活于这样一种出场方式之中，而不是极力证明这种出场方式。”[②] 而任何基础主义，包括建构论式的基础主义，都绝不可能得到它所想要的东西。“任何理论都只有在其所赖以表达的历史环境中才能有意义，才能在某种程度上整理政治思想和政治行为，而该理论与此历史环境之间的关系不能够被完全理论化，也不能完全在反思中被捕捉。”“因为政治方案总是由其历史环境所限定的，不仅为其观念背景所限定，而且也为其经验现实所限定。”而“环境几乎可以说永远不是为我们的思想所造就，而是为其他人的行为所造就。因而，我们的思想能否使得政治有意义，事实上极不确定地依赖于其他人的行为”[③]。

威廉姆斯主张正当性是分级的，并且要受制于特定的历史结构。对于我们来说，在一定的历史结构中它是有道理的。威廉姆斯的表述可做如下归纳：(1) 正当性评价嵌套于特定的历史结构中；(2) 在一定的历史结构中有其道理；(3) 正当性是分级的。综合考量威廉姆斯这三个方面的主张，我们可以进一步主张，威廉姆斯提出了一个关于人类实践是否合理的合理性评价标准。这种评价标准本身是嵌套于特定的历史结构中的。而正当性是合理性评价在政治生活中的具体反映。也就是说，威廉姆斯提出的“因特定历史结构而有其道理”的模式，本身适用于所有的人类实践规范，人类的实践规范都是这样产生的。用威廉姆斯自己的话说，这些规范都是依据自己的实践特性而内在地构

---

① B. Williams, *Shame and Necessity*, California, University of California Press, 1993, p. 129.

② B. Williams, *In the Beginning was the Deed*, p. 34.

③ B. Williams, *In the Beginning was the Deed*, p. 25.

成的。

以“硬核论”来强调政治具有独特事务，或者说像马基雅维利那样强调政治是一种特殊的“必需”，这一点很容易论证政治是自主的。人们在这一点上通常不会产生分歧。但是当我们想强调政治应该独立于道德化的伦理理论，或者是应该独立于道德的评价时，这样的论证就会带来很大的不确定性。可以说，威廉姆斯成功地论证了政治哲学的思考应该独立于道德化的伦理理论，但是我们却不能够完全肯定地说政治应该独立于道德评价。因此，我们的工作，就是要厘清我们可以确定地支持哪些命题，而哪些命题仍然存在着争议。

第六节　政治自主性主张争议种种

在其纪念威廉姆斯的文章中，纳斯鲍姆（Nussbaum）提到了令她相当困惑的一个重要问题，这个问题涉及伦理与政治的关系。“威廉姆斯后来坚持说，他对于伦理理论化的这种攻击并不影响建构可能成为有益指导的政治理论的愿望。但是这样的话，这种观点将会把那些同样属于西方伟大政治理论家的人如亚里士多德、西塞罗、卢梭、康德和约翰·罗尔斯——他们都将某一道德理论置于其政治理论的核心——归于何处呢？威廉姆斯单挑出罗尔斯的理论作为那类被批评的道德理论的一个例子，而其后期陈述又表明他还是能够承认具有政治特性后的罗尔斯理论的作用的。不管怎样，将一种政治正义的理论视作一种可接受的愿望，而将个人道德理论视作一种不可接受的愿望，进行这样一种区分的缘由还是不清楚的。威廉姆斯无法系统地接受罗尔斯关于社会正义和政治正义的不同观念，因而留下了一些尚未解决的重要问题。”① 可以肯定，纳斯鲍姆并不认为威廉姆斯的政治自主性命题是理论连贯、论证充分的。相反，她认为这中间存在着大量需要解释的问题。

可以说，伦理与政治的关系问题是所有政治哲学家的一个必答问题。答案无非两种：伦理为政治奠基，或政治是一个独立自主的领域。在这两种界限分明的答案之外，游移着诸多或强或弱的不同折中主张。伯林终其一生，始终认为“政治理论完全属于伦理学……政治理论要讲生活目标，讲价值，讲社会生

① Martha C. Nussbaum, “Tragedy and Justice,” *Boston Review*, October /November, 2003.

活的趋向，讲在社会中人怎样生活和应该怎样生活，讲善与恶、对与错”[①]。但是很显然，威廉姆斯并不赞成伯林的这样一种看法。而且，在笔者看来，在这一点上，威廉姆斯其实与《政治自由主义》时期的罗尔斯分享了同一个当代政治哲学观念。这一观念可以以罗尔斯《政治自由主义》第九讲“答哈贝马斯”为代表。罗尔斯在这一讲中侧重表达了这样一种观点：政治哲学应该是政治的而非（哈贝马斯所认为的）整全的。将政治哲学从道德哲学中独立出来，可以说是当代政治哲学的一个突出进步。

斯里特（Sleat）同样认为威廉姆斯的主张存在着疑问，但其思路与纳斯鲍姆并不相同。斯里特认为，我们的确可以接受威廉姆斯关于政治的内在要求是政治正当性的必要条件的主张，但是我们可以进一步对这一个命题做一个小小的友好补充。这个补充就是：与历史、道德等相关的外在考量是政治具有正当性的一个充分条件。[②] 拉莫尔（Larmore）也认为，政治哲学应该是一个更为自主的学科。我们也许各有不同的道德主张，我们甚至能够说明各自论证的对与错。但是当我们开始讨论我们在一起应该如何生活的问题时，我们的问题就成了一个政治哲学的问题。尽管拉莫尔也主张政治哲学应该具有自主性，但是他又批评柯恩“独立于事实的原则”这种主张，认为我们的原则总是事实依赖的。因此，拉莫尔自己的结论是：政治哲学的本性不同于道德哲学，但是道德哲学的基本概念与原则可以在并且一定会在我们政治哲学的讨论中发挥作用。斯里特与拉莫尔的主张可以被称作关于政治自主性的弱主张。[③]

对应地，雷蒙·盖斯可以被称作关于政治自主性的强主张的代表。这不仅是因为他自身就是当代政治现实主义的代表人物，而且因为他在其新近文章中，非常坚定地认为威廉姆斯一直致力于将伦理学政治化。毫无疑问，威廉姆斯“埋葬”了伦理学科，向我们提出了“一个人该如何生活”的问题。对于这个问题的回答，威廉姆斯的方案可“追溯到亚里士多德，亚里士多德的一个伦理主张就是认为伦理是政治学的一部分。在威廉姆斯看来，可以取代哲学伦理学的，就是政治学”[④]。盖斯认为：“至少在其成熟时期，也就是从 20 世纪 80 年代开始，威廉姆斯不再做‘伦理学’——如果做伦理学是指致力于提供一种

---

① ［伊朗］拉明·贾汉贝格鲁：《伯林谈话录》，杨祯钦译，253～254 页，上海，译林出版社，2002。

② Matt. Sleat, “Bernard Williams and the Possibility of a Realist Political Theory,” *European Journal of Political Theory*, Vol. 9, No. 4, October, 2010, pp. 496-497.

③ Charles Larmore, “What is Political Philosophy?” *Journal of Moral Philosophy*, 2012, p. 30.

④ Raymond Geuss, “Did Williams Do Philosophy,” *Arion*, Winter, 2012, p. 143.

非常一般性的，以理性为基础的学说的话。”[1] 在雷蒙·盖斯这里，伦理学只是考量人类政治关系的一个组成部分，它所使用的思考方法，如亚里士多德式人性论的和康德式理性的方法，都应该摒弃，我们需要重新采用一种有历史的哲学思考。

对于政治自主性命题的一个重要批评，就是认为政治不可能脱离道德的考量。这个批评从善意的方面说，是对政治自主性命题的友好补充，因为它道出了我们对于政治与道德关系的基本直觉：政治终究是要辨别善恶的，或者说，即便政治是一种人为设计，但是设计的初衷就是要追求改进。但是严格来讲，这些直觉在表述上存在着含混。我们可以从如下三个方面来对这种似是而非的直觉做出批评。首先，辨别善恶是一个价值的问题，而不是一个道德的问题。其次，政治的辨别善恶，其标准可以是内在的和构成性的，因而是无须外求的。第三，即便存在着政治与道德善恶之间的联系，有联系和以后者作为论证基础仍然是完全不同的两件事情。政治自主性主张是要批评那种还原论的或基础主义的主张，也就是批评那种以道德原则作为评判政治生活的基础的主张。也就是说，政治自主性主张批评的是还原论，但并没有因此否认政治与道德可能存在着联系。需要进行补充的是，即便我们有时可以拿道德的准则来评价政治，政治本身的评价其实也是可以与这些评价无关。也就是说，政治本身的评价已经是自足和与闭合的。

威廉姆斯政治哲学中的另外一个争论话题就是多元主义与政治生活，以及与自由主义到底是什么关系。多元主义与“自主”概念关联密切。多元主义首先表现为价值的多元主义，只有通过一定的约束条件的限制，我们才可以进一步谈论政治领域的多元主义问题。而价值多元主义的一个逻辑假设，是存在着各自有其价值主张的主体。假如像伯林与威廉姆斯那样主张价值是多元的，部分多元价值之间存在着冲突，而且这种冲突具有永恒特性，那么其实也就同时主张了一个具有自主特征的主体的存在。伯林与威廉姆斯所说的相互冲突的多元价值拥有一个持有者，那就是具有自主性的个体。而且，除了价值的多元主义主张之外，这个个体同时还是一个具有理性算计能力的个体。当我们说到理性能力时，我们是在说这样一个个体分享共同的认知结构与推理能力，因而具有共同的可普遍化能力。这样，个体的自主性所表现出的封闭性与个体的理性能力所表现出的普遍化能力之间也就出现了冲突。

---

① Raymond Geuss, “Did Williams Do Philosophy,” p. 157.

自主概念首先意味着个人自主。但这同时就产生了个人自主与理论自主的关系的问题，尤其是这两类自主表现出的特征存在着很大差异。在个人自主中，自主首先意味着个人运用理智实现对于自我的成熟管理。但是当自主意味着自我管理时，我们同时也就会遇到自我管理的边界问题。所以，自主观念附带地产生出了能动者主体成为一个封闭的实体的问题。自主概念的原始含义是个人进行理智的自我治理活动。而自我治理则蕴涵着对于外在治理（他主）的排斥。不但个人自主是这样的，政治的自主也是这样的。一个具有自主权的国家同时意味着对于外在干涉的排斥。而当我们把价值多元主义的因素考虑进来之后，自主观念的单子特征就表现得更加明确了。需要强调的是，这一特征并非自主观念的本意，但是却是这一观念的必然衍推。

当代的不少理论家已经认识到了这些概念之间的矛盾冲突。要认真讨论自主性概念与政治生活的关系，任何一个理论家都不得不面对和探讨这样一个冲突。正如加弗尔（Garver）所注意到的那样，在人类生活的领域的自主与纯粹理论领域的自主，二者所产生的效果是不一样的。在理论理性领域，自主使得普遍性得以可能，而在实践理性的领域，自主使得实践主体成为主体（agent），但是同时使得行动者成为了类似于单子的个体。考虑到社会规范最终其实应该收敛于弱实在论，那么这种具有单子特征的自主个体就仍然面临着一个在新的生活领域中与他者进行协调的问题。而这个协调是要以牺牲部分自主性为代价的。因此，正如社群主义对于自由主义的批评那样，自由主义在发明出自主的概念来为自己的政治理论进行辩护的时候，恐怕需要同时对自主概念的应用范围与应用方式加以约束，以防止因主体自主而导致的不可人性。①

封闭的自主观念将自我和自主单子化，从而在很大程度上封闭了自我与环境的互动可能。与之对应，开放的自主观念既把注意力聚焦在自我的能动性之上，但同时也不排斥自我与外在环境的交流，甚至不排斥接受自我是受到外在环境的形塑的主张。尽管威廉姆斯与其好友伯林都不排斥个人与他人交流的可能性，但是他们所主张的价值多元论主张则的确把自我与自主观念推向了单子化的一极。在这样一种主张之下的多元政治，也不可避免地成为了一种相互竞争的政治，人与人之间的政治合作完全变成了权宜之计，并无相对的稳定性可言。而这样一种推论，似乎与近代以来的人类政治实践成果之间存在着事实上的反差。威廉姆斯学说似乎有义务面对这些基本事实并做出更为合理的理论

① Eugene Garver, *Machiavelli and the History of Prudence*, Madison, The University of Wisconsin Press, 1987, p. 5.

解释。

由价值多元主义引发了多元主义的政治问题。在基于多元现实考虑政治问题时，我们在理论上仍然面临着上述概念之间的冲突。这种冲突的存在约束了我们的讨论可能，但是也丰富了我们的理论推论。其中一个重要的推论，是由罗尔斯做出的，政治哲学的讨论从此应该是政治的而非整全的。我们可以称罗尔斯的主张为“局部说”。另外一个推论，就是我们可以认为，正是基于多元主义的现实，我们的政治生活将获得一块无法在其他领域加以解决的问题领域。笔者把这样的一个问题领域的存在称作是政治生活得以存在的“不可化约的硬核”。而无论是罗尔斯的“局部说”还是由笔者总结的威廉姆斯的“硬核论”，都将支持这样的结论：政治有着自己的问题和自己的领域，从而有着自己的处理和解决办法；政治领域以外的其他问题尽管可以以各种不同的方式与政治生活发生关联，但是指导政治生活的规范应该并且只能在政治生活领域中加以解决。因此，主张政治具有自主性，这是一个必然的规范结论。

斯里特把以威廉姆斯以及雷蒙·盖斯为代表的对于当代自由主义的批判称作来自“现实主义的挑战”。这种挑战所代表的新理论倾向强调政治的独特性和政治的自主性。前者是指政治有着自己应该处理的独立问题，后者是说对于这个具有独立问题的领域的辩护是可以并且也是应该独立完成的。这种独立性首先是独立于道德生活的考虑。

威廉姆斯自己特别强调对于政治理论中的道德主义的批评。斯里特注意到，这样一种批评不能不对自由主义以行动者的动机为中心的政治说明提出质疑，同时也会对于自由主义相对不关心利益的倾向提出批评。自由主义的这种倾向使得他们会轻视或忽视权力、等级、领导、判断、忠诚、激情、偶然性，以及政治的支配特性在政治生活中的作用。而“现实主义对于自由主义理论最有意义的挑战是其对流行的自由主义对于正当性解释所做出的批评”①。由于现实主义认为政治分歧与冲突是政治本身的一个必然的不可抹去的特征，因此，对于如何运用政治权力，我们就不可能获得一个以同意为基础的说明。而后者恰恰是自由主义关于政治正当性的一个必然特征。普遍同意成为正当性的一个必要条件。可以说，伯林—威廉姆斯强调了一种冲突论的哲学，批评了自由主义长期存在的和谐论构想。冲突论突出了（或者说假设了）自我的封闭特性，

① Matt. Sleat, “Liberal Realism: A Liberal Response to the Realist Critique,” *The Review of Politics*, Vol. 73, 2011, p. 471.

从而强化了政治能动者的行为特点，弱化了用统一的抽象规则对冲突各方进行规范化的可能性。

结　语

目前为止，我们认为，政治现实主义的政治自主性主张可以从如下几个方面获得说明：第一，政治制度、政治规范，以及政治问题的相关观念是一种人造事实，其本身有着独立的目的与功用。我们不能以政治构造功能以外的理由来为政治的人造物特性做出说明。第二，政治规范的规范性来源于人类约定。第三，权力的不可还原特性决定了政治有着不可化约的硬核，政治研究的核心是权力与权力竞争（硬核论）。第四，个体理性不同于集体（合）理性，个体行动的逻辑不同于集体行动的逻辑。集体行动有着属于自己的独特理由。第五，政治道德不同于私人道德，对于政治的价值评价是构成性的与内生的。我们把这几个说明维度称作关于政治自主性的支持性说明。威廉姆斯着力最多的，就是对第三点和第五点进行的强调和辩护。

从马基雅维利开始，人们已经在主张政治具有自主性。[①] 这种主张是和政治作为独立的人造事实或人造物品的观念联系在一起的。马基雅维利强调政治不能用世俗的道德标准来加以衡量，他是想说，政治是一个发挥独特功能的机体，应该有着自己的追求和自己的评判标准。而这些独立的评判标准是不同于传统的世俗评价标准的。或者说，为了把政治当作政治看待，完成属于自己的任务，政治应该就是自成一统的。很显然，阅读者与研究者中有不少的人担心政治因为这些论断而成为脱缰的野马，因此就有了对于这些论断的种种限制与修正。但是很显然，政治作为独立的人造物的观念就此出现。国家因此也开始成为一种更为具体和更为独特的人造物。

说政治是独立的人造物，是说人们从此认为政治不是一件自然的事情，而

---

① 对于马基雅维利那里所呈现出的政治自主性命题，克罗齐是这样表述的：马基雅维利“清楚地认识到了政治的必然性与自主性，认识到政治是超越道德善恶，或者更准确地说是在道德善恶之下的，认识到政治有其自身不可抗拒的法则”。这一表述中提到的“必然性”或“必需”观念，正是政治理由或国家理由之作为独立理由得以可能的基本原因。为一强大有力的政治共同体之故，我们必须考虑某些事情。

是十足的人类约定。这样一种想法与古代（以希腊的自然与约定的二分为代表的）关于政治的研究主张发生了断裂。政治作为人造物的主张和政治作为人类约定的主张，在霍布斯和休谟那里得到了进一步的阐发。而作为一种独特的近代构造，国家形态开始出现，人们对国家的任务与性质的认识开始发生变化。现代的人们认识到，国家应该足够统一、足够强大和足够规范。不过国家形态应该具备的基本属性，是通过不同的政治理论家分别地逐步地完成的。我们通过回溯，逐渐地将现代国家应该具备的基本属性建构出来。

因此，政治制度、政治规范以及与之相关联的政治观念如正义、财产权等应该是一种人造物，是一种基本的社会约定，是通过社会建构而逐步成熟与完善的。也就是说，关于它们，我们需要承认人造物的事实、社会约定的事实和社会建构的事实。与这些基本事实相关联，我们主张政治具有自主性，附带主张政治不应该也不能够从政治以外的伦理或自然法中去寻找论证基础。

上述论述的一个进一步的表述就是：政治制度是人为设计的，相应的政治规范及其规范效力依赖于人为约定。并且，我们对于政治制度和政治规范的性质的认识是一个不断建构的过程，不能指望，也不可能从某一个思想家或某一类思想家那里获得关于其性质的全部知识。或者，简单说来就是，现代政治制度具有强烈的人造性、约定性与持续建构性。

指出现代政治制度的这三个基本特性，同时也就支持了政治自主性命题。但是从理论思考的公平原则出发，我们似乎应该进一步站在反对这种思考方式的理论家一方，看一看他们在担忧什么，以及我们是否有机会打消他们的疑虑。

在承认现代政治制度的这三个基本特性的现代政治理论家中，不同的理论家会以不同的侧重和不同的取舍来谈论这些特性。毫无疑问，他们都承认现代政治是一种人造物，但是只有部分人会说政治规范是约定的，并且只有更少的人会持一种持续建构的主张。因为，我们提到的第三个特性，其表述本身就是一种复合的。首先，它承认政治制度与政治规范是建构的，其次，它认为这样一种建构是一种持续不断的进行过程。而当我们提到建构论时，我们就不得不面对哲学中的建构论与实在论的争论。这种争论在政治理论与法学理论中的一种体现，就是自然法主张与实证法主张的争论。

为了公平起见，我们同时也需要站在对立的立场来考虑问题。我们需要追问，道德主义与自然法的主张者到底在担心什么？一个简单的回答就是：他们担心，或者干脆就是认为，作为人造物的制度、规范及相关政治观念本身无力保证自己的正确性。因此，他们提出，一个制度、一种规范或一种观念，其本身是否正确，需要一个外在的标准。而一种道德体系或一种自然法的说明，就是保证这种正确性的可能选择或可靠选择。因此，要想批评道德主义与自然法主张，就需要在强调上述三个基本特性的框架之内，相应地给出关于其正确性何以能够得到保证的基本说明。只有当这样一种说明充分有效时，道德主义与自然法传统的基本担心才能够被彻底打消。也只有在这个时候，这种说明才能够与三个基本特性所要表达的政治独立性相匹配，完成关于政治自主性的完整证明。

陈德中

参考文献

［德］马克斯·韦伯．民族国家与经济政策．甘阳，等，译．北京：三联书店，1997.

［英］约翰·格雷．伯林．马俊峰，杨彩霞，路日丽，译．北京：昆仑出版社，1999.

［英］约翰·格雷．自由主义的两张面孔．顾爱彬，李瑞华，译．南京：江苏人民出版社，2002.

Isaiah Berlin & Bernard Williams. Pluralism and Liberalism：A Reply. *Political Studies*，1994（42）：306－309.

Daniel Callcut，ed. Reading Bernard Williams. New York：Routledge Press，2009.

John Gray. Post-Liberalism. New York：Routledge Press，1993.

George Crowder. Isaiah Berlin. Cambridge，UK Malden：Polity Press，2004.

Eugene Garver. Machiavelli and the History of Prudence. Madison：The University of Wisconsin Press，1987.

Raymond Geuss. Outside Ethics. Princeton：Princeton University Press，2005.

Raymond Geuss. Did Williams Do Philosophy. *Arion*，19-3，Winter，2012.

John Horton & Glen Newey. The Political Theory of John Gray. New York：Routledge Press，2007.

Mark P. Jenkins. Bernard Williams. Dublin：Acumen Press，2006.

Christine M. Korsgaard. The Sources of Normativity. Cambridge：Cambridge University Press，1996.

B. Williams. Ethics and the Limits of Philosophy. Harvard：Harvard University Press，1985.

B. Williams. Making Sense of Humanity and Other Philosophical Papers 1982－1993. Cambridge：Cambridge University Press，1995.

B. Williams. Shame and Necessity. California：University of California Press，1993.

B. Williams. Truth & Truthfulness. Princeton：Princeton University Press，2002.

B. Williams. In the Beginning was the Deed. Princeton：Princeton University Press，2005.

B. Williams. Philosophy as a Humanistic Discipline. Princeton：Princeton University Press，2006.

第九章
G. A. 柯恩：平等的虔诚信徒*

“尽管每个人的过去都对其有着重大影响，但有些人的过去所占分量更大。于我而言，过去的分量更是沉重。20世纪40年代，我出生于蒙特利尔共产主义社区的一个共产主义家庭，深受平等主义的熏陶。我的人生经历及所见所闻，使得我一直忠于童年时期所接受的规范教义，尤其是平等主义，我不仅始终信奉着，而且极力倡导着。这是我无法逃脱的宿命，无论我如何努力地逃离它，总有巨大的力量把我拽回去。”① G. A. 柯恩（Gerald Allan Cohen，1941—2009），当代平等主义的杰出倡导者，对自己的思想历程做了如是回顾。这个回顾显然有助于我们更好地理解柯恩的平等思想。柯恩尽管是当代英美政治哲学界中极有影响的一位学者，但与英美其他主流的政治哲学家有一个很大的不同：他还是或首先是一个马克思主义者。他的整个政治哲学思想都与此密切相关。柯恩自小就生活于浓厚的马克思主义氛围里，耳濡目染，接受了正统的马克思主义思想。平等于他而言不仅仅是个信念，更是一个无法放弃的信仰。总体而言，平等之于柯恩的意义接近上帝之于信徒的意义。尽管柯恩在澄清马克思主义思想上做出了卓越贡献，甚至开创了分析马克思主义这一流派，但本章

---

* 本章的部分内容分别以《论科亨分配正义观的转变》[载《社会科学论坛》，2008 (1)]、《〈自我所有、自由与平等〉导读》（见《当代西方政治哲学名著导读》，南京，江苏人民出版社，2010）和《论柯恩对差别原则的动机悖论的反驳》[载《哲学研究》，2013 (6)] 为题刊出过。本章的部分内容是国家社会科学基金青年课题“分配正义与社会公平实证研究”（项目批准号：10CZX044）的阶段性成果。柯恩，又译“科亨”。

① Cohen，*If You're an Egalitarian，How Come You're So Rich?*，Cambridge，Harvard University Press，2000，p. 1.

主要考察柯恩的平等思想，其他的思想除非直接涉及平等，否则将不予考虑。本章将依据柯恩对于平等能够获得何种强度证成的不同信念，分五个阶段来考察其平等思想。本章的主线为平等是否可以得到证成，核心是关注赞成与反对平等的各种理由，目标则是借此考察柯恩的思想在何种程度上能推进与深化我们对于平等的理解，展示柯恩为分配正义特别是平等正义理论所做出的努力与贡献。

第一节　平等的必然性阶段

柯恩有关平等的初始信念是平等必然到来、不可避免，这里将之概括为平等的必然性阶段。柯恩获得这一信念不是缘于有力的证据，而是其生长环境使然，也正是这点使得平等于柯恩更像一个宗教信仰，而不大像是一个规范性信念。在此阶段，柯恩由于相信平等必然到来、不可避免，因此并未关注平等的证成问题。不过，了解这个阶段相当于了解柯恩的基本背景思想，从而有助于我们理解他在接触张伯伦论证后平等思想的转变历程。

由于一直生长在浓厚的马克思主义氛围中，柯恩17岁时甚至一度认为，恩格斯的《反杜林论》基本上已经囊括了所有重大的哲学真理。[①] 在成长过程中，柯恩是一个地地道道的正统马克思主义者，完全相信辩证唯物主义与历史唯物主义。只是进入麦吉尔（McGill）大学后，柯恩慢慢开始怀疑辩证唯物主义，远走英伦进入分析哲学的大本营牛津大学后，这种怀疑就变得更加完全与彻底了，最终导致他完全放弃辩证唯物主义。[②] 但他并未因此而放弃马克思主义，相反，他与约翰·罗默等人不约而同地运用分析方法来研究马克思主义理论，形成一个新的马克思主义流派——分析马克思主义。

一般认为，分析马克思主义学派有三个奠基人物：柯恩、厄尔斯特（Jon Elster）以及约翰·罗默（John Roemer）[③]。分析马克思主义者具有以下几个共

① Cohen, *Karl Marx's Theory of History*, Expanded edition, Princeton, Princeton University Press, 2000, p. xx.

② Cohen, *Karl Marx's Theory of History*, p. xxi.

③ Roemer (ed.), *Foundations of Analytical Marxism*, Vol. 1, Vermont, Edward Elgar Publishing Company, 1994, p. ix.

同点。第一，他们都认为辩证法不是一种独特且有价值的方法，认为辩证法无法与分析方法相提并论。第二，他们的重点在于为社会现象提供微观基础。他们使用的分析方法的特点在于，对于某种总体现象的解释，总是要参考构成该实体的微观成分以及起作用的微观机制。第三，他们坚决反对把总体现象（如社会或阶级）作为原则问题来看待，他们坚持认为微观分析总是可欲的，并且在原则上总是可能的。第四，他们对分析方法的承诺要重于对马克思主义的承诺，马克思主义的理论是分析与批判的对象。他们认为对于分析方法的承诺相当于对理性本身的承诺，因此分析方法若与马克思主义理论发生冲突，那么他们会修正或放弃马克思主义的某些理论。[①]

1963年，柯恩被聘为伦敦大学的讲师，开始讲授道德哲学与政治哲学。这时，柯恩对道德哲学与政治哲学持有一种标准的学术性观念："它们（规范哲学）是非历史的学说，使用抽象的哲学反思来研究规范判断的本质与真值。"[②]根据这种观点，规范陈述是永恒地为真或假。但是按照马克思主义，规范性真理要么不存在，要么随着经济环境与社会条件而变化。由此，一般认为，马克思主义道德哲学与政治哲学的观点是不相容的。但柯恩认为情况并不必然如此，其理由如下。第一，他已经放弃一般的马克思主义哲学，即辩证唯物主义，正是这一学说导致价值的怀疑论或者相对论。第二，他相信阶级统治的终结是一个新社会的开端，这个社会由超越阶级对抗的道德管辖。马克思主义信念并不影响这一观点：最终的规范性真理是非历史的。历史环境尽管影响具体的正义要求，但这是因为在不同的时代，面临不同的环境，永恒有效的正义原则会有不同的含义。第三，尽管历史唯物主义阐明了不正义的各种历史形式，如奴隶制、农奴制以及无产阶级的状况等，并且表明了如何消除这些不正义，但对于永恒正义是什么并没有发表见解。[③] 正如柯恩自己所认为的，历史唯物主义是关于社会结构与历史的动态发展的一种经验主义学说。尽管它对规范哲学有影响，但它本身是价值无涉的。由此，柯恩能够调和这两种观点。

柯恩在此阶段坚信历史唯物主义，其评论非常形象地表达了这个阶段的状态："作为一个马克思主义者，我不是哲学家；作为一个哲学家，我不是马克

---

① Cohen, *Karl Marx's Theory of History*, pp. xvi-xix.

② Cohen, *Karl Marx's Theory of History*, pp. xvi-xix.

③ Cohen, *Self-ownership*, *Freedom*, *and Equality*, Cambridge, Cambridge University Press, 1995, p. 2.

思主义者。”[1] 这实际上指他当时相信马克思的历史唯物主义，并试图用分析方法来捍卫它，但不再相信辩证唯物主义。这个过程大概占据他三分之一的学术生涯。他此时并不是不关注道德与政治哲学，“他极为相信正义，也强烈相信，资本主义的不平等与剥削是不正义的”[2]。

柯恩此时的平等观念，与正统马克思主义者是一样的。这显现于他对待马克思主义与基督教的不同态度中。他熟悉并且相信马克思主义，同时他也熟悉但不相信基督教。他对基督教的平等观念是集惊诧与鄙视于一身：基督教对平等的规约是如此天真，它竟然想不通过阶级斗争而通过道德斗争来实现平等。按照马克思主义的观点，这既是不可实践的，也是没有必要的。它是不可实践的，因为通过一系列个人的自我改造并不能改变社会。一方面，只要存在物质的稀缺，那么必然存在利益冲突，从而必然会产生阶级分化。这个时候，无论个人做出多大的道德努力，平等都是不可能获得的。另一方面，数世纪的剥削与阶级斗争必然使得无产阶级在数量与力量上达到巅峰，生产力发展的最终结果必然是物质财富的极度丰富。[3] 在这两个事实条件之下，人们最终必然都能够充分地自我实现，每个人的自由发展成为所有人自由发展的条件。这里，人们能够各尽所能，各得所需，从而不再有利益冲突，也就不再有阶级分化，平等就变成不可避免的。此时，争求平等的道德斗争又不再是必要的。

这种态度也反映出马克思主义者对待空想社会主义的态度。马克思主义者致力于经验事实理论的探讨，试图以事实来支持一般历史以及特殊的资本主义历史的解释性理论。这些研究给予了马克思主义在社会主义学说领域中的压倒性权威，因为它在历史问题和经济理论上的厚重知识成果证明了它的政治承诺的深度。正是通过事实分析，马克思主义者认为，经济平等必将到来。因此，正统马克思主义者既不专注于平等原则，也不去考察平等原则，实际上是不考察任何价值或道德原则。他们并不花时间来思考平等为什么是道德上正确的，有什么因素使得平等在道德上有约束力，因为这些都是历史必然的。作为坚定的马克思主义者，柯恩自然也承诺了上述观点。柯恩在这个阶段接受平等的两个观点：一方面，平等必然到来、不可避免；另一方面，平等优越于其他所有规范性价值。但是，柯恩在这个阶段并没有真正研究规范政治哲学，自认为在这方面没有任何特殊见解。在此阶段，柯恩坚信历史唯物主义，坚信社会主

① Cohen, *Self-ownership*, *Freedom*, *and Equality*, p. 3.

② Cohen, *Self-ownership*, *Freedom*, *and Equality*, p. 1.

③ Cohen, *Self-ownership*, *Freedom*, *and Equality*, p. 6.

义，并自认为对于社会主义（包括平等在内）的所有攻击，都有现成的答案。

第二节　平等的逻辑可能性阶段

柯恩的平和心态持续到了 1972 年。这一年，他的同事杰瑞·德沃金将诺齐克的张伯伦论证拿来给他，此论证的结论是自由颠覆模式（包括平等）：不管我们认为一个正义的原始的分配模式 D1 是什么（在社会主义者这里是平等），只要允许人们自由交换（包括赠送礼物等），那么从 D1 这个正义情境经由自愿产生的情境（分配模式）D2 就应该是正义的。[①] 其实质就是说，人们的自由总是有可能破坏我们所要求的任何分配模式。这个论证给了柯恩当头一棒，他发现手上没有现成的答案可以回应此论证。不仅如此，只要接受基本的自由，平等不但不是不可避免的，而且在逻辑上成为不可能的。[②] 这给他造成极大的冲击，带来前所未有的困惑，也由此改变了他的整个学术生涯，使他从完全不研究规范政治哲学到最后完全以此为中心。然而，柯恩后面坦承，这个论证其实只是个导火索，促进柯恩自觉反思早有疑虑的东西：马克思有关平等必然到来的两个事实性主张。

平等必然到来的第一个事实性主张是：随着资本主义社会的发展，无产阶级的人数越来越多，力量越来越强，从而能够自动地成为革命的主力军。但是柯恩认为，现实表明无产阶级正处于解体的过程中。无论个人如何适用“工人阶级”标签，在先进的工业社会里都没有任何这样的群体能够具有马克思提出的四种特征：（1）社会所依赖的生产者；（2）受到剥削；（3）占社会人口的绝大多数；（4）极度贫困。柯恩认为，资本主义社会无疑有这四种人，但他们现在很少是重合的。[③] 结果是，没有任何一个群体（因为它的受剥削和极度贫乏）既有强大的利益，又（因为其生产力以及数量）有准备就绪的能力来转向社会主义。

平等必然到来的第二个事实性主张是：生产力极高，物质极度富裕，能满

① 参见［美］罗伯特·诺齐克：《无政府、国家与乌托邦》，166～167 页，北京，中国社会科学出版社，1991。

② Cohen, *Self-ownership, Freedom, and Equality*, p. 4.

③ Cohen, *Self-ownership, Freedom, and Equality*, p. 8.

足人们的需要。但柯恩认为，社会生态危机的出现表明：我们的环境已经受到严重破坏，如果有方法摆脱危机，它必定要大大降低今天的消费水平。根据化石燃料和自然资源来度量，对于人类总体而言，我们不可能让全球人民都获得美国那样的物品与服务。即使按照今天这样的消费水平，我们也可能无法长久地维持下去。因此，在可预见的将来，物质资源总是稀缺的，无法实现按需分配。[①]

在过去，由于平等必然要到来，故马克思主义者（包括柯恩在内）都没有必要来论证平等是可欲的。但柯恩认为两个事实性主张不再能成立，马克思主义理论有着两方面的问题：一方面是对于生产力方面过于乐观，即认为我们的生产力能够满足人类的一切需要；另一方面则是在道德上过于悲观，即只要有稀缺，那么就会存在利益冲突，阶级分化与斗争从而就不可避免。柯恩的研究工作自此发生根本转变，主要就是如何为平等之可欲性做辩护。也就是说，我们必须从事道德哲学与政治哲学的研究，对社会主义进行辩护，表明在物质稀缺的环境下，经济平等既是可能的也是可欲的。但是，张伯伦例子的出现又给柯恩带来难题。只要我们承认自由选择的重要性，那么平等似乎就是逻辑上不可能的。至此，柯恩开始承诺的两个观点同时出了问题。第一，平等不再是必然且不可避免的；第二，相反，平等似乎是逻辑上不可能的。

除了上述事实基础的崩溃外，柯恩经过多年思考后，最终才弄明白张伯伦例子如此困扰他的原因所在。张伯伦论证所基于的前提是马克思主义者也会接受的：自我所有与资源平等。[②] 因此，张伯伦论证对于马克思主义者而言是一种内部批判，特别有杀伤力。我们可以从三个方面来理解柯恩为什么会出现这样的反应。第一个方面在于诺齐克的资格理论。这个理论是，如果一个社会里所有人对其持有物都是有资格的，那么这个社会在分配上就是正义的。获取正义原则是用来确保每个人对他的初始持有物都是具有资格的，转移正义原则是用来确保每个人对转移而来的持有物是具有资格的。[③] 这样，只要所有人对所有东西的取得都符合获取正义原则与转移正义原则，自然就会得出结论，即所有人对其持有都是具有资格的，由此这个分配也就是正义的。当然，由于这只是一个形式定义，因此它在逻辑上是无懈可击的。重点在于，我们是否认可他的获取正义原则与转移正义原则。只要我们认可其获取正义原则与转移正义原

① Cohen, *Self-ownership, Freedom, and Equality*, p. 9.

② Cohen, *Self-ownership, Freedom, and Equality*, p. 151.

③ 参见［美］罗伯特·诺齐克：《无政府、国家与乌托邦》，157页。

则，那么我们就必然会接受分配正义的资格理论。

第二个方面在于诺齐克通过张伯伦例子提炼出的正义命题一，即“无论什么，只要它是从一正义的状态中以正义的步骤产生的，它本身就是正义的”①。这个正义命题具有三个成分：初始情境的正义性、过程的正义性和结果情境的正义性。这个命题非常符合我们的直觉，如果我们接受了这个命题的前两个部分，即初始情境是正义的，过程也是正义的，我们就会不假思索地认为，由此得到的结果也肯定是正义的。正义命题由此具有强大的直观合理性。不仅如此，这个正义命题与资格理论非常相似，这里初始情境的正义性对应于资格理论的获取正义原则，而过程的正义性相当于转移正义原则。由此，获取正义原则与转移正义原则被置换成了初始情境的正义性与过程的正义性，正义命题看起来就像是资格理论的另一种阐述，两者是等价的。这种等价性容易导致这一点：只要我们接受资格正义理论，我们自然也会接受这个正义命题一。换言之，只要我们接受初始状态正义的定义和过程正义的定义，我们就会理所当然地接受资格理论。

第三个方面就是英美国家对于自由的看重，无论是平等主义者还是自由主义者，几乎没有人反对自由是一种重要的价值，即使不将其看作唯一重要的价值。而且不论我们对于自由有多大的分歧，人们对张伯伦例子中所要求的那种自由都不会有多大分歧，因为它所要求的自由只是人们能利用手中的资源做点他们想做的事情。这一点看起来不经意，但通过例子其合理性却悄悄转移给了过程的正义性。一旦我们接受这一点，且这种自由又必定会破坏掉任何初始的分配模式，那么就会得出这样一个印象：初始状态 D1 究竟是怎么样的不重要，因为它总是要为自由所颠覆与打破的。这样带来的结果就是：上面的论证只取决于转移正义原则，我们只要接受它，获取正义原则是什么就不重要了。这也就是说，只要人们接受过程正义的定义，那么人们就会接受分配正义的资格理论。而过程正义一般就是我们的自愿、自由的同意。这样一来，资格理论也就变成了自由至上论，因为只有自由才是最重要的。

这三方面合在一起产生了惊人的效果。第一个方面资格正义理论只是一种形式定义，因此，满足条件后，其真是必然真，是一种概念性真理。这里的关键则在于我们是否接受其条件，这里实际上是对获取正义原则与转移正义原则的定义是否为人们所接受。第三个方面则是借助英美国家对自由的重视，特别

---

① ［美］罗伯特·诺齐克：《无政府、国家与乌托邦》，157 页。

是人们自由地使用自己手上的资源这种无可争议的消费自由，几乎没有人会反对其直观合理性。而第二个方面的作用则是把第一个方面与第三个方面串联起来。它把第一个方面的那种逻辑严密性传递到第三个方面，而把第三个方面的那种直观合理性传递到第一个方面的条件上。这样，三个方面的整合就保证了最后的结论既具有逻辑严密性，也具有直观合理性。这实际上也是张伯伦例子显得那么有杀伤力的原因所在。

柯恩破除张伯伦论证的第一点就是破除正义命题与资格命题的等价性。单独来看，第一方面与第三方面都没有什么问题，关键是把它们串联起来的第二方面，即正义命题一的合理性。他指出，正义命题一的直观吸引力来源于我们的一种深刻直觉：同样性质的东西相组合得到的仍然是相同性质的东西，尤其是具有正面属性的东西相组合得到的东西更会保留这种正面的属性。柯恩就此直觉做出了反驳：尽管一般我们发现相同属性的东西相组合容易得到相同属性的东西，但违反这一直觉的例子比比皆是。两个奇数相加变成偶然，两个负数相乘变成正数。两个完美的事物结合在一起也许就不完美了：各自完美的音乐与环境组合在一块也许让人觉得特别不和谐。[①] 我们要注意，柯恩这里否定的只是这一点：相同属性的任何组合都在逻辑上必然会保持这种属性。但他并未否定这一点：同样属性的有些组合能保持这些属性。一旦明白这一点，正义命题自身的合理性自然就值得质疑：如果初始状态是正义的，过程也是正义的，那么作为结果的状态就必然是正义的吗？显然，我们从概念上是分析不出来的。

一旦明白这一点，我们就会得出这样的看法：资格理论与正义命题的等价性有待论证。无论是获取正义原则还是转移正义原则，它们定义的都是人们对自己的持有物是有资格的，由此最终人们对手上的持有物都是具有资格的。只要获取正义原则与转移正义原则都为人们所接受，那么结论就必然是人们所接受的，由此资格正义就是必然成立的。然而，对于正义命题一而言，即使我们接受初始状态的正义与过程的正义，也并不能从概念上保证结果状态的正义性。柯恩指出，诺齐克在这种情况下具有两种可能性。第一种可能性是状态的正义性与步骤的正义性是完全独立地定义的，彼此之间没有任何概念上的关联，这种定义之下，正义命题一就不一定为真。第二种情况则是状态的正义性与步骤的正义性是概念上相关的，我们能够通过对概念的分析得出最后的结果

---

① Cohen, *Self-ownership*, *Freedom*, *and Equality*, p. 41.

情境也是正义的。只有在后面一种可能性下，正义命题一才能是概念性真理，它才与资格原则是可以等价的。

不过，一旦我们接受第二种可能性，正义命题就不再适用于张伯伦例子。因为我们可以非常明确地看到，在这个例子中，任何初始分配的正义性对于转移正义原则都是没有影响的，这也就是说过程正义与初始状态正义这两个定义之间是没有概念性关联的。而一旦诺齐克使用的是第一种可能性，那么正义命题一就无法获得资格理论中的那种概念真理的自明性。如此一来，自由颠覆模式的意义就需要重新考虑。柯恩指出，张伯伦例子具有的直观吸引力实际上源于诺齐克和读者共有的这样一个混淆：根据第二种定义来把正义命题看作是自明的，这里状态的正义性与过程的正义性是概念性相关的，但是适用于张伯伦例子时又采用了第一种定义，即状态的正义性与过程的正义性是分别定义的。[①]柯恩也知道，明白这个混淆并没有驳倒诺齐克的结论，但是它撕开了一道口子，表明正义命题在逻辑上并不一定为真。对于坚信平等的柯恩而言，他此时显然是处于防守阶段，只是表明平等并不是在逻辑上不可能为真的，也就是说，平等在逻辑上是可能的。由此，我们才能去谈论平等是否具有规范可能性，即平等是否是可欲的。

第三节　平等的规范可能性阶段（一）：平等与自由的冲突

我们上面的分析表明平等是逻辑上可能的，但它还是要面临各种规范性挑战。本节我们主要分析柯恩如何回应平等规范可能性的第一个挑战：平等与自由的冲突。张伯伦论证使得获取正义原则在表面上来看是不重要的，因为无论开始的分配正义原则是什么，不管它是平等还是罗尔斯的差别原则，对诺齐克的转移正义原则都没有影响。实际上，这一点也使得平等的主要竞争者变成了自由，由此柯恩开始时也是把考察重点放在转移正义原则之上。诺齐克的转移正义并不复杂，只要在转移的步骤内没有不正义的行为，即当个人的交换行为中没有使用武力和欺骗，或说交易是个人自愿的，没有强迫，那么就符合转移

---

① Cohen, *Self-ownership, Freedom, and Equality*, pp. 42 – 45.

正义原则。这样我们就得到了更具体的正义命题二：从任何正义的情境开始交易，只要人们是自由、自愿的，则由此得到的任何情境都是正义的。柯恩正是从这点入手，从以下几个方面对之展开质疑。

第一，鉴于自由在英美国家具有强大的直觉吸引力，柯恩通过有同样直觉吸引力的反证来引起我们对张伯伦例子含义的反思。柯恩认为，张伯伦例子的含义若不加限制地外推，那么很容易就走向自愿为奴，比如以做对方的奴隶为代价来参加赌博。我们有多强的道德直觉支持自由交换，就会有多强的道德直觉反对奴隶，因为这恰恰是自由的反面。[①] 人们面对此种结果不可能无动于衷，恰恰是对自由的强调与保护导致自由的丧失。诺齐克也不得不承认，如果人们的选择都是不理性的或任意的，那么自由转移的结果就会让人觉得不安。而张伯伦例子之所以很有吸引力，恰恰是因为其中的自由交易是人们认为划得来的。柯恩用这种反驳表明：即使从直觉上看，单凭自由也不足以为自由转移所产生的任何结果辩护，这里似乎还有对理性的预设。

第二，柯恩在此基础上通过一系列例子表明：我们因无知而做的自由交换，其产生的结果也是值得反思的。一开始是表面无害但能让我们不那么确定的例子：假如各方都按资格理论得到持有物，但由于莫名的原因，有些人的弹球不小心滚到了另一方的阵营。这个时候按照资格理论，我们的分配还是正义的吗？进一步假设，如果这种局面是交易中的无知引发的呢？比如人们粗心大意，误把钻石当作石头给了别人，此时的分配状况是正义的吗？更进一步，个人在不知情的情况下误把古董当作玻璃球与别人交换，别人交换时不知情，但随后知情了。假如后者不肯归还，这种分配状况还是正义的吗？再假如，后者原本就知道的情况下呢？甚至于后者利用一些条件来蒙蔽和误导前者呢？更有甚者，把古董误作玻璃球与别人交换的那个人如果是个十多岁的小孩子，且后者又是故意误导时，情况又会如何呢？[②]

显然，这个过程中可能很多人会给出不同的直觉回答，但最后一个也许很多人会做出这种情况是不正义的回答。柯恩的一系列假设（实际上还可以做出更多的类似假设）都是这种情形的一个例子：人们在交易时，本来以为他得到的是 A，付出的是 B，但是由于他没有相关的信息或者判断能力不够，由此没有做出准确的判断，结果他得到的并不是 A，而是 C，付出的不是 B，而是 D。我们的直觉判断，会随着相关信息的缺失以及判断能力的缺失，还有 A 与 C 以

---

① Cohen, *Self-ownership, Freedom, and Equality*, pp. 45 - 47.

② Cohen, *Self-ownership, Freedom, and Equality*, pp. 48 - 49.

及B与D之间的差别大小而有所变动，不会给出完全肯定或否定的答案。但是柯恩的目的只是要表明，尽管这里的活动在日常意义上还是自由的、自愿的，但是其结果在直觉上却未必是正义的。柯恩并不需要表明这一定是不正义的，只要人们并不认为产生的任何结果都是正义的就可以了。这就是柯恩提出的无知在自愿交换中所产生的问题。

第三，柯恩经由上面的分析重新考察张伯伦例子的含义。只要上面的分析是有道理的，那么张伯伦的例子就有可能犯有同样的错误，尽管它没有那么直接。的确，从单个人来看，看球者认为付出门票钱给张伯伦看他打球是种享受，这钱花得值，因此这种行为是没有问题的。但是单个事情看起来没问题（个人拿钱去看张伯伦打球），并不表示总体上也没问题。柯恩指出，在张伯伦例子中，看球的人不会关心其门票钱给了谁，单独来看，这也许是理性的。然而，如果共同来看，这种合理性也许就不存在了。比如，这些钱可能汇聚于某些人之手，给他们提供过大的权力或影响力，从而产生很坏的影响。这个时候，开始的那种个人合理性就不存在了。由此产生的结果是直觉合理性就不再那么清楚了。

不仅如此，柯恩还指出了更进一步的问题，即如果我们珍视平等，把平等作为一种最根本的价值，那么这种不关注就是错误的。这个时候普遍的不关注就是一种不理性，因为这种不关注会改变我们所珍视的社会的根本性质。这个问题涉及我们对于其他价值的理解，也就是说，并非自由才是重要的，其他重要的东西是能够与自由相冲突的，它们也是应该得到考虑的，当然，这得取决于我们确实重视什么价值。

第四，柯恩非常明确地指出，这种个人的自由交易还会引出第三方的问题。即使交易各方都各得其真正所需，但是也可能影响第三方的利益。在现实中，由于生产、消费与交换的普遍联系，人们的交易一般会影响其他人。在相关的意义上讲，个人拥有的东西总是与其他人相关的，也就是我们看重的实际购买力，不是手上的钱，而是我们能够用钱做什么。[①] 这样，当人们自愿转移的时候，特别是在市场体制下，这是能够影响到第三方的实际购买力的。如果考虑到我们的交换对他人所造成的影响，我们是否还能够允许人们随心所欲地进行交换，这本身就是一个可以追问的问题，也是一个值得反思的问题。

柯恩的上述分析表明：尽管在日常意义上来讲，交易的各方都是自愿的，

---

① Cohen, *Self-ownership*, *Freedom*, *and Equality*, p. 49.

然而我们在直觉上并不认为由此产生的任何结果都一定是正义的，这里既有无知的问题，也有其他价值的重要性问题，还有第三方无辜者的问题，因此自愿转移无法确保其结果的正义性。

柯恩设想诺齐克对此反驳有两种主要的回应方式。第一种方式是改变自愿的条件，由此使得转移正义原则能够确保结果的正义性。柯恩设想各种改变自愿条件的方式。第一种就是，如果选择者能够预先知道真相或真实结果的话，他本来会做出其他选择，那么这种同意就被视为是不自愿的。这样可得到正义命题三：任何情境，如果是从正义的状态开始，由各方充分自愿地（这里的充分自愿指所有交易行为者在知道这种交易的真实结果后仍然同意该交换）产生的，那么其本身也是正义的。这种修改可以消除小孩子与缺乏判断能力的成年人的反例，由此显得是相当可行的。

但即使我们接受这个观点，它实际上也很少能够为现实情况做任何辩护，因为正义命题三要求的条件太强，我们在现实中根本就无法满足它，因而没有任何实际的应用价值。在现实的市场制度下，无知问题与对第三方的影响问题更为严重。因为市场结果的不确定性是一个无法消除的现象。因此柯恩考虑通过弱化正义命题三来挽救这个命题。我们看正义命题四：如果是从正义情境开始，并且交易各方事先都知道不同结果的概率，那么由此产生的任何情境都是正义的。两个人自愿进行奴隶赌博的情况，满足正义命题四。但是在我们的直觉下，这种自愿奴隶是否是正义的，显然不是无可争议的。更有甚者，一旦我们把赌博的自愿性去掉，那么我们就更有理由来抱怨产生的结果了。

首先，自愿的赌博与市场交易具有相关的差别。我们可以设想一下，如果奴隶赌博不是由他们自愿选择的，那么我们就很难认为这个结果总是正义的，即使双方在赌博上都没有搞鬼。但是市场经济制度恰恰就是这样的，一旦它得以确立，那么它就是我们无法选择的一个背景，是我们做出所有其他自由选择的背景。即使市场的参与方事先都知道不同结果的概率，这也依然很难为其结果辩护，因为市场的风险是不可避免的。在直观上，在武力的胁迫下做出的选择是不自然的，但是如果市场机制是我们无法选择的，那么市场的风险也是我们无法避免的，必定有人承担这种风险的后果。这个时候，仅就这个结果而言，市场导致的没有选择与武力导致的没有选择，并没有什么实质性差别，只是一个是有形的强迫，另一个是间接的、无形的强迫而已。其次，即使就正义命题四的条件而言，我们也很难满足。现实的市场交易极少能让我们完全知道各种结果的实际概率。实际上每个人得到的信息可能不一样，利用信息的能力也可能不一样。也就是说，现实的市场经济制度难以满足正义命题四中的条件，尽管正义命题四本身比正义命题三要弱一些。

当然，我们可以进一步来弱化这种条件，从而得到正义命题五：只要从正义情境开始，并且交换各方知道交换的直接结果，那么由此产生的任何情境本身就都是正义的。但是正义命题五的认知条件要求太低。同时，如果对于交易的直接结果的无知可以挫败结果的正义性，那么为什么对间接结果的类似无知就不能产生类似的影响从而挫败结果的正义性呢？这样，柯恩的分析给诺齐克的例子呈现了这样一个难题：一方面，即使我们可以实现正义步骤，即自由能够产生正义的结果，这种正义步骤也会是我们现实中的交换所无法实现的。另一方面，如果依据日常意义上的自由交换或自愿活动来定义正义步骤，那么它又不具有保证其结果是正义的那种能力。①

柯恩设想诺齐克的第二种回应方式是持有“权利自由观”。实际上，诺齐克也确实采用这种意义的自由或自愿，他认为：“个人的行为是不是自愿的，依赖于限制他的选择对象的原因是什么。如果是自然的事实，那么这一行为就是自愿的（虽然我更愿意坐飞机去某地，但没有飞机，我步行去那里就是自愿的）。别人的行为为个人可利用的机会设置了限制，但这个人相应的行为是否是自愿的取决于那个人是否有权利实施他的行为。”② 诺齐克使用 A 到 Z 的故事来说明可选项与自由的关系，他认为只要每个人都是自愿来做事的，也就是步骤上没有任何问题，那么不管产生何种结果，就都是正义的。③ 也就是说，如果最后 Z 只有一个可选项，比如说除非出卖劳动力给资本家，否则就会饿死，这也依然没有减少他的自由。如果 Z 选择这样做，那么他的选择就是自愿的。

柯恩认为诺齐克的论证是这样的：(1) 如果 Z 被迫做 A 或 B，且 A 是唯一合理的事情，而 Z 是因为这个理由来做 A 的，那么 Z 就是被迫去做 A。(2) 诺齐克相信，只有当某人的行动使得 Z 的可供取舍项以某种方式受到限制时，他才是被迫在工作与饿死之间进行选择。(3) 只有当引起对 Z 的可选项进行限制的行动是不合法的时候，Z 才是被迫这样选择的。④

但是，引起 Z 的选项变化的这些行动，在什么时候是不合法的呢？诺齐克认为，只有当人们的行动不是他们有权利去采取的行动的时候，这些行动才是

① Cohen, *Self-ownership*, *Freedom*, *and Equality*, chap. 2.

② ［美］诺齐克：《无政府、国家与乌托邦》，262～263 页。

③ 参见［美］诺齐克：《无政府、国家与乌托邦》，263 页。

④ Cohen, *Self-ownership*, *Freedom*, *and Equality*, pp. 35 - 36.

不合法的。换言之，只有当某些人阻止我做有权利做的事情时，我才是不自由的。这种权利定义再加上私有财产权的组合，可以得到保护私有财产权绝对不会限制任何人的自由的结论。柯恩认为，诺齐克的自愿与否并不是根据我们选择的范围或者是否有人干涉我们来定义的。诺齐克所强调的是一种规范意义上的自由，是个人应该享有的自由。如果别人的行为是正当的，是他们有权利采取的行为，那么即使这种行为限制了我的机会，它也并没有减少我的（规范性）自由。这也可以从诺齐克对再分配的理解得到说明。他说："'再分配'这个概念指用于一种社会安排的理由类型，而不是这种安排本身……我们是否称把一些人的钱转交给另一些人的制度为再分配的，有赖于我们考虑它这样做的理由。交还被偷的钱或因侵犯权利而付的赔款并不是再分配的理由。"①

在自由的权利定义之下，干涉个人的行动是否影响或限制该人的自由，要取决于他的权利状态，也就是他有没有相应的权利。如果没有，那么干涉他的行动并没有减少他的自由。然而，权利的根据是什么呢？诺齐克并没有交代清楚，实际上他借用的是洛克的自然权利。而我们又知道，诺齐克的权利是从否定的意义上来讲的：即使你要饿死了，也没有人有义务为你提供食物，你也没有得到食物的权利，你的权利只在于保护你的自由、身体等不受到别人的侵害。②

柯恩由此认为，诺齐克的权利自由观就清楚地进入一个循环：自由是根据权利定义的，权利又是根据自由定义的。当把权利自由观适用于张伯伦的例子时，我们可以看得更为清楚。诺齐克这种对自由的权利性定义避免了上一节中的那类反驳，但这种解决办法的代价过于高昂，使得他陷入一种内在的循环。当我们问什么东西使得步骤是正义的时，诺齐克说当行为是自愿的时候，或说在个人没有受强迫的时候步骤就是正义的。但是当我们询问什么行为是自愿或说没有强迫的时候，诺齐克则认为，无论我们的可利用的机会是多少，只要在产生这种限制的过程中没有不正义，也就是说权利未受到侵犯，那么这些行为就是自愿的。这存在着一个循环：转移正义是根据自愿（或没有强迫）来定义的，而自愿则是根据正义（权利不受侵犯）来定义的。这样，诺齐克的论证就走入了一条死胡同，因为他无法对正义步骤进行定义。

柯恩对正义命题一的详尽分析表明，张伯伦例子外推出自由颠覆模式，但这个结论的逻辑严密性与直观合理性缘于混淆。一旦搞清楚正义命题与资格理

---

① ［美］诺齐克：《无政府、国家与乌托邦》，36页。

② 参见［美］诺齐克：《无政府、国家与乌托邦》，37～38页。

论并不等价，那么正义命题二所具有的合理性就只有最后一个依靠：自由。但是柯恩的分析表明自由不足以提供这样的支持：要么自由是一种日常意义上的非干涉性自由，但那无法确保我们的结果是正义的；要么自由是一种权利意义上的自由，但资格正义理论就不再是一种自由至上论，因为这里的自由恰恰是需要其他的权利为它提供依据并对之做出限定的。

这里特别要注意，柯恩的批判并未预设平等，而是一种内部批判，表明自由本身无法确立分配结果之正义性，必须要依赖获取正义原则来确定。因此，尽管其目的是为了捍卫平等，但柯恩对自由的这种内部批判是卓有成效的。这种批判可以让我们更好地、更清楚地理解自由的价值以及这种价值在政治哲学中的蕴涵，从而有助于解决自由主义的左右两翼的争论。但我们同样要注意到，柯恩的批判并没有确立平等就是我们应该坚持的，只是表明自由并不像表面上看来那样能够否定平等。这里的批判表明，诺齐克以转移正义为焦点来看待分配正义显然是不够的。柯恩也由此将注意力转向了获取正义原则，由此直面平等所面临的另一种强有力的挑战。

第四节　平等的规范可能性阶段（二）：平等与自我所有权的冲突

按道理来讲，获取正义原则本该是诺齐克资格理论的核心所在。人们转移的一定是其有资格拥有的事物，因此转移开始之前，人们必须对所持有之物是有资格的。不仅如此，诺齐克非常强调其资格理论是历史性原则。因此，获取正义原则对于整个资格正义理论来说，应该是极其关键的。但我们前面已经分析过，资格理论与正义命题的等价性混淆，使得转移正义原则成了核心，诺齐克由此并未对获取正义原则给出应有的重视。柯恩在对转移正义原则做了详尽考察之后，得出诺齐克的真正核心观点并非自由至上，而是自我所有至上的结论。[①] 换言之，诺齐克不是从自由推出自我所有，而是从自我所有推出自由。诺齐克所举的从 A 到 Z 的例子也表明他接受这一点：即使 Z 只有一种选择，他依然认为他的自由没有受到侵犯。同样，诺齐克并不认为无产阶级的不自由是

① Cohen, *Self-ownership*, *Freedom*, *and Equality*, p. 67.

一种真正的不自由，因为无产阶级具有对自己人身的支配权，而这是奴隶与农奴所不具备的。根据这种自我所有权，每个人都拥有其自身，就像奴隶主拥有奴隶一样。从道德的角度看，个人有权支配自己。自我所有权推出的结论就是：任何人未经我同意都不得强迫我为任何其他人服务，即使不这样做在道德上是错误的，情况依然如此。柯恩认为，这个才是转移正义原则的真正吸引力所在。而我们都知道，只要这点成立，同时个人的能力又有高低之分，那么不平等就是一种必然的结果。柯恩的平等依然面临强有力的挑战。

为捍卫平等，左翼自由主义者的思路是直接摒弃自我所有权，从而肯定某种平等。但柯恩认为此种方法有两个弊端。第一，它对于诺齐克这样的人在论证上无效。第二，自我所有权很有直觉吸引力，至少不输于平等的直观吸引力。许多平等论者涉及身体器官的平等时会有所退缩，因为这违反我们深刻的道德直觉。① 不过诺齐克的实际论证认为人们不仅拥有自我，还对他们运用正当的手段获得的一切资源都有同样的道德权利。诺齐克认为，夺走某人的合法性相当于切掉某人的胳膊，都侵犯其根本权利。

柯恩反驳的关键就在于此。其反驳的根本在于，我们确实有一种直觉支持自我所有，但是对于外在资源则没有这样的直觉存在。由此，这种直觉的要点在于：我可能有资格单独决定如何使用我的手，但对于使用这只手的利益则无相应的权利。因此，我们可以说任何人对于任何外在资源都没有比其他人更强的要求权。但对于个人的能力或身体部分，这种讲法就不大行得通。

对此，柯恩考察捍卫平等的另一种策略：不再直接否定自我所有权，而是反对以自我所有权作为基础来捍卫不平等。这种策略分为两步。第一步就是割断自我所有权与外部资源之间的关联，破坏从认可自我所有权到证成外部不平等资源的这个过程。这种策略的核心在于：认可自我所有权并不能得出诺齐克所强调的那种资源不平等。柯恩是从市场分配开始的，因为资格理论认为由市场自己产生的物品的分配是合法的。但是市场产生的分配只是资格的再分配，而那些资格却是买卖自身无力产生的。因此市场活动的结果与其开始的资格具有同样的合法性。而关键正在于初始资格的合法性。② 这个问题实际上是因为无论基于何种财产理论，最初的获取一定优先于后面的转移。如果这个世界的资源是自动地为人们所私有的，那么这种理论就极为强大。但这里的问题就在于这个世界上的资源不是自动地归属于个人的。值得注意的是，这里的重点并

① Cohen, *Self-ownership*, *Freedom*, *and Equality*, p. 70.

② Cohen, *Self-ownership*, *Freedom*, *and Equality*, p. 73.

不在于谁得到了私有财产，而首先在于如何合法地确立私有产权，且确立其为何种产权。

就诺齐克而言，私有产权的合法性既不是它能增进人类的效用或幸福，也不是要回报人们的努力，相反要看分配的整个历史。诺齐克考察了劳动混合论，即人们把自己的劳动与土地资源混合即可。但他自己非常明确地认为这种想法不行，因为个人可以把一瓶番茄酱倒入大海从而宣布对大海的所有权。但柯恩还考虑了劳动获取产权的另一种说法，也是洛克的说法，即土地上的产出基本上都属于人类劳动的增值。然而，这种加减算法存在着根本的缺陷。[①] 我们可以设想，比如说土地 E 在没有人类劳动的时候产出为 100 斤苹果，而有了劳动后产出为 1 万斤，那么似乎劳动增值了 99 倍，而土地的价值只占 1%。但只要我们反过来一想，就知道这种算法是自相矛盾的。如果没有原初土地的话，同样的劳动什么也不产生，按照这种算法，1 万斤苹果全是土地的价值。同样的计算方法，随着思维顺序的不同，却得出了完全不同的结果。因此，劳动价值论显然无法为私有产权提供合法基础。

柯恩还考察获取原则的洛克式条款是否可以做到这一点。这个条款是在占有资源时要“为他人留下足够好的选项，不使他人变坏”。但这个条款有两个关键，第一个关键在于它只考虑结果，而不考虑过程，或者说过程是由结果所判断的。这一点实际上进一步表明资格命题与正义命题是不一样的。因为获取正义原则是个后果主义原则，而转移正义原则是程序正义原则，两者组合之后就是一个混合原则（本章第二节已经考虑过这一点）。这个条款还有更直接也更大的麻烦，这就是比较如何进行，也就是变坏的基线问题。柯恩实际上也集中于考察这一点。诺齐克所说的比较是“某人占有某物 O 与把它留给所有人的比较”。但柯恩有力地指出，显然还可以有“A 占有 O”和“B 占有 O”都比留给所有人好，但 A 的却没有 B 的好。还可以大家共同拥有 O，自然也可以有小集体拥有 O 进行合作等形式。[②]

由此，这里产生一个一般性的问题：我们应该允许拥有什么形式的产权？实际上，财产的绝对私有权观念混淆了两个问题。第一个问题是社会里存在着何种形式的财产权利的问题（不管是谁获得它），它涉及人们是要共同地拥有财产还是私人拥有财产，人们拥有这些财产能够做什么（使用权、收益权、处置权等）。第二个问题才是谁得到财产的问题。就第一个问题而言，起码下述

---

① Cohen, *Self-ownership, Freedom, and Equality*, pp. 176 - 180.

② Cohen, *Self-ownership, Freedom, and Equality*, pp. 76 - 87.

选项均是有可能性的：绝对的私人所有、有条件的私人所有、绝对的公有、有条件的公有或有条件的公有与私有混合。

从这个角度来看，西方福利国家的再分配税收机制实际上可以看作是第一个问题，我们可以将其看作有条件的私有产权。第一类是财产获取税，比如说收入税，特别是收入累进税，它是获取财产的条件，比如要缴多少税才算是获得了财产的合法性。第二类是财产使用税，比如说馈赠税、遗产税和奢侈品税等。这也就是说，你得到的财产并不是你能够随心所欲地处理的。比如说在中国你不能随意购买枪支弹药，在西方你不能随意地把钱给别人，尤其是大量的钱。因此，我们的税收完全可能是对产权形式的一种规定与约束。而当我们接受一种绝对的私有产权时，这样的看法就是行不通的了。然而诺齐克支持这种产权观的论据是：如果私有制度存在，那么有些人只有很少的财产或没有财产并不是要消灭这种制度的理由。诺齐克之所以认为这个观点成立，是因为他认为这满足了洛克式条款（那些没有财产的人依然没有变坏，甚至变得更好），而之所以如此是因为他只考虑具有绝对的私有产权与完全没有任何产权相比。柯恩这里引出关于分配正义一个极重要的问题：比较的基点。对于诺齐克而言，获取正义原则所确定的起点实际上是其致命的软肋。一旦把自我所有权与外在资源的产权分开，我们就能更好地理解自我所有权的蕴涵。由于自我所有权与外部资源的占有并不是一回事情，我们可以设想各种各样的外部资源的状况。

第一种情况就是所有外部资源为全体成员所共有，并且每个人对于如何使用外部资源具有绝对的否决权。显然，如果不做其他的规定，我们根本无法知道任何结果，因为我们不知道人们会如何行使这种否决权。柯恩做了各种设定，表明我们可以得到很多种结果。但极端情况下可能会出现如下情境：某个人完全可以要求所有人自愿成为他的奴隶，否则就不允许任何人使用任何资源。最麻烦的是，这种情况并没有侵犯诺齐克意义上的自我所有，因为这个人没有强迫任何人接受他的条款，正如资产阶级没有强迫无产阶级为其服务一样，如果无产阶级愿意饿死的话。因此，在这里，才能无法带来特殊的报酬。这种思维方式实际上引出了一种根本性的反驳：没有外在资源，个人的自我所有没有任何意义。[1] 柯恩这个反驳的意义在于：单纯形式上的自我所有权没有任何意义。

---

① Cohen, *Self-ownership*, *Freedom*, *and Equality*, pp. 79 - 84, 95 - 106.

柯恩通过上述论证非常清楚地概括了诺齐克的论证结构：（1）任何人都不能在任何程度上成为别人的奴隶；（2）任何人都不能被别人部分或全部地拥有；（3）每个人都被他自己拥有；（4）每个人都必须拥有做想做的事情的自由，只要不伤害任何人，他也没有任何必要向任何人提供帮助；（5）处于原始状态的外部世界无论是其全部还是部分都不属于任何人；（6）每个人都可以为自己积累无限的自然资源，只要他并不因此伤害别人；（7）一部分人口可以完全合法地私人拥有不等量的资源；（8）广泛存在的状况不平等是不可避免的，或者说只有在侵犯人们对自身或对事物的权利时才可以得到。[①]

柯恩实际上是从三个方面对此论证做了强有力的反驳。我们前面介绍了两方面：第一个方面是从伤害的认定来反驳从 6 到 7 的推理，即上面所说的比较基线问题。第二个方面是对第 5 点提出质疑，为什么世界资源在规范意义上必须是无主的，诺齐克并没有给出任何理由。上面的两种反驳实际上表明，纯粹形式的自我所有权是没有意义的。

柯恩第三个方面的反驳是对自我所有权的直接反驳，也就是反驳步骤 1～4 的推理。[②] 柯恩主要是澄清自我所有权与其他观念的混淆。

第一点是澄清自我所有权与奴隶之间的关系。诺齐克的前提 1 是很有道理的，但其前提 2 实际上蕴含着这样的意思：任何人一旦有了非契约性的义务，那么他就是奴隶。不仅如此，这里的契约指的是实际发生的契约，并不是个人应该接受的契约（即使有利于契约方自己也不行）。然而，我们对奴隶的日常理解是：别人能够随心所欲地决定奴隶做什么。这里的关键是随心所欲，奴隶主要奴隶做什么是不需要理由的，需要的只是他的心意。如果我们接受某种重要的价值，那么我们出于这种价值做事就不是随心所欲的，这里更不存在一个随心所欲的奴隶主。因此，柯恩认为，即使我们具有非契约性的义务，且我们由此并不具有彻底的自我所有，也不表明其他人就在部分程度上是我们的主人。由此，前提 1～4 的推理是存在问题的。实际上诺齐克本人也没有将这一观点进行到底。诺齐克一方面允许征税来维持国防和秩序，同时在财产占有上允许家长主义行为，只要这种占有不损害人们的利益就行。即使我们接受诺齐克的观点，这两者对于其他人都是无害的，它依然是一种非契约性的义务。然而在财产的使用上，比如说强制保险，诺齐克的守夜人国家就无法接受它。即使不论其前提合理与否，这里也显然存在着一种不一致性。

---

① Cohen, *Self-ownership, Freedom, and Equality*, pp. 113 - 115.

② Cohen, *Self-ownership, Freedom, and Equality*, pp. 231 - 234.

第二点是澄清自我所有与自主性之间的关系。自主性的一种常见理解是康德式的道德自主性，这种自主性受到很多人的青睐。按照康德的理解，道德自主性在于个人具有善良意志，也就是我们总是有足够的动机去做道德义务要求的事情。因此，道德自主性显然与彻底的自我所有权有很大的区别。当然，有些人可能不认可康德的自主性概念，而是用自主性来意指个人能够按照自己的心意来做事。在诺齐克这里，彻底的自我所有意味着个人能够随心所欲，只要不伤害他人即可，但是见死不救也是自我所有权所认可的。但即使我们接受自主性的这种理解，它也表明自主性的大小与个人做事情的能力是极为相关的。然而，正如前面已经讲过的，彻底的自我所有权显然无法保证人们具有这种能力，因为尊重彻底的自我所有在有时候恰恰会导致其他人无法做许多事情。这也就意味着，如果所有人都不愿意在彻底的自我所有权上做任何妥协，那么人们的自主性显然会大大减少。不仅如此，即使我们承认自主性是一种应该追求的价值，除非我们否认其他的价值，否则这种思路也无法让我们接受彻底的自我所有。①

第三点是澄清自我所有与人性公式之间的关系。② 人性公式的重点在于要把每个人当成目的，而诺齐克反对未经人们同意的税收，因为这是把他们当作手段而不是目的来对待。但是康德的人性公式并不反对把人作为手段，它只是要求我们同时将人作为目的来看待。实际上，在康德的人性公式里面，把人作为目的的一个重要方面在于对待别人的方式要能找到道德根据。如果要求人们做的事情是有道理，那么这就是人们应该同意做的。因此，把人作为目的并不能支持一种彻底的自我所有。或者说不经人们的实际同意要求人们做事并没有违背将其作为目的来看待，关键是这种要求是否具有恰当的理由。

尽管自我所有权表面看来具有极强的直观吸引力，但有不少吸引力来源于它与其他观念的混淆。柯恩的分析表明，如果我们能够看清楚它与其他观念之间的混淆，那么彻底的自我所有权将很难得到支持。而柯恩对转移正义原则与获取正义原则的讨论则更是表明，无论是自我的所有权还是财产权，背后都需要统一的根据，否则就会导致自相矛盾或不一致。而自我所有权之所以看起来能够对平等造成冲击，恰恰是因为我们忽略了这种背后根据的统一性。不过，柯恩这里的分析只是表明，如果平等（或其他的价值）是我们所接受的重要价值，那么自我所有权也不一定能对它们形成有力的挑战。

---

① Cohen, *Self-ownership, Freedom, and Equality*, pp. 236 - 238.

② Cohen, *Self-ownership, Freedom, and Equality*, pp. 239 - 241.

第五节　平等的“现实可能性”阶段

在回应平等所受到的各种强有力挑战之后，柯恩的重要任务就是提出一种有吸引力的平等理论，表明平等是可欲的，从而能在分配正义领域占有一席之地。需要注意的是，作为一位马克思主义者，柯恩不需要像罗尔斯、诺齐克那样去建构自己的正义观念。因此，尽管柯恩的工作表面上看起来是对其他理论的犀利批判，显得很有攻击性和破坏性，但于他自己而言，这些其实都是防守，是为其信仰的平等争得一席之地。柯恩要回应的挑战主要是那些对平等理论能够构成内在威胁的。诺齐克的理论显然是因为这点才受到柯恩如此的重视，而柯恩对后果主义惜墨如金，缘由大概也正是后果主义在表面上来看无法对平等主义构成内部批判。在阐述其具体的平等观念时，德沃金成为柯恩最适合的批判对象。这大概有两个原因：第一，德沃金是当今最有影响也最坚定的平等主义者；第二，他的观点经修正后能够很好地表达柯恩所要求的平等观念。

德沃金为平等观念提供了一个没有什么争议的宣传口号：对每个人要表示平等尊重与关切。德沃金认为：“宣称对全体公民拥有统治权并要求他们忠诚的政府，如果它对于他们的命运没有表现出平等的关切，那么它也不可能是个合法的政府。”[①] 但是究竟什么样的平等观念才对所有人表达平等的尊重与关切，却是众说纷纭。而德沃金认为这种“平等的关切要求政府致力于某种形式的物质平等，我把它称为资源平等”[②]。德沃金坦承其平等理论的根据在于伦理学个人主义的两个原则。第一个原则是“重要性平等原则：从客观的角度讲，人生取得成功而不被虚度是重要的，而且从主观的角度讲这对每个人的人生同等重要”。由此“要求政府采用这样的法律或政策，它们保证在政府所能做到的范围内，公民的命运不受他们的其他条件（他们的经济前景、性别、种族、特殊技能或不利条件）的影响”[③]。这是一种集体责任。第二个原则是“具体责任原则：虽然我们都必须承认，人生的成功有着客观上平等的重要性，但个人

① ［美］罗纳德·德沃金：《至上的美德》，1 页，南京，江苏人民出版社，2002。

② ［美］罗纳德·德沃金：《至上的美德》，1 页。

③ ［美］罗纳德·德沃金：《至上的美德》，4 页。

对这种成功负有具体的和最终的责任——是他这个人在过这种生活”[①]。德沃金认为这其实是一条“关联原则：它坚持认为，就一个人选择过什么样的生活而言，在资源和文化所允许的无论什么样的选择范围内，他本人要求对做出那样的选择负起责任”[②]。这个原则强调的是个人责任，即个人应该对此造成的后果负有责任。

柯恩大概不会反对这两种责任的划分，但他肯定反对德沃金对两种责任的具体规定。德沃金有一个与两种责任区分相对应的区分：个人（person）/环境（circumstance）的区分。而这中间实际上最核心的是德沃金的个人与个人性资源的区分。“一方面，那些决定着何为成功的信念或态度归属于个人（person）；那些为这种成功提供帮助或阻挠的身、心或个人特征归属于个人的环境。”[③] 根据这种区分，德沃金的资源平等就是要求资源的分配要敏于抱负（个人），而钝于禀赋（环境）。不过，柯恩所支持的平等是一种运气平等等主义，如果不是由于人们的过错或选择，那么人们应该过得一样好。非常清楚，资源的分配钝于禀赋是与柯恩的观点一致的，但是关键在于抱负中既有选择的成分，也有非选择的成分。不仅如此，人们由于抱负与能力的不同，从而从资源中能得到的福利也是有所不同的。因此，柯恩就此两点对德沃金的资源平等做出了批判。

柯恩的第一个批判集中于个人与个人性资源的区分。这个批判的第一个方面是这种区分导致对运气处理的不一致。考虑幸运的张三和不幸的李四。其他人的欲望和需要使得张三可以追求他自己心仪的职业，人们乐于购买张三生产的东西。但是李四所生产的东西则无人问津。根据德沃金的资源平等理论，李四可以要求对于他与张三之间的巨大收入差异进行修正。但要考虑到他们的休闲偏好，张三喜欢钓鱼，而李四喜欢摄影。钓鱼便宜而摄影昂贵，也是因为许多人喜欢钓鱼，从而因为经济的规模效应产生的结果。尽管两种差异都是由人们的嗜好与抱负的影响而产生的，但是根据德沃金的区分，会得到完全不同的对待。一个处于生产领域中，因而属于个人技能，是集体责任，必须予以修正；而另一个处于消费领域，属于个人责任，因此不应修正。然而，处于生产领域与消费领域本身无法对这种区别对待提供根据。[④]

这个批判的第二个方面是该区分并不能穷尽所有的因素。乐观（或忧郁）性

---

① ［美］罗纳德·德沃金：《至上的美德》，6 页。

② ［美］罗纳德·德沃金：《至上的美德》，7 页。

③ ［美］罗纳德·德沃金：《至上的美德》，86 页。

④ Cohen, “On the Currency of Egalitarian Justice,” *Ethics*, 99 (4), 1989, pp. 921 - 923.

情带来了很大的麻烦。第一个麻烦就是我们无法将乐观这种特性归为个人或环境（个人性资源）。乐观不是定义一种成功的生活将是什么样的东西，因此它只能算作环境。但是环境又被定义为能力和缺陷，但乐观并不是这些东西，它不是能力而是一种幸运的性情，给定投入，能够产出高于一般的效用。它也不是当一个人追求目标时实行的东西，即使它能够有助于他追求它们。但是乐观的价值不仅仅是它会提高个人获得成功生活的可能性。它能做的另一件重要的事情就是削弱失败的悲伤。它是独立于目标促进器的效用增强器。第二个麻烦是与之相对的忧郁性格的补偿问题。比如说某人个性忧郁，他有和他人一样多的资源，即在德沃金意义上的个人性资源与非个人性资源。但他就是非常不快乐，特别忧郁。假设这个时候有昂贵的药物可以治疗他的这种忧郁症，那么我们需要给予他这种补偿吗？在柯恩与德沃金的讨论中，德沃金认为应该。但是根据资源平等理论，只有属于环境因素导致的不平等才应该是我们需要纠正的，忧郁不属于环境，因此补偿它也是没道理的。德沃金认为这个属于个人与个人性资源的交界问题。我们可以通过虚拟保险来解决。最好的方法是问个人是否对忧郁进行保险，如果是的话，那么就因为他的忧郁而对他进行补偿。但是在德沃金的保险机制中，个人决定是否要投保时应该知道什么东西属于他个人：这正是德沃金的“无知之幕”薄于罗尔斯的地方。但是，决定不对忧郁投保的个人，按假说，仍然对于他是否忧郁并不知情。不仅如此，即使这种处理能够成功，这里根据的也不是个人/个人性资源的区分，而是选择/运气的区分。[①]

柯恩的第二个批判针对的是平等空间。柯恩认为，我们需要补偿的不是资源的缺乏，而是福利的缺乏。假设张三可以非常灵活地使用他的两只手，但是每次使用后肌肉都会非常痛。现在假设有一种昂贵的药物可以消除他的这种疼痛。这种药物并不能代表对一种资源缺陷的补偿，因为张三具有移动他手臂的能力，在相关的意义上他比绝大多数人做得都要好。我们需要对之进行补偿吗？[②] 德沃金对此提出的回应是：“健康的生活不管有什么其他的特点，都是摆脱了严重而持久的生理和精神痛苦或不适感的生活；生理或精神上虚弱，或处在一种没有贵重药品或服装便无法摆脱痛苦、消沉或不适感的状态中，都是显而易见的残障。处在这种虚弱状态的人并没有选择这种状态；如果他能够做到的话，他会加以治疗，他的信念、判断、信仰或偏好，都不会反对这种治

① Cohen, “On the Currency of Egalitarian Justice,” pp. 930 - 931.

② Cohen, “On the Currency of Egalitarian Justice,” p. 919.

疗。”[1] 当然，柯恩肯定会同意德沃金的这个回答。但是这个回答无法为资源平等理论提供任何帮助。问题依然存在。因为这里问的恰恰就是，根据资源平等理论，我们如何得到德沃金上面的主张。因为痛苦、不适等状态并不是资源，根据资源理论是无法对它们加以补偿的。如果德沃金说张三缺少无痛移动手臂的能力，或说这个人缺乏能够避免疼痛的资源，那么即使使用资源主义术语来描述它，这实际上也是在援引福利平等的思想。另一方面则是德沃金再次强调了选择的作用。这里的关键是“处在这种虚弱状态的人并没有选择它”[2]。

尽管德沃金明确表示他并没有以选择作为个人/个人性资源这种区分的根据，但他为此提出的两个理由并不成立，由此无法回应柯恩的批判。德沃金的第一个理由是：“我遵循的是正常人的伦理经验，普通人在日常生活中对他们自己的个人承担后果。”[3] 但这条理由是不成立的，因为在日常经验中，个人/个人性资源的区分是没有的。人们并不认为我们的精神能力如技能等属于环境因素。因此这里的个人/个人性资源区分只能是一种技术性的，需要其他的根据。不仅如此，德沃金在论证中也明确地承认：“技能和抱负相互形成的影响阻挠着我们。技能是培养和发展的产物，而不是完整发现的东西。人们选择哪一种技能加以发展，反映着他们有关最好成为什么样的人的信念。”[4] 第二个理由是：“正是我们的各种嗜好和抱负，为我们规定了什么是令人满意的或值得过的生活，把它们当作我们实现这种生活的障碍是说不通的。”[5] 嗜好与抱负为我们规定了什么是令人满意或值得过的生活，但即使我们的嗜好、抱负规定了我们生活的意义，也并不能证明它规定的这种生活意义是合理的，因此并不能表明我们具有任何嗜好、信念、抱负都是合理的。比如说印度寡妇殉夫之风俗，假设某个女人接受了这种信念与抱负，认为此风俗规定了她的生活意义，我们也不能就此认为这种抱负是合理的。因此，这个理由同样无法作为区分的根据。[6]

在对德沃金的资源平等理论所做的批判之中，我们可以看到柯恩自己的运气平等主义理论，也就是他认为更具吸引力的平等观念。为了更好地理解柯恩的平等理论，我们可以考察各种平等理论对运气因素的处理，从而比较各种平等理论的差别。一种是比较盛行的机遇平等理论（权利的平等理论），这种理

---

① ［美］罗纳德·德沃金：《至上的美德》，343页。

② ［美］罗纳德·德沃金：《至上的美德》，343页。

③ ［美］罗纳德·德沃金：《至上的美德》，334页。

④ ［美］罗纳德·德沃金：《至上的美德》，96页。

⑤ ［美］罗纳德·德沃金：《至上的美德》，339页。

⑥ 参见葛四友：《资源平等的诊断与重构》，载《政治思想史》，2013（1）。

论体现在经济的自由放任体系中，它保证每个人具有相同的权利，不但考虑社会偶然性，也考虑自然偶然性对人们运用这种权利的影响。然后是罗尔斯提出的公平的机会平等，如果人的天赋与努力差不多，且抱负差不多，那么就有差不多的生活前景。它要求抵消社会偶然性的影响，但不要求抵消自然偶然性的影响。对于德沃金的资源平等来说，只要人们的抱负跟努力差不多，即使天赋不同，那么也要有差不多的生活前景。它要求抵消自然偶然性与社会偶然性对环境（包括个人能力）的影响，但不要求抵消出现在个人抱负中的自然偶然性与社会偶然性的影响。而对于柯恩的运气平等主义体系来说，不管人们的天赋与抱负如何，只要跟选择与过错没关系，那么他们就应该有差不多的生活前景。在理想的意义上，它要求抵消所有社会偶然性与自然偶然性的影响，换言之，除非出于人们的选择或过错，否则人们应该过得一样好。

柯恩的平等空间非常接近于阿马蒂亚·森的平等空间：可行能力。[①] 不过他使用了一个不同的名称，即中期福利（midfare)。这种中期福利既不是客观的物品（即资源），也不是人们消费物品最后所得到的感受（即福利或效用），而是一种介于资源与福利之间的东西，即中期福利。他与森的细微差别可以用婴儿的例子来加以说明。一个婴儿只要得到喂养，他就能够得到中期福利，但他没有相应的可行能力。[②] 此外，柯恩区分了平等的两种观点。[③] 一种观点认为平等只具有工具性价值，平等的价值在于能够使人们过得更好或者服务于其他的价值。这种观点并不赞成把更好者变差以得到平等。另一种观点认为平等具有内在价值，这种观点认为人们具有一样多的有价值事情，这本身就是好的。因此，即使减少一个人的所得从而使其与另一个人变得一样好，就平等而言这也是好事，即使综合来看，这未必是件好事。后者才是柯恩所持有的平等观念。

第六节　平等的“唯一性”阶段

上面介绍柯恩如何为平等求得一席之地，但是要捍卫其平等信仰，柯恩还

---

① Amartya Sen, “Equality of What?” in Sterling M. McMurrin (ed.), *The Tanner Lectures on Human Values*, Volume I, Cambridge, Cambridge University Press, 1979, pp. 197－220.

② Cohen, “Equality of What? On Welfare, Goods, and Capabilities,” in Nussbaum and Sen (eds.), *The Quality of Life*, Oxford, Clarendon Press, 1993.

③ Cohen, *Rescuing Justice and Equality*, Cambridge, Harvard University Press, 2008, pp. 30－31.

需要直面平等最重要的竞争对手：罗尔斯的公平正义。罗尔斯的公平正义始于平等，却又终于差别原则。由此，柯恩面临一个重要任务：把平等从差别原则之中拯救出来。[①] 而这就是其《拯救正义与平等》一书的重要目的。柯恩想表明：分配正义中唯一重要的因素就是平等，由此进入平等的“唯一性”阶段。

在笔者看来，柯恩从运气平等主义的预设入手，可以说对差别原则做了迄今为止最全面甚至最有力的批判。柯恩认为，差别原则是罗尔斯对运气平等主义与帕累托标准所做的一种妥协。他试图表明，差别原则所体现的妥协方式存在着内在的动机困境。我们理解柯恩的这个批判需要注意以下两个方面：第一，它针对的是接受罗尔斯的基本设想的人；第二，柯恩的反驳论证是符合罗尔斯的反思平衡方法的。尽管罗尔斯强调他所用的是社会契约方法，但他的契约达成并不取决于人们的实际心理状态，罗尔斯所要求的实际上是根据原初状态中的预设推出其正义原则。[②] 柯恩的批判预设以下几点。第一，罗尔斯接受运气平等主义的如下观点：除非出于人们的选择或过错，否则没有人应该比其他人过得差。[③] 第二，柯恩预设平等具有内在价值，且罗尔斯的起点平等是在后一种意义上讲的。[④] 第三，罗尔斯承认帕累托标准具有强大的力度，从而间接承认了人们过得有多好是很重要的。[⑤] 第四，罗尔斯所接受的差别原则体现了博爱精神。[⑥] 第五，罗尔斯主张的公平正义社会是一个良序社会，里面的人都是因为真正接受公平正义原则而遵守它，也就是人们都有充分的正义感。[⑦] 第六，公平正义原则只适用于制度的选择，而不适用于个人在日常生活中所做的选择。[⑧]

柯恩早期对差别原则的批判主要是对上述第六点的批判，即差别原则在应用上的限制。柯恩认为，如果人们在政治领域（即制度选择的领域）是平等主义者，而在私人领域（即个人行为选择的领域）却是利益最大化者，那就存在着动机的悖论：个人的动机是不一致的。[⑨] 柯恩着重讨论了罗尔斯关于差别原则之应用限制的论证，表明这些论证无法消除上述动机的不一致性。其中对罗

① Cohen，*Rescuing Justice and Equality*，p. 2.

② 参见葛四友：《论无知之幕与社会契约的作用》，载《中国人民大学学报》，2012（5）。

③ Cohen，*Rescuing Justice and Equality*，p. 156.

④ Cohen，*Rescuing Justice and Equality*，p. 91.

⑤ Cohen，*Rescuing Justice and Equality*，p. 90.

⑥ Cohen，*Rescuing Justice and Equality*，p. 130.

⑦ Cohen，*Rescuing Justice and Equality*，p. 74.

⑧ Cohen，*Rescuing Justice and Equality*，p. 117.

⑨ Cohen，*Rescuing Justice and Equality*，p. 2.

尔斯激励论证的反驳是最根本的，奠定了反驳其他论证的基础。

我们先来看柯恩对激励论证的反驳。为了简便，可以把社会分为两个阶层：一个是最有利者阶层（即能干者阶层），另一个是最不利者阶层。激励论证的基本想法是这样的：如果能干者得到的报酬不高，那么他们的动力就不够，生产的东西就会少得多。由此，相对于给高报酬而言，最不利者得到的反而更少。因此，我们应该以不平等作为激励，提高能干者的努力程度，从而改善最不利者的生活。[①]

激励论证的基本精神可以更清楚地体现在柯恩有关增税的例子中：

（1）如果经济不平等有利于最不利者，则它是有证成的。（大的规范性前提）

（2）当采用低税率时，能干者的效率比高税率下要好，最不利者因此获益更多。（小的事实性前提）

（3）结论是：我们应该采用低税率。[②]

为突出这个论证存在的问题，柯恩提出了一个有类似结构的论证。假定绑匪绑架某个小孩索要赎金，赎金并未超出小孩家的承受能力。只要付赎金，小孩就可以安然回家。小孩的命肯定比赎金重要。于是就出现了这样的论证：

（1）付赎金比不付赎金（撕票）更好。（大的规范性前提）

（2）绑匪谋财不害命。（小的事实性前提）

（3）孩子父母应该付赎金。（结论）[③]

尽管结构一样，但这个论证看起来就不那么合理了。为了突出这种不合理性，柯恩提出共同体之中的人际检验，即论证是由共同体中的人向共同体中的人提出的，无论是谁对谁提出都应该是有道理的。[④] 然而，当这个论证是由绑匪向人质的父母提出时，我们就可以清楚地看到，这个论证很不合理，绑匪是在绑架勒索。在柯恩看来，如果我们真的接受运气平等主义的话，那么激励论证就与绑匪论证是一样的。因为在罗尔斯的理论中，能干者也接受了运气平等主义，由此也就赞同偶然性（包括能干者的天赋）所产生的利益与负担应该由共同体内的人均分，所以当能干者要分得偶然性利益的更大份额时，他的论证与绑匪的论证就是一样的，他也是在绑架勒索。这就是说，只有当能干者不接

① 参见［美］罗尔斯：《正义论》，12、87、116页，北京，中国社会科学出版社，2009。

② Cohen，*Rescuing Justice and Equality*，p. 34.

③ Cohen，*Rescuing Justice and Equality*，p. 39.

④ Cohen，*Rescuing Justice and Equality*，p. 42.

受运气平等主义时，小前提（2）才为真，由此差别原则才可以证成不平等激励。[①] 换言之，不平等之所以有利于最不利者，是因为如果不给予激励的话，能干者会罢工。而能干者之所以会罢工，只是因为能干者不具有平等主义的态度。然而，如果能干者真的接受运气平等主义，他就不会因为税率升高而选择罢工。所以，对收入不平等的激励对于最不利者而言并不是必要的。这表明罗尔斯的激励论证是不成功的。

人们还可以从罗尔斯的理论中构造出一种略微不同于激励论证的帕累托论证，它可以证成差别原则的应用。这种论证分两个阶段来看差别原则的证成。罗尔斯在第一阶段认可起点平等状态 D1，比如说是（5，5），然后转到由差别原则所认可且更好的不平等状态 D2，比如说是（6，9）。相对于 D1 而言，在 D2 中不仅能干者能得到更多的利益，而且最不利者也能得到更多的利益，因此这是一种帕累托改进。据此，如果我们不从 D1 转到 D2，则是不理性的。换言之，平等状态 D1 与帕累托最优是相冲突的，这个论证由此也被命名为帕累托论证。[②] 由于柯恩认可帕累托最优所具有的力度，因此，他对这种论证的反驳是致力于表明其平等观与帕累托最优是兼容的。

在这一反驳中，柯恩提出了一个新的状态 D3。现在假设在 D1 时人们拿的小时工资都是 5，这是起点平等状态（5，5）。在 D2（6，9）时他们拿的小时工资分别是不能干者为 6，能干者为 9，显然 9 高于 6 高于 5。按照帕累托论证，这里 6 与 5 之间的差别证成了 9 和 6 之间的差别。然而，柯恩认为，只要能干者不出现激励论证所假定的动机不一致，那么我们实际上可以得到分配状态 D3（7，7），这里大家都拿 7，7 小于 9，但大于 6。非常明显，D3 按帕累托标准优于 D1，但与 D2 是不可比较的。这样，D3 的平等与帕累托最优就是共存的。换言之，只有能干者在私人选择时违背支持初始平等的正义观念的要求，我们才得不到 D3。由此，如果我们真正接受支持初始平等状态 D1 背后的根据，且没有动机不一致，那么我们得到的初始分配状态就是 D3 而不是 D1，而由 D3 转向 D2 并不是一种帕累托改进。由此，帕累托论证是失效的。[③]

但是，罗尔斯还有一个论证，那就是认为“公平正义”主要适用于社会的

---

① Cohen, *Rescuing Justice and Equality*, pp. 48 – 49.

② B. Barry, *Theories of Justice*, Berkeley and Los Angeles, University of California Press, 1989, p. 217.

③ Cohen, *Rescuing Justice and Equality*, pp. 101 – 105.

“基本结构”。[①] 柯恩对此有两个反驳。第一个反驳着重说明这种限制与罗尔斯关于公平正义的说明有冲突。[②] 首先，罗尔斯之所以认为差别原则体现博爱原则，是因为不平等是为了改善最不利者的生活。[③] 但前面关于激励论证的讨论表明，如果只通过社会的基本结构来约束人们的行为，且允许人们在日常生活中的动机是最大化自己的利益，那么改善最不利者的生活就需要不平等作为激励。然而，如果人们在日常行为中的动机能体现平等主义精神，则改善最不利者的生活并不需要不平等作为激励。因此，“除非能改善他人生活，否则不想要更多”与“最大化的自利动机”是不兼容的。其次，罗尔斯认为，最不利者在他的社会里也能保有尊严，因为他们的处境无法得到改善了。[④] 然而关于激励论证的讨论表明，最不利者目前占有的地位只是因为能干者强烈反对平等才获得的。因此，如果能干者真的接受运气平等主义，在日常选择中也支持差别原则，那么最不利者的处境就能够得到进一步改善。所以这种限制并不利于最不利者的尊严。最后，罗尔斯认为具有正义感的人会出于正义原则去做事，因为他们相信这能表现他们作为自由且平等的人的本性。[⑤] 但是，如果我们把正义原则仅限于基本结构，仅限于政治领域，而在私人领域却允许最大化自己的利益，则将有悖于上述表现。

柯恩的第二个反驳是认为罗尔斯关于“基本结构”的划分理据不清楚。罗尔斯本人的看法并不是很确定和清楚，柯恩将其归纳为两种主要的看法。第一种看法认为基本结构就是国家的强制制度。[⑥] 人们在此可以区分出维持这种结构并将其结构制度化的选择与发生在这个结构之内的选择。但是，柯恩指出这种划分理据有两个问题。[⑦] 其一，罗尔斯强调基本结构是因为其影响极为深远且自始至终，基本结构是正义的首要主题恰恰是因为这种影响。[⑧] 然而，为什么我们可以对基本结构之中的人们的选择所产生和破坏的机遇等不闻不问呢？此外，有这种影响的肯定不只是强制性结构，宗教、家庭等都具有这种影响，因此按说它们都应该接受正义原则的管辖才对。其二，罗尔斯本人有时候并不

---

① 参见［美］罗尔斯：《政治自由主义》，298～299页，南京，译林出版社，2011。

② Cohen，*Rescuing Justice and Equality*，pp. 130－131.

③ 参见［美］罗尔斯：《正义论》，80页。

④ 参见［美］罗尔斯：《正义论》，139页。

⑤ 参见［美］罗尔斯：《正义论》，417页。

⑥ Cohen，*Rescuing Justice and Equality*，p. 132.

⑦ Cohen，*Rescuing Justice and Equality*，pp. 132－134.

⑧ 参见［美］罗尔斯：《正义论》，6～8页。

支持这种看法，而是有所摇摆，比如对家庭的看法就是如此。[①]

罗尔斯的第二种看法强调基本结构是主要的社会制度，更多地依赖习俗、规定、期望而不是法律。[②] 不过，柯恩指出，一旦基本结构的理解从强制转到约定与习俗，则个人的选择行为是否应该在正义的权限之外就不清楚了。[③] 这种理解有两个麻烦。第一，非强制性结构所能维持的那种约束和压力恰恰存在于行为者的倾向中，当行为者选择一种有约束和压力的方式行动时，他们就实现了这种倾向。第二，就非正式结构而言，结构的选择与个人在这种结构之内的选择这种区分只在概念上是可能的；两者在外延上却是等价的，因为非正式结构无法把形成这种结构的选择与这个结构之内的选择区分开来。因此，适用于非强制机构的正义原则也适用于个人的日常选择行为。[④]

据此，柯恩认为罗尔斯处于困境之中：一方面，如果罗尔斯认可上述关于“基本结构”的第二种看法，那么正义原则就既适用于基本结构也适用于个人选择；另一方面，如果罗尔斯认可第一种看法，那么他对基本结构的选择就是专断的、没有依据的。[⑤] 以上分析表明，罗尔斯关于基本结构的论证也无法消除差别原则的动机悖论。

柯恩还着重考察自由主义者支持差别原则的另一个有力论证：平等面临三难处境，即平等、帕累托最优与职业选择自由是无法共存的。柯恩举了一个具体例子来说明这种论证。假设能干者在 20 000 美金年薪下偏爱园丁而不是医生工作，但若做医生有 50 000 美金年薪，他就偏爱做医生；如果在 20 000 美金年薪下他愿意做医生，那么他会极大地帮助其他人。几种选择的情况如下：

（1）50 000 美金，做医生。此时在工作满足和收入上都比其他人好。

（2）20 000 美金，做园丁。此时在工作满足上比其他人好很多，收入则一样。

（3）20 000 美金，做医生。此时在工作满足上还是比其他人好，但收入则一样。[⑥]

共同体对三者的排序是：（3）好于（1），（1）好于（2）。柯恩总结了这个例子的一般意义：除非消费者偏好可以决定生产什么，否则就会违背帕累托最

① 参见［美］罗尔斯：《政治自由主义》，11、71、214、273、285 页。

② Cohen，*Rescuing Justice and Equality*，p. 134.

③ Cohen，*Rescuing Justice and Equality*，p. 134.

④ Cohen，*Rescuing Justice and Equality*，pp. 134 – 138.

⑤ Cohen，*Rescuing Justice and Equality*，p. 138.

⑥ Cohen，*Rescuing Justice and Equality*，p. 185.

优原则。只有当人们具有职业选择自由，能对它做出回应时，消费者偏好才能决定生产。如果国家不做劳动安排，则只有通过价格才能让职业选择回应偏好，这就会违背平等。因此，要实现平等，那么或者需牺牲帕累托最优，或者需牺牲职业选择自由。这也就是说，前面的D3状态只有牺牲职业选择自由才能得到。①

但是，柯恩认为这种三难的存在是因为我们对于自由成分的描述不清晰。他举了另一个简单的例子，即社会上的献血情况：(1) 不买血；(2) 有足够的血；(3) 有选择献血的自由。如果没有足够的人愿意无偿献血，就会出现(1) (2)和 (3) 无法同时实现的类似三难：如果不买血，又给予人们献血上的自由选择，我们就无法得到足够的血。因此，要想有足够的血，就需要要么买血，要么强制人们献血。②

柯恩认为对此有一个伦理解决法：如果足够数量的人受感动，出于共同体情感而自愿捐赠，那么三难就消失了。柯恩非常清楚，在现实条件下，我们不可能有足够的人自愿做到这一点。但是他认为这恰恰说明：只是在某些条件下下，三难处境才会存在。上文表述三难困境的关键假设是：能干者一定会选择20 000美金年薪的园丁工作或者50 000美金年薪的医生工作。但是如果能干者真的接受运气平等主义，那么他就会选择20 000美金年薪的医生工作。柯恩并不否认这种选择使能干者变差了，但这是出于他的道德承诺，因此是合情理的。柯恩的关键假设是：当能干者按照运气平等主义行事时，他是自由的。

这里的一般意义是：我们如果按照正确的道德原则行动，那么就是自由的。柯恩认为，反对此点的人面临着一个两难处境：道德对谋杀的禁令要么是对人们自由的约束，要么不是对人们自由的约束。如果它是对人们自由的约束，那么信守平等主义承诺也是对人们自由的约束，但我们不想要一个有约束的道德是不对的。如果它不是对人们自由的约束，那么个人信守平等主义承诺也不是对人们自由的约束。因此，无论在哪种意义上讲，我们都不能用自由来反对平等主义的约束。③

自由主义者还有一种反驳：自由的意义在于自我实现，即个人的职业选择自由不是决定做什么，而是决定成为什么样的人，据此，柯恩上面对三难的反驳就不再适用。柯恩对此有一个很好的回应：按照这种理解，我们就不能说平

① Cohen, *Rescuing Justice and Equality*, p. 185.

② Cohen, *Rescuing Justice and Equality*, pp. 188 – 189.

③ Cohen, *Rescuing Justice and Equality*, pp. 192 – 194.

等与帕累托最优的联合牺牲了“自我实现”的自由，而只能说有些公民失去了这种自由，有些公民则得到了更多的这种自由。柯恩承认，能干者在平等社会中的生活确实没有在不平等社会中那么有吸引力。但是限制能干者生活的利益的意义在于增加最不利者的利益。当医生在相对的意义上受损时，其他人得益了。平等主义者承认，绝大部分在现实社会里能获得高报酬的人在平等主义社会里会承担更多的负担。但这并不意味着能干者被奴役了，因为他们（在综合意义上）过得并不比任何人差。平等主义社会要求能干者生产得更多，但不要求他们牺牲得更多。①

对此可能还有一种反驳，即自我实现与其他利益是不能相提并论的，它是词典式优先的。也就是说，个人不能为了任何他人而放弃这种自我实现。柯恩对这种反驳有一个很好的回应：在这种前提下，能干者要求更高的工资是没有意义的，因为这样做并不能抵消他从事这个工作所带来的自我实现的损失。因此，或者自我实现是一种可与其他利益通约的利益，那么我们只是将其放到一般的效用加总中去计算平等；或者自我实现是不可通约的，并且具有词典式优先的地位，那么收入差别作为激励就无济于事。② 柯恩上面的论证表明：认为差别原则只适用于制度而不适用于个人选择的观点是无法证成的。只要我们认可由激励引发的不平等，就会产生动机悖论。

柯恩后来发现，对差别原则的这种应用批判实际上也适用于差别原则本身。③ 柯恩的动机悖论反驳揭示了罗尔斯证成差别原则的根本问题：两种理由的两阶段论证。罗尔斯承认两种理由：（1）如果不是由于自己的过错或选择，则所有人应该过得一样好；（2）帕累托原则——欢迎有益于所有人的变化。尽管罗尔斯对差别原则的证成考虑了这两种理由，但他分别只让一种理由在一个阶段上起作用。柯恩对此的反驳与德沃金对起点平等理论的反驳如出一辙：无论是什么理由，应该要么总是起作用，要么总是不起作用，而不能人为地让它在一个阶段起支配作用，而在另一个阶段却完全不起作用。④

柯恩认为，帕菲特从契约角度对差别原则的讨论很好地反映了这一点。其基本思路是这样的：正义要给予所有人同样多，因此，我们从平等开始，每个人都有权坚持它。这解释了为什么最不利者具有绝对的优先性。但是当不平等

---

① Cohen, *Rescuing Justice and Equality*, pp. 206 - 208.

② Cohen, *Rescuing Justice and Equality*, pp. 209 - 212.

③ Cohen, *Rescuing Justice and Equality*, p. 152.

④ 参见［美］德沃金：《至上的美德》，92～93页。

有益于所有人的时候，所有人会一致地接受差别原则，再坚持不平等就是不理性的。柯恩对此有两个回应：

第一个回应是，认为不利者有否决权的理由与由此导致的结果之间具有不一致性。假设开始的分配状态是（5，5），A 对转向状态（4，6）具有否决权，但对转向状态（5，6）则没有否决权。柯恩认为这里有不一致性，因为前一种转变是绝对意义上变差，后一种转变在相对意义上变差，因此 A 对这两种转变应该要么都有否决权，要么都没有。只有当我们坚持平等的理由是人们不能掉到某个绝对水平之下时，上面在否决权上的不同才是说得通的。但罗尔斯坚持平等的理由是人们受到了相对剥夺，而不是要保证人们不掉到某个绝对水平之下，因此这里否决权的不同是说不通的。[①]

第二个回应是，尽管后面的转变是所有人一致同意的，但如果一致同意可以使得后面的分配是正义的，那么一开始我们就可以采用一致同意的原则作为正义的原则。由此，一致同意的原则就可以使得一个让最不利者更为不利的分配也是正义的。柯恩认为，既然开始我们就坚持平等原则，而不是坚持一致同意原则，那么后面即使有一致同意也不能使得这种状态是正义的。[②]

阿内逊对柯恩的这种批判思路提出了根本反驳，他认为差别原则只需要推定（assumed）平等而不需要确立（establish）平等。[③] 这有点类似于法院对人们所做的无罪推定：它并没有确立某人无罪，只是假设他无罪。阿内逊由此认为，差别原则的转变并不存在动机悖论。[④] 笔者认为，柯恩对此其实可以作出如下回应：有充分的文本证据表明，罗尔斯在对差别原则的讨论中是确立平等状态的。他对自然的自由体系、自由主义体系和公平的机会等原则的讨论[⑤]，他把天赋当作共同资产的讨论[⑥]，都表明他接受运气平等主义。

面对此种回应，阿内逊可以说，即使罗尔斯的文本有此预设，但差别原则在论证上也不需要预设运气平等主义。而柯恩则可以做如下反驳：罗尔斯认为只有帕累托改善这种理由才可以使得我们偏离平等。如果开始的状态是 D1（5，5），那么我们只有权利向 D2.1（5.1，7）转变，而没有权利向 D2.2

---

① Cohen, *Rescuing Justice and Equality*, pp. 164 - 165.

② Cohen, *Rescuing Justice and Equality*, pp. 165 - 166.

③ R. J. Arneson, "Justice is not Equality," in B. Feltham (ed.), *Justice, Equality and Constructivism*, Oxford, Wiley-Blackwell, 2009, p. 18.

④ R. J. Arneson, "Justice is not Equality," p. 16.

⑤ 参见［美］罗尔斯：《正义论》，56～69 页。

⑥ 参见［美］罗尔斯：《正义论》，77～78、139、463 页。

(4，9)转变。如果平等原则没有被确立而只是被推定，那么任何理由都可以使得我们偏离这种推定的平等，这正如任何罪行都可以使得原来被推定无罪者不再是无罪的，无罪推定并不能抵消任何罪行。这也就是说，如果只是推定平等，那么后一种转变就应该是可以的，因为总效用增加了。笔者认为，我们之所以可以从柯恩的观点做这种推论，其根据在于他接受帕菲特的以下说法：如果罗尔斯没有接受起点的平等，那么我们很可能接受的是效用最大化原则而不是差别原则。[①]

此外，从一般意义上讲，帕累托最优在没有起点状态的情况下，几乎没有任何用处。比如，可以假设一个皇帝极为残暴并且极有能力，能够随心所欲地做一切事情。如果接受帕累托最优的基本含义，则有这样一个皇帝的社会也是帕累托最优的，因为任何改革都会引起这个皇帝状况的变坏，从而不是帕累托改善。据此可以认为，既然差别原则认为帕累托标准非常重要，那么它就需要预设运气平等主义。

上面的讨论进一步表明：要么罗尔斯所讨论的政治共同体的人都接受运气平等主义，这时只要不存在动机不一致，那么作为激励的收入不平等就是不必要的；要么人们没有接受运气平等主义，那么差别原则的起点平等状态 D1 就是没有力度的，从而认为需要帕累托改善才能改变 D1 就是没有道理的。因此，无论人们是否接受运气平等主义，差别原则都是不成立的。

我们还可以这样来看待差别原则，它代表着两种理由的妥协：一种理由是运气平等主义，即人们在没有选择和过错的情况下，应该过得一样好；另一种理由是帕累托最优，即人们在绝对意义上过得好是很重要的。柯恩的批判表明：差别原则的这种妥协是错误的，因为它让两种理由分别只在一个阶段上起作用，而在另一个阶段上完全不起作用。这就是罗尔斯差别原则的内在困境，那么这种困境的含义是什么呢？

假设起点平等状态 D1 是（5，5），并假设由于信息、组织而不是动机的原因，收入差别对于改善最不利者是必要的，那么，按照差别原则的词典式解读，向 D1.2（5，7）的转变就会是帕累托改善（不损害最不利者）。根据帕累托原则的经典表述（要有益于最不利者），向 D1.3（5.1，7）的转变也是帕累托改善。按照柯恩的理解，为了理由的一致性，平等在两个阶段上都要起作用，因此差别原则肯定要做出改变，但改变的幅度取决于平等具有何种权重。

---

① Cohen，*Rescuing Justice and Equality*，p. 167.

如果平等在分配正义中具有绝对的权重，那么向 D1.4（6.999，7）的转变就是不正义的。这实际上是柯恩的观点，下一节会重点考察。如果平等只具有一种相对的权重，那么尽管向 D1.3 的转变是不正义的，但向 D1.4（6.999，7）的转变很可能就是正义的，甚至向 D1.5（6，7）的转变也是正义的。这也就是说，只要我们不认为平等在分配正义中具有绝对的权重，那么差别原则只要变成“平等-差别原则”即可。当然，除了补偿性的收入差别之外，作为激励的差别依然是不正义的。因此，尽管柯恩的“动机悖论”反驳确实否定了差别原则的应用限制，但它所揭示的困境对差别原则所代表的妥协并无多大的杀伤力，罗尔斯妥协的基本精神依然能够成立。

不仅如此，人们还可以用其他方法来回应柯恩关于差别原则应用限制的“动机悖论”反驳。“动机悖论”的存在实际上是因为罗尔斯接受了休谟的正义环境论[①]，从而无法承认后面所谈到的充分正义感。休谟正义环境论的一个重要特征就是人的仁爱不足。仁爱不足的一个含义是，无论你的原则多么有道理，但只要这个行为要求我的牺牲过大，我就无法自愿地遵守。[②] 换言之，罗尔斯的公平正义社会是不可能有充分的正义感的。但罗尔斯后来对良序社会尤其是对正义感的强调，让我们容易忽略这一点。而一旦意识到罗尔斯实际上接受了仁爱不足的假设，我们就可以更好地理解罗尔斯关于基本结构的论证。按照这种解释，基本结构只能是强制性的结构。尽管人们没有足够的动机自觉遵守正义原则，但可以通过强制使得所有人都遵守正义原则，因为不遵守会有很大的代价。因此，我们不需要有充分的正义感就可以遵守正义原则。但对于个人选择行为，则只能给予个人足够的激励才能让他们努力工作。所以，这种应用之中是没有动机不一致的。同样，在这个前提下，我们也可以更好地理解帕累托论证。如果大家都只有有限的仁爱，那么靠强制我们只能获得起点平等状态 D1（5，5），而不是 D3（7，7）。如果人们只有有限的仁爱，那么利用收入不平等作为激励就可以获得 D2（6，9）。而相对于 D1 而言，D2 是帕累托改进的。因此，尽管柯恩的“动机悖论”反驳对于理想意义上的正义有影响，但考虑到现实的人性状况，罗尔斯对差别原则的应用限制仍然可以成立。

尽管以上分析可以回应柯恩的批判，但差别原则本身的困境实际上要更为严重。由于柯恩如罗尔斯一样误解了帕累托标准，所以他并未挖掘出差别原则

---

① 参见［美］罗尔斯：《正义论》，98 页。

② 参见葛四友：《论无知之幕与社会契约的作用》，96 页；葛四友：《正义真是一种补救性德性吗?》，载《世界哲学》，2013（1）。

的根本困境。为说明这一点，我们需要重新考察帕累托标准的意义。帕累托标准由于经济学的影响日益增长而获得了无与伦比的重要性，罗尔斯尤其是柯恩都臣服于这种标准。然而，从道德层面上讲，帕累托标准实质上远没有如此重要。帕累托标准的兴盛与近现代经济学的实证主义倾向发展有莫大的关系。经济学实证主义使得经济学与道德哲学渐行渐远，其最重要的一个后果就是经济学家否定了效用人际比较的可能性。[①] 由此，经济的效率评估就只剩下了帕累托标准：若一种状态相比于另一种状态来说，其中没有任何人变坏，至少有人变好，那么这就是帕累托改进。然而，作为经济学中效率代名词的帕累托标准本身并没有什么道德力度：它要么是无用的，要么必须借助其他更为根本的道德标准。[②] 上文已经阐述过，如果没有一个起点，那么帕累托标准几乎适用于所有状态，因而是无用的。帕累托标准之所以在罗尔斯与柯恩那里如此重要，正是因为他们都假定了平等是一个正当的起点。

然而，以状态的平等作为起点恰恰在根本意义上否定了帕累托标准的适用环境，因为它承认效用的人际可比性。由此，依赖帕累托标准的差别原则就面临一个最大的困境：一方面，如果效用在人与人之间是不可比的，那么起点平等就是没有意义的。由此帕累托标准是没有意义的，因为有太多的分配状态都能满足帕累托标准，即使有些状态（如上述残暴皇帝的情形）在直觉上极其令人反感。这样一来，差别原则就根本无法成立。另一方面，如果效用在人与人之间是可比的，从而我们能够具有起点的平等状态，那么帕累托标准就面临着困境：要么平等具有绝对的价值，则从 D1（5，5）向 D1.4（6.999，7）的帕累托改善都是不许可的；要么平等只具有相对的价值，则从 D1（5，5）转向 D1.5（6，9）的帕累托改善是可以的，即符合上面所讲的平等-差别原则。但同时，从 D1（5，5）转向 D1.6（4，15）也应该是可以的。因此，无论我们赋予平等什么价值，差别原则都是不能成立的。

不仅如此，由于假定人际的可比性，柯恩与罗尔斯在应用帕累托标准时都犯了一个根本性的错误。在帕累托标准中，“不能变坏”指的是任何一个人都不能变得比前一种状态更坏。但无论是在罗尔斯的差别原则的应用中，还是在柯恩的批判中，都没有注意到这样一点：最不利者在不同的体系中很可能不是同一个人。因此，罗尔斯所说的帕累托改善不是在真正的帕累托标准的意义上讲的。从而，与柯恩所理解的不一样，差别原则的根本问题不在于动机悖论，

---

① 参见葛四友：《一种新的后果评价框架》，载《文景》，2006（10）。

② 参见葛四友：《科斯定理的伦理蕴含与困境》，载《外国哲学》，2012（21）。

而恰恰在于帕累托标准，由此导致，无论平等具有什么样的价值，差别原则都不能成立。

结语：平等主义还是后果主义？

上一节的分析表明，差别原则的根本困境在于坚持两种理由的两阶段应用。摆脱此种困境的两种选择是：坚持平等主义即平等的绝对权重观，或者放弃平等主义，走向后果主义。柯恩非常自然地认可前一种选项：分配正义就在于完全平等；一旦背离这种平等，不管原因是什么，都是不正义的。[①] 这个选择从柯恩的整个学术生涯来看，是非常自然的，尽管柯恩有关平等的辩护前后有很大的变化，但其坚持平等的立场始终未变。

柯恩最开始接受科学社会主义，完全专注于平等的事实基础，认为平等是必然到来的。但在最后他对平等唯一性的坚持取决于人们在心灵上的完善。正是在这种意义上说，他回到了马克思所批判的空想社会主义，这种社会主义需要道德努力来实现。但是柯恩依然坚持他的马克思主义者身份，对此他给出了两个理由。首先，马克思主义实际上是科学社会主义的另一种称呼，马克思与恩格斯明确地提出要把社会主义作为一门科学而不是宗教。柯恩认为，只要马克思主义是作为一门科学而不是宗教，那么对它的超越就是必然的，只有宗教是无须超越的。因此，今天的马克思主义者并不需要墨守成规，否则就是破坏马克思把社会主义作为科学来研究的根本精神。其次，柯恩认为，个人是不是马克思主义者（社会主义者），主要看他是否在从事超越资本主义以及以社会主义来取代资本主义这一伟大工作。由此，柯恩认为，判断标准就在于我们是否在考虑有关社会主义的三个基本问题。第一个是设计问题：我们想要何种形式的社会主义社会？第二个是辩护问题：资本主义的毛病出在哪里，社会主义的正当性又在哪里？第三个是策略问题：我们如何才能实现它？[②]

柯恩的工作主要集中在第二个问题，因为第一个问题于他而言是解决了的，他信奉的是平等主义的社会主义。然而，柯恩对此并未给出有说服力的理由。他最重要的理由来自罗尔斯也接受的道德任意性论证。但道德任意性论证

---

① Cohen, *Rescuing Justice and Equality*, p. 155.

② Cohen, *Karl Marx's Theory of History*, p. xxv.

可以有两种解读：一种解读相当于前面所说的“不应得”解读，实际上就是运气平等主义解读。尽管差别原则预设了运气平等主义，但实际上从道德任意性论证是得不出运气平等主义的，因为人们是平等的还是不平等的在道德上是任意的。对道德任意性论证的另一种解读是“非应得”解读。据此，偶然性因素既不是我们应得的，也不是我们不应得的。[①] 我们应该怎样处理这种利益与负担，需要其他的理据。[②] 因此，尽管差别原则确实如柯恩所言要预设运气平等主义，但只要人们不支持差别原则，那么也就不需要预设运气平等主义。

不仅如此，由于柯恩坚持充分的正义感动机以及共同体的人际检验，所以他的平等观面临着巨大的麻烦。假设社会里由于信息或组织等其他原因，只能做到效用的两种分配：（5，5）与（5，9）。根据柯恩的说法，从第二种状态（5，9）转变到第一种状态（5，5）是正义的。这里，我们可以采用柯恩自己所提出来的共同体内的人际检验来看其平等观是否行得通。如果社会里的所有人（包括最不利者）具有充分的仁爱（充分的正义感），且低效用者知道高效用者尽了一切努力来改善他的效用，那么他如何还能够对高效用者说“尽管你已经尽了一切努力，但因为我的效用只能达到5，而你的效用有9，所以你应该变得跟我一样差”？恐怕不能。为了表述得更清楚一点，我们可以想象极富亲情的一家人，如果其中有一个成员因为先天疾病而无法得到高效用，那他会因此要求全家人跟他过得一样差吗？恐怕也不会。如果低效用者在这种情况下真的要求高效用者过得和他一样差，那么很可能只是因为他不把自己当作共同体中的一员，或者出于嫉妒或恶毒等心理。

如果情况是后者，则问题在于：为什么出于嫉妒或恶毒的要求也是正义的？如果正义真的这样要求的话，那么正义就是一种很低端的德性，是在人们具有的仁爱不足的情况下才需要的。但前面柯恩对差别原则的批判表明，实现平等要求能干者具有充分的正义感，具有很强的仁爱精神。这样一来，柯恩的平等观就具有了一种动机悖论：平等本身是因为人们的仁爱不足才需要的；但这种平等的实现又要求富裕者或能干者具有充分的正义感来实行它，而如果人们没有充分的仁爱，也就不会有充分的正义感。由此，就出现了这样一种困境：要么人们的仁爱有限，因而平等是需要的，但这种平等实际上是无法实现的；要么人们有充分的仁爱，因而平等是可以实现的，但这时平等实际上是不需要的。简而言之，平等要么是不可能的，要么是不需要的。

---

① 参见葛四友：《罗尔斯的公平正义观真的反对后果主义吗?》，载《哲学研究》，2012（7）。

② Cohen, *Rescuing Justice and Equality*, p. 166.

一旦我们放弃这种绝对的平等观，那么正如柯恩也承认的，一种自然的选择就是后果主义。[①] 不仅如此，柯恩的平等观与后果主义之间的差别远没有想象的那么大。第一，两者均强调结果，只是前者强调效用的平等分配，而后者强调效用的最大化。第二，前者接受效用的人际可比性，而后者也要求这一点。第三，前者否定前制度的道德应得或资格，而后者也需要如此。第四，柯恩的运气平等主义如后果主义一样否定了自我所有权，由此两者都面临着同样的反驳：忽视个人分立性。[②] 运气平等主义否定自我所有权是为了使所有人过得一样好，而后果主义否定自我所有权是为了实现效用的最大化，让所有人过得尽可能好。面对“忽视个人分立性”的反驳，柯恩可以做两种回应：一种回应是承认否定自我所有权确实违背了个人分立性，但强调个人分立性在资源的分配中并不重要，重要的是人们过得一样好。就此而言，后果主义对“忽视个人分立性”的反驳可以做同样的回应：后果主义确实违背了个人分立性，但个人分立性在资源的分配中并不重要，重要的是人们过得尽可能地好。柯恩的另一种回应是：否定自我所有权并没有真正违背个人分立性，因为只要我们按照平等的正义规则行事，我们就对每个人表示了尊重，由此也尊重了个人分立性。就此而言，后果主义依然可以做同样的回应：否定自我所有权并没有违背个人分立性，因为只要我们按照后果主义的正义规则行事，我们就对每个人表示了尊重，由此也尊重了个人分立性。可见，在面对“忽视个人分立性”的反驳时，无论柯恩如何回应，其运气平等主义的分配正义都并不比后果主义的分配正义做得好。

但是，后果主义还需要回应另一个有力的反驳：平等观具有强大的直观合理性。柯恩认为自中世纪之后，人们就接受了这样一个原则：一个人除非因为自己的选择或过错，否则不应该过得比其他人差。[③] 换言之，人们如果不是出于自己的选择或过错，就应该过得一样好。不过，这个反驳存在几个问题：首先，这种直觉很可能只有平等主义者才具有；其次，即使人们都有这种直觉，但柯恩需要解释，为什么这种直觉不是因为平等的工具性价值，而是因为平等本身的内在价值；最后，即使人们的直觉真的是平等具有内在价值，但这种平等观具有“水平下降”的推论，即假如分配状态为（4，7），那么如果不能把前者提升到7，就应该把后者降为4，而反对这种“水平下降”推论的道德直

---

① Cohen，*Rescuing Justice and Equality*，p. 167.

② 参见［美］诺齐克：《无政府、国家与乌托邦》，217、231页。

③ Cohen，*Rescuing Justice and Equality*，p. 156.

觉似乎更强烈。

后果主义接受平等具有直觉吸引力，但认为这种吸引力来源于其工具性价值而不是内在价值。由此，它既能解释平等所具有的直觉吸引力，又能避免平等观所包含的反直觉的“水平下降”的推论。

首先，后果主义能够解释我们要求资源大致平等分配的直觉。假设有这样一个社会，人们的分配只能是二选一：一种是（5，7），另一种是（4，9）。如果把这些数字看成是钱或资源的代表，那么我们会有一种强烈的平等分配的倾向。但这种倾向也完全可以用后果主义加以解释。当然，这种解释取决于我们具有的边际效用递减倾向。过得越差的人，一元钱对他而言具有的效用越大。同样是十万元钱，对于亿万富翁来说只是锦上添花，而对于赤贫的人来说却是雪中送炭。马尔根所做的基本需要与目标的区分对解释这一点很有帮助：“基本需要”在这里主要指的是生理上的生活必需品（衣食住行），而“目标”则是指我们选择的追求、计划与事业等，它们赋予我们生活以主要意义。[①] 这一区分有两个含义：一个含义是基本需要领域的事情容易观测到，而目标领域的事情则很难观测到；另一个含义是基本需要领域的事情我们很难有调适空间，过得不好就是不好，而目标领域的事情则有很大的调适空间。关键在于，一旦我们满足了基本需要，我们能过的生活就可以有很多变化。这两个含义表明，越是处于低端，尤其是基本需要没有得到满足时，效用的损失就越大，且个人的自主能动性作用不大；而富人有很多资源，只要他们愿意调适，那么一定程度的再分配不会对其福利造成多大的损害。拉兹甚至认为：“相当富裕的人可以给他人很多钱，而不给他们自己的福利带来任何损失。”[②] 这也就是说，后果主义会在很大程度上支持资源平等分配方案。

其次，一旦我们不再把数字看成钱或资源的代表，而是看成效用的代表，直觉就不再支持平等观，而是支持后果主义。这可以从两个方面来看。第一个方面是我们的日常行为。人们大概都不会反对在公交车上应该给老、幼、病、残、孕让座。这种让座行为是比较孤立的行为，不会在效用上产生太多的因果链条，容易判断，因此对其效用的考虑可以比较直接简单。后果主义很容易解释让座这种行为，这就是：让座给让座者造成的效用代价不是很大，然而，得到座位的老、幼、病、残、孕者获得的效用却是很大的。与此同时，人们并没有关注老、幼、病、残、孕者的总福利是不是一定要比让座者低。而如果是平

---

① T. Mulgan, *The Demands of Consequentialism*, Oxford, Oxford University Press, 2001, p. 173.

② J. Raz, *Ethics in the Public Domain*, Oxford, Clarendon Press, 2001, p. 28.

等主义者，那么这将是一个重要的考虑因素。事实上，有些时候老、幼、病、残、孕者的效用比让座者的总体效用高得多，但我们依然不会改变这种直觉。第二个方面可以从个人的角度来考虑。我们可以假定一个人有两个人生阶段，可以有两种选择，分别是（5，5）与（4，9）。如果数字代表的是效用，我们一般会认为，个人会选择（4，9）。由于忽视个人分立性的反驳在此是无效的，因此我们可以合理地把个人的选择推广到社会。

需要提醒的是，在此不要把利他主义与充分的正义感相混淆。有充分正义感者会按正义行事，而利他主义者总是想有益于他人，而不管这样做的整体效用如何。[①] 利他主义者与利己主义者一样，都会在某些情境下陷入囚徒困境。比如，一对夫妇做间谍被抓了，这两个人都想让对方好，而不考虑自己，结果就会面临这样的处境：如果两个人都不招供，那么两个人都坐 4 年牢；如果一个人把责任都揽在自己身上，那么自己坐 12 年牢，对方无罪释放；如果两个人都把责任揽在自己身上，那么两个人都坐 8 年牢。如果夫妇俩都是利他主义者，他们的推理过程将是这样：要么对方把责任揽在他自己身上，这时我把责任揽在自己身上，对方坐牢时间会从 12 年变成 8 年；要么对方没有把责任揽在他自己身上，这时我把责任揽在自己身上，对方会从坐牢 4 年变成无罪释放；无论对方是否把责任揽在他自己身上，我把责任揽在自己身上对对方都是好的。因此，我应该把责任揽在自己身上。结果最后两个人都坐 8 年牢，而这显然是一个对双方都不好的结果，其原因就在于双方都只想着对方，没有想着自己。罗尔斯的“无知之幕”的模拟思考，则既解决了利己主义者的麻烦，同时也解决了利他主义者的麻烦；它只要求我们按照正义的方式行动，这样动机与结果之间的悖论就能得到消解。

后果主义除了能够解释收入和资源分配方面的平等主义之外，还能够解释现代的机遇平等观。首先，它能解释自由至上主义者所强调的每个人都有同样的自由权，即一种形式意义上的机遇平等。这种平等不考虑社会偶然性与自然偶然性的影响。我们可以将此看作人尽其才的第一阶段：人有机会实现其能力。这显然比阻止人们实现其能力能更好地增加效用。其次，它能解释公平的机会平等观。这种平等观主要是要消解社会的偶然性，尽力保证有类似抱负和努力的人，在天赋差不多的情况下会有差不多的前景。这可以看作人尽其才的第二阶段：人们能够有机会发展其潜能，同时有机会施展其发展出来的才能。

① 参见葛四友：《正义真是一种补救性德性吗?》，79 页。

在智力资源稀缺的今天，这种平等显然是有利于效用的增加的。

当然，后果主义无法解释近现代诸多义务论者所看重的运气平等主义，因为这种观点是某种形式的结果平等：只要人们有类似的抱负和类似的努力，他们就应该拥有大致相当的生活前景。但是，这种彻底的结果平等观一方面具有很多反直觉的推论，另一方面在理论上无法做到融贯。[①] 本节开始的分析也说明它有着深刻的动机困境。因此，后果主义无法解释它也许是一个优点，至少不是缺点。

如果上面的分析有道理，那么与柯恩的意图相反，消除差别原则之动机悖论的出路并不在于坚持运气平等主义，而在于转向后果主义：后果主义能够解释为什么我们一方面关注个人在绝对意义上是否过得好，另一方面又关注个人在相对意义上是否过得好。如果我们接受柯恩所做的各种批判，那么后果主义就能够更好地解释为什么我们一方面关注个人在绝对意义上是否过得好，另一方面又去关注人们相对而言过得怎么样。后果主义并不需要做出任何妥协就可以在理论内部自然地解释对这两方面的关注。

从其学术生涯来看，柯恩显然更擅长批判，而非建构。在很大程度上这是因为他是一个马克思主义者，是平等的虔诚信徒。这有两个后果：第一，其立场特别明确与坚定，就是运气平等主义，因此他用不着去做系统的理论建构；第二，其立场极左，在今天受到了极大的挑战，由此为了坚持其立场，他必须不断地对其他立场的理论提出强有力的攻击，找到其他理论的缺陷与漏洞。实际上，柯恩转向后的整个学术生活就是与各种反对运气平等主义的立场做抗争。早期直面诺齐克的自由至上论，重点就是寻找诺齐克的极端右翼理论的逻辑问题与证成问题。然后就是批判德沃金和罗尔斯。德沃金作为平等至上主义的代表，与柯恩在基本精神上是一致的，因此，柯恩更大程度上是按照自己的运气平等主义立场来重构德沃金的资源平等的。而罗尔斯的公平至上是中间派，柯恩与其共享运气平等主义的出发点，由此柯恩是要努力表明，罗尔斯离开这个起点是得不到证成的。

在笔者看来，柯恩对这三种理论所做的批判是相当成功的，因为其批判并未预设平等，而是针对被批判理论的内在论证脉络，提出了极重要、极有力的批判。但不无遗憾的是，柯恩的批判并未得到应有的重视，原因大概有三个。

---

① E. Anderson, "What's the Point of Equality," *Ethics*, 1999, 109 (2), pp. 308 - 311; S. Hurley, "Luck and Equality," *Supplement to the Proceedings of the Aristotelian Society*, 2001, 75 (1), pp. 69 - 71；葛四友：《运气平等主义与个人责任》，载《哲学研究》，2006 (10)。

第一，柯恩并未提出一种系统的新立场，无法作为其他人讨论与研究的对象，不存在如罗尔斯式产业之类的柯恩产业。第二，他批评的两个主要对象并未直接回应其批判。诺齐克是其批判的主要对象，但诺齐克基本上不对任何评论做出回应。而柯恩对罗尔斯的批判则是20世纪90年代后期至21世纪初，形成完整且系统的批判主要是在《拯救正义与平等》一书中，而这时罗尔斯已经去世几年了。第三，作为平等的虔诚信徒，柯恩尽管对各种理论的内部批判是相当有力的，但是他在批判完毕后并未充分设想其他的可能性，而急于引向平等理论，这部分的论证往往是不那么充分与有力的，这也可能导致我们忽略其批判。然而，虽然柯恩没有建构起真正属于自己的分配正义立场，但其批判极其有力，有助于我们对主流分配正义理论做充分的反思，如果这点得到我们的充分承认，那么将大大推进我们对于分配正义的认识。

葛四友

参考文献

［美］德沃金．至上的美德．南京：江苏人民出版社，2002.

葛四友．运气平等主义与个人责任．哲学研究，2006（10）．

葛四友．一种新的后果评价框架．文景，2006（10）．

葛四友．论无知之幕与社会契约的作用．中国人民大学学报，2012（5）．

葛四友．论科斯定理的伦理蕴含与困境．外国哲学，2012（21）．

葛四友．罗尔斯的公平正义观真的反对后果主义吗？．哲学研究，2012（7）．

葛四友．资源平等的诊断与重构．政治思想史，2013（1）．

葛四友．正义真是一种补救性德性吗？．世界哲学，2013（1）．

［加］金里卡．当代政治哲学．上海：上海译文出版社，2015.

［美］罗尔斯．正义论．北京：中国社会科学出版社，2009.

［美］罗尔斯．政治自由主义．南京：译林出版社，2011.

［美］诺齐克．无政府、国家与乌托邦．北京：中国社会科学出版社，1991.

Anderson. What's the Point of Equality. Ethics，1999，109（2）.

Arneson. Justice is not Equality// B. Feltham（ed.）. Justice，Equality and Constructivism. Oxford：Wiley-Blackwell，2009.

Cohen. On the Currency of Egalitarian Justice. Ethics，1989，99（4）.

Cohen. Equality of What? On Welfare，Goods，and Capabilities//Sen（eds.）. Nussbaum and The Quality of Life. Oxford：Clarendon Pres，1993.

Cohen. Self-ownership，Freedom，and Equality. Cambridge：Cambridge University Press，1995.

Cohen. If You're an Egalitarian，How Come You're So Rich? . Cambridge：Harvard University Press，2000.

Cohen. Karl Marx's Theory of History. Expanded edition. Princeton：Princeton University Press，2000.

Cohen. Rescuing Justice and Equality. Cambridge：Harvard University Press，2008.

Feltham (ed.). Justice，Equality and Constructivism. Oxford：Wiley-Blackwell，2009.

Hurley. Luck and Equality. Supplement to the Proceedings of the Aristotelian Society，2001，75 (1).

Mulgan. The Demands of Consequentialism. Oxford：Oxford University Press，2001.

Nussbaum and Sen (eds.). The Quality of Life. Oxford：Clarendon Press，1993.

Raz. Ethics in the Public Domain. Oxford：Clarendon Press，2001.

Roemer，John (ed.). Foundations of Analytical Marxism. Vermont：Edward Elgar Publishing Company，1994.

Sen. Equality of What? // Sterling M. McMurrin (ed.). The Tanner Lectures on Human Values，Volume I. Cambridge：Cambridge University Press，1979.

第十章
佩蒂特：从“无支配自由”到“论辩式民主”

共和与共和主义无疑是西方政治思想史上最为古老的话题之一，但是，自19世纪中叶以后，它作为一种政治理想就已经开始无可挽回地衰落了。因此，当阿伦特在20世纪50年代独自一人苦心孤诣地倡导古典共和主义，并在很大程度上视其为一种政治乡愁时，她恐怕不会想到“共和主义的复兴”会成为20世纪末21世纪初西方政治理论中的一道独特风景。

20世纪前期西方学术界对古典共和主义的介绍仅限于一种知识考古学的兴趣，但是，经由美国历史研究领域中的“共和学派”和政治思想史研究领域中“剑桥学派”的不懈努力和推动，20世纪60年代以后，共和主义在诸多领域开始复兴，并且势头越来越强劲，直至形成一种思潮。[①] 在政治思想史领域，在自由主义的思想谱系之外，一幅完整的、更为久远的共和主义思想史图景被描绘了出来；在规范政治理论领域，公共善、公民美德、积极的公民身份等共和主义议题重新得到了重视，而其中最引人注目的，则是新共和主义者对共和主义自由观的阐发及对自由主义自由观的批评。

新共和主义者试图通过论证共和主义在自由这个一直为自由主义者所把持的问题上的优越性，对自由主义来一个釜底抽薪式的批判。在这个问题上着力最多的，就是著名政治思想史家昆廷·斯金纳（Quentin Skinner）和著名政治哲学家菲利普·佩蒂特，他们分别从历史和哲学两个维度对共和主义的自由进行了考察和建构。而作为当代新共和主义最重要的代表，佩蒂

---

① 对当代共和主义复兴的概述，参见刘训练：《共和主义：从古典到当代》，第6章，北京，人民出版社，2013。

特创作的《共和主义》等系列著作也成为新共和主义最精微的政治哲学阐述。

佩蒂特（Philip Noel Pettit，也译“佩迪特”）1945年出生于爱尔兰，曾长期任教于澳大利亚国立大学，现为美国普林斯顿大学政治学和人类价值洛克菲勒讲席教授。佩蒂特是当代最著名的哲学家之一，享有多种学术荣誉，并担任多种学术职务。[①] 他的学术兴趣非常广泛，从心灵哲学到道德哲学再到政治、法律哲学都有著述，其晚近的主要著作包括《人同此心》（*The Common Mind：An Essay on Psychology，Society and Politics*，1993）、《共和主义》（*Republicanism：A Theory of Freedom and Government*，1997/平装本，1999）、《一种自由理论》（*A Theory of Freedom：From the Psychology to the Politics of Agency*，2001）、《规则、理性与规范》（*Rules，Reasons，and Norms：Selected Essays*，2002）、《语词的创造》（*Made with Words：Hobbes on Language，Mind，and Politics*，2008）、《一种公共生活中的政治哲学》（*A Political Philosophy in Public Life：Civic Republicanism in Zapatero's Spain*，2010；合著）、《根据人民的意愿》（*On the People's Terms：A Republican Theory and Model of Democracy*，2012）等。[②]

佩蒂特最为知名的研究是他对于自由概念的分析。但是，为了充分理解他在这方面的论证，我们不能仅仅将精力集中在他的自由观上，而是需要对他哲学思想中的其他相关内容也有所了解。因此，本章将首先对佩蒂特自由理论的本体论基础作一剖析，使读者能够理解该理论在他共和主义思想脉络中的位置。而在对他的“无支配自由”理论进行论述后，为了解决这一理论中的含糊难解之处，我们将转向对佩蒂特民主思想的研究，以便回答“政府对公民的何种干涉不会侵犯其自由”这一关键问题。厘清佩蒂特在本体论议题和民主议题上的立场后，他的自由观将会显得更为完整和融贯。尽管如此，他的共和主义理论仍然不免存在许多富有争议之处。本章最后一节就将总结和提出一些对他的批评，并希望以此为进一步的研究提供参考。

---

① 关于佩蒂特更多的学术信息，可参见他在普林斯顿大学网站上的个人主页：http：//www.princeton.edu/～ppettit/index.htm。

② 这些著作中已经被译成中文的包括：《人同此心：论心理、社会与政治》，长春，吉林出版集团有限责任公司，2010；《共和主义：一种关于自由与政府的理论》，南京，江苏人民出版社，2006；《语词的创造：霍布斯论语言、心智与政治》，北京，北京大学出版社，2009。所有这些著作作者的译名均为“佩迪特”，本章叙述时则一律使用“佩蒂特”。

第一节 “整体论的个人主义”与共和主义

当现代科学与哲学萌芽之时，那些先驱者恐怕很难想象当今学术世界中的分工细化程度。在霍布斯与洛克那里，从神学观到认识论再到具体的党派政治立场，都有着清晰可辨的哲理逻辑贯穿其中。甚至霍布斯与波义尔的自然科学争论，也与政治上的观点息息相关。① 与此形成对照的是，在越南战争期间，当罗尔斯在大学生服兵役问题上与他的哲学系同事奎因和古德曼产生分歧时，人们只能将此作为一个历史事件记录下来，却无法展示这种分歧背后的形而上学根源。② 在这种时代背景下，像佩蒂特这样，在多个学术领域都有所建树，且能将其贯穿为一体，就成了罕见之事。

在当前的国内外学术界，佩蒂特主要是作为政治理论家而为人所知的。他学术生涯的大部分时间在担任政治学的教职；他最有名的书是其政治哲学方面的代表作《共和主义》；在他被译成中文的作品里，绝大部分主题也都涉及政治哲学和政治思想史。但事实上，他在心灵哲学、伦理学、认识论、社会科学哲学和现象学方面都有所论述。不仅如此，他还力图将自己在不同领域中的哲学思想整合起来。例如，在《一种自由理论》一书中，他就对当代哲学研究中把“自由意志”与“政治自由”分割开来讨论的倾向表示不满，并力图把这两个属于不同哲学分支领域的问题结合起来，提出一种统一的、同时涵盖形而上和政治社会问题的自由理论。③ 出版于 1993 年的《人同此心》，则是他把本体论和政治哲学中的根本问题结合起来的一个重要尝试。④

从 20 世纪 80 年代的中后期起，佩蒂特逐渐将主要精力转移到政治哲学上来。在这一时期，英美政治哲学界的一大热点是自由主义-社群主义之争。这

---

① 参见［美］史蒂文·夏平、［美］西蒙·谢弗：《利维坦与空气泵：霍布斯、玻意耳与实验生活》，蔡佩君译，上海，上海人民出版社，2008。波义尔，又译玻意耳、博伊尔。

② 参见［美］涛慕思·博格：《罗尔斯：生平与正义理论》，20 页。当然，我们未必不能（比方说）把古德曼的美学思想或奎因的语言哲学思想与保守主义的政治态度联系起来。但即使我们能够建立起这种联系，恐怕也是很牵强的。

③ P. Pettit，*A Theory of Freedom*：*From the Psychology to the Politics of Agency*，Cambridge，Polity，2001.

④ P. Pettit，*The Common Mind*：*An Essay on Psychology*，*Society and Politics*，Oxford，Oxford University Press，1993.

场争论也在佩蒂特的理论中留下了印记。《人同此心》是他第一部较为系统地论及社会政治哲学的专著，而此书对本体论的讨论非常容易使人联想到自由主义者与社群主义者之间的一些关键争论。按照缪哈尔和斯威夫特的总结，对于以罗尔斯为首的自由主义者，社群主义的批判集中在四个方面，而其中有两个方面都与本体论问题有关：关于"人的概念"的问题，以及"非社会化的个人主义"的问题。[①] 在一些带有脸谱化色彩的争论中，自由主义者往往被认为把人看作霍布斯式的原子化个体，从而忽视了人的社会性；而社群主义者则常常被批评为将人视为社会有机体的组成部分，从而忽视了人的个体性。

在佩蒂特看来，这种"社会性"与"个体性"之争实际上包含了两个方面的不同问题。一方面，"集体主义者"（collectivist）与"个人主义者"（individualist）所争论的问题是："社会规则"（social regularity[②]）是否损害了"意向性规则"（intentional regularity），并剥夺了我们的能动性（agency）。[③] 另一方面，"整体论者"（holist）和"原子论者"（atomist）则在争论如下问题："在多大程度上，人们之间的社会关系对于他们作为主体和行动者的构成是有意义的。"[④] 前一个问题涉及人们在多大程度上受到更高层次力量的影响，后一个问题则涉及人们在多大程度上彼此影响。[⑤] 或者，用"部分与整体之间的关系"来解释的话，可以说，集体主义认为整体大于部分之和（例如，作为一个集体的民族，要大于该民族所有成员之和），整体论则认为，通过属于一个整体，部分的性质得到了转换（例如，通过属于一个社会，组成该社会的个人发生了转变）。[⑥] 在这四种立场之间，可以有不同的组合方式。[⑦] 整体论者并不一定信奉集体主义，个人主义者也不一定信奉原子论。佩蒂特本人就是一个同时反对集体主义和原子论的"整体论个人主义者"。这种思路固然不同于主流的自由主义，但也不同于社群主义。[⑧] 正是从这种独特的本体论立场出发，他发展出了自己的共和主义政治哲学。

---

① S. Mulhall & A. Swift, "Rawls and Communitarianism," in S. Freeman (ed.), *The Cambridge Companion to Rawls*, Cambridge, Cambridge University Press, 2003, pp. 464 - 469.

② 需要特别注意的是，这里说的"规则"（regularity）不等于中文里"规则"（rule）的通常含义。

③ 参见［澳］佩迪特：《人同此心：论心理、社会与政治》，129、138～139页。

④ ［澳］佩迪特：《人同此心：论心理、社会与政治》，130页。

⑤ 参见［澳］佩迪特：《人同此心：论心理、社会与政治》，192页。

⑥ 参见［澳］佩迪特：《人同此心：论心理、社会与政治》，136～137页。

⑦ 参见［澳］佩迪特：《人同此心：论心理、社会与政治》，137页。

⑧ 参见［澳］佩迪特：《人同此心：论心理、社会与政治》，338页。

一、集体主义与个人主义

从一定程度上来说，佩蒂特所刻画的集体主义与个人主义之争，涉及的是关于自由意志问题的争论。集体主义思维方式的一个典型代表，就是涂尔干式的社会学理论。[①] 根据这种思维，社会现象并非仅仅是许多个人的行为的集合，而是有着自己的生命。归根结底，人们的行为并不能完全由他们自己选择，而是受制于某些他们无法掌控的外在力量：“受到一种与地心引力一样的宇宙力量的驱使。”[②] 用佩蒂特所选择的术语来说，人们的“意向规则”要受制于“社会规则”，而那些社会规则本身并不起源于意向规则。[③] 在集体主义者看来，把人们看成是自主的主体，是一种谬误和幻觉。如果我们对社会生活有充分的了解，就会认识到，在我们形成信念和欲望时，以及在选择服务于那些信念和欲望的行动时，我们其实并不像自己所以为的那样自由。[④]

举例来说，在看待自杀之类的社会现象时，人们一般会把一个社会的自杀率理解为多个分散个体之行为的简单加总。假如一个社会在一年内有500人自杀，那么，通常的看法是：有500个人分别做出了自杀的决定，每个人的决定都是独立自主的，而不是由社会强迫完成的。[⑤] 然而，在集体主义看来，社会的自杀率是由某种客观力量决定的，而那种力量并不根源于每个人的个体意图。当我们统计出一个社会的自杀率模式时，集体主义者会宣称，那种模式有着自己的生命，而不仅仅是一些零散现象的加总。用涂尔干的话来说，“每个社会都倾向于贡献定额的自愿死亡者”[⑥]。根据这种思路，特定的社会状态（如经济情况）决定了自杀率，而这种决定的关系并不需要通过个体的自由意志来加以实现，正如生物或物理规律的实现并不依赖于每个细胞或原子的自由意志一样。一个社会中如果有500人在一年内自杀，就说明这个社会要牺牲500个它的组成单位，但不能说明任何涉及那些组成单位的意向的东西。

---

① 参见［澳］佩迪特：《人同此心：论心理、社会与政治》，131页。

② ［澳］佩迪特：《人同此心：论心理、社会与政治》，149页。

③ 假如那些社会规则是来源于意向规则的，那么它们就不会损害人类的自主性。（参见［澳］佩迪特：《人同此心：论心理、社会与政治》，142～144页。）

④ 参见［澳］佩迪特：《人同此心：论心理、社会与政治》，129页。

⑤ 当然，这不是说社会环境不可能对个人的决定产生影响，而是说这种影响本身不足以支持集体主义的结论。用佩蒂特的话来说，只有当社会规则与意向规则没有“因果上”和“逻辑上”的连续性时，集体主义的论题才有意义。对于这一点的分析，参见［澳］佩迪特：《人同此心：论心理、社会与政治》，139～145页。

⑥ ［澳］佩迪特：《人同此心：论心理、社会与政治》，150页。

对于“社会规则”损害人类行动者“意向规则”① 的方式，在集体主义者里存在两种看法。有些人主张社会规则“压倒”了意向规则，另一些人则主张一种较为温和的观点，认为社会规则“包围”了意向规则。② 在前一种人看来，如果在一个社会里同时存在着社会规则和意向规则，且两者将个人的行为引向了不同的方向，那么，社会规则会占据优势，而意向规则会被“中止”。在这样的情况下，“行动者会发现他们自己是按照加总规则所要求的方式行动的，就好像处在被催眠的状态”③。因此，在社会规则起作用的情况下，我们的主观能动性就只不过是一种幻觉而已。④

正如涂尔干在论述群众时所说的：“群众的热情、义愤和同情的伟大运动并非源起于任何一种特定的意识。它们是外在地来到我们每个人面前的，并不知不觉地使我们神魂颠倒。”⑤ 也就是说，当一个人身处“群众”中时，他的行为不由他自己控制，而是受一种独立于“群众”中的任何个人的力量控制。他也许在平时是一个冷漠、自私和愤世嫉俗的人，因此不会由于看到不公正的事情而感到义愤或同情。但是，在作为“群众”中的一员时，他会不由自主地表现出违背自己本性的态度。使群众中的每个人具有热情、义愤和同情态度的，不是他们每一个人自己的主观意向，而是一种外在于他们的社会性“规则”或“规律”。显然，这是对人类自由意志的极大否定。在佩蒂特看来，“压倒论题”的极端版本和它的相反命题——人类行为绝对不受外在的社会规律影响——是一样站不住脚的。社会规则和个人的意向规则无疑都是存在的。⑥ 而在这两种规则之间，并不存在一方必然压倒另一方的情况。⑦ 事实上，从他那种带有物理主义色彩的心灵哲学立场出发，佩蒂特认为，无论是社会规则还是个人的意

---

① 需要注意的是，在佩迪特这里，“意向”的行为者并不一定只包括人类。（参见［澳］佩迪特：《人同此心：论心理、社会与政治》，14 页。）

② 在其他地方，佩蒂特也曾用“颠覆”（subversive）模式和“预防”（pre-emptive）模式的名称来表达“压倒”和“包围”两个命题。［F. Jackson & P. Pettit，“Structural Explanation in Social Theory，” in D. Charles & K. Lennon（ed.），*Reduction*，*Explanation*，*and Realism*，Oxford，Clarendon，1992，pp. 111 - 112.］

③ ［澳］佩迪特：《人同此心：论心理、社会与政治》，154 页。

④ 参见［澳］佩迪特：《人同此心：论心理、社会与政治》，155 页。

⑤ ［澳］佩迪特：《人同此心：论心理、社会与政治》，154 页。

⑥ 参见［澳］佩迪特：《人同此心：论心理、社会与政治》，169～171 页。

⑦ 参见［澳］佩迪特：《人同此心：论心理、社会与政治》，171～182 页。尽管意向规则也无法压倒社会规则，但佩蒂特认为，这并不妨碍个人主义立场的有效性。（参见［澳］佩迪特：《人同此心：论心理、社会与政治》，168 页。）

向规则，本质上都是物理现象，因此不可能真的发生冲突。[①]

于是，有人在“压倒论题”的基础上做出让步，提出了“包围论题”，即相对于意向规则来说，社会规则“享有某种优势或优先地位”[②]。也就是说，尽管人们在自由地根据自己的意向来行动，但他们之所以能够去那样行动，是因为那些行动没有触犯某些生存所必需的社会规则。例如，通过某种“过滤与筛选机制”，违反社会规则的行事者被淘汰；剩下的人虽然并不去有意识地遵守社会规则（甚至可能根本没有意识到那些规则的存在），而且他们的意向规则也从不会受到社会规则的压制，但他们的意向规则是不可能超越社会规则的。那些会与社会规则发生抵触的意向规则，在一开始就不可能存活下来。达尔文式的自然选择理论可以被视为包围论题的一个例子[③]：人类（或者其他物种）可能会形成各种各样的本能和习惯，但只有当那些本能和习惯有利于（或者至少是不妨碍）物种生存的时候，才能通过该物种的存续而得以保留下去。那些本能和习惯的形成并不是为了物种存续的目的，但不能违背这一目的。

佩蒂特用了一个例子来说明压倒论题和包围论题的含义。假设在一场比赛里，有一个女生在为自己的校队加油。如果她在不同的情势下会选择不去加油（例如，当她支持的球队使用了不光彩的手段，或者她发现自己的加油有负面影响时），那么我们就会认为，她的“意向规则”决定了她的行动。也就是说，并没有任何外界力量迫使她必须去加油。反之，如果出于某种外在力量的控制，她注定要去为自己的球队加油，则社会规则的影响就超越了意向规则的影响。但是，社会规则可以通过两种不同的方式来产生影响。在一种情况下，这个女生是“在催眠性的或神经性的诱使下去加油的”，也就是说，她的行为是在非理性因素的驱使下做出的。这是压倒命题的一个形象表达。在另一种情况下，她之所以会出现在场上并去加油，是因为那些不想加油的人根本就不会被允许去看比赛。虽然她并没有丧失理性，但她的意向行为仍然受到了社会规则的决定性制约。这是包围命题的一个例子。[④]

佩蒂特认为，任何能够“包围”并损害“意向主体的绝对主权”的社会规则，都必然是在团体层次上的基因选择的产物。[⑤] 也就是说，必定是通过基因

① 参见［澳］佩迪特：《人同此心：论心理、社会与政治》，175、182、412 页。
② ［澳］佩迪特：《人同此心：论心理、社会与政治》，154 页。
③ 参见［澳］佩迪特：《人同此心：论心理、社会与政治》，158、184 页。
④ 参见［澳］佩迪特：《人同此心：论心理、社会与政治》，160 页。
⑤ 参见［澳］佩迪特：《人同此心：论心理、社会与政治》，188、190 页。

遗传的方式发生作用的。但他并不认为这是一种很有可能发生的情况。[①] 因此，他的结论是：既然压倒论题和包围论题都不具有说服力，个人主义就仍然是一种合理的立场。个体仍然能够决定自己的日常行为。我们不必认为人们都只是某种外在力量的玩物而已。

二、整体论与原子论

与“个人主义”和“集体主义”之间的争执不同，“原子论”和“整体论”之间的争执之处并非自由意志问题，而是人之为人是否依赖于社会的问题。“集体主义”与“个人主义”之争所关心的是，人们是否受到了更高层次力量的控制。“整体论”与“原子论”之争所涉及的则是人们彼此之间的影响问题。[②] 近代原子论肇始于霍布斯式的社会契约论，其核心思想是“即使一个人生活在社会之外，他也仍然是一个完整意义上的人”[③]。在进入社会后，人们也仍然是“相互独立的活动中心”[④]。政治和社会秩序的正当性基础，是“前社会”的个体的意志，例如在缔结社会契约时所表达出来的意志。这种前社会个体的地位并不依赖于社会的存在，反而是社会的出现要以这类个体的存在为前提。

作为对原子论不满的产物，整体论的哲学思维体现在维科、卢梭及赫德尔等人的浪漫主义思想传统中。[⑤] 在这种思维勃兴之前，欧洲哲学界流行的是经验主义和唯理主义，而从本质上讲，这两者都带有原子论色彩。因为无论此前的哲学家们是主张人们依靠先天能力而获得知识，还是主张人们依靠汲取外部世界的经验而获得知识，他们实际上都认为人类可以“自行其是地……达成对他们所居住之世界的个体化理解”[⑥]。相反，维科等近代整体论者则认为：“人们的思想能力依赖于语言，而他们所依赖的语言本质上是一种社会的创造物……人们要能够个别地实现最独特的人类能力，就要在社会中相互依赖。”[⑦]

因此，真正的人类不仅是在社会中锻造出来的，而且只能在社会关系中得

① 参见［澳］佩迪特：《人同此心：论心理、社会与政治》，190～191页。

② 参见［澳］佩迪特：《人同此心：论心理、社会与政治》，192页。

③ ［澳］佩迪特：《人同此心：论心理、社会与政治》，193页。

④ P. Pettit, “Social Holism and Moral Theory: A Defence of Bradley's Thesis,” *Proceedings of the Aristotelian Society*, 1985－1986 (86), p. 178.

⑤ 参见［澳］佩迪特：《人同此心：论心理、社会与政治》，194页；P. Pettit, “Defining and Defending Social Holism,” *Philosophical Explorations*, 1988 (1), p. 169。

⑥ P. Pettit, “Defining and Defending Social Holism,” p. 169.

⑦ ［澳］佩迪特：《人同此心：论心理、社会与政治》，194页。

以存在。原子论者或许也认为“离群索居的个人”（solitary individual）在现实社会中不太可能存在，但他们并不觉得这种个人概念在理论上是不能成立的。整体论者则恰恰否定这一点。[①] 用查尔斯·泰勒的话来说，只有依靠社会生活，人类才能发展那些独特的、专门属于人类的能力，才能具有理性、自主和道德责任等只属于人类的属性。[②] 为了拥有那些能力和属性，人们必须参与共同体，必须进入与他人的社会关系之中。[③] 然而，在当代的西方社会中，原子论式的思维要显得更为流行。这种社会中的“制度设计是在或多或少原子论特征的假设上进行的，而规范也是在这种假设的基础上理解的”[④]。这与非西方社会和早期西方社会形成了对比。

尽管集体主义常常被混同于整体论，而个人主义也常常被混同于原子论，但这实际上是一种误解。[⑤] 虽然整体论的集体主义和原子论的个人主义似乎是自然而然的立场，但原子论的集体主义和整体论的个人主义在逻辑上同样成立。[⑥] 在这方面，佩蒂特的看法与查尔斯·泰勒是一样的。在他的《答非所问：自由主义-社群主义之争》一文中，泰勒同样区分了“整体论-原子论”和“集体主义-个人主义”两种论题，并指出这两套二分法可以组成四种不同立场：诺齐克属于原子论的个人主义者，马克思则属于整体论的集体主义者，19 世纪德国自由主义者洪堡是整体论的个人主义者，心理学家 B. F. 斯金纳则被泰勒当作了原子论的集体主义的一个例子。[⑦]

佩蒂特明确把自己定义为一个整体论的个人主义者。[⑧] 在对整体论的阐述中，他主要强调的是人类思想能力对于社会关系的依赖。思想的能力“预设了一个与其他人有某种互动的主体”[⑨]。因此，“没有社会关系就没有人类思想”[⑩]。两者之间的关系不仅是因果性的，而且是构成性的。[⑪] 某一个个体心智的存在

① P. Pettit, “Defining and Defending Social Holism,” pp. 169 - 170.

② 参见［澳］佩迪特：《人同此心：论心理、社会与政治》，197 页。

③ 参见［澳］佩迪特：《人同此心：论心理、社会与政治》，137 页。

④ ［澳］佩迪特：《人同此心：论心理、社会与政治》，196 页。

⑤ 参见［澳］佩迪特：《人同此心：论心理、社会与政治》，136 页。

⑥ 参见［澳］佩迪特：《人同此心：论心理、社会与政治》，201～202 页。

⑦ 参见［加］泰勒：《答非所问：自由主义-社群主义之争》，见应奇、刘训练编：《公民共和主义》，375 页，北京，东方出版社，2006。

⑧ 参见［澳］佩迪特：《人同此心：论心理、社会与政治》，202 页。

⑨ ［澳］佩迪特：《人同此心：论心理、社会与政治》，133 页。

⑩ ［澳］佩迪特：《人同此心：论心理、社会与政治》，212 页。

⑪ 参见［澳］佩迪特：《人同此心：论心理、社会与政治》，198～199 页。

依赖于其他心智的存在。[①] 但他也很清楚，这种观点容易与集体主义混淆，并进而贬低个人的地位，得出不可欲的政治推论。[②] 因此，佩蒂特同样强调自己理论中个人主义的一面，并将这一点体现在了他的政治哲学论述中。“像社群和文化、民族和国家这样的超个人实体，并不是独立于个人的，因为它们并不能表达社会安排所要尝试和满足的那些明确利益。”[③] 建立政治制度的终极目的，是为了服务于每一个具体的个人，而不是服务于不可化约为个人的共同体。[④]

三、整体论个人主义与共和主义

以上述本体论思想为基础，佩蒂特提出了自己独特的政治哲学理论。在他看来，“每一种政治理论都……预设了一种政治本体论”[⑤]。把政治理论建立在形而上学理论的基础上，是一种常见而恰当的研究方法。“在发展他们的社会解释和政治评价纲领的过程中，社会和政治理论家们不可避免地会做出关于心灵和共同体的性质以及关于各种相关主题的重要假设。”他特别提醒人们去思考“政治理论家们是怎样在自我和社群的概念，以及这些概念之于公共政策的后果上分道扬镳的”[⑥]。显然，他所想到的还是自由主义与社群主义之间的争论。事实上，在他的政治理论中，这种对“自我和社群”的思考也留下了明显的痕迹。

佩蒂特认为，与他的本体论思想最为协调的政治理论，就是共和主义。从历史上看，共和主义对共同体和个人的重要性都给予了强调。这一传统一方面歌颂爱国主义和自我牺牲，突出个人利益对政治体的依赖；另一方面又珍视个人的自由和财产，反对政府对个体的压迫。这种对人类自主性和对社会之依赖性的双重强调，恰与整体论的个人主义相合。尽管佩蒂特认为由个人组成的团

---

① 参见［澳］佩迪特：《人同此心：论心理、社会与政治》，408 页。

② 事实上，尽管佩蒂特已经试图与这种集体主义拉开距离，但在高斯这样的自由至上主义者眼中，他的理论仍然隐含着专制极权的危险。［G. F. Gaus, “Review of *The Common Mind*,” *Ethics*, 1997 (107), p. 754.］对这类观点的回复，参见 P. Pettit, “The Reality of Groups Agents,” in C. Mantzavinos (ed.), *Philosophy of the Social Sciences: Philosophical Theory and Scientific Practice*, Cambridge, Cambridge University Press, 1994, pp. 88 - 89。

③ ［澳］佩迪特：《人同此心：论心理、社会与政治》，341 页。

④ P. Pettit, “The Reality of Groups Agents,” p. 89.

⑤ P. Pettit, “Rawls' Political Ontology,” *Politics, Philosophy and Economics*, 2005 (4), p. 157.

⑥ ［澳］佩迪特：《人同此心：论心理、社会与政治》，406 页。

体可以成为行为的主体，并具有自己独立的欲望和信念[①]，但这种主体并不同于集体主义思想鼓吹的那种存在物——其能力可以“超越（transcend）个体行为者的能力”的主体。[②] 因此，他的共和主义也不同于各色集体主义导向的政治理论，例如那些宣扬国家有机体概念、认为个人没有独立于集体的价值的理论。这种共和主义无疑深受现代自由主义影响。正如佩蒂特自己所说，他要“对自由主义进行一些激进的改造，而不是完全拒斥它”[③]。他真正需要详加论述的是，他的理论如何不同于那些具有原子论色彩的政治理论（在他看来，自由主义的主流传统就是这样的理论），以及他的共和主义何以是更为优越的。

由于整体论的政治哲学对原子论的批判，人们很容易将其与社群主义思潮联系起来。事实上，佩蒂特有时候甚至承认，共和主义自由“内在地是一种社群主义的理想”[④]，因为“要想实现共和主义的自由，你就得实现共和主义的共同体”[⑤]。然而，社群主义总是存在一种用集体压倒个人、否定个人价值和自主性的倾向。作为本体论上的个人主义者，佩蒂特自然会去抵制那种倾向。他非常严肃地对待个体的自由，反对把人们看作“更高的社会力量手下的卒子”[⑥]。那么，一种政治哲学何以能够既是“个人主义”的，同时又是“整体论”的呢？

为了说明这一点，佩蒂特首先区分了政治讨论中所涉及的两类价值：社会性价值与非社会性价值。社会性价值的实现需要不同的人彼此之间具有联系，非社会性价值的实现则不要求这一点，而是“一种可以被离群索居的个人甚至是一个独居者享有的价值”。社会性价值包括家庭、友谊、地位、社会秩序、法治等，这些都是在人际互动之中才能够实现的价值（虽然这些价值的享有者仍然是一个个具体的个人，而不是超个人的实体）。非社会性价值的例子包括物质福利、幸福和效用。这些价值的实现并不依赖于人际交往的存在，离群索居的人仍然可以享受它们。[⑦]

有的价值既可以被解读为社会性价值，也可以被解读为非社会性价值。自由就是一个典型的例子。在历史上，不同的思想家就曾经以不同的方式来定义

---

① P. Pettit, “The Reality of Groups Agents.”

② P. Pettit, “Social Holism and Moral Theory,” p. 179.

③ ［澳］佩迪特：《人同此心：论心理、社会与政治》，192、338 页。

④ ［澳］佩迪特：《人同此心：论心理、社会与政治》，159 页。

⑤ ［澳］佩迪特：《人同此心：论心理、社会与政治》，166 页。

⑥ P. Pettit, “Defining and Defending Social Holism,” p. 184.

⑦ 参见［澳］佩迪特：《人同此心：论心理、社会与政治》，362～363 页。

自由，从而分别将其诠释为社会性的或非社会性的价值。佩蒂特指出，假如自由仅仅被理解为“干涉的阙如”，那么，它就属于一种非社会性的价值。[①] 显然，如果用不同的方式来理解自由，例如，将其理解为一种社会地位，自由就成了社会性的价值，因为社会地位只能在与他人的比较中存在。

对于政治价值，原子论和整体论有着不同的看法。由于原子论者不认为离群索居的个人这一概念有什么问题，因此，在他们看来，把非社会性的政治价值作为追求的目标，就并无不合理之处。相反，在整体论者看来，既然离群索居的个人本身就是一个无意义的概念，那么我们就不应该去追求那些非社会性的政治价值，也就是那些可以为离群索居的个人所享有的价值。把这一区别应用在自由概念上，所得出的结论自然就是：整体论者所推崇的自由不是消极的无干涉自由，而是与整体论世界观相契合的自由。这种自由就是共和主义的自由。[②]

更具体地说，假如我们像原子论者一样，关心的是离群索居者也可以享有的自由，那么，我们关心的就会是单纯的不受干涉的自由。这是一种在社会之内和之外都可以享有的自由。[③] “完美的自由”需要的是周围没有其他人来阻碍我。[④] 但从整体论的视角来看，完美的自由需要某种社会状态[⑤]——它必须是“由一个人在其所属的社群中，特别是在法律中的地位所决定的”[⑥]。这种自由在历史上曾被定义为公民身份，而公民身份既要求人们对这种身份的相互承认，也要求保护这种身份的相应制度设计。[⑦] 从定义上来看，这种自由就不可能为脱离社会的、孤零零的个人所享有。因此，如果一个奴隶在生活中没有受到他主人的实际干涉，那么从原子论的视角来看，可以说他至少享有了一定程度的自由，但从整体论的视角来看，他仍然是完全不自由的，因为他身处其中的社会关系表明，他缺少自由人所应具有的政治法律地位。

于是，从整体论个人主义的本体论立场出发，以独特的自由概念为核心，佩蒂特推论出了一套系统的政治哲学理论。对这一理论的梳理与反思，将是本

---

① 参见［澳］佩迪特：《人同此心：论心理、社会与政治》，363 页。

② 参见［澳］佩迪特：《人同此心：论心理、社会与政治》，367 页。

③ 参见［澳］佩迪特：《人同此心：论心理、社会与政治》，378 页。

④ 参见［澳］佩迪特：《城市的自由：一种共和主义的理想》，见许纪霖编：《公共性与公民观》，147 页，南京，江苏人民出版社，2006。

⑤ 参见［澳］佩迪特：《城市的自由》，148 页。

⑥ ［澳］佩迪特：《人同此心：论心理、社会与政治》，371 页。

⑦ 参见［澳］佩迪特：《人同此心：论心理、社会与政治》，372～373 页。

章接下来的主题。我们在下面将会看到，按照佩蒂特的诠释，他所赞成的共和主义自由观虽然是一种由个人（而非有机共同体）所享有的善，但这种善却并非一种“个人之善”。将这种自由观与主流自由观区别开来的，恰恰就是前者所具有的“社会”性质。

第二节　超越“两种自由”的“无支配自由”

自从1958年以赛亚·伯林在他的经典论文《两种自由概念》中进一步发展了贡斯当关于古代人自由和现代人自由的区分，阐述了“积极自由”和“消极自由”这一对概念之后，学术界一般都认为自由主义主张“消极自由”，而共和主义主张“积极自由”。但以斯金纳、佩蒂特为代表的一些共和主义思想家则提出了不同的看法。他们分别从历史和哲学两个维度提出了超越积极自由与消极自由的“第三种自由”，力图以此避免两者的缺陷。①

一、无支配自由与无干涉自由

在20世纪90年代早期，佩蒂特像斯金纳一样，也用消极自由来概括共和主义的自由传统。不过，不同于自由主义的“无干涉消极自由”，共和主义的自由是一种“有弹性的（resilient）无干涉消极自由”②。但是，在后来的一系列著作中，他更愿意以“无支配自由”（freedom as non-domination，亦可译为“免于支配的自由”）来指称共和主义自由，从而与“无干涉自由”（freedom as non-interference，亦可译为“免于干涉的自由”）形成对照。那么，所谓的“无支配”与“无干涉”有何区别呢？

---

① 虽然斯金纳对共和主义自由观的阐述早于佩蒂特，并在一定程度上启发了佩蒂特（参见［澳］佩迪特：《共和主义：一种关于自由与政府的理论》，34页注释），但他更多关注古典共和主义，缺乏系统的哲学论证。因此，他坦言自己后来的一些思想反倒受益于佩蒂特。（Q. Skinner，*Liberty Before Liberalism*，Cambridge，Cambridge University Press，1998，p. 70，note 27.）当然，他们之间也存在些微的分歧，参见P. Pettit，“Keeping Republican Freedom Simple：On a Difference with Quentin Skinner，”*Political Theory*，2002（30），pp. 339－356；［美］斯金纳：《第三种自由概念》，见应奇、刘训练编：《第三种自由》，北京，东方出版社，2006。

② ［澳］佩迪特：《消极自由：自由主义的与共和主义的》，见应奇、刘训练编：《第三种自由》。不过，他后来并没有放弃这种提法，例如，［澳］佩迪特：《共和主义：一种关于自由与政府的理论》，93页。

佩蒂特指出，它们之间的区分首先源于这样一个事实，即“无干涉支配”(domination without interference) 和“非支配干涉” (interference without domination) 都是可能的。这两种情形可以通过以下两个例子得到说明：“我”可能是他人的一个奴隶，但实际上“我”的选择并没有受到任何干预。这可能仅仅是因为“我”的主人是一个仁慈的人，也可能是因为“我”很狡猾，或者对“我”的主人竭尽溜须拍马之能事，结果得以自行其是。就“我”有一个主人而言，“我”受到了支配；但就这个主人无法实施干预而言，“我”没有受到干涉。没有进行干涉的主人也在实施支配，这就是一种“无干涉支配”。

制定良好的法律和建立合宪的政府机构则代表了一种“非支配干涉”，它并没有危及人们的自由，它是一个非主人式的干涉者。“当对我的干涉是为了保证我的进一步利益，并且是根据我所共享的观点而实施时，另一个人或行为主体对我的干预就是允许的。……在这种情况下，就不可能把干涉视为一种支配行为；有人对我进行了干预，但并非出于专断的目的。”①

因此，理解“支配”的关键就在于：(1) 支配者拥有支配的能力；(2) 支配是建立在专断基础之上的干涉。没有干涉也会出现支配，因为支配的条件只是某人拥有任意干预他人事务的能力，而不是事实上的干预；在非支配状态下也会出现干涉，因为干涉并不一定就是专断的干涉。支配与干涉之间所有的分歧都产生于这样一个事实，即“你可能受到了某人的支配却没有受到实际的干涉，就像在幸运的或狡猾的奴隶的情形中；你可能受到了某个行动者的干涉却没有受到任何人的支配，就像在服从一种良好的法律和政府的情形中”②。

那么，无干涉自由的情形又如何呢？免于干涉的自由概念具有两个典型的特征。首先，按照这种理解，一个非压迫性的权威实施的干涉也对人们的自由产生了影响——尽管它毫无疑问促进了整体的长远利益发展——哪怕这种干涉只不过是公平强制性的法治实施的宪法强制。就像从霍布斯到边沁甚至伯林这些思想家所强调的，法律始终是对自由的一种限制。

免于干涉的自由概念的第二个典型特征就是，它不但把非压迫性的干涉视为对自由的一种剥夺，而且它还会忽视那种不存在实际干涉的压迫形式对自由的否定。比如说，雇主对雇员或者丈夫对妻子的那种传统的、非强制的关系，至少在不存在实际的或预期的强迫、强制、操纵或者类似情形的情况下，就不会引起这类问题。这种关系将一个人置于他人权力之下，这一事实本身并不能

① 以上内容参见［澳］佩迪特：《共和主义：一种关于自由与政府的理论》，28～29页。

② ［澳］佩迪特：《共和主义：一种关于自由与政府的理论》，107页。

影响弱者的自由。

由此可见，根据无干涉消极自由观，“无干涉支配”仍然属于自由状态，是可欲的，而“非支配干涉”虽然可以接受（作为获得更大自由的代价），却是不可欲的；无支配的自由观则恰好相反，它认为“无干涉支配”属于不自由的状态，是一种需要消除的罪恶，而“非支配干涉”不但可以接受，更是可欲的，因为它是自由的保障。[①]

无支配自由与无干涉自由之间的区分还可以通过其他一系列的对照得以展现。比如，享有无干涉的人可能凭借运气、狡猾或阿谀奉承而逃避干涉；尽管在现实世界里他们没有受到干涉，但他们却可能在其好运、才智或魅力失去作用的完全可能的世界里受到干涉。然而，享有无支配自由的人却不依赖于偶然性而享有免于干涉的自由：没有人能够任意地、肆无忌惮地干涉他们。而这就意味着，即使在好运、才智或魅力不起作用的完全可能的世界中，他们依旧继续享有免于干涉的自由。这种人弹性十足地享有免于干涉的自由，而不必依赖于意外或偶然性。

执着于无干涉理想的人珍惜拥有选择（亦即无干涉）这一事实，而不管这种选择受到支配与否。执着于无支配理想的人则珍惜拥有不受支配的选择（而不是一切选择），如果选择的缺失产生于非支配干涉，那么他们并不介意；相反，他们对于那些凭借狡猾、个人魅力或者阿谀奉承得来的选择不以为然。这样看来，“前一种人注重的是可供选择的数量，而不是选择的类型；后一种人则只对正确的选择、非支配类型的选择感兴趣”[②]。套用佩蒂特早先的术语就是，无干涉是一种以量为导向的（quantity-centred）观念，它认为任何形式的无干涉都是有吸引力的；无支配则是一种以质为导向的（quality-centred）观念，它仅仅珍视那种适宜的弹性无干涉。[③] 因此，无支配自由的支持者“对国家干预的可能性持更少的怀疑态度，而他们对国家应当加以纠正的社会弊病则持更加激进的看法。他们在政治问题上更加乐观，在社会问题上则更加激进”[④]。

在佩蒂特对无支配自由的分析中，他尤其强调心理因素的重要性。他认

---

① 佩蒂特有时也承认，非支配干涉（即非专断的干涉）确实会限制（condition）自由，但并没有威胁（compromise）自由。这就像无干涉自由观所认为的，物质条件的匮乏只是限制而没有威胁自由，或者说只是降低了自由的价值却没有减少自由本身。

② ［澳］佩迪特：《共和主义：一种关于自由与政府的理论》，31页。

③ 参见［澳］佩迪特：《消极自由：自由主义的与共和主义的》，见应奇、刘训练编：《第三种自由》，200～201页。

④ ［澳］佩迪特：《共和主义：一种关于自由与政府的理论》，194页。

为，支配通常要涉及有权有势者的控制意识（the awareness of control）、无权无势者的脆弱意识（the awareness of vulnerability）以及双方感知对方意识的共同意识（the mutual awareness of this consciousness on each side）——实际上这种共同意识存在于所有相关各方之中。在支配关系中，无权无势者不可能用平和的心态来看待有权有势者，双方都意识到了这种不对称，并能意识到对方的意识。双方共享这一意识，即除非得到有权有势者的许可，否则无权无势者什么也做不了；后者处于前者的支配之中，双方不是平等的。主人与奴隶的假想模式将成为现实，双方的这种不对称将作为一项客观事实一览无余。[①]

在 2003 年的一篇论文中，佩蒂特指出，在各种“消极”形式的自由观中，人们对哪些因素、通过何种方式对自由构成阻碍这个问题存在不同的看法，从而形成了不同的自由观念。比如，在阻碍方式上，至少存在情势的（situation，社会地位或物质条件）、心理的和人际的三种。无干涉自由观只承认第三种阻碍方式，却忽视了其他两种方式；而无支配自由观则认为，这三种方式都会对自由本身构成阻碍。[②]

正是基于这一点，佩蒂特指出，在无支配自由与无干涉自由之间还存在这样一个重大区分，即无支配自由是一种“城市的自由”而不是“旷野的自由”，它是一种“社会善”与“共同善”，而不是仅仅是福利性的“个人善”。[③] 所谓“社会善”（social good）是指，“它的实现以一些表现出一定意图之态度甚至一定意图之行动的人的存在为前提”；“它不是通过他人的缺席，而是通过对他人行使支配能力的制约而产生的”；无支配自由是一种他人在场的价值。所谓“共同善”（common good）是指，“相关群体中任何成员享有这种善的增加（或减少）必须同时伴随着该群体中其他成员享有它的增加（或减少）：它具有非排他性（non-excludability）这一经济学家们用来描述清洁的空气和国防之类善的特征”。这就意味着，“如果我们想增进一个人的无支配自由，那么我们就必须增进某个或某些其所属之脆弱群体的无支配自由。并且它意味着，如果一个人想实现自己的解放目标，保护自己免于支配，那么他必须接受同一脆弱群体中其他人的目标。比如说，除非所有的妇女或工人，或者至少处于某种特殊情况下的妇女或工人的地位获得改善，否则这个妇女或工人就没有办法增进

① 参见［澳］佩迪特：《共和主义：一种关于自由与政府的理论》，81 页。

② P. Pettit, “Discourse Theory and Republican Freedom,” *Critical Review of International Social and Political Philosophy*, 2003 (6), pp. 72 - 95.

③ 正是通过这个方面，我们能够最为清楚地看到佩蒂特的本体论思想和他的自由观之间的关联。

他们的无支配自由”[①]。

二、共和主义、无支配自由与积极自由

佩蒂特相信，有两个理由可以证明无支配自由观就是我们在共和主义传统中发现的自由观，这两个理由分别产生于共和主义思想家关于自由与奴役命题、自由与法律命题的论述。[②] 首先，在共和主义传统中，自由是根据自由（liber）和奴役（servus）、公民和奴隶的对立来定义的。自由的条件可以通过一个人的这样一种身份来说明：与奴隶不同，他不会服从于其他人专断的权力，也就是说，他没有受到其他人的支配。因此，自由的条件可以通过这样一种方式来说明：即使事实上没有受到任何干涉，自由也可能丧失；无干涉的奴役和支配是可能的，比如没有实施干预的主人。

在自由与免于他人支配或压迫之间，存在着紧密的和源远流长的联系：自由人不能处于他人权力的控制之下，不能毫无防范地受到他人的干涉。在古罗马共和主义者的惯用词汇中，自由人（the *liber*）的对立面是奴隶（the *servus* or slave）。至少到 19 世纪之初，漫长的共和主义传统一直强调，自由的主要内涵是不要生活在他人的奴役之中，即不能处于他人任意权力的支配之下。

其次，在共和主义传统中，自由可以通过这样一种方式得到说明，即不仅在没有受到实际干涉的情况下可能丧失自由，而且，非控制的干涉者所实施的干预也没有使人变得不自由。共和主义者所设想的非控制的干涉者，就是一个秩序良好的共和国的法律和政府。“共和主义者不会用最现代的方式说，尽管法律对人们进行了强制，因而减少了他们的自由，但它带来的损害却由于防止了更多的干涉而得到补偿。他们坚持认为制定良好的法律是自由的构成要素，他们对任何这样一种关于补偿的说法都不以为然，因为这只是一种迫不得已的说法。按照最初的共和主义的学说，一个良好国家的法律，尤其是一个共和国的法律，创造了公民所享有的自由；它们并没有侵犯那种自由，哪怕是以一种其后将进行补偿的方式侵犯它。”

在佩蒂特看来[③]，无支配自由与无干涉自由虽然存在一些重大差异，但它们同属广义上的消极自由范畴。然而，它与“积极自由”的关系又如何呢？[④]

---

① ［澳］佩迪特：《共和主义：一种关于自由与政府的理论》，89、159～166、190 页。

② 以下参见［澳］佩迪特：《共和主义：一种关于自由与政府的理论》，40～54 页。

③ 以下参见［澳］佩迪特：《共和主义：一种关于自由与政府的理论》，46～47 页。

④ 关于“积极自由”的进一步区分，参见刘训练：《共和主义：从古典到当代》，第 7 章。

首先，对于无支配自由与政治参与意义上的积极自由，佩蒂特说得非常明确，共和主义的无支配自由不同于民粹主义式的积极自由，虽然共和主义传统一再强调民主参与的价值和重要性，但并没有将它视为一项根本性的价值。“民主参与对一个共和国来说可能是不可或缺的，但这只是因为它是促进无支配自由的必要条件，而不是因为其独立的吸引力：它不像一种积极的自由观所认为的那样，自由就是民主参与的权利。”[①] 简单地说，民主参与“是自由的保障，而不是自由的核心”[②]。总之，免于支配的共和主义自由并没有将政治参与视为一种本质性的善，也没有肯定某种特定的生活方式和自我类型。共和主义的自由和参与性的制度之间既不是积极自由和享有社群自治之间的**定义性**联系，也不是消极自由和保护性制度之间的**因果性**联系，而是类似抗体和免疫力之间的**构成性**关系。[③]

其次，对于无支配自由与理性自主意义上的积极自由，佩蒂特则有些语焉不详。在论证无支配自由的优点时，他强调自己只是将它与**无干涉消极自由理想**加以对照，而不是与**自主的积极自由理想**加以对照。“如果按照**民粹主义的方式将积极自由解释为民主参与**，那么这种忽略几乎不必加以解释：这样一种参与性的理想在现代世界是行不通的，并且不管怎么说，任何事都必须服从于所有人意志的前景是没有多少吸引力的。……我还会忽视那种**将自主（self-mastery）等同于个人自律（personal autonomy）的积极自由理想**。……个人自律的自由可能是一种非常有吸引力的价值，甚或还是一种内在的善；……然而，个人自主的自由是一种比无支配自由更丰富的理想；显然可能存在一种没有个人自主的无支配，但不可能存在任何一种没有无支配的有效自主。而且，在一个保障无支配自由的国家中，个人自主的自由即使不能得到有效的促进，也应该容易实现；一旦人们得到不受他人支配的保证，他们必将更加容易获得自律。”[④]

事实上，佩蒂特在论述何以“非专断的干涉”并未对无支配自由构成威胁或限制时，多少也引入了一些理性自主的因素，比如，他曾多次提到尤利西斯

---

① ［澳］佩迪特：《共和主义：一种关于自由与政府的理论》，11 页。

② ［澳］佩迪特：《共和主义：一种关于自由与政府的理论》，39 页。

③ P. Pettit, “Reworking Sandel's Republicanism,” in A. Allen & M. Regan (ed.), *Debating Democracy's Discontent: Essays on American Politics, Law, and Public Philosophy*, Oxford, Oxford University Press, 1998, p. 51.

④ ［澳］佩迪特：《共和主义：一种关于自由与政府的理论》，109 页（重点为引者所加）。

的自缚的例子。[1] 因此，至少在处理无支配自由、积极自由与共和主义的关系问题上，无论从思想史角度看还是从哲学分析角度看，佩蒂特的观点都存在一些难题。

第三节　共和主义的“论辩式民主”

一旦“无支配自由”被确定为共和主义国家的最高目标，那么，接下来的问题自然便是如何维护和增进公民的无支配自由。在《反权力的自由》一文中，佩蒂特指出，在这个问题上可以从三个方面考虑，即为无权无势者提供保护来对抗有权有势者的资源、规范有权有势者对其资源的使用、授予无权无势者以新的资源。它们对应于三种类型的制度：保护性的制度、规范性的制度和授权性的制度。[2] 这三种类型的制度涉及政治、经济与文化等各个领域，它们既可以是正式的国家行为，也可以是非正式的社会和政治行为：“保护、规范以及授权至少在某些环境中已经通过工会、消费者运动、囚犯权益保障组织、环保运动、妇女团体、民权组织乃至竞争性的市场力量而得到确立。”[3] 这些制度丝毫没有局限于国家使用的多少具有法律性的手段，它们也包括公民社会的各种制度。

由此，无支配自由将支持福利国家、各种形式的再分配等社会经济政策；而且，共和主义国家不仅要考虑与所有权（*dominium*）相关的支配，还要考虑与统治权（*imperium*）联系在一起的那种类型的支配，也就是说要防止政府本身成为一种支配性的主体。在这方面，古典共和主义传统中的法治、分权、民主问责制等宪政措施可以提供丰厚的历史资源。佩蒂特同时也强调，只有当共和主义制度“在人们心灵的习性中占据一席之地以后，它们才能获得生气和动力”。在这个问题上，古典共和主义的传统主题再次得到了回应；不过，佩蒂特对公民美德的解释更为宽泛，也更为稀薄，所以他更愿意把这些支持共和主

① P. Pettit, “Agency-Freedom and Option-Freedom,” *Journal of Theoretical Politics*, 2003 (15); P. Pettit, “Discourse Theory and Republican Freedom”.

② 参见［澳］佩迪特：《反权力的自由》，见应奇、刘训练编：《第三种自由》，234页。

③ ［澳］佩迪特：《反权力的自由》，见应奇、刘训练编：《第三种自由》，236页。

义制度与法律的机制称为“公民性”（civility）。①

不过，以上这些方面并非佩蒂特的重点——也不可能是他的重点：在社会经济政策层面，新共和主义不可能比社会主义（甚至左翼的自由主义）、女权主义和多元文化主义做得更好；在宪政问题上，新共和主义很难比自由主义更有所作为；公民美德则是新雅典共和主义（而非佩蒂特所钟情的罗马式共和主义）的基本要义。在共和主义的政府理论方面，佩蒂特的重要贡献在于他提出了一种论辩式民主的观念。如果说他关于第三种自由即无支配自由观的哲学建构是当代西方新共和主义最重要的理论成果之一，那么关于民主的阐述则是其又一贡献。

一、从无支配到可论辩性

在佩蒂特关于无支配自由的阐述中有一个问题一直悬而未决，那就是如何判断干涉的“专断性”问题，而这个问题又与共和主义传统中关于“公共利益”的识别与判断的问题联系在一起。按照佩蒂特的定义，“非专断性正是由这样一种关系的存在来保证的：决策绝对不能成为他们所强加给我们的一种意志，就像公民们可能会认为的那样。它必须成为一种我们能够认可和认同的决策，一种我们能够看到我们的利益得到增益、我们的意见得到尊重的决策”②。

在 1997 年《共和主义》平装本的跋文中，佩蒂特明确指出，其核心就在于公民共同利益的识别问题。因为什么是公共利益或者说如何识别公共利益的问题涉及佩蒂特新共和主义与古典共和主义的区分，并且在其民主观中居于核心地位。在现代社会复杂性和多元性的条件下，公共利益的识别和判断显然不可能通过先在规定的方式解决，而只能借助民主——而且不可能是直接民主或参与民主——这样一种程序性方式加以解决。③ 按照他的说法，所谓公共利益是指某种“集体可接受的考虑”（co-operatively admissible considerations）将支持其集体供给的利益或善好（good），而“集体可接受的考虑”则是指那些在与他人关于其共同或集体供给的商议中任何人都能够毫无窘困地提出予以考

① 参见［澳］佩迪特：《共和主义：一种关于自由与政府的理论》，第 8 章。

② ［澳］佩迪特：《共和主义：一种关于自由与政府的理论》，241 页。

③ 不过，佩蒂特也曾说过：“公共利益的界定独立于民主制度——不管是选举的还是论辩的——这一事实意味着，就完全增进民众之公共利益的目标来说，民主程序并不是一种完善的程序。”［P. Pettit，“Democracy，Electoral and Contestatory，” in S. Macedo & I. Shapiro（ed.），*Nomos XLII*：*Designing Democratic Institutions*，New York，New York University Press，2000，p. 138.］

虑的理由或因素。[①]

民主既是一个识别公共利益的过程，也是迫使和保证国家保障公共利益的措施。佩蒂特指出，在如何判断“非专断性”和公民认可问题上，新共和主义民主有着不同于传统的思路。非专断性所要求的与其说是同意（consent），不如说是可论辩性（contestability）。“只有当我能够对任何这样的干涉提出有效的争议，只有当我能够强迫它对我的利益和想法做出回应时，干涉才不是专断的，干涉者才不是支配性的。”[②] 共和主义的民主模式应该是论辩式的，“按照这种模式，只要人民单个地和集体地对政府的决定享有永久的论辩之可能，这个政府就是民主的，它就是一种为人民所控制的统治形式”[③]。在详细论述这种论辩式民主之前，我们将首先梳理一下佩蒂特民主理论中的一些其他独特内容。

二、民主与自由

根据佩蒂特的共和主义理论，政府的职能就在于保护公民的自由不受侵犯。这种侵犯可能来自两种不同的源头。公民的自由既可能受到其他公民的妨害，也可能受到政府的妨害。从这一事实中，佩蒂特引出了“社会正义”与“政治合法性”之间的区分。前者涉及公民彼此之间的关系，后者则涉及国家与公民之间的关系。一方面，为了实现社会正义，国家需要去保护公民，使他们免遭来自其他公民的私人支配；另一方面，为了保护政治合法性，国家需要约束自己，确保自己不去对公民实行公共支配。[④] 在近代早期的西方政治哲学中，关于合法性的议题曾经长期居于突出地位。无论霍布斯、洛克还是卢梭，都将其作为各自政治理论所要处理的核心问题。但从康德和边沁开始，政治哲学家们的注意力开始转移到社会正义上面，并因此而忽略了对合法性的讨论。在当代的政治哲学中，无论是以罗尔斯为代表的契约论思想家，还是各色的平等主义者和自由至上主义者，都没有对合法性问题给予应有的重视。[⑤] 佩蒂特

---

① P. Pettit, “Democracy, Electoral and Contestatory”; P. Pettit, *A Theory of Freedom*, Cambridge, Polity, 2001, p. 156.

② ［澳］佩迪特：《共和主义：一种关于自由与政府的理论》，242 页。

③ ［澳］佩迪特：《共和主义：一种关于自由与政府的理论》，243 页。

④ P. Pettit, *On the People's Terms: A Republican Theory and Model of Democracy*, Cambridge, Cambridge University Press, 2012, pp. 3, 77.

⑤ P. Pettit, *On the People's Terms: A Republican Theory and Model of Democracy*, pp. 141 – 145.

的民主理论正是志在改变这一局面。正如他所指出的，“说国家所施加的社会秩序是正义的，是一回事；说那种秩序的施加方式是合法的，则是非常不同的另一回事”[①]。

一个国家如果要具备政治合法性，就不能侵犯其公民的自由。[②] 这需要公民对国家加以广泛控制，从而也就需要民主。[③] 但是，在涉及自由与民主的关系的问题上，佩蒂特与其他的一些共和主义者拉开了距离。学术界流行的传统看法是：在共和主义者所崇尚的自由与民主参与之间，存在着一种定义上的关联。也就是说，民主不仅仅是帮助保卫和扩大自由的一种工具性手段。相反，通过民主程序参与政治的权利（如选举权），或者是对政治活动的具体参与，本身就意味着自由。在当代的一些共和主义者那里，这种看法可以得到佐证。例如，桑德尔主张说，共和主义的自由意味着自治，即“与公民伙伴就共同善展开协商，并致力于打造政治共同体的命运”[④]，“自由就在于共同承担对一个控制其自身命运的政治共同体的治理”[⑤]。根据波考克的概括，共和主义者在阐述其自由观时认为，作为政治动物，人的天性“只有在一个活跃的公民所践履的积极生活中才能臻于完备，而那种自由就在于从对践履这种生活的限制中摆脱出来”[⑥]。阿伦特则认为，当人们以平等的公民身份进行政治活动时，他们就超越了受必然性束缚的领域，进入了意味着自由的“行动”领域。

然而，按照佩蒂特对共和主义思想谱系的梳理，把共和主义自由观定义为政治参与，乃是对这一传统的误读。他把当代的共和主义区分为“新罗马”和“新雅典”两种。桑德尔和阿伦特等人正是新雅典共和主义的代表。他们错误地理解了共和传统中自由与民主之间的关系。佩蒂特本人则秉持新罗马共和主义观，反对用民主参与来定义自由。[⑦] 在他看来，这种定义方式意味着一种

---

① P. Pettit, *On the People's Terms: A Republican Theory and Model of Democracy*, p. 130

② P. Pettit, *On the People's Terms: A Republican Theory and Model of Democracy*, p. 153.

③ P. Pettit, *On the People's Terms: A Republican Theory and Model of Democracy*, p. 3.

④ ［美］桑德尔：《民主的不满》，6 页，南京，江苏人民出版社，2012。

⑤ ［美］桑德尔：《民主的不满》，236 页。

⑥ ［美］波考克：《德性、权利与风俗》，见应奇、刘训练编：《公民共和主义》，42 页。

⑦ 参见［澳］佩迪特：《共和主义：一种关于自由与政府的理论》，369～372 页。在后来的著作中，佩蒂特又改变了对这两种传统的称呼。他把自己所认同的思想称为“意大利-大西洋”传统（the Italian-Atlantic tradition），而将自己所批评的思想称为“欧陆式、社群主义式”版本（the Continental, communitarian version）的共和主义。（P. Pettit, *On the People's Terms: A Republican Theory and Model of Democracy*, p. 12.）

“积极”的自由观[1]，而共和主义的自由并非积极自由。在历史上，从马基雅维利到潘恩的共和主义者，都是以无支配而非民主参与来定义自由的。[2]“民主控制当然是重要的，但它的重要性不是来自它与自由在定义上的关联，而在于它是保护自由的一种手段这一事实。”[3]

三、对国家的控制

佩蒂特梳理了民主的三重含义。首先，民主意味着“人民主权”。因此，殖民地政府就不能算是民主政府，因为这一政府的合法性来源于外在力量。其次，民主意味着普选，如果一个政府口头上承认其权力来自人民的授予，但拒绝让自己经受选举的考验，那它也不能算是民主的。最后，民主要求人民对政府权力的控制。因为经选举上台的政府仍有可能罔顾大众利益而行事。[4] 这种关于权力控制的理念被认为是民主的核心。[5] 在这三重含义中，前两者的内涵和要求比较清楚，因此佩蒂特把更多的精力放在了对“民主控制”的论述上。

从共和主义的角度来看，如果公民能够控制国家对自己的干涉，那么这个国家就具有合法性。这种“控制”的含义包含两个方面。首先，公民要具有影响政府行为的能力。其次，他们要有能力迫使政府行为走向令人满意的方向。两者缺一不可。控制必须意味着“被导向的影响”（directed influence），即“为了一定的目的或导向而施加的影响”[6]。仅仅产生影响，却不能决定影响的方向，是不能称之为控制的。[7]

佩蒂特举例说，假设某人站在繁华的十字路口，假装自己是交通警察，用手势去做出一些同红绿灯信号相矛盾的指示。在这种情况下，某些司机可能会遵循他的手势，其他一些则不会。这样的一个人无疑对交通状况形成了某种影响，因为他改变了车流的运行方式。然而，如果他的目的是指挥交通而非仅仅扰乱交通，那么他显然并没有对交通状况实行任何真正的控制。相反，如果是

---

① P. Pettit, “Republican Freedom and Contestatory Democratization,” in I. Shapiro & C. Hacker-Cordon (ed.), *Democracy's Value*, Cambridge, Cambridge University Press, 1999, p. 164.

② 参见［澳］佩迪特：《共和主义：一种关于自由与政府的理论》，34～39页。

③ ［澳］佩迪特：《共和主义：一种关于自由与政府的理论》，39页。

④ P. Pettit, “The Power of a Democratic Republic,” in R. Gotoh & P. Dumouchel (ed.), *Against Injustice: The New Economics of Amartya Sen*, Cambridge, Cambridge University Press, 2009, pp. 73-74.

⑤ P. Pettit, “Three Conceptions of Democratic Control,” *Constellations*, 2008 (15), p. 46.

⑥ P. Pettit, *On the People's Terms: A Republican Theory and Model of Democracy*, p. 167.

⑦ P. Pettit, “Three Conceptions of Democratic Control,” p. 47.

一名具有权威的、真正的警察用手势来指挥交通，车流就会按照他的意志行进，因此就可以说他对交通状况实行了一种控制。[①] 同样，如果公民想要免于遭受政府的支配，他们就必须不仅能影响政府，而且能使政府以他们所希望的方式行动。佩蒂特主张，公民对国家的这种控制必须满足三个条件。首先，这种控制是“个体化”的（individualized）。其次，它必须是“无条件”的（unconditioned）。最后，它必须是“有效”的（efficacious）。[②]

（一）个体化的控制

“个体化”意味着公民对政府的控制应该是平等的。这种“平等”不意味着每个人都有对政府决策的否决权，因为这种权利会导致政府完全无法运作。对于“平等控制”的恰当理解是：每个公民都“在一种联合控制的体系内享有平等的份额”[③]。如前所述，控制意味着影响和对方向的导向。因此，平等份额的控制也就意味着，公民在对政府的影响和对政府行为的导向两方面应该是平等的。平等的影响并不必然要求每个人对政治过程的实际参与都是平等的，而只是要求每个人的参与机会是平等的。[④] 同样，在选举中，平等的影响也不要求每个人所投的票对选举结果有同样的影响，而只是要求每个人都有同样的机会处于获胜的一方。[⑤] 在对政府行为的导向方面，公民的平等则要求每个人（至少是那些愿意与他人平等地生活在一起的人）都能接受那种导向所产生的结果。[⑥]

（二）无条件的控制

无条件的控制意味着，公民对国家的控制不能仰赖他人的善意。就像佩蒂特在论述自由问题时始终坚持的，假如“我”之所以能够不受干涉地进行选择，只是因为某些有干涉能力的人恰好出于善意而不想去干涉“我”，那么，“我”就不能说是真正拥有了自由。同样，在民众对政府享有真正的控制时，他们的控制不仅能独立于政府本身的意志，而且能独立于外部的行为者。如果政府可以自由地决定是否接受民众的控制，或者某些外部行为者（包括不听命于政府的军队、用金钱操控政治的人以及外国政府）可以自由地决定政府是否

① P. Pettit, *On the People's Terms: A Republican Theory and Model of Democracy*, p. 154.
② P. Pettit, *On the People's Terms: A Republican Theory and Model of Democracy*, p. 167.
③ P. Pettit, *On the People's Terms: A Republican Theory and Model of Democracy*, p. 168.
④ P. Pettit, *On the People's Terms: A Republican Theory and Model of Democracy*, p. 169.
⑤ P. Pettit, *On the People's Terms: A Republican Theory and Model of Democracy*, p. 211.
⑥ P. Pettit, *On the People's Terms: A Republican Theory and Model of Democracy*, p. 170.

应该接受民众控制，民众的这种控制就不是无条件的。[①]

为了预防那种外部行为者对权力的篡夺，共和主义的国家需要采取分权制衡的制度，而共和主义的公民则需要培养出一种抗争性的气质。在制度上，佩蒂特主张采用传统共和主义者青睐的“混合政体”（mixed constitution），使国家之内的各种权力能够相互制约，防止其中某一部分对人民的压迫。[②] 在历史上，博丹和霍布斯等绝对主义者曾反对混合政体的思想，认为主权是不可分割的。佩蒂特批评说，这种看法是一种“错置具体性的谬误”（fallacy of misplaced concreteness）。主权国家所赖以行为的目的和判断并不一定位于某个具体的人或机构之中，而是可以从不同的人或机构的互动行为之中产生。[③]

与此同时，为了捍卫自由，在共和主义的公民之中还需要存在一种勇于抗争的文化。公民必须对国家的行为保持警惕，并在政府失职时表示抗议。这种对公民的要求既不同于卢梭式的浪漫主义参与民主理想，也不像政治现实主义者认为的那样是无益的。[④] 这样的要求还体现了一种爱国主义的情感——爱国者不仅在国际领域里支持自己的国家，还“致力于在他们的国家建立一个非支配性的政府”，并认识到这个国家不能由某个特定的集团来统治，而是必须容纳所有的群体。[⑤]

（三）有效的控制

民众对政府决策的控制必须是有效的，不能受到私人利益和意志的干扰。当然，并不是说只有当民众的控制达到了有可能达到的最大限度时，政府才是合法的。但这种控制必须达到一种“直觉上来说令人满意的”程度。[⑥] 为了更具体地说明所需要达到的这种程度，佩蒂特引入了他称为“糟糕运气”测试（tough-luck test）的标准。有时候，政府官员的人选或政府决策会不符合个人的期望。但如果个人认为政府确实处在人民的有效控制之下，那么即使这种不符合个人期望的事情发生了，这个人也会承认这只代表自己的运气不好，而不说明自己受到了异己意志的支配。在这样的情况下，即使个人感到不满意，

---

① P. Pettit, *On the People's Terms: A Republican Theory and Model of Democracy*, p. 172.

② P. Pettit, *On the People's Terms: A Republican Theory and Model of Democracy*, pp. 221–222.

③ P. Pettit, *On the People's Terms: A Republican Theory and Model of Democracy*, pp. 224–225.

④ P. Pettit, *On the People's Terms: A Republican Theory and Model of Democracy*, p. 227.

⑤ P. Pettit, *On the People's Terms: A Republican Theory and Model of Democracy*, p. 228.

⑥ P. Pettit, *On the People's Terms: A Republican Theory and Model of Democracy*, p. 175.

“也没有理由去对国家的行为表示怨恨”①。

四、论辩式民主

对于佩蒂特来说，民主制度最大的优点，无疑是能够消除或抑制支配，从而增进公民的自由。然而，并非所有形式的民主都始终具有这种效果。某种民主或许可以在一些情形里消除支配，但在其他一些环境下，它却可能无法应对支配的威胁，甚至助长支配。主流的“选举式民主”（electoral democracy）就具有这样的特征。它可以使人民表达自己的利益需求，并使政府去遵守那些需求，但无法保证政府只去做那些符合人民利益的行为。② 为了消除这种民主带来的弊端，佩蒂特提出了“论辩式民主”（contestatory democracy）的概念，并力图从无支配自由的角度来论证其优越性。在他看来，虽然选举机制对于民主来说是必需的，但我们不能用选举来定义民主，也不能认为选举就足以确保人民对国家的控制。③

与造反行动不同，论辩（contest）虽然也会对政府的行为提出不同意见，但它并不以推翻政府为目的。④ 按照佩蒂特的定义，论辩式民主与传统民主制的区别在于，它强调对政治权力“进行有效论辩的永久可能性”，而非“对这种权力的实际同意”⑤。“同意”（consent）之所以不能成为一个令人满意的标准，是因为它既不是保障自由的充分条件，也不是保障自由的必要条件。⑥“同意”不足以有效地保障自由，因为经由同意而获得的权力仍然可能是专断的，而专断的权力会带来支配。“不管一种关系最初是否产生于契约，不管它是否源自同意，它使得一个人能够有效地对他人的某些选择进行或多或少是专断的干涉，这一事实就足以表明，一个人在支配或压迫他人”⑦。例如，一个人可能会迫于生计而卖身为奴，但尽管他是通过个人“同意”才成为奴隶的，但他还

---

① P. Pettit, *On the People's Terms: A Republican Theory and Model of Democracy*, pp. 176 - 177.

② 参见［澳］佩迪特：《作为二维共和理想的民主政体》，见巴宁、邱仁宗编：《政治哲学总论》，211页，北京，中国社会科学出版社，2010。

③ P. Pettit, *On the People's Terms: A Republican Theory and Model of Democracy*, pp. 207 - 208.

④ P. Pettit, "Legitimacy and Justice in Republican Perspective," *Current Legal Problems*, 2012 (65), p. 62.

⑤ ［澳］佩迪特：《共和主义：一种关于自由与政府的理论》，84页。

⑥ 不过，佩蒂特有时也承认，对于适宜的民主制度来说，与“同意”因素相关的选举制民主仍然是必要的。［P. Pettit, "Democracy, National and International," *The Monist*, 2006 (89), p. 304.］

⑦ ［澳］佩迪特：《共和主义：一种关于自由与政府的理论》，82页。

是会丧失自己的自由，因为自愿的奴役契约仍然要将他置于别人的支配之下，使他受到别人的专断控制。同样，即使某些雇佣和婚姻关系最初是建立在“同意”基础上的，这些关系仍然可能是支配性的，可能削减其中一方的自由。

不仅如此，正如佩蒂特所指出的，“多数的暴政”可能会披着“同意”的外衣来实施支配。多数人的统治（majority rule）往往会因为其所带有的“同意性特征”而得到赞扬：由多数人选举出的政治权威是合法的，因为其统治被视为得到了选民的同意。然而，这种统治仍然可能损害某些群体的自由。[①]“某些决策或政策可能会吸引多数人的支持，但它们却对各种各样之少数人的生活构成了最为专断的干涉。”[②] 有些人认为，为了防范这种危险，我们需要在多数决的程序之上附加一些限制，如权利法案和司法审查，或者是在重大问题上的超多数（supermajority）得票要求。但佩蒂特不想把希望仅仅寄托在这些制度设计上，而是希望用论辩（contest）的概念来重新定义民主，从而消除传统民主制的弊端。[③]

在佩蒂特的共和主义政治理论中，如果国家在对公民施加干涉时考虑到了后者的观念和利益，这种干涉就不是专断的，从而也就没有侵犯公民的自由。而为了确保这种非专断性，国家的制度和政策就必须向公众的批评开放。也就是说，公民要拥有对政府行为进行有效的论辩的权利。如果一项政策的实施并没有征得公民的同意，但一旦他们对该政策感到不满，就可以对它进行质疑，并迫使政府做出回应或修正，那么，这项政策的实施就没有构成支配。[④] 而且，满足这一条件的政府就可以被视为民主政府。“只要人民单个地和集体地对政府的决定享有永久的论辩之可能，那么这个政府就是民主的，它就是一种为人民所控制的统治形式。”[⑤]

为了形象地说明同意与论辩所发挥的不同作用，佩蒂特借助了新闻出版物中的作者与编辑来进行比喻。一篇文章要发表在报纸上，就必须先有一个作者（author）——一个创作这篇文章使其得以存在的人。不过，在文章正式发表之前，报纸的编辑（editor）也可能会对文章的内容与形式施加影响。因此，在

---

① 参见［澳］佩迪特：《共和主义：一种关于自由与政府的理论》，83 页；P. Pettit，*On the People's Terms*：*A Republican Theory and Model of Democracy*，pp. 211 - 213。

② ［澳］佩迪特：《共和主义：一种关于自由与政府的理论》，242 页。

③ P. Pettit，*On the People's Terms*：*A Republican Theory and Model of Democracy*，pp. 213 - 215.

④ 参见［澳］佩迪特：《共和主义：一种关于自由与政府的理论》，242、244 页。

⑤ ［澳］佩迪特：《共和主义：一种关于自由与政府的理论》，243 页。

读者所见到的文章中，既包含了作者的工作，也包含了编辑的工作。佩蒂特试图用这种比喻来说明政府的运作方式。在传统的代议民主制下，“选举的地位赋予集体的人民以一种间接创制政府的法律与决策的权力”。这些人“可能不会成为政府应当说什么和做什么的创制者（author），但他们却可以决定谁将成为创制者或者至少可以决定谁将成为创制者的监督人”①。

然而，这种治理模式在两个方面不能令佩蒂特满意。首先，人民的权力是被集体地行使的，这就可以导致忽视少数人的声音。其次，由于这种权力是被间接地行使的，所以某些不符合共同利益的因素就可能潜入进来，影响决策。为了解决这些问题，在政治过程中就需要引入一种类似于编辑权力的因素。在佩蒂特所设想的民主制中，“普通民众，不管是个人还是群体，都能对政府既有一种创制权（power of authorship），也有一种修正权（power of editorship）。他们对政府行为所拥有的权力就类似于编辑们对即将在其期刊或报纸上刊登的内容所拥有的权力”②。在这里，编辑权力的概念所对应的，是民主制度中的论辩方面。制定政策的政府官员（以及选举他们的公民）所占有的地位，类似于文章的作者，而对那些政策进行论辩的公民则类似于编辑。正如好的报纸需要优秀作者和优秀编辑的协同工作，良好的民主体制也需要选举因素和论辩因素的适当结合。③ 这种体制应该既赋予人民以创制性（authorial）的角色，也赋予他们以修正性（editorial）的角色。也就是说，人民应该具有制定政策和检验政策两方面的功能。④

不过，佩蒂特也并不认为公民的申诉必须总是得到满足。在两种情况下，对于公民的抗议和要求，政府可以合理地拒绝。首先，公民的要求可能代表了“论辩者个人或群体的自我利益”，因此“共同利益要求挫败这种特殊的利益”。不过，为了避免支配，有必要向受损的一方表明，“决定是按照他们的想法，经过恰当的程序做出的，并且他们最终是受一种他们与他人共享的利益引导的”⑤。其次，当公民的要求代表了“少数人关于什么是符合公共利益的判断”时，相关要求可以不被满足。⑥ 在政府拒绝公民的要求时，那些要求或许并不具有重大的个人或文化意义。不过，如果那些要求确实具有重要的意义，为了

---

① ［澳］佩迪特：《共和主义：一种关于自由与政府的理论》，383 页。
② ［澳］佩迪特：《共和主义：一种关于自由与政府的理论》，383 页。
③ P. Pettit, “Democracy, National and International,” p. 304.
④ P. Pettit, *On the People's Terms: A Republican Theory and Model of Democracy*, p. 218.
⑤ ［澳］佩迪特：《共和主义：一种关于自由与政府的理论》，258 页。
⑥ 参见［澳］佩迪特：《共和主义：一种关于自由与政府的理论》，259 页。

避免支配，感到不满的群体也许就有必要分离出去，建立独立的政治共同体。[①]

在《共和主义》中，佩蒂特将论辩式民主视为对传统选举式民主的唯一补充形式。但在2012年出版的《根据人民的意愿》里，他进一步提出，即使在同时缺少选举和论辩因素的情况下，人民仍然能够对国家进行有效的控制，民主也仍然能够实现。人民不仅可以在短期内通过选举和论辩的方式来影响政府，而且可以通过迫使政府遵守“被广泛接受的政策制定规范”来对其施加长期的影响。[②] 对于那些规范的形成，公民甚至可能是无意识的。他们对具体事件的反应迫使政府对政策做出调整，而这些调整最终可能导向一种没有人刻意设计的行为规范。[③] 尽管这些规范不是由民众直接地、有意识地要求政府遵循的，但它们源于政府根据民意所做出的行为。因此，如果政府始终都遵循这些规范的话，那么即使没有选举和论辩的因素，我们仍然可以说民众对政府实行了控制。

五、民主与去政治化

在历史上，对于具有民粹色彩的直接民主，许多共和主义者是心存疑虑的。佩蒂特不仅注意到了这一点[④]，而且将这一精神带入了他自己的理论。这主要体现在他对“去政治化”（depoliticization）问题的论述上。在他看来，在三种情况下，民众的情绪可能会被不恰当地利用，导致产生不符合公共利益的结果。首先，大众的激情可能会被刻意夸大的偶然事件挑起来；其次，大众的道德信念可能会使他们坚持极端的立场；最后，为了维护自己所在集团或群体的利益，人们可能会去支持违反公共利益的举措。[⑤] 因此，有些议题应该“远离群众讨论的喧嚣”。对它们的解决方案不能“受制于公共争论的情绪和压力”，而是要由“独立的、具有专业知识的实体做出”[⑥]。那些独立的机构并不由公民的选举产生。虽然这些机构的人员是由被选举产生的官员任命的，但却不必对那些官员负责，也不能被那些官员任意罢免。[⑦] 对于这些机构所关注的

---

① 参见［澳］佩迪特：《共和主义：一种关于自由与政府的理论》，259～260页。

② P. Pettit, *On the People's Terms*: *A Republican Theory and Model of Democracy*, p. 4.

③ P. Pettit, *On the People's Terms*: *A Republican Theory and Model of Democracy*, p. 273.

④ 参见［澳］佩迪特：《共和主义：一种关于自由与政府的理论》，37页。

⑤ P. Pettit, "Depoliticizing Democracy," *Ratio Juris*, 2006 (17), pp. 54–57.

⑥ ［澳］佩迪特：《共和主义：一种关于自由与政府的理论》，256、258页。这些实体的例子见［澳］佩迪特：《共和主义：一种关于自由与政府的理论》，256页；P. Pettit, *On the People's Terms*: *A Republican Theory and Model of Democracy*, p. 235。

⑦ P. Pettit, *On the People's Terms*: *A Republican Theory and Model of Democracy*, p. 236.

议题，共和主义的民主观“要求民众以及民众的立法代表普遍地三缄其口，袖手旁观”①。

这类议题的一个例子，是由中央银行负责的经济政策。② 为了防止政治家出于短期的选举利益干扰经济运行，关于利率和外汇比率的政策被放在了独立的中央银行手中。③ 另一个例子涉及法院对罪犯的量刑问题。根据犯罪学家的研究，苛严的判决对于减少犯罪率并无帮助。然而，民众对于宽大的判决可能会有强烈的抵触情绪，从而影响选举产生的政治家对这一问题的态度。因此，为了使刑事司法体系最好地服务于民众，就恰恰有必要使其远离他们的影响，由专业人士做出最好的选择。④

佩蒂特曾经担心，对于游说集团的干扰作用，民主制度缺乏有效的手段加以制止。⑤ 但是，在更为晚近的著作中，他也主张，“去政治化”的制度设计除了抵御民众情绪的压力之外，还可以用来防范游说集团的有害影响。游说集团寻求的是私人或宗派利益，而非公共利益。为了达到自己的目的，这些集团可能会对政治家和民众进行威胁、欺骗或收买。⑥ 在预防这种危险时，独立的、非经选举产生的机构就能够起到作用。例如，在面对私人媒体的偏狭宣传时，最好的解决办法就是由政府建立一个媒体，由公共资金予以资助，但同时又要避免政府对该媒体的直接影响，以保持其政治上的独立性。⑦

然而，那些独立的、“去政治化”的机构不是由公民选举产生的，它们是否会脱离人民的控制，从而损害民主呢？佩蒂特认为，如果那些机构“是在适当的条件下设立的，并且被迫在适当的限制下进行运作”，则它们也可以宣称自己是服务于人民的。⑧ 这要求被设立的机构和被任命的人员具备良好的经验、相应的资质和公正性，并且愿意为了满足其职业自尊而表明自己确实具备那些条件。它们应当达到公众所期望的目标，能够接受民众的质疑和评论，并在不

---

① ［澳］佩迪特：《共和主义：一种关于自由与政府的理论》，258页。

② 参见［澳］佩迪特：《共和主义：一种关于自由与政府的理论》，256页。

③ P. Pettit, “Depoliticizing Democracy,” p. 53.

④ 参见［澳］佩迪特：《共和主义：一种关于自由与政府的理论》，256～258页。

⑤ P. Pettit, “Democracy, National and International,” p. 311

⑥ P. Pettit, *On the People's Terms: A Republican Theory and Model of Democracy*, pp. 233 - 234.

⑦ P. Pettit, *On the People's Terms: A Republican Theory and Model of Democracy*, p. 234.

⑧ P. Pettit, *On the People's Terms: A Republican Theory and Model of Democracy*, p. 236.

能达到目标时付出惨重的代价。[①] 这样的机构便没有脱离人民的控制，没有对公民形成支配。

第四节　对佩蒂特的一些批评

有人曾做过这样一个类比，即佩蒂特的《共和主义》之于新共和主义就好比罗尔斯的《正义论》之于当代自由主义。就《共和主义》引发了人们对共和主义的极大关注而言，这一类比显然是恰当的；但是，佩蒂特的工作是否如罗尔斯推进自由主义那样发展了新共和主义，或者说佩蒂特是否成功地捍卫了一种融贯的共和主义政治理论，恐怕还很难说。就学术界目前的反应来看，他的新共和主义政治哲学仍然存在一些问题和困境。

有些学者认为，无支配自由观拓展了人们认识自由的空间，打破了消极自由和积极自由的简单二分法。并且，与无干涉自由相比，它确实具有若干优点。比如，它把自由延伸到了先前被认为是私人的或非政治的领域，它使得自由成为一种共同善，而不仅仅是一种个人善，等等。[②] 而且，即使是那些不完全赞同佩蒂特的人，也很少会对作为一种政治理想的“无支配”本身的可欲性提出异议。但他们可能会质疑道：无支配是否是一种独立于“无干涉”的“另外一种”价值，亦即从分析角度看，无干涉消极自由能否吸收这种理想？例如，沃尔德隆就认为，无支配自由只不过是一种建立在无干涉自由基础之上的概念，谈不上有什么根本性的独特之处。[③]

---

① P. Pettit, *On the People's Terms: A Republican Theory and Model of Democracy*, pp. 236-237.

② I. Honohan, *Civic Republicanism*, New York, Routledge, 2002, pp. 184-185. “第三种自由”的支持者不在少数，如古典学家塞勒斯（M. Sellers, *Sacred Fire of Liberty: Republicanism, Liberalism and the Law*, New York, New York University Press, 1998）、思想史家维罗里（M. Viroli, *Republicanism*, New York, Hill and Wang, 2002）和政治学家梅诺（J. Maynor, *Republicanism in the Modern World*, Cambridge, Polity, 2003）等。但颇为有趣的是，佩蒂特的不少（前）同事和合作者都对其所致力于复兴的共和主义不以为然，比如古丁教授［R. Goodin, “Folie Republicaine,” *Annual Review of Political Science*, 2003 (6)］和布伦男教授［G. Brennan & L. Lomasky, “Against Reviving Republicanism,” *Politics, Philosophy and Economics*, 2006 (5)］。

③ J. Waldron, “Pettit's Molecule,” in G. Brennan, et al. (ed.), *Common Minds: Themes from the Philosophy of Philip Pettit*, Oxford, Oxford University, 2007; R. Goodin, “Folie Republicaine,” pp. 60-61.

从概念分析的角度对佩蒂特进行的批评中，引起最多注意的是卡特（Ian Carter）和克莱默（Matthew Kramer）的“物理主义”（physicalist）自由观。[①] 他们采用了一种“纯粹的消极自由观”，认为对自由的唯一限制就在于身体上的障碍。也就是说，除非“我”的身体行动受到了直接的阻碍（例如手脚被缚，或者遭到了高墙的阻隔），以至于完全无法去做某件事情，否则就不能说“我”丧失了做这件事的自由。因此，即使在劫匪持枪索要“我”的钱包时，“我”仍然有拒绝交出钱包的自由。不过，他的行为会导致“我”丧失“同时保有钱包和生命的自由”，从而减少了“我”的“总体自由”。这也解释了为什么我们会感到劫匪的行为侵犯了“我”的自由。

根据物理主义自由观，佩蒂特对无干涉自由观的批判其实并不能成立。例如，佩蒂特宣称，按照无干涉自由的标准，如果一个支配者没有去干涉被支配者，被支配者就拥有了充分的自由。物理主义者会承认，这个被支配者在特定的、未受干涉的个别事项上是自由的。但他们认为，对一个人“总体自由”的判定，不仅要看他实际所遭受的限制，还要看他遭受限制的概率。因此，如果被支配者有一定的概率遭受干涉，那么，不管他实际上是否真的遭受了干涉，他的自由都受到了侵害。从这个角度来看，共和主义自由理论的批判力就大大削弱了。

另一方面，主张积极自由的强势共和主义者指出，“除非公民有理由相信共享自治在本质上就是重要的，否则其牺牲个人利益以维护共同善的意愿就可能受到政治参与的成本和收益之工具性算计的侵蚀”，并对他把积极自由视为一种民粹主义而加以抛弃大为不满。[②] 事实上，佩蒂特后来提出新雅典共和主义与新罗马共和主义的划分[③]无异于承认，共和主义传统起码也包含积极自由的要素，这一要素显然不是贴上“民粹主义”的标签[④]就可以存而不论的；相反，积极自由和集体导向的自由还可能是共和主义传统在自由问题上的主流观点。

此外，从思想史的角度来看，佩蒂特对于“自由主义”和“共和主义”两

---

① I. Cater, *A Measure of Freedom*, Oxford, Oxford University Press, 1999; M. Kramer, *The Quality of Freedom*, Oxford, Oxford University Press, 2003. 更为简短的版本见 I. Carter, “How are Power and Unfreedom Related?”; M. Kramer, “Liberty and Domination,” in C. Laborde & J. Maynor (ed.), *Republicanism and Political Theory*, Oxford, Blackwell, 2008。

② M. Sandel, “Reply to Critics,” in *Debating Democracy's Discontent*, p. 325.

③ 参见［澳］佩迪特：《共和主义：一种关于自由与政府的理论》，369～372 页。

④ 参见［澳］佩迪特：《共和主义：一种关于自由与政府的理论》，11～12 页。

个阵营的划分也显得太过武断。对于许多思想家来说，我们很难简单地断言他们是自由主义者还是共和主义者。即使佩蒂特自己也承认，他所认定的一些“自由主义者”其实都具有一些共和主义的思想，例如亚当·斯密、贡斯当、J. S. 密尔、阿克顿甚至边沁。[①] 反过来说，在被他列为共和主义者的那些人中，有不少同样被其他人视为自由主义传统的重要人物[②]，例如弥尔顿、哈林顿、孟德斯鸠、潘恩、麦迪逊和托克维尔等。更有甚者，在发现洛克的思想中包含了无支配自由的因素后，佩蒂特的反应是将他从自由主义的阵营里拉到共和主义的阵营里。[③] 但正如拉莫尔所批评的：“那是一种绝望的补救法。一种把霍布斯包含在内而把洛克排除在外的自由主义定义肯定有某种差错。”[④]

在涉及当代的思想家时，类似的情况同样存在。罗尔斯和哈耶克是公认的自由主义代表人物。但是，佩蒂特对无干涉自由的抨击肯定是不适用于罗尔斯的。[⑤] 而哈耶克对法律与自由之间关系的强调[⑥]，也明显与佩蒂特所描绘的自由主义的形象有很大出入。[⑦] 事实上，很难想象有哪个自由主义者真的完全符合佩蒂特的描述，因为没有自由主义者仅仅关注行动上暂时的不受阻碍，而不去同时关注对这种行动自由的制度性保障。

最后，即使我们抛开概念分析和历史追溯，转向制度设计，佩蒂特共和主义理论的独特性也颇为可疑。不管是非支配干涉还是无干涉支配，事实上都暗示了无支配自由在社会政策层面可能包含的激进性。前者为再分配政策和福利国家提供了合法性依据，后者则表明，私有制、市场经济以及狭隘文化条件下，弱势群体可以以自由的名义提出反抗。正是在这个意义上，佩蒂特相信，无支配自由理想可以与社会主义、多元文化主义甚至环境主义结合在一起。[⑧] 然而，在社会政策层面，新共和主义与左翼自由主义差别有多大？

依据 T. H. 马歇尔关于公民身份中权利维度的著名划分，共和主义积极自

---

① P. Pettit, “Liberalism and Republicanism,” *Australian Journal of Political Science*, 1993 (28), pp. 163, 167, 172, 176.

② S. Ratnapala, “Republicanism's Debt to Liberalism: Comments on Pettit,” *Australian Journal of Legal Philosophy*, 2000 (25), p. 263.

③ 参见［澳］佩迪特：《共和主义：一种关于自由与政府的理论》，52～53 页。

④ ［美］拉莫尔：《自由主义的和共和主义的自由观》，见应奇、刘训练编：《共和的黄昏：自由主义、社群主义和共和主义》，399 页，长春，吉林出版集团有限责任公司，2007。

⑤ 参见曹钦：《当代共和主义者对罗尔斯自由观的误读》，载《学术月刊》，2011 (11)。

⑥ 参见［英］哈耶克：《自由宪章》，第 9、10 章，北京，中国社会科学出版社，1999。

⑦ 佩蒂特自己也意识到了这一点，见［澳］佩迪特：《共和主义：一种关于自由与政府的理论》，67 页，注释 1。

⑧ 参见［澳］佩迪特：《共和主义：一种关于自由与政府的理论》，177～192 页。

由论与自由主义消极自由论之间的争论围绕的主要是（狭义的）公民权利与政治（参与）权利。以此观之，佩蒂特的无支配自由则多少引入了“社会权利”的要素，从而扩展了新共和主义的议题。但问题是，它与左翼的福利自由主义或者说自由平等主义的区别又在哪里呢？例如，有些自由主义者就对他把自由主义的自由观界定为纯粹的消极自由或者无干涉自由提出质疑，并认为他提出的制度和政策与波普的“自由改良主义”或罗尔斯式的自由主义没有本质上的区分。[①]

或许，佩蒂特对民主的论述可以被视为其思想中的较为独特之处。毕竟，在人们的普遍印象中，与主流的自由主义思想相比，共和主义要更为强调公民的积极政治参与。但在这方面，佩蒂特也面临着来自两个方向的批判。一方面，带有自由至上主义倾向的批评者对“公民美德”或“政治参与”等提法感到不以为然。[②] 另一方面，更激进的研究者们则认为佩蒂特的理论还不够民主。[③] 贝拉米虽然赞成无支配自由概念，但对佩蒂特的“法律宪政主义”（legal constitutionalism）倾向表示了不满，并主张一种民主色彩更为浓厚的“政治宪政主义”（political constitutionalism）。[④] 此外，还有人怀疑，佩蒂特所主张的“去政治化”可能会削弱公民对国家专断权力进行约束的能力。[⑤] 毕竟，就连他自己也承认：“相比于无干涉自由观，无支配自由观更易于被用来证明……那些被设计好去保护人们免于特定危险的家长主义干预是正当的。”[⑥] 而对于一种宣称公民自由至高无上的政治哲学来说，“家长主义”（哪怕是效果良好的家长主义）的倾向不可避免地会为其蒙上一层阴影。

对于当前学术界涉及佩蒂特思想的争论，以上的总结远未能反映其全貌。总而言之，虽然他的共和主义理论得到了很多人的赞同，但也引发了很多批评。这些批评既涉及历史叙事的可靠性，也涉及概念分析的准确性。当然，对于一种受到如此之多关注的理论来说，存在各种各样的批评是正常的。这些不

① A. Boyer, “On the Modern Relevance of Old Republicanism,” *Monist*, 2001 (84);［美］拉莫尔：《自由主义的和共和主义的自由观》，见应奇、刘训练编：《共和的黄昏：自由主义、社群主义和共和主义》。

② Brennan & Lomasky, “Against Reviving Republicanism”.

③ N. Urbinati, “Unpolitical Democracy,” *Political Theory*, 2010 (38).

④ R. Bellamy, *Political Constitutionalism: A Republican Defence of the Constitutionality of Democracy*, Cambridge, Cambridge University Press, 2007.

⑤ P. Markell, “The Insufficiency of Non-Domination,” *Political Theory*, 2008 (36), p. 29.

⑥ P. Pettit, “Joining the Dots,” in G. Brennan, et al. (ed.), *Common Minds: Themes from the Philosophy of Philip Pettit*, Oxford, Oxford University, 2007, p. 313, n. 49.

同意见并不妨碍我们承认佩蒂特的学术贡献。如果没有他的开创性著作，20 世纪的“共和主义复兴”很可能会继续在思想史研究的小圈子里打转，而无法形成与主流政治哲学界的大规模对话。从这个意义上说，佩蒂特对共和主义的研究虽然晚于其他一些学者（如波考克、斯金纳等），却比他们起到了更大的推进作用。如果我们要为当代的新共和主义选出一位领军人物的话，则佩蒂特当之无愧。

曹　钦　刘训练

参考文献

巴宁，邱仁宗．政治哲学总论．北京：中国社会科学出版社，2010.

曹钦．当代共和主义者对罗尔斯自由观的误读．学术月刊，2011（11）.

［英］哈耶克．自由宪章．北京：中国社会科学出版社，1999.

刘训练．共和主义：从古典到当代．北京：人民出版社，2013.

［澳］佩迪特．人同此心：论心理、社会与政治．长春：吉林出版集团有限责任公司，2010.

［澳］佩迪特．共和主义：一种关于自由与政府的理论．南京：江苏人民出版社，2006.

［澳］佩迪特．语词的创造：霍布斯论语言、心智与政治．北京：北京大学出版社，2009.

［美］桑德尔．民主的不满．南京：江苏人民出版社，2012.

［美］史蒂文·夏平，西蒙·谢弗．利维坦与空气泵：霍布斯、玻意耳与实验生活．上海：上海人民出版社，2008.

［美］涛慕思·博格．罗尔斯：生平与正义理论．北京：中国人民大学出版社，2010.

许纪霖．公共性与公民观．南京：江苏人民出版社，2006.

应奇，刘训练，编．公民共和主义．北京：东方出版社，2006.

应奇，刘训练，编．共和的黄昏：自由主义、社群主义和共和主义．长春：吉林出版集团有限责任公司，2007.

R. Bellamy. Political Constitutionalism：A Republican Defence of the Constitutionality of Democracy. Cambridge：Cambridge University Press，2007.

A. Boyer. On the Modern Relevance of Old Republicanism. Monist，2001（84）.

G. Brennan & Lomasky，L. Against Reviving Republicanism. Politics，Philosophy and Economics，2006（5）.

I. Cater. A Measure of Freedom. Oxford：Oxford University Press，1999.

I. Carter. How are Power and Unfreedom Related? // C. Laborde & J. Maynor. Republicanism and Political Theory. Oxford：Blackwell，2008.

G. F. Gaus. Review of The Common Mind. Ethics，1997（107）.

R. Goodin. Folie Republicaine. Annual Review of Political Science，2003（6）.

I. Honohan. Civic Republicanism. New York：Routledge，2002.

F. Jackson & P. Pettit. Structural Explanation in Social Theory // D. Charles & K. Lennon. Reduction，Explanation，and Realism. Oxford：Clarendon，1992.

M. Kramer. The Quality of Freedom. Oxford：Oxford University Press，2003.

M. Kramer. Liberty and Domination // C. Labord & J. Maynor. Republicanism and Political Theory. Oxford：Blackwell，2008.

P. Markell. The Insufficiency of Non-Domination. Political Theory，2008（36）.

J. Maynor. Republicanism in the Modern World. Cambridge：Polity，2003.

S. Mulhall & A. Swift. Rawls and Communitarianism // S. Freeman. The Cambridge Companion to Rawls. Cambridge：Cambridge University Press，2003.

P. Pettit. A Theory of Freedom：From the Psychology to the Politics of Agency. Cambridge：Polity，2001.

P. Pettit. The Common Mind：An Essay on Psychology，Society and Politics. Oxford：Oxford University Press，1993.

P. Pettit. Social Holism and Moral Theory：A Defence of Bradley's Thesis. Proceedings of the Aristotelian Society，1985－1986（86）.

P. Pettit. Defining and Defending Social Holism. Philosophical Explorations，1988（1）.

P. Pettit. The Reality of Groups Agents // C. Mantzavinos. Philosophy of the Social Sciences：Philosophical Theory and Scientific Practice. Cambridge：Cambridge University Press，1994.

P. Pettit. Rawls' Political Ontology. Politics，Philosophy and Economics，2005（4）.

P. Pettit. Keeping Republican Freedom Simple：On a Difference with Quentin Skinner. Political Theory，2002（30）.

P. Pettit. Discourse Theory and Republican Freedom. Critical Review of International Social and Political Philosophy，2003（6）.

P. Pettit. Reworking Sandel's Republicanism // A. Allen & M. Regan. Debating Democracy's Discontent：Essays on American Politics，Law，and Public Philosophy. Oxford：Oxford University Press，1998.

P. Pettit. Agency-Freedom and Option-Freedom. Journal of Theoretical Politics，2003（15）.

P. Pettit. Democracy，Electoral and Contestatory //S. Macedo & I. Shapiro. Nomos XLII：Designing Democratic Institutions. New York：New York University Press，2000.

P. Pettit. On the People's Terms：A Republican Theory and Model of Democracy.

Cambridge：Cambridge University Press，2012.

P. Pettit. Republican Freedom and Contestatory Democratization // I. Shapiro & C. Hacker-Cordon. Democracy's Value. Cambridge：Cambridge University Press，1999.

P. Pettit. The Power of a Democratic Republic // R. Gotoh & P. Dumouchel. Against Injustice：The New Economics of Amartya Sen. Cambridge：Cambridge University Press，2009.

P. Pettit. Legitimacy and Justice in Republican Perspective. Current Legal Problems，2012（65）.

P. Pettit. Democracy，National and International. The Monist，2006（89）.

P. Pettit. Depoliticizing Democracy. Ratio Juris，2004（17）.

P. Pettit. Liberalism and Republicanism. Australian Journal of Political Science，1993（28）.

P. Pettit. Joining the Dots // G. Brennan，et al. Common Minds：Themes from the Philosophy of Philip Pettit. Oxford：Oxford University，2007.

M. Sellers. Sacred Fire of Liberty：Republicanism，Liberalism and the Law. New York：New York University Press，1998.

Q. Skinner. Liberty Before Liberalism. Cambridge：Cambridge University Press，1998.

N. Urbinati. Unpolitical Democracy. Political Theory，2010（38）.

M. Viroli. Republicanism. New York：Hill and Wang，2002.

J. Waldron. Pettit's Molecule // G. Brennan，et al. Common Minds：Themes from the Philosophy of Philip Pettit. Oxford：Oxford University，2007.

第十一章 瞻前顾后的社群主义

作为当代政治哲学众声喧哗中的一种颇具感染力的声音，社群主义兴起于20世纪80年代初期，然后一路“攀高”，其影响至90年代前后不仅遍及北美和英国学界，例如在当时的牛津、剑桥，就出现了数量不菲的这个议题辐射下的博士学位论文[①]，而且扩展到德法学圈，后阿隆时代的法国政治哲学之发展和哈贝马斯所主导的新法兰克福学派之转型，都与自由主义-社群主义之争具有真实、具体而重要的联系。在中文世界，大约“滞后”十年，2000年前后也曾经出现过一场为时甚短的“社群主义热”，例如三联书店著名的“公共论丛”就曾经有一专辑题为“自由与社群”[②]，本章作者之一也曾撰有《社群主义》一书以“推波助澜”[③]。各种翻译作品更是层出不穷。时至今日，作为一种学院“时髦”的社群主义似乎已经风流云散，社群主义的代表作品甚至其衍生的读物也都已经大量甚至近于完备地呈现于中文世界。为曾经风起云涌的社群主义思潮做一反思性总结，此其时也。

本章分为如下三节：第一节主要处理社群主义的学理资源，旨在澄清政治哲学范式转换中的一种颇有示范性的现象，正是基于这种考虑，同时也是为了

---

① 例如Jack Crittenden，*Beyond Individualism*：*Reconstituting the Liberal Self*，Oxford，Oxford University Press，1992；Colin Bird，*The Myth of Liberal Individualism*，Cambridge，Cambridge University Press，1999；Charles Taylor曾在1989年发表的“Cross-Purposes：Liberal-Communitarian Debate” ［in Nancy L. Rosenblum（ed.），*Liberalism and Moral Life*，Cambridge，Harvard University Press，1989］pp. 159－182中提到他受益于Mini Bick 1987年在牛津发表的博士论文“The Liberal-Communitarian Debate：A Defense of Holistic Individualism”。另外值得指出的是，黄勇教授2001年出版的他在哈佛大学完成的博士论文“Religious Goodness and Political Rightness”（Harrisburg，Trinity Press International，2001）也有一个引人瞩目的副标题“Beyond the Liberal-Communitarian Debate”。

② 参见刘军宁等编：《自由与社群》，北京，三联书店，1998。

③ 参见应奇：《社群主义》，台北，扬智文化，1999。

展示社群主义政治哲学之“生长性”，本节还将讨论围绕社群主义政治哲学论式之歧义性展开的解释上和规范上的论争；第二节采取一个内在于自由主义政治哲学的视角，在陈述社群主义之自由主义批判的同时，着重阐释罗尔斯的政治自由主义转向之作为对社群主义批评之回应的意涵，同时与几乎同一语境中的拉兹的完美主义的自由主义进行对照，进而阐明自由主义政治哲学之根本宗旨和归趣；第三节则试图说明自由主义-社群主义之争与新法兰克福学派转型的内在关联，一方面较直接地说明新法兰克福学派怎样通过主动介入这场论争将自己呈现为一种无论外在形式还是内在旨趣都更为“主流”而且“完备”的政治哲学，另一方面也尝试通过解释思想史中这种有趣的现象，间接地反驳社群主义偃旗息鼓论。

第一节　瞻前顾后的社群主义

尽管 communitarianism 是一个“当代的新词”[①]，尽管社群主义是在与以罗尔斯为代表的道义论自由主义的论战中发展起来的，但在西方政治思想史中，从亚里士多德、卢梭到黑格尔，关于社群与社群关系的思考从未停止过，并且其重要性一直得到历代政治理论家的重视。

近代以来，社群的思想与自由主义的思想呈现此消彼长之势，强调社群的观点常常与功利主义和保守主义相联系，强调个人的观点则往往与个人主义和自由主义相联系。值得注意的是，从 19 世纪以来，对自由主义的批判呈愈演愈烈之势，承卢梭之余绪的黑格尔和马克思是典型的代表人物。他们试图用有机的、精神的和统一的社会秩序的观念去取代自由主义的以增进利益的契约为基础的社会概念。从这个意义上说，当代出现的社群主义对自由主义的批判并非新生事物。事实上，当代社群主义者确实经常借鉴黑格尔对康德的批判，同情马克思对自由主义的批判，甚至出现了从亚里士多德那里借用理论资源的倾向。[②]

---

① M. Daly, *Communitarianism: A New Public Debate*, California, Wadsworth, 1994, p. xiii.

② Amy Gutman, “Communitarian Critics of Liberalism,” *Philosophy and Public Affairs*, 1985 (14), pp. 308 – 322.

一、“在亚里士多德和黑格尔的阴影里”[①]

一般来说，政治哲学是当人们开始认识到其政府形式和社会制度不仅受永恒不变的传统支配，而且可以予以修正之时出现的一种智力活动。但是，严格意义上的理性主义的政治哲学却只是奠基于西方文化的发展之中，并且和西方文明一样古老。具体来说，政治研究是和社会研究在雅典同时产生的，在柏拉图的对话中臭名昭彰，一直到 19 世纪中叶的希腊史研究［如格罗特（G. Grote）的著作］中才得到公正的评价的智者是社会研究的开创者。“自然”和“习俗”的争论是当时的社会研究主题。智者的活动一方面推进了修辞学和论辩术，活跃了城邦的公共领域和政治文化，另一方面则助长了相对主义和个体主义倾向的抬头。普罗泰戈拉的名言“人是万物的尺度，是存在者存在的尺度，亦是不存在者不存在的尺度”既是新的时代精神的号角，亦是城邦危机的先声。柏拉图和亚里士多德正是在这样的情形下登上哲学舞台的，智者则是柏拉图在哲学上最主要的敌人之一。

正如萨拜因所言，政治哲学著作的大量问世，是社会本身正在经历艰难困苦时期的确切征兆。在经典政治哲学创造的第一个高峰时期即公元前 375—前 325 年，希腊城邦从当时世界文化上的领导地位跌落下来，这一古代世界主要的精神大动荡在柏拉图的《理想国》《法律篇》和亚里士多德的《政治学》《尼各马可伦理学》这些政治哲学史上最伟大的著作里留下了深刻的烙印。

如前所述，克服智者所引发的相对主义乃是柏拉图哲学事业的动力之一。苏格拉底-柏拉图对话录的重要论题“德性即知识”，则是反对智者的相对主义和个体主义的主要武器。苏格拉底既然将哲学的核心由“自然”转向“自我”，哲学的内容自然也随之由思辨性的反思转向实践性的批判。苏格拉底的历史功绩之一就是使伦理学科学化，使道德、伦理变为核心部分，而这个核心又集中在“德性即知识”的命题中。

很明显，“德性即知识”是苏格拉底所倡导的“知行合一论”的理论基石。也正是这种“知行合一论”遭到了亚里士多德的批判，因为亚里士多德正是把

① “In the Shadow of Aristotle and Hegel” 原是塞拉·本哈比（Seyla Benhabib）一篇文章的标题，最初发表于 *Hermeneutics and Critical Theory and Ethics and Politics*［Michael Kelly（ed.），Cambridge，MIT Press，1989］。后用作她和弗雷德·达梅尔（Fred Dallmayr）合编的 *The Communicative Ethics Controversy*（Cambridge，MIT Press，1990）一书的后记，但这一标题用来形容社群主义同样合适，故此借用。另外需要说明的是，本小节的内容系从拙著《社群主义》第一章中撷取出来。

伦理学作为行为规范并使之经验科学化的第一个哲学家。在亚里士多德看来，“德性即知识”论的错误在于它将“知”和“行”等同，否认“知”和“行”之间的区别和矛盾。亚里士多德指出，知行合一只适用于理论知识而不适用于实践知识。

尽管亚里士多德认为伦理学是研究德性的科学，但正如麦金太尔指出的，亚里士多德并不认为自己是在创立一种德性理论，而只是明确地表述一种被认为隐含在一个受过良好教育的雅典人的思想、言语和行动中的论点。他所寻求的是最好的城邦中最好的公民的理性声音。亚里士多德认为城邦是人类生活的德性能得到真正而充分的展现之唯一的政治形式。

亚里士多德的伦理学是以人的活动的目的性为出发点的。每一种活动、每一种探索和每一次实践都旨在某种善，而“善”或“某种善”就是人性的目的。以其形而上学的生物学为预设前提，亚里士多德认为，像其他物种一样，人类的成员有一种特殊本质，这种本质决定了他们都有一定的目的和目标，并使他们在本性上朝着一个特殊目的迈进。根据目的的特殊性来界定的善，既有地方性和特殊性，又有世界性和普遍性。

亚里士多德之所以能够坚持事实和价值的统一性，与他对德性的统一性之预设有关，而这种信念是他从他的老师柏拉图那里继承下来的。柏拉图否定个体的善与城邦的善发生冲突的可能性，亚里士多德和柏拉图一样把冲突当作恶，只不过亚里士多德把它当作一种可以消除的恶。人类之善存在于一个有共同目标的社群，它预设了这种社群中关于善和德性的广泛一致，这种一致使得公民和城邦结为一体成为可能。

在亚里士多德看来，在最广泛、普遍的意义上，正义作为最高的德性，用来指法律所要求的一切，也就是说，它是指每一个公民在他与所有其他公民的关系中要实践所有的德性。狭义的正义则有两种形式，即分配的正义和校正的正义。校正的正义具有尽可能恢复为某种或某些不正义的行动所毁坏的那部分正义秩序的作用，而分配的正义则在于遵守那种规定受校正正义保护之秩序的分配原则。

亚里士多德主张，分配正义必须符合某种形式的应得，而应得的概念是与城邦的分层结构秩序联系在一起的。因此，应得的概念只有在下面两个条件得到满足的情境中才能得到应用。首先，必定有某种共同的事业是一些人想成就的目标，这些人被认为应该比那些没有这种目标的人多做贡献。其次，对于怎样评价这些贡献，怎样给予相应的奖赏，人们必定有一种共享的观点。而这两个条件只有在亚里士多德理想的城邦生活中才能得到满足，因为在城邦生活中，在公民德性和个人德性的追求之间没有任何不相容性。

总的来说，在亚里士多德的伦理学和政治学中，城邦被理解为一种社会秩序的形式，它的共享的生活样式已经做出了对“什么是人类最好的生活样式”这一问题的集体性回答。当且仅当从一个既定城邦内部出发，我们才能有意义地按照我们所拥有的各种辩证推理的评价和资源，建构一种对（迄今为止所提示的）至善的更好的解释。

经典的政治哲学肇端于柏拉图和亚里士多德，终结于黑格尔和马克思，这是政治理论史研究传统中已经达成的共识。有意思的是，右翼的自由主义和左翼的马克思主义都对黑格尔的社会政治理论不抱好感，甚至恶语相向。事实上，黑格尔政治哲学的视野超出了传统自由主义的藩篱，而马克思主义和黑格尔主义的连续性尽管经过了所谓西方马克思主义鼻祖卢卡奇（如他的著作《青年黑格尔》）的张扬，似乎仍然没有引起人们足够的重视。在这样的背景下，社群主义对黑格尔的援引不能不说是十分引人注目的。

黑格尔的政治哲学中特别引起社群主义共鸣的地方在于前者对卢梭和康德所代表的所谓抽象自由观的批判。这是因为道义论自由主义的主要理论支柱之一就是康德哲学，而社群主义崛起的直接背景则是对这种自由主义的批判。

《法哲学原理》对卢梭的批判是广为人知的，从卢梭理论的效果历史的角度看，黑格尔把对卢梭的批判和对法国大革命由片面追求抽象的自由、平等演化成的专制和恐怖恶果的揭示结合起来，似乎是有坚实的历史依据的。从这种批判的理论依据来看，则应注意黑格尔对经典政治哲学的第二个高峰（前一个为古希腊城邦政治学）即近代民族国家时期的社会契约论传统的根本拒斥。在黑格尔看来，社会契约论带有“抽象推论”的特点。因此，尽管卢梭明确认为公意并不是每个意志中抽象的共性，黑格尔也肯定卢梭提出以意志作为国家的原则是一个进步，但他还是认为，卢梭“所理解的普遍意志也不是意志中绝对合乎理性的东西，而只是共同的东西”①。以此为基础，黑格尔对法国大革命进行了严厉的批判。他把法国大革命概括为“最残酷的事变”，认为支配它的原则是抽象自由，“当时一切才能方面和权威方面的区别，看来被废除了。这一时期是以战颤（激怒）、震惊（奋起）、势不两立来对抗每个特殊物。因为狂热所希求的是抽象的东西，而不是任何有组织的东西，所以一看到差别出现，就

---

① ［德］黑格尔：《法哲学原理》，225页，北京，商务印书馆，1961。

感到这些差别违反了自己的无规定性而加以毁灭”[1]。

在《法哲学原理》第二十九节的注释中，黑格尔把康德的法权学说概括为“限制我的自由或任性，使它能够依据一种普遍规律而与任何一个人的任性并行不悖”。他评论道，“这个定义一方面只包含否定的规定，即限制；而另一方面它所包含的肯定的东西则归结为人所共知的同一性和矛盾律”，并把它称为“自卢梭以来特别流行的见解”[2]。这就是说，黑格尔认为，康德的自由观和法权论仍带有形式主义的特点：“这一原则一旦得到承认，理论的东西自然就只能作为对这种东西所加的限制而出现，同时也不是作为内在的理性东西，只是作为外在形式的普遍物而出现，这种见解完全缺乏思辨的思想，因而为哲学所唾弃。”[3]

由对康德自由观的形式主义的指陈，黑格尔尖锐地指出，抽象的自律理论，最后必然仍求助于功利主义来界定社会生活。康德“无法产生一个新型的‘以来源于自在自为的、理性的意志的目标为根据，因而对人无条件有效’的实质见解来实现这个概念。所以康德的政治理论必须向自然借取内容。其起点是各自追求目标的个体，道德和理性的要求成为只是从外面加诸这些个体的约束和限制而已”[4]。因此，“黑格尔虽以康德为基础，却给予这个自由原则一个全新的转折”[5]。黑格尔津津乐道地从这个角度批判康德，也表明了黑格尔综合“表现”和“自由”、浪漫主义和启蒙运动的宏愿。[6] 其哲学内涵是从康德的“心”（Gemüt）到他自己的“精神”（Geist），其理论归宿则是“国家的理想主义”。

值得注意的是，黑格尔从他独特的哲学立场出发对世界历史进行了深刻的观察。《法哲学原理》第三篇第三章第三节以凝练的形式提供了一个世界历史概要，《历史哲学讲演录》《历史中的理性》更是为人们所熟知。我们这里以黑格尔在《美学》第一卷谈到“一般的世界情况”时对历史发表的精湛见解为依据，讨论他对历史的观察，进而引出其市民社会理论。

黑格尔将“一般的世界情况”分为三种：（1）个体的独立自足性即英雄时

---

① ［德］黑格尔：《法哲学原理》，15 页。

② ［德］黑格尔：《法哲学原理》，37 页。

③ ［德］黑格尔：《法哲学原理》，37 页。

④ ［加］泰勒：《黑格尔与现代社会》，124～125 页，台北，联经出版事业公司，1990。

⑤ ［加］泰勒：《黑格尔与现代社会》，123 页。

⑥ 参见［加］泰勒：《黑格尔与现代社会》；［美］哈多克：《历史思想导论》，第九章，北京，华夏出版社，1989。

代；(2) 散文气味的现代情况；(3) 个体独立自足性的恢复。

所谓个体独立自足性即英雄时代必须到希腊人那里去寻找，因为在古希腊，个人与社会的统一还不是发展了的统一。个人在本质上是个整体，古希腊体现了有限东西和无限东西的实体性的统一，如黑格尔所说，“英雄时代的个性却是比较理想的。因为它不满足于形式的自由和无限，而是要和心灵关系中全部有实体性的东西经常结合成直接的统一体”①。因此，英雄时代的特点，是黑格尔所赞赏的社会成员与社会整体的统一，是个人个性和社会共性的统一。

但是，在英雄时代，自我意识还没达到主观性的抽象，“意志的最后决断并不属于自为地存在的那种自我意识的主观性，而是属于在这种主观性之上和之外的一种权力”②。“希腊人是从完全外部的现象——神谕、祭神牲畜的内脏、鸟的飞翔——中得出最后决断的。”③ 在这个意义上，黑格尔把“我要这样”称作古代世界和现代世界的分水岭。

只是在罗马世界，“美的个体性湮灭”，取而代之的是“法的个人”，伦理生活无限地分裂为私人的自我意识和抽象的普遍性两个极端。“罗马世界的精神特点是抽象概念和死板法律的统治，是美和爽朗的道德生活的破灭，作为直接的自然道德发源地的家庭遭到了轻视，个性一般遭到牺牲，完全听国家政权摆布，只有在服从抽象的法律之中才能见到冰冷的尊严和知解力方面的满足。”④ 一方面服从法律和国家，另一方面又坚持个人主观的自由，两者出现分离和对立，缺乏精神，也缺乏诗意。

关于“散文气味的现代情况”，黑格尔写道：“在当前现实中，理想形象的范围是很狭窄的，因为无论在数量上还是在广度上，近代个人自作决定的独立自足性可以自由发挥效用的领域都是很少的。”⑤ 对此，黑格尔是不满意的，他要求在更高的层次上恢复个体的独立自足性，其第一步则表现为对市民社会的辩护、批判和改造。

17—18 世纪以来一些有代表性的政治思想家，如霍布斯、洛克、卢梭等都把国家与社会混为一谈，又把市民社会与一般社会相等同。黑格尔的市民社会理论则以社会和国家的分离为前提，“如果说康德是在抽象的观念上把握和描

---

① ［德］黑格尔：《美学》，第一卷，267 页，北京，商务印书馆，1979。
② ［德］黑格尔：《法哲学原理》，358 页。
③ ［德］黑格尔：《法哲学原理》，300 页。
④ ［德］黑格尔：《美学》，267 页。
⑤ ［德］黑格尔：《美学》，246 页。

绘了市民社会，那么黑格尔则具体地认识了‘市民社会’的巨大力量和多方面职能”①。

黑格尔提出了市民社会的两条原则，即普遍性和特殊性，特殊性是其核心。市民社会中每个人都根据自己的需要去行动。对普遍性的关心消失了，特殊性支配着一切。与此同时，黑格尔认为，只要市民社会把普遍性作为原则，那么它就是法律的社会。因为特殊性需要法律依据普遍性的原则来调节和保障其活动，而法律仅限于保障抽象地适合于任何人的人格、所有权、契约以及裁判上的权力，它不过是外部划定界限，去制约受特殊性原则支配的个人对需要的追求。因此黑格尔认为，市民社会的普遍性和特殊性分离了，两者之间只有外在的关系。正是这种分离，使得市民社会中每个人都沉溺于个人的偶然的恣意性和享乐之中，完全为外在的偶然性所支配，于是呈现出“无规律和悲惨”，以及“生理上和伦理上的蜕化”景象。

虽然黑格尔认为只有进展到国家才能达到真正的理想性，但他在市民社会范围内也发现克服特殊与普遍分离的因素，由此他分别论述了“教育”“警察”和“同业公会”。总括来看，黑格尔把近代市民社会的教养称为“反思的道德教养或文明”，在这个世界里，人的认识和实践都是以反思为依据、准则和模式的。正因为法权、道德观念以及种种科学都以反思的形式发展起来，近代社会才被黑格尔称作一个分裂的社会。

可以说，无论是在对康德的道德哲学和政治哲学的批判，还是在突破市民社会的局限性方面，黑格尔的社会政治理论都对社群主义产生了重大的影响。这尤其明显地表现在桑德尔和泰勒身上。桑德尔对权利优先和个体自主观念的批判在很大程度上借鉴了黑格尔对天赋人权论和社会契约论的批判；泰勒则试图将黑格尔主义放到后工业社会的伦理境遇中，以阐发其当代意蕴来为自由找到出路。

二、社群主义：向前看还是向后看？

作为思想史中的一种现象，自由主义-社群主义之争的一个有趣的特点是社群主义的几位代表人物都曾经在不同的语境中否认自己是社群主义者。例如：麦金太尔似乎从未公开承认过自己是社群主义者。沃尔泽则在承认自己是一位社会民主主义者的同时倾向于“贬低”社群主义的自由主义批判的“意义”，例如他公开指出，自由主义的成功不会使它失去吸引力，不管社群主义的批判多么尖

---

① ［日］城塚登：《市民社会的思想与现实》，见［日］城塚登：《青年马克思的思想》，北京，求实出版社，1988。

锐，它实质上也是自由主义的一种变种，是在自由主义内部展开的对社群主义的追求。当然他同时也认为自由主义是一种自我颠覆的学说，它需要一种来自社群主义的周期性的矫正。沃尔泽的立论的一个支点在于他认为政治理论的中心问题并不是自我的构成，而是不管如何构成的自我之间的关系，亦即社会关系的模式。而自由主义实践的主题恰恰不是前社会的自我，而是后社会的自我。[①]

在某种程度上与沃尔泽殊途同归，泰勒在著名的《答非所问：自由主义-社群主义之争》一文中通过区分“本体论论题”和“辩护论题”，为澄清这场争论中的大量迷雾并提高论证的水平做出了根本性的贡献。更为重要的是，泰勒在此文中提出了为一种“整体论的个人主义”辩护的可能性，他认为正是这种整体论的个人主义把从孟德斯鸠、托克维尔到洪堡和密尔这些政治思想史上最重要的人物联系在一起。[②] 而在当代政治哲学中，它也已经成为一面标志性的旗帜，例如新共和主义政治哲学的代言人菲利普·佩蒂特的名著《人同此心》所提供的实际上就是整体论个人主义的本体论和规范论基础。

仿佛是第二次受到自己的老师的影响，桑德尔在为自己在泰勒指导下撰写的博士论文《自由主义与正义的局限》所作的新版序言中，也表达了对社群主义这一标签的“某种不安”：

> 罗尔斯的自由主义与我在《局限》一书中提出的观点之间的争执关键，不是权利是否重要，而是权利是否能够用一种不以任何特殊好生活观念为前提条件的方式得到确认和证明，争论不在于是个体的要求更重要，还是社群的要求更重要，而在于支配社会基本结构的正义原则，是否能够对该社会公民所信奉的相互竞争的道德确信和宗教确信保持中立。简言之，根本的问题是，权利是否优先于善。[③]

桑德尔区分了关于权利之于善的优先性的两种不同主张，第一种主张只是以某种“极端”的形式肯定某些个体权利的重要性，比如设定哪怕是普遍的福利也不能凌驾于这些权利之上；第二种主张所坚持的是，具体规定权利清单的正义原则的辩护独立于任何特殊的好生活观念。桑德尔明确区分了强社群主义

---

① 参见［美］沃尔泽：《社群主义对自由主义的批判》，见应奇、刘训练编：《共和的黄昏：自由主义、社群主义和共和主义》。

② 参见［加］泰勒：《答非所问：自由主义-社群主义之争》，见应奇、刘训练编：《公民共和主义》。

③ ［美］桑德尔：《自由主义与正义的局限》，2页，南京，译林出版社，2001。Rights 译为“权利”无可争议，作为单数时则有“正当”“权利”“对”等不同译法，本章在行文中没有追求译名的统一，特别是在引用他文的情况下。请识者明鉴。

和弱社群主义，前者否认权利（正当）的优先性和普遍性，后者只是否认这种优先性和普遍性能够以道义论自由主义所设想的方式加以辩护，并明确肯定自己站在后一种立场上。不管桑德尔所指控的包括罗尔斯在内的所谓道义论自由主义者有没有以他所指责的那种方式主张和设想正义“独立于”善，他所设想的正义与善相关的两种思路以及由此做出的辨析倒都还是有些耐人寻味的。根据桑德尔的表述，“把正义与善概念联系起来的一种方式主张，正义原则应从特殊社群或传统中人们共同信奉或广泛分享的那些价值中汲取其道德力量”[①]。也就是说，在这种方式中，社群的价值规定着何为正义，何为不正义，桑德尔认为这就是社群主义者所主张的正义与善之间的联系，但他并不赞同这种观点：“某些实践是由一个特殊社群的诸种传统所裁定的，单纯这一事实还不足以使这些实践成为正义的。使这种习惯性造物成为正义，也就是剥夺其批判性品格。”[②] 而按照把正义与善联系起来的第二种方式，“正义原则及其证明取决于它们所服务的那些目的的道德价值或内在善。依此观点，承认一种权利取决于向人们表明，它能为某种重要的人类善增光添彩，或使之发展。这种善是否偶然得到人们的珍重，或是否隐含在该社群的传统之中可能不是决定性的”[③]。桑德尔认为这种方式严格来说并不是社群主义的，而最好被称作目的论的，按照当代政治哲学的术语来说就是完美主义的。

> 那些认为权利问题应该对各种实质性的道德学说和宗教学说保持中立的自由主义者，与那些认为权利应该基于普遍盛行的社会价值的社群主义者，都犯了一个相似的错误：两者都试图回避对该权利所促进的目的内容做出判断。但是，这些并不是仅有的选择。第三种可能性，在我看来也是更为可信的可能性在于，权利及其证明依赖于它们所服务的那些目的的道德重要性。[④]

面对社群主义“内部”的这种“混乱”，也许更多的是基于“走出”自由主义-社群主义之争的考量，多数研究者致力于区分这一争论的不同层次，以便在相应的层次上“安顿”各方的洞见。美国学者斯蒂芬·A. 加德鲍姆（Stephen A. Gardbaum）在他 1992 年发表于《密歇根法学评论》上的长达八万言的《法律、政治与社群的主张》[⑤] 一文中较早地区分了三种不同的社群主义主

① ［美］桑德尔：《自由主义与正义的局限》，3 页。

② ［美］桑德尔：《自由主义与正义的局限》，4 页。

③ ［美］桑德尔：《自由主义与正义的局限》，3～4 页。

④ ［美］桑德尔：《自由主义与正义的局限》，4 页。

⑤ ［美］加德鲍姆：《法律、政治与社群的主张》，见应奇、刘训练编：《共和的黄昏：自由主义、社群主义和共和主义》。以下凡引此文，皆出自该处，不再一一标注。

张以及三种不同的社群主义论辩。三种不同的主张分别是反原子主义的主张、强社群主义的主张以及元伦理的社群主义的主张。第一种主张的内容是："'自由选择的个人图式'是虚假的。"第二种主张的内容是："如果不参照我们作为公民、作为一种共同生活的参与者的角色，我们就不能构想我们的身份。"第三种主张的内容则是："政治商谈是在一个政治社群的共同意义和传统内部（持续进行的），并不诉诸完全外在于那些意义的某种批判立场。"

加德鲍姆认为，这三种主张分别包含着三种不同的社群概念：（1）作为构成个人认同之一种因果要素的社群；（2）作为一种特殊的实质性价值的社群；（3）作为价值之根源的社群。而这三种社群概念又分别被应用于当代道德、政治和社会理论中的三种完全分离的论辩。第一种论辩被称作"能动性论辩"，它所关注的是个人与社群的本体论关系；第二种论辩被称作"元伦理论辩"，它所关注的通常是价值和规范结构的性质、根源和范围；第三种论辩被称作"政治论辩"，"只有在这种论辩中，自由主义才成为社群主义主张的标靶"。更为重要的是，"在这种政治论辩中，前两种论辩中的许多社群主义者，尤其是泰勒、拉兹、罗蒂和沃尔泽，捍卫自由主义的政治价值和制度而反对社群主义的政治价值和制度，而且他们这样做并不存在前后矛盾"。

正所谓"不识庐山真面目，只缘身在此山中"，作为一个法学家的加德鲍姆对于自由主义-社群主义之争的这番梳理在某种程度上确有"拨云见日"之功效。部分地受到他的思路的影响，钱永祥在《社会整合与罗尔斯自由主义的政治性格》和《社群关系与自我之构成：对桑德尔社群主义论证的检讨》[①] 两文中对罗尔斯与社群主义之关系以及桑德尔实质社群主义之暧昧做出了中文政治哲学世界迄今为止最为清晰精到的鉴别和探讨。钱永祥并曾指出，由于加德鲍姆"对罗尔斯的晚近著作不够注意，结果既未能将他放入元伦理的社群主义者之列，同时又没有掌握到罗尔斯对公共政治文化的倚重"[②]。仿佛就是在这样的关联中，后起的曾国祥在肯定"能动性论辩"与公民资格和公共领域的论辩乃是塑造自由主义-社群主义之争的两大主题之后，径直认为："罗尔斯的《正义论》与《政治自由主义》正是先后引燃这两波学术论战的导火索。换句话说，随着后期罗尔斯之哲学立场的修正，社群主义攻击自由主义的重心，已经从本来着墨最深、争执也最激烈的能动性理论或哲学人类学预设，转移到攸关

① 均收录于钱永祥：《纵欲与虚无之上》，北京，三联书店，2002。

② 钱永祥：《纵欲与虚无之上》，266页。

‘政治领域’之划定的实践议题上。”①

纵然有了在区分层次基础上的这些绵密的论述，但关于自由主义-社群主义之争的“前景”仍然有某种不明朗性，虽则所谓“前景”总是不明朗的。这里的关键似乎还是在于对道义论和目的论的争执究竟应该如何理解和“仲裁”，在上文桑德尔的语境中，就是究竟应当怎样理解他所谓权利“所服务的那些目的的道德重要性”。如果我们援引德雷克·菲利普斯（Derek Philips）所引入的“向前看的”（looking forward）和“向后看的”（looking backward）社群主义的区分，那么问题就成了评判“向前”和“向后”的尺度和标准何在。我们并不想在这里说那种标准和尺度就是现代性，因为更准确地说，在更精微的论辩层次上，现代性本身在这里也并不是一把评判的尺度，而成了要拿尺度来评判的对象。于是，我们还是更愿意引用哈贝马斯的话：

> 这种伦理学……把好生活的问题程式化，并把好生活的问题程式化为正义问题，为的是通过这种抽象化，使得实践问题成为可以加以认知地处理的。②

还有本哈比笔下的哈贝马斯：

> 哈贝马斯承诺了一种更强的主张，在向现代性的转换之后，在目的论的世界观瓦解之后，道德理论只能是道义论的，并必须聚焦于正义问题。追随科尔伯格的观点，他认为这并不是一种具有历史偶然性的进化，而是说，“正义判断”的确构成了所有道德判断的硬核……道义论所描述的并不是一种与目的论并置的道德理论；对于哈贝马斯来说，关于正义和权利要求的道义论判断确定了道德的领域，如果我们想有认知意义地谈论道德领域，那么情况就是这样。③

---

① 曾国祥：《自由主义与政治的局限》，载《政治与社会哲学评论》，2004（3）。后收入曾国祥：《主体危机与理性批判：自由主义的保守诠释》，高雄，巨流图书公司，2009。简体字文本见应奇、张培伦编：《厚薄之间的政治概念：〈政治与社会哲学评论〉文选》，卷一，长春，吉林出版集团有限责任公司，2008。

② Jürgen Habermas, “A Reply to My Critics,” in Jürgen Habermas, *Critical Debates*, Cambridge, MIT Press, 1982, p. 246. 此处转引自 Seyla Benhabib, “Autonomy, Modernity, and Community: Communitarianism and Critical Social Theory,” in Axel Honneth, Thomas McCarthy (ed.), *Cultural-Political Interventions in the Unfinished Project of Enlightenment*, Cambridge, MIT Press, 1992, p. 43。

③ Seyla Benhabib, “Autonomy, Modernity, and Community: Communitarianism and Critical Social Theory”. 比较有趣的是，同样的话以及所在的段落均出现在前面提到过的“In the Shadow of Aristotle and Hegel”一文中。

第二节　罗尔斯、拉兹与社群主义

社群主义思潮的兴起是以自由主义在 20 世纪 70 年代的复兴为前提的，而它对自由主义的诸多批评也直接刺激了后者在 90 年代的转型。这一点在罗尔斯身上表现得尤为明显：1971 年出版的《正义论》为当代自由主义的复兴奠定了基础，但它提出的几乎所有议题都遭到了社群主义的批评与反驳，作为对这一批评的回应，罗尔斯于 90 年代完稿的《政治自由主义》在修正自身立场的同时，围绕公共理性的主题，发展出了一种新的政治哲学，并因此导致了自由主义典范性的转移。而与罗尔斯不同，以约瑟夫·拉兹（Joseph Raz）为代表的完美主义者一方面分享了社群主义的许多主张，另一方面又坚持自由主义的基本立场，构成了罗尔斯之外独具特色的另外一套自由主义理论体系。这三者之间的根本分歧是以对个人及其社会关系的不同理解为基础的，这里旨在从人类能动性（human agency）的视角出发，分别梳理罗尔斯、拉兹和社群主义各自的逻辑理路和论证结构，揭示它们之间的根本差异。

一、道德人格、中立性与分配正义

在《正义论》中，正义理论被看作道德理论的一个分支，而道德理论则被认为是对人们内在道德能力的体系化描述。在这里，罗尔斯假定了一种道德人格（moral personality）的观念，它包含了理解并执行正义原则的道德能力和形成、修改并追求善观念的道德能力。按照罗尔斯的观点，正义理论就应该建立在这种人格观念的基础之上，成为一种基于观念的（conception-based）理论，而不是基于权利的（right-based）理论。[①] 与此相应，罗尔斯也认为，对正义理论的探究应该采取一种反思平衡（reflective equilibrium）的方法——它从人们深思熟虑的判断出发，将其作为固定支点，反复与特定的道德原则进行

① 对道德人格更充分的说明是在“Kantian Constructivism in Moral Theory”一文中做出的，在那里，罗尔斯指出道德人格“被刻画为两种道德能力以及与之相关的实现、运用这些能力的两种最高旨趣。第一种能力是有效的正义感，即理解、执行并出于（而不只是遵循）正义原则而行动的能力。第二种道德能力是形成、修改并理性地追求善观念的能力”。［Rawls，“Kantian Constructivism in Moral Theory,” *The Journal of Philosophy*，1980（77），p. 525.］

比较，在两者出现冲突时，按照自己的确信程度，或者修改、放弃道德原则，或者修改、放弃自己深思熟虑的判断，直至最后形成一套融贯自洽、彼此支持的体系。据说，能够通过这种检验程序的正义原则就是真正表达了我们自由平等人道德本质的原则，可以有效地指导我们的政治实践。然而，这里需要注意的是，仅仅在深思熟虑的判断和道德原则之间取得一致还只是狭义的反思平衡，广义的反思平衡则需要把包括道德人格观念在内的一系列背景性理论也包括进来，不仅要求正义原则得到一系列深思熟虑的判断的支持，而且要求它们同样能够得到道德人格等基本观念的支持。[①] 由此可见，当罗尔斯在《正义论》的第二章基于一系列直觉性的观念来论证正义原则时，他使用的只是狭义反思平衡的方法；当他在第三章使用社会契约的方法来推导正义原则时，他使用的其实是广义反思平衡的方法，因为契约本身就是依据道德人格的观念来设置的。

按照罗尔斯的观点，公平的正义（justice as fairness）意味着，正义原则应该成为人们在最初平等位置上共同选择的结果。因此，对它的证成（justification）就需要诉诸人们在特定契约环境中的理性选择，这种契约环境必须能够刻画出人之为人的平等地位。《正义论》中的原初状态（original position）就是按照这样的目标设置的，因为它不仅要体现正义的主观环境和客观环境，还要彻底消除可能引起人们分歧的各种偶然因素，确保“作为道德人格，作为拥有善观念和正义感之能力的存在者的平等”[②]。比如，罗尔斯特别强调，应该通过一道“无知之幕”（the veil of ignorance）屏蔽人们关于自己或他人的自然天赋、社会地位、偏好性格等私人的信息，因为这些都是道德上独断的偶然因素，不属于构成人们真实自我的本质成分。而一旦消除这些特殊信息的影响，原初状态的人们就能够实现完全的平等，并接受这样的正义原则：

> 第一原则　每个人对与所有人都拥有的最广泛平等的基本自由体系相容的类似自由体系都应有一种平等的权利。
>
> 第二原则　社会经济的不平等应该这样安排，以使它们达到如下效果：（1）在与正义的储存原则一致的情况下，符合最不利者的最大利益；（2）职务和地位在机会平等的条件下向所有人开放。[③]

---

① Norman Daniels, “Wide Reflective Equilibrium and Theory Acceptance in Ethics,” *The Journal of Philosophy*, 1979 (76), pp. 258 - 260.

② Rawls, *A Theory of Justice*, Cambridge, Harvard University Press, 1971, p. 19.

③ Rawls, *A Theory of Justice*, p. 302.

并且同意这几个原则之间保持词典次序（lexical order）的排列：只有在充分实现第一原则后才能考虑第二原则；平等的自由始终优先于社会经济利益的要求。

这种通过契约证成正义原则的方法经常遭受到两种批评：第一，罗尔斯提出的只是虚拟的契约，并没有真正发生过，但虚拟的契约本身不能成为对正义原则的独立论证，它必须诉诸更深层次的理论来确立自己的有效性[①]；第二，罗尔斯对原初状态施加了过多的限制，并且承认这样做是为了"确立能使我们得到自己想要的解决方案的原初状态"[②]，也就是说，契约的设置只是为了使人们获得自己原本就中意的正义原则，它本身并没有定义正义原则，只是一种启发式的设置[③]。然而，一旦我们注意到原初状态是按照道德人格的观念被塑造的，那么罗尔斯的契约就并不是独断的。相反，它恰恰体现了广义反思平衡的方法中背景性理论特别是道德人格的观念对正义原则的支持。而之所以要诉诸这样的人格观念，最终是因为它表达了人之为人的内在的道德本质，是所有人都应该接受并据之行动的最终依据。就此而言，罗尔斯认为，正义原则实际上扮演了康德哲学中定言令式的角色——它同样是行动者摆脱各种自然天赋、社会地位等偶然事实的影响，仅仅凭借自身作为道德人格的本质做出的选择，表达了康德式的自主（autonomy）的价值。其不同只是在于，康德在为定言令式做论证时，诉诸的只是先验理性的纯粹立法，并因此被广泛认为是一种道德的自主（moral autonomy），而不是个人的自主（personal autonomy）；而在罗尔斯这里，正义原则不仅要表达自由平等人的道德自主，还要体现其对个人自主的要求。具体地来说，一方面，公平的正义原则是行动者基于道德的动机（即正义感），依据道德的理由（比如应该屏蔽那些道德上独断的因素的影响）主动施加给自己的；另一方面，正义原则又必须尊重行动者选择、修改和追求自己善观念的自由，不能侵犯他们对于自己美好生活的根本利益。[④] 有学者曾经认为，罗尔斯对个人自主的这种使用也同样是康德式的，因为它恰恰对应于康

---

① Ronald Dworkin, "The Original Position," in Norman Daniels (ed.), *Reading Rawls*, Stanford, Stanford University Press, 1975, pp. 17 - 18.

② Rawls, *A Theory of Justice*, p. 141.

③ Chandran Kukathas & Philip Pettit, *Rawls: A Theory of Justice and its Critics*, Stanford, Stanford University Press, 1990, pp. 26 - 34.

④ 关于道德自主和个人自主的区分，参见 Jeremy Waldron, "Moral Autonomy and Personal Autonomy," in John Christman & Joel Anderson (ed.), *Autonomy and Challenges to Liberalism*, Cambridge, Cambridge University Press, 2005, p. 307。

德假言令式的概念：假言令式以人们的主观目的为依据，这些主观依据可以被归结为行动者的幸福，而幸福则是所有理性行动者必然欲求的对象。当实践理性介入人们对自身幸福的追求中，当人们依据某些假言令式行动时，他们同样表现出某种与道德无关的自主——对善观念的慎思与选择、对自身目标的反思、对欲望的控制而非盲从等，而这正是罗尔斯试图通过个人自主表达的立场。① 在此，我们无须争辩这种解释是否准确，只要指出一点就够了：康德的假言令式必须服从定言令式的要求，而罗尔斯的道德自主和个人自主却是并驾齐驱、互为限制的。因此，即便这两种自主都是康德式的，罗尔斯也需要回答“在它们发生冲突时，应该如何进行调和”的问题，而这本来是康德无须去解决的。

事实上，罗尔斯的整个政治哲学都可以被看作对这个问题的回答，特别是其中关于中立性（neutrality）和平等主义的主张，更加典型地体现了道德自主和个人自主彼此约束但又共为一体的关系，值得深入考察。

和传统的自由主义理论相比，罗尔斯的政治主张体现为两种不同立场的结合：就主张平等地分配社会资源而不只是保障公民财产而言，它对国家行为要求得更多；就主张政府要中立于各种生活方式而不是促进特定美好生活观念而言，它对国家行为要求得又较少。② 与强调最小国家的自由至上主义相比，罗尔斯主张的是自由平等主义（liberal egalitarianism）；与要求国家推行特定善观念的自由完美主义（liberal perfectionism）相比，他又坚持政治主张的中立性。前者承诺了更多的平等，却损失了更多的自由，后者则在赋予人们更多自由的同时放低了对道德善的要求。因此，不论从哪个角度来看，平等主义与中立性都是一种奇怪的组合，更符合直觉的应该是自由至上主义者支持中立性，比如诺齐克，或者完美主义者要求平等的财产分配，比如 T. H. 格林。但给定罗尔斯对道德自主和个人自主的设定，平等主义和中立性的组合就非常容易理解了。道德自主要求人们不能凭借天赋、出身等偶然因素获取额外好处，因此需要国家分配社会资源，实现公民平等的地位和机会；个人自主则反对国家偏

---

① Robert Taylor, *Reconstructing Rawls: The Kantian Foundations of Justice as Fairness*, University Park, The Pennsylvania State University Press, 2011, pp. 22－25.

② 尽管自由主义中立性的主张是由德沃金最早明确提出的，但其实质内容却隐含在正义原则之中，并由罗尔斯率先阐释：“（国家）本身并不关心哲学或宗教的学说，而是依据公民在最初平等的情境中同意的原则来调节个人对自身道德、精神利益的追求。……由两个正义原则可以得出，在道德和宗教的问题上，政府既没有权利也没有义务去做它或者多数人（或者任何人）想做的事情。它的义务仅限于确保道德和宗教自由的平等条件。”（Rawls, *A Theory of Justice*, p. 212.）

袒任何特殊的善观念，要求确保人们有选择自己生活方式的自由。在这个意义上，“罗尔斯不仅支持了自由与平等的概念，而且把这两个概念解释、发展为特定的观念”[①]。也就是说，它们分别被指向人们幸福的两个不同方面——被平等分配的是实现生活目标的资源，不能偏袒的则是构成生活目标的善观念。前者是工具性的，是不论何种生活计划都需要的基本善；后者是构成性的，是决定人们生活计划的目标本身。两者共同塑造了自由主义者对正义国家的这种想象。“国家本身不追求美好生活，只是建立、维持其他人参与这一追求的根本规则……国家不是从它促进某些善观念的角度来被评判的，而是从它建立的确保个体追求自己善观念的结构的品质来评判的。”[②] 在这个意义上，我们可以说，罗尔斯归根结底是基于道德人格观念所表达的那种对人类能动性的特殊理解提出了平等主义和中立性的政治主张，并把它们融为一体的。作为政治哲学复兴的奠基之作，《正义论》也正是在这个意义上激发了以德沃金、巴里、艾克曼等人为代表的当代自由主义者——他们不仅分享了自由平等人的道德人格观念，也接受了中立性的政治主张，并一致把工作的重心投入分配正义的领域，支持一种平等主义的分配方案。然而，正是这种对人类能动性的理解，以及建立于其上的政治主张，成为社群主义者攻击、批评自由主义的扳机和靶子。接下来，我们就围绕这种思路对社群主义者的主张进行一番考察，揭示他们的基本立场和政治诉求。

二、社群主义的批评

以上考察表明，以罗尔斯为代表的当代自由主义者主要是基于道德人格的观念来构造自己的政治主张的。这种观念主张人们是自由平等的存在者。他们的自由体现为：第一，他们不能被等同于他们所选择、采纳的那些善观念；第二，他们为自己的选择、决定承担责任；第三，他们是自己生活计划的自生之源（self-originating sources），“他们的主张自身就是有分量的，不需要发源于对他人或社会的在先的义务或责任，也不需要发源于或归结为人们特殊的社会角色”[③]。然而，正是这种对人类能动性的理解引发了社群主义者

---

① Jean Hampton & Daniel Farnham, *The Intrinsic Worth of Persons: Contractarianism in Moral and Political Philosophy*, Cambridge, Cambridge University Press, 2006, p. 165.

② Peter Jones, “The Ideal of the Neutral State,” in Robert Goodin & Andrew Reece (ed.), *Liberal Neutrality*, New York, London, Routledge, 1989, p. 9.

③ Rawls, “Kantian Constructivism in Moral Theory,” p. 543.

的批评，在这些批评中，又以迈克尔·桑德尔的论证最为直接有力，值得深入考察。

按照桑德尔的观点，罗尔斯在《正义论》中主张了一种道义论自由主义，其核心立场是正当优先于善，即对正义原则的选择不能受到任何道德善观念的影响，相反，是正义决定了人们的善观念是否有效。然而，这种道义论的主张在历史上是以康德先验主体的概念作为基础的，因为只有在把主体理解为超越经验世界的理智存在，认定它独立并优先于其客体时，正义才会成为纯粹理性自我立法的产物，并因此优先于人们可能持有的各种善观念。但现在的问题是，罗尔斯非但没有承诺这种先验主体的概念，反而试图在一种经验主义的架构中重新为道义论奠基。因此，桑德尔首先追问的就是：在证成公平的正义原则时，罗尔斯使用的究竟是一种什么样的主体观念？这种观念能否既保持其经验主义的品格，又为道义论的自由主义奠定基础？

桑德尔认为，原初状态一方面证成了公平的正义原则，另一方面也构造了一种哲学人类学，表达了罗尔斯对道德主体的特殊理解。从自我与他人的角度来看，罗尔斯特别关注主体的多样性与差异性，认为功利主义把适用于个体的理性选择原则扩展到整个社会的做法没有正视人际的差异，并因此承诺了一种"先行个体化"的自我观。从自我与其目标的角度来看，罗尔斯把自我看作一种占有性的主体，也就是说，自我与他人的目标之间是占有性的关系，自我通过选择占有了某种特定的目标，然而这种目标本身并不能等同于自我。这种观点预设了意志论的哲学，它不同于认知论的主张，后者认为自我的目标是预先给定的，二者之间的联系是通过对自我及其本质的反思发现的。从个人与社群的角度来看，尽管原初状态对于社群的价值也是开放的，但社群的价值始终只是个体可能选择的对象之一，不能成为他们自我认同（self-identity）的构成性成分。据此，罗尔斯承诺了一种无牵挂、无羁绊的自我，这不仅排除了任何依附或迷恋的可能，也杜绝了人们通过反思共同体的文化和价值来增进自我理解和自我认同的前景。然而，这种对道德主体的构思恰恰削弱了罗尔斯自己的差别原则。差别原则主张社会经济的不平等分配必须符合最不利群体的最大利益，其理由在于，人们的自然天赋、机会运气等都是道德上独断的偶然事实，不属于道德主体的本质成分，即便某个有特殊天赋的人通过自己的努力获得了更多的利益，他对这些利益也没有应得的权利，所以，应该把这些利益看作属于整个社会的公共财产来进行分配。但是，当罗尔斯把自我与个人的天赋、能力等自然属性区分开来时，自我就会变成一种完全空洞的存在者，他本身"没有内在价值和应得，其生命前景完全依赖于公正社会分配权利的机会”[1]。但这种本质上被剥夺的主体不仅缺少必要的理性选择能力，而且缺乏人之为人的尊严和价值，因此是无法成立的。桑德尔认为，要想维持差别原则的主张，罗尔斯最好放弃那种先行个体化的、无拘束无羁绊的个体观念，接受一种交互主体的观念，承认“相关的自我的定义可以不只限于经验意义上个体的人”[2]。也就是说，应该把人们的天赋、能力等产生的社会经济利益看作一种社会共同财产，占有这种财产的是作为“我们”的社群，通过反思社群身份对于道德主体的重要意义（而不是设想道德主体的理性选择）来证成差别原则。

交互主体的观念预设了社群的重要性，而这恰恰与罗尔斯道义论的自由主义是不相容的。在《正义论》中，罗尔斯认为自由主义并没有仅仅把社群看作人们满足个人利益的工具，相反，它承认社群本身也可以成为社会成员共同分享的生活目标，并因此拥有内在的价值。但桑德尔认为，这种主张虽然考虑了社会成员通过社会合作与他人建立情感纽带的重要性，但归根结底依旧是建立在先行个体化原则基础之上的个人主义的主张。而交互主体的观念所预设的却是一种构成性的社群，这种社群不仅表达了人们的某种情感，也表达了他们理解自我的一种方式，脱离了这种社群，主体失去的将不仅是自己所拥有的某种目标，还有自我本身。也就是说，主体既不享有超脱于自身各种目标的优先地位，也不是通过选择而占有这些目标的，相反，社群在一开始就构成了主体的身份，是人们自我理解和自我认同的基础，也是他们通过反思自己作为社群成员的身份而不断获得新的行动目标的源泉。这也意味着，要想包容社群的这种构成性的存在，就必须尊重社群价值的优先性，放弃那种避免诉诸任何善观念来证成正义原则的做法和要求国家不偏不倚地对待各种善观念的中立性主张，道义论的自由主义因此是错误的。

如果说桑德尔是通过用一种新的主体观念代替罗尔斯“先行个体化”的道德人格观念来为社群主义辩护的话，那么迈克尔·沃尔泽恰恰反其道而行之，他不再追问某种特定的道德主体应该享有什么样的分配方式，而是围绕社会善（social goods）本身的意义和内涵来探讨正义原则，并以此捍卫社群主义的政治主张。他所提出的复合平等（complex equality）的主张也因此可以被看作一种以善为中心的分配方案，而不是像罗尔斯那样以行动者（agent）为中心的分配方案。

---

① ［美］桑德尔：《自由主义与正义的局限》，160页。

② ［美］桑德尔：《自由主义与正义的局限》，98页。

具体来说，沃尔泽认为，各种社会善并不是现成地出现在人们手中被他们分配的，相反，这些善本身就是有着自身创制过程的人类社会的产物，并因此具有自身独特的社会意义，而这种社会意义本身就能够为它们的分配提供依据。例如，中世纪的人们认为教会的职位应当依据知识和虔诚来进行分配，因此用物质财富来买卖圣职就是不正义的；同理，商品市场中的货物是通过货币流通的，因此拒绝向某些有特定信仰的人出售货物就会违背其社会意义。正如沃尔泽指出的，“所有的分配是否公正都是相对于被分配的善的社会意义而言的”①。由于不同的社会善总是拥有不同的社会意义，所以对它们的分配最后会形成许多各自独立的分配领域——不同的社会善往往应该基于各自不同的理由、遵循不同的程序、通过不同的机构来进行分配。据此，沃尔泽对以罗尔斯为代表的自由平等主义者提出了批评，他指出，罗尔斯等人所支持的其实是一种简单平等的原则，因为他们主张不管被分配的社会善是什么，都应该尽可能地使人们平等地拥有这些善。但实际上，正义的敌人并不是人们对某个特定社会善的垄断，而是用某些特定社会善的分配方式来支配其他社会善的分配。这意味着，我们应该支持一种复合平等的主张，在允许少部分人占有比其他人更多的特定社会善的同时，通过限定不同社会善之间的转换界限，确保所有社会善都能依据自己独特的社会意义，遵循各自不同的原则和程序进行独立自主的分配。为此，沃尔泽提出了一条永无定论的正义原则：“任何一种社会的善 X 都不能被这样分配，拥有社会善 Y 的人不能仅仅因为他拥有 Y 而不顾 X 的社会意义占有 X。”② 并且指出，自由交易、应得和按需分配这三种分配方式都可以在复合平等的正义观中得到实现，只是它们都只在自己适用的范围内有效，不能跨越所有社会善的分配领域。

显然，和罗尔斯在《正义论》中的观点相比，沃尔泽的正义理论是特殊主义的和历史主义的，而这种特殊主义和历史主义的根源恰恰在于社会意义本身的地方性和历史性。按照沃尔泽的观点，各种社会善的社会意义本身就是历史和文化的产物，它们不仅随时代的变迁而变迁，而且凝聚着社会成员共同分享的理解。正义因此归根结底“植根于人们对地位、荣誉、工作以及所有构成一种共同生活方式的东西的不同理解。对这些不同理解的践踏往往是不正义的”③。由此可见，如果说桑德尔是通过强调社群对于主体自我认同的构成性意义来批评中立性的主张的话，那么沃尔泽就是通过强调社群在理解社会善时发

① Walzer, *Spheres of Justice*, New York, Basic Books, 1983, p. 9.

② Walzer, *Spheres of Justice*, p. 20.

③ Walzer, *Spheres of Justice*. , p. 314.

挥的不可或缺的作用来反对罗尔斯等人的平等主义的分配方案的。但他们的共同之处在于，都对自由主义片面注重个体能动性的做法提出了批评，并且试图通过强调社群的重要性来纠正这种做法。然而，这也引发了另外一种担忧：社群主义的批评会不会反过来产生压制个体能动性的后果？显然，要想真正消除这样的顾虑，就不能只是简单地在社群价值和个体能动性之中执其一端，相反，社群主义者们必须超越社群价值和个体能动性之间的对峙，展示两者之间更为复杂和有机的联系。而这恰恰是查尔斯·泰勒最为关心和着力最多的领域，他在这一领域所取得的成就尤其引人瞩目。

泰勒对个体能动性的关注首先是被当代社会科学中行为主义的主张激发的，后者认为，人类生活和社会现象最终都可以被还原为对外在、客观的个体行为的描述，不需要借助任何规范的、主观的心灵状态。针对这种观点，泰勒提出了“人是自我解释（self-interpreting）的动物”的主张，并且强调“解释扮演的不是一种次要的、可以被选择的角色，而是人类存在的本质”[①]。这意味着，对人类生活的理解必须诉诸自我解释，比如当人们说某个动作是吓人的时，背后其实已经预设了这个动作会引起人们恐惧的情绪和对安全的需要。反过来讲，人们在社会生活中的各种行动也在不同程度上表达着其自我解释，这种自我解释体现了他们强评价（strong evaluation）的能力——这些人不仅是出于特定的欲望或偏好而行动的，也是基于对这些欲望、动机的二阶反思来行动的。泰勒认为，个体的能动性就体现为这种强评价的能力，体现为他们对自己各种欲望、目标的慎思和抉择。然而，与罗尔斯不同的是，泰勒认为，行动者对自己欲望或偏好的二阶反思总是依托于某种特定的道德架构，被一种评价性区分的语言指引，而这种道德架构和语言归根结底又植根于人类社群的历史传统和共享文化，因此，行动者的能动性最终与他们对特定社群的认同是一致的。换言之，个人总是生活在某种特定的社会环境之中，他们的自我认同必然是由自己所处的社会、家庭等构成的，这些社群的价值构成了行动者评估自己生活目标的基本架构和语言，因此，对人类能动性的尊重非但不要求我们假设一个无牵挂、无羁绊的先行个体化的主体，反而要求我们正视社群的构成性作用，承认能动性的成功实施最终还是要依赖于行动者对某种共享的意义世界的认同的。

泰勒对行动者自我认同的强调为“承认的政治”（the politics of recognition）的主张提供了基础。按照泰勒的说法，“我们的认同部分地是被他人的承

---

① Charles Taylor, “Self-interpreting Animals,” in Charles Taylor, *Human Agency and Language*, Cambridge, Cambridge University Press, 1985, p. 76.

认塑造的，或者说得不到他人的承认与得到他人扭曲的承认都会影响我们的认同”[①]。他注意到，随着等级制的崩溃和本真性（authenticity）理念的兴起，现代社会成员的自我认同已经不可能像古代那样简单地诉诸个人的社会地位或角色，相反，人们需要一种内在的而不是派生的、属于自己的独特的生活方式。不仅如此，这种内在的自我认同需要得到他人的承认与尊重，这要求我们在公共领域实施一种平等承认的政治。然而，这种平等承认的政治却包含了两个内在紧张的要求：普遍的政治（politics of universalism）与差异的政治（politics of difference）。前者要求我们为了一视同仁地对待他人而忽视他们之间的差异；后者则要求我们尊重每一个人独特的自我认同，正视他们之间的这种差异。显然，自由主义中立性和平等主义的主张都属于普遍主义的政治，它们要求国家在人们各自不同的生活方式之间保持不偏不倚，只提供给他们平等的社会资源和权利，容易产生一种同质化的文化霸权，“不能包容特殊的社群成员真正渴求的东西，即自身的生存模式”[②]。与之相反，差异的政治虽然能够更好地尊重不同社群的特殊之处，但又非常容易导致文明之间互相敌视和自我封闭的后果。为此，泰勒主张采取超越两者之间对峙的第三条道路，在假定不同社群具有平等价值的同时，希望它们能够不断重新思考自己政治认同的叙事，实现彼此之间的视域融合，形成一种文化互动主义（interculturalism）的政治。显然，这种立场体现了泰勒力图平衡个体能动性和社群的尝试，是比桑德尔、沃尔泽等社群主义者的观点更有深度和前景的一种主张。

三、政治自由主义的转向

以桑德尔为代表的社群主义者认为，自由主义建立在虚幻的个人主义自我观念基础之上，是一种本身无法得到维持的政治主张。但也有人认为，社群主义者的这种批评仅仅指向了一种关于社群作为价值之来源的元伦理学的承诺，自由主义者完全可以在接受这一前提的同时重新证成自己的核心主张。[③] 罗尔斯政治自由主义的转向就例证了这种回应方法——他不再用自由平等人的观念描述所有社会成员内在的道德本质，而认为它只是一种政治人格的观念。这种

① Charles Taylor, “The Politics of Recognition,” in Charles Taylor, *Philosophical Arguments*, Cambridge, Harvard University Press, 1996, p. 225.

② Charles Taylor, “The Politics of Recognition,” p. 248.

③ Jean Hampton, “Should Political Philosophy be Done without Metaphysics,” *Ethics*, 1989 (99), p. 793.

观念一方面只适用于社会最基本的政治经济制度，不涉及个人对自身美好生活的追求；另一方面既不依赖于任何整全学说（comprehensive doctrines），也不偏袒它们中的任何一个，是免于立场的（freestanding）观念。不仅如此，它还植根于现代西方民主社会的公共政治文化之中，是被大多数社会成员广泛分享的观念。① 因此，当罗尔斯用政治人格来描述自由平等人的观念，并依据这种观念来制定正义原则时，他依赖的其实不再是任何关于人类先天道德本质的哲学真理，而是现代民主社会独特的公共政治文化，公平的正义原则也因此不再具有普世性，而变成了只适用于现代西方社会的特殊主张。尽管罗尔斯明确区分了现代民主社会与被特定整全学说支配的社群，但这种诉诸自身所处社会独特性的做法却恰恰呼应了社群主义者的观点：我们之所以基于自由平等人的观念来建构正义原则，不是因为任何一种抽象的人性学说，而是因为“在民主社会中存在一种民主思想的传统，这种传统的内容对于有教养的一般公民的常识而言是熟悉的和可理解的。社会的主要制度，以及它们被接受的解释形式都可以被看作是储存于这些隐藏的共享观念和原则之中的”②。有学者指出：“这种‘民主思想的传统’构成了（罗尔斯的）起点。你不需要论证这个起点，不需要为它奠基。你只需要考察它会把我们带向何处。”③ 由此可见，通过把道德人格修改为植根于现代社会政治文化之中的政治人格，罗尔斯在维持公平的正义实质内容的同时也包容了社群作为价值源泉的观点，把普世的正义原则变成了只适用于现代社会的政治主张，成功地回应了社群主义者的批评。

不仅如此，这种诉诸政治观念的做法也能够更好地面对现代社会价值多元论的难题。按照罗尔斯的观点，在现代社会中，我们根本无法期待人们能就任何哲学、宗教等整全学说达成一致意见。相反，任何以真理之名基于特定人性学说来指导公共政治的主张都对信奉其他人性学说的人形成压制（oppression）。为了避免这种后果，政治哲学最好回避关于人类道德本质之真理的主张，基于被社会成员普遍分享的观念来建构政治主张。政治人格的观念正是在

---

① John Rawls, *Political Liberalism*, New York, Columbia University Press, 2005, pp. 11 - 15. 整全学说和政治观念是政治自由主义中最为根本的一对区分，前者包括“关于何谓人类生活中的价值的观念，个人品格的理念，以及友谊、家庭、伙伴关系的理念，还有那些从整体生活上指导我们行为的学说”。罗尔斯认为，现存社会中绝大多数宗教、哲学理论都是（部分）整全的学说，不应该成为国家行为的依据和准则。

② John Rawls, *Political Liberalism*, p. 14.

③ Burton Dreben, "On Rawls and Political Liberalism," in Samuel Freeman (ed.), *The Cambridge Companion to Rawls*, Cambridge, Cambridge University Press, 2003, p. 323.

这个意义上被提出的——由于它是存在于现代社会公共政治文化之中的被广泛分享的政治观念，并且对所有合理的整全学说均呈现为不持立场的，因此基于这种观念的正义原则就更能得到人们的共同接受。然而，在这里需要注意的是，罗尔斯在这样使用自由平等人的观念时，其实已经放弃了它作为道德真理（moral truth）的地位。相反，他认为，为了避免压制拥有不同整全学说的合理公民，我们只需要确认自由平等人的观念已经得到普遍接受就足够了，不需要主张它是道德的真理。这也意味着，政治哲学应该保持知识论克制的立场，单独基于那些被人们广泛分享的政治观念来建构自己的主张，不再依赖于任何宗教、哲学的真理。自由主义正是在这个意义上被认为是政治的，而非哲学的或形而上学的，它不仅是罗尔斯对现代社会价值多元的回应，也是他通过把关于人类道德本质的道德人格修正为基于现代社会政治文化的政治人格来回应社群主义批评的必然结论。

在《正义论》中，自由平等人的观念是作为人类固有的道德本质而出现的，它的规范效力也植根于其道德真理的地位。这意味着，所有人都有内在的动机和理由去接受这种人格观念，并在公共的政治生活中表达自己自由平等人的本质。然而，随着政治自由主义的转向，自由平等人失去了真理的地位，变成了一种民主社会的公民观念。这就会引起另外一个问题：参与社会合作的人们到底有什么样的理由去接受这种政治人格的观念？按照罗尔斯的观点，人们之所以应该接受隐藏于民主社会公共政治文化之中的人格观念，不是因为这种观念是真理，而是因为他们作为合理的公民（reasonable citizens），应该接受被社会成员广泛分享的那些政治观念。在这里，合理性被定义为一种接受现代社会价值多元的事实，并且有良好意愿和与其他社会成员进行公平社会合作的能力。罗尔斯认为："我们正是凭借合理性平等地与他人进入公共世界，并准备提出或接受与他们合作的公平条款的。"[①] 那些拒绝接受政治观念的人"是道德上有瑕疵的人：他们不尊重拥有不同价值的人，不能适应社会生活，至少不能适应由与自己有差异的人组成的社会"[②]。在这个意义上，我们可以说，合理公民构成了"合法性的水池"（legitimacy pools）："他们的支持能够确立罗尔

① John Rawls, *Political Liberalism*, p. 53.

② Samuel Freeman, "Public Reason and Political Justification," in Samuel Freeman, *Justice and the Social Contract: Essays on Rawlsian Political Philosophy*, New York, Oxford University Press, 2007, p. 238.

斯政治自由主义的合法性，他们的反对则确立了它的不合法。”[①] 政治自由主义因此不需要考虑不合理公民的不合理诉求。

和《正义论》相比，《政治自由主义》是一部承前启后的著作：它一方面力图回应对公平的正义理论的许多批评；另一方面又引发了问题域的转换，并催生了一种新的政治哲学。具体地来说，《正义论》主要是围绕社会正义的问题展开的，但政治自由主义关心的却是合法性的问题。按照罗尔斯的观点，合法性是比正义更根本的要求。不仅如此，他也为如何实现政治合法性提供了一条公共探究的基本原则，即公共理性（public reason）的理念。公共理性要求我们在自己“真诚地认为最合理的政治正义观念的架构内进行审慎思考，这种观念表达了我们合理地期待其他自由平等的公民也合理支持的政治价值”[②]。公平的正义固然为之提供了这种架构，但罗尔斯认为只要满足类似的条件，公共理性同样可以在其他政治的正义观念中得以展开：“政治自由主义并不试图一次性地把公共理性固定在政治的正义观念的某种特定形式中。”[③] 就此而言，公共理性的构思超越了对特定正义原则的证成，以一种更加直接、朴素的方式落实了自由主义合法性的这种原则：“政治权力的行使只有当它依据被所有自由平等的公民凭借其共同理性而接受的原则、理念合理支持的宪法根本时才是充分恰当的。”[④] 尽管在罗尔斯这里公共理性被局限于宪法根本和基本正义问题的解决上，但它完全可以更广泛地应用于公共政治的所有重大问题，成为政治哲学更加普遍的方法和原则。政治自由主义因此例证了一种更加雄心勃勃的谋划，它的目标不仅是制定一种实质的正义原则，更是为现代民主社会设计一套普遍适用的公共探究的纲领和原则，表达了一种在价值多元的社会重建政治秩序的新尝试。

四、拉兹：自由完美主义

罗尔斯公共理性的理念是围绕“可接受性”（acceptance）建构起来的，它要求对政治主张的证成必须诉诸那些合理公民能够共同接受的理由。这种做法似乎承诺了一种内在主义的理由观，因为它意味着，只有那些能够被人们合理

① Marilyn Friedman, “John Rawls and the Political Coercion of Unreasonable People,” in Marilyn Friedman, *Autonomy*, *Gender*, *Politics*, Oxford, Oxford University Press, 2003, p. 176.

② John Rawls, “The Idea of Public Reason Revisited,” in John Rawls, *Political Liberalism*, New York, Columbia University Press, 2005, p. 450.

③ John Rawls, “The Idea of Public Reason Revisited,” p. 451.

④ John Rawls, *Political Liberalism*, p. 137.

接受的主张才是适用于他们的理由，而这又蕴含着这样的意思，即理由最终是由行动者的心智状态和推理活动决定的，而不是由外部世界的客观事实给出的。比如，伯纳德·威廉姆斯认为，理由要想产生激发人们行动的力量，就必须与行动者主观的动机集合（subjective motivational set）结合，因为外部世界的事实本身不可能激发人们的行动。① 就此而言，公共理性的支持者们最终都会接受这样的观点："只有在行动者可以从自己已经拥有的信念、欲望中理性地产生某个欲望时，他才能够因为缺少这个欲望而遭到理性的批评。"② 然而，与这种内在主义的立场相反，许多人倾向于支持外在主义的主张，认为理由是被外部世界的客观事实给出的，本身并不取决于行动者主观的心理状态，相反，理性的行动者总是应该自觉地调整自己的欲望、行动来响应理由的要求。比如，理性的行动者总是有避免痛苦的理由，这种理由源于痛苦本身的性质，和行动者当前的心理状态无关。正如德里克·帕菲特（Derek Parfit）所言："行动的理由始终是从使我们拥有特定欲望和目标的事实中获取力量的。"③ 显然，给定这种立场，公共理性的理念就不容易得到维持了，因为外在主义者会认为，对政治主张的证成同样应该诉诸那些客观有效的理由，而不是行动者主观的支持性态度。在《自由的道德性》（*The Morality of Freedom*）一书中，拉兹就是沿着这样的思路来对罗尔斯提出质疑和批评的。

拉兹声称："人类行动的核心类型是意向行动，意向行动是出于理由的行动，而理由则使该行动在某种方面或某种程度上成为善/好的事实。"④ 因此，行动者单纯的"想要"（want）并不能构成他们行动的理由，相反，他们总是应该响应理由，按照理由的要求来行动。在这里，拉兹反对把理性解释为人类推理活动的一种功能，他认为理性"是认识事物本身的规范意义，领会它们构成的理由，以及这种事实带给人们的意义的能力"⑤。这意味着，理由归根结底乃是由外部世界客观的价值或善性（goodness）构成的，并不内在于行动者的心智状态之中。由于行动者主观的心理状态不可能影响客观世界的规范事实，

---

① 参见［英］威廉斯：《内在理由与外在理由》，见威廉斯：《道德运气》，145页，上海，上海译文出版社，2007。威廉斯，即威廉姆斯。

② Brad Hooker & Bart Streumer, "Procedural and Substantive Practical Rationality," in Mele Alfred & Piers Rawlins (ed.), *The Oxford Handbook of Rationality*, Oxford, Oxford University Press, 2004, p. 59.

③ Derek Parfit, *On What Matters*, Oxford, Oxford University Press, 2011, p. 47.

④ Joseph Raz, *Engaging Reason*, Oxford, Oxford University Press, 1999, p. 23.

⑤ Joseph Raz, *Engaging Reason*, p. 69.

证成因此并不需要考虑证成对象是否会接受这些规范事实。在这个意义上，公共理性其实是一种没有意义的理念——如果它只是要求人们诉诸公共的理由来证成国家行为，那么它相当于什么都没说，因为并不存在只对特定行动者生效的私人理由；如果它要求证成国家行为的理由必须是人们所接受的理由，那么它搞错了问题的关键，因为是理由的规范性决定了其可接受性，而非理由的可接受性决定了其规范性。不仅如此，拉兹还对通过公共理性确立政治合法性的做法提出了批评。他认为，这种做法实际上意味着“权威的行使对服从者应该做什么事没有影响，因为无论什么时候，权威都应当指导他们做自己应该去做的事情”[①]。但实际上，政治权威颁布的命令的确会改变人们的慎思，比如在制定交通规则时，权威的命令本身就构成了人们遵守规则的理由。事实上，权威的本质就在于：不论其发出什么样的指令，服从者都有放弃自己的判断来遵循这些指令的义务。换句话说，权威的要求排除、替换了人们相关的考虑，构成了他们执行特定行动的理由。而权威之所以能够排除、替换人们的相关考虑，是因为它已经总结并反思了这些考虑，比如法官的裁决已经融合了控辩双方的陈述，并因此替换、超越了这些陈述，成为双方行动的最终依据。这种对权威的理解产生了拉兹对于权威合法性的独特主张：“证明人们对其他人拥有权威的正规方式是，展示如果假想的服从者承认这个权威的指令是有约束力的，并试图遵循它们而不是直接适用于自己的理由，那么他们可以更好地遵循适用于自己的理由。”[②] 这种主张通常被称作服务的权威观，它强调国家的合法性源于其在帮助公民遵循、响应那些客观有效的理由时的成就，而不是他们全体一致的同意或接受。

拉兹基于外在主义的理由观反驳了公共理性的理念，这为他发展一种完美主义的政治主张提供了基础。在这里，必须指出的是，拉兹认为“政治道德的首要关注点是对人们幸福的保护和促进”[③]，而幸福又是“由对有价值的关系和目标全身心的、成功的追求构成的”[④]。因此，国家不可能只通过满足人们当前拥有的任何欲望来增进他们的幸福，因为他们的欲望可能是不理性的。比如一个演员为了扮演好瘾君子的角色而想尝试吸毒，但这种吸毒欲望实际上是不可能使他成为一个好演员的——一旦染上毒瘾，他将失去最基本的自我控制能

① Joseph Raz, *The Morality of Freedom*, Oxford, Oxford University Press, 1986, p. 48.

② Joseph Raz, *The Morality of Freedom*, p. 53.

③ Joseph Raz, *Ethics in the Public Domain*, Oxford, Oxford University Press, 1995, p. v.

④ Joseph Raz, “The Role of Well-Being,” *Nous*, 2004 (18), p. 269.

力，无法扮演好自己想要扮演的角色。在这个时候，只有扼杀他吸毒的欲望才能更好地服务于他的幸福。就像拉兹所说的，“人们基于理由而追求目标，拥有欲望……如果欲望的理由是错误的，那么即便这个欲望由于无知而被持有，这个人也并不希望自己的欲望得到满足”①。这也意味着，国家不应该像罗尔斯等人设想的那样，在理性公民可能拥有的各种美好生活计划之间保持不偏不倚，相反，它应该帮助人们选择那些真正有价值的生活目标，成为一种完美主义的而不是中立的国家。

显然，从罗尔斯的角度来看，这种为完美主义辩护的方式与人类能动性的要求是背道而驰的，因为它似乎把行动者当成了外部世界规范事实的机械响应者，既没有注意到他们是自己善观念的“自生之源”，也没有充分尊重他们选择自己善观念的自由。但事情并没有这么简单，实际上，拉兹同样强调了个体能动性，特别是个人自主的重要性，并且要求国家把推行自主的生活方式作为自己的首要目标。他的思路是这样的：尽管理性的行动者总是应该努力识别外部世界的规范事实，并出于这些事实所构成的理由而行动，但由于价值多元论的存在乃是一个不容回避的事实，所以，除非行动者已经承诺了（commit to）某种有价值的生活目标，否则国家不可能通过向他施加任何一种有价值的生活目标来增加他的幸福。具体来讲，拉兹注意到，客观有效的规范事实并没有穷尽人们生活的全部可能，恰恰相反，行动者面临的许多生活目标在价值上都是不可通约的（incommensurability），比如，成为一名优秀的学者并不比成为一个卓越的小提琴演奏家更有价值，相反，这两种目标之间的优劣根本就无法比较。因此，尽管我们可以确定，同等条件下，一个生活节制的人总是比放浪形骸的人展现了更多的价值和德性，但是当行动者面临许多价值上不可通约的选项时，我们却不可能帮他找到其中唯一的、最佳的选项。在这个时候，行动者只能依靠自己的选择来确定最终的生活目标，并且这种选择不同于他在欲望的驱使下做出的那种随心所欲的选择——前者不仅响应了外部世界的客观理由，而且创造了新的行动理由（假设你把成为一名小提琴演奏家而不是学者作为自己的生活目标，那么你就有了去艺术团体就职而不是继续攻读学术学位的理由）；后者则完全是主观偏好的表达，对行动者的生活缺乏长期的约束力。为了凸显这种不同，拉兹经常把前面那种选择称作“承诺”（commitment），他声称：

---

① Joseph Raz, *The Morality of Freedom*, pp. 140 - 142.

通过拥有特定的目标和承诺，我们创造出新的成功方式和失败方式。在获得目标和承诺时，在关注一件事物而非另一件时，我们逐渐给自己的生活塑形，决定什么是成功的生活，什么是失败的。我们通过发展承诺和追求而创造价值、形成理由，后者超出了我们为承担承诺和追求而拥有的理由。一个人的生活在这种方式上就（部分）是自己创造的。这是一种规范性的创造，一种新价值和新理由的创造。[①]

个人自主的理念正是在这个意义上被提出的。与罗尔斯设想的不同，在拉兹这里，它指向了一种行动者在不可通约的选项之间自主选定自己的生活目标并奋力追求的生活方式。自主的行动者因此就是“那些能够塑造其生活、决定其进程的人。他们不仅是能够在评价相关信息后在诸选项间做出选择的理性行动者，而且是能够额外执行个人计划、发展关系、承担对某种事业的承诺的行动者……自主的行动者是自己道德世界的部分创造者”[②]。

对个人自主的珍视使拉兹在实质的政治主张上走向了自由主义的立场，这一点特别典型地体现在他对密尔伤害原则（Harm Principle）的改造上。一直以来，伤害原则都被理解为自由主义的最高原则，它从公共政治行为中排除了私人的道德考虑，禁止国家出于道德上优越的价值观念而行动，认为对人们的强制干涉只有在阻止他们伤害其他公民时才是被允许的。一方面，拉兹继承了这种观点，基于价值多元论的立场，强调国家不应该通过强制性的法律手段来推行道德上优越的价值观念；相反，由于个人自主要求人们有充分的选择范围，所以国家应该宽容那些没有造成伤害的活动。另一方面，他又对伤害原则进行了限定：第一，国家可以通过非强制性的措施来为人们的自主创造积极的条件，比如鼓励科技创新、资助文化事业等；第二，行动者对自己幸福的伤害也属于国家行为的调节对象，比如在现代社会，缺乏足够自主能力的人将很难实现自己的生活目标、获得幸福，因此国家应该帮助他们过上自主的生活。通过这样的方式，伤害原则就变成了一种对国家采取什么样的方式追求道德目标的限制，它本身并没有要求国家中立于所有美好生活的观念，它是一种植根于个人自主的自由完美主义的政治主张。

基于个人自主的理念来捍卫个体自由是自由主义一以贯之的历史传统，许

---

① Joseph Raz, *The Morality of Freedom*, p. 387.

② Joseph Raz, *The Morality of Freedom*, p. 154.

多人认为，这种做法表达了一种个人主义的价值立场。[①] 而社群主义和自由主义的根本分歧之一就在于：前者坚持社群的根本价值，后者则始终认为个体自由才是第一位的。表面看来，拉兹的主张也属于自由主义的传统立场，但事实恰恰相反，他认为对个人自主的推崇非但没有蕴含个人主义的结论，反而要求了一种非个人主义的道德学说。这种主张不仅丰富了个体能动性的内涵，也为自由主义者正视社群的价值打开了大门，值得深入思考。

对于拉兹，社群的重要性不仅在于某些集体善（collective good）是内在有价值的，并且不能被还原为个体行动者的权利（比如优美的生活环境对每个公民都是有好处的，但没有任何一个公民有权利向其他公民施加创造优美生活环境的义务），更在于构成人们幸福的那些重要的生活目标本身就是依赖于社会形式（social forms）的。在这里，社会形式泛指存在于特定社会之中的公共习俗、制度、实践，以及相应的观念、想象和隐喻等，它们构成了行动者重大生活目标的基础，因为这些目标要想真正成为对行动者来说至关重要的生活目标，就必须能够衍生出一系列更加具体的行动目标，而它们要想拥有这种衍生性，就离不开特定的社会实践和对社会实践的公共认可。比如，职业选择对许多人的生活来说都是至关重要的，但如果脱离了相应的社会建制，很多东西就不可能成为人们职业选择的对象——在一个缺乏法律制度的社会，人们不可能成为一名真正的律师，就算他能代替别人争夺各种利益，也不可能像我们社会中的律师那样把这种事情扩展为许多连贯而具体的行动进程。事实上，拉兹认为，个人自主之所以值得鼓励和推崇，主要就是因为工业化时代的社会形式已经决定了行动者只有通过自主的生活才能获得幸福。个人自主因此不是一种人们可以选择或放弃的东西，而是他们不得不为之的社会事实。就像他说的那样："由于我们生活在社会形式很大程度上建基于个人选择的社会中，由于我们的选项为我们社会中什么选项是有效的所限制，所以我们只有在自己自主时才能发达……那些生活在注重自主的文化中的人最终只能通过自主而发达。"[②]

不仅如此，拉兹近来还提出了社会依赖性的主题，认为所有价值都依赖于社会实践：有些价值本身就是由特定社会实践构成的，比如关于婚丧嫁娶的文化价值；有些价值则需要在特定社会实践之中得到表达，比如关于审美的价值往往要通过各种审美活动得到体现，用来确保人们幸福、尊严和根本利益的那

① 比如，约翰·格雷就是这样来定义自由主义的，参见［英］格雷：《自由主义》，长春，吉林人民出版社，2005。

② Joseph Raz, *The Morality of Freedom*, p. 395.

些保障性价值也必须被具象化为各种各样的实践活动（比如自由必须体现为关于自由的权利）等。[①] 显然，和社会形式的主题相比，社会依赖性的主题无疑与社群主义者（尤其是泰勒）的立场更为接近，正如有评论者注意到的那样，它使拉兹变成了“一个清楚地承认社群优先于个人的自由主义者”[②]。然而，这种表面的相似性背后也有着根本的不同：社群主义者珍视社群的价值，是因为他们认为社群对于行动者的个人认同来说是至关重要、须臾不可或缺的；而在拉兹这里，政治道德的核心始终是围绕着个体行动者的幸福被确立的，所以他特别强调：“个人认同的所有内容都只有在得到个体的认可、接受之后才能在其生活中起到积极作用……它们之所以具有规范性，是因为它们介入了我们的完整性。”[③] 也许正是这种微妙的差别展示了社群主义者和拉兹式的自由主义者的根本差异，尽管他们都拒绝像罗尔斯那样把个体看作隔离在社群之外的无拘束的存在，但前者总是试图强调个体与社群之间那种依附（attachment）的关系，后者却依旧把个体的自由和幸福放在首位，只在有助于增进人们幸福的范围内承认社群的重要性。

第三节　自由主义-社群主义之争与新法兰克福学派的转型

新法兰克福学派是一个含混的概念，它的转型则是一个更加含混的概念。大致说来，我们把“六八风潮”在法兰克福学派内部所产生的分裂性契机作为新法兰克福学派登场的历史背景，哈贝马斯的“交往转向”则是这种转型的“规范”内容。从20世纪70年代初的“交往转向”到90年代初的“法学转向”（姑且这么说），构成了我们所谓新法兰克福学派的主要生长期。我们把基本上接受前一种“转向”并在这一范式下工作，不同程度地与后一种“转向”互相唱和补充的哈贝马斯的众多门徒视作新法兰克福学派的主要成员。

① Joseph Raz, *The Practice of Value*, Oxford, Oxford University Press, 2003, pp. 19 - 42.

② Stephen Mulhall & Adam Swift, *Liberals and Communitarians*, Oxford, Blackwell Publishers, 1992, p. 282.

③ Joseph Raz, *Value, Respect and Attachment*, Cambridge, Cambridge University Press, 2004, p. 34.

在哈贝马斯思想形成变化的历程中，就介入自由主义-社群主义之争而言，位于上述两种“转向”之间的商谈伦理学的提出是一个重要而关键的阶段。如果说《交往与互动》和《认识与旨趣》是交往范式从生产范式中挣脱出来的最初啼声，《何谓普遍语用学》和《交往与社会进化》是奠定交往范式的最初基石，那么《道德意识与交往行动》和《证成与适用》则是交往范式在《交往行为理论》中最终得到体系化之后，在道德实践哲学这一当代最为重要的哲学领域当中的一次至关重要并具有巨大智识效能的适用性“实践”。正如托马斯·麦卡锡在为《道德意识与交往行动》的英译本撰写的序言中指出的，哈贝马斯试图把道德判断的前规约阶段和规约阶段锚定在他的交往行动理论中。[①] 粗略地说，我们可以把社群主义（目的论）对应于前规约阶段，把自由主义（道义论）对应于规约阶段。的确，此书于 1983 年结集，其时当代的社群主义运动刚刚起锚，但在某种程度上，其中重要的一文《道德与伦理生活：黑格尔对康德的批判适用于商谈伦理学吗?》的标题本身就已经预先展示了新法兰克福学派与自由主义-社群主义之争在问题域上的同构性以及前者介入后一论争的概念空间。

一、朝向实践哲学反思的一种更宽泛框架

如果说“交往转向”特别是商谈伦理学的适用性“实践”已经为批判理论有效地介入自由主义-社群主义之争埋下了伏笔，无论在规范内容还是在理论范式上都做好了准备，那么作为“法学转向”之标志和代表性成就的商谈性政治观则是哈贝马斯全面介入、扬弃和超越自由主义-社群主义之争的“终极”尝试。在这里要注意的是，哈贝马斯在相当程度上是把社群主义和公民共和主义放在一起甚至等同使用的，严格说来这当然会引起某些问题，但是如果用本哈比的说法，这里所注重的乃是范式间的对话（interparadigmatic dialogue）而非范式内的对话（intraparadigmatic dialogue），那么公民共和主义和社群主义的“范式内”差异就被“最小化”了。[②]

早在 1988 年发表的《自主性、现代性与社群：社群主义与批判社会理论》一文中，本哈比就以一个既是观察者又是参与者的角度把自己的问题设定为：

---

① Jürgen Habermas, *Moral Consciousness and Communicative Action*, Cambridge, MIT Press, 1990, p. ix.

② Seyla Benhabib, “Autonomy, Modernity, and Community: Communitarianism and Critical Social Theory”. 以下凡引此文，不再一一标明页码。

“哈贝马斯对现代性谋划的辩护在何种程度上可以应对社群主义对现代性的批判?”本哈比认为社群主义和当代的批判社会理论共享了某些基本的认识论原则和政治观点：

> 两者都拒斥非历史的和原子主义的自我观和社会观，正如它们都批判当代社会中公共精神和参与性政治的沦丧。哈贝马斯的批判理论，尤其是他对于现代社会矛盾的分析，能够为社群主义提供关于我们的社会所面临的问题的一种更为分化的图景，而社群主义对于当代道德和政治理论应当丰富对于自我的理解，并把正义图景奠基在一种更为生气勃勃的政治社群观之上的坚持，则为道义论的和以正义为中心的理论的极度形式主义提供了一种可欲的矫正。无论对于自由主义还是社群主义，当代批判社会理论都是一种真正的替代项。

当然，本哈比也注意到了这种有趣的现象：

> 阿多诺和霍克海默对启蒙和现代性的批判在社群主义者和后现代主义者的著述中引起了反响，相反，具有讽刺意味的是，哈贝马斯今天的立场更接近于像约翰·罗尔斯这样的自由主义者，而不是自由主义的那些当代的批评者。他对于启蒙和自由主义之态度的转变也伴随着对于伦理学中的道义论之态度的转变以及对于康德式的正当优先于善的一种更为明确的赞成。泛泛而言，正是因为早期批判理论无法给出对于现代性条件下之工具理性的一种替代方案，所以哈贝马斯已经在道德哲学的路线中从黑格尔退回到康德。

比较有建设性的是，本哈比还区分出了社群主义中的“整合论倾向”和“参与论倾向”。根据“整合论倾向”，“现代社会中的个人主义、自我中心、混乱反常、异化和冲突都只有通过恢复某种融贯的价值体系才能得到解决。……整合论的观点所强调的是价值复兴、价值革新或者价值再生，而相对忽视或无视制度的解决方案”。而在“参与论倾向”看来，“现代性的问题与其说是归属感、整体感和团结感的丧失，不如说是政治能动性和效力的丧失。……参与论的观点并不认为作为现代性之一个方面的社会分化是需要克服的。它所主张的是减少各领域之间的矛盾和不合理性，并鼓励领域之间成员的非排斥原则”。本哈比认为，正是因为社群主义思想家们一直没有搞清他们所要强调的究竟是哪个倾向，所以这既引起了关于社群主义与共和主义传统的复杂纠葛，也使得它们的自由主义批评者们有理由抓住这种含混性不放。而哈贝马斯对自由主义和社群主义的“整合”正是趁这种概念“间隙”而起。一方面，自《公共领域的结构转型》以来，根据公共参与原则来为现代性辩护一直是哈贝马斯工作的一个根本方面。与他的前辈们在“启蒙辩证法”的框架中对现代性的悲观看法不同，哈贝马斯强调现代性并不是只意味着分化和个体化，它也意味着公共推理和讨论的一种自主的公共领域的出现。另一方面，与共和主义的或公民美德的传统保持距离的“参与论倾向”本身并不必然陷入政治浪漫主义，因为参与并不意味着去分化、价值同质化甚或价值再教育。正如前面指出过的，参与论的模式所鼓励的公共情感并不是调和与和谐，而是政治能动性与效力：

> 哈贝马斯就是以这样的方式丰富了我们对于现代性之社会和文化可能性的理解，无论有德性的社群还是自利的契约都没有穷尽现代性的谋划。伴随着社会分化和独立的价值领域之出现，现代性还带来了三重可能性。在制度的领域，通过实践商谈共同形成行动的规范成为可能。在个体的领域，个人认同的形成变得越来越具有反思性，也就是越来越少地依赖于既成的约定和角色；个体进入了自主的和流动的自我决定阶段。对传统的援引也越来越具有灵活性并更依赖于当代解释者的创造性解释。从这种三重可能性的视野看，参与原则远非现代性之反题，而是它的主要前提。在社会、文化和个人的领域中，个体的反思性努力和贡献对于制度性生活的运作，对于文化生活之延续，对于稳定的人格特质之历时性形成，都变得至关重要。

也可以说是广义的新法兰克福学派之晚近成员的肯尼思·伯内斯（Kenneth Baynes）在1990年发表的《自由主义-社群主义之争与交往伦理学》一文中明确地认为，鉴于这种争论暴露出双方的局限和弱点，“当代的自由主义者没有充分地考虑基本权利的社会根源和辩护，而社群主义者则没有充分地正视民主公民身份的性质和条件”，因此就要求“实践哲学反思的一种更宽泛框架”。伯内斯认为哈贝马斯的交往（商谈）伦理学就提供了这种框架。在他看来，自由主义-社群主义之争中提出的三个问题——自由主义关于正当优先于善的主张、自我或道德能动性的观点以及政治理想和制度的辩护——都能够在商谈伦理学中得到重述。首先，正当之于善的优先性在得到保留的同时发生了转换，它被保留在强加于道德-实践商谈之上的基本约束中，例如对等的条件和平等参与的权利。但是这种优先性的根据发生了转变，就是说，“按照最终的分析，只有在一种实践商谈内部，个人自主所需要的条件以及正义问题与好社会问题之间的区分才能得到澄清和辩护”。其次，“赋予正义优先性的辩护以活力的并不是一种‘原子主义的’‘本质上无牵无挂的’或‘情感主义的’自我观，而是来自关于后规约的道德推理之本性的一种哲学论证”。最后，“权利和政治理想的辩护不可能在不反思‘辩护活动本身的条件和预设’道德的情况下进行”。

的确，在哈贝马斯的率先垂范下，介入自由主义-社群主义之争一度成为新法兰克福学派“内部”的一种“时尚”，在某种程度上，其“势头”至今未歇。下文我们将仍然以正义问题与好社会问题为轴心，分别阐述这个学派晚近最重要的两个成员霍耐特和韦尔默的工作，以具体地说明我们的“转型论题”。

二、从正义理论的批判到批判的正义理论

当代西方政治哲学是在罗尔斯正义理论的推动和影响下发展起来的，这种正义理论采取的是一种“现实主义乌托邦”的路径，即在考虑到政治主张可行性的前提下，通过对道德原则的建构，寻找能应用于实际的理想的正义原则。比如在《正义论》中，现实主义、可行性的考虑体现为罗尔斯对正义的主客观条件以及稳定性的论证，而良序社会的理念、契约以及原初状态的构建又代表了乌托邦的一面。按照霍耐特的观点，这种路径首先在与现存社会机制和人类实践相隔绝的理想状态中推导出正义原则，然后再设法将之应用于现实的政治生活，缺乏足够的现实性和客观性，“用来衡量社会秩序道德合法性的规范原则，不是来自现存机制结构的内部，而是不依赖现存机制自己独立发展的”[①]。在《自由的权利》中，霍耐特试图通过社会分析的模式和规范性重构的方法来克服这一弊端，他历史地考察了现代社会人类生活的各种主要机制，梳理出其中隐含的规范承诺，并基于这种规范承诺形成了自己独特的正义理论。

显然，这种正义理论得以成立的前提是，在多元、异质的现代社会中依旧存在着支配社会秩序和机制性事实的根本价值，这种价值就是个人自主意义上的自由。一方面，各种伦理价值和道德观念都必须回到个人自我决定的层面才能得到最终的证明；另一方面，这种自由观念通过对两个维度——“什么对个人是善的，同时也可以指导一个合法社会秩序机制”——的结合，在个体与社会秩序之间建立起系统化的关联，一个社会正义与否就取决于它在何种程度上

① ［德］霍耐特：《自由的权利》，10页，北京，社会科学文献出版社，2013。

表现或实现了个人自主的要求。[①] 然而，由于人们对自由的理解并不是铁板一块的，因此首先必须正本清源，考察现代社会中的自由谱系。在这里，霍耐特区分了三种自由——消极自由、反思自由和社会自由——和它们各自相应的社会机制。消极自由最早起源于霍布斯，他在《利维坦》中把自由定义为没有外在动因造成的阻碍，并由此确立了个人免于外界干涉的特殊性。随着现代社会个人主义思潮的发展，这种自由观念在萨特和诺齐克那里得到了进一步的发展。对萨特来说，自由源泉就在于纯粹的自发意识，不依赖于对目标的任何权衡、取舍；而诺齐克则进一步使之与社会正义联系在一起，主张只要不侵犯他人的权利，任何目标都是消极自由所允许的。消极自由拒绝考虑主体对自身目标的选择，而在卢梭看来，自由的真谛恰恰在于服从自己施加给自己的法则，而不是偶然的欲望，这就是反思的自由观念。它被发展为两种不同的主张：康德视为服从理性道德法则的自由和强调真实意志内在化的浪漫主义。前者关注自我决定的自主性，后者则更多地关注自我实现的本真性。在当代社会，阿佩尔与哈贝马斯通过把自我立法转换为主体互动、社会学习的模式继承了康德的主张，哈里·法兰克福则通过二阶意志确定的自由继承了浪漫主义的观点[②]，但他们都把个人的自由当作一种反思的产物，要求深入主体实践思考内部来界定自由。如果说消极自由的问题在于缺乏主体性的话，那么反思自由认为我们只有在选择自己决定或接纳的目标时才是自由的这种主张虽然向内扩展了自由的领域，却没有真正考虑实现自由的可能性，缺乏一种客观性。因此，我们需要把自由的问题扩展到真实的客观领域，"不仅个人的意图应该去满足这一自由的标准，即意图的形成不受任何外在的影响，外在的社会现实也应该去满足这一自由的标准，即社会现实是自由的，不受制于任何他律和强制"[③]。这就是源于黑格尔的社会自由的观念，它的典范是理想的"友谊"和"爱情"关系，因为在这些关系中，人们"不只是自己，而是愿意把自己限定在和他人的关系之中，并且同时认可处于这种限定中的自我。在这些关系中，他不会感受到约束，反而正是通过把别人作为别人来看待而拥有了自己的尊严"[④]。这种"在他人之中保持自我"正是社会自由的基本形式。基于这一理解，自由内在地需要

---

① 参见［德］霍耐特：《自由的权利》，28页。

② 参见［美］法兰克福：《意志自由与人的概念》，见应奇、刘训练编：《第三种自由》，北京，东方出版社，2006。

③ ［德］霍耐特：《自由的权利》，73页。

④ ［德］霍耐特：《自由的权利》，73页。

一种相互承认的关系，它的实现也离不开保障这种承认关系的规范性实践机制。不仅如此，这种实现自由的前提同时也是构成自由的内在成分，霍耐特正义理论的核心正是对现代社会机制性事实的规范性重构。自由的谱系只是对自由在思想观念中的梳理，更重要的工作是在社会机制中考察自由的实践。只有通过这种历史的考察，我们才能明白消极自由、反思自由、社会自由各自的社会机制是什么，它们的边界又是什么，在现代社会的塑造中各自发挥了什么样的作用，出现了什么样的扭曲。

按照消极自由的观念，现代社会中的个人要求拥有一种卸下外在包袱，不受惩罚地独立发展自己的私人意志的权利，由此形成了通过法律来保证私人自治的社会机制——法定自由。在这种机制中，个人被表现为一种抽象的法律人格，它首先通过对无人格的外部对象的占有和支配而成为现实、具体的个人。私有财产权因此首先体现了人们意志的特殊性，是这些特殊意志的物化形式。同样，言论自由、契约自由等个人的基本自由权利的确立和扩展也都是以确保个人探索自我目标的空间为动力和目标的。甚至社会参与、政治参与等权利的发展与完善也源于这种消极自由的观念，因为只有保障个人一定程度的经济基础，他才有可能退出社会合作，回到对自己个人目标的探索中去。只是这些社会权利本身也要求公民走出自我，参与共同决策的信息交流，直至形成一种共同意志。不仅如此，法定自由更大的局限性在于，它无法向人们提供道德反思的契机。法定自由要求我们把他人仅仅看作策略性的行动者，而对自我目标的思虑则要求我们走出法定自由设定的这种壁垒，恰当地与他人展开真实、坦诚的道德互动。因此，这种社会机制必须被限制在一定范围之内，否则就会造成社会的病态，比如一味按照法律规则解决所有利益纠纷，忽视了背后真正的伦理生活，在产生利益纠纷时刻板地按照法律规则行事，使原有的人际关系发生解体，使真诚的信息沟通变成赤裸裸的策略行动。另外，法定自由的泛滥也容易产生只有远离一切约束才能保持自由的错觉，导致现代人在形成个人努力和持久信念方面的软弱和优柔寡断。

与消极自由相比，反思自由的社会机制是一种道德自由，它源于康德道德自主的观念：个人的自由是出于道德法则而行动，这些法则是适用于所有理性存在者的普遍法则。这种观念既赋予了人独有的尊严和地位，又把个人自由与对其他主体的顾及联系在一起，人们通过道德自由得到的必然是普遍的理由，而为了实现反思自由，我们也应该按照这些普遍的理由要求自己的行动，改变自己原始的、未经反思的欲望或其他动机。“我们的自由最终要归功于这个可能性，即在出现行动冲突的时候，我们都能超越既定的所有责任和义务，在权衡普遍性的光芒普照下，从根本上改变我们的行为，从而形成一种新的行为。”① 道德自由的这种性质一方面使我们能够超越既定的规范体系，对其进行反思和批判，另一方面又确保了这种超越依旧能够得到其他人的认同与首肯。与法定自由相比，道德自由更多地发生在缺乏明确法律约束的日常生活之中，它要求人们把彼此作为自为目的的理性存在者，依照普遍性的原则进行交往和互动，在发生冲突时，可以合理地期待彼此能够共同摆脱各自的实际情形，依照普遍原则来决定如何行动。然而，由此产生的错觉是，人们似乎可以拥有一个完全摆脱所有生活内容的、绝对客观的、非人格的立场，基于这种立场形成不偏不倚的“本然的观点”。这种虚构的立场要求人们不仅要从自己特殊的利益和偏见中抽身出来，还要远离自己生活于其中的有着独特意义的社会关系，但事实上，友谊、爱情等许多社会关系不但不能用道德自由的机制进行解释，而且是先于道德自由被承认的机制性事实。当道德自由的机制被扩展到社会生活的所有实践中时，那些不能用道德自由解释的社会机制就会丧失作用，个人将无法融入现实的生活世界之中，而变成一种缺乏人情味的冷冰冰的道德教条主义者，甚至还会无视现存社会秩序的合理性，做出某些极端的反社会行为。

不论是法定自由还是道德自由，归根结底提供的都是退出现存生活世界的机会，它们本身无法取代现实的生活实践，反而要以这种生活实践的存在作为前提。在这个意义上，法定自由和道德自由都只是提供了自由的可能性，没有真正触及自由的真实性，自由的真实性只能存在于人们在实际生活中相互承认的机制性实践中。霍耐特把这种实践分成了三个主要领域：私人关系、市场经济和公共政治。它们各自遵循不同的承认模式，有着不同的角色互补模式，需要分别对其进行规范性重构。

与古代社会相比，现代社会中的个人关系越来越少受到身份、家庭等的约束，人们逐渐把情感体验作为发展个人关系的主要标准和动机。在这个意义上，现代社会的个人关系是自发的、不受强制的。不仅如此，在这种个人关系的互动中，人们并不会把对彼此责任的承担看作是异己的、约束性的，反而认同对自我的这些限制。因此，现代人的个人关系属于社会自由的一种机制，在这种机制中，人们各自承担不同的角色，通过满足这些角色的要求而使彼此实现各自的自由。按照个人关系中角色互补模式的不同，我们可以进一步区分出

① ［德］霍耐特：《自由的权利》，167 页。

三种类型的个人关系：友谊、亲密关系和家庭。友谊背后的社会机制主要体现为我们区分所谓“真朋友”“假朋友”的标准。古代社会的人发展友谊更多的是为了建立特定的社会网络来维持自己的身份、地位或利益；而现代社会的友谊则是人们摆脱利益算计、出于纯粹的好感而发展的个人关系，其主要内容不再是共同利益或者阶级联盟，而是各自的私人情感和立场。因此“只有当（友谊）没有任何目的，只是纯粹出于对对方的关心的时候，它才被认为是合适或真实地实现了规范的基本模式”①。与这种转变类似，古代社会的亲密关系完全为家庭、阶级所支配，对情侣的选择主要是以家庭的经济考虑作为基础的；而现代社会的亲密关系则是两个人互惠地投身于彼此未来不确定的个人发展中，关心彼此，参与各自生活的关系。在这种机制中，人们互惠地满足了彼此身体的需要，通过性关系而在身体上结合在一起，共同体验到一种属于“我们”的自由而不是某一个人的自由。同样，现代社会的家庭关系也具有实现家庭成员社会自由的功能。首先是随着市民阶层的兴起出现了限定在父亲、母亲和子女三方关系之中的排他性的家庭生活，接着是家庭职能的不断缩减和妇女地位的提高，最终产生了家庭模式的新规则：平等的合作伙伴关系和互助团体取代父权制成为家庭理想，家庭成员之间的信息交流和情感纽带也变得更加重要。与友谊、亲密关系的作用一样，通过共同的家庭生活，人们各自的社会自由也得以实现和完成。

与私人关系的这种变革相比，现代社会市场经济的体系看上去缺乏社会自由所要求的那种承认关系，人们完全出于利己的动机而行动，并没有实现“在他人的自由中看到自己自由”的社会自由。然而，霍耐特试图揭示在市场经济体系背后依旧存在着一种被数理经济学家们无视的承认关系，比如按照黑格尔和涂尔干的主张，市场经济是以团结互助的社会道德作为前提的，只有当人们具备了相应的契约精神和团结互助的意识时，它才能顺利地发挥自己的作用。一旦市场的运行越过了这种道德承诺，就会出现各种社会失范的行为，比如工人罢工、经济危机等。因此，从整个社会机制的角度来看，市场经济的合法性就在于它对协调个人不同的意图，使之互相补充的有效性，在这个意义上，它也是社会自由的一种机制：它“把个人的利己取向以一种特殊的方式进行匿名的耦合，使得一个人的自由同时也是其他人自由所需的前提”②。在消费领域，市场经济通过为个人提供选择、购买商品的机会扩展了他们的自由，人们在挑

① ［德］霍耐特：《自由的权利》，216 页。
② ［德］霍耐特：《自由的权利》，307 页。

选商品的过程中体会到了表达个人意志的自由，商品市场也因此成为消费者与生产者互相承认的中介。然而，不幸的是，现代社会资本主义市场越来越鼓励人们仅仅把市场看作个人自由的领域，人们凭着自己的意图和能力在这种竞技场上谋取自己的最大利益，而忽视了它作为社会成员自愿合作、相互帮助对方满足自身意图的社会机制的功能，导致人们的社会自由无法得到充分实现。

最后是对公共政治中民主的社会机制的考察和重构。它最早伴随着市民社会的构想而出现，在法国大革命之后逐步扩展到各个阶层，并成为民主国家合法性的基础，直至第一次世界大战结束为止，主要的宪政国家几乎都确立了公众参与政治的普遍权利。这种政治权利背后的规范性要求是，人们应该走出个人独处的状态，进行商议性质的信息交流，从事政治合作，形成公共决策。因此，民主的公众性也是社会自由的体现，它为社会成员之间的交流提供了场合，使他们能以此实现各自的意图。然而，要充分实现这种自由，就必须确保社会成员的共同决策得到有效的贯彻。对此，霍耐特试图跳出直接民主与间接民主之间的对峙，从涂尔干、杜威和哈贝马斯那里提炼出第三种处理公众性与国家关系的模式。按照这种模式，公众性的意见既不需要被国家机构一对一地实施，也不需要通过议会代表的设置来使其更加理性，而是要求达成一种可修正的共识，并以这种共识作为指引让立法机构给出具体的决定。在这种模式中，关键在于公民自愿的自我立法的条件必须得到满足，因为只有在公民社会自由得到充分保障的情况下，公众才有可能达成相对稳定的共识，国家的行为才能真正贯彻人民的意图。然而，要满足这种公民自我立法的条件又必须以公民之间互助团结的共同体精神为前提，霍耐特认为，在多元、异质的现代世界，共同体精神不可能依赖于任何特定的种族、宗教，只能寄希望于从现代社会欧洲各民族共同追求自由的集体记忆中汲取资源，发展出一种超越种族的具有共同背景的政治文化。

与以罗尔斯为代表的当代自由主义的正义理论相比，霍耐特认为，正义就是“以某种方式来设置一个既有的社会领域，并对其做相应的配置，使其能够满足各种奠定它的具体承认规范的要求”[①]。因此，霍耐特既没有把社会正义归结为对资源的分配问题，也不意图产生明确的正义原则；相反，他试图基于不同领域社会机制背后的承认关系，对现实的社会生活提出指导和批评。由于人们在不同的生活领域奉行不同的承认模式，因此，这种正义理论是一种涉及人

① ［德］霍耐特：《正义的质料：当代程序主义的局限》，载《世界哲学》，2013（5）。

类生活全部图景的多元、复合的理论。但是，和社群主义者相比，霍耐特并没有局限于任何特定社群的价值和实践，而是以现代以来整个西方社会的各种普遍机制作为出发点，以超越族群界限的共同政治文化为依归，通过对社会病态的批判和治疗来满足现代性背后根本的规范性承诺。在这个意义上，霍耐特的主张不仅是对自由主义正义理论的批判，更是一种批判的正义理论。

三、从伦理生活的民主形式到民主的伦理生活形式

法兰克福学派与实用主义的交汇和融合是当代西方实践哲学最富有成果的思想运动和最引人瞩目的学术现象之一。如果说极权主义的政治经验是法兰克福学派兴起的时代背景，自由民主的思想和实践是其理论思考和制度设计的假想参照系（无论反面的还是正面的），那么德国观念论、马克思的批判理论和韦伯的理性化学说则是它最为重要的思想资源，这一点无论对于旧法兰克福学派还是对于新法兰克福学派都是适用的。差别在于，实用主义的强势复兴和后现代主义的异军突起极大地改变了20世纪晚期西方的智识图景。哈贝马斯对早期批判理论缺陷的反省和对于社会批判理论的规范基础的探究就是在这样的背景下应运而生的。

20世纪70年代以来，同样是在深刻反思旧法兰克福学派的根本缺陷，重新评价自由民主的政治传统，辩证调和现代主义与后现代主义的内在张力的基础上，与哈贝马斯亦师亦友的韦尔默逐渐形成了他精致的伦理对话模式和独特的民主文化概念，从而极大地丰富了人们对于实践理性之规范内核的理解。应当说，在拯救德国观念论和马克思批判理论的根本内核，汲取实用主义在真理问题和民主问题上的合理洞见，综合自由主义与共和主义（包括社群主义）的政治传统，完善批判理论的规范基础这些方面，韦尔默与哈贝马斯是基本一致的。意味深长的是，与哈贝马斯相比较，韦尔默似乎对后现代主义持有更为宽容和同情的态度。这当然是与韦尔默和哈贝马斯在真理共识理论、商谈伦理模式以及民主文化概念上的重要争论和分歧密切相关的。

值得注意的是，韦尔默在自由理论和商谈伦理上的关键性观点和论证都得到了哈贝马斯的高度重视。《现代世界中的自由模式》（以下简称《自由模式》）和《伦理学与对话》① 赫然出现在《在事实与规范之间》的文献索引中。韦尔默对于消极自由的重要性的强调使得哈贝马斯不再只专注于从共同体自由推导

① ［德］韦尔默：《伦理学与对话》，上海，上海译文出版社，2013。

出个体自由或消极自由，而是转而强调两种自由的相互预设和相互依赖的关系。我们可以看到，这个问题在哈贝马斯后来与罗尔斯的争论中又一次成为核心的问题，我们不能不说，把两种自由与商谈伦理结合在一起的讨论架构是由韦尔默首先奠定的。韦尔默在《伦理学与对话》中对普遍主义的道德原则和民主的合法性原则的区分，更是直接导致哈贝马斯把针对民主立法过程而提出的“民主原则”和针对道德商谈而提出的“商谈原则”之间的联系和区别作为《在事实与规范之间》的基点。在韦尔默所阐发的“民主文化”概念中，更是处处透显出哈贝马斯所谓“以政治的方式做成的文化”这一概念之神韵，而他恰恰是结合自由主义-社群主义之争提出“民主文化”这个概念的。

韦尔默在肯定自由主义-社群主义之争“已经成功地以一种富有成效的方式转移了关于现代世界中的政治合法性讨论之标轴”[①] 之后，明确认为自由主义者和社群主义者的分歧主要是一种“在共同的价值感内部”的分歧。

> 他们各自强调了同一传统的不同方面……自由主义者坚持认为自由主义的和民主的权利以及自由必须优先于所有形式的共同体的或集体的自决，正如它们必须优先于所有特定文化的、族群的或宗教的传统和认同一样；而社群主义者则认为只有在社群主义的（例如“公民共和主义”的）生活方式情境中，自由主义的基本权利才能捕捉住一种不可移易的目标，从而被当作是正当的。换句话说，对自由主义者来说，个人权利形成现代自由主义和民主传统的规范内核；而社群主义者则宁可强调唯独能够使自由主义权利成为社群主义生活方式内部的一种有效力量的那些被遗忘的前提和条件。

毫无疑问，韦尔默的基本立场与泰勒和沃尔泽具有明显的亲和性，他赞同泰勒区分开这场争论中的“本体论的”方面和“辩护的”方面：“自由主义传统的个人主义并不是对人类学的原子主义的一种表达，而是反思和解放的特定现代传统的一种表达。”他肯定沃尔泽关于“前社会的”自我与“后社会的”自我的区分是在沿着正确的方向解决问题：“这里所谓‘后社会’，并不是指独立于社会构成的认同、生活方式或传统，而是指已经获得了对于所有特定的认同、生活方式和传统的一种反思的距离，而构成这种反思的距离的正是一种传

---

① ［德］韦尔默：《后形而上学现代性》，224页，上海，上海译文出版社，2007。以下对韦尔默《自然权利与实践理性》《现代世界中的自由模式》和《民主文化的条件》三文的引用，皆出于此书，除文末两个长段落外，其余不再一一标注页码。

统，一种二阶的传统。”从这样一个视角去看，一方面，自由主义的和民主的权利就是这种传统的核心，自由主义政治哲学家们就是在尝试表达这种传统的规范内容；另一方面，“社群主义对自由主义的批判的正当性主要在于它把注意力集中在自由主义基本权利与民主参与的内在联系上”。在这里，我们明显可以看出韦尔默所论与哈贝马斯作为其商谈性政治观之核心而强调的人民主权与人权、公域自主与私域自主、积极自由与消极自由、民主与法治相互预设、互为前提的一致性，或者不如说，哈贝马斯正是在接受韦尔默的相关批评后才系统化地提出这种政治观的。两人之间的相互影响不止于此，韦尔默还“踵武”哈贝马斯早年在《理论与实践》中对自然权利理论之“青睐”，继续把后者作为批判理论的一个重要场域。例如《自然权利与实践理性》一文就仔细地回顾了自然权利理论在康德、黑格尔和马克思那里的“诘难式发展”，认为他们之中没有一个人回答了自然权利的合理内核问题：

> 康德把自然权利转换成一种理性的法则，这最接近于启蒙运动的自然权利观念背后的政治意图，但他没有尝试把自然权利的“合理的”内容与“意识形态的”内容分离开来。……黑格尔认识到自然权利的政治意图是不可能在资产阶级财产概念的基础上得到实现的，但他得出了这些意图本身是不可靠的这种可疑的结论，并最终使资产阶级革命的政治成就成为可疑的。最后，马克思把黑格尔对自然权利的批判颠倒过来，并赋予“自由、平等、财产”这一资产阶级的三元体系以意识形态的特征，但在此过程中，那种结构的合理内核也离他远去了。

仿佛是在“呼应”德国观念论研究中对“线性进步论”的拒斥，也仿佛是在“预示”后来的公民社会研究热潮中呈现的从马克思回到黑格尔的趋向，韦尔默坚持认为：“这三种立场之间的关系不可能按照从康德开始，经过黑格尔到马克思的明确进步的方式被重构。毋宁说，自然权利问题上的这三种立场的批判潜能只有当我们让它们相互作用时才能充分实现。”因此，问题的关键就在于要找到它们共有的没影点（a vanishing point）来对自然权利进行“合理的重构”。

《自然权利与实践理性》一文撰写于 20 世纪 70 年代末，才刚过了十年，在 1989 年发表的《自由模式》一文中，韦尔默就找到了这个“没影点”。颇为令人意外的是，“合理重构”的这个“没影点”是通过黑格尔和托克维尔的“相互作用”找到的。的确，黑格尔和托克维尔的“互释”和“视界融合”既是韦尔默“合理重构”自然权利理论的关键，这主要体现在《自由模式》一文中；也是他结合自由主义-社群主义之争提出“民主文化”概念的前提，这主要体现在1992年发表的《民主文化的条件：评自由主义-社群主义之争》一文中。

韦尔默从“调和”个人主义的和共同体主义的自由观和政治哲学入手，他自承在人类学的和认识论的立场上赞成共同体主义者，但又明确地意识到，“每一个共同体主义者，只要他明白无误地想要站在启蒙传统一边，他就必须与这样的事实达成妥协，那就是，现代资产阶级社会是启蒙的现代世界中的典范的社会，即人权、法治、公共自由和民主体制已经在某种程度上被可靠地建制化的唯一社会”。韦尔默颇为雄辩地认定：“必定是这种经验引导从一个激进的浪漫主义的共同体主义者起步的黑格尔转变成对他所谓‘市民社会’的共同体主义的辩护者。”而这里的关键就在于“把自然权利理论的传统纳入一种共同体主义的伦理生活观念之中”。

“伦理生活”是黑格尔《法哲学原理》用来扬弃抽象法与道德之对立的综合体，它本身又包含家庭、市民社会和国家三个环节。《法哲学原理》中译本中没有采用“伦理生活”这个译名，而是统一译为“伦理”。按照早期英译者诺克斯（T. M. Knox）的解释，“伦理生活是一种合理的社会秩序的具体道德，在这种秩序中，合理的制度和法律为良心确信提供了内容”。在另一处，诺克斯又把伦理生活称作主观意志与客观秩序的统一，并且指出，黑格尔有时也会强调其客观的方面，在那些情况下，它又被称作伦理秩序或伦理原则。①

用韦尔默的说法，黑格尔是在用“伦理生活”这个术语来刻画“主体间的生活形式的规范结构”。但问题在于，黑格尔并没有为现代社会发展出伦理生活的一种民主的、普遍主义的和世俗化的形式：

> 黑格尔对现代西方世界的民主精神的局部让步常常是与他对运用于现代世界的民主观念的原则性反对联系在一起的。黑格尔所拒斥的是对作为现代社会的民主参与和民主决策原则的自然权利原则的政治解释。黑格尔为此给出的哲学理由是相当复杂的，但最终说来并不是非常有说服力。……黑格尔无论如何都没有表明为什么不能把普遍主义的自然权利原则“转换成”关于现代社会伦理生活的民主形式的可行观念。这就是黑格尔的《法哲学原理》的盲点。

深具趣味的是韦尔默对形成这种盲点的部分原因的解释，不可不引：

---

① G. W. F. Hegel, *Hegel's Philosophy of Right*, Oxford, Oxford University, 1945, p. 319.

确然无疑的是，另一部分解释在于，黑格尔的密纳瓦的猫头鹰起飞得稍稍早了一点：黑格尔没有民主传统的任何亲身的体验，而美利坚又依然太过遥远。即使在其理想化的形式中，普鲁士的君主制显然也并不是欧洲历史的定论。

在这一番妙论之后，韦尔默又引用了马克思关于“民主制是一切国家制度的实质”的观点，但紧接着却指出，马克思所推翻的是卢梭而不是黑格尔，而且，接过如何构想伦理生活的民主形式这个黑格尔式问题的是托克维尔而不是马克思：

托克维尔的《论美国的民主》完全可以被当作黑格尔的《法哲学原理》的民主对应物。对两位作者而言，具有解放和压迫的内在辩证法的法国大革命是至关重要的历史经验。而两人的基本关切都是如何在平等主义的市民社会——他们都认为这是资产阶级革命无可挽回的结果——实现自由的政治建制化的问题。

韦尔默坚持认为托克维尔和黑格尔的“本质上同样的论证”之间的差别仅仅是术语上的：

尽管政治自由的精神和制度在后革命时代的法兰西的衰落的历史经验是黑格尔和托克维尔的反思的出发点，他们在寻求替代品上却转向了对立的方向：黑格尔认为他已经在某种程度上从被理论化的普鲁士君主制中发现了可行的替代品；相反，托克维尔转向了对他的时代的第二个伟大的革命社会即美国社会的研究。在这里，他发现了不但在后革命的法国社会缺乏而且在他的时代的所有伟大的欧洲大陆国家都缺乏的东西：已经变成伦理生活形式的自由精神。

如果说韦尔默在《自由模式》中更多强调的是伦理生活的民主形式——赋予伦理生活以民主的形式，那么，在《民主文化的条件》中，他则更倾向于强调民主的伦理生活形式——把民主本身理解为一种伦理生活形式。

韦尔默从自由主义-社群主义之争中观察到，自由主义的价值本身要求大量的民主参与，这也就是说，一种社群主义的矫正所体现的现代民主观念意味着“符合”自由主义的个人权利观念的一种社群主义的实践形式。如果说伦理生活的民主形式所强调的是伦理生活中共识的形成和萃取离不开民主商谈，那么，民主的伦理生活形式所强调的则是，只有以民主商谈为基础，民主商谈自身才能作为一种伦理生活形式得到保证和维护：

> 在一种民主的伦理生活形式渗透到日常生活的众声喧哗之中的地方，自由主义的权利和民主的合法形式才能结合成自由主义的和民主的社会的政治联合。民主国家要保持活力，就需要民主的公民社会的多元主义和政治文化。反之亦然：只有民主国家才能为民主的公民社会的发展提供空间。

在这里，韦尔默追随沃尔泽，比罗尔斯更强调“自由主义安排的社群主义含义”，并且指出了一种从密尔和托克维尔到杜威的社群主义的自由主义传统。在这里，韦尔默也没有忘记指出，这种社群主义的自由主义与黑格尔的《法哲学原理》具有策略上的联系，因为“黑格尔已经在努力表明，自由主义权利的本质实现只有作为现代形式的社群主义伦理生活的实现才是可以想象的”。在这里，韦尔默更没有忘记强调，在黑格尔那里唯一欠缺的就是“用民主理论来详细说明自由主义安排的社群主义含义”，而且，在自由主义-社群主义之争中，自我的社会特征或正当之于善的优先性都只是“小规模争论”，最重要的差别在于“参与性民主和伦理生活的民主形式在现代社会中意味着什么”。

从这些表述来体察，伦理生活的民主形式和民主的伦理生活形式似乎并没有实质性差别。特别是如果回到韦尔默对于黑格尔的讨论，情形似乎就更是如此了。的确，在原文的表述中，至少在英文的表述中（《自由模式》一文最初就是用英文发表的），甚至都无法把它们区分开来，因为“它们”其实就“同样地”表述为 the democratic form of ethical life。但是如果我们仔细体会相关的表述，还是可以捕捉到细微的区分的。例如这样的表述：

> 我在使用（民主的伦理生活形式）这个概念时以一种朴素的悖谬性的方式暗指黑格尔。我所使用的这个概念意味着一种自由主义的和民主的态度和行为的习惯，这种习惯只有在适当的制度、传统和实践的支持下才能出现。实际上，这个概念只不过意味着自由主义的和民主的原则在一种政治文化中的社会体现。

这里就出现了民主的伦理生活形式这个概念中的所谓悖谬性的东西。一方面，按照韦尔默所分析的托克维尔的“共同体主义的”自由观与民主之间的联系，“这种意义上的自由只有作为伦理生活的形式才能存在。就是说，作为在所有的层面渗透在社会的制度中并在它的公民品格、习俗和道德情感中被习惯化的共同实践而存在”。另一方面，民主的伦理生活形式“必须不是作为‘实质性的’，而是作为一种‘形式上的’或——用哈贝马斯的术语来说——‘程序性的’伦理生活观念而确定下来。因为除了民主商谈本身外再没有任何伦理内容——不管它是哲学上的、神学上的还是政治上的——能够成为对社会的全体成员都是强制性的。于是必定是民主商谈的条件确定了民主的伦理生活形式的核心”。这就是说，“一种民主的伦理生活形式并不确定良善生活的具体内容，而只确定多元互竞的善观念的一种平等主义的和交往共存的形式”。

退一步讲，如果伦理生活的民主形式和民主的伦理生活形式确实存在聚焦点上的差别，我们甚至可以为它们使用两种不同的表述，例如把前者表述为 the democratic form of ethical life，把后者表述为 democracy as a form of ethical life。虽然这种辞藻上的差别本身并不蕴含概念上的差别，但是我们至少可以辨别出或倾向于强调不同的侧重点。正是在这里，我们也许可以冒昧地借用哈贝马斯提出的“与政治物相关的文化”与“以政治的方式做成的文化”之间的区分来试图捕捉伦理生活的民主形式和民主的伦理生活形式之间的微妙差异。如果这样，那么伦理生活的民主形式所强调的似乎更多是“与政治物相关的文化”。这是因为，当我们强调赋予伦理生活以民主形式时，现代意义上的民主（形式）尚未确立，所以更重要的是提炼和萃取（传统）伦理生活中与“政治”相关的部分，而提炼和萃取的“工具”就是民主的形式；当我们强调民主本身作为一种伦理生活形式时，我们更关心的是民主形式本身需要一种“奠基”，而除了把民主本身理解为一种伦理生活形式，在向现代性的转换发生之后，似乎也别无为民主“奠基”之不二法门，这也就是前面所引用过的“只有以民主商谈为中介，民主商谈自身的基础才能得到保证和维护”之所指。

既然我们引用了哈贝马斯提出的“与政治物相关的文化”与“以政治的方式做成的文化”的区分来阐释我们所体会到的在伦理生活的民主形式和民主的伦理生活形式之间的微妙差异，那么哈贝马斯在这种区分中对罗尔斯关于“政治的”一词的理解所提出的批评在多大程度上适用于韦尔默呢？[①] 也许这并不是一个“有的放矢”的问题，因为一般来说，韦尔默的“政治观”似乎应该是更接近哈贝马斯而不是罗尔斯的。但是如果我们细读韦尔默的文本，特别是《自由模式》和《民主文化的条件》这两个篇章，就会发现，韦尔默的立场其实是介于哈贝马斯和罗尔斯之间的。韦尔默曾经说：“在某种意义上，罗尔斯的自由主义与哈贝马斯的民主理论之间的差异代表了自由主义者与社群主义者

① 关于哈贝马斯对“与政治物相关的文化”与“以政治的方式做成的文化”的区分以及在这种区分的语境中对罗尔斯“政治的”一词的用法的批评，请见童世骏：《批判与实践：论哈贝马斯的批判理论》，196～201页，北京，三联书店，1998。

之间的争论的一种最有趣的（因为它是最前沿的）版本。”那么，我们似乎可以说，韦尔默的政治观代表了介于自由主义者与社群主义者之间、介于罗尔斯和哈贝马斯之间的立场的一种最有趣的（因为它是最精微的）版本。让我们不惮辞费地引用韦尔默本人的可谓分别对他的政治观的社群主义面向（“内涵上的”）和自由主义面向（“外延上的”）做出最精辟阐述的两段话为我们的上述定位“作证”，并以此结束全文：

> 共同体的自由是已经通过社会的制度和实践，通过它的公民的自我理解、关切和习惯成为一个共同的目标的自由。当消极自由成为一种共同的事业时，它的性质改变了。因为那时，它不但是我们想要的自己的自由，而且是每个个人和集体的自决的最大化。然而，只有公共自由的空间被建制化，在这种空间中，受到理性和正义的要求约束的我们集体地——运用公共争议的媒介并通过“一致的行动”——行使我们作为政治权利看待的自决权利，这种共同的并被共同承认的自决空间才能存在。鉴于消极自由通过集体自决的制度和实践被转化成了共同体的自由，那么只要存在这种自由（指共同体的自由），它就必然是自我反思的：它成了它自己的对象。只要我们相信从黑格尔到汉娜·阿伦特的那些政治哲学家们的看法——在他（她）们看来，希腊城邦提供了政治自由的第一个范式——希腊城邦在某种意义上就已经是自我反思的。共同体自由的制度、实践和习惯通过变成个人的自我理解、认同和实践取向的组成部分成了它们自己的对象。因为这时民主的意志形成不再只是由从外部（作为“正义的”调节的内容）进入政治领域的那些前政治的关心、利益和冲突所决定的。毋宁说，成为政治的内容的正是共同体的自由本身。这不但表现在阿伦特总是当作政治行动的典范的宪法自由的革命行动之中，而且表现在确保、重新解释、捍卫、修正和扩展公共自由空间的实践之中。宪法自由是公共自由条件下的政治行动的前进着的事业。这就是阿伦特关于政治行动领域本身就是它自己的内容这一要不然就显得是悖谬性的信念中的真理要素。[1]
>
> 如果我们从一种世界主义社会的可能性的角度观察世界，那么，从民族国家民主制的角度看依然暧昧不清的东西就变得清楚了。也就是说，唯一的共同善（即对所有人都有约束力的善）只能存在于唯一有可能针对暴力破坏而保护个别社会的特殊传统和文化认同的那些自由主义和民主原则

---

① ［德］韦尔默：《现代世界中的自由模式》，220页。

的实现上。换句话说，变得清楚的是，从政治道德的观点看，一种民族的、文化的或宗教的所有集体认同充其量只具有倒数第二位的重要性。同时，无可否认的是，没有道德上的侵害，特殊性在普遍性中的“扬弃”就几乎是不可想象的。所有这些都表明，随着向世界主义法治国家的过渡，黑格尔所谓“伦理生活的悲剧”将在全球规模上重新出现，因为特定的文化传统的相对化也意味着它们的转型和局部的失效。这是现代性的代价；但对生活在当今世界的任何人来说，这都是必须付出的代价。唯一仍可选择的是，特殊性的这种相对化在一种自由主义的和多元主义的世界文化的安定空间中是否会成为富有成效的，或者，富裕国家的防御性反应或感到其集体认同受到威胁的那些人的侵略性反应是否将导致全球战争或自由主义民主制的毁灭。①

应　奇　惠春寿

参考文献

[德] 黑格尔．法哲学原理．北京：商务印书馆，1961.

[德] 霍耐特．自由的权利．北京：社会科学文献出版社，2013.

[美] 麦金太尔．追寻美德．南京：译林出版社，2003.

钱永祥．纵欲与虚无之上．北京：三联书店，2002.

[美] 桑德尔．自由主义与正义的局限．南京：译林出版社，2001.

[加] 泰勒．黑格尔与现代社会．台北：联经出版事业公司，1990.

[德] 韦尔默．后形而上学现代性．上海：上海译文出版社，2007.

[德] 韦尔默．伦理学与对话．上海：上海译文出版社，2013.

应奇．社群主义．台北：扬智文化，1999.

应奇，刘训练，编．公民共和主义．北京：东方出版社，2006.

应奇，刘训练，编．共和的黄昏：自由主义、社群主义和共和主义．长春：吉林出版集团责任有限公司，2007.

曾国祥．主体危机与理性批判：自由主义的保守诠释．高雄：巨流图书公司，2009.

S. Benhabib. Autonomy, Modernity, and Community: Communitarianism and Critical Social Theory // S. Benhabib, F. Dallmayr. The Communicative Ethics Controversy.

① [德] 韦尔默：《民主文化的条件》，248～249页。比较“悖谬”但又深具“辩证”精神的是，在针对哈贝马斯的共同体主义自由观而捍卫消极自由的“独立自足性”的《自由模式》一文中，韦尔默却奏出了共同体自由的“最强音”；而在重在汲取社群主义对自由主义传统的贡献的《民主文化的条件》一文中，韦尔默却在用社群主义观点“进一步强化”自由主义的同时，道出了自由主义的“真精神”。

Cambridge: MIT Press, 1990.

A. Gutman. Communitarian Critics of Liberalism. Philosophy and Public Affairs, 1985, (14).

J. Habermas. Moral Consciousness and Communicative Action. Cambridge: MIT Press, 1990.

S. Mulhall, A. Swift. Liberals and Communitarians. Oxford: Blackwell Publishers, 1992.

J. Rawls. A Theory of Justice. Cambridge: Harvard University Press, 1971.

J. Rawls. Political Liberalism. New York: Columbia University Press, 2005.

J. Raz. The Morality of Freedom. Oxford: Oxford University Press, 1986.

J. Raz. Engaging Reason. Oxford: Oxford University Press, 1999.

C. Taylor. Self-interpreting Animals // C. Taylor. Human Agency and Language. Cambridge: Cambridge University Press, 1985.

C. Taylor. The Politics of Recognition // C. Taylor. Philosophical Arguments. Cambridge: Harvard University Press, 1996.

M. Walzer. Spheres of Justice. New York: Basic Books, 1983.

索　引

C

D

E

F

G

H

J

K

L

M

N

O

P

Q

R

S

Y

图书在版编目（CIP）数据

西方政治哲学史．第三卷，20世纪政治哲学/周濂主编．—北京：中国人民大学出版社，2017.3

（政治哲学史/张志伟，韩东晖，干春松总主编）

ISBN 978-7-300-24252-1

Ⅰ．①西…　Ⅱ．①周…　Ⅲ．①政治哲学-政治思想史-西方国家　Ⅳ．①D091

中国版本图书馆CIP数据核字（2017）第048732号

国家出版基金项目

政治哲学史

总主编　张志伟　韩东晖　干春松

西方政治哲学史（第三卷）

20世纪政治哲学

周　濂　主编

Xifang Zhengzhi Zhexue Shi（Di-san Juan）

出版发行	中国人民大学出版社		
社　　址	北京中关村大街31号	**邮政编码**	100080
电　　话	010－62511242（总编室）		010－62511770（质管部）
	010－82501766（邮购部）		010－62514148（门市部）
	010－62515195（发行公司）		010－62515275（盗版举报）
网　　址	http://www.crup.com.cn		
	http://www.ttrnet.com(人大教研网)		
经　　销	新华书店		
印　　刷	涿州市星河印刷有限公司		
规　　格	170mm×240mm　16开本	**版　　次**	2017年3月第1版
印　　张	33.75 插页3	**印　　次**	2017年3月第1次印刷
字　　数	581 000	**定　　价**	128.00元